市总工会专项资金资助项目

建设工程优秀项目管理实例精选

2014

北京市建筑业联合会建造师分会　编写

中国建筑工业出版社

图书在版编目（CIP）数据

建设工程优秀项目管理实例精选 2014/北京市建筑业联合会
建造师分会编写. —北京：中国建筑工业出版社，2014.7
ISBN 978-7-112-17103-3

Ⅰ.①建… Ⅱ.①北… Ⅲ.①基本建设项目-工程项目管
理-世界 Ⅳ.①F284

中国版本图书馆 CIP 数据核字（2014）第 159105 号

本书精选了最新建设工程优秀项目管理实例共 59 篇，内容涵盖写字楼、客运站、文艺中心、总部大楼、学校、医院、酒店、产业园区、地下铁道、隧道工程、大型民用住宅、大型基建工程的创新管理模式和成果总结。书中实例充分展示了企业项目管理的技术含量和施工管理水平，对提升建筑企业工程项目管理水平起到了重要的推动作用。

本书可供建筑工程业主、设计、施工、监理单位管理人员和技术人员工作参考，也可作为大专院校工程管理专业及土木工程专业师生教学参考。

*   *   *

责任编辑：赵晓菲 朱晓瑜
责任设计：张 虹
责任校对：张 颖 赵 颖

建设工程优秀项目管理实例精选
2014
北京市建筑业联合会建造师分会 编写

*

中国建筑工业出版社出版、发行（北京西郊百万庄）
各地新华书店、建筑书店经销
北京红光制版公司制版
北京云浩印刷有限责任公司印刷

*

开本：880×1230 毫米 1/16 印张：26¼ 字数：809 千字
2014 年 9 月第一版 2014 年 9 月第一次印刷
定价：**60.00** 元
ISBN 978-7-112-17103-3
（25884）

编 写 委 员 会

主 任 委 员：范魁元

副主任委员：李其玉

编　　　委：（按姓氏笔画排序）

丁传波　石银峰　田　兴　任明忠

孙佐平　孙德明　杨　煜　吴小杰

郭威力　曹建东

前　言

今年，北京市建筑业联合会建造师分会在各施工企业持续开展项目管理经验总结和交流的基础上，召开了第五届"北京市建设工程优秀项目管理成果发布会"，共有59项成果被评为优秀项目管理成果。其中，获得一等奖21项，二等奖27项，三等奖11项。这些成果体现了参与发布企业的工程项目管理水平，也展示了工程的技术含量和施工管理方法，是企业项目管理创新的具体体现，对提升建筑企业工程项目管理水平起到了十分重要的推动作用。

本届成果发布活动参与企业呈现多元化的态势。既有国有大型企业，又有市属、区属企业和外地进京企业；有股份制企业，也有民营企业；除了施工企业以外，还有房地产和园林绿化企业等。

本届项目管理成果技术含量高。如北京城建的内蒙古科技馆工程和西安曲江文化创意大厦工程、北京建工集团的奥林匹克公园瞭望塔工程和中国石油大学（北京）实验办公综合楼工程、北京住总的地铁7号线十二标工程、中建一局的中国电信北京信息科技创新园工程和北京协和医院二期工程、中建八局的南京南站综合枢纽工程、中铁建工的南京鼓楼医院南扩工程等，争创了一个个国家级奖项，蕴涵了丰富的科技创新成果，具有很大的推广价值。北京城建集团的赤峰市体育中心工程和中建的多个项目实现了管理信息化，或成功运用BIM技术，推进工程建设，值得借鉴。

参加本届项目管理成果发布活动的北京市区属建筑企业的项目精细化管理获得了显著的成绩。如北京怀建集团的北京中医药大学东方医院项目、北京韩建集团的文体训练中心项目、北京万兴集团的大兴新城北区28号商业金融项目、中北华宇建筑公司的北京爱慕内衣生产研发基地项目等，在激烈的市场竞争环境下，通过不懈的精细化管理，创新中求发展，取得了良好的经济效益和社会效益。它充分说明了中小企业、小项目同样能够做出好文章、大文章。

还有一些项目管理成果彰显了强烈的社会责任感。如北京城建集团援建的新疆和田京和大厦、北京金港公司在华中高原承建的神农架机场工程等，均是在十分艰苦的环境下，克服了种种困难建成的，并带动和促进了当地建筑施工技术、建筑工程管理的健康发展。

总之，本届发布会的所有工程项目技术创新和管理创新的丰硕成果，反映了北京市建筑业的项目管理在向更加精细化、系统化、科学化发展的时代特征。

本书在编写过程中得到许多企业和专家的大力支持，在此向为本次《建设工程优秀项目管理实例精选2014》提供资料的企业和人员表示衷心的感谢。本书在编写过程中不足之处，敬请读者和广大企业见谅并批评指正。

《建设工程优秀项目管理实例精选2014》编写委员会

目　录

严格管理　安全文明　精心施工

争创长城杯　构筑精品工程

立足成本　加强管控　提升项目综合管理能力

精细化管理 技术创新 实现创效目标

——中建一局集团建设发展有限公司中国电信北京信息科技创新园工程项目

王东宇 郭 亮 党毅章 朱军立 周慧娟 刘西仙 商文升 南 飞

【摘 要】 以提高经济效益、环境效益、社会效益和企业信誉为管理目标，整合管理要素，统筹兼顾、协调指挥，优化层级组织结构。加强投标策划工作，做好第一次经营。加大图纸深化力度，加强技术创新能力，加强二次营销管理，注重细节，重视洽商、变更管理，提高经济效益。本着"实施总承包管理，全面为业主服务"的原则和目的，始终以"优质履约"为宗旨，严格执行《建设工程项目管理规范》，以项目文化建设为依托，强调团队协作能力，充分发挥项目员工的优势和积极性，创造最大价值。同时满足工程工期、质量、安全、成本、文明施工等现场履约目标，实现项目与企业内部，与业主、分包之间的共赢。

【关键词】 投标策划；现场履约；二次营销；科技创新；总包管理；风险控制

一、项目概况

1. 项目背景

北京昌平未来科技城是中央组织部和国务院国资委为深入贯彻落实"千人计划"和建设创新型国家的要求而建设的人才创新创业基地和研发机构集群。未来科技城内拟投资建设研究院、研发中心、技术和人才创新创业基地，研发涉及新能源、新材料、节能环保、信息等新兴战略性产业的重点领域。

依据未来科技城规划，中国电信北京信息科技创新园重点研发以下4个领域的创新技术：（1）下一代宽带核心网络技术、业务产品及运营模式的研究。（2）下一代无线移动网络技术及运营模式的研究。（3）下一代互联网技术、业务产品及运营模式的研究。（4）网络和信息安全技术研究。

2. 建设概况

中国电信北京信息科技创新园项目位于北京市昌平区未来科技城南区，比邻未来科技城的产业轴、生活休闲轴、文化轴相交的公建核心区，地块西面的鲁疃西路为贯穿科技城南北最重要的产业轴。创新园为南北两个地块、两地块西邻鲁疃西路，东侧为科技城路，南北地块之间为蓬莱苑南路，南地块南侧为七北路，北地块北侧与未来科技城公建核心区相邻，如图1所示。

园区终期规模总建筑面积约41.36万 m²。一期建筑面积18.08万 m²，由中国电信集团公司投资约12.57亿人民币，华信邮电咨询设计研究院有限公司和上海邮电设计咨询研究院有限公司设计，北京鸿厦基建工程监理有限公司监理，钢筋混凝土框架剪力墙结构＋外玻璃石材幕墙，容积率约1.799，绿化率约30%。一期项目由科研办公大楼、研发实验楼、后勤保障中心、云计算实验中心组成。其中科研办公大楼地下2层，地上15层，高63.9m；研发实验楼地下2层，地上7层，高37.5m；后勤保障中心地下2层，地

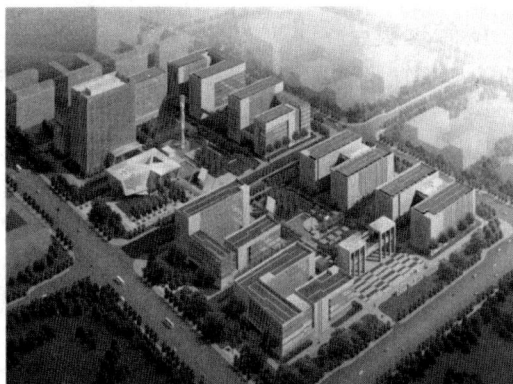

图1 中国电信北京信息科技创新园整体效果图

1

上 6/8 层，高 32.40m/43.00m；云计算实验中心地下 1 层，局部 2 层，地上 5 层，高 33.40m。于 2011 年 7 月开始土方的施工到 2013 年 8 月竣工。

二、成果背景

（1）项目管理的核心是对各种资源的统筹管理，其最终目的是追求阳光下的利润最大化。

（2）受市场竞争需要和成本上升因素挤压，项目利润空间越来越小，市场波动幅度加大带来项目收益风险加大。

（3）随着工程建设项目规模越来越大、技术越来越复杂，对建筑企业的技术水平和综合管理能力提出了更高的要求。

（4）建设单位管理水平已在逐步提高，对施工方要求越来越高，对项目投资控制越来越严格。

（5）建筑市场逐步规范，有关法律约束进一步加强，项目的收益越发透明，需要寻找新的方法。

三、选题理由

（1）建筑业利润越来越低，通过项目精细化管理与技术创新相结合保证项目经营创效目标可持续性发展。

（2）本工程通过大量开源节流工作，实现与业主、分包共赢目标，福利自己的员工。

（3）通过项目优质履约，铸造一项精品工程，提高企业信誉度、知名度，培育一批人才。

（4）创效的同时，本工程推广运用了多项节能、环保技术，实现了"四节一环保"的目标。

（5）本工程在工期紧、设计图纸不完善、质量安全要求高、业主投资控制紧的外部环境下，实现了较高的收益率。

四、实施时间

本工程于 2011 年 7 月 29 日开工，2013 年 8 月 30 日工程顺利通过四方竣工验收，见表 1。

工程实施时间   表 1

总实施时间	2011 年 7 月 29 日～2013 年 8 月 30 日
分段实施时间	
项目总体管理策划	2011 年 7 月～2013 年 8 月
管理措施实施	2011 年 7 月～2013 年 11 月
过程检查	2011 年 7 月～2013 年 11 月
取得成效	2012 年 5 月～2014 年 5 月 30 日

五、管理重点和难点

1. 管理重点

为实现项目各项管理目标及经济指标，达到优质履约、精品工程目的，本工程必须以投标策划、现场履约、二次营销、技术创新、总承包管理、风险控制作为项目管理工作重点，其中二次营销、技术创新与总承包管理又是重中之重。

2. 管理难点

（1）深基坑施工难度大

1）本工程基坑最深处为 −15.77m，从 −10.87～−15.77m 存在 10 多种标高。

2）基础抗拔桩 2600 根，CFG 桩 1917 根。

3）地下障碍物多，地下废弃管线、水池、建筑物基础等，给边坡支护带来了极大的困难。

4）地下水存在于自然地面以下 2～3m，加上基坑土质以粉质黏土为主，含水率较高，为饱和土，因此，在开挖过程中放坡比较困难。

（2）基础底板施工复杂

1）基础底板底部及顶面有 10 多个标高，交叉节点很多，施工难度很高。

2）筏板最厚 2m，放坡位置 5.5m 高，模板支设（尤其单侧支模）要求很高。

3）节点区域由于柱墙钢筋密集和插筋高度大，施工极其困难。

4）底板混凝土总方量约 35000m³。

（3）大面积、多类型防水施工质量控制

本工程地下室水位高（约−2.0m），防水材料种类多（SBS 防水卷材、JS 聚合物水泥基防水涂料、聚氨酯硬泡体防水保温、玻璃钢防水等），防水施工工程量大（地下室、屋面等共计约 11 万 m²），如何保证地下室以及屋面防水不漏是本工程施工组织管理的重点之一。

（4）机电系统复杂，工期紧

包括 5600 个机柜，四个高压分配电室，变压器 2500kV·A30 台。柴油发电机组 2250kV·A14 台，冷水机组共 10 台，冷却塔一共 10 台，冰蓄冷冰盘 70 个。设备吊装及管道支架安装困难。机电各专业之间以及机电专业与装修施工之间管理协调的工作量和工作难度非常大。

（5）超高超重混凝土构件多，模板支撑难度大

本工程高支模区域共 9 处，科研办公大楼首层高大架支模高度 15.3m，梁高 600mm×1200mm，云计算实验中心冰池顶板 600mm 厚，支撑系统复杂。

（6）装修要求高，房间功能变化大

本工程科研办公大楼建筑用途为办公用房，内部装修档次高。后勤保障中心建筑用途为设备、厨房、餐厅、办公、活动、倒班宿舍、多功能用房。云计算中心、研发实验楼建成具有国内一流水平 IDC 项目。

主要做法有：干挂石材、实木地板、木制吸声板、纤维吸声板、壁纸、织物硬包、羊毛卷毯、块毯、烤漆玻璃、硅钙板吊顶、石膏板吊顶、微孔铝板吊顶、膜吊顶、木质吸声板吊顶、铝方通吊顶、铝板墙面、地坪漆、耐磨地面、网络地板、玻璃隔断、木饰面、海吉布等。

（7）深化设计工作量大，图纸变更频繁

本工程需配合业主及设计进行深化设计，深化内容多，包括消除设计缺陷、解决各专业图纸不统一、管线排布不合理、机房深化设计、各部位完整的预留预埋、精装修施工的节点图等，图纸审核及协调工作量大。本工程设计人员极为年轻，经验少，现场不熟悉，导致图纸前后不对应等错误很多。结构初期施工工程中，图纸发图的版次多达 10 余版。

（8）安全文明施工的高标准要求

本工程科研办公大楼质量目标："国家优质工程"，安全目标：确保无重大工伤事故，杜绝死亡事故；轻伤频率控制在 6‰ 以内，达到"北京市绿色施工安全文明工地"。

未来科技城入住包括中国电信在内的 14 家央企，是北京市重大项目建设指挥办公室的主抓项目。因此是昌平区质检站、安检站、消防局等职能部门检查的重点项目。

（9）总承包综合能力的高标准要求

施工的分包商达 80 多家；全过程实施"决策、设计、施工、管理一体化"的项目管理。总承包范围涵盖土建、装修、机电多个领域，并且需要对业主指定的多家专业分包、专业材料供应商和专项独立分包进行管理。总承包管理难度大。

六、管理策划及创新

1. 管理目标

见表 2。

1	质量目标	确保获得北京市"建筑长城杯"，确保获得"国家优质工程"验收标准
2	工程安全文明	确保荣获"2012年北京市安全文明样板工地"称号
3	现场CI形象目标	中建总公司CI金奖
4	新技术应用	中国建筑业新技术应用示范工程
5	成本目标	确保完成公司核定的收益指标
6	培养青年业务骨干	"创精品工程，展示一流管理水平"

2. 组织结构

如图2所示。

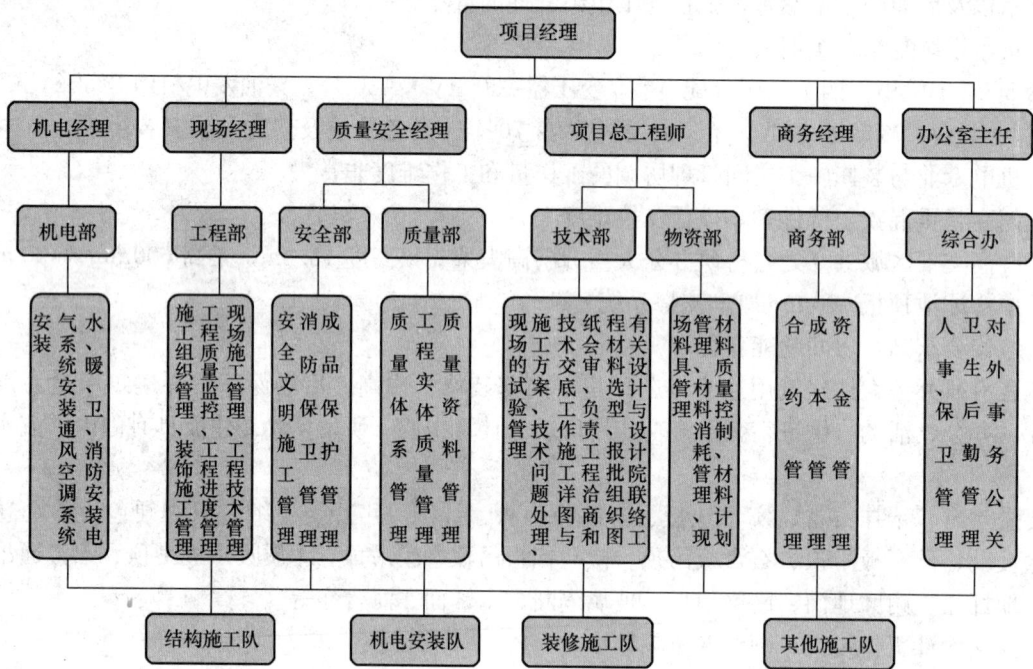

图 2 组织结构图

3. 职责划分

见表3。

组织	职能	职责
组长	项目经理	负责工程创优总体部署和策划
副组长	执行经理 总 工 生产经理	具体组织创优策划、领导创优工作、负责创优实施、监督保证落实
组员	质量总监	负责建立项目质量管理体系、质量责任制和质量考核制度；负责组织制定项目的检验计划；负责对过程质量进行监督和检查；负责建立质量会诊制度和样板制度
	办公室主任	负责创优工作的宣传策划；负责CI战略在项目的落实与管理；负责体系文件的建立与运行；负责组织创优工作的各种培训；负责协调周边关系和对外联络
	工程部	全面组织有效落实项目创优的各项工作；落实质量保证体系和质量责任制；负责创优工作实施，负责质量的过程控制、程序控制和环节控制，使整个工程严格地按照设计图纸、规范标准、ISO 9002质量体系文件和各项管理制度运行，确保"过程精品"和质量目标的实现；负责对分包技术交底，做好分项工程的检查验收工作；负责现场CI和安全文明施工

组织	职能	职责
组员	技术部	负责编制施工组织设计、施工方案、技术措施；负责整理和归档技术资料、工程记录资料；负责工程总结和负责引进"四新"；负责编制整改措施；负责项目试验工作
	专业	具体执行质量的过程控制，严格按"三检制"进行施工；直接指挥工人按设计图纸、规范和规矩集组织施工；具体按施工组织设计、施工方案、技术交底进行施工；具体负责现场安全、环保、文明施工

4. 阶段任务分解

（1）投标阶段：投标整体策划、制作投标光盘、制作节点图。

（2）筹备阶段：编制精品工程策划书、编制施工组织设计、编制质量管理办法、制定项目管理制度、编制规矩集、用户服务计划、施工整体策划。

（3）现场管理制度：施工方案编制计划、装修成型标准、体系文件运行控制。

（4）竣工、服务阶段竣工资料移交、用户服务手册、工程保修管理。

5. 创新特点

（1）投标策划先行。对自己优势（企业品牌、类似工程经验、与甲方合作经历、拟履约团队），劣势（资源保障），威胁（竞争对手、招投标程序）进行全面分析，把握好内部策划、外部策划的机会，成功进行"第一次经营"。

（2）现场履约为基础。通过施工工艺、工序组织、施工技术、方案设计、物资的控制与施工管理等几个方面，对本工程的施工进度控制进行多角度、全方位的立体交叉式的管理。有效的运用"过程精品"、"目标管理、精品策划、过程监控、阶段考核、持续改进"的理论，本着"验评分离、强化验收、完善手段、过程控制"的思想，坚持方案先行，样板引入，各项检查制度并行进行质量管理。以"安全第一、预防为主、以人为本、科学管理"的理念进行安全多点管控。

（3）二次营销为重点。项目倡导"履约创造品牌、增收节支创造效益、培养人才、培育协力队伍"四维一体的项目管理价值观为核心的"经营项目"理念。建立实施"项目策划书"制度，"目标收益大于测算收益"的制造成本管理机制，建立"对接营销，重在过程，抓住龙头"的过程经营控制机制，实施"项目风险抵押金制度"，尊重项目经营创效的工作，实施"项目亏损问责制"，贯彻落实经营项目理念。

（4）技术创新为动力。项目部十分注重科技创新管理，成立了以公司总工程师、技术发展部经理和项目经理、项目主任工程师为核心的新技术推广应用领导小组和实施小组，抽调技术骨干，提供专项资金，制定技术创新目标策划与管理，加强过程监督与策划，大力开展各项新技术推广、培训活动。积极推广住房和城乡建设部 2012 年发布的建筑业 10 项新技术中的 8 大项 21 小项。除此之外，项目根据特点推广运用 14 项自主创新技术。

（5）总承包管理为支撑。为做好本工程的总包管理协调，项目部坚持正确的管理理念，本着"实施总承包管理，全面为业主服务"的原则和目的，在项目实施过程中贯彻"以最终用户为导向，全寿命周期管理"的管理理念，将所有分包商形成一个利益共同体，为所有参与分包商提供一整套优质、高效的工程建造共享资源服务体系，并建立一套强有力的深化设计、进度、质量、安全、信息管理协调机制。

（6）风险控制为保障。针对本工程特点，项目部在熟悉合约内容与掌握工程特点的基础上，结合以往工程风险管理经验，对本工程建设可能出现的安全、质量、成本、工期的风险因素进行细化，逐一制定风险控制措施，并对重大风险因素制定应急预案，同时在实施过程中不断整改完善，以形成适应本工程的风险预控体制。

七、管理实施与风险控制

1. 投标

（1）投标的营销分析

处理好与其他单位的关系，精心做好内部、外部的策划，利用自身品牌优势和良好的履约能力的实力，做好以建立客户的忠诚度，长期拥有客户为核心的营销策划和投标组织。

（2）投标的关键环节

1）外部关键环节：①理清关系：获得业主的认可，获得相关方的支持和配合。②把控流程：项目投标、定标的评审及决策流程。③关注环境：关注竞争对手策略，关注对手工作的推进。

2）内部关键环节：①夯实基础：努力做好工程量的计量与复核，资料的调研、成本评审和技术方案的优化。②优势展示：向业主展示我们企业的品牌，以及做电信机房的丰富的团队业绩。

（3）投标的控制点

做实投标工作应注意的事项：①信息准确。②把握业主的决策流程。③社会关系的有效利用。④投标过程精细化。⑤询价精准。⑥投标策划的合理运用。

（4）投标的控制措施

1）建立以主策划人为原动力、市场经理为执行中心的投标团队，组织精干力量参与投标及合同洽谈。

2）投标时及时对接好招标代理、业主、设计单位，对不利于后期施工、影响后期效益的因素及时在投标阶段化解。

3）控制清单：精算工程量，按施工工序对清单内容仔细分析，杜绝丢漏项。

4）深度对接设计院，充分了解设计意图，仔细分析招标图，对图纸中设计不合理、不利于施工以及有可能进行变更的部分，将报价在结合市场价的基础上，有针对性地采用不平衡报价。

5）做好技术方案优化，合理控制措施费。

6）分析合同风险及清单风险并制定相应措施。

2. 现场履约

（1）工期履约

1）合理布置各施工阶段施工平面，合理划分流水段，合理插入粗装修、精装修及机电安装工作。

2）利用 project、梦龙等管理软件绘制出关键线路和关键工作作为控制点。

3）Revit ＋ Navisworks 对总控计划的监测、调整和新关键线路的控制。主要包括分析进度偏差的工作是否为关键工作；分析进度偏差是否大于总时差；分析进度偏差是否大于自由时差；利用网络计划进行关键线路长度的调整、非关键工作时差的调整、增减工作项目、调整逻辑关系、重新估计某些工作的持续时间、对资源的投入作局部调整等。

4）组织保证措施。实行项目经理负责制，设置主管计划协调控制的项目副经理，设置专业进度计划管理工程师和统计师，建立工期奖罚制度、工序交接检制度、施工样板制、大型施工机械设备使用申请和调度制度、材料堆放申请制度、总平面管理制度等。聘请专家提供技术支持，加强与业主、监理、设计单位、劳务队伍、专业承包商、独立承包商的施工协调的合作与协调。

5）管理保证措施：

推行目标管理：将总计划目标分解为分阶段目标，分层次、分项目编制年度、季度、月度计划。与劳务队伍、专业承包商、独立承包商签订责任目标，进一步分解到季、月、周、日，并分解到队、班、组和作业面。

建立例会制度：每周二、五下午召开工程例会，找出进度偏差并分析偏差的原因，研究解决措施，每日召开各专业碰头会，及时解决生产协调中的问题，不定期召开专题会，及时解决影响进度的重大问题。

建立现场协调会制度：每周召开一次现场协调会，通过现场协调会的形式，和业主、监理单位、设计单位、劳务队伍、专业承包商、独立承包商一起到现场解决施工中存在的各种问题，加强相互间的沟通，提高工作效率，确保进度计划有效实施。

明确节假日工作制度：工程从开工就明确规定，除春节休息 15 天外，其他节假日实行轮休制，正常上班。由于某种原因不能轮休的，按国家劳动法规定发加班工资。

6）资源保证措施。即劳动力保证、物资保证、资金保证。

7）制定与总计划相适应的施工方案编制计划、招投标计划、材料设备的采购计划、质量检验验收计划、资金及相关其他管理工作计划。

（2）质量履约

1）强化创优意识。项目经理部把增强全体员工的质量意识作为创过程精品的首要措施，对全体员工进行质量意识培训，通过各种宣传教育手段使创优质工程的意识牢牢树立在每个员工的心中。项目每周组织一次质量讲评会，同时对分包管理人员进行质量意识教育，组织人员到创优项目观摩学习。

2）坚持质保制度。为保证工程质量目标的实现，自开工之日起，项目坚持落实以下质量保证制度：①坚持全员质量教育制度，增强质量意识。②坚持样板制引路制度。③实行混凝土浇筑后质量会诊制度。④制定项目质量奖罚制度、设立质量通告栏。⑤开展挂牌施工制度。

3）建立管理模式。项目质量目标的实现，必须以合理、有效质保体系为基础，因此，项目结合企业的管理特点和项目的机构设置建立了"一级设计、三项检查、两级管理、一级监控"的质保体系和管理模式。即一级设计：方案预控，工艺、质量标准设计；三项检查：分包质量监督员组织三检（自检、互检、交接检）；二级管理：分包责任师、总包责任师过程管理；一级监控：项目质量总监产品过程监督和最终控制。

（3）安全文明履约

1）建立三级安全保证体系。项目部成立专门的安全领导小组，工地设立安全监督小组，班组设置安全员，形成健全的三级安全保证体系。负责工地日常的安全工作，定期组织安全检查。

2）健全安全生产责任制、安全生产管理制度。明确各管理人员、施工人员和生产工人在本工程中的安全责任。总包与分包签订了安全文明施工、治安消防保卫协议书，并与结构施工单位签订了塔吊使用安全协议书、临时用电安全协议等；实行了安全抵押金制度。

3）强化安全教育。坚持"三级安全教育"，规范"三级安全交底"制度，施工中坚持"班组安全活动"制度。

4）改善施工劳动条件。积极改进施工工艺和操作方法，改善劳动环境条件、减轻劳动强度，消除危险因素。

5）实行人身安全保障。所有施工人员参加人身安全保险。

6）加强施工安全监控。及时反馈检测信息，进行科学的信息化施工，确保施工安全（包括地面建筑物、道路、地下管线安全、气象信息等）。

7）文明施工方面，主要采取以下措施：建立教育制度、建立文明施工责任区制度、建立文明施工定期检查制度、建立文明施工奖罚制度。

8）绿色施工方面，将重点控制大气污染、废弃物管理、资源的合理使用以及环保节能型材料设备的选用等。

3. 二次营销

二次经营是贯穿于工程施工全过程的重要经营行为。投标竞争是施工企业的"第一次经营"，项目施工中的管理被称为"二次经营"。二次经营是甲乙双方履行合同时发生的一切商务经济行为，"一次经营抓任务，二次经营抓效益"，因此，二次经营是施工企业经营过程的一个有机环节，同时也是贯穿于工程施工全过程的重要经营行为。本项目二次经营主要有以下工作重点：

（1）建立营销管理小组，做好责任成本分析、合同风险分析及清单风险分析，针对"二次营销"空间，制定定量化的收益，分解到各个岗位，明确各自职责。建立完善的考核机制，施行风险抵押金奖罚兑现制度。

（2）对各分项工程含量进行详细、严格地核算，综合考虑分包队各项费用以及安全、文明施工等其他相关费用，确定最终建筑平方米的综合工费，签合同时要求其交纳履约保证金。

（3）开源

1）项目设置有针对性的深化设计小组，主抓图纸深化及设计变更。本工程共计办理设计变更301份（不包括机电等其他专业），深化图纸1398份（不包括机电等其他专业）。

2）工程量：

① 钢筋：方案充分考虑措施筋布设，利用咨询公司算量人员缺乏现场经验的机会增加工程量，钢筋原材进料控制为9m及12m定尺，提高原材利用率。柱纵筋按规范要求施工时全部插入阀板及承台底部，实际施工中与设计及监理沟通，可将此部分改为四角纵筋插入底部，其余纵筋锚固入承台及阀板。底板马凳原为钢筋支撑，实际施工时采用角钢代替，利用废钢筋短料加工制成撑脚或斜撑。

② 混凝土：首先要控制浪费或搅拌站作弊，开盘前要计算方量，过程核对。

③ 回填土：报价中考虑土的外运，但实际土方开挖的土基本满足后期回填。

④ 取消部分构造柱：地下室门两侧均布置混凝土构造柱，此部分可依据不同门宽进行调整，实际施工中将门洞不超过2400mm的两侧均不设置构造柱。

3）签证：

① 开挖前土方开挖图各标高点策划：通过测量，适当调整各标高点的数据。

② 桩头处理：报价时根据实际情况对接桩及截桩作不平衡处理，前低后高。履约中与甲方及时沟通，确定桩头超高及截桩处理原则，在监理例会纪要中不经意提到超高的根数和程度，在后期重计量中获得较大利益。

③ 拆改：投标时在零星工程里，水钻按个报价。方案中以重量大为由，详细描述了如何将整块板如何分成小块板。

（4）节流，见表4。

工程节流控制措施　　　　　　　　　　　　　　　　表4

项目	控制措施	备注
分判	头脑风暴，各系统全部参与讨论，找出最合理的分配判模式	依据公司现行标准分判模式结合本项目特点，合理分判
主要材料	集中厂家采购，主材与劳务分离。先算后干，主材量化分配，落实到各岗位，与个人奖金挂钩	钢筋控制在图示净用量的1.5%以内；混凝土控制在图示净用量的1%以内
劳务	现场严格管理，杜绝零工发生，严格执行质量、安全、文明施工奖罚措施	严格执行公司劳务招标程序，合理定价
现场经费	鼓励项目少用人	固定包干
周转材料	把好进出场关，利用信息化平台及时输入，相关人员实时监控，交叉监督。现场人员及时拆除模板，减少总量投入	钢管年损耗率不超过2%，扣件年损耗率不超过2%
安全投入	推行标准化，安全设备周转使用	
水电费	生活区包干，工程用装表计量，或收费	
实验费	减少检验批次	
垃圾费	包干	
成品保护	分责任，能躲就躲	
堵洞	牵头开会，统计数量，策略分配，化整为零	

（5）控制专业分包招标单价，见表5。

专业分包招标单价

表5

序号	项目名称	单位	责任成本			计划成本			降低金额 (元)	降低率 (%)	招标时间 (年.月)	进场时间 (年.月)
			工程量	单从 (元)	合价 (元)	工程量	单价 (元)	合价 (元)				
1	土方开挖	m³	79271	8	634167	79271	10.5	832344	−198177	−31	2011.7	2011.8
2	回填土	m³	6565	35	229768	6565	6	39389	190379	83	2011.7	2011.8
3	余土外运	m³	70195	15	1052931	70195	0	0	1052931	100	2011.8	2011.9
4	3：7灰土回填	m³	7274	40	290968	7274	7	50919	240048	83	2011.8	2011.9
5	3＋3mm厚SBS改性沥青防水卷材	m²	8620	72	620639	8620	75	646499	−25860	−4	2011.9	2011.10
6	4厚高聚物改性沥青卷材	m²	1972	45	88762	1972	43	84817	3945	4	2011.9	2011.10

（6）方案进行优化，以提高经济效益，降低工程成本，见表6。

投标方案优化

表6

序号	项目	投标方案	优化后方案
1	模板及支撑系统	模板为竹胶板，梁、板支撑采用满堂钢管脚手架支撑	板模板：用12mm厚的多层板代替12mm厚的竹胶板，节约45−34＝11元/m²；梁、柱模板，用15mm厚的多层板代替12mm厚的竹胶板，节约45−36＝9元/m²；梁、板支撑系统采用新型快拆型满堂脚手架取代钢管脚手架，节约2元/m²
2	脚手架工程	落地脚手架	从2层至楼顶采用层层悬挑脚手架，提高了施工速度，降低费用
3	材料代用及替用	投标方案钢筋量中考虑搭接接头	$\phi20$（含$\phi20$）以上采用直螺丝连接$\phi20$以下搭接；竖向街头采用电渣压力焊接，基础底板钢筋机械接头百分率25%忽略接头位置没有下料，来取代机械接头百分率50%按照规范考虑接头位置而下料
4	废旧利用	—	钢筋下料短头焊接使用
5	废旧利用	—	现场投入一台木方对接机

（7）结算

1）文化引领：就是要塑造结算文化，从项目最基层的员工到项目经理，全员重视结算工作，从工程中标的那一刻起，结算工作就正式启动。

2）机制保障：

① 成本风险抵押责任制：明确项目的责、权、利，极大调动了全员积极性，为取得良好收益奠定了坚实的信心基础。

② 制造成本目标责任制：明确经营目标，以责任状的形式落实责任到人，确保全员参与，为取得良好收益奠定了坚实的愿景基础。

③ 商务策划管理办法：分阶段实行成本策划，过程中注重分阶段成本分析，保证成本管理有序受控，为取得良好收益奠定了坚实的管理基础。

④ 结算评审制度：在测实成本的基础上报出结算，奠定坚实的风险基础。

3）业务支撑：针对不同的风险类型，列举大量案例，统计相关数据及法律、法规、政策依据，作为结算工作的指导文件。

4）氛围决胜：良好的履约基础，友好的双方关系，严格的契约精神，抓大放小的战略眼光。

（8）索赔

1）策略：

① 履约支持：履约是基础，履约好，业主感觉上更好接受，也可争取同情。

② 疏通关系：必须在业主内部建立关系，才能有人帮忙说情，层次越高越好。

③ 善用外力：团结各种力量，共同协作（统一战线）。

④ 支撑依据：寻求业主过失、法律依据、政府文件依据、类似案例依据。

⑤ 把握时机：对双方局势及未来发展要有准确判断，把握时机果敢行动，一旦错失，永无机会。

⑥ 留够筹码：筹码丧尽之日即是任人宰割之时。

⑦ 自我保护：如果停工，一定要寻求法律依据、考虑履约保函风险、分包分供压力、资金安全。

⑧ 三段论：分三次确认，第一次开局要顺，第二次金额要大，第三次收尾要快。

2）原则：

数量不能虚太多；事实不能有偏差；注意索赔时效性；过程保留证据；谈判准备要充分，见表7。

表7

索赔的原因及内容

序号	原　因	内　容
1	因业主原因拖延工期	塔吊管理费、交通费、临时水电费、临时设施增加时间费、增加摊销费
2	因业主原因拖延工程款	按北京市当月贷款利息计费
3	因市场经济物价上涨	按北京市有关文件要求补市场差价
4	因分包单位进场晚，人力不足及管理失误造成工期及经济损失	由分包单位承担由此造成的管理费、机械费、交通费、三大工具租赁费、临时设施摊销费和其他经济损失等
5	因设计变更不及时造成工期拖延	由业主及设计单位承担相关的工期拖延及返工的损失

4. 技术创新

（1）实际应用新技术涉及了10项新技术中的8大项合计21个子项，见表8。

表8

本工程应用的新技术

项　次	实际应用		备　注
1. 地基基础和地下空间工程技术	1.2	长螺旋钻孔压灌桩技术	主楼地基
	1.3	CFG桩复合地基成套技术	
	1.6	复合土钉墙支护技术	基坑支护
2. 混凝土技术	2.4	轻骨料混凝土	室内回填
3. 钢筋及预应力技术	3.1	高强钢筋应用技术	主筋均采用HRB400级高强钢筋
	3.2	钢筋焊接网技术	地下室外墙保护层
	3.3	大直径钢筋直螺纹连接技术	直径20mm以上
4. 模板及脚手架技术	4.4	组拼式大模板技术	墙体模板
6. 机电安装工程技术	6.1	管线综合布置技术	各专业
	6.2	金属矩形风管薄钢板法兰连接技术	通风
	6.5	大管道闭式循环冲洗技术	空调冷冻水、空调冷却水、乙二醇系统
	6.6	薄壁不锈钢管道新型连接技术	给水管
	6.9	预分支电缆施工技术	电气
7. 绿色施工技术	7.1	基坑施工降水回收利用技术	基坑
	7.3	预拌砂浆技术	地坪、抹灰
	7.4	外墙自保温体系施工技术	加气混凝土砌块
	7.9	铝合金窗断桥技术	玻璃幕墙
9. 抗震与加固改造技术	9.7	深基坑施工监测技术	基坑周边环境监测、围护结构监测、支撑体系和立柱监测等
	9.8	结构安全性监控技术	施工期间沉降观测

项　次	实　际　应　用	备　注
10. 信息化应用技术	10.2　高精度自动测量控制技术	全站仪
	10.6　工程量自动计算技术	广联达全过程应用

（2）幕墙。所有外幕墙工程采用 LOW-E 中空玻璃幕墙技术，在保证良好采光性的同时，还有良好的隔热保温、隔声、防紫外线等功能。拉索式玻璃幕墙具备大玻璃无框、无大型支撑钢结构，轻盈通透，视野开阔，支撑结构轻巧等特点，增强了建筑物内外交融的美感。它解决了现有技术因支承结构遮挡面积相对较大，影响通透性、视觉效果差的问题。

（3）发泡防水保温。聚氨酯发泡防水保温一体化，耐久性好，使用寿命长，减少后期维修费用，综合造价低。施工迅速、操作简便，能节省大量的人工，同时大大缩短工期。

（4）冰蓄冷。云计算中心采用冰蓄冷方案——在夜间电价低谷时段蓄冰，在每天电价高峰时段集中融冰运行提供制冷，其他时间由基载机组启动供冷，当存冰量低于 15％时，不再使用冰槽供冷，剩余存冰可作为应急冷源使用，也可作为 IDC 机房安全运行的一种保障措施。

（5）成品隔断。成品玻璃隔断环保、隔声、密封、防火、再利用、可更换、工期短、材质坚固、维护费用低。

（6）环氧自流平。环氧自流平固化后的地面会形成光滑、平整、无缝的新基层，可以防潮、抗菌。

（7）架空地板。方便线缆布设和敷设，解决了原有的传统工艺水泥、地砖、木地板等电线预埋后，长期使用所带来的线路老化、短路、事故等后顾之忧和麻烦。架空高度可调，安装简便。

（8）智能化弱电。本工程作为大型智能化办公楼，应用了多种智能化弱电系统：门禁系统、公共广播系统、无线通信覆盖、电视监控系统、有线电视系统、楼宇自控系统等。

（9）球形风口。大空间空调最大的难题是既要保证大厅气流组织均匀，又不能使大厅内空气流速过大。球形风口的使用，既解决了大空间的空调气流组织均匀的难题，又可保证座椅处的空调温度及人的舒适性问题。

（10）铝方通吊顶。铝方通吊顶有空间立体感强，同时有安装简单、拆卸方便、可重复利用等特点。本工程多处采用了铝方通吊顶。

（11）冰池防水保温。本工程选用聚氨酯发泡防水保温一体化材料（50mm 厚，表观密度 55kg/m³）来进行防水保温，5 步 7 涂玻璃钢防水材料和环氧瓷釉涂料（2 遍底漆，2 遍面漆）进行防水防腐。通过这几种材料的合理组合有效保证了冰池的防水、保温及防腐功能。

（12）塑料模块雨水收集池。雨水收集池以塑料模块为基本储水单元，若干个储水单元组装成水池骨架，水池骨架的外围包裹防水土工膜构成蓄水池。塑料模块组合水池安装方便快捷，布置灵活，结构坚固稳定，拆除后可重复利用，有利于节能环保。

（13）机房满天星埋件。建议在冷冻机房顶板设置 300mm×300mm，厚度 10mm 的满天星预埋件，设计采纳并出图，极大保证了后期管道支架焊接附着、固定的可靠性。同时，节省了后置埋件的费用。

（14）计算机辅助设计

如图 3 所示。

（15）节能、环保

①卫生间、冷却塔等节水技术和产品的应用。

②叠压（无负压）变频供水系统。

③绿色照明技术。

④制冷机房冷水泵、循环泵采用变频控制技术。

⑤加气混凝土砌块及外墙岩棉毡节能施工。

⑥机房穿孔硅钙板吸声隔声技术。

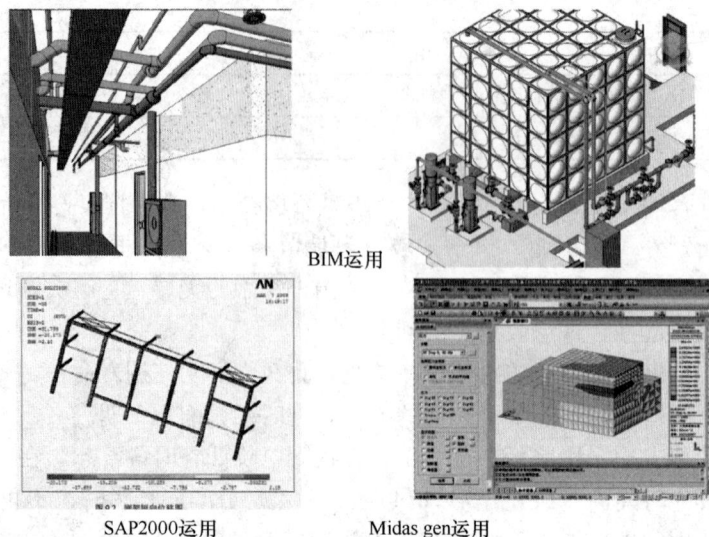

BIM运用

SAP2000运用   Midas gen运用

图3　设计图

⑦可重复周转几字梁替代木方龙骨。

⑧施工降水回收利用技术。

5. 总包管理

（1）对专业分包的招投标

1）专业分包概况，见表9。

专业分包概况　表9

序号	分部分项工程	专业分包范围	合同形式
1	基坑降水、土方开挖及支护	基坑降水、土方开挖、边坡支护及基础桩施工	与总包签订合同
2	人防工程	人防门的安装及调试	
3	外幕墙工程	全部外幕墙工程	
4	精装修工程	全部精装修部分	
5	消防工程	消防喷淋系统、水喷雾系统、气体灭火系统以及相关的预留预埋等	
6	弱电工程	火灾自动报警系统、消防联动系统、火灾事故广播系统、消防专用对讲电话系统、电梯监视系统、应急照明控制系统中的报警控制设备、探测器、模块、扬声器、配管、线槽、线缆（包含由消防控制室内报警控制设备引至本区区段的线缆）、防火枕以及与之相关的预埋件、预埋管的安装和调试、内墙穿线的封堵工作全部	
7	电梯工程	全部电梯工程	
8	室外工程	全部室外工程，包括管线、道路、围墙、大门等	

2）制定详细的招标计划，保证分包及时进场，达到工期的履约要求，见表10。

招标计划　表10

设备材料名称	招标形式	进场时间（年-月-日）	签订合同时间（年-月-日）	招标时间（年-月-日）	启动时间（年-月-日）	备注
幕墙专业分包	市场招标	2012-1-1	2011-12-15	2011-9-1	2011-8-10	
精装修专业分包	市场招标	2012-5-5	2012-4-20	2012-1-20	2011-12-5	
消防专业分包	市场招标	2012-10-1	2012-9-15	2012-4-1	2012-2-10	

设备材料名称	招标形式	进场时间 (年-月-日)	签订合同时间 (年-月-日)	招标时间 (年-月-日)	启动时间 (年-月-日)	备注
弱电专业分包	市场招标	2013-3-20	2013-3-15	2012-8-1	2012-5-10	
电梯专业分包	市场招标	2012-12-15	2012-9-15	2012-5-1	2012-2-10	
小市政专业分包	市场招标	2012-11-5	2012-10-25	2012-6-5	2012-4-1	

（2）物资设备管理

制定详细的材料设备订货时间安排表，明确装修材料的选样、封样计划，以此编制装修材料计划，通过合理的排版，减少材料的损耗量。如对于同一种材料，四个楼统一考虑，统一排版，裁下的边料最大限度的利用。

（3）专业分包

1）深化设计

制定详细的深化设计实施计划。在深化设计中加强土建与机电的配合，做好对专业分包的支持与服务工作。本工程部分专业分包力量薄弱，作为总包方的我们，协助专业分包完成部分专业图纸的绘制。

2）进度管理

将专业分包进度计划纳入总包进度计划中，制定总控计划。同时，制定详细的交叉作业施工计划。

（4）技术服务

1）配合业主进行图纸审核、整理工作。总包积极、主动与设计沟通，承担施工图纸的审核、整理、归档工作，帮助设计进行节点图的绘制、深化等，赢得了设计及业主的充分信任。设计的电子版图纸先发到总包技术部，技术部核对无明显错误后，再发至设计院晒成蓝图。

2）积极配合业主、设计制定出图计划。针对现场施工进度，制定图纸分层或分部出图，例如先出模板图、梁的配筋图，再出板的配筋图，逐步出图以减少设计出图压力，缓解现场窝工状况。

每周出图纸周报，列出上周出图计划的完成情况、下周出图计划，以及现场进展情况，并抄送业主、监理。以敦促设计尽快出图，同时为今后可能发生的工期等索赔留下依据。

八、管理效果及评价

1. 投标成果

本工程通过前期周密的投标策划，保证项目中标后赢得了1.5%收益。

2. 现场履约

工期管理：项目部不仅按时完成总包施工部分的任务，并协调甲方完成对专业分包、供货商的招投标、设计协调等大量工作，保证项目有序健康的运转，充分展现总承包的管理水平，取得了业主的信任。

质量管理：通过精细化管理，实行过程精品，样板引路等措施，本工程质量自始至终处于受控状态，未发生一起质量事故，得到业主、监理、质监部门的一致认可。

安全、文明施工：未曾发生伤亡事故，荣获2012年度"北京市绿色施工文明安全工地"。由于施工责任区制划分明显，处罚措施到位，文明施工方面节省了不少后期清理的费用。

3. 二次营销创效

与业主建立了良好的合作关系和沟通渠道，对市场建材价格上涨形成的差价及时向业主争取到了应得利益，进行大量图纸深化、方案优化、设计变更及开源节流工作，创造利润增长点。

4. 总承包管理

在施工管理过程中，能够想业主所想，急业主所急，站到业主的角度看问题，取得甲方的极大信任。注重各项工作的责任落实并强调任务的时效性，不拖延、不推诿。对业主的承诺一定办到，不做小动作，赚我们该赚的钱，不辜负业主的信任。

针对本工程边设计边施工的特点，特别是在技术和投资控制方面为业主提供全方位的配合及服务。也得到业主的高度认可，他们认为与我们的合作省心放心。

5. 技术创效

通过技术创新，项目取得了良好的经济和其他效益，见表11。

新技术应用情况汇总表　　　　　　　　　　　　　　表11

项目名称	推广面	推广数量	作 用			经济效益 (万元)
			提高质量	降低消耗	提高效益	
1. 长螺旋钻孔压灌桩技术	基础桩工程	2650 根	✓	✓	✓	120
2. 大直径钢筋直螺纹连接技术	直径≥20mm 钢筋	360000		✓	✓	406
3. 组拼式大模板技术	科研楼核心筒墙体			✓	✓	9
4. 管线综合布置技术	机电全现场			✓	✓	230
5. 金属矩形风管薄钢板法兰连接技术	通风（除消防排烟）长边小于 1.2m 风管		✓	✓	✓	90
6. 大管道闭式循环冲洗技术			✓	✓	✓	63
7. 预分支电缆施工技术			✓	✓	✓	177
8. 基坑施工降水回收利用技术	基坑施工			✓		1.4
9. 外墙自保温体系施工技术	外墙加气混凝土砌块砌筑	24000m³			✓	33.6
10. 工程量自动计算技术	厂联达全过程应用			✓	✓	35
11. 硬泡体聚氨酯防水保温一体化技术	屋面、地下室顶板防水	18000m³		✓	✓	62
12. 环氧自流平技术	机房地面、车库地面	55000m³		✓	✓	55
13. 拼装式塑料模块雨水收集体系	室外工程			✓	✓	45

经济效益合计：1327 万元

6. 获奖情况

本工程被评为 2013 年度"北京市结构长城杯金奖"，获得 2012 年度"北京市文明安全工地"，于 2014 年 3 月顺利通过竣工长城杯验收，目前正在准备国家优质工程的申报。

7. 体会

项目的经营能否取得成功、能否为企业、职工给予最大回报，决策的科学化、管理的精细化起着决定性的作用。"精者，去粗也，精心筛选，从而找到预防和解决问题的最佳方案；细者，入微也，究其根由，由粗及细，从而找到事物内在联系和规律性。"

建筑工程项目施工管理的创新对建筑施工企业的生存与发展起着越来重要的作用，项目部作为企业的派出机构是企业的分公司，是企业的缩影，代表着企业的形象，体现着企业的实力，是企业在市场的触点，是企业获得经济效益和社会效益的源泉，因此项目施工管理的有效运作是建筑施工企业的生命，惟有创新才能使生命之树常青。

精细化管理　稳固合肥面板产业基地地位

——中建一局集团建设发展有限公司合肥鑫晟电子器件厂房工程项目

任传彬　王连峰　张笑冬　李志伟　冯志海　刘景月　杨俊才　张　涛

【摘　要】 针对大型高科技液晶面板电子洁净厂房体量大、进度紧、分包多、质量安全要求高等特点，合肥鑫晟项目以业主最终的设备 move－in 为最终目标，确保安全和质量的情况下，将进度作为主线，依托总部的支持，凭借项目部全体员工的努力，以成熟的结构抢工模式以及令业主满意的总承包管理模式，实现了安全、质量、进度的完美管理，确保了项目的按期竣工，取得了较好的经济效益和社会效益。

【关键词】 大型电子洁净厂房；总承包管理；技术创新；设备 move-in

一、成果背景

图 1　合肥鑫晟电子器件厂房图

1. 行业背景

合肥鑫晟电子器件厂房，如图 1 所示是继合肥京东方六代线成功营建后，我公司与京东方科技（000725）再次合作的高世代线工程，也是继京东方六代线、深圳华兴光电八代线、昆山友达光电八代线顺利承建后，我公司再次承接 TFT-LCD 高世代线工程，相对其他 TFT-LCD 项目，合肥鑫晟厂房设计最为复杂，单体最多，且由于业主工艺原因，期间经历了若干次较大变更。另一方面，作为《电子信息产业调整和振兴规划》发布后，安徽省为打造合肥成为"中国平板产业基地"最为重要的高端工程，在省内具有建设投资规模最大、建成后带动上下游产业发展巨大、各方关注度极高的特点。对于我公司而言，也是在高科技电子厂房建设领域，与兄弟单位进一步提升差别化竞争优势的关键性工程。无论对于政府、京东方业主、我公司及各参建单位而言，本工程意义重大，必须按照业主的要求成功履约，故在建设之初，根据本工程的特点，项目经理部提出要通过这个工程实现三个目标："顺利履约，这是我们立身之本；带领团队一起发展，这是公司可持续发展的要求；幸福员工，让大家体会到工作的快乐并快乐地工作"。

合肥鑫晟电子器件厂房项目总投资近 300 亿，2011 年 11 月开工建设，2013 年末形成生产能力，项目建成后将形成阵列玻璃基板加工能力 9 万片/月，CF 玻璃加工能力 9 万片/月，加工玻璃基板尺寸为 2200mm×2500mm。主要产品规格为 18.5″W、21.5″W、23″W、32″W、36.5″W、46″W、55″W 液晶电视用显示模块。

2. 工程简介

合肥鑫晟光电科技有限公司电子器件厂房建设工程项目位于合肥市新站综合开发试验区站北新区，西侧为新蚌埠路，南侧为龙子湖路，东侧为大禹路，北侧为本项目的预留发展用地、大宗气体站、220kV 变电站及东方大道。

本工程主要建设内容包括 1 栋阵列厂房、1 栋成盒/彩膜厂房、1 栋模块厂房，同时建设化学品车间、综合动力站、废水处理站、特气车间、玻璃及成品仓库等 23 个单体。建筑占地面积 64 万 m^2，结构耐久年限为 50 年，抗震等级为一级，屋面防水等级为二级，地下室防水等级为一级。

本工程总建筑面积达到了 67 万 m^2，结构施工期间需投入大量实体材料与机械设备。其中钢结构总量约 19200 吨，架料总用量约 70000t，钢筋总用量约 43000t，混凝土总用量约 470000m^3，模板总用量约 950000m^2，塔吊使用 27 台，劳动力峰值达 6000 余人。

二、选题理由

洁净厂房建造过程存在如下难题：

1. 占地面积大，建造体量大

本工程为 67 万 m^2 的超大体量，需要项目总承包企业具有强大的资源组织、调配与综合协调管理能力和一流的工程施工技术。

2. 建造周期短，变更内容频繁

在厂房建设领域尤其是 TFT-LCD 厂房，时间紧，变更多是常态，逐渐磨练出"唯一的不变就是永远在变"的心态，积极的对业主及各承包商各种可能的情况与变化有准备并能够做出迅捷、准确的反映，以业主设备 move-in 的整体目标。

3. 建造品质高、洁净度标准高

洁净领域的施工质量强烈的关联到项目运营后的产品优良率，进而决定着项目的经济效益和社会效益。这就要求质量严密的细节管理及关键部位的质量预控。

4. 施工人员众多，安全管理难度大

项目整体工期要求高，要求各参建包商投入人员及机具多，危险源就多，对项目的安全管理提出了极高的要求。

本工程作为国内已完工的大型洁净电子厂房，在上述难题面前实现了安全管理零伤亡，设备 move-in 如期进行，量产优良率 90％以上的可喜成果。

三、实施时间

见表 1。

工程实施时间   表 1

总实施时间	2011 年 11 月 05 日～2013 年 12 月 02 日
分段实施时间	
项目总体管理策划	2009 年 11 月 5 日～2013 年 6 月 20 日
管理措施实施	2011 年 11 月 05 日～2013 年 12 月 02 日
过程检查	2011 年 11 月 05 日～2013 年 12 月 02 日
取得成效	2011 年 11 月 05 日～至今

四、管理重点和难点

1. 体量大、工期紧，要求整体管理高效协同

本项目占地面积 64.7 万 m^2，总建筑面积约 67 万 m^2，本工程原定工期非常紧张，从开始施工结构

垫层到完成全部工程仅有 13 个月。由于业主工艺调整等原因，设备 move-in 调整为 2013 年 7 月 20 日，但是巨大的工程体量和相当紧迫的工期要求参建各方必须建立高效的协同工作机制。与业主、设计院、洁净包、机电安装及其他厂建专业系统承包商的协调配合对于本工程如期、高质量地完成具有极其关键的作用。

2. 体量大、时间紧、要求精细合理的计划管理

对于一个建筑面积 67 万 m² 的 TFT-LCD 大型洁净厂房工程，要在原定 13 个月达到生产设备搬入条件，虽然工期有所调整，但是项目的巨大变更调整，其施工进度是非常紧迫的。总承包商的管理团队必须抓住各个里程碑节点，结合主要厂房的建筑结构特点，制定合理施工分区和流水段划分，实行每个施工区多条流水线平行推进模式。在大型洁净厂房工程建设过程中，洁净施工是关键线路上的关键阶段，洁净施工前的结构工程、屋面及墙体围护、常规机电安装、室外管线和道路的施工均应以为洁净施工提供作业面为条件，确保洁净施工按计划插入或提前插入，并进而为最终设备搬入提供合格的条件。在施工总体计划安排中，充分考虑了以洁净施工为主线，合理安排其他施工内容。

3. 体量大、时间紧、要求合理的交通物流及平面布置

本工程占地面积大，为大型群体厂房工程，布设大型塔吊为 27 台。施工料场需求大，室外管线多，室外管线和道路在结构施工后期即需要安排插入施工。因此，总平面布置和施工交通管理尤为重要，它是工程后期有序施工的重要保证。适时的对总平面及交通进行规划和调整，以适应厂房建设各个阶段各厂商的需求。

4. 体量大、时间紧、高效的资源组织和分包计划的精准实施

本工程巨大的工程体量和非常短的工期对承包商在资源设备组织投入、有同类工程施工经验的劳动力组织及专业分包的选择方面提出了很高的要求。根据工程量和工期安排，工程需要投入的劳动力高峰时期约为 6000 人。工程结构特点对劳动力也提出了较高的要求。因此，在短期内迅速组织数量充足的有大型洁净厂房施工经验的劳动力是本工程结构主体施工的主要难点之一。

本工程结构主体施工需要投入大量的模板和架料。架料总用量约 70000t，钢筋总用量约 43000t，混凝土总用量约 470000m³，模板总用量约 950000m²。大量的模板、木方、架料、钢筋、混凝土在工程开工后需要进场到位，及时组织这些材料到位是确保结构主体施工按计划进行的重要保障。

5. 结构形式复杂，架体设计及施工难度大

电子厂房 1 及电子厂房 2 核心生产区为两个洁净生产厂房上下叠加，面积为 160000m²。下回风夹层楼板为无板格构梁结构，中间设置结构转换层，标高为 16.90m，板厚为 150mm，梁截面为 1000mm × 1900mm、900mm × 1800mm，无板格构梁层高为 4.50m，梁截面为 600mm × 950mm、400mm × 950mm。

本项目电子厂房 1、电子厂房 2 核心区为格构梁＋转换层，层高达 16.900m，架体搭设高度较大，且部分立杆需要穿越格构梁支撑转换层梁板，架体设计和施工难度大。

6. 钢结构加工制作与安装

本工程钢结构主要分布在 1 号电子厂房、2 号电子厂房、室外管廊、连廊、管架。钢结构用钢量约 19200t，安装用高强度螺栓约 40 万套，压型钢板 8 万余 m²，栓钉约 57 万套，防火涂料约 15 万 m²。钢结构部分施工周期只有 90 天，工期紧，任务重，施工面积大，吊装形式多样，厂区运输困难等成为本工程结构主体施工的主要难点之一。

五、管理策划及创新内容

1. 进度管理策划

（1）项目目标管理策划见表 2。

1	质量目标	工程质量等级合格、合肥市建筑工程"琥珀杯"奖（市优质工程）、安徽省建筑工程"黄山杯"奖（省优质工程）、争创国家级奖项
2	工期目标	开工日期：2011年11月5日，竣工日期：2013年12月02日
3	安全目标	安徽省合肥市安全文明示范工地、杜绝重大伤亡、火灾事故和人员中毒事件的发生、轻伤频率控制在6‰以内

（2）高效管理机制的策划

本工程有着巨大的工程体量和较短的工期要求，各方必须建立高效的协同工作机制。与业主、设计院、洁净包、机电安装及其他厂建专业系统承包商的协调配合对于本工程如期、高质量地完成具有极其关键的作用。

（3）计划管理策划

对于本大型洁净厂房工程，要在预定时间内使所有结构工程，达到生产设备搬入条件，其施工进度是非常紧迫的。这就要求项目部具有丰富的同类工程施工组织管理经验，熟悉大型洁净厂房工程施工管理特点，在进度计划安排中，抓住关键线路，合理安排施工顺序。

（4）技术管理策划

本项目电子厂房1、电子厂房2核心区为格构梁＋转换层，层高达16.9m，架体搭设高度较大，且部分立杆需要穿越格构梁支撑转换层梁板；屋面为钢梁与压型钢板组合屋面；洁净厂房格构梁部位整体高差控制及2m/2mm的平整度控制，超重梁及薄板的混凝土抗裂处理、地下室抗浮设计及施工；大面积屋面钢梁的吊装等系列技术难题。通过对上述技术难题的策划，达到了很好的经济效益及社会效益。

（5）安全管理策划

在施工中，始终贯彻"安全第一、预防为主"的安全生产工作方针，形成工程参建各方参与的安全管理体系，并以严格的奖惩措施和细致的管控来促进安全管理，强化安全生产管理。通过组织落实、责任到人、定期检查、认真整改，杜绝死亡事故，确保实现安全目标。

在安全管理方面坚持实行"一票否决制"，从方案评审、通过，到现场执行、监督，除了正常的安全管理体系运转之外，合肥京东方项目实行一票否决制度，不放松、不放过任何重大安全危险源的识别、管理过程。建设过程中，无重大伤亡事故发生。对项目安全生产投入也较以往工程有所提高，该花的钱坚决不省，同时在物资上保证了项目安全工作的推进，向各界传达以管理保安全的理念，树立了良好的社会效应。

（6）质量管理策划

百年大计，质量第一，在开工初期项目部就组织项目主要管理人员认真讨论本项目的质量管理规划，对于这种体量大、工期紧的项目，如何确保抢工期情况下的工程品质成为重大课题，为此项目对实施过程中的各工序认真分析，以全面质量管理为手段，成立各项质量管理QC小组，针对不合格项认真分析，找准控制手段与措施，确保工程优良率。根据大型洁净厂房独有特点指定针对性质量管理制度及措施，并按照《质量管理体系要求》GB/T 19001—2008/XG1—2011标准建立的质量保证体系运行；用全面质量管理的理念，组织现场施工；以专业管理和计算机管理相结合的科学化管理体制，全面推行科学化、标准化、程序化、制度化管理，精心组织、精心施工，确保实现质量目标，并有效的解决问题。

（7）总承包管理策划

大型电子厂房最大特点之一参建包商众多，这些包商从开工到完工，按照工程总体进度计划的要求，以完成整个厂房厂务系统为主线，穿插进入现场，交替对工作面、临水电、堆场等厂区公共资源行使占有权，完成各自的工作。要发挥总承包单位有对其他包商的照管、配合与协调的总承包管理作用。

通过对各承包商及业主的深入了解，编制总报告阶段的管理手册，根据项目move-in目标，与业主、PM 商定各包商的定标时间及进场施工时间，定期召开生产协调会、深化设计协调会、设备搬入通道专题会、堆场布置专题会、分房间计划及计划跟踪表，punch list 跟踪销项检查、竣工验收推进会等各种会议，通过各种计划及安全文明施工的内容来督促管理及服务各承包商。

2. 科技创新内容

项目深入到施工现场提炼施工技术和管理手段的精华，经过研究与实践，总结形成了本工程具有代表意义的关键创新技术，降低了成本，缩短了工期，提高了工程质量。创新技术为洁净施工综合技术。

电子厂房1、电子厂房2均属于大面积的洁净厂房，是典型的垂直单向流结构，设有上技术夹层和下技术夹层，中间层为阵列生产洁净室。洁净室吊顶高度为7m，具有温度、湿度及洁净度的要求，上技术夹层布置有FFU高效过滤器静压箱层。下技术夹层设置为回风和配管层，同时还布置有部分配套设备。核心区两侧设回风夹道，与核心区架空地板一起形成空气的循环通道。

针对洁净施工特点，特编制关键线路图，如图2所示。

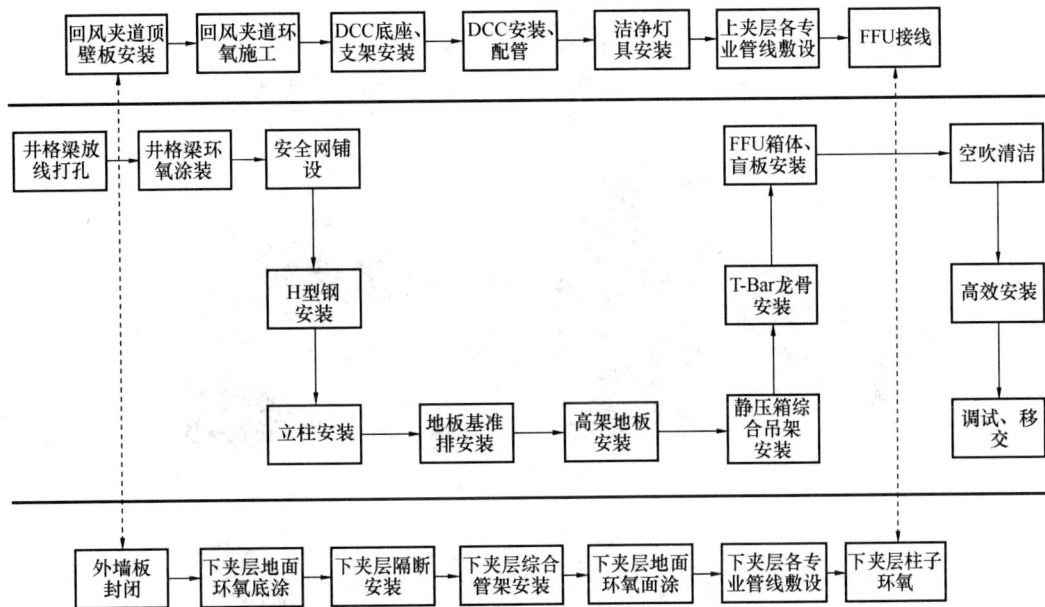

图 2　关键线路图

（1）高架地板施工。本项目核心区格构梁区域有大面积的高架地板施工，总面积大 120000m²，如何保证地板的施工精度，减少各方面的累计误差，是本工程的难点。

（2）FFU 及盲板施工技术。本工程上技术夹层约 120000m²，吊顶层密布有大量的 FFU 和盲板来调节风量，FFU 数量为 60000 个，盲板为 50000 m²，并且夹道两侧及中间分割很多 H 钢剪刀撑，施工难度大，如何保证工程的效率及安全性是本工程的难点，如图3所示。

1）现场划线，如图4所示。

2）支架安装，如图5所示。

3）主方管安装，如图6所示。

4）副方管安装，如图7所示。

5）M8 螺杆安装，如图8所示。

6）组装FFU吊顶框架，如图9所示。

① 按龙骨设计尺寸先将 T 形龙骨组合成四格做为一个单元。

② 确保FFU吊顶框架组装空间及清扫。

③ 地板保护及安装组装平台。

图 3 H 型钢调平图

(a) 型钢到货；(b) 测量；(c) 定位画线；(d) 打膨胀螺栓；(e) 膨胀螺栓固定；

(f) H 型钢安装；(g) 膨胀螺栓固定；(h) 型钢连接片安装

图 4 现场划线示意图

图 5 支架安装示意图

图 6 主方管安装示意图

图 7　副方管安装示意图

图 8　M8 螺杆安装示意图

图 9　组装 FFU 吊顶框架示意图

④ 安装隔离带及控制人员进出。

⑤ 组装 FFU 吊顶框架。

7）安装 FFU 吊顶框架：

① FFU 吊顶框架的安装步骤如下，具体施工示意图，如图 10 所示。

② 将组装好的 T 形龙骨单元和 M8 吊杆连接，用激光水平仪调整龙骨各悬吊点下面的高度，具体通过调节螺母来调整，调高度时必须拉着型材使其保持垂直向下，再对照地面最高点与龙骨最低侧的高度来测量 T 形龙骨的高度。

③ 在 M8 螺杆上安装铝制结构件。

④ 用塑料布将 T 形龙骨包裹起来，以防划伤或污染 T 形龙骨。此外，严禁硬物碰撞 T 形龙骨。

⑤ 利用手动水平仪确认水平及调整第二次水平。

图 10　FFU 吊顶框架的安装示意图

8）清洁及找支撑点：

① 除去塑料及薄膜清洁。

② 利用酒精第二次清洁。

③ 确认架空地板、墙体，铝制结构件拼缝。

④ 通过找支撑点调整拼缝。

⑤ 安装拼角连接件及除去支撑点。

9）安装盲板，如图 11 所示。

① 附着密封条。

② 根据图纸安装盲板。

③ 安装固定夹子。

图 11　盲板的安装示意图

10）FFU 安装，如图 12 所示。

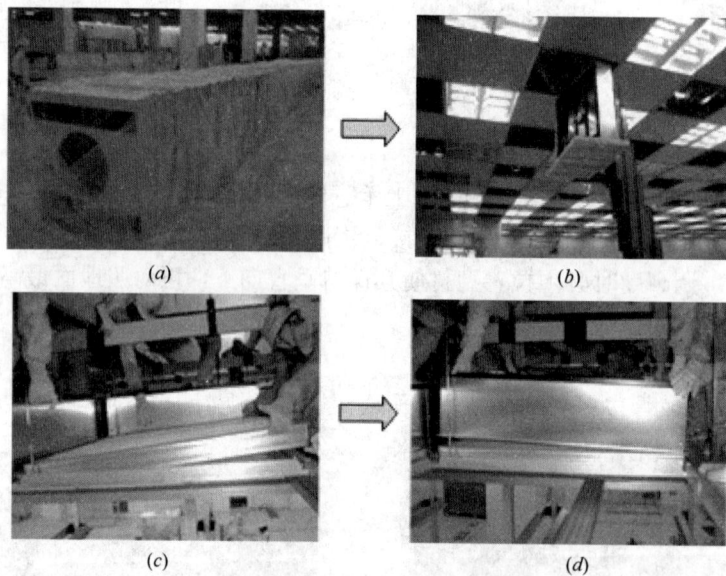

(a)

(b)

(c)

(d)

图 12　FFU 安装示意图

(a) 现场防尘保护；(b) 提升安装；(c) ULPA 安装；(d) FFU 安装

① 安装前必须对洁净室清扫，擦净达到清洁要求后，净化空调系统必须试运转空吹 24h 以上，并再次清扫、擦净方可进行。

② 拆开包装时应进行外观检查，看过滤纸、密封胶、框架有无损坏，尺寸是否符合要求，必要时应进行检漏后再安装。

③ 为避免受损，应由 2 名以上工人安装 FFU。

④ 安装后的 FFU 风机过滤器单元，应保持整体平整，与吊顶衔接良好。风机箱与过滤器之间的连接，过滤器单元与吊顶框架间应有可靠的密封措施。

11）吊顶收边，如图 13 所示。

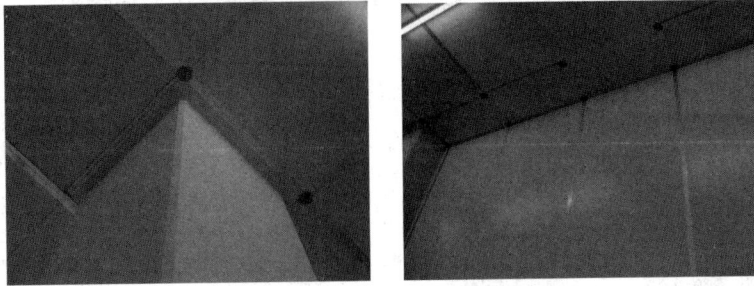

图 13　柱边吊顶收边墙边吊顶收边

（3）回风夹道金属壁板施工技术

FAB 区回风夹道顶面距下夹层地面约＋16.5m，夹道宽 5.4m，长度 275m×4m，外侧金属壁板墙体最高处达 10m，中间分割很多 H 钢剪刀撑，如何保证隔墙的高度方向及水平方向的强度及隔墙本身构造强度，是本工程的难点。

① 由于回风夹道内墙体高度较高，最高处 10m，给施工带来不便。

② 针对此难点，需在回风夹道内先铺设 DCC 支撑基础，然后再进行 4 层的墙板施工，如图 14 所示。

③ 在铺设上的 DCC 基础框架上，布置两根槽钢导轨，间距为 1.8m，与架子车的间距相同。同时在导轨两侧铺设木板作为临时防护，导轨中间为 DCC 的检修通道。

④ 采用多层移动式脚手架移动施工，如图 15 所示。

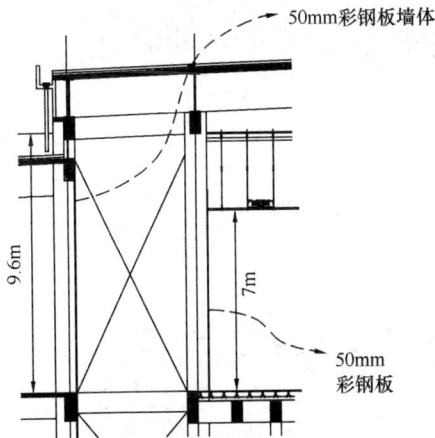

图 14　回风夹道内墙体高度示意图

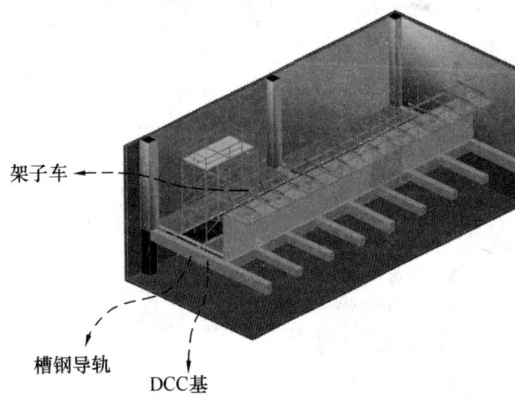

图 15　多层移动式脚手架示意图

六、管理措施实施和风险控制

1. 高效管理机制的运营

选派具有大型洁净厂房总承包施工管理经验的项目管理团队负责项目的履约，建立高效的工作流程，定期组织对进度的检查和计划的跟踪，编制总报告阶段的管理手册，根据项目 move-in 目标，与业主、PM 商定各包商的定标时间及进场施工时间，定期召开生产协调会、深化设计协调会、设备搬入通道专题会、堆场布置专题会、分房间计划及计划跟踪表，puchl ist 跟踪销项检查、竣工验收推进会等会议。通过建立各种交流平台带领各承包商统筹协调，来实现业主设备 move-in 整体目标。

2. 计划管理实施

（1）本工程包含 23 栋单项工程，根据不同的使用功能及生产场务系统对单项工程的需求时间，来合理的统筹完成施工。本工程为大型洁净电子厂房工程，主厂房功能分区较多，系统较为繁复，施工过程中的每个阶段均有多个施工工序穿插平行施工。大型电子洁净厂房计划管理策划的关键是：合理安排工序、加强沟通保证信息完成、全过程无缝监控、及时纠偏调整，如图16所示。

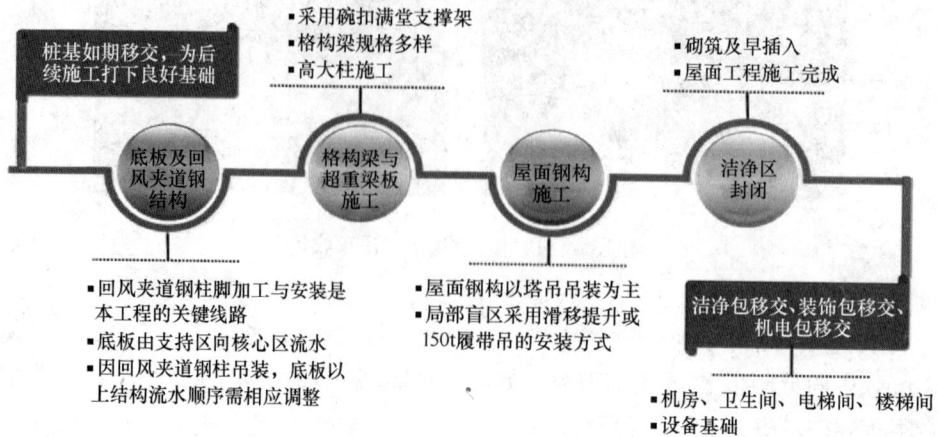

图16　计划管理图

（2）制定计划的6大保障措施，确保人、材、机满足施工进度要求，如图17所示。

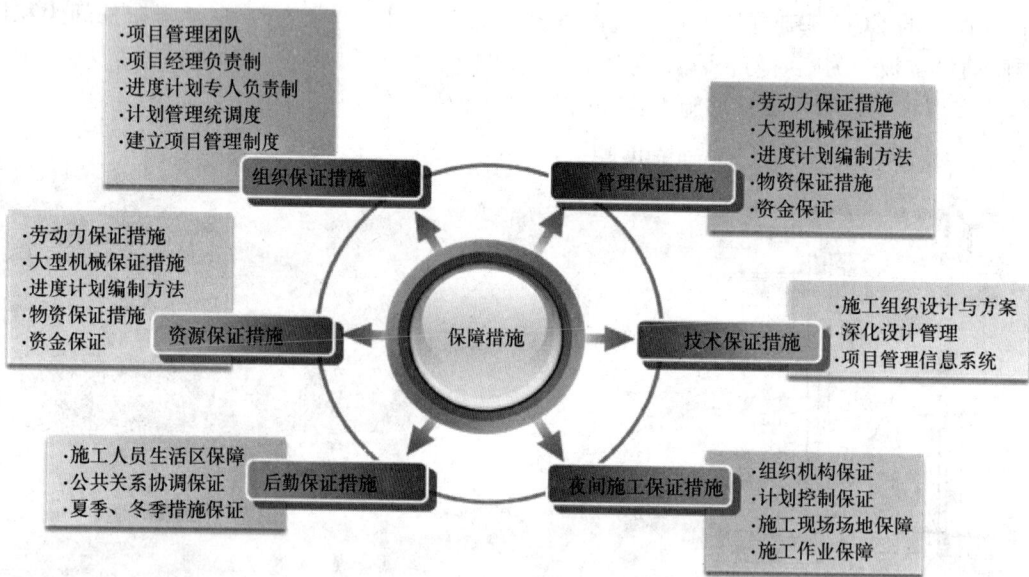

图17　6大保障措施图

3. 技术管理策划

投标阶段，项目技术部即组织主要技术管理人员对项目的整体施工进行策划，借鉴公司以往大型电子厂房施工经验，针对转换层超重梁板高大架体、格构梁部位整体高差控制及2m/2mm的平整度控制、STK区域平整度控制、玻璃自动化传送系统需求、洁净管制要求、设备基础等各项要求，提前编制各项施工组织设计与施工方案，并对班组及现场施工人员进行详细的施工交底，确保了履约及成本综合效益的实现。

随项目的进展及时对技术成果进行了总结和推广，在大型洁净厂房技术管理领域取得了优异的成绩，成功地解决了众多施工中的技术难题。

4. 交通物流及总平面布置实施

由总承包商对堆场及道路进行统一规划，按照如下原则进行道路协调和堆场规划：

（1）合理组织交通，减少场内二次运输，确保物流通常、交通有序。

为便于本工程施工，建筑场地周边开启 10 个出入口与市政道路相连，其中 6 个直接用于施工现场的车辆进出（3 号门可能关闭），将现场分为三个交通循环区，车辆按照循环区的规划进出现场，避免车辆在现场任意穿行。

（2）为避免材料及构件长距离搬运，根据所需材料就近堆放。厂区北侧，已硬化约 8.5 万 m² 临时堆场，可在各阶段供各包商使用。

① 在结构施工阶段，主要用作钢筋原材堆放区、车辆等待区和备用区域。

② 在装饰/机电/市政施工阶段，主要用作风管加工场、水电加工场、工艺相关堆场、消防暂存区、弱电暂存区和预留空地。

③ 在洁净室/设备搬入阶段，主要用作洁净室加工场、工艺管道堆场、零星装修材料堆场、风机盘管堆场、配电柜堆场、小型设备储存场地和大型设备储存场地等。

（3）依据各阶段施工内容的不同，对施工平面和交通规划实行阶段性布置。装饰/机电/市政/洁净室施工阶段，以及设备搬入阶段，大量设备、机电管材、装修材料等从吊装平台进入建筑，需事先规划车行路线，并要求各包商严格遵守，充分保证场内交通有序。

5. 安全管理实施

（1）完善的安全管理体系和制度。建立以各项目经理为主导囊括全项目所有成员的项目安全委员会，确保安全管理全员全过程参与，责任到人到事。并制定安全管理制度，对现场的危险源进行识别，将其宣贯到每一个参与建造的管理人员和施工人员中。

（2）安全管理措施。编制安全管理方案，对关键部位、关键危险源进行识别，制定合理的管理措施，并督促检查，每周一召集所有现场管理人员和施工人员进行安全宣讲，使安全管理深入人心。

（3）安全投入。设置专项安全资金，由安委会统一制定安全资金使用计划，做到专款专用。安全防护设施、用品用具购置更新；消防设施设备的购置更新；安全教育经费；安全技术改造更新；其他专项安全活动经费。

6. 质量管理实施

（1）成立由项目经理为核心，现场经理、总承包管理经理、机电经理、总工程师及质量安全经理组织实施，质量保障部、工程部、机电部、技术部、设计部、物资部等各部门具体实施的质量保证体系，建立从项目经理部管理层、劳务单位、业主指定分包商和直接分包商管理层到工作队操作层三个层次的现场质量管理职能体系。

（2）因为这种大型工程建设分包单位众多，所以要加强宣传力度，保证沟通传达畅通，建立执行每周生产例会质量讲评、每周质量例会、每月质量检查讲评、质量会诊制度，全现场范围内杜绝出现第二次相同的质量问题。

（3）执行"样板先行"制度。在样板施工中充分发掘问题，同时劳务单位、业主指定分包商和直接分包商在样板施工中也接受了技术标准、质量标准的培训，做到统一操作程序，统一施工做法，统一质量验收标准。样板工程验收合格后才能进行专项工程的施工。

（4）加强员工培训，内容包括公司质量方针、项目质量目标、项目创优计划、项目质量计划、技术法规、规程、工艺、工法和质量验评标准等。通过教育提高各类管理人员与作业队伍施工人员的质量意识。

七、过程检查与监督

针对本工程的 Fast-track 建设特点，制定适合于本工程的各项管理制度，项目定期组织专项会议，并形成高效的组织运营模式，对管理运行中出现的问题进行实施整改，确保管理流畅高效。并在实施过程中严抓落实，在制度设立时注重形成反复校核机制，保证每项工作都有平行或垂直部门监督、检查。注重管理经验的积累与推广，形成系统的超大型厂房施工管理技术，奠定了公司在超大型洁净厂房项目建设领域的领先地位。

八、管理效果评价

1. 质量管理效果

在质量管理中，根据工程前期制定的质量目标，实行精细化管理、过程精品控制，工程质量始终受控，得到业主、管理公司和监理公司的充分认可。荣获：

2012 年度合肥市结构优质工程奖。

2012 年度已取得国家钢结构金奖。

2. 安全管理效果

工程高峰期同时施工人员达 6000 人，分属 200 家承包商，属于典型的人员密集、多专业交叉施工。通过完善的安全管理制度，本项目实现了：

（1）无因工死亡事故，无重大伤害事故发生。

（2）轻伤负伤频率年度控制在 6‰ 以内。

（3）无重大机械伤害事故。

（4）无严重环境污染、强噪声扰民。

（5）无食物中毒和传染疾病的发生。

（6）无交通责任重大事故。

荣获 2012 年度安徽省省级建筑施工安全质量标准化示范工地验收。

3. 技术管理效果

探索总结出了一套适用于大型洁净厂房建设的高平整度混凝土施工技术、大跨度钢结构施工技术、洁净施工技术等施工工艺与技术。参与中建总公司技术课题《大型洁净厂房成套施工技术研究》的实施与总结工作，正在进行准备课题验收工作；完成了《大型电子洁净厂房塔式起重机选型的探讨》、《大跨洁净厂房钢结构施工综合技术》等技术论文及 20 余篇技术总结。其中《大型电子洁净厂房塔吊选型的探讨》发表于施工技术杂志-2011 年 S2 期，《大跨洁净厂房钢结构施工综合技术》已经发表于《重点建筑工程施工技术与管理创新 5》。专利完成 2 篇，包括《一种回风楼板用玻璃钢模模壳》（专利号 2013 2 0840651.0）、《可循环用水的简便洗车系统》、（专利号 ZL 2012 2 032339.0）。这既为公司承接大型厂房项目积累了宝贵经验，成为公司在大型厂房建筑市场上实现差异化竞争的优势，又为企业在大型厂房建筑市场竞争和履约提供了有力的保障。

4. 项目管理评价

秉承着"用心改变生活"的理念，在以京东方企业管理团队的带领下，中建一局建设发展有限公司通过技术、质量、安全文明、进度、总承包管理等各种策划，实现了一个又一个节点工期，最终实现了2013 年 12 月中旬的满产，打破了日韩台对 TFT-LCD 的行业垄断，占领了国内面板产业的制高点；面板产业作为整个 TFT-LCD 产业链中游的核心纽带，BOE 的成功强势带动了合肥地区的上游设备及原材料产业的长足发展，与下游应用企业共同形成了完成的行业产业链，取得了良好的经济效益和社会效益。

依靠科技创新
确保异型复杂场馆建筑的顺利施工

——北京城建集团有限责任公司内蒙古科技馆新馆工程项目

王中录　梁　丰　陈金荣　曾召炉　罗　达　曹庆岩　李　绪　杨玲玲

【摘　要】 内蒙古科技馆新馆工程是内蒙古地区标志性公益建筑，整体采用旭日腾飞创意方案，造型新颖，结构异常复杂。作为公司的重点工程，项目以技术创新为先导，强化全过程、全方位、全天候、全覆盖的总承包管理，通过精细化管理，解决了异型复杂建筑的施工组织难题，创造了精品工程，积累了大型多曲面结构的施工经验，实现了社会效益和经济效益双丰收。

【关键词】 技术创新；复杂结构；精品工程；精细化管理

一、工程概况及成果

1. 工程概况

内蒙古科技馆新馆呈流线型，南北长 190m，东西宽 161m，工程建设总面积为 48300m²，建成后的新科技馆展览教育面积约 28000m²。工程总投资 4.6 亿元。新馆除包括了展厅、各类高科技影院、临展区、各类会议厅和培训室外，还有商务区，使科技馆、科学中心成为了科研、教育、娱乐的好去处。新馆主楼工程中心区域地下一层，东区地上三层，西区地上六层。东北侧为穹幕影院，如图 1 所示。

图 1　效果图

科技馆工程以科技展厅为主要功能，公共区域展厅全部为高大空间结构，层高 10m 和 12m，巨幕演示厅层高达 18.0m，其顶板梁截面达到 1200mm×3000mm。

新馆屋顶采用了管桁架结构体系，其中部分管桁架与主体结构梁端头通过大型型钢埋件相连接。主体结构设置有型钢混凝土转换梁，用于支撑在楼层上生根的框架柱。框架柱主要以型钢混凝土柱为主，以支撑高大空间。型钢梁柱截面形式有箱形截面、Ⅱ形截面、工字形截面、圆形截面、异形截面等，采用板厚 20～40mm 材质为 Q345b 型钢，型钢总用钢量约 1200t，如图 2 所示。

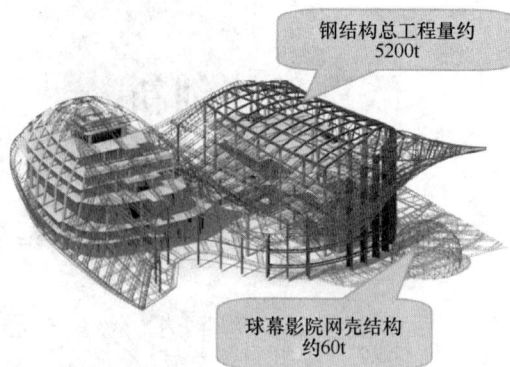

钢结构总工程量约
5200t

球幕影院网壳结构
约60t

图 2　钢结构全貌三维图

2. 成果背景

内蒙古科技馆新馆工程是以"世界眼光、时代特征、内蒙古特色、创新发展"为建设理念,"国内领先、西部一流"为建设目标。内蒙古科技馆新馆项目规划方案是通过全国征集、专家论证、社会公示和自治区批准优选的方案,具备世界一流科技馆的功能和特色。科技馆新馆体现了以人为本,科普为主,最大限度地发挥了科技馆的总体效率,设计功能齐全、流程合理、造型优美,达到了国内一流科技馆的水平。

二、选题理由

内蒙古科技馆新馆无论建筑整体外观,还是建筑内部装修效果,全部采用曲线形式,整体造型似流水、似沙丘、似哈达,整体建筑像一条流动的哈达,具有强烈的科技和民族特色。造型新颖,结构复杂,尤其是混凝土结构、钢结构和幕墙结构其难度在国内罕见。同时,工程建设标准高,工程整体的复杂性,对各分部分项工程要求较高,各项风险因素的预控难度大。需要工程总承包商面对全新的技术与管理挑战,以其自身的技术实力、管理经验,结合工程的自身特点,确保工程建设的顺利实施。

三、实施时间

本工程于 2010 年 8 月 18 日开工,2013 年 12 月 30 日完工并通过四方竣工验收。

(1) 质量目标:确保获得内蒙古自治区"草原杯",争创国优"鲁班奖"。

(2) 安全文明施工目标:杜绝因工死亡、重伤等责任事故,轻伤事故控制在 3‰,达到内蒙古自治区安全文明工地标准。

四、管理重点和难点

1. 工程属于标志性建筑,社会影响力大

作为内蒙古自治区政府一号工程"内蒙古科技馆新馆",该项目受到自治区政府高度重视,自治区主席、常务副主席、党委常委等各级领导多次亲临工地现场视察工程进展情况。工程工期、质量、安全多个环节容不得一丝马虎。工程施工总承包单位必须精心策划、统筹安排,确保工程施工安全、质量、工期、成本等各项建设目标的完美实现。

2. 工程专业多,专业工序交叉施工多,总承包协调管理是工作重点

科技馆工程其设计理念决定了其系统复杂性,尤其是后期展陈、影院配合专业多,从分包施工方案及深化设计入手,进行全方位的总承包管理,并提供必要的服务。尤其是对各分包工程交接部位、各专业接口进行统一综合管理,避免出现"三不管"部位,确保各项工程管理目标实现。

3. 工程质量目标高,创优策划和过程控制是重点

(1) 建立、健全以项目经理为工程质量第一责任人、总承包项目经理部、分包工程作业队、施工班组为一体的三级质量管理体系，接受公司总部的指导、检查以及业主和监理单位的监督。

（2）建立质量创优责任制，明确在建设单位总体建设质量目标的指导下，相关各方（建设单位、设计单位、施工单位、物资供应单位等）按照工程质量总目标，在工程承包合同的约束下，共同为实现工程建设目标和质量目标努力，行使权力和履行各自职责。

（3）充分分析工程的特点、重点，提取创优亮点，加以全工程的策划。

（4）结合以往鲁班奖工程的创优经验，对本工程有针对性地制定一整套过程质量管理制度和控制措施，确保过程精品。

（5）建立创优领导小组，做好宣传工作，做好技术准备工作，制定工程创优总体计划和质量手册，做好工程创优申报工作，特别是抓好工程资料的收集与整理工作，为创优创造条件。

4. 主体结构中斜向混凝土圆柱和高大空间施工是本工程的难点

科技馆工程大量采用了斜向混凝土圆柱，由于柱网尺寸调整为无规则减小，导致每个位置斜柱的倾斜角度均不一样。其中，倾斜角度最大为53°。由于斜柱与普通直柱存在有较大的区别，其钢筋绑扎、模板设计、混凝土浇筑以及模板的拆除均有特殊要求。如采用常规施工工艺将无法顺利开展作业，如图3所示。

图3　斜向混凝土圆柱图

科技馆的展厅区域主要为高大空间结构，其中巨幕演示厅净空高度达到18.0m，顶部3根框架梁的截面尺寸为1300mm×3000mm，跨度25.2m，空间大，框架梁截面大，尤其是梁底模板必须采用特殊的固定方式，以确保模架的整体稳定性。高大空间楼板模架体系，选用安全、经济支撑体系，编制专项高墙柱、高净空楼板施工方案及技术措施，经过专家论证，上报监理审批后指导施工，确保高大空间部位的施工质量、安全，如图4所示。

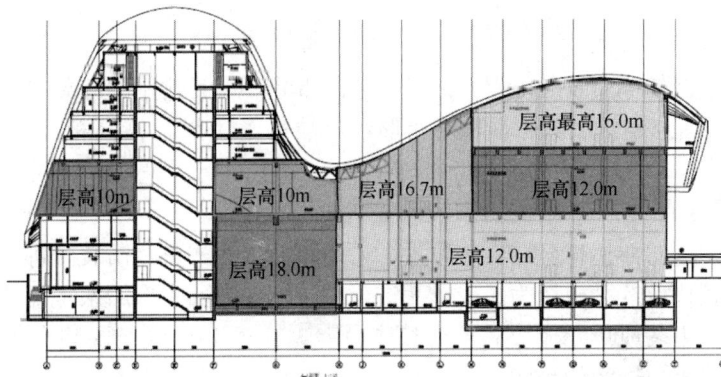

图4　剖面图

5. 屋面多曲钢桁架的加工拼装施工精度要求高

（1）科技馆钢结构屋面为曲面屋面，且建筑设计师设计过程中为展示曲面线条美感未采用方程曲线，而采用随意曲线，为达到线条曲率要求，深化过程中必须采用多点拟合的方法，即一条曲线上由多条曲率的曲线经光滑过渡连接而成。钢管采用冷压加工，其弯曲加工设备采用 400/800 吨油压机进行加工，根据钢管的截面尺寸制作上下专用压模，进行压弯加工成形，如图 5 所示。

图 5　屋面图

（2）针对屋面超长双曲管桁架现场拼装工艺的革新，采用 N+1 的预拼装工艺，采用 2+1 累积误差的方法进行拼装，为分段高空定位安装提供保证；桁架现场拼装在专用的拼装场内进行，为充分保证桁架支座处开档距离，有效降低拼装高度，提高拼装精度和保证线型尺寸，桁架拼装采用卧式拼装的方法，如图 6 所示。

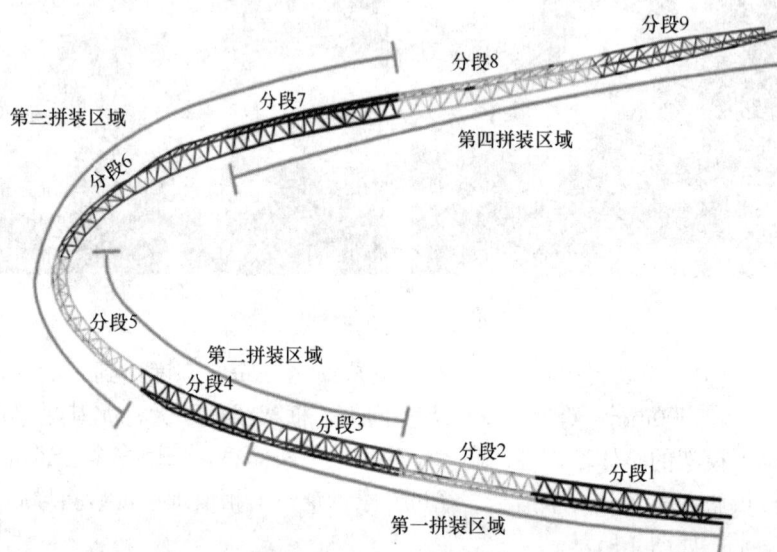

图 6　拼装工艺图

（3）大跨度悬挑管桁架中安装阻尼器，通过工艺的革新，在悬挑桁架卸载完成后，进行模拟加工模拟安装，通过焊接加强肋板控制支座的焊接变形，成功的解决阻尼器高精度的安装的难题，如图 7 所示。

6. 高空大跨度悬挑屋檐双曲铝板的安装难度大

高空大跨度悬挑屋檐双曲铝板幕墙安装技术，采用单元板块式整体吊装。将吊顶铝板整体模型进行拆分，在地面以 4 个板块或 6 个板块为一个单元进行拼装，在地面支撑胎架将钢龙骨和铝板按照空间相对位置进行连接固定，组装成单元板块后进行整体吊装，针对 45m 高空安装双曲铝板幕墙，在不搭设脚手架的情况下，解决铝板安装的难题，如图 8 所示。

五、管理策划及创新特点

1. 建立项目管理体系与职能划分

本工程本着科学管理、精干高效、结构合理的原则，配备在异型复杂建筑总承包管理中均具有丰富

图 7　阻尼安装图

图 8　双曲铝板图

的施工经验、服务态度良好、勤奋实干的工程技术和管理人员组成项目管理体系。

2. 建立创优策划，工程施工一次成优

项目部成立之初，就为本项目设定了确保"草原杯"，争创国家"鲁班奖"的目标，并为实现该目标，积极进行了创优策划。各个工序提前策划，施工中严格控制，一次成优。

3. 针对复杂结构，实施科技创新，确保工程顺利进行

项目部针对工程异型复杂造型的特点，以及工程建设的实际需求，组织专家及公司技术骨干，提前对工程建设必须解决的技术难题进行分析，制定切实可行的解决方案，并在工程建设过程中不断予以完善，从技术层面确保工程建设顺利实施，并形成异型场馆建筑综合技术体系，为后续类似建筑施工积累经验。

4. 参建单位多，协作单位多，重视总承包管理的协调完善

为做好本工程的总包管理协调，在项目实施过程中贯彻"为业主打造精品"的管理理念，将所有分包商形成一个利益共同体，为所有分包商提供一整套优质、高效的工程建造共享资源服务体系。与业主直接分包单位如影院公司、展陈公司等协作单位做好配合。

同时，针对本工程特点，项目部在熟悉合约内容与掌握工程特点的基础上，结合以往工程风险管理经验，对本工程建设可能出现的安全、质量、成本、工期的风险因素进行细化，逐一制定风险控制措施，并对重大风险因素制定应急预案，同时在实施过程中不断整改完善，以形成适应异型建筑的风险预控体制。

六、管理措施实施及风险控制

1. 制定"创优策划",实施"精品战略",做到一次成优

为完成创优目标,本工程建立以项目经理为质量第一责任人,以项目执行经理、总工程师、生产经理、质量总监为核心的质量管理班子。严格分工,责任层层落实到人,奖罚分明,督促与鼓励并用,努力实现既定目标。

(1) 全面质量管理:质量控制的关键是过程控制,要创建一个精品工程,必须进行质量全过程控制。

(2) 执行标准化:在施工过程中实施技术标准化和业务管理标准化,按照集团公司工艺指导和管理体系严格执行,要有执行力,重视过程管理。

(3) 加强细部策划和节点控制:创优策划先行,确定重点,针对工程的斜向混凝土圆柱、高大空间模架、多曲管桁架、阻尼器的安装等多个部位,提前策划到位,样板先行,做到一次成优。

2. 通过科技攻关和大量新技术应用,攻坚克难,确保工程的顺利进行

项目部将科技工作与解决工程难点紧密结合,将该项工作的作用点与加快进度、提升质量、减少投入、确保安全的工作目标统一起来。

(1) 创建了由项目技术生产人员、各专业分包单位技术质量负责人、外施队技术骨干组成的学习型团队,成立了土建、钢结构、幕墙、水电设备安装、室内装修、智能化控制等科技创优小组。请来专家到现场进行培训指导,并参与重大方案的论证。

(2) 根据设计要求和实际需要,在满足使用功能和国家规范的情况下,大胆使用了新工艺、新措施、新材料,既克服了施工的难点,又提高了生产效率。按照建筑业 10 项新技术(2010 版),在本项工程中 10 个大项均得到了有效合理的应用,共 26 个子项。

(3) 积极并自主创新了高大斜向混凝土圆柱施工技术、高空悬挑网架阻尼器安装技术、多曲管桁架 TPO 防水卷材铺贴技术、多曲超长管桁架加工拼装技术、可调式多曲铝板安装技术、超高屋檐铝板整体组合吊装技术等等。通过了内蒙古自治区新技术应用示范工程验收。

3. 异型场馆建筑总承包施工管理做到动态化

本工程体量大,造型复杂,对于参建各分包单位均面临施工工期紧,施工难度大等困难,特别是交叉施工时,由于设计、场地等原因,制约因素极大。项目部针对项目特点,组织了以土建、机电以及主要分包的技术人员,结合工程特点,实施多项施工调控手段,包括增加流水段数量、制定工作面交接单、动态调整分部分项施工工期、增补项施工作业单,定期召开问题协调会等,有效调配施工作业面,最大限度减少各工种交叉引起的不利影响,确保施工有序进行。在工程例会、技术例会、经营例会等管理机制的基础上,调整管理机构,将管理岗位前移,提升总承包管理的动态化、时效化。

七、过程检查和监督

在施工过程中,项目每周组织一次现场协调工作会,通报一周内的工程管理情况,分析情况,发布进度、技术、质量、安全、成本动态信息及关键部位的保证措施。除此之外,每周组织生产例会,对各分包单位及各专业施工队伍就工程的工期、质量、安全、材料供应等进行组织协调。确保施工任务优质、高效、圆满完成。

八、管理效果及评价

1. 科技创新管理成果

(1)《高大斜向混凝土圆柱施工工法》、《TPO 防水卷材施工工法》、《悬挑管桁架阻尼器安装工法》、《法兰连接衬塑钢管现场补塑施工工法》等四项已经获得 2013 年度内蒙古自治区施工工法(内蒙古建设厅:内建建〔2014〕8.20 号)。

（2）《内蒙古科技馆主体结构施工技术》获得北京城建集团 2011 年度科技进步二等奖，目前正在积极申报 2015 年度内蒙古自治区科学技术奖。

（3）国家发明专利一项：《一种多曲率半径弯扭钢管及其制作方法 》（专利号：ZL 2011 1 0121735.6）。

（4）国家实用新型专利四项：《外幕墙骨架连接构件》（ZL 2011 2 0319844.4）、《可调式圆型斜柱钢模板》（ZL 2012 2 0228384.7）、《可调式型钢构件人工翻转器》（ZL 2012 2 0228482.3）、《 一种多曲率钢管》（ZL 2011 2 0149462.7）.

（5）内蒙古自治区新技术应用工程已经通过验收

2. 质量管理成果

（1）2012 年度中国钢结构金奖。

（2）2013 年度全国工程建设优秀 QC 小组成果二等奖。

（3）2013 年度内蒙古草原杯优质工程质量奖。

3. 安全文明管理成果

2011 年度内蒙古建筑施工安全标准化工地

4. 项目团队建设

王中录科技攻关型青年突击队荣获北京市优秀青年突击队标杆称号。项目经理获得全国五一劳动奖章。

5. 社会效益

作为自治区一号工程，该项目自治区政府高度重视，自治区主席巴特尔、常务副主席潘逸阳、副主席赵双连、党委常委曹征海、秘书长常海、副秘书长王喜才等各级领导多次亲临工地现场视察工程进展情况。2014 年度的自治区新技术应用示范工程总结大会计划在科技馆召开。

以精益思想为管理抓手　实现项目管理增值

——中国建筑一局（集团）有限公司北京协和医院门急诊楼及手术科室楼改扩建二期工程项目

高建军　刘春峰　刘文希　吴淑梅　王维　薛建龙

【摘　要】随着我国改革开放的深入，建筑行业也从以前粗放式的管理向精细化转变。协和医院项目部紧随时代的步伐，以精益思想为管理抓手，采用团队作战管理模式和表格化管理模式实现工期履约；依托纵横交叉体系保证工程质量；严把"七关"保障施工安全；为客户提供优质服务，打造客户持续满意度，实现履约。

【关键词】精益思想；管理增值；表格化管理；纵横交叉体系；承诺制度

一、成果背景

1. 行业背景

在市场竞争日益激烈的大环境下，建筑行业建造工期越来越短，投标造价越来越低，施工质量要求越来越高，项目增值管理已经成为项目管理成功与否的重中之重。同时，有战略眼光的建筑施工企业都在根据自己不同的实践经验，不断总结并运用项目精细管理的科学理念与具体方法。

2. 项目增值的必要性

随着我国改革开放和现代化建设的不断深入，建筑施工企业面临着行业竞争越来越大、利润越来越低、成本管控压力越来越大等不利因素形成的生存发展挑战。建筑施工企业如果不做好项目的增值工作，企业的发展就会是无源之水、无本之木。建筑施工企业只有不断提高项目增值，真正围绕成本管理去抓项目管理，才是企业做强、做大、做久的不二法宝。

二、选题理由

1. 工程重要性

协和医院老院区的规模已不能满足日益增长的人流量，迫切需要扩大规模。协和医院改扩建工程是一项重大的民生工程、北京市重点工程。在工程建设期间原国务院副总理吴仪、卫生部部长陈竺等多位国家领导人多次视察本工程的建设。我公司领导明确表示：为保证此民生工程保质保量履约，我们的质量目标必须达到"中国建设工程鲁班奖"的标准。

2. 工程简介

北京协和医院门急诊楼及手术科室楼改扩建二期工程，位于北京市东城区东单北大街西侧、校尉胡同东侧，煤渣胡同和帅府东街之间。建筑面积 108753m²，其中地下室 39856.8 m²，地上 68887.2 m²，檐口高度 49.3m。

本工程于 2009 年 6 月 15 日开工建造，2012 年 8 月 31 日通过竣工验收。主要由 1～3 层手术室、ICU 等洁净区域及配套用房，4 层为设备机房，5～11 层为病房及其他辅助设施，地下部分主要分为地下车库、设备用房、放射科、中心供应及管道设备夹层。

3. 医疗设备安装种类繁多，预控难度较大

医疗设备安装种类繁多，管线综合排布相互交错、穿插。系统间存在大量接口，与土建、装饰等专

业交叉作业量大，后期调试项目繁多，系统联动关系复杂，集成化程度高。手术室、核磁共振、X光等大型医疗设备房间施工，需考虑设备及其附属设施的定位，再合理布置风、水、电设备末端，预控难度较大。

三、实施时间

见表1。

工程实施时间　　　　　　　　　　　　　　　　　　　　　　　　　　　　　表 1

总实施时间	2009 年 06 月 15 日～2012 年 08 月 31 日
分阶段实施时间	
管理策划时间	2009 年 06 月～根据各时段节点适时调整
管理实施时间	2009 年 07 月～2011 年 6 月
过程检查时间	2010 年 06 月～截至工程竣工的全过程
取得效果	各阶段节点～2012 年 08 月

四、项目管理过程中重难点分析

1. 质量要求高

在工程投标策划时，我公司明确提出本工程创"中国建设工程鲁班奖"，同时本工程的性质也决定了本工程务必成为高水准的精品工程。这对总包单位的综合管理能力是一项极大的挑战。

2. 场地狭小，施工局限大

本工程位于北京市王府井繁华地区，相邻医院住院部、居民区，工程周边场地狭窄，工程占地面积为 15000m²，周边临时场地仅 2000m²，留做临建和材料堆放的场地非常有限。特殊的地理位置和现场场地状况，决定了施工受到很多限制，如何合理划分和调整场地，组织物资交通运输、合理组织大体积混凝土浇筑等连续作业工序成为一大难点。

3. 医疗建筑特殊性

手术室等部分房间需要超净化、无菌环境；医院房间内设备较多，各类电器插座较多，给排水管道、医疗气体管道、等电位连接等，必须进行合理排布规划；需要综合考虑各种水管走向，尽量避开重要或极其贵重的医疗设备房间；作为医院工程，空调通风系统的严密性至关重要，各系统的风管必须确保严密，无漏风现象，以避免空气交叉感染；本工程有大量的医院专用设备：如 CT、MRI、DSA 机等，这些设备的等电位连接直接关系到病人的生命安全，保障医用设备等电位连接的预留预埋、医用管线指定位置的预留预埋定位，对后期设备的安装质量起到至关重要的作用。

4. 深化设计技术要求高，多专业综合协调难度大

本工程设计理念先进，对有特殊要求房间进行了专业设计，如 MRI、DSA、介入治疗、双板 DR、单板 DRCT 等房间进行屏蔽设计。手术室、中心供应、NICU 等房间进行净化设计等。同时为了达到本工程一类高层建筑标准和满足国内外先进医疗设施的使用要求，从设计上采用高标准，其中建筑耐火、地下室防水、剪力墙抗震等级均为一级。

本工程除外幕墙、钢结构、精装修、弱电、消防、电梯、消火栓、喷淋、气体灭火、通风空调等一般工程具有的专业工程，还包含净化系统、屏蔽、医用气体、医用管线等医用专业工程，均需要由专业分包商实施。

5. 安全管理难度大

本工程系统复杂，专业分包多，高峰期间达到 160 多家，同时处于王府井繁华地带，建筑施工期间消防要求非常严格；另外本工程位于东长安街，众多的政治会议或者政治活动在附近举办，安保等级要

求非常高，严禁出现任何安全事故。以上均给总包协调管理带来挑战。

五、管理策划及创新特点

项目运营总体思路：把控工程总体脉络，建立起保证项目履约的管理体系，通过精细化管理和过程创新，达到管理增值和业主满意的目标，为集团公司承接医疗领域工程树品牌、攒经验，如图 2 所示。

管理方针：满足顾客、保护环境、珍爱生命，用我们的承诺和智慧雕塑时代的艺术品。

管理目标：不发生工程质量安全事故。合同履约率 100%，不发生重大法律纠纷和诉讼事件。

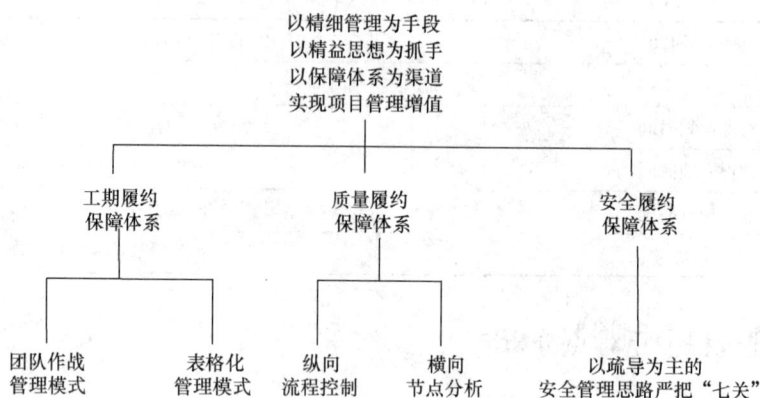

图 1　项目管理成果树状图

六、管理实施情况

1. 以精益思想为管理抓手，实现工期履约

项目在如何保证工期进度受控方面运用"两个模式"即：团队作战管理模式、表格化管理模式。

（1）团队作战管理模式

1）成立区域作业业务单元。在工程进入装修阶段，本工程按照功能区域划分为 3 个单元，即地下室单元、手术室单元、病房单元。成立区域作业业务单元，打破现场施工与技术策划的界限，整合工程部与技术部的管理资源。在这个区域管理单元中，不再是一个或两个人，而是一个由工程部和技术部整合起来的团队。区域业务单元中所遇到的一切问题，都将由这个团队统筹解决，减少了在传统意义上两个部门配合管理中的不交圈，以求达到团队管理的效率最大化。项目还举行区域业务单元劳动竞赛，让业务单元组合人员荣辱与共，共同鞭策、相互提高。

2）履行总承包协调对接职责。本工程共有 375 间病房，建筑面积达 11625m²，由于每间病房都配有一个室内卫生间，所有病房区域内有水间的建筑面积达 1312.5m²，占病房区域总面积的 11.3%。每间病房内部施工的工序繁多，达到 65 项，涉及到的分包及供应商多达 24 家。在一个病房内仅 31m²的施工区域中，最多时集中了 8 个分项工程同时施工的情况。项目部总结以往管理经验，实施了"承诺制度"的碰头会。碰头会规定在每天下午 4 点举行，由现场经理主持，总包项目总工、机电经理、各业务单元人员及所有分包带班参加，目的是解决当天施工中的遗留问题和第二天施工中的协调问题。在这个"承诺制度"中，除了明确问题、落实人员、完成时间外，同时将奖惩措施、问题的原因和结果一并记录在案，做到问题与责任人交圈、管理与管理交圈的目的。参与协和工程建设的所有分包都愿意参加我们的碰头会，因为我们真诚对待每一家分包，给他们解决实际问题。

（2）表格化管理模式

在繁多复杂的装修工序中，不同的时间会穿插进不同的工序。在这期间，不同的工序难免分主次、排轻重，在某个工序大面积施工之后的尾期，容易出现头大尾小的状况，而这些遗留下来的尾项以及质量隐患，在施工的后期会使施工进度严重滞后。俗话说："编筐编篓，贵在收口。"如何解决工程中残留尾项及细枝末节的收尾，采取针对性的管理制度，就成了解决这个问题的重中之重。

为了解决施工中容易出现的边缘化效应，项目将病房区域所有的工序以每间病房为单位制成表格，在表格中体现不同工序的完成情况，这种表格在实际的施工中有两个好处。第一，在房间编号与工序组成的坐标系内，任何细小的差漏都能显现。利用表格化管理，将立体多层次的现场情况，固定在平面的表格上，不同编号病房的现场施工动态情况，就跃然纸上了。第二、这种表格化的管理模式，对于病房工序的管理有了明确的管理路径，按照表格的模式追踪，每个房间、工序、施工顺序，一切清楚明了。这种表格化的管理模式在病房大面积装修的后期发挥出了显著的作用，把复杂的现场工序衔接清晰化，做到人人可检查、人人可追踪，对于集中项目管理资源来解决收尾消项也起到了作用。

管理模式的创新，解决了制约工期的难点问题，促使工序流水化、管理集约化，保障主线工期和关键节点受控。

2. 质量保障依靠运行纵横交叉体系，实现工程优良

工序优质才能保证工程优良，每道新工序展开前项目均要求运用纵横交叉体系进行权衡后，方可大面积展开施工。

（1）纵向体系主要是流程控制

专项方案编制→技术交底→实施样板工序→制定验收标准→大面积展开施工→过程监控→改进施工工艺，总结反馈成果。

在控制流程中相关职能部门均有相应职责。比如卫生间饰面砖粘贴控制流程中"实施样板工序"时，技术部职责是方案设计后的现场指导；质量部职责是监督样板工序实施，记录工序中不合格或需要继续探讨的做法；工程部职责是组织人员、机械、材料，选择样板位置，展开样板制作工序。

（2）横向体系主要是攻克质量通病

在纵向控制流程实施的过程中，有可能出现一些质量通病没有得到控制或者需要改进施工工艺，此时就可以采取横向对比分析，找出问题根源进行反馈，如图2所示。协和医院病房区域地面材质为橡胶卷材，面积多达3万 m²。该材料单位面积造价高，橡胶卷材地面细部节点施工优良率仅为85%，针对橡胶卷材这种材料施工时遇不同材料部位容易起鼓、阴阳角接缝不严密等质量隐患。项目通过开展QC小组活动，现场质量隐患得到很好预控，在保证美观、平整的情况下完全满足使用功能，在创优评优过程中深受专家评委以及业主等各方好评。

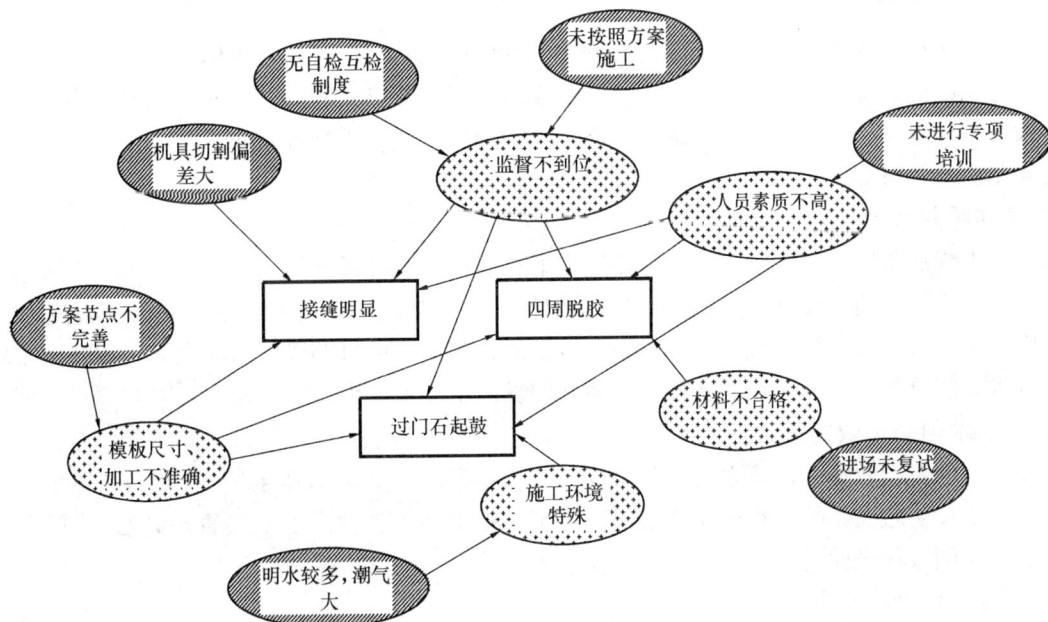

图2　橡胶卷材地面施工要因分析关联图

3. 施工过程管理严把"七关"，实现安全运营

安全管理并不是一个口号，而是一种行为过程。过程管理与教育并重，教育要从感情上激励工人，充分发挥他们的主观能动性，在教育方法上要晓之以理、动之以情，把工人当做亲人对待。

过程管理中坚决贯彻"疏导"的主动安全管理思路，不倡导安全管理漏洞依靠"堵""补"被动去挽救。在以"疏导"为主的安全管理思路下，我们执行严把"七关"，将"人的不安全行为、物的不安全状态"消灭在萌芽时期，控制安全风险，见表2。

施工过程之七关

表2

工作项目	工程部	安全部	技术部	现场经理	项目总工	项目书记
教育关	☆	★	△	☆	△	☆
交底关	★	☆	☆	☆	☆	△
方案关	☆	☆	★	☆	☆	△
措施关	★	☆	☆	☆	△	△
检查关	☆	★	☆	☆	△	△
整改关	★	☆	☆	☆	△	△
验收关	★	☆	☆	☆	△	△

★—主办　☆—协办　△—配合

注：1. 每项任务只有一个主办部门。

2. 协办、配合部门同样有责任监督。

3. 安全管理加强协作，互相提醒，扫除盲区。

对于隐患的落实整改情况坚决执行"区域单元管理问责制"和"四定原则"，即：定责任人；定整改措施；定整改时间；定整改验收标准。

七、过程检查和监督

1. 创优策划保证工程质量

本工程建立以项目经理为质量第一责任人，以执行经理、总工程师、生产经理、质量总监为核心的质量管理小组。编制质量创优计划、质量管理关键点，严格分工，责任到人，落实创优任务。

2. 调整生产管理模式

伴随着工程建设任务的进行，项目部及时调整工程建设的管理模式。在主体结构施工阶段发挥技术部和工程部分工明确、责任到人的优势；在装修阶段由于细部节点做法较多，便于及时明确做法，将两部门管理人员结成对子，分区域管辖。结合采用专人专项负责制，既给各专业人员提供一个平台，又方便发现的问题能够及时解决落实。

3. 技术难题分析制度

例如，本工程的基坑深度达20m，原有建筑地下外墙距基坑最近处仅2.65m，由于门急诊楼与手术科室楼开工时间不同，两工程基底标高相差7m，致使北配楼基础外露近12个月。保证基坑边坡安全和原有建筑稳定及正常医疗运行，成为本工程安全控制最大难点。项目部以此为攻克本工程技术难题的起点，建立技术难题分析制度，在后期工程建设期间均发挥了巨大作用。

4. 加大技术创新创效力度

为加大技术创新创效力度，建立了以公司技术部和专家监督指导、项目班子成员分工落实执行、管理人员和分包队长实施操作的管理组织体系，发布了"技术创新创效力度奖励管理办法"，提高了所有参建人员的创新创效积极性。

5. 安全管理多举措全员管控

项目部在传统的安全管理模式上扩大了安全管理的理念，将安全管理关口前移，执行严把"七关"

等举措，在协调各专业分包的同时建立严格的安全综合管理模式，实现安全管理全员管控。

八、管理效果及评价

1. 社会效益

在总包单位的精心组织、精细策划下，本工程顺利通过各项验收，按期完成竣工验收。北京电视台和相关报纸争相报道这一喜讯，我单位组织的工程回访，业主满意度为100％。

本工程荣获2013年度"中国建设工程鲁班奖"，"北京市建筑长城杯金质奖"，"北京市结构长城杯金质奖"，"全国工程建设优秀QC小组一等奖"，"北京市文明安全样板工地"，全国"AAA级安全文明标准化诚信工地"，中建总公司"效能监察金奖"，实用新型专利3项，集团级工法3项，集团级优秀施工组织设计1项，集团级优秀论文1项、集团级优秀施工方案1项的殊荣。

2. 经济效益

项目在工程建设期间通过节能创效获得较好的增值效益，通过诚信履约与业主建立了良好的合作关系和沟通渠道，业主同意将因市场建材和人工费价格上涨形成的差价给予合理补偿。

科技推广和创新工作成为工程施工的坚实技术支撑，取得了相应的经济效益：831.34万元（科技进步效益率1.85％）；项目通过开展"效能监察"活动，抽取木方、多层板等六个检查点共计盈利12.23万元；通过开展QC活动，橡胶卷材施工减少修补返工费用：12.57万元，达到了降本增效的目的。

3. 工程施工过程中形成的文件在新的工地中有效运用

本工程施工后期，我项目管理人员将施工过程中的各项经验形成管理成果，并在公司内部推行。项目经理高建军代表公司在中建总公司"项目管理论坛"上做了题为"以精益思想为管理抓手，实现项目管理增值"的报告，反响强烈。兄弟单位多次组织来项目观摩学习成功经验，获得良好的口碑。

在我司正在承建的"中国少年儿童科技培训基地工程"中，我们将充分吸收、借鉴协和医院工程的管理成果，进一步细化、完善、扩展管理理念，为新工程实现各项目标、指标奠定基础。

九、结束语

在协和医院工程推行精细化管理，以精益思想为管理抓手，打造履约文化、诚信文化、盈利文化，为中建一局集团有限公司树立了良好的品牌，企业信誉度得到提升。我们的工作受到业主及卫生系统领导的高度认可和赞扬。卫生部、市卫生局领导经常带领外地医院领导视察本工程，业主委托的工程管理公司中石化服务有限公司通过在协和工程和我们的全过程协作配合，认为我们确实是干实事、重信誉的企业。因此，我们可以自豪的说："完成协和医院工程，已经实现项目完美履约、增值、增效的目标！"

优方案　强管理　狠抓落实控安全

——北京建工集团有限责任公司奥林匹克公园瞭望塔工程项目

焦　勇　徐德林　郭　峰　孙连学　付雅娣　徐　淼　黄榜伦

【摘　要】　奥林匹克公园瞭望塔工程是一个超高层柔性钢结构，由塔座、塔身和塔冠3部分组成。本文分塔身、塔冠施工两个阶段对施工过程中的主要安全防护风险进行分析。项目部通过对技术方案进行不断优化调整，将施工安全风险降至最低，同时兼顾节约成本；通过加强针对火灾、高坠、物体打击等危险源制定了相应的管理措施，从制度上提供安全保障；将各项技术措施、管理措施贯彻到每一个角落、每一个人，狠抓落实，保持现场施工安全始终处于受控状态。

【关键词】　超高钢结构；安全防护；不可燃

一、成果背景及选题理由

1. 工程简介

北京奥林匹克公园瞭望塔工程是一个超高层柔性钢结构，建筑高度248m，由塔座、塔身和塔冠三部分组成，整个平面由5个直径6.5～14m的塔组成。塔身高度在165～228m不等，每42m设置1道桁架层，将1号塔与其他小塔连接起来，以增强整体抗侧移刚度。塔冠为树枝状结构，平面尺寸远较塔身大，安装难度大，施工风险高，如图1所示。

本工程结构全部采用焊接节点，施工难度大。超高层结构施工的一个共同特点就是超高作业时高处坠落、物体打击、火灾等安全问题极易发生。尤其是5个塔顶部塔冠结构呈树枝状，上部大下部小，大部分处在200m以上的悬空作业，防护难度大，施工安装风险高。

2. 成果背景及选题理由

随着我国城市化进程的步伐不断加快，资源紧缺的问题日益明显，为提高资源的利用率，超高层"城市综合体"项目不断涌现。据不完全统计，至2011年，全球300m以上超高层建筑（包括在建工程）共75栋，其中43栋在中国大陆，港台地区9栋。前十名中国大陆占8名，台湾占1名。

超高层建筑的不断涌现，给施工技术带来了飞速发展，也给施工安全防护技术提出了更高的要求。因此，在超高层建筑结构施工中，安全防护的技术措施和管理措施，显得尤为重要。

通过研究超高层施工安全防护技术，总结过程中的经验教训，对保证作业人员的生命财产安全，推动超高层施工技术的发展，为企业占领超高层施工这一高端市场，有着极为重要的意义。

二、实施时间

见表1。

实施时间表　　　　　　　　　　　　　　　　　　　　　　表1

实施时间	2011年3月～2012年7月		
分阶段实施时间表			
管理策划	2011年3月～2011年5月	过程检查	2011年6月～2012年7月
管理措施实施	2011年6月～2012年7月	取得成效	2012年8月

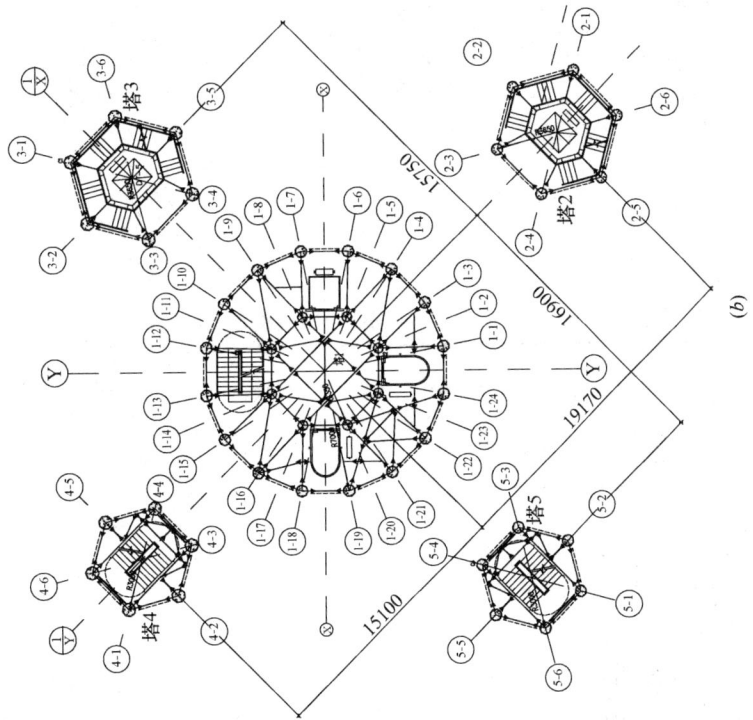

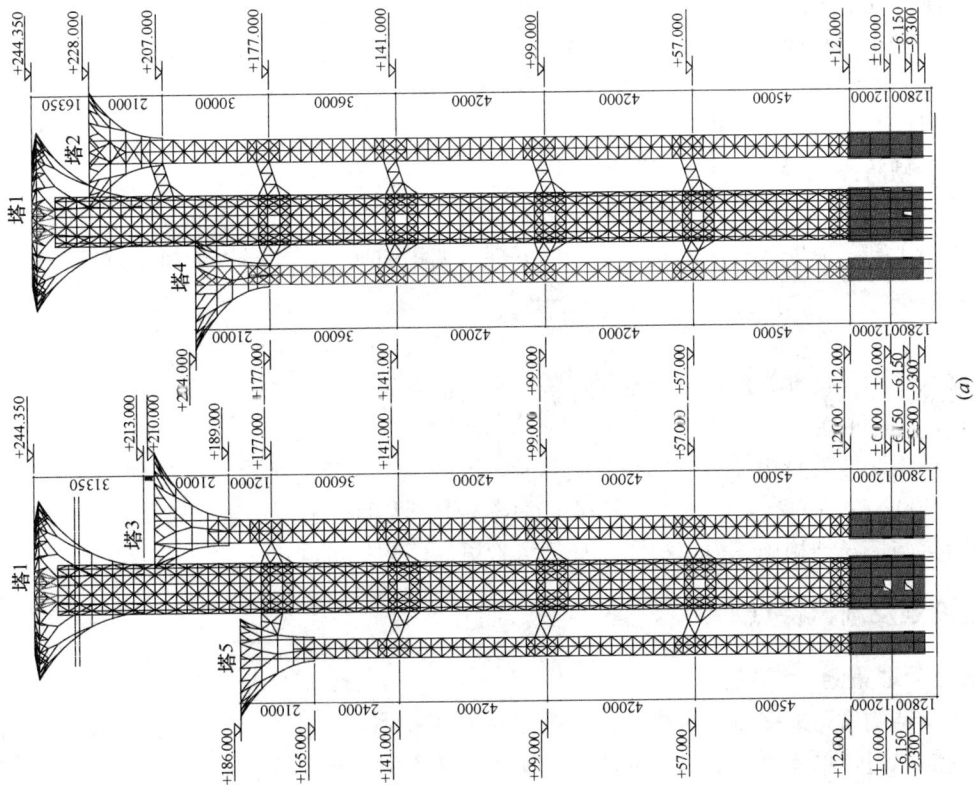

图 1 瞭望塔结构构图
(a) 立面; (b) 平面

41

三、管理重点和难点

作为超高层结构施工，施工安全防护是重中之重。安全防护必须适应施工方法，如果无法保证安全，则施工方法必须调整。超高层结构施工，外防护通常采用爬架。目前，国内提升架（爬架）技术日臻成熟，安全性也在不断提高，相关规范也于2010年出台。爬架使用过程中，与主体结构施工的协调，与塔吊、卸料平台、结构突出部分的关系处理，是本工程要研究的重点。

1. 塔身

塔身是指结构直线段。5个塔共计48根钢柱，1号塔直线段最高，达到213m。具体各塔结构参数，见表2。

塔身塔冠结构参数　　　　　　　　　　　　　　　　　　　　表2

塔号	1	2	3	4	5
柱直径（mm）	750600	800	800	800	800
柱数量（个）	16+8	6	6	6	6
直段高度（m）	213	207	189	177	165
结构总高（m）	248	228	210	204	186
塔身直径（m）	14	7.3	7.3	6	6
塔冠直径（m）	51.2	33.6	32.4	30.0	26.4

（1）施工外防护的风险点

根据钢结构安装方案，1、4、5号塔竖向分段单元高度为9m，2、3号塔竖向单元高度为6m，竖向各单元间的连接全部采用高空焊接。因此，施工防护的风险点主要有：①工人高空作业高处坠落、物体打击风险。②大量焊接作业的火灾风险。③防护构造的高空抵抗风荷载的风险。④突出于结构外立面的构件对防护构造的影响。

（2）室内防护风险点

室内、室外划分单元相同。在钢结构施工过程中，随着主体结构的升高，室内防护的风险点主要有：①施工作业面上，结构楼板封闭前，工人高空作业高处坠落、物体打击风险。②已施工完楼层高处坠落、物体打击风险。③大量焊接作业的火灾风险。

（3）层间施工硬防护风险点

与其他超高层结构一样，本工程在上部结构未完成时，下部外檐装修就要插入施工。因此，必须解决上下交叉施工给下部幕墙安装带来的安全问题。下部幕墙提前插入施工最大的风险就是上部结构施工时的物体打击。

2. 塔冠

塔冠为树枝状结构，构件为扭转箱形截面，塔冠平面投影为环状，塔冠的尺寸远较塔身大，其中1号塔外挑最多，达18.6m。

塔冠结构构件无法像塔身构件那样整层形成单元，因此，不可避免地存在高空拼装。从平面上看，结构拼接处均为200m左右的高空悬挑，如何保证高空操作工人的安全，是安全防护的重中之重。塔冠结构安装的风险点与塔身结构施工内容相同，只是风险更高，防护难度更大。

四、管理策划及创新特点

1. 塔身安全管理策划

瞭望塔工程钢结构采用地面散件拼装、高空单元安装的方法，拼装单元高度有6m和9m两种。塔身直线段钢结构施工时，单元之间的安装、焊接、探伤等是防护工作的重点。

（1）施工外防护

最早考虑的外防护脚手架为液压爬架，这种爬架体系是目前国内超高层结构施工使用频率最高的外防护体系，但本工程结构平面尺寸小且为圆形，每两个外柱间需要设置两个机位，且由于架体构造原因，架体顶端悬挑高度只能做到3m。因此，结合工程特点，经过性能、价格等综合考虑，最后确定该塔身结构施工外防护采用导轨桁架式电动爬架。这种架体自重轻，安装、爬升、拆卸等简单灵活，完全能满足本工程的要求。此方案经北京市模架领域顶级专家论证，一致通过。其主要内容如下：

1）根据结构竖向分段高度，爬架的上端悬挑高度确定为6m，固定点间距6m，架体总高度21m，能同时满足本单元探伤和上一单元的焊接安装工作。每榀爬架在爬升阶段有两个连墙点，使用阶段有3个连墙点。

爬架底部设置小翻板。爬架提升前，翻板翻起，不影响爬架提升；爬架爬升就位后，翻板放下，将爬架与结构间的间隙完全封闭，有效地阻止了高处坠落的物体从爬架与结构间的缝隙下落，大大降低了爬架下方人员遭受物体打击的风险。翻板防护构造，如图2所示。

本工程塔式起重机采用外附着式，两台动臂式塔式起重机对称附着在1号塔上。塔式起重机最大自由高度为54m，相邻附着点间距36m，爬架的爬升滞后于塔式起重机锚固点安装。

塔1每侧有两榀爬架与塔式起重机锚固杆干涉。经过爬架公司详细的计算以及与现场各方协商，采取方案如下：两榀主框架能通过塔式起重机锚固杆间隙的爬架，爬升通过锚固杆时，连接杆拆除，待连接节点通过锚固杆标高后重新进行连接，确保了爬架的整体性受影响不大；两榀主框架无法通过锚固杆间隙的爬架，爬架搭设时该位置采用双排架进行防护，高9m，使其既满足防护要求，又保证塔式起重机锚固杆位于其下方，不影响爬架爬升，如图3所示。

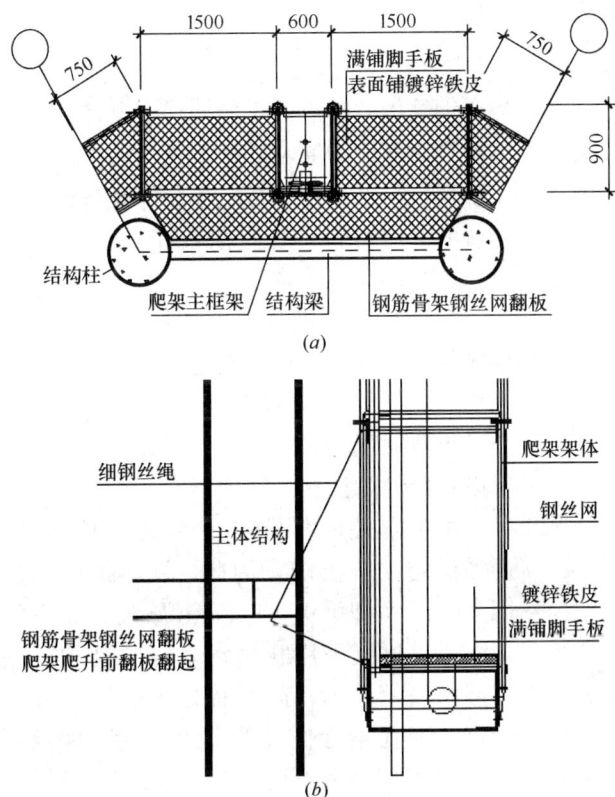

图2　爬架结构图
（a）单榀爬架底部水平防护；b爬架底部翻板构造

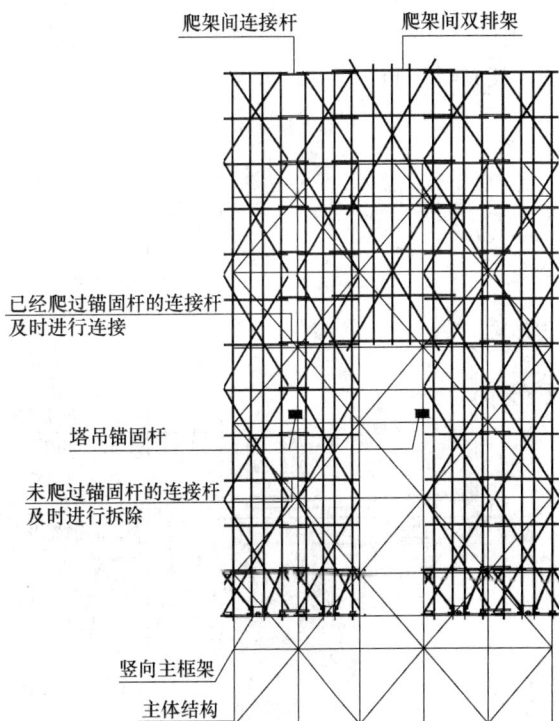

图3　爬架与塔式起重机附着杆处理方法立面图

2）为了从根本上避免施工面上出现火灾，必须将架体设计成不可燃架体。爬架设置了3层脚手板，为了减少火灾隐患，处理措施如下：①防护网采用不燃材料钢丝网。②脚手板上满铺1层镀锌铁皮，防止高温电焊渣引燃脚手板。

3）结构外水平防护

结构施工期间，从 18m 标高开始，向上每 9m 设置 1 道 3m 宽水平安全网，塔间用钢丝拉通，水平网在钢结构周围用三角架与结构梁柱节点连接锁定，安全网外侧均用直径 12.5mm 通长钢丝绳拉结，如图 4 所示。

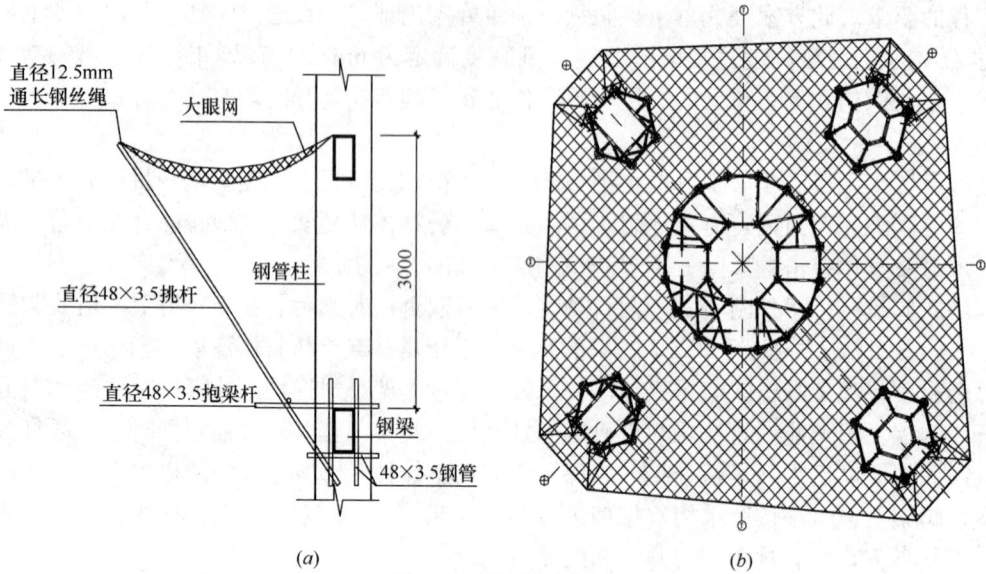

图 4 水平防护网图

（a）构造；（b）平面

（2）室内防护

室内的防护主要为楼梯口、电梯井口的防护。结合结构为全钢结构的特点，室内楼梯、电梯井口均采用钢筋作护身栏杆，钢筋与主体焊接连接。钢楼梯及其休息平台周围用钢筋制成防护栏杆，横杆与立杆之间采用点焊，立杆与钢楼梯踢面面板进行焊接，横杆（扶手杆）与结构柱进行点焊。所有与钢结构焊接的部位均刷 2 道防锈漆。

（3）层间施工硬防护

为满足总工期要求，按照总体进度计划进行分段施工，钢结构施工至 123m 时插入幕墙施工。幕墙施工与钢结构施工采取交叉作业。现场需在结构标高 102.000m 位置设置硬性防护棚。

本工程硬防护除了满足防护功能外，还须满足防火要求，因此，硬防护面板选用 50mm 厚脚手板＋0.3mm 厚镀锌铁皮复合而成。挑梁采用 [10 号，靠近结构一端焊接两根钢筋卡，间距根据现场实际尺寸确定，卡在梁上防止出现挑梁径向滑移；另一端焊接短钢管，便于连接防护栏杆。挑梁间的连接杆件采用直径 48 钢管，间距不超过 1200mm，与槽钢用四号铅丝绑扎连接。

为满足硬防护平台安装过程中及使用过程中的需要，其上部、下部均设钢丝绳与结构悬挂，如图 5 所示。

室内作业层下，满铺两层脚手板，脚手

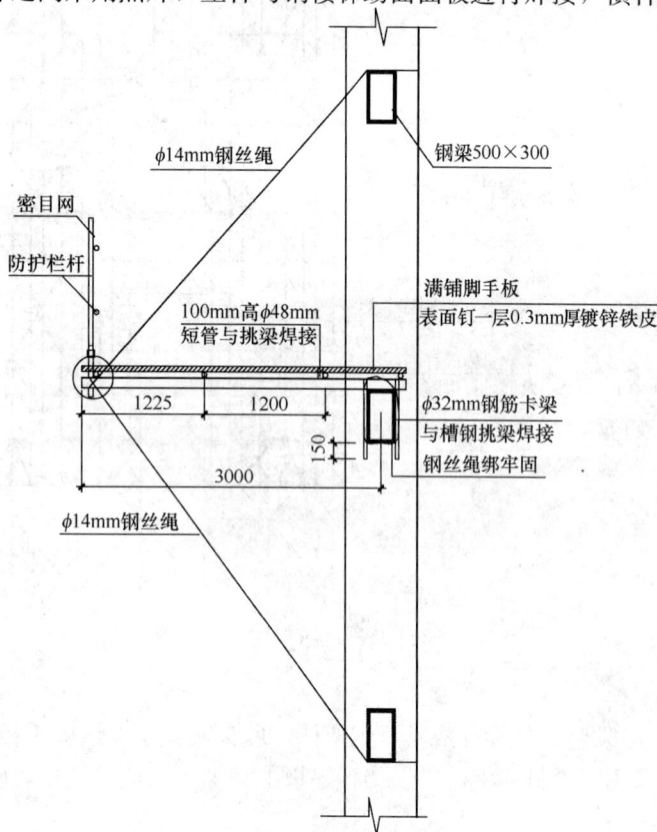

图 5 塔身硬防护剖面示意图

板表面也采用与外侧硬防护相同的防火构造。

2. 塔冠安全管理策划

如表2所示，各塔冠的直径远较塔身大，1号塔塔身直径14m，而塔冠直径达51.2m，塔冠大部分的施工作业位于200m高的悬空。安全防护要求极高。塔冠结构安装是结构工程最难点，最初主流方案是搭设钢平台的方法，工人在平台上操作，每个塔冠搭设两次钢平台，如图6所示。

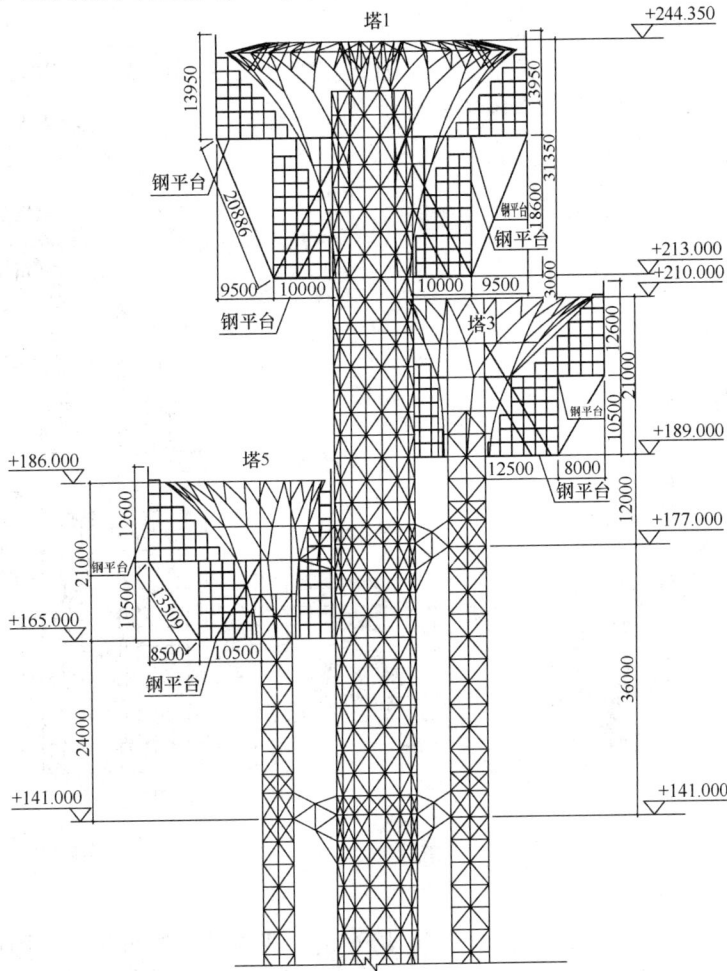

图6 塔冠安装原钢平台方案图

钢平台主要采用型钢悬挑、钢丝绳斜拉的方式，最大外挑尺寸达到了19.5m，预计型钢、钢管用量近400t，安装、拆除人工费近200万元。

钢平台方案虽然比较方便结构安装，但是钢平台自身的搭设难度太大，目前国内还未见有200m以上如此大跨度的悬挑架，且搭设周期长，成本高。经过多次专家论证，反复讨论，综合了多方意见，放弃了钢平台方案，确定了护栏随吊装单元同步安装的方案。具体方案介绍如下：

（1）防护栏杆地面安装

塔冠施工时主要采取的大部分技术措施与塔身施工时相同，因斜挑结构无法继续使用爬架，故在结构上焊接专用操作平台。

塔冠树枝状结构的防护栏、爬梯随构件吊装。构件单元在地面组焊时，将防护构造焊接在构件单元上，随构件吊装。本单元的防护栏，用于下一安装单元的安装、焊接工作用。待下一单元安装、焊接、探伤、防腐等工作完成后再进行拆除，如图7所示。

图7 塔冠构件防护栏杆节点图

塔冠结构连接处，防护构造焊接在主体结构上，既满足安全要求，还可以在不同塔间周转使用。

（2）高空水平安全防护

塔冠的水平防护网采用双层大眼网，随在构件起吊前安装在结构上，每个吊装单元的防护网独立设置，吊装就位后，与相邻单元的防护网连成整体，塔冠合拢后，下部的防护网也连成整体，如图8所示。

3. 安全管理创新特点

（1）施工防护：由于本工程焊接工作量大，因此爬架必须能够防火。所以，在进行爬架方案编制时，即提出"不燃架体"这一概念，采用钢丝网取代了传统的密目网，木脚手板上均包裹了一层镀锌铁皮。

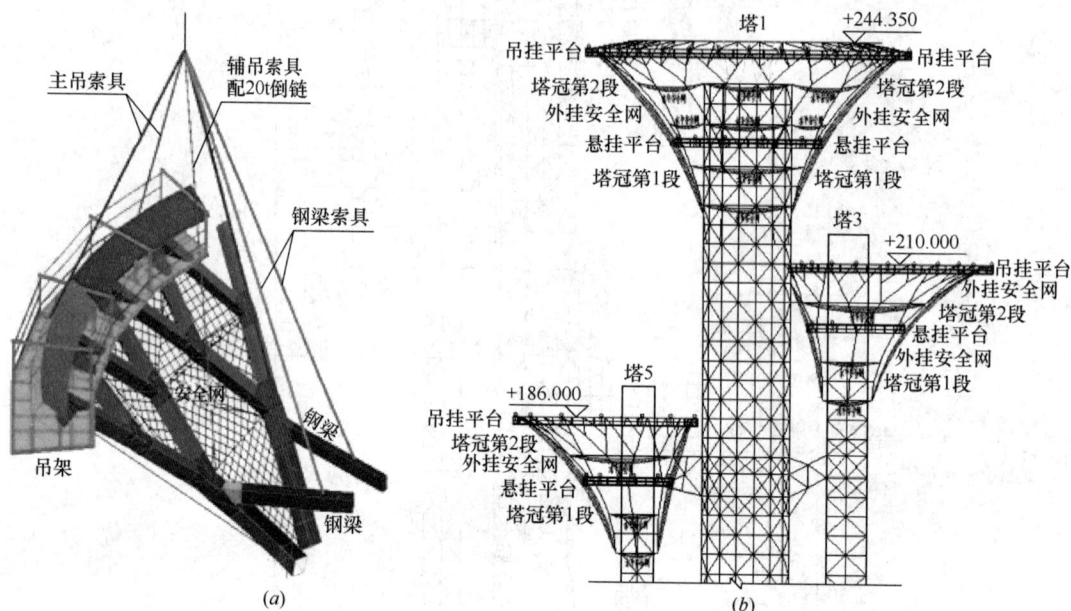

图8　塔冠水平安全防护图

（a）单元防护；（b）整体防护立面

（2）由于两台施工塔吊采用外附着形式，每42m左右即与结构进行锚固，因此，爬架与塔吊锚固杆间的矛盾也非常突出。在计算爬架的承载能力后，减少了两榀受塔吊附着杆影响的爬架，进而将其相邻两榀爬架上部9m高范围用脚手架连成一体，每次需要锚固时，调整后的架体刚好爬过塔吊附着点位置，解决了塔吊附着杆与爬架间的矛盾。

（3）外防护架体的悬挑高度达到了国标上限为6m，架体总高度达到了21m，与主体结构分段单元匹配，能同时满足顶部结构安装以及下部结构的焊接、探伤、涂装等工作。

（4）钢筋作为护身栏杆，既方便施工，也充分利用了现场废钢筋头。且钢筋护身栏的焊接可在地面胎架内即焊接在主体钢结构上，减少了高空作业工作。

（5）耳板、焊丝盘等的回收奖励制度，提高了工人的参与积极性，作业面基本能做到活完、料尽、脚下清，大大减少了高空坠物的风险。

（6）塔冠吊装单元防护构造同步吊装，大量的安装工作在地面进行，工人安全有保障。而且防护栏可在各塔冠间周转使用，提高了材料的利用效率。相对于钢平台方案，成本降低至少100万元。

五、管理措施实施及风险控制

1. 塔身结构施工

塔身结构施工期间，除严格执行既定的施工方案外，还有以下管理措施：

（1）操作工人必须经过严格的岗前培训，优先考虑有超高层钢结构施工经验的工人，恐高或有心理、生理疾病的工人，不得安排登塔作业。

（2）高空焊接时，作业面下必须设置接火盆，且必须保证接火盆能正常使用，否则不得进行焊接作业。

（3）施工期间，硬防护上由专职安全员进行定期、不定期巡查，发现杂物堆积立即清理，发现破损立即进行修复。除维护人员外，硬防护平台严禁堆料，也不得用作其他工种施工平台。

（4）进塔设岗，不带安全带者禁止登塔。

（5）未开动火证，不得进行焊接、气割等作业。

（6）切割安装耳板切割前铁丝拴住，一人切割，一人拴住，每切一块，马上放入专用铁笼。

（7）焊丝盘采用回收奖励制度，提高了工人清理工作面上可燃废弃物的积极性。

（8）爬架的每次爬升，都必须有爬架公司技术人员、操作班组长、总包专职安全员在场。爬升前，塔根部总控电闸箱合闸通电；爬升完成后，爬架总闸断电，避免闲杂人员误操作随爬架电箱，造成爬架在使用状态下的爬升或下降，造成重大危险。

（9）每次吊装作业时，项目生产负责人、专职安全员必须到岗监督。

2. 塔冠结构施工

塔冠施工时，除了采取与塔身施工相同的管理措施，要求也更为严格。

塔冠施工期间，使用防坠器作为安全带，既保证了工人操作的安全，也方便工人操作。管理措施：塔冠安装过程中，投影面半径 50m 范围内，设警戒线，禁止无关人员进出；生产负责人、专职安全员在构件吊装过程中必须旁站监督管理。

3. 其他管理措施

（1）积极开展落实各项活动组织工作。

瞭望塔工程作为北京市和集团公司的重点工程。从现场的集团 VI 宣传到每一名工人的教育试卷，全部从严从优的要求落实。工程积极开展安全教育月、安全生产月、安全生产大检查、消防安全"铁拳"行动、"119"消防日等活动，严格贯彻落实第三次文明城区创建工作。组织现场施工人员进行了防汛应急演练、灭火应急演练、疏散演练等演练活动。通过以上活动的开展，参加人次达到 1200 人次，发放奖品和书籍价值约为 5000 元。对现场工人加深了安全防范意识，进一步提高了现场工人应急自救能力。

（2）狠抓专业分包单位的安全管理工作，提升现场整体安全管理水平。

针对进场的分包单位安全管理力量的参差不齐的现状，总包项目部从自身做起，严格各分包单位安全管理工作，通过抓现场分包单位专职安全管理人员到岗到位，业务水平和安全内业资料等方面工作，切实履行总包安全管理责任，提升分包单位安全管理水平。通过每周安全例会形式，既是检查督导的平台，也是学习交流的平台。针对重点工序，总包实行安全旁站制度，即总包分包专职安全管理人员全程旁站施工过程。并且强化班前讲话制度，项目部会参加重点班组的班前讲话，并且提出针对当天作业内容的安全管理要求。狠抓班组长一级的安全管理工作，通过提高班组长安全意识来带动其所属班组整体的安全意识的提高。利用农民工夜校，项目部经理、书记和总工会轮流进行授课，通过讲解具体案例形式传播安全生产知识。积极开展"安康杯"活动，进一步提高施工作人员的安全生产意识和自我保护意识。

（3）生产安全配合，最大限度保证工程安全。

瞭望塔工程难度众所周知，交叉作业、高处作业不可避免。项目部工程部门合理安排施工工序，采取分区域、分时段施工等措施，最大限度避免交叉作业的发生。同时，总包分包单位的安全管理人员旁站监督。高处作业时，项目部工程和安全部门共同对作业单位的区域及防护设施进行验收，并且移交给作业单位。明火作业时在设置接火措施的同时，区域内和塔下同时设置看火人员。为保证安全隐患及时整改到位，各分包单位的现场生产经理为主要责任人。针对整改不及时的单位，在扣除安全保证金的同时，对于工程款将暂缓拨付。

六、过程检查和监督

（1）爬架使用情况良好。爬升速度在 80mm/min，每次爬升 6m，一般不到 2h 就能完成一次爬升。完全满足施工进度要求。

（2）从地面监测的情况看，爬架在大风作用下非常稳定，采用钢丝网，网眼尺寸较大，兜风作用减弱很多。

（3）爬架在爬升通过塔式起重机附着杆的过程中，由于管理得当，共计通过 5 次塔式起重机附着杆，每次均顺利通过。

（4）爬架脚手板在大风作用下也未出现翻板现象。

（5）钢筋作为护身栏杆，既方便施工，也充分利用了现场废钢筋头。且钢筋护身栏的焊接可在地面胎架内即焊接在主体钢结构上，减少了高空作业工作。

（6）耳板、焊丝盘等的回收奖励制度，提高了工人的参与积极性，作业面基本能做到活完、料尽、脚下清，大大减少了高空坠物的风险。

七、管理效果及评价

通过施工过程中采取各项安全技术措施及管理措施，有效地降低了施工中安全防护的风险，保证了工程施工的顺利进行。自 2011 年 6 月钢结构开始安装，到目前为止，钢结构已全部完成，未发生一起着火事件，未出现一次物体打击事故、高处坠落事故。

工程在整个施工过程中严把安全关，先后荣获中国建筑业协会颁发的"AAA 级安全文明标准化工地"的称号、"北京市文明安全样板工地"的称号和"中国钢结构金奖"的称号。

这些成绩的取得，除了因为采取了一系列的安全防护构造措施外，与现场一系列的管理措施是密不可分的，更为重要的是，如何将各项技术措施、管理措施贯彻到每一个角落、每一个人，狠抓落实，这才是保持现场施工安全处于受控状态的重中之重。

以科技创新推动项目综合管理能力提升

——中铁建工集团有限公司南京鼓楼医院南扩工程项目

张志强　王建营　吉明军　王　坚　钱少波　刘　翔　周　广　董晓青

【摘　要】　本文深入探讨了南京鼓楼医院南扩工程项目管理过程中所存在的管理重点和难点，并对这些管理重点和难点所产生的原因进行了科学分析，提出了以科技创新推动项目综合管理提升的措施，为保证本工程项目管理工作有序开展提供支撑。

【关键词】　科技创新；项目管理；施工技术

一、成果背景

（1）南京市鼓楼医院，又名南京大学医学院附属鼓楼医院，是一所集医疗、教学、科研为一体的综合性大型三级甲等医院。前身是 1892 年由美国基督会资助的加拿大籍传教士威廉姆·爱德华·麦克林医学博士（William E. Macklin，中文译音"马林"）创建的一所"基督医院"，马林任首任院长，民间又称"马林医院"。

（2）南京鼓楼医院南扩工程总建筑面积 22.2 万 m^2，平均单层建筑面积达 1.6 万 m^2，自南向北依次为门诊楼、住院部、医技楼，层高分别为地上 5 层、14 层、6 层，最大檐口高度 61.8m，设 2 层平战结合的人防地下室。本工程单体面积超大、施工场地狭窄，施工组织及施工难度很大。

（3）本工程遇到的新技术、新工艺、新问题如下：

1）本工程共有 61 个电梯井，总计井道防护长度 2000 多米，大部分的电梯井为地下室一直通到楼顶，由于井道多、垂直高，施工安全隐患很大，安全防护的工作量也非常大。常规防护方式为：在井道内搭设脚手架，每层楼面采用钢管加竹芭片防护，门口设置防护门。该种方法既费工、费力、费材料，且不利于以后的电梯井二层结构和安装施工。

2）本工程为地下两层地下室，外剪力墙接茬施工总长 1600m，墙体接茬质量不但影响美观，同时也是漏水隐患。

3）本工程钢筋混凝土桁架共计 11 榀，位于住院部 6 层（22.45～28.65m），东入口有 2 榀，西入口有 7 榀，北侧水文景观上空有 2 榀桁架，钢桁架高 7.3m，最大跨度 39m，最大单重 210t，总重 1192t。要按照工期要求顺利完成桁架吊装难度大。

4）本工程砌体多采用 ALC 蒸压轻质混凝土砌块，在施工质量方面，构造柱圈梁的模板支设和加固，最容易造成墙体开裂甚至变形，影响整体性牢固性；圈梁构造柱也最容易造成胀模，影响墙面整体平整度垂直度；在施工工期方面，圈梁构造柱支模虽然用工不多，但多工序，人员多窝工，时间缩短，影响总体进度。

5）本工程抹灰面积达到 26.7 万 m^2，施工面积较大，若采用砌体抹灰，容易造成抹灰层空鼓、开裂等质量问题。

6）本工程地下室底板和屋面找坡采用建筑炉渣找坡，易产生建筑使用年限长后，屋面一旦渗漏，无法修补。同时炉渣找坡，增加施工工序，影响工期。

7）本工程外幕墙面积约 2.5 万 m^2，预埋件如何安装牢固、位置准确，单元式玻璃幕墙安装、节点如何处理，是本工程遇到的新技术问题之一。

（4）针对本工程遇到的新技术、新工艺、新问题，项目部的管理创新有以下两方面：

1）成立项目技术创新领导班子：

项目部成立了以项目经理张志强为组长的技术创新领导小组，项目总工为副组长，技术部、工程部人员以及经验丰富的施工队班组长组成的技术创新管理团队。

2）技术创新思路：

技术创新小组成员广开言路、积极思考、及时发现，以提高质量、保证安全、加快进度等为出发点，分析每道工艺方案，是否在保证质量或提高质量的基础上，变繁为简，大胆改进，并经过小组讨论通过，尤其是施工队伍确认改进后做法操作性强，进行现场实验性实施。并积极与设计和业主沟通，取得同意后方可实施。

（5）通过项目管理创新理念，南京鼓楼医院南扩工程应用的有：

1）框架结构中填充墙芯柱、芯梁、砌块砌筑施工技术。

2）砌体无抹灰技术。

3）电梯井、预留洞口安全防护技术。

4）单元式玻璃幕墙施工技术。

5）钢筋混凝土桁架施工技术。

6）短木方对接技术。

7）主体结构大面积碗扣架支撑技术。

8）BDF空心管现浇楼板技术。

9）地下室超前止水后浇带施工技术。

10）地下室底板结构找坡施工技术。

11）轻质板墙排版加固技术。

12）地下室外剪力墙无接茬施工技术。

13）屋面建筑回填找坡改结构找坡施工技术。

14）主体后浇带施工技术等应用的施工技术在国内同类工程处在领先水平。

二、工程概况

如图1所示。

图1　南京市鼓楼医院南扩工程效果图

南京市鼓楼医院南扩工程项目，自南向北依次由门诊部、住院部及医技楼三个单体组成。东西宽118m、南北长273m，地下2层，地上5层、6层及14层，建筑高度58.3m，总建筑面积为22.2万 m^2。

结构形式为桩基础、箱型筏基、框架剪力墙、预应力及劲性梁柱框架结构，3个门厅在27m标高处设11榀钢桁架作为转换层，最大跨度39m，总量为2200t。

建筑设计中，外墙主要为单元式玻璃幕墙；楼地面主要为自流平环氧砂浆、PVC橡胶地板等；内墙面主要为乳胶漆、玻化砖、吸音墙面等。屋面主要为保温种植屋面、刚性保温屋面、水景屋面、直升机停机坪等。

鼓楼医院南扩工程于2008年3月18日开工建设，2012年8月20日竣工验收。无论是工程建设管理还是工程实体质量都得到了南京市鼓楼医院、南京市及江苏省各级政府的高度评价。

三、选题理由

随着我国高标准医疗中心建设的深入推进，大型医疗综合体的建设理念、功能定位、标准要求发生了深刻变化。

南京鼓楼医院南扩工程的建成是南京市委、市政府为发展南京市社会公共事业的重要建设项目，是南京市完善公共服务体系、服务广大百姓的一项利国利民的重大"民生工程"。

作为江苏的省会级医疗综合体工程，鼓楼医院南扩工程规模大、建设工期紧、质量标准高、技术难度大、周边环境复杂，总体协调困难，且为江苏省"十一五"重点工程，备受社会各界关注。

因此，工程建设必须以科学发展观为指导，坚持"以人为本、服务运输、强本简末、系统优化、着眼发展"的建设理念，运用现代化的管理手段，突出管理创新、技术创新、文化创新，统筹规划、科学组织、精细管理、和谐建设，优质高效安全地建设南京鼓楼医院南扩工程，以高度的责任感和使命感将南京鼓楼医院南扩工程打造成精品工程。

四、实施时间

根据南京鼓楼医院南扩工程建设工期要求，本工程实施时间，见表1。

工程实施时间   表 1

实施时间：2008 年 3 月 18 日～2012 年 8 月 20 日	
基础及主体工程	2008 年 3 月～2009 年 6 月
装饰装修工程	2009 年 6 月～2011 年 10 月
医疗器械设备安装工程	2011 年 11 月～2012 年 8 月
竣工验收	2012 年 8 月 20 日

五、管理重点及难点

1. 工程体量大

南京鼓楼医院南扩工程总建筑面积 22.2 万 m^2，平均单层建筑面积达 1.6 万 m^2，自南向北依次为门诊楼、住院部、医技楼，层高分别为地上 5 层、14 层、6 层，最大檐口高度 61.8m，设 2 层平战结合的人防地下室。

2. 工程施工场地狭小

北侧紧邻鼓楼医院，东侧地下为地铁一号线隧道，西侧距基坑 4m 为 1 万 V 高压线贯穿南北，南侧东半部为新老医院的锅炉房。现场几乎没有施工道路、材料堆场、加工场、生活区、办公区布置难度大，如图 2 所示。

3. 施工范围、施工工艺广

本工程建筑、结构设计，施工中需采用的技术有：深基坑土方开挖、深基坑支护体系、型钢钢筋混凝土结构技术、BDF 空心管工、双柱双梁施工工艺、超长地下室外墙防渗漏技术、ALC 蒸压轻质板墙隔墙、单元式玻璃幕墙施工工艺、上人屋面保温技术、屋面种植工艺、水景屋面工艺、屋面停机坪工艺、FC 板吸音墙面工艺、冷冻机房、消防泵房、手术室、CT 室、重症监护室等装修工艺。

图 2　施工场地狭小图

4. 装修施工精细

本工程项目部要求装修施工界限分明、外观细腻、色泽一致、面层光滑，如图3、图4所示。

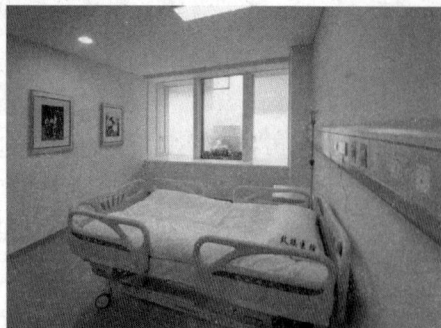

图3　病房装修图

图4　室外装修图

5. 结构施工精益求精

本工程项目部要求结构施工轮廓清晰、做工精细、坚固耐久、功能完善，如图5所示。

图5　结构施工图

6. 大吨位、大跨度钢结构安装难

本工程住院部6夹层采用11榀钢桁架作为转换层，最大跨度39m，总量为2200t，如图6所示。

7. 单元式玻璃幕墙安装难

本工程幕墙体系复杂，为单元式玻璃幕墙。为实现设计意图，如何确保2.5万 m² 幕墙的施工质量，是本工程的难点之一，如图7所示。

图6　钢桁架图

图7　玻璃幕墙图

8. 大面积屋面防水无渗漏难

本工程屋面工程施工面积近3万 m²，有刚性保温上人屋面、人造草坪屋面、种植屋面、水景屋面等组成，如何保证屋面不渗漏是本工程的难点之一，如图8所示。

9. 涉及单位多、专业多，协调难度大

工程建设需要协调的相关单位多达 20 余家，外有政府、市政等单位，内有幕墙、机电安装、装饰、建筑智能、四电、景观等专业分包单位，给工程施工协调带来极大的挑战。

10. 质量管理标准高

质量目标定位高，质量标准高，新技术推广应用多，作业量大面广，细节处理多，工期紧，质量管理难度大。

11. 安全管理难

钢结构构件多，超高临空面多，大型机械设备多，临时用电点多，电梯井道、洞口多，多工况并存及多专业时空交叉作业，安全管理难度极大，如图 9、图 10 所示。

图 8　屋面工程图

图 9　高空作业图

图 10　构件吊装图

12. 成本控制难

医疗综合体工程不确定因素较多，设计变更多，变更作业量小，材质要求高，工期紧，项目成本控制难度大。

六、管理策划及创新特点

根据南京鼓楼医院南扩工程特点，按照合同要求确定了南京鼓楼医院南扩工程管理目标，根据制定的目标进行了目标值确认、责任分工和时限要求，见表 2。

项目管理的目标值确认，责任及时限要求　　　　　　　　　　　　　　表 2

项目	目标值	责任人	完成时间
安全	零事故率，省部级安全标准工地	王宏斌	2012 年 8 月
质量	确保"扬子杯"，争创"鲁班奖"	钱少波	2012 年 8 月
工期	确保 2012 年 8 月 20 日竣工验收	朱明浩	2012 年 8 月
投资	确保投资不超额	王坚	2012 年 8 月
环境	节能环保、绿色建筑、和谐建筑	周广	2012 年 8 月
创新	积极应用"四新"技术、重大课题攻关、自主创新	刘翔	2012 年 8 月

建设管理创新特点：

为将南京鼓楼医院南扩工程打造成精品医院，项目从管理模式、施工技术、项目文化 3 个方面进行了积极探索，以科学管理创精品，以技术创新促发展，以先进文化聚人心。

1. 管理模式创新

实现精品工程的质量目标，归根结底要靠科学管理来保证。项目部成立了以项目经理张志强为组长的技术创新领导小组，项目总工为副组长，技术部、工程部人员以及经验丰富的施工队班组长组成的技术创新管理团队。鼓励团队员工广开言路、积极思考、及时发现，以提高质量、保证安全、加快进度等为出发点，分析每道工艺方案，是否在保证质量或提高质量的基础上，变烦为简，大胆改进，并经过小组讨论通过，尤其是施工队伍确认改进后做法操作性强，进行现场实验性实施。并积极与设计和业主沟通，在取得同意后方可实施。

2. 管理制度标准化

健全完善了涵盖技术管理、质量管理、安全文明施工、综合管理4个方面105项管理制度。

3. 人员配置标准化

设立技术部、工程部、安全质量部、合约部、机电部、物资部、办公室七大职能部室进行建设管理，项目管理按照"管理有效、监控有力、运作高效"原则组建了施工作业队，作业队实行"9521"管理模式，按照"1152"模式进行配置，保证了人员数量和队伍素质满足工程建设需要，如图11所示。

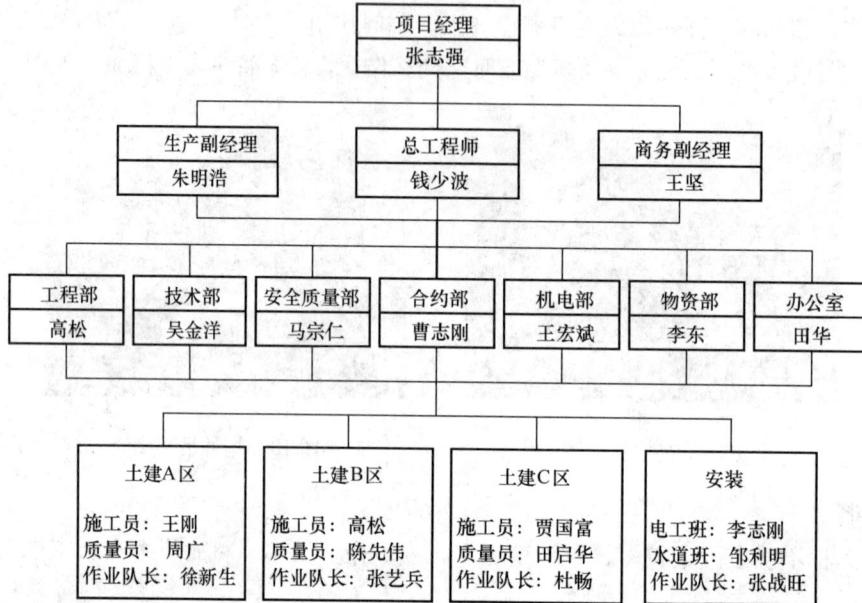

图 11　人员配置图

4. 过程控制标准化

主要针对施工过程中质量控制、安全控制、文明施工控制等方面进行了控制管理。规范工艺流程，严把质量关；规范安全防护措施、重点把控重大危险源；确保本工程建设无质量、安全事故，如图12所示。

图 12　施工过程控制图

（a）钢筋施工；（b）主体结构；（c）焊缝检测；（d）钢筋安装；（e）混凝土浇筑；（f）碗扣架施工

5. 项目文化创新

以"落实科学发展观"为指导思想,依据企业文化发展战略,规范了项目文化建设的视觉识别、行为识别、理念识别。通过项目文化的创新建设,凝聚全体干部职工的思想意志,汇成强大的建设合力,快速稳步推进了工程建设。

构建创新文化,增强发展潜力:积极引导广大职工树立"发展是第一要务"、"科技是第一生产力"、"人才是第一资源"的观念,组织职工广泛开展技术攻关、科技创新、献计献策和"创建学习型组织、争做知识型职工"活动,加强高技能职工队伍建设,大力培养"专家型职工"、"金牌职工"、"首席职工",为工程建设提供强有力的人才支撑,不断推动项目的制度创新、管理创新和技术创新。

七、管理措施实施及风险控制

1. 施工技术创新

本工程具有专业复杂、系统集成度高的特点,必须通过科技创新解决施工技术难题。项目部始终坚持技术先行,大力开展科技创新、技术攻关,为创建精品工程提供了强有力的技术支撑。本工程共采用2010年建筑业推广应用10项新技术中的9大类20个子项,见表3。

本工程采用的新技术　　　　　　　　　　　表3

序号	项目	子项	
		编号	新技术名称
一	混凝土技术	1	高强高性能混凝土
		2	混凝土裂缝控制技术
二	钢筋与预应力技术	3	大直径钢筋直螺纹连接技术
		4	有黏结预应力技术
三	模板及脚手架技术	5	早拆模板成套技术
		6	插接式钢管脚手架及支撑架技术
四	钢结构技术	7	深化设计技术
		8	厚钢板焊接技术
		9	钢与混凝土组合结构技术
五	机电安装工程技术	10	金属矩形风管薄钢板法兰连接技术
		11	管线综合布置技术
		12	管道工厂化预制技术
六	绿色施工技术	13	工业废渣及(空心)砌块应用技术
		14	预拌砂浆技术
		15	太阳能与建筑一体化应用技术
七	防水技术	16	聚氨酯防水涂料施工技术
		17	遇水膨胀止水条施工技术
八	抗震、加固与改造技术	18	深基坑施工监测技术
九	信息化应用技术	19	高精度自动测量控制技术
		20	工程量自动计算技术

2. 针对工程体量大、施工场地小措施

本工程结构施工阶段,工程量巨大,受场地小因素的影响,如何保证支撑系统的周转场地,是加快施工进度关键难点之一。项目部采用周转利用率高、安装、拆卸施工便捷、施工速度快、节省材料的碗扣架架体支撑系统。该支撑体系拼接为碗扣连接,省时省力,节约租赁扣件的费用,同时也减少浪费。

特殊的构造使架体安全稳固，性能优于普通钢管脚手架，达到同等支撑强度要求，所使用的材料大大减少，如图13所示。

图13　碗扣架架体支撑系统图
(a) 碗扣架体系；(b) 钢管支撑

本工程平均单层面积达1.6万 m^2，地下室单层面积更达到了2.4万 m^2，所以，单层周转料投入量非常大，常规支撑体系中，楼板、柱子、墙体次龙骨采用木方，一次性投成本巨大，且存在工人私锯木方造成大量浪费，工程结束后占用大量场地，保存不好易腐烂变质等。采取以钢管取代木方作为支撑体系次龙骨，仅在模板连接处设置木方，以便满足相临两块模板拼缝连接，其余全部采用钢管，从而可节约60%的木方。

3. 地下室外剪力墙无接茬施工技术

本工程为地下两层地下室，外剪力墙接茬施工总长1600m，墙体接茬质量不但影响美观，同时也是漏水隐患，如图14所示。

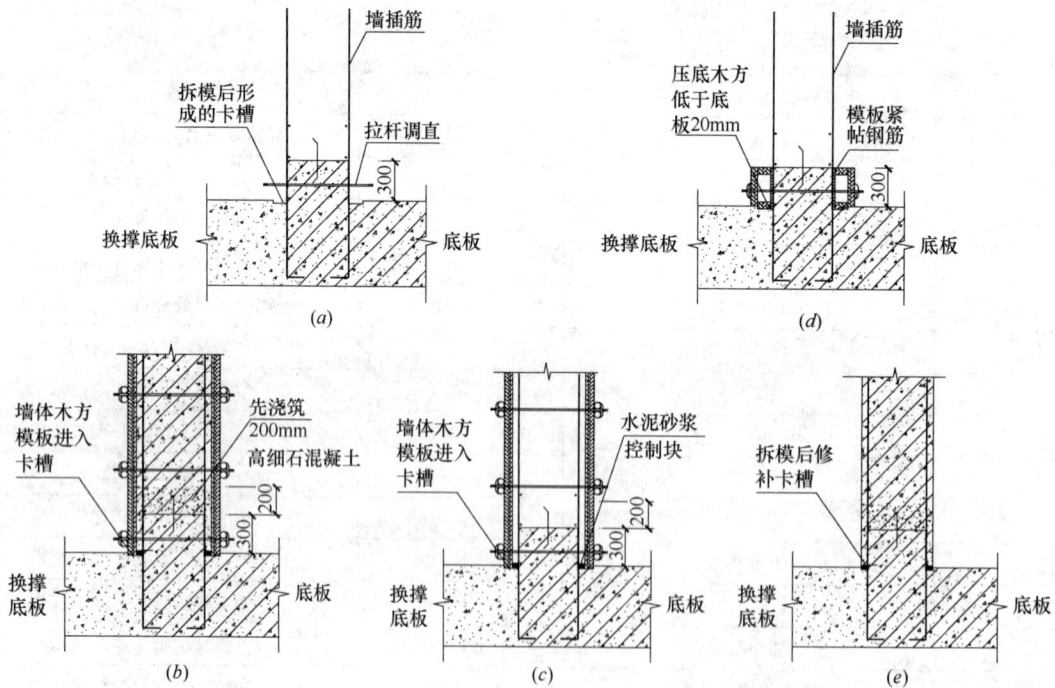

图14　外剪力墙接茬施工图
(a) 导墙支模图；(b) 墙体模板支设；(c) 墙体浇注混凝土；(d) 导墙拆模图；(e) 拆模后墙体

4. 钢筋混凝土桁架施工技术

本工程钢筋混凝土桁架共计11榀，位于住院部6（22.45～28.65m），东入口有2榀，西入口有7榀，北侧水文景观上空有2榀桁架，钢桁架高7.3m，最大跨度39m，最大单重210t，总重1192t。

而要完成桁架施工主要有以下几个难点：

（1）北侧水文景观处距离基坑边距离达 50m，塔吊和汽车吊均无法完成钢桁架吊装任务。

（2）施工场地狭窄，西侧距离西入口 6m 远就是 1 万 V 高压线，汽车吊无法吊装。

（3）构件高大，单榀重量在 80～210t 之间，现场不具备大体积桁架卸货和堆放条件。

考虑到场地条件、塔吊起重能力条件的限制，经项目部反复研究讨论，大胆提出将高大桁架拆分成单体重量不超过 10t 的构件，利用自制三角架塔吊相配合的方式进行高空散拼。经与设计沟通，最终计算该方案满足原设计要求，如图 15 所示。

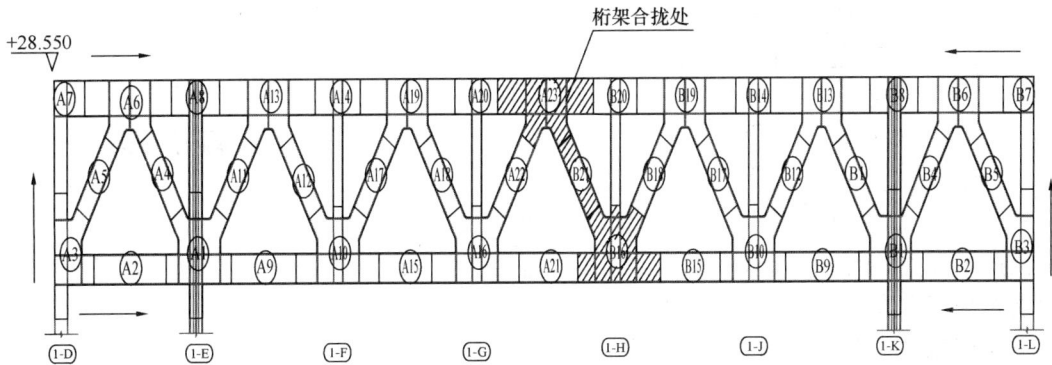

图 15　钢桁架分解节点及拼装顺序示意图

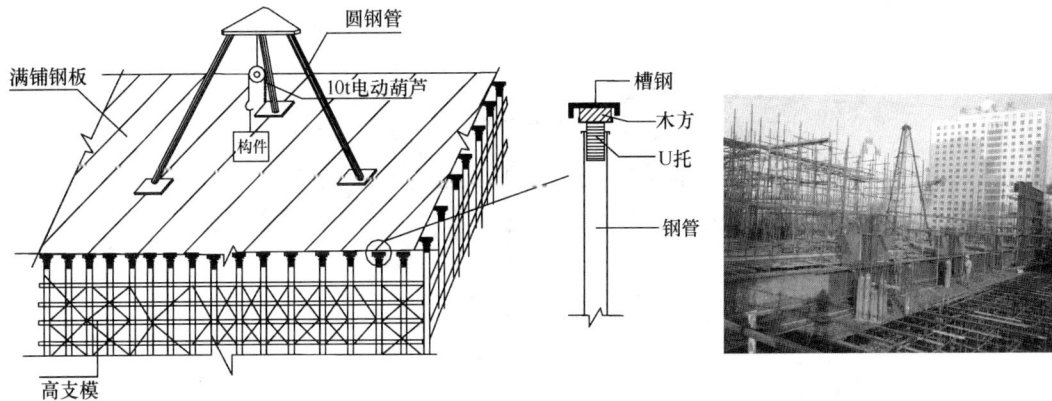

图 16　三脚架吊装示意图

构件安装前要有固定牢靠的操作平台，采用碗扣架搭设满堂脚手架，桁架部位 300mm，三角架支点的部位架体立杆间距 600mm，其他部位立杆间距 900mm，水平杆间距 1200mm，控制好架顶标高，架顶满铺钢板，如图 16 所示。

桁架梁的原有箍筋形式是穿过钢结构柱体的闭合箍筋，而箍筋为直径 20mm 的二级钢，闭合箍筋根本无法绑扎。经设计同意后，将箍筋形式进行改进，改进后的箍筋形式为 2 个"V"形箍筋组合绑扎，接口处焊接，并将接口左右错开绑扎，成功而又方便地解决了箍筋绑扎难题，如图 17 所示。

桁架梁截面大（900×1500），且梁配

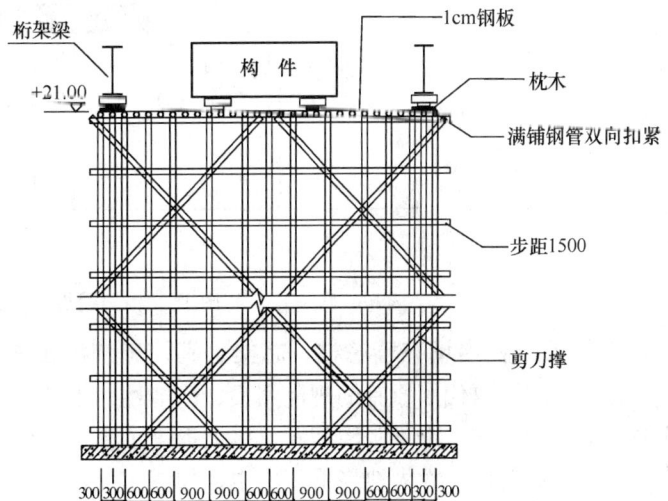

图 17　HJ1、HJ2 构件安装平台立面图

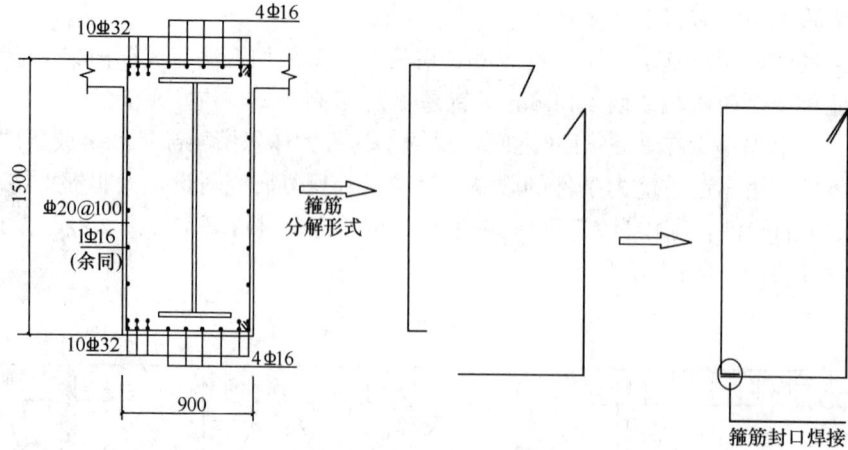

图 18　桁架梁截面图

筋较大，因此模板支模加固难度大大增加，采用普通的支模加固方法很容易造成胀模等质量问题，经研究讨论，制定如下有效的支模方法：

将穿梁拉杆端部做成 90°弯钩与桁架梁腹板搭接双面焊，此做法可有效改善直接点焊不牢的现象，拉杆分三排间距 500mm 均匀焊在梁上，保证模板支模的牢靠稳固，同时在拉杆上按尺寸焊接梁侧模定位筋，保证梁位置准确，不胀模，达到高标准的质量要求，如图 19 所示。

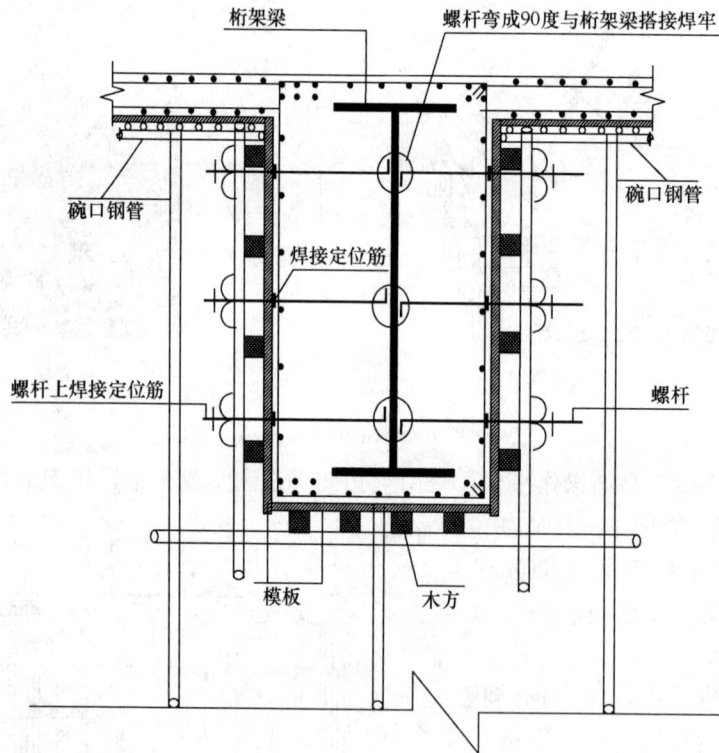

图 19　桁架模板支设加固图

5. 框架结构中填充墙芯柱、芯梁、砌块砌筑施工技术

芯柱、芯梁取代了原有的现浇圈梁、构造柱，由芯柱、芯梁与轻质砌体组合砌筑施工工艺，成功地解决了现浇构造柱、圈梁胀模问题，极大提高了施工效率，并节省了大量支模、浇注混凝土、修补等各种人、材、机费用，大大地降低了成本，如图 20 所示。

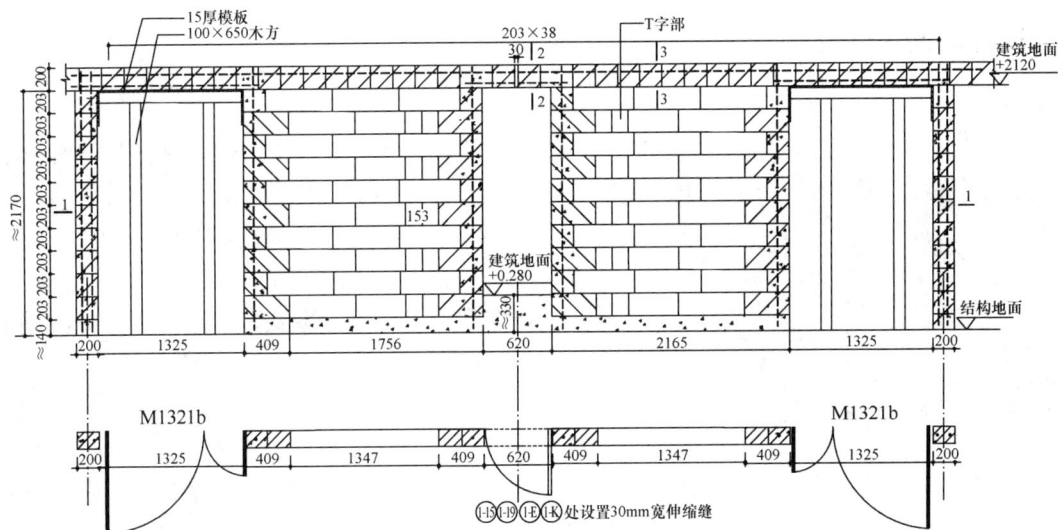

图 20　填充砌筑施工技术图

6. 砌体无抹灰施工技术

芯柱、芯梁与轻质砌体组合砌筑施工工艺，成功地解决了现浇构造柱、圈梁胀模问题，极大提高了施工效率；通过墙线调整，解决了墙体与既有结构之间的偏差，避免了墙体因与结构偏差产生的抹灰，如图21、图22所示。

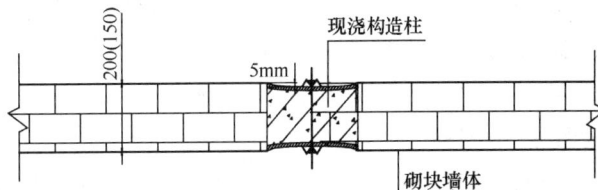

图 21　现浇构造柱防胀控制图

7. 单元式玻璃幕墙施工技术

本工程外墙采用单元式玻璃幕墙，工厂制作，现场直接安装，安装方便，与土建配合同步施工，大大缩短了工程周期，幕墙单元件安装连接接口构造设计能吸收层间变位及单元变形，可承受较大幅度建筑物移动，对本工程特别有利。

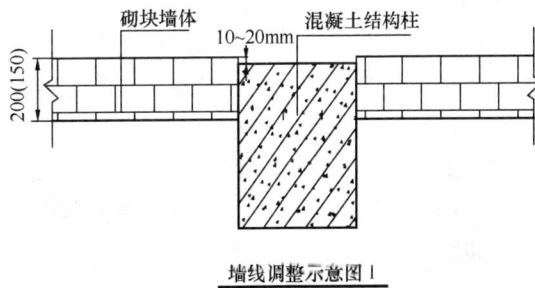

图 22　墙边砌体与结构柱相对位移调整图

8. 大面积屋面无渗漏施工技术

通过将建筑设计加气混凝土找坡变更为结构找坡达到防水的效果，同时也降低了成本。

9. 装修预排版施工技术

本工程装饰装修作为质量控制的重中之重，在现场大面积施工前，先由技术员提前深化好装修排版图，通过装修排版图指导现场样板施工，通过样板施工发现存在的问题，如无问题，方可现场大面积施工。

八、过程检查和监督

1. 质量

项目以创鲁班奖为目标建立健全了质量管理体系，并成立了创优工作小组，编制详细的创优策划

图 23　管线安装样板图

书，坚决做到策划在先。通过全面推行标准化管理，坚持样板引路制、施工作业要点卡制、过程三检制等制度，积极应用"四新"技术，大力开展科技创新和技术创新，加强全员、全过程、全方位的质量控制，实现了工程质量零缺陷、系统零故障的精品工程，如图 23 所示。

2. 安全

工程建设始终贯彻"安全第一、预防为主、综合治理"的管理方针，建立健全各项安全管理制度，认真开展安全生产教育培训考核，增强全员安全生产意识，严格落实专项方案和安全技术交底，积极开展安全生产、文明施工、绿色施工标准化建设。正是因为全员安全意识的不断增强和一系列的安全管控方案、措施得到全面贯彻落实，使得鼓楼医院南扩工程安全生产实现了零事故，全员安全生产教育考核合格率 100%，施工现场安全管理达标率 100%。本工程荣获 2009 年度"江苏省建筑施工文明工地"，全面实现了本质安全的目标。

3. 技术创新

组织精干力量成立技术攻关小组、QC 小组，广泛开展科技攻关、技术创新及"创建学习型组织、争做知识型职工"活动，大力推广应用"四新"技术，为建设精品工程提供了强大的技术支撑。本工程多项成果获得集团公司科技进步奖、工法及上海市优秀 QC 成果，2009 年、2011 年两获全国工程建设优秀 QC 成果；通过技术创新发明《钢筋混凝土剪力墙体接茬施工方法》、《框架结构中芯柱芯梁砌筑施工方法》获国家发明专利，《房屋建筑过程中电梯井道安全防护装置》获国家实用新型专利。

九、管理效果及评价

1. 管理效果

通过以科技创新为理念，精心策划、科学组织、精细管理，加强过程控制，注重细节处理，提升了南京鼓楼医院南扩工程的科技含量，形成了"高标准、高起点"的质量特色，为今后大型医疗综合体的建设管理积累了丰富经验。

鼓楼医院南扩工程的建成，得到了当地政府和群众的高度评价。2012 年末新大楼运行的第一个月的日门诊量就已达到 1 万人次。鼓楼医院南扩工程已是南京市医疗系统对外交流的重要窗口，极大地完善了南京市公共服务体系，社会效益十分显著。

2. 社会效应

工程建成后，江苏省政协主席张连珍，省委常委、南京市委书记杨卫泽，省人大常委会副主任、九三学社江苏省委主委、省工商联主席许仲梓，老同志陈焕友，原卫生部副部长朱庆生，美国前总统卡特，南京大学前党委书记洪银兴、校长陈骏，美国驻上海总领事，鼓楼医院创始人马林后裔及美国加拿大基督会代表等多次前来参观鼓楼医院南扩工程。全国人大常委会副委员长蒋树声为鼓楼医院题词，如图 24 所示。

工程的顺利完工启用，建筑设计获得 2013 年世界最大建筑奖项 WAN（世界建筑新闻奖）的医疗设计奖，是中国地区唯一获此奖项的医疗设计项目。

鼓楼医院南扩工程启用运营至今，结构安全稳定，装饰精良优美，各系统运行良好，实现了"功能性、系统性、先进性、文化性和经济性"的和谐统一，如图 25 所示。

图 24 美国前总统卡特在马林院长铜像前合影留念图

图 25 实景图

3. 技术成果

鼓楼医院南扩工程质量与安全管理成绩突出，社会效益显著，获省部级以上奖项如下：

（1）中国中铁股份有限公司"中国中铁杯"。

（2）2009 年度"江苏省建筑施工文明工地"。

（3）国家发明专利 2 项。

（4）国家实用新型专利 1 项。

（5）集团公司工法获奖 7 项。

（6）全国工程建设优秀质量管理小组 2 项。

（7）上海市工程建设优秀 QC 成果一等奖 4 项、二等奖 2 项。

聚焦中心任务 建设"五优"工程

——北京建工集团有限责任公司中国石油大学（北京）实验办公综合楼工程项目

白恒宏 路 斌 季连党 宋 朋 刘 强 赵明宝 刘砚辉 高永鹏

【摘 要】 中国石油大学（北京）实验办公综合楼工程是昌平区重点工程，也是北京建工集团重点工程。项目部以管理为中心任务，实行岗位竞聘、典型引领、网格管理、阳光工程建设等管理制度及措施，并将 BIM 技术运用于指导工程建设，达到图纸纠错、碰撞预检、工序安排、成本控制等，实现了工程质量优、安全优、廉洁优、荣誉优、效益优的"五优"目标。

【关键词】 BIM 技术；岗位竞聘；网格管理；阳光工程

一、工程概况及成果背景

1. 成果背景

我国能源对外的依赖性和敏感性日益严重，能源供需矛盾日益突出，国家对能源开发、利用和衍生应用研究十分重视。将中国石油大学（北京）建设成为一座产学研相结合的综合科研楼尤为必要。该工程造型新颖，结构复杂，是中国石油大学（北京）近年内新建规模最大、功能最全的一座综合楼。作为北京建工集团与中国石油大学（北京）首次合作的项目，如何将拥有 60 余年历史的国企文化注入校园工程是我们需要细致考虑的，最终将工程定位为——以管理为中心任务，实现"五优"目标。

2. 工程简介

本工程位于北京市昌平区，建筑平面形状为"U"形，由两座 15 层办公塔楼及 4 层裙房组成，地下 2 层，总建筑面积 71998m²，建筑高度 59.95m。该工程设计新颖，除设有数字石油博物馆、现代化教室、实验室、办公室外，还有各类自动化程度很高的设备机房。工程的质量目标为确保北京市结构"长城杯"金奖、建筑"长城杯"金奖、争创鲁班奖。

二、选题理由

以管理为中心任务，最终才能达到"五优"目标。高起点、高标准、高要求的建筑，能够产生巨大的社会效应。该工程是"产、学、研"相结合的工程，建成后将培养一批石化领域的优秀人才，成为石化"产、学、研"相结合的另一研究基地，将推动石化产业发展，产生广泛的社会效应。

该工程建筑平面形状为"U"形，设计造型新颖，功能全面，空间结构复杂多样。在结构设计上，裙楼部分的基础采用筏板基础，塔楼部分采用刚性桩复合地基筏板基础，建筑主体采用框架剪力墙结构，在土建施工上需要超高模板支撑，最高可达 12m。同时，也存在造型复杂多样、悬挑跨度大的悬挑边梁的挑檐板。

作为北京建工集团后续工程的示范蓝本，通过对质量、进度、安全、成本的管理及对 BIM 技术的应用，创造了可观的经济效益和社会效益，促进了企业的进步和发展，提升了企业在行业中的竞争力。

三、实施时间

见表1。

实施时间表　　　　　　　　　　　　　　　表1

实施时间	2012年10月~2014年2月
分阶段实施时间	
管理策划	2012年10月~2013年1月
管理措施实施	2013年1月~2013年12月
过程检查	2013年12月~2014年1月
取得成效	2014年1月~2014年2月

四、管理重点和难点

1. 管理重点

（1）质量目标高。

（2）建设单位要求工期紧。

（3）工程地处校内，施工过程中要避免对周边环境产生影响。

（4）成本控制压力大。

2. 管理难点

（1）结构复杂：首层超高模板支撑8.8m，北塔楼12~14层设有架空层，高度12m。首层的挑檐板造型复杂，悬挑跨度达到6.2m。模板支撑体系的刚度、稳定性要求高，施工管理难度大。

（2）分包专业较多：工程中的分包专业多达30余家，各种管道、管线交错布置，协调各专业综合布线关系工作量大。

五、管理策划及创新特点

1. 运用BIM技术

运用BIM技术的图元唯一性、模型直观性指导工程施工。

2. 岗位竞聘

激发职工的竞争意识、责任意识、忧患意识。

3. 典型引领

项目部设立党员责任区，要求党员带头讲"三来"，即：党员身份亮出来，岗位责任担起来，模范作用显出来。

4. 网格管理

针对中国石油大学实验办公综合楼工程"U"形设计特点，划分为3个工作区域。

5. 节点战役

根据工期要求，针对关键线路上的重要节点开展战役活动。

6. 阳光管理

中国石油大学实验办公综合楼"阳光工程"以"阳光决策、阳光从业、阳光支部、阳光招标、阳光监督"5个子项目为主线设置监控点。

六、管理措施实施及风险控制

1. 将BIM技术融入项目管理的实施

（1）项目在开工伊始就成立课题组，建立"BIM工作室"，小组组长由外聘的设计院建筑师担任，小组成员均为从事现场多年的项目部技术骨干，配有高端电脑，便于技术研发。

（2）管线综合的深化设计

以结构和建筑模型为基础，深化机电各专业管线综合设计，形成实用的机电三维图，提高识图能力，减少专业技术人员的数量，节约安装费用，如图1～图5所示。

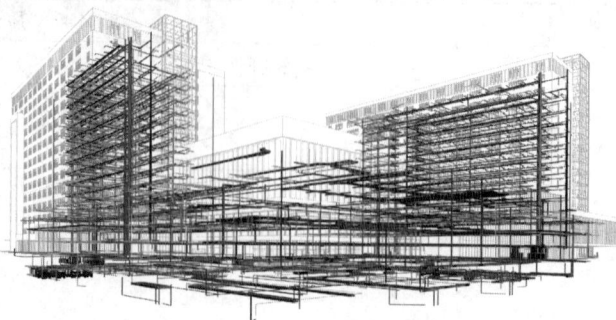

图1　BIM模型中的各专业管线综合布控图

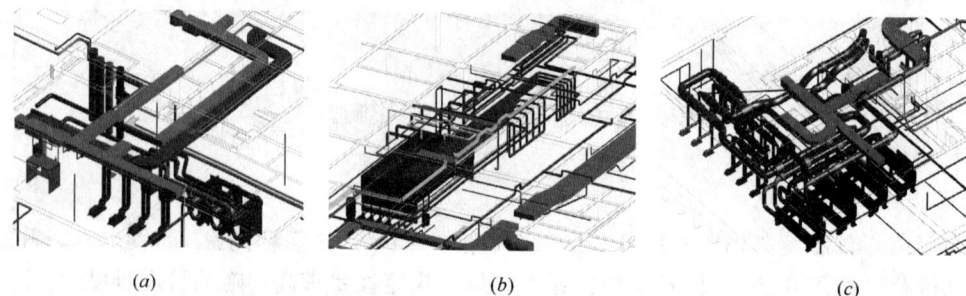

（a）　　　　　　　　　　　（b）　　　　　　　　　　　（c）

图2　可按专业、按房间、按功能、按系统任意查看图

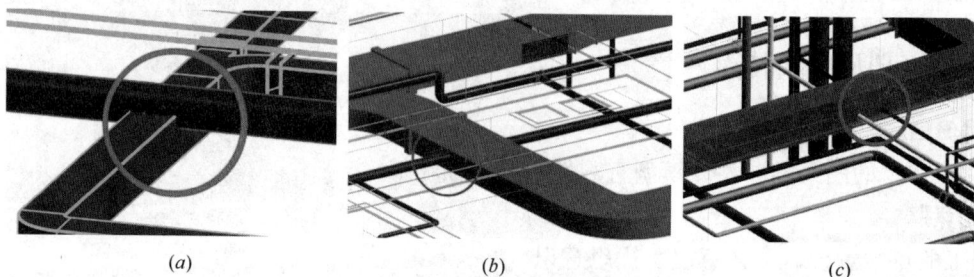

（a）　　　　　　　　　　　（b）　　　　　　　　　　　（c）

图3　自动查找机电管线综合布控图中相互影响的部位图

图4　三维实景漫游查看管线布控效果图　　图5　二维剖面图可直接对现场工人进行交底图

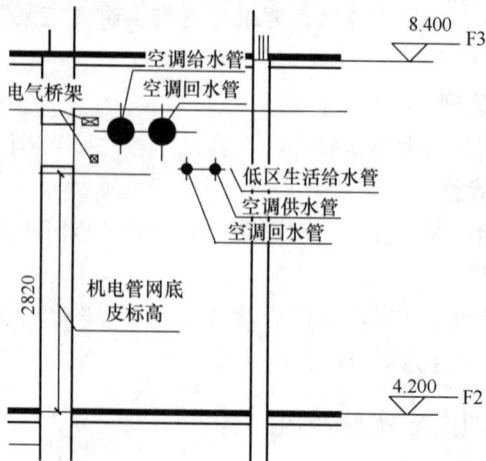

（3）提高施工总承包管理水平

1）安排施工流程。通过 BIM 模型的精细化和全信息化，精确控制每个建筑构件的施工节点，按照构件的施工顺序来精确控制每个构件的施工时间，合理安排工序流程。

2）4D 施工模拟。通过 4D 施工模拟可以清晰展示施工工艺流程，展现各工序之间的逻辑关系，实现多视角观察施工过程，作业人员可以根据自己分工选择观察施工过程的视角，使各专业之间的配合更加默契。

3）优化工期。影响关键线路的问题应提前入手解决，在施工过程中合理利用 BIM 进行了图纸纠错、碰撞检查、机电综合网管布置、塔吊与现场调度方案、工程可视化等手段不断合理优化关键线路，使得工期进一步压缩。

2. 岗位竞聘的实施

项目部公开进行了综合工长、综合质检、综合协调员等的岗位竞聘活动，参加竞聘的人通过自我陈述、自由答辩、无记名投票等环节的激烈比拼，获得了更能展现自身价值的平台。

3. 典型引领的实施

项目部设立党员责任区，要求党员走在前，退在后，每个党员签订责任状。项目部把农民工党员"归队"，解决了党员组织关系和组织活动两头管理的问题，促进了工程生产建设。

4. 运用网格管理的实施

为了加快各工程工序之间有序协调，项目部依据工程结构，二次结构期间进行作业面分格划网，分为南塔楼、北塔楼、裙房、地下室，管理人员依分工下沉到不同网格，实现了工程建设问题及时发现、及时汇报、及时处理。

5. 建设阳光工程的实施

做好阳光工程的各项监督机制，杜绝各种跑、冒、滴、漏的现象，并将责任落实到人。把工程建成廉洁工程、优质工程、安全工程、美誉工程和创效工程，见表2。

6. 成立青年突击队

项目部成立了两支科技攻关型和一支项目管理型青年突击队，发挥青年人的勇于探索、敢想敢干的精神，解决现场出现的各种技术及管理难题。

7. 质量管理的风险控制

（1）风险的识别

工程中的质量风险主要表现为：工程的施工难度大，质量标准高，实现有一定难度。

（2）风险的控制

1）技术攻关，样板引路。在工序施工前，将影响质量问题找出，进行技术攻关，形成可行性并具有指导性的方案后，用样板引路。如果一次样板引路没有找到问题的突破口，那就分析原因、查找问题，再次做一次样板引路，直至真正找出质量问题的解决方法。

2）过程管控，精益求精。样板形成后，在施工过程中不能有丝毫松懈，每一道工序质量都不能低于样板标准。追求质量最高奖项，就是一个工艺精益求精的过程，利用完善的管理制度和落实到个人的奖惩制度，培养精品意识，打造精品工程。

8. 进度管理的风险控制

（1）风险的识别

工程中的进度风险主要表现为：甲方对工期要求较高，施工组织管理难度较大。

（2）风险的控制

1）定关键节点，找关键线路。根据甲方要求，制定关键节点，找出关键线路，确保关键线路的人、机、料的供应，并制定可行性施工方案。召开战役动员会，调动全员积极性。

2）打节点战役，保关键线路。先后组织了"2013 年春节底板"、"五一"、"七一"、"十一"、"结构封顶"等战役并组织落实，采取物质与精神奖励相结合的方法，有效的调动了所有参战人员的工作积极性和创造性。给那些敢担当的青年骨干压担子，执行岗位竞聘管理，实现了发现问题有人管，出现问题有人担，通过战役锻炼队伍，挖掘人才。

阳光监督表

表 2

主项目	子项目	监控点		运行流程和监督方式	监控时间	责任部门	责任人
阳光工程	阳光监督	严控跑	跑出制度	招投标是否严格照集团、承包部有关规定操作		商务部	部长
				严格按照集团、总包部及行业规范要求进行施工作业		生产、技术部	
				各部门针对本工程的特点是否制定了详细的管理制度和管理流程		各部门	
			跑出计划	工期计划		项目经理	季连党
				工程质量创优创奖计划		生产、技术部	部长
				安全防护措施计划		安全部	
		应对冒		突发事件应急预案		各部门	
				工期拖延应急预案		各部门	
				资金回收方案		项目经理	季连党
		管住滴		岗位竞聘制，明确责任，杜绝出现问题无人管的"滴"		栋号长	负责人
				领导班子、部门协调会制度，防止信息沟通不畅造成的"滴"		项目部经理	季连党
				定额领料制度、超额领料制度和材料使用监督制度，防止物资使用过程中的"滴"		物资部	刘砚辉
				强化监督，定期检查项目部各项工作，防止出现管理盲点		各部门	部长
		堵住漏		组织人员认真研究合同，查找合同丢项、漏项，做好洽商变更		商务部	刘砚辉
				设立党员责任区，让党员带头垂范，形成效应，引导广大职工立足岗位，尽职尽责		党支部	季连党

9. 安全管理的风险控制

（1）风险的识别

工程中的安全风险主要表现为：工人的管理及现场安全管理控制难度大。

（2）风险的控制

1）做好工人管理。本工程地处校区，所有办公室及宿舍，在面对校区方向均不设置门窗。面向校区的工地大门长期关闭，除紧急事件外，不允许人员随意进出。生活区设立门禁系统，24 小时保安站岗执勤，每名进出人员需指纹录入，录入的指纹联网于昌平区公安管理系统，如有犯罪记录的人员进出则直接报警，有利于北京市社会的安全与稳定。根据指纹录入情况，每月自动生成考勤，是总承包单位与分包专业进行人员结算的依据，同时也避免了分包专业恶意讨薪现象的发生。

2）做好现场安全管理控制力度。做好每一名新进场人员的安全教育，制定详细的现场安全管理制度，设置 3 名专职安全员，根据施工人员数量设置相应的兼职安全员，发现问题先罚班组再罚个人，并对所在专业分包公司进行通报批评。定期请集团公司安全专家给管理人员及各分包专业施工人员讲安全教育课，加强思想上的安全意识。

10. 成本管理的风险控制

（1）风险的识别

工程中的成本风险主要表现为：工程利润较低，一线施工管理人员与商务预算人员沟通不够，现场人员不管成本，管成本的不到现场，造成管理失衡，给成本管理带来不利影响。

（2）风险的控制

1）发挥"海绵效应"，挤压利润空间。利用技术变更或工程洽商，改变材料做法或施工工艺，提高利润率。向管理要效益，每一名管理人员都是成本管理员，从办公室的一张打印纸到工地上的一颗螺丝钉都要严格管理。

2）加强各部门之间的沟通，使得成本管理立体化。加强现场一线管理人员与商务预算人员的沟通，在施工前，一线管理人员要知道合同量，商务预算人员要知道现场量，同时，还必须制定预计控制量，进行三量对比，找出差距。使得每名管理人员心中都有本"账"，工作中明白如何控制成本，做到有的放矢，实现成本管理立体化。

七、过程检查和监督

1. 质量的过程检查和监督

（1）三检制：自检、专检、交接检。

（2）全检制：提高检测标准和覆盖面，杜绝隐患，保证施工质量。

（3）竞赛制：在整个施工过程中，开展了不同规模的质量竞赛活动。

（4）样板制：每个分项施工开始时，均实行样板引路。

（5）挂牌制：每道工序都要将负责人、质量情况、日期等现场挂牌。

（6）标准化制：实行标准化，严格执行国家、行业、地方有关的各种规范、规定。

（7）技术先行制：提前沟通解决各项施工难题。

（8）成品保护制：成立成品保护组织机构，组织专门的成品保护队伍。

（9）材料订货和检验制：各种材料从具备资质的厂家和正规渠道采购，建立验收小组。

2. 进度的过程检查和监督

（1）例会制：完善各项例会制度，及时协调解决各项问题。

（2）绩效考核制：签订责任状，赏罚分明，调动各方面的积极性。

（3）劳动竞赛制：分阶段评比，使绩效考核制具有操作性。

3. 安全的过程检查和监督

（1）各项检查：做好各项检查，其中包括定期检查、经常性检查、专业性检查、季节性检查、节假日检查等。

（2）检查重点：查责任（思想、制度）；查隐患（机具、条件环境）；查违章（行为、心态）；查内业（方案、合同）；查落实（效果、反复）。

（3）检查整改：定措施、定时间、定人员、定问题、定效果。

4. 成本的过程检查和监督

（1）数据比较：将成本费用计划值和实际发生值进行对比。

（2）偏差分析：在比较的基础上，对结果进行分析，找出产生偏差的原因，如物价原因、施工方自身原因、甲方原因、设计原因、其他不确定因素等。

（3）纠偏：针对具体的偏差原因确定采取有针对性、行之有效的措施纠正偏差。

（4）检查：及时了解纠偏措施落实的情况和执行后的效果，对纠偏后出现的新问题及时解决。

八、管理效果及评价

1. 经济效益

通过以项目经理为首的项目部全体成员的共同努力，工程质量、进度、安全、成本均达到预期目标，累计节约工程造价近450万元，比合同工期提前21d。

2. 社会效益

质量管理：工程先后获得北京市结构长城杯金奖。

施工管理：工程获得北京市文明安全样板工地称号。

BIM 技术应用：工程中 BIM 应用技术论文在由中国建筑业协会举办的首届"工程建设 BIM 应用大赛"中获优秀奖《BIM 技术在大型实验办公综合楼工程中的应用》的论文在 2013 年第 10 期《建筑技术》发表。

团队建设：项目部先后获得北京建工集团先进党组织、北京建工集团先进集体等荣誉。

领导视察：本工程得到了各级领导的关心和帮助。昌平区各级领导和集团各级领导多次莅临施工现场，对工程进行指导检查，给予了高度评价。中国石油大学（北京）校领导也多次亲临现场，对项目部质量、进度、安全、成本的管理非常满意。昌平区电视台对《中国石油大学（北京）工程施工中的管理思路与方法》做了专题的宣传报道。

科学管理　精心组织
全力建设军事营区精品工程

——北京城建集团有限责任公司解放军第二炮兵文工团新营区建设工程项目

马长涛　马路遥　刘　娇　王　彤　李　伟　王振玲　葛砚军　申海彪

【摘　要】 在第二炮兵文工团新营区建设工程项目管理过程中，项目部团队"以科技创新为手段攻克繁复超大结构体系、以集团 CIS 形象识别系统为基础，结合军队特点，创建建筑工程中"三三制"的管理模式，践行绿色施工"，圆满实现了预设的"安全、质量、进度、成本、效益"管理目标，获得了良好的社会和经济效益。

【关键词】 科技创新；缓粘结与预应力；CIS；三三制；绿色施工

一、项目情况及成果背景

1. 项目简介

为了响应中央军委的号召、适应现代化军事的需要，第二炮兵司令部 2012 年决定将文工团从司令部大院迁至北京市昌平区东三旗，项目为新营区建设工程，地处北京大社区天通苑和回龙观之间，其中排演中心工程占地面积 5242m²，建筑面积 55000m²，公共剧院类，地下 3 层、地上 7 层，台塔部分建筑高度 35.3m，框架剪力墙结构，屋面为钢桁架和轻型钢结构。新营区建设工程除排演中心外，还包含配套设施（综合楼、地下车库、公寓楼及营房等）。

2. 社会背景

文工团新址地处京北最大生活社区天通苑和回龙观之间，该项目集办公、演出为一体，此排演中心是目前北京北五环外唯一在建大型公建剧院，项目落成后除满足文工团内部排演职能外，还将肩负着对群众文艺演出的外部职能。

二、选题理由

1. 工程影响大

该项目是军事工程，为大型剧院及其配套设施的综合体，建筑外观既要突出传统雄伟的格调，又要具备现代简洁的特点。是 2012～2013 年度军队北京地区头号工程，北京城建集团重点关注工程。

2. 相关方高度重视

因该项目属军民两用，故施工期间受军队、地方政府及周边百姓的共同监督，在施工组织过程中除满足常规要求外，还需树立更高的形象来打造"北京城建品牌"。

3. 工程组织难度大

排演中心功能齐全、结构复杂，高差错落，施工组织难度大，为了在合同要求内顺利履约，所以我项目部为该工程设立了诸多关键点，以满足进度、质量、安全等目标。

（1）工程采用新型科技缓粘结预应力、有粘结预应力技术，以及抗裂纤维混凝土。

（2）建筑物外观造型新颖，结构复杂，标高众多，测量控制要求高、生产流水组织复杂需要层层调整。

（3）观众厅为阶梯形，看台梁板为弧形，二层建成后效果构成"飞翔的羽翼"，空间立体效果需要事先反复模拟。

（4）超大空间的观众厅 19.8m，高空为有粘结预应力钢桁架。舞台 29m（局部 44m），高空为轻钢结构。

（5）高大空间模板支撑体系采用新型的十字盘脚手架代替目前常用的碗扣式及扣件式脚手架。

（6）机电工程复杂齐全，排演中心为 1207 座的大型剧院，综合声、光、电、舞台机械、信号等的一体式智能控制系统。

（7）二次结构砌筑材料采用新型的 BM 连锁砌块，标准高，节约能源，工程临边、洞口多风险性大。

（8）其配套工程开工晚、时间要求紧、参施单位众多，关注的部队首长及各级领导多。

（9）部队作风严谨整齐，劳务管理标准高。项目部在集团 CIS 形象识别系统的基础上集合部队特点创建了建筑工程中"三三制"的管理模式。

4. 市场前景广阔

军队相对于地方，工期要求更严格，质量及安全环保标准更高。第二炮兵军种在国家具有重要地位，分布在全国的建设任务充足，项目建设若得到军方肯定，将使我司获得良好的市场前景。

三、实施时间

见表 1。

实施时间表 表 1

实施时间	2012 年 3 月～2013 年 12 月
分阶段实施时间表	
管理策划	2012 年 2 月～2012 年 3 月
管理措施实施	2012 年 3 月～2013 年 9 月
过程检查	2012 年 3 月～2013 年 10 月
取得成效	2012 年 4 月～2013 年 12 月

四、管理重点与难点

1. 管理的重点

本工程是军队北京地区重点工程，部队各级首长、地方政府都非常关注，在施工组织之初，业主对总包工作提出了严格的要求，要我们建设出"军地高品质工程"。在施工组织中如何完成成为管理的重点，项目部与军方分管部门充分发挥主观能动性，共同进行研究与落实，最终确定了"以现代营房理念创建文化品牌，以科学严实作风打造优质工程"的目标，见表 2。

项目管理目标 表 2

项　　目	目　　标
安全文明管理目标	北京市文明安全样板工地
质量管理目标	北京市结构长城杯金奖
绿色施工管理目标	北京地区军队工程建设管理示范项目
成本管理目标	北京城建集团年终经济盘点获奖

2. 管理的难点

（1）本工程组织复杂，既要保证工期如约，又要在科技上有所创新，且不单纯为创新而创新，成为较大挑战。例如：

外墙装饰为石材与玻璃幕墙。竖向条纹花岗石、花岗石条石（钢结构）、干挂花岗石、面砖、全玻璃幕墙、隐框玻璃幕墙，使整个建筑效果既有军队传统雄伟的坚实格调，又具简洁明快的现代风格。

基础、主体共有约65种标高，部分结构高差错落12m，最厚底板2000mm，测量难度大；看台为阶梯形，梁板为弧形，转角和错台多，穿插有缓粘结预应力，支模板难度大；屋面最大高差达到10m，有钢混凝土（前厅）、后张有粘结预应力钢桁架（观众厅）、轻型钢结构（舞台），过程控制难度大。

科技的创新可以直接带动生产组织，从而间接获得良好的经济效益。

（2）业主在强调保证节点工期的同时，又要求现场时时刻刻干净整洁，做到花园式管理，绿色施工难度大。

为了排演中心尽早投入使用，在追求建设速度的同时，要求施工现场围挡范围内外安全整洁，舒适温馨。时时刻刻严格的要求可以直接获得良好的社会效益。

（3）工程建设过程中使用了先进的缓粘结预应力、十字盘脚手架等工艺，公司要求我们在施工期间尽可能保守技术秘密，由于现代社会人员流动频繁，因此对项目部人员管理难度无形增大。

五、管理策划及创新点

1. 管理策划

（1）顺序的确定。开工伊始，为了实现本工程各项目标，达到军队提出的"以现代营房理念、以科学扎实作风打造第二炮兵政治部文工团新营区精品工程"的目标效果，建立以项目经理为工程第一责任人体系，确立以科技创新、绿色施工为根本，按照第一安全环保、第二技术质量、第三进度组织、第四成本控制、第五综合效益的顺序进行项目组织，最终达到辩证统一的效果。

（2）深入垂直管理。建立总包、分包、劳务以"安全生产、绿色施工、质量管理"为根本的三级管理体系，但涉及到安全及质量事件，采取垂直到底的直线管理模式。

（3）集中方案编制。对项目管理目标、难点、重点进行深入分析，从项目管理规划大纲、绿色施工方案和应急预案入手，明确各级管理人员职责，制定各项管理制度及奖罚措施，以此对施工全过程和各个关键环节进行严格控制与管理。

2. 创新点

（1）施工技术创新。施工过程中通过以缓粘结预应力、抗裂纤维混凝土、十字盘脚手架等为代表的多项新技术的应用，带动了生产组织，最终达到安全、质量、成本、效益多方面的收获。

（2）绿色施工创新。在集团CIS形象识别系统的基础上，与军队管理相结合，军地双方以工程为载体共同探索创新，试行了"三三制"管理模式在建筑工地中的尝试，取得了良好的效果。

六、管理措施实施及风险控制

1. 管理措施的实施

本工程共编制各类施工方案68项，我们以缓粘结预应力专项方案为例说明新工艺、新技术的应用。缓粘结预应力技术是一种新型后张法预应力技术，理论上属于有粘结预应力，其秉承了有粘结预应力体系力学性能优良和无粘结预应力体系施工工艺简单的优点，是后张预应力技术的发展延伸，设计人员可以调节预应力筋与混凝土的粘结速度，从而达到提前插入相关后续工序施工的目的，其前景广阔。张拉端采用夹片式锚具，固定端采用挤压式锚具。施工过程中缓粘结预应力筋一般采用15.2高强1860级国家标准低松弛预应力钢绞线，其标准强度 $f_{ptk}=1860N/mm^2$，预应力筋张拉控制应 con＝1395N/ mm²。现场组织的缓粘结施工方法与无缓粘结施工方法相同，根据设计的调节时间，最终能达到有粘结的受力效果。缓粘结预应力筋是由钢绞线，外涂缓粘结胶粘剂和外包PE组成，缓粘结胶粘剂要保证在张拉阶段可以自由滑动，在设计的周期内完成固化，见表3。

缓粘结预应力筋的固化周期　　　表3

固化时间（月）	张拉适用期（月）	固化时间（月）	张拉适用期（月）
固化时间≤6	＜2	固化时间≤12	＜5
固化时间≤9	＜3	固化时间≤24	＜10

本剧院是大空间结构体系，工程建设中既需解决大跨度问题，又需保证其他工序不受制约，才能按时完成任务，采用普通预应力结构形式不可行。经过我项目部向业主和总后设计院建议，在诸多部位采用了目前国内先进的缓粘结预应力新工艺，包括：观众厅看台为悬挑预应力混凝土斜梁结构，最大悬挑跨度为7.6m，屋面为钢桁架下弦预应力结构，最大为30m跨度。事后证明我们的建议是完全正确的，与普通无粘结预应力和有粘结预应力相比，缓粘结预应力在施工中要格外注意以下事项：

（1）应保证梁中预应力筋的矢高、间距等，定位准确程度要高于普通预应力，见表4、表5、图1。

缓粘结预应力束型竖向位置允许偏差　　　表4

构件截面（厚）度（mm）	≤300	300～1500	＞1500
允许偏差（mm）	±5	±5	±5

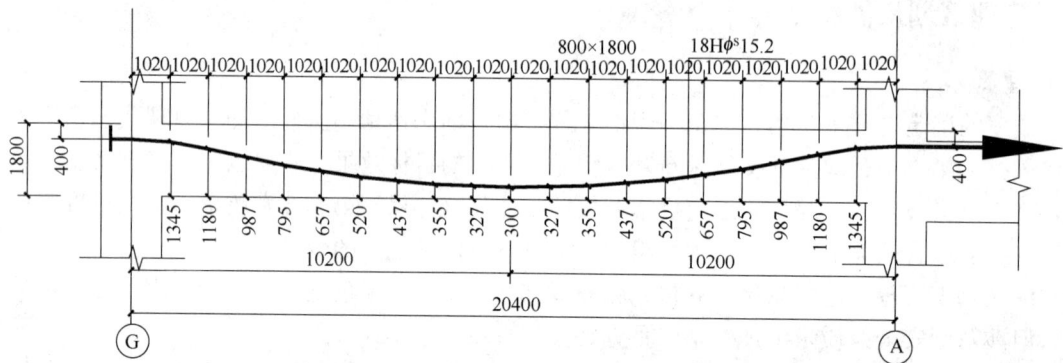

图1　YKL1预应力曲线布置图

实测曲线偏差记录表　　　表5

构件YKL1 800×1800	位置（距1侧轴线）	0	1020	2040	3060	4080	5100	6120	7140	8160	9180	10200
	设计矢高（mm）	400	1345	1180	987	795	657	520	437	355	327	300
	实际矢高（mm）	400	1346	1181	987	794	657	520	436	355	328	300
	曲线偏差（mm）	0	1	1	0	−1	0	0	−1	0	1	0
构件YKL1 800×1800	位置（距1侧轴线）	11220	12240	13260	14280	15300	16320	17340	18360	19380	20400	
	设计矢高（mm）	327	355	437	520	657	795	987	1180	1345	400	
	实际矢高（mm）	327	356	437	519	657	795	988	1180	1344	400	
	曲线偏差（mm）	0	1	0	−1	0	0	1	0	−1	0	

（2）缓粘结预应力钢绞线张拉端的设置，应符合设计要求；当设计无具体要求时，则应符合下列要求，见表6。

缓粘结预应力筋的设计要求　　　表6

线型	粘结预应力钢绞线长度（m）	张拉形式
直线	＞40	应采取两端张拉
曲线	＞30	应采取两端张拉
直线/曲线	＞50	宜先松动一次，再张拉

当同一截面中有多根一端张拉的缓粘结预应力钢绞线时，张拉端宜分别设置在结构的两端。

（3）缓粘结预应力筋避免在强光和空气中曝露时间过长，经过设计单位提出指标以及现场淋水、曝晒等试验检验，最终确定不能被雨水淋三次以上，连续曝晒时间少于10h，如图2所示。

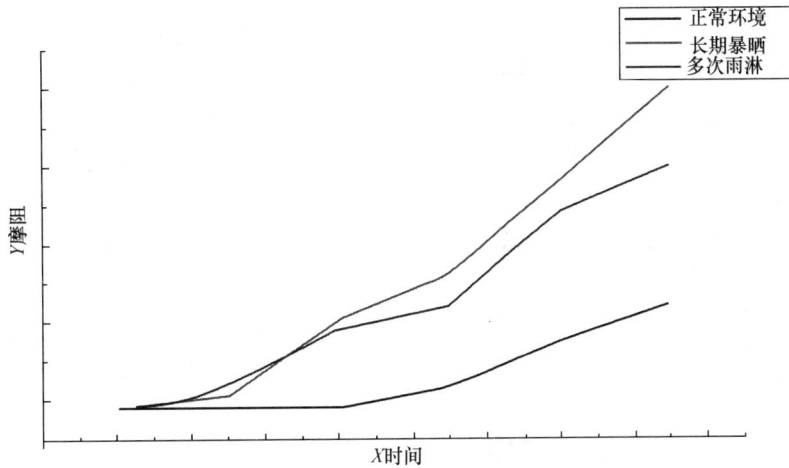

图2　缓粘结预应力筋试验图

（4）混凝土强度达到设计要求方可进行缓粘结预应力钢绞线张拉，张拉顺序应符合设计要求。当设计无具体要求时，可采用分批分阶段对称张拉；顺序一般先中间后上下或两侧；仅有两个平行孔时，宜同时张拉，张拉前不得拆除模板支撑，见表7。

张拉时间及模板拆除时间　　　　　　　　　　　　　　　　　　表7

构件类型	张拉时间	模板拆除时间
梁	混凝土强度达到设计要求，进行张拉	张拉完成后24h
板	混凝土强度达到设计要求，进行张拉	张拉完成后24h

（5）按图纸要求设定需要后期监测的预应力筋，定期监测，对试验数据进行计算机处理，同时要求留有备用，如图3所示。

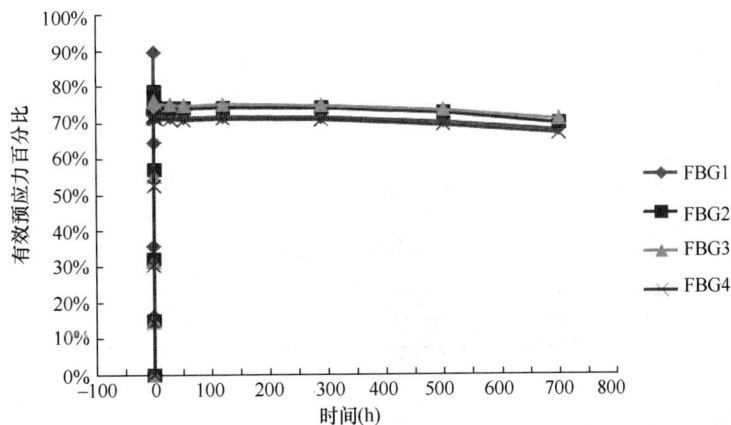

图3　折线形S-RPSR-FBG预应力时变性特征图

本工程工期紧、质量要求严。北京建筑工程研究院作为该项工程的预应力分项单位，配合总后设计院进行设计与施工，在设计的同时制定出简便、可行的施工方案，确保工期和质量要求。预应力是本工程的一个重要组成部分，它决定着关键线路的长短，因此，其不仅是科技创新项目，也是施工组织的重点与难点。由于是新工艺，要有严密施工组织和科学论证来保障它的安全、质量稳定，这一保障措施由项目经理直接负责，成立"预应力专项领导小组"。经过工程事后证明，采用这种技术在保证安全质量的前提下，节省了工期，降低了成本，最终取得良好的综合效益。

2. 绿色施工风险控制

（1）现场文明四区管理。按照集团 CIS 形象识别系统要求，高标准完成办公区、施工区、生活区等临建设施，充分展示集团形象，同时对项目管理人员、工人、外来人员等分类管理。场区绿化、道路硬化、生活设施等与原营区内景观交融，使工地如同花园。施工现场西邻部队大院、东临住宅小区，对扬尘、噪音非常敏感，项目部充分重视施工可能对其造成的干扰，采用建造隔音棚、定期洒水等措施，严控扬尘、噪音的产生。现场砌筑及抹灰砂浆采用预拌砂浆，有效减少了现场扬尘污染，提高了施工质量。

（2）总承包管理、协调工作量大、资源占用大。受到军队连、排、班"三三制"管理模式的启发，项目部在劳务管理方面吸取以往的经验和教训，探索推行了以下有效措施：

1）分包单位进场后及时收集劳务人员花名册、身份证复印件、特殊岗位人员技能证书复印件、劳动合同。以三个宿舍为一个基本单元设置工人小组，同时设组长，定期参观隔壁汽车营的出操，使自己时刻知道身处军事管理之中。

2）每周按时收集《劳务作业人员变更情况周报表（进场情况、离场情况）》，在电脑中随时修正，做到不推诿。每月按时收集劳务分包单位的《劳务作业人员考勤表》、《工资发放表》，保证每月按时全额支付劳务人员工资，并在公告栏上公示工资发放情况。

3）每月进行三次劳务分包方检查，并认真填写《劳务分包方检查记录表》，发现的问题及时整改，整改完成后进行复查。

4）对所有新进场劳务作业人员进行劳务作业人员普法教育和劳务作业人员普法考试，每周召开三次"施工项目劳务及用工管理月度工作例会"，并形成会议纪要。

5）项目部推行无纸化办公，建立了信息化平台，由专职劳动力管理员每月按时向集团上报《劳务费结算、支付和工资支付情况统计表》、《使用外部施工队伍统计表》等相关劳务管理资料，做到了集团劳务管理与项目劳务管理同步化，而且节约了资源，如图 4、图 5 所示。

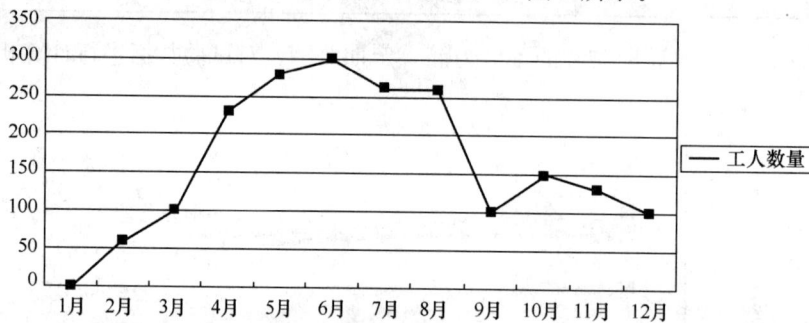

图 4　2012 年劳务工人数量统计图

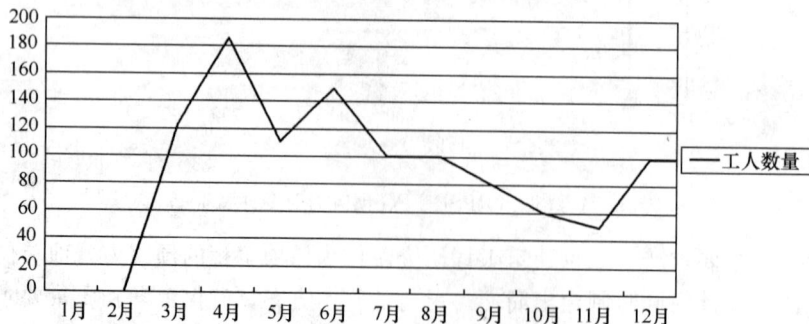

图 5　2013 年劳务工人数量统计图

总之，除上述描述外，项目部还对很多其他关键内容进行了关键点设置。在施工过程中，我们加强过程检查和监督，坚持每周项目经理办公例会，对本周工程情况进行总结，找出问题、分析问题、解决问题、持续改进、部署下周工作。各专业系统参加每周的生产例会、安全文明施工例会、技术质量例会、监理例会，对工程进行阶段会诊总结，循序改进确保管理目标的实现。

七、管理效果评价

在项目管理过程中，我们坚持以科技创新和绿色施工为根本，按照"安全环保、技术质量、进度组织、成本控制、综合效益"的顺序进行组织，获得了良好的社会和经济效益，根据预先设定的目标我们取得了以下主要业绩：

（1）2012 年 4 月，获得"北京地区军队工程建设管理示范项目"称号。

（2）2012 年 12 月，年获得"北京市文明安全样板工地"称号。

（3）2013 年 8 月，获得"北京市结构长城杯金质奖"。

（4）2013 年 8 月，代表北京城建集团建筑工程总承包部参加"北京市 2013 年度企业贯标外审"检查，受到专家表扬。

（5）2013 年 12 月，在集团组织的经济活动分析中因为业绩好获得表扬与奖励。

八、体会

在本工程两年的建设过程中，由于项目团队优质高效地完成了二炮排演中心工程建设任务，受到了业主、军队上级首长、地方政府及周边百姓的高度评价，赢得了良好的社会信誉，经过二炮机关 18 个部门评审，一致决定将我项目团队作为第一候选人，把新营区建设配套工程项目中的公寓楼、综合楼、地下车库及通风空调等多项任务交给我们，使得我们有机会继续为北京城建集团做出贡献！为军队建设添光彩！

信息化管理助力工程项目管理高端化

——北京城建九建设工程有限公司赤峰体育中心工程项目

薛　鹏　孔维刚　王文军　连三杰　刘薛杰　薛亚楠

【摘　要】 利用信息化管理手段，提升工程项目管理的低水平形象，提高项目的综合管理水平，保证工程质量和施工安全。

【关键词】 信息化；CAM 平台；项目网站；远程监控；施工管理

一、成果背景

1. 行业背景

建筑业是一个历史悠久的行业，自从有了人类，建筑作为一种行为就出现在世界上；建筑业又是一种劳动密集型行业，虽然随着时代的变迁以及科学技术和社会的进步，建筑施工工艺的水平和管理水平有着巨大的提高，但较其他行业仍然施行着相对落后的生产方式和管理方式。建筑业的管理，特别是项目施工管理，在当今信息化社会的大环境下，亟待有更新的突破。

2. 信息化背景

20 世纪 90 年代以来，美国一直处于领跑 IT 和信息化革命地位的，正是信息化的成功才造就了美国 20 世纪 90 年代新经济的兴起。

我国 1997 年成立国务院信息化领导小组，1998 年组建信息产业部，负责推进国民经济和社会服务信息化工作。随着信息技术、特别是网络技术的高速发展和广泛应用，信息化已导致产业结构和经济模式变化乃至社会的变革；信息化正在改变着人们的生产、生活、思维方式和价值观念；信息化也已经成为各国、各个行业，提高综合实力和核心竞争力的战略措施和手段。

图 1　赤峰体育中心工程效果图

2014 年 2 月 27 日，国务院成立网络安全与信息化领导小组，习近平主席任组长，更是将信息化列入了国家的战略国策。

3. 工程概况

赤峰体育中心工程，如图 1 所示，位于内蒙古自治区赤峰市新城区，总占地面积：22.31hm²，总建筑面积约 10 万 m²；由可容纳 3.2 万人的体育场、可容纳 0.7 万人体育馆及地下车库、商业平台、室外体育练习场地组成。

建筑造型利用体育场罩棚，将体育场、体育馆及平台连为一体，蓝色的铝合金蜂窝板罩棚，寓意为一条美丽的蓝色哈达。

赤峰体育中心，是赤峰市举办内蒙古自治区第十三届全区运动会的主场馆，也是赤峰市有史以来建设的最大的民生建筑。

二、选题理由

1. 项目管理的需要

我项目部于 2007～2009 年圆满完成了第十一届全国运动会的主场馆——济南奥体中心体育馆工程的施工任务；该工程先后取得了山东省优质工程——泰山杯，国家优质工程——鲁班奖及詹天佑奖；施工现场被评为山东省安全文明工地；项目管理成果《加强劳务人性化管理，打造和谐施工环境》，先后获得 2010 年北京市建设工程优秀项目管理成果一等奖、2011 年全国建设工程优秀项目管理成果一等奖。

赤峰体育中心工程从建设规模、施工难度，管理难度，都要远大于济南体育馆。认真总结济南体育馆的管理经验、教训，采取更加创新的管理方式，以实现工程质量更优、项目管理水平更高的目标。

2. 提升建筑业管理形象的需要

建筑业特别工程施工管理，总以劳动密集型、管理粗放型示人。在进入信息化时代的今天，新的技术、新的材料、新的工艺不断应用，施工管理也应该有大的突破，向建筑业管理高端化跨进，以适应信息化时代的需要。

3. 国家施工信息化管理的要求

住房城乡建设部 2010 年 5 月发布《2011～2015 年建筑业信息化发展纲要》，提出建筑企业信息化发展的指导思想："深入贯彻落实科学发展观，坚持自主创新、重点跨越、支撑发展、引领未来的方针，高度重视信息化对建筑业发展的推动作用，通过统筹规划、政策导向，进一步加强建筑企业信息化建设，不断提高信息技术应用水平，促进建筑业技术进步和管理水平提升"。

同时也指出了建筑企业信息化发展的总体目标和具体目标，其总体目标要求："十二五"期间，基本实现建筑企业信息系统的普及应用，加快建筑信息模型（BIM）、基于网络的协同工作等新技术在工程中的应用，推动信息化标准建设，促进具有自主知识产权软件的产业化，形成一批信息技术应用达到国际先进水平的建筑企业。

4. 落实《建设工程项目管理规范》的需要

《建设工程项目管理规范》GB/T 50326—2006 要求我们：项目管理行为应坚持以人为本的科学发展观，采用先进的管理手段，全面实行项目经理责任制，不断改进项目管理水平，实现企业可持续发展。

三、实施计划安排

见表 1。

实施时间计划表　　　　　　　　　　　　　　　　　　　　　　　　表 1

总体进展时间		2011 年 2 月～今（持续进行）	
阶段进展时间表			
立项	研究、立项	2011 年 2 月～2011 年 6 月	组织研究项目特点，确定项目目标，制定管理对策
项目实施	软、硬件配置	2011 年 6 月～2011 年 7 月	根据项目需求，购置计算机及相关硬件，接通网络
	教育、培训	2011 年 7 月～2011 年 8 月	组织全体管理人员进行软、硬件的培训
实施改进	实施、改进	2011 年 8 月～今	全面运行信息化管理，不断补充、完善、改进

四、信息化管理的重点和难点

1. 项目信息管理的重点

根据国家建筑业信息化发展纲要的要求，建筑施工企业的信息化管理目标："优化企业和项目管理流程，提升企业和项目管理信息系统的集成应用水平，建设协同工作平台，研究实施企业资源计划

（ERP）系统，支撑企业的集约化管理和持续发展"。

建筑施工企业信息化管理的重点是：实现项目的经营、物资设备、施工管理等管理的集成，消除信息孤岛；围绕施工项目管理，建立项目协同工作平台，实现项目部与企业及其他参与方的有序信息沟通和数据共享。

2. 信息化管理的难点

（1）项目管理人员信息化管理的意识不强，信息化管理知识普及不够。

（2）管理软件的匮乏及与施工管理实际的脱节。

（3）硬件的不足，网络的覆盖及网速不足。

（4）相关单位（业主、监理、分包等）协调统一难。

五、信息化管理主要措施及创新点

1. 项目信息化管理的调研、策划

自 2010 年 10 月，正式组建赤峰体育中心项目部开始，项目部就以"高起点、高标准、严管理、再创鲁班"为项目的管理目标；在认真总结济南体育馆项目管理的经验、教训的基础上做出：充分利用信息化的管理手段，将项目的经营、材料、生产、技术等管理的各方面，各个环节集成起来管理，提高项目的整体管理水平，实现项目的管理目标，并针对本工程的具体情况进行了一系列的管理策划。

2. 项目信息化管理的软硬件配置

根据管理策划和项目部各部门的需求，首先配齐了信息管理的硬件，项目部共配置了 33 台各种型号的计算机及相关配套设备。通过多方努力，于 2011 年 6 月接通了网络，并建立了项目部局域网。

3. 加强项目信息化管理的全员培训

针对项目部管理人员信息化意识偏低，信息化知识匮乏等因素，项目部制定了一系列措施，要求各项工作必须通过网络实施，并制定相应的责任制。

同时，请专家和软件公司的工程师来现场讲课、培训，如图 2、图 3 所示。

图 2　软件工程师培训讲课图　　　　图 3　项目信息化管理动员大会图

4. 建立项目信息化管理平台（PAM)，集成项目的经营、材料等管理

（1）建立项目的管理平台（PAM）

利用公司的 CAM 管理平台，如图 4 所示，并在公司 CAM 平台上，建立项目的 PAM 平台时，将项目部职工信息、工资、合同等均录入平台，以加强项目的经营、材料、职员等的方面的管理。

（2）职员管理

项目职员信息全部在公司 CAM 平台人力资源库内，公司人力资源部直接从公司人力资源库内将项目的人员调入项目部，并按每个人的工作岗位，进入各自的工作界面内。项目部职员的工资、补助等，由项目部做，公司审核后发放，如图 5、图 6 所示。

（3）经营管理

图 4　公司 CAM 管理平台图

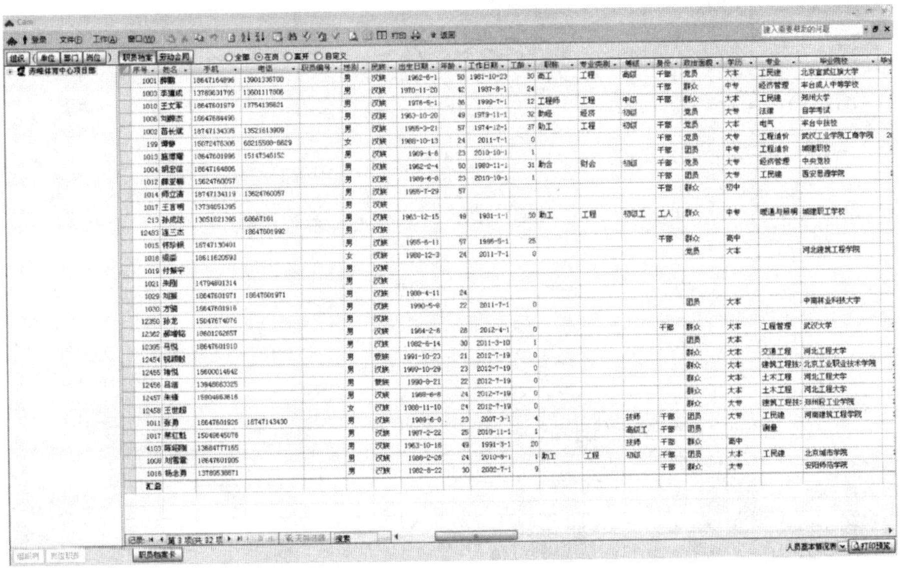

图 5　项目职工信息表图

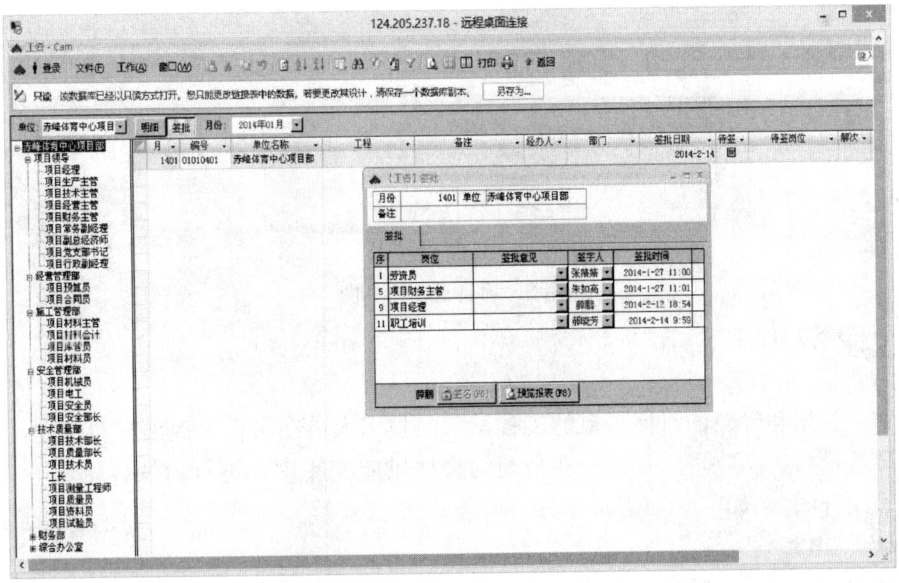

图 6　项目工资表签批表图

　　在项目的管理平台（PAM）上，把整个工程按栋号（体育场、体育馆、平台）、分部位、分楼层、分施工段进行拆分，然后将项目的投标报价清单，分栋号、部位和施工段录入平台，如图 7 所示。

在中标清单的基础上，对工程各个分项工程进行分析，编制出项目的目标清单，如图8所示——即成本设计，对项目的成本进行预控。

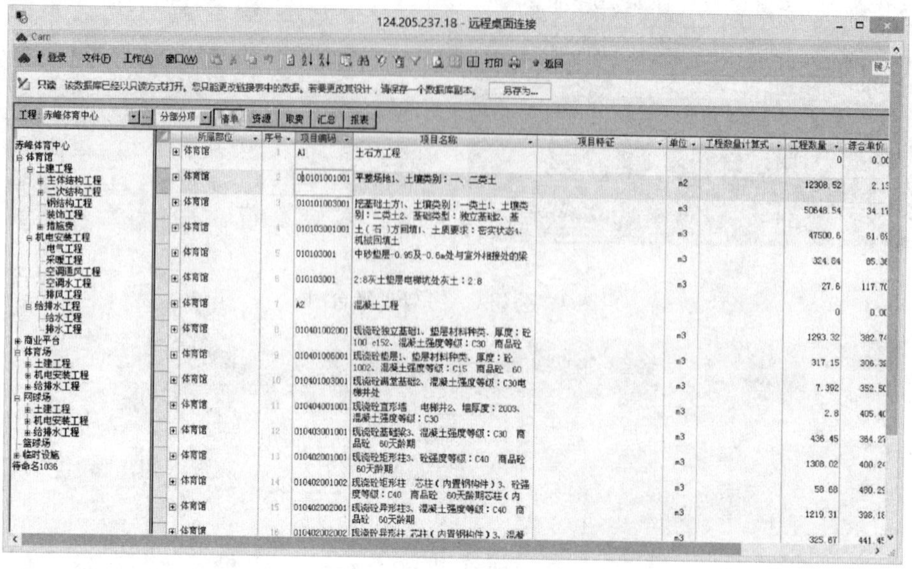

图7 项目中标清单图

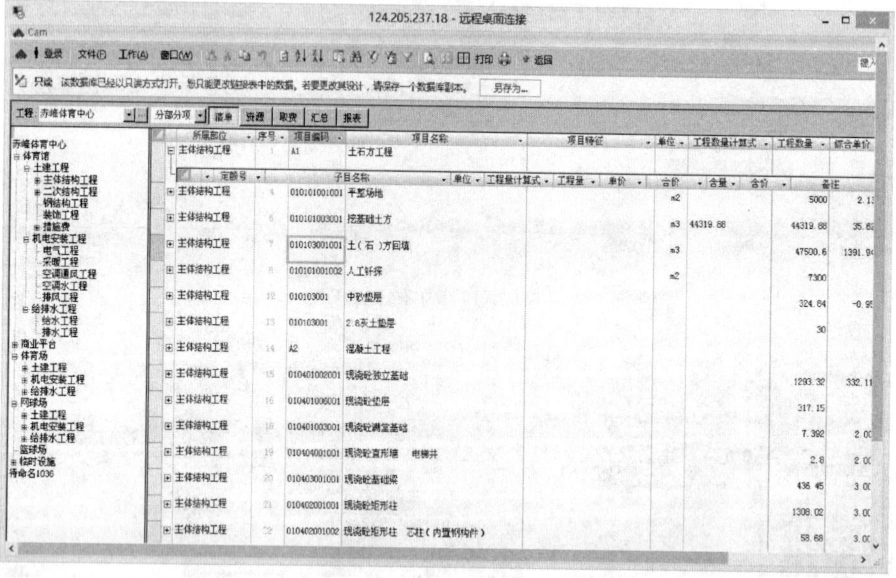

图8 项目目标清单图

（4）物资、设备管理

1）材料计划

根据工程施工计划和经营的目标清单的工程量，由技术人员在平台上提出材料计划，报相关人员审批；经相关人员签批后，由物资部负责，在公司的合格供应商库中，进行洽谈、招标等方式进行采购，并签订《物资采购合同》，如图9、图10所示。

2）材料入库、出库

材料进场经技术、质量、物资等相关部门人员验收合格后，由材料会计录入平台材料，进入材料库存，如图11所示。

材料使用时，由材料会计根据使用部位、计划量，开具出库单，如图12所示。最后由材料保管员根据出库单发放材料，进入工程。同时进入项目成本库，项目成本增加。

图 9　材料计划表图

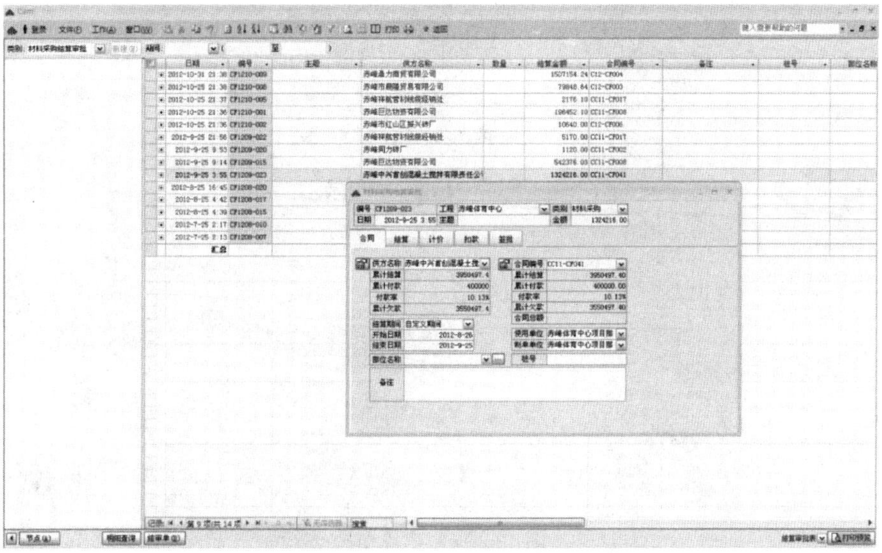

图 10　材料采购合同图

（5）分包及合同管理

根据项目的具体情况，及目标清单，进行专业分包、大宗材料等，在公司合格供应商和合格分包商库中的分包单位，采取内部招标等方式，确定分包和供货单位，并签订分包施工或物资供应合同，并报公司经营部门审核、备案，如图 13 所示。

施工过程中，随着材料、设备等出库，成本增加，项目随时与目标成本比对，及时了解和掌握项目成本的赢、亏情况，并对赢、亏原因进行分析，找出亏损原因，及时采取措施，以减少或避免进一步的亏损。

5. 建立项目网站，集成项目的文化、生产及总包管理

建立项目网站，网站设了："公司简介"、"项目简介"、"员工风采"、"新闻"、"论坛与博客"等五个大栏目，目的是加强企业宣传和项目部的文化建设，提升了项目的施工管理水平，同时为职工提供一个展示才能和交流的平台，如图 14 所示。

（1）加强企业和项目的宣传

项目网站设立的"公司简介"及"项目简介"栏目，详细介绍公司的概况、资质及业绩情况。通过

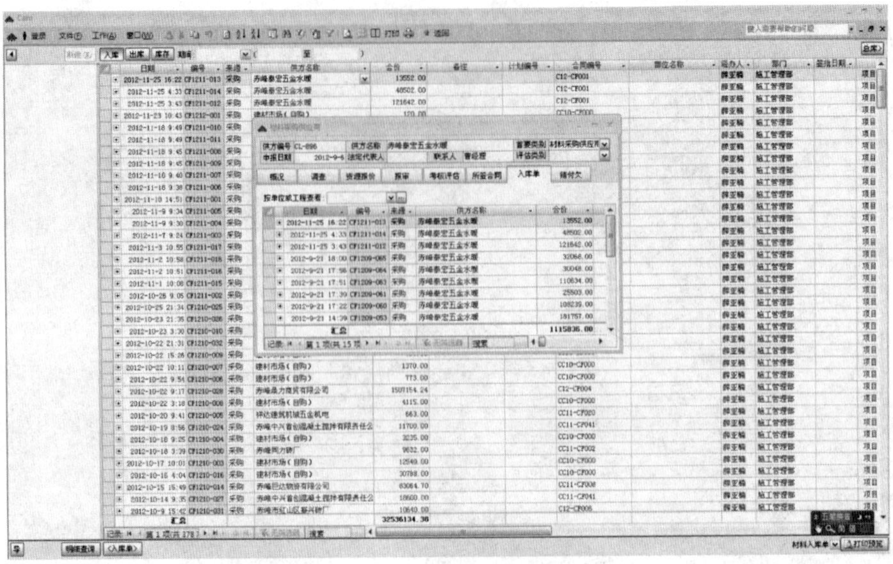

图 11　材料入库单图

图 12　材料出库单图

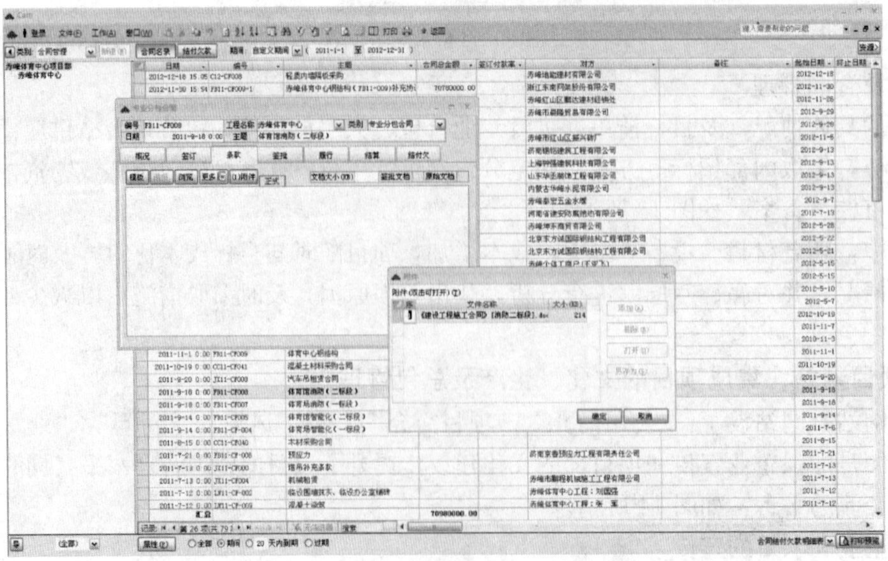

图 13　分包合同审批表图

项目的网站，即可了解公司的基本情况和项目的概况，达到企业的宣传作用如图15所示。

图14　网站首页图

图15　公司概况及业绩图

　　在"项目简介"栏目中，介绍了项目的"工程概况"、"项目部的概况"及项目部主要管理人员的基本情况如图16所示。

　　网站"新闻"栏目，及时报道项目部内外所发生的大小事情，及工程的进展情况，以宣传项目的目的，如图17所示。

　　（2）提升项目的施工管理水平

　　我们在项目网站上设置"工程施工"栏目，将项目的施工计划、每周、每月的计划完成情况（周报、月报）、工程例会、工程专题会等及时上网，项目部、监理、分包等相关管理人员及公司总部领导，各科室人员，可从网上及时了解项目的生产进度、技术质量、安全文明施工的情况，大大改变了以往的管理手段，提升了项目的管理水平，如图18～图20所示。

　　（3）加强项目的文化建设

图 16　项目概况及业绩图

图 17　项目新闻报道图

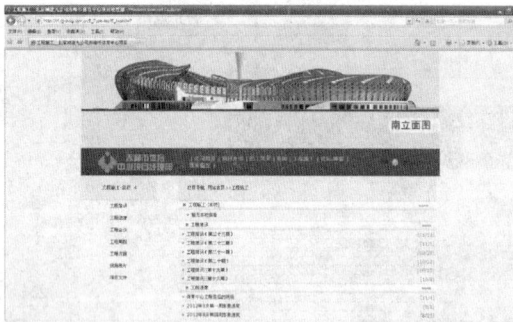

图 18　施工计划与进度图

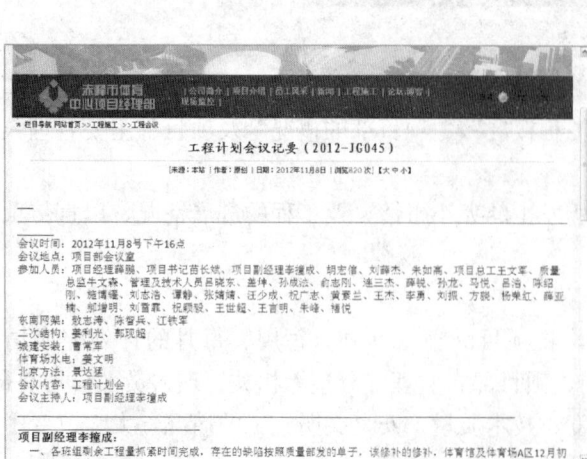

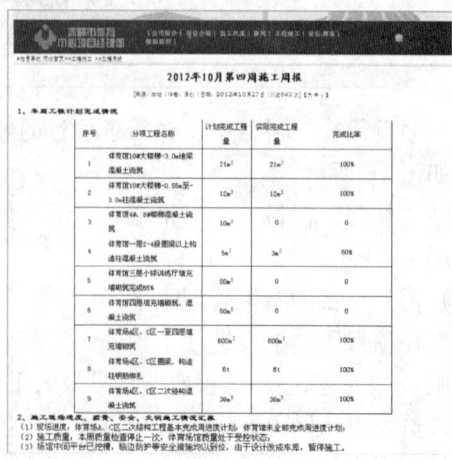

图 19　工程例会及工程周报图

图 20　工程简讯及项目部文件图

网站设立了"员工风采"和"论坛、博客"两个栏目，给员工开辟一个展现个人才华的平台；利用这个平台，项目职工把自己的感受、感想，自己的工作、学习发表出来，互相交流思想。同时项目部也在网上开展摄影等比赛，对参与者、获奖者给予奖励，以活跃职工的业余文化生活，加强了项目的文化建设，提高了项目部的凝聚力，如图 21 所示。

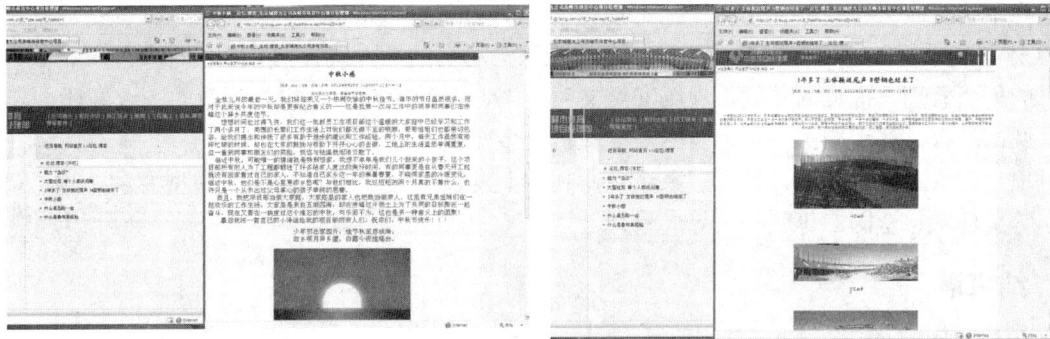

图 21　员工的感想与心声图

6. 建立项目 QQ 群，加强项目的全员、全方位管理

建立项目的 QQ 群，实施全员、全方位的管理，项目部每个职工，在现场发现的质量问题、安全问题、现场材料等所有问题，用手机拍照下来，及时放到时 QQ 群内，各相关部门人员都会及时去解决，大大扩大的施工管理的范围。

7. 建立远程监控，实时掌控现场情况

我们在现场不同位置设置了 3 台摄像机，将施工现场全覆盖，并接通网络，使我们在任何有网络的地方，通过计算机可以查看项目的现场实时情况。公司总部也可以从网络，及时掌握项目的施工情况、现场管理情况，并根据情况及时发出指示或提醒。

同时我们把现场监控链接到项目网站上，从项目网站直接进入现场监控，如图 22、图 23 所示。

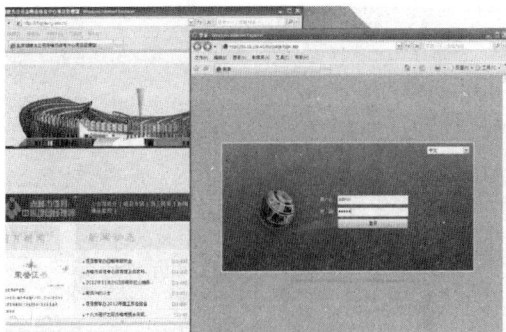

图 22　进入远程监控界面图

图 23　实时监控画面图

8. 管理方式创新点

本管理模式的创新点是：用信息化的管理手段，在公司的 CAM 管理平台上，建立了项目的 PAM 管理平台，将项目的经营、材料、设备等项的管理集成起来，做到数据共享，及时掌握项目的成本情况，做到动态管理。同时，建立自己的项目网站、QQ 群、远程监控；加强了企业、项目的宣传和文化建设；活跃了职工的业余文化生活，凝聚了项目部的团结；进而，提升项目的整体管理水平，降低管理费用。

这种利用信息化的管理手段，对工程项目进行全方面的管理，提升施工项目管理水平，在全国工程项目施工管理行业中，还处于领先地位。

2013 年底，公司下达文件，要求公司所属施工项目，有条件的项目部全面推广赤峰体育中心项目部的信息化管理办法。

六、实施效果

赤峰体育中心工程自 2011 年 5 月正式开工建设，2012 年 8 月份率先完成体育馆钢筋混凝土结构封顶，2013 年 8 月完成全部的结构工程（包括：钢筋混凝土结构、二次结构、钢结构）验收。工程质量被评为赤峰结构优质工程——玉龙杯。施工现场被评为内蒙古自治区安全文明示范工地。2014 年 8 月 17 日将在体育场举行——内蒙古自治区第十三届全区运动会的开幕式。

项目的创新管理，优良的质量，现场安全文明施工，得到赤峰市各相关部门的一致好评，先后在赤峰日报、红山晚报、都市周报等报纸及赤峰电视台上多次进行专题报道。

同时项目部管理成果丰硕，已在国家级专业刊物上发表论文 5 篇，获得实用型专利 3 项、QC 成果北京市一等奖四项、全国二等奖一项等成果。

七、结束语

在信息化已做提升为国家战略国策的今天，各行各业的信息进程在都在不断加快，建筑业这一国民经济的支柱产业，也必将在信息化时代有更大的发展。我们在赤峰体育中心工程施工中，对信息化管理做了一些尝试，但管理人员的信息化水平，软件及相关软件的兼容等方面，还存在诸多问题亟待解决，以促进建筑业管理向信息化、高端化迈进。

维护企业品牌　整合当地资源
加强外埠大型公建项目综合管理

——北京城建集团有限责任公司西安曲江文化创意大厦工程项目

田家良　于　晓　马　华　刘　波　王朝阳　任索引

【摘　要】曲江文化创意大厦项目是集团在陕西西安市场率先实行工程总承包自带队伍施工的大型公建项目。本项目自有员工较少，大多是采用借调和当地外聘的用工方式，而且面对工程工期紧张，工程质量要求高等诸多问题，通过合理的项目管理和有效整合当地社会资源，实现了较好的社会和经济效益，为市属企业在外埠的开拓发展进行了有益的探索，并将"北京城建品牌"立足于当地。

【关键词】外埠；大型公建；整合当地资源；社会经济效益

一、工程概况及成果背景

1. 工程概况

曲江文化创意大厦工程位于西安市曲江新区 T34 地块，南侧紧邻南三环，总建筑面积约 6.108 万 m^2，是西安市重点工程。该建筑主要功能为办公用房，由地下车库、人防、餐厅、办公、写字楼等组成。其中地上建筑面积：$45251m^2$，地下建筑面积：$15829\ m^2$。地上主楼 25 层，首层层高 5.2m，标准层层高 3.9m；裙楼四层，首层层高 5.4m，二、三、四层 3.9m。地下二层、局部三层。工程节能目标 50%，外墙中空玻璃幕墙、岩棉保温。结构类型：主楼框架剪力墙结构，裙楼框架结构。抗震等级为一级，抗震设防烈度为 8 度。地下室防水等级为一级，屋面二级。建筑耐火等级一级，耐火时间不小于 3h。上人屋面为防滑屋面，铺贴防滑地砖；外墙装饰为玻璃和铝板幕墙，局部清水混凝土罩面漆。机电设备安装有强电系统、弱电系统（电视、电话、消防、安防等）、给水系统、排水系统、采暖系统、通风与空调系统等，如图 1 所示。

2. 成果背景

我公司自成立以来长期立足于北京市场，经过近年来的开拓，外埠市场份额在逐渐扩大，如何能够持续开拓外埠市场是公司需要不断探索的问题。曲江文化创意大厦工程作为西安曲江新区文化产业聚集区核心建筑之一，是北京城建集团在西安市总承包的重点项目。

图 1　全景照片图

二、选题理由

（1）曲江文化创意大厦项目是集团公司在西安率先实行总承包自带队伍施工的项目，且整个项目自有员工 3 人，借调员工 2 人，外聘员工 13 人，具有集团在外埠施工管理的典型性。

（2）施工现场场地狭窄，工期紧张，工程安全文明施工、质量要求较高，施工综合管理难度大。

（3）本工程为西安市重点工程，位于国家 5A 级旅游风景区——曲江新区，北侧紧邻西安市建委办公大楼，绿色安全文明施工要求高。

（4）集团公司要求在外埠通过实战培养一批能够独立思考、负责任、敢担当的自有员工，并且不断吸纳当地人才和资源，不断的与当地资源进行整合，以实现在外埠的实体化经营。

三、实施时间

见表1。

实施时间表 表1

实施时间	2009 年 12 月～2011 年 12 月
分阶段实施时间	
管理策划	2009 年 12 月～2010 年 5 月
管理措施实施	2010 年 5 月～2011 年 12 月
过程检查	2010 年 5 月～2011 年 12 月
取得成效	2010 年 12 月～2011 年 12 月

四、管理重点和难点

1. 工期紧、任务重

工程总计约耗用钢材 7800t，混凝土 30000m³，玻璃幕墙、干挂石材共计 32000m²，定额用工 36.6 万个。本项目的员工都是来自不同地域和企业，项目工程合作、分包由北京的、西安本地的甚至沿海企业组成，如何将不同地域员工打造成具有"北京城建"企业文化的高效团队，并有效整合地域资源是工程顺利实施的关键。

本工程地基施工中 256 根基础桩，在 1600m² 的场地上，仅用了 29d 的时间，创造了一天最多完成 13 根桩的施工记录。

2. 大体积混凝土

本工程主楼底板 2.3m，混凝土强度等级为 C40P8，为典型的大体积混凝土，且周围有 500mm 厚的裙楼底板底部与主楼底板连接。在施工前，项目部对施工方案、技术措施组织过四次论证，重视混凝土的配合比设计、原材控制和现场施工控制。最终筏板混凝土用了 48h 就连续浇灌完毕，且未出现任何质量问题，业主、监理以及专家都给予很好的评价。由于科学管理，措施得当，2010 年 7 月结构出正负零，到 2011 年 1 月 25 日主楼主体结构提前计划封顶。

3. 施工场地狭窄

本工程位于文景路以南，南三环以北，启元路以东，政通大道以西，在基础施工阶段场外无堆放材料的空地。基础施工阶段平面布置，如图 2 所示。

4. 本工程主楼、裙楼混凝土外观质量业主要求达到清水效果

工程钢筋含量达到 130kg/m²，底板几何形状为不规则梯形；从主楼底板到框架柱、梁尤其是梁柱核心区钢筋非常密；主楼局部有三个方向的梁与柱相交，给钢筋施工造成了较大困难，如图 3、图 4 所示。

5. 外装为通体玻璃幕墙

本工程为综合性建筑，设备齐全，外装为通体玻璃幕墙，需要在设计阶段处理好预留预埋问题，并重点协调好工艺（工序）穿插。工程设计使用了单元式 LOW-E 玻璃幕墙，在设计和施工阶段经历了多次技术研讨和专家论证，通过 0.5mm 高精度工厂化加工与现场自下而上程序化施工相结合，实现了设计师主楼"兵马俑铠甲"外幕墙的形体设计，成为地标性建筑。

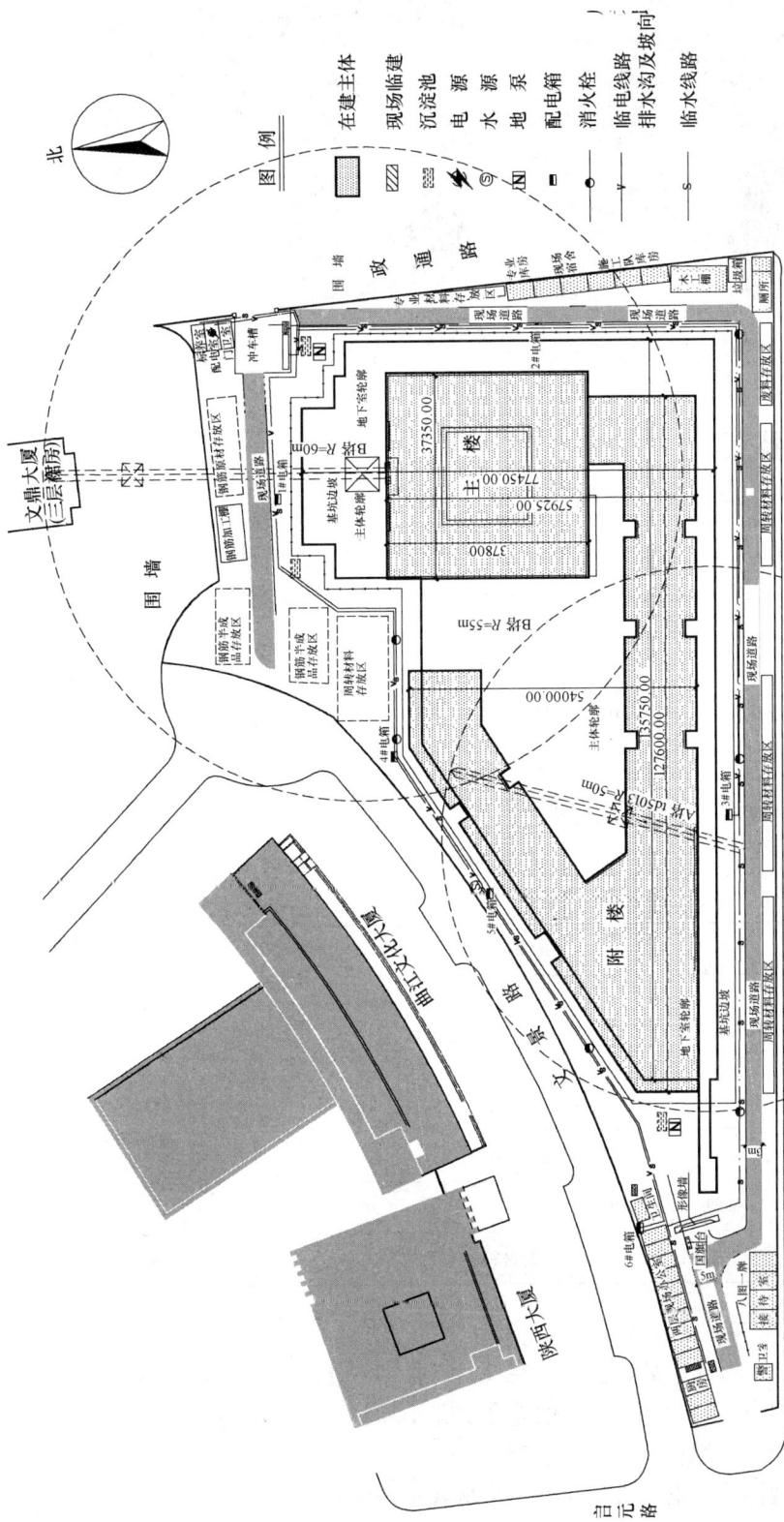

说　明

1. 现场排水明沟沟断面净尺寸20cm×30cm。沟邦为120mm厚红机砖，沟侧壁和沟底抹灰，地沟底面坡度为1‰，现场场地向排水沟找0.5‰坡。
2. 现场办公区临建面积约460m²，施工现场办公临建约200m²。
3. 对塔吊的旋转进行限位，各塔吊的可旋转区域如图中所示，并且使塔吊大臂从低到高低次是：A、B

图 2　曲江文化创意大厦施工现场平面布置图（基础阶段）

89

图 3　现浇混凝土局部图　　　　　　图 4　钢筋非常密图

五、管理策划及创新特点

1. 管理策划

（1）必要性：集团公司立足于北京市场，不断开拓外埠市场已经是一种必然的趋势，进一步探索"北京城建"品牌与外埠人力和社会资源的有效整合，实现企业的持续发展和服务社会的企业宗旨。

（2）可行性：集团在外埠已经积累了大量的大型公建项目的施工经验，在西安市场上已经成功总承包施工了大唐不夜城贞观文化广场项目，初步积累了一定的社会资源，为曲江文化创意大厦项目的施工管理打下了扎实基础。

（3）管理目标。

见表 2。

项目管理目标　　　　　　　　　　　　　　表 2

项　　目	管　理　目　标
工程质量目标	质量合格，争创陕西省优质结构奖项
工程进度目标	确保按建设方要求的工期完成
经营管理目标	合同履约率 100%，完成总部下达的经营考核指标
安全生产目标	零事故率，创建陕西省安全文明工地
文明施工目标	创"陕西省文明工地"
科技工作目标	推广并应用"十大新技术、新材料、新工艺"

2. 创新特点

（1）在项目全员树立"北京城建"品牌意识，在项目部贯彻"北京城建"企业标准。作为在外埠拓展的项目部，把北京城建"担当、科学、创新"的企业文化中的精髓不断灌输到每一名参建员工；把北京城建的各项企业标准结合地方法规贯彻到施工过程。

（2）外埠施工项目的地域性，要求项目部在调动全员和全资源、全要素时，要更具有广度、深度和包容性。在面对业主、地方行业主管部委和协会时，要更具有独立性和责任感。

（3）针对项目场地较狭窄、工期紧、综合性较全、施工难度较大等一系列问题，需要项目部有效的落实责任制，确保能够系统性统筹，统管好各关键节点、过程目标的实现以确保工程最终目标。

（4）在项目部提倡"技术先导、数据说话"，推广住建部"新材料、新设备、新技术、新工艺"，见表 3 所示。

项次	项目名称	项目内容	使用部位	应用数量	应用效果
1	地基基础和地下空间工程技术	1.3.2 预应力锚杆施工技术	主楼基坑壁	200根	保证地下结构安全施工
2	高性能混凝土技术	2.1 混凝土裂缝防治技术	混凝土结构	约42000m³	采用二次抹压、加强养护、添加UEA等增强抗裂
		2.4 清水混凝土技术	地上混凝土结构	28020m³	达到清水效果
3	高效钢筋与预应力技术	3.1.1 HRB400级钢筋的应用技术	钢筋混凝土结构	约6900t	节约钢材、缩短工期
		3.3 粗直径钢筋直螺纹机械连接技术	钢筋混凝土结构	157714个	节约钢材
4	新型模板及脚手架应用技术	4.1 清水混凝土模板技术	地上混凝土结构	约68019m³	达到清水效果
		4.4.2 爬升脚手架应用技术	主楼混凝土施工	2920m²	安全、有效
5	安装工程应用技术	5.1.1 金属矩形风管薄钢板法兰连接技术	所有风管	全楼风管	节约、高效
		5.1.2 给水管道卡压连接技术	不锈钢给水支管	全楼给水支管	快速、节约
		5.3.1 电缆敷设与冷缩、热缩电缆头制作技术	所有线缆	全部线缆	确保质量、安全可靠
		5.4 建筑智能化系统调试技术	安装工程	安装系统	高效、可靠
6	建筑节能和环保应用技术	6.1.1 新型墙体材料应用技术及施工技术	加气混凝土砌块	3800m³	节能、高效
		6.1.2 节能型门窗应用技术	中空LOW-E玻璃	约32000m²	节能、环保
		6.3 预拌砂浆技术	二次结构砌墙	—	节能、环保
7	建筑防水新技术	7.1.1 高聚物改性沥青防水卷材应用技术	SBS卷材施工地下和屋面防水	约7800m²	可靠、不漏水
		7.2 建筑防水涂料	露面防水涂料	约9800m²	可靠、不漏水
		7.3 建筑密封材料（膨胀止水带）	用于地下外墙和底板施工缝	约1900m	可靠、不漏水
8	施工过程检测和控制技术	8.1.1 施工控制网建立技术	施工过程	—	可靠、高效
		8.2.1 深基坑工程监测和控制	基坑支护	约5790m²	确保基坑不变形
9	建筑企业管理信息化技术	9.1 工具类技术	钢筋翻样、预算	约7600t	高效
		9.2 管理信息化技术	现场监控和公司项目管理系统	—	安全、高效

六、管理措施实施及风险控制

1. 管理措施实施

（1）树立品牌意识，增强团队凝聚力。

1）项目部定期组织学习北京城建企业文化、贯彻"北京城建"企业标准化管理程序文件。

2）利用假日和空闲时间举行团队活动，邀请参建相关单位参加活动，增强团队的凝聚力，培养员工之间的合作意识。

3）把工程分包、劳务分包管理真正纳入项目的日常管理中，接纳专业分包和劳务分包负责人加入项目管理团队，减少管理流程，实现对项目管理组织体系的扁平化管理。

4）在薪酬方面按照企业外埠施工的有关文件，对外聘人员均由公司签订劳动合同并实行同工同酬的原则。在项目部真正实现一视同仁、论功行赏，为项目做出杰出贡献，符合公司条件的可以进入项目的领导班子等。这些激励机制有效的调动了全员的工作激情和团队建设。

（2）遵守企业制度，结合地域法规，不断创新、与时俱进。

1）严格规范职业道德。北京城建职工的职业道德是集团信誉的基础之一，也是施工项目质量的保证条件之一，要求职工遵纪守法，遵守规范操作规程，以人员工作质量确保工程实体的质量。

2）持续改进。在项目施工过程中，及时通过学习、引入地方专业人才等方式不断学习本地优秀的施工方法和管理经验，在过程中持续改进，不断提高管理水平。

（3）实施全面、全系统的目标管理。项目部对工程目标进行系统管理，按照施工阶段、分系统、分专业、确定设立里程碑事件，然后再层层分解，签订责任状和每月印发目标任务文件的方式，把阶段性目标任务落实到各单位，落实到人。通过工程例会，检查监督任务完成情况，根据目标责任进行奖惩。

（4）创新竞赛运行模式，显整体管理效果。以阶段性工期为目标，发起工期、质量、安全、成本、文明施工等内容的劳动竞赛，对全员兑现奖励，对于项目系统化管理和集成化统筹具有明显效果。

2. 风险控制

（1）安全、质量、工期风险控制

由于本工程质量标准高、施工难度大、分包单位多、协调任务重等特点，我公司从施工技术、大型施工机械、劳动力、主要材料设备、施工方法、资金保障等各方面逐一实施系统性分析，做到既全面、无遗漏又突出重点风险点的把握，编制好预控方案，发挥企业自身综合实力，统筹考虑，总体部署，以确保各目标的实现。

（2）成本风险控制

工程项目开工之前，按照合同书和施工组织设计等编制项目经营及成本管理实施方案，做到全面布局、重点把控，在生成经营过程中，按照公司有关要求，做好季度、年度经营盘点，及时发现风险点，消除潜亏风险；竣工结算阶段是要实现对成本风险的消化、实现赢利。

施工过程是制造产品的过程，也是制造成本的过程，因此把握施工现场的各个环节，严格实施从方案编制（优化、选择）到施工部署（合理、分配）到材料进货（对比、选择）到施工现场（控制、节约）的适时动态跟踪，消除现场各种施工风险是真正控制成本风险的基础。

七、过程检查和监督

1. 质量过程检查和监督

（1）建立质量责任制。确立全员质量意识，根据分工不同，建立项目质量责任制和考核评价办法，明确工程项目经理为质量控制第一责任人，过程质量控制由每一道工序和岗位的负责人负责。

（2）编制项目质量计划。工程开工前编制项目质量计划，作为对外质量保证和对内质量控制依据，在施工过程中监督每一道工序。

（3）制定分项工程预防纠正措施。各个分项工程施工前，针对可能影响工程质量的潜在原因和可能出现的质量通病，制定预防措施，对已出现的问题制定纠正措施，并定期评价预防及纠正措施的有效性。

（4）加强对工程分包、劳务分包管理。坚持工程质量是"干出来的，不是修出来的"，教育工人一次合格是保质量、节成本、保工期的最根本保障。

（5）三检制、质量否决制、质量例会制。认真执行"三检制"，出现质量问题不整改到位，绝不放过的一票否决制，施工项目定时召开质量分析会，及时发现问题，持续整改问题。

2. 安全过程检查和监督

（1）建筑施工安全生产首先贯彻"安全第一，预防为主"的思想。在计划、布置、实施生产任务的同时，计划、部署、实施相应的安全技术，使生产与安全同步计划，同步实施，如图5所示。

（2）在使用新材料、新技术、新设备、新工艺的同时，同时了解相应的安全技术，制定安全方案。

图 5　视频监控在工地的应用图

本工程采用自升附着式脚手架，在吊装式卸料平台下部设置了接物平台，进一步降低落物伤人的风险，如图 6 所示：

（3）在生产与安全发生矛盾时，要坚持安全第一的原则，在解决了安全技术，保障安全的前提下才能进行正常生产，如图 7、图 8 所示。

（4）施工现场要做到"一管、二定、三检查、四不放过"。

（5）制定完善的安全管理制度。

3. 工期过程检查和监督

（1）每周组织工程例会，核实工程进度计划完成情况，分析进度偏差原因，确定调整措施，从而保证总体计划。

（2）加强总包方的协调，做好总包方与政府部门和社会各方面的协调，搞好业主、监理、设计方的合作与协调。为保证施工生产的正常进行创造良好的内、外部环境。

图 6　主楼附着自升式脚手架图

图 7　施工过程中采取有效安全措施图

图 8　施工电梯门图

4. 成本过程检查和监督

（1）每月组织材料核实和成本核算，与成本计划进行对比，如有偏差，分析原因，制定整改措施组织落实。

（2）加强合同管理，确保合同的执行力。

八、管理效果和评价

（1）陕西省、西安市 2011 年度安全文明工地。

（2）西安市 2011 年建筑结构示范工程。

（3）西安曲江新区 2011 年大型机电设备安装工程先进单位。

（4）陕西省 2011 年建筑优质结构工程。

（5）由于管理工作突出，曲江文化创意大厦项目经理田家良同志被评为 2013 年度北京市优秀项目经理。

（6）"曲江文化创意大厦项目"施工组织设计荣获集团优秀施工组织设计二等奖。

曲江文化创意大厦项目自 2009 年 12 月开工，2011 年 12 月竣工，通过对工程的安全、质量、经营等方面的管理和控制，确保了工程的工期和质量。

工程取得了良好的社会和经济效益。作为集团在外埠市场自带队伍总承包施工的成功实践，为公司在外埠进行施工综合管理积累了丰富的经验，也为今后集团在陕西的持续发展打下了良好的基础。

细化管理 攻坚克难
地铁"小"工程干出大业绩

——北京住总集团有限责任公司地铁 07 号线工程 12 标项目

张殿龙 王秋生 周海龙 刘春光 李 征 邢 颖 邢永勤

【摘 要】 北京地铁 7 号线 12 标项目作为北京市轨道交通建设的重点项目之一，在工期紧、任务重、要求严、场地狭小、工法多、周边环境恶劣情况下进行施工。项目部紧紧围绕项目"小而难"的特点，在"细化管理、攻坚克难"方面积极探索，努力践行"视今天为落后，求卓越争一流"的企业精神，做到了优质履约，并总结出了一套适用于地铁"小"项目的管理方法和措施，在解决本项目的管理难题的同时，更为同类型项目的管理提供经验和借鉴。

【关键词】 地铁"小"工程；大成绩；施工管理；经验借鉴

一、工程概况及成果背景

1. 成果背景

作为北京市轨道交通建设的重点项目之一，在工期紧、任务重、要求严，场地狭小、工法较多、周边环境恶劣，且民、社情复杂的情况下进行。

2. 工程概况

北京地铁 7 号线土建工程 12 标段，为一站一区间，其中双合村车站，站长 272.15m，宽 29.9m，主体结构建筑面积为 17076m²，附属结构面积为 3336m²，总建筑面积 20412m²。堡头站——双合村站盾构区间单线长 948.17m，站前明挖区间 83.346m，如图 1 所示。

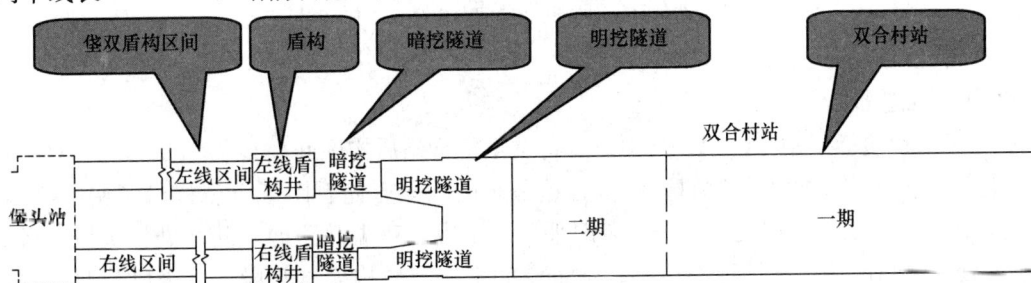

图 1 工程概况图

该工程合同工期为 2010 年 5 月 10 日～2014 年 12 月 30 日，实际工期为 2011 年 5 月 11 日～2014 年 9 月 25 日。

二、选题理由

1. 政治意义深远

作为北京市政府重点建设工程，工期紧、任务重、要求严。紧邻工地，就是规划建筑面积超过 70 万 m² 的保障房项目双合家园。因此，在保证安全的前提下，能否按时完成工期，达到各级领导的要求，方便市民出行具有重要而现实的意义。

2. 工程重、难点多

在建设之初被公司上下公认为是最难干的一项地铁工程，它最大的特点就是工程量小难度大。说它"小"，是因为与别的地铁工程相比，2.6亿元的合同额算是很小的工程量了，但其中的困难却一点都不小，风险源多、工法复杂、拆迁严重滞后、周边环境恶劣等等。正所谓：麻雀虽小，五脏俱全。

3. 管理形势严峻

7号线12标作为相对同行业较小的项目，为了有效的减少成本压力，要求在各个方面必须最大限度的节约挖潜。因此，在人员的配备上能少且少，但对于工程的工法和要求而言，在管理力量相对薄弱的情况下，既要保质保量按时完成工期，还要适应安全管理工作的形势，不发生任何问题。势必对管理人员的素质，管理工作的方法和管理创新上提出了更高的要求。

三、实施时间

见表1。

实施时间表

表1

实施时间	2010年5月～2014年9月
分阶段实施时间	
管理策划	2010年5月～2011年5月
管理措施实施	2011年5月～2013年12月
过程检查	2011年5月～2014年5月
取得成效	2014年5月～2014年9月

四、管理重点和难点

1. 工期紧、任务重

该标段双合村车站施工由于受垄头化工路北侧的"爱斯达名犬交易市场"等拆迁滞后的影响，不得不分为一期、二期施工。项目部自2010年5月份成立，2011年7月车站一期才开始动工，2012年12月二期才开工，工期前后耽误了1年半之久。按照业主要求2013年6月30日车站主体结构要完工，工期总时间由10个月实际缩短为5个多月。

2. 场地小、难题多

7号线12标工程包括一站一区，其中双合村站至堡头站盾构区间单线长约950m。虽然只有一段区间，但却是目前为止住总集团承建的地铁工程里最难的一段。光看图纸上就标满了密密麻麻的风险源，区间先后平行下穿铁路专用线、厂房、老旧平房、水渠、双丰铁路等，共2处特级风险源、5处1级风险源、3处2级风险源。在场地面积小、地下空间有限、盾构无试验段、特级风险源下的情况下，首创了狭窄场地盾构分体始发，并且是连续下穿风险源。项目部QC成果小组的《减小盾构穿越双丰铁路引起的地表沉降》荣获全国市政工程建设优秀质量管理小组一等奖。2012年11月22日，接受了北京日报经济新闻部记者的"十八大"后期新闻媒体走转改的采访报道，大力宣传了北京住总盾构分体始发攻坚克难的技术水平和北京住总集团为首都轨道交通建设作出的奉献精神。同时，在场地面积较小的情况下，多支队伍、多台工程机械同场竞技，安全管理难度大。

3. 成本大、压力重

面对合同额相对较小的工程，同行看来，不亏就已经很不错了，更别说是盈利了，简直就是天方夜谭。特别是在标段受工程拆迁影响，施工计划随拆迁情况变化而变化，施工图核算又要满足现场计量要求，这给项目的核算工作带来一定难度，时间紧、任务重、压力大。

五、管理策划及创新特点

1. 管理策划

(1) 必要性：管理模式因工程模式的转变而转变，因此，管理模式的转变必须适应项目管理的各项需求，不断提高竞争力。地铁"小"工程在轨道交通建设的过程中，虽属个例，但在今后的工程中，也必然会出现类似的项目工程。所以，积极探索新形势下工程施工的各类管理模式，为以后的项目工程提供可借鉴之处，非常有必要。

(2) 可行性：北京住总集团分别参与了北京南小街 8 号、大兴线 01 标、西安 1、2 号线标段、6 号6 标等地铁项目工程。通过实践积累了大量的施工管理经验。并在多年与建设、设计、监理、施工等单位沟通的过程中，围绕保质保量按时完成工程这一共同目标形成了一定的默契，从而为项目工程更好的完成奠定了扎实的工作基础。

(3) 管理目标：见表 2。

项目管理目标 表 2

项　　目	管理目标
工程质量目标	确保"长城杯"
工程进度目标	确保按期完成建设方要求
经营管理目标	合同履约率 100%，完成公司下达的经营考核指标
安全生产目标	零事故率，创建北京市安全文明工地
文明施工目标	创"北京市文明工地"
内业管理目标	技术管理责任明确，技术档案管理微机化
科技工作目标	全面推广应用建设部新颁布的 10 项新技术

2. 创新特点

(1) 强化素质，不断夯实项目管理人员的基础。7 号线 12 标项目部，始终把"抓生产、增效益、强素质、带队伍"作为工作的一个重点来做，不断强化管理人员生产经营的能力和管理水平。特别是在业务能力上，注重通过学习来不断的提高。几年来，不管项目工作有多忙，在学习方面，始终没有放松对管理人员的要求。在具体工作中，根据人员结构形式和所担负任务的工作性质，针对项目部年轻人施工经验少，但文化水平较高，迫切想学习知识的特点，本着缺什么补什么，要求什么学什么的原则，对涉及到本工程的工法、施工工艺进行培训，并组织人员去兄弟标段进行现场观摩学习，理论联系实际。先后多次组织了生产、安全、技术、质量等不同内容的培训，有效提升了项目管理人员的综合素质，进一步夯实了项目管理的基础。

(2) 率先垂范，有效激发项目人员的奉献意识。7 号线 12 标项目部一班人，从领导班子成员带头做到了全年无假日，特别是"两会"、7.21 特大汛期、高考、国庆、"十八大"等特殊时期，项目班子全体成员 24h 吃住在工地，以政治大局为前提，以生产经营为核心，以安全质量为抓手，以看好自己的门、管好自己的人、干好自己的事为出发点，以确保不发生任何安全质量问题和有损公司品牌形象的事为落脚点，努力践行"做住总人、干住总事、立住总志、创住总业"的企业精神。为项目部全体管理人做出了很好的表率，有效地激发了全体人员为项目部作贡献的意识。

(3) 结合任务，不断抓好项目末端各项工作的落实。随着项目工程的逐渐深入，各项目工作的难度越来越大，对管理人员的要求也越来越高，因此，项目部全体人员，紧紧围绕生产经营工作的主要任务，在具体工作中，突出每一个细节、严把每一个环节，确保每一项目工作，都能够严格按照操作规程办事；每一个部位，都有管理人员实施管理；每一件事，都能够按照要求落实到位。从而形成安排任务、实施检查、小结讲评三个环节良性循环的回路，努力将工作做深、做细、做出成效，有效促进各项目末端各项工作的落实。

创新内容，见表 3、表 4。

序号	应用项目名称	应用部位	使用情况说明
一			地基基础和地下空间工程技术
1	复合土钉墙支护技术	车站围护结构	双合村站基坑开挖面较大且深，根据场区地质情况，采用土钉与锚索结合的复合支护技术。对边坡的稳定性及控制沉降起到了很好的作用
2	灌注桩后注浆技术（树根桩）	车站围护结构	采用树根桩的技术来解决边坡的稳定性及建筑物沉降的保护问题
3	长螺旋钻孔压灌桩技术	车站围护结构	围护桩采用 $\phi800@1200mm$ 的钻孔灌注桩，钻孔桩嵌固深度 5m，灌注桩桩芯采用 C25 混凝土，桩主筋保护层厚度为 50mm
4	袖阀管注浆技术	区间铁路加固	采用袖阀管注双液浆的施工技术对地层进行加固，以解决铁路路基沉降的问题。通过注浆，减小土体间的孔隙率，使路基主体得到充填加固，并使浆液与土体形成复合地基，从而提高土层的粘结力（C）、内摩擦角（Φ）值，使盾构施工对铁路线路的影响减小到最低
5	工具式组合内支撑技术	明挖区间	站前明挖区间及盾构竖井采用灌注桩家钢支撑组合支护形式，钢支撑钢管型号 $\phi609$，钢围檩采用双拼 45C 工字钢
二			混凝土技术
6	混凝土裂缝控制技术	车站主体结构	施工区域周边环境存在腐蚀作用，且车站及站后明挖区间设置一道变形缝，混凝土应有足够的密实性混凝土宜采用高效 CSA 防腐型抗裂防水剂 C45、P10
三			钢筋及预应力技术
7	大直径钢筋直螺纹连接技术	车站主体结构	车站主体结构采用直螺纹钢筋连接，钢筋机械连接强度高，质量稳定、施工方便、速度快、省钢材、无污染、无明火等优点
四			模板与脚手架的应用技术
8	工具式组合内支撑技术	车站主体结构	组拼式大模板是一种单块面积较大、模数化、通用化的大型模板，具有完整的使用功能，采用塔吊进行垂直水平运输、吊装和拆除，工业化、机械化程度高。组拼式大模板作为一种施工工艺，施工操作简单、方便、可靠，施工速度快，工程质量好，混凝土表面平整光洁，不需抹灰或简单抹灰即可进行内外墙面装修

北京市建设领域百项重点推广项目 表 4

序号	原编序号	技术名称	应用部位	使用情况说明
三、				施工技术
1	70	直螺纹钢筋连接技术	车站主体结构和围护结构	直螺纹钢筋接头，钢筋机械连接强度高，质量稳定、施工方便、速度快、省钢材、无污染、无明火等优点
2	72	HRB400 级钢筋应用技术	车站主体结构	采用微合金技术生产的 HRB400 级钢筋，抗拉强度 570MPa，屈服强度 400MPa，强度设计值 360MPa，伸长率（δ_5）≥14％强度高，延性好
3	73	冷轧带肋钢筋	车站主体结构	冷轧带肋钢筋是由热轧盘条经冷轧后，周边具有三面斜肋的钢筋，提高了强度又保持足够的塑性，它与混凝土的粘结力约为光园盘条的 3 倍，提高工程质量，施工方便，节约钢材
4	98	自动洗车台	施工现场	由冲洗池、沉淀池、蓄水池、泵房、挡水墙及给水、供电系统组成，循环利用施工中抽取的地下水对现场车辆进行冲洗，节水、环保

序号	原编序号	技术名称	应用部位	使用情况说明
5	99	施工项目管理软件集成系统	公司	采用 pms 系统，实现了设计、概预算与施工管理各系统间的数据共享。软件具有：标书制作、施工平面图设计及会址、项目管理等模块。实现了设计、概预算、施工一体化

六、管理措施实施及风险控制

1. 安全管理措施实施

（1）加强学习，不断强化人员安全管理的意识。在项目施工的过程中，项目经理张殿龙带领一班人，始终坚持要想项目安全管理好，班子成员必须"先学一步，学深一层"的指导思想。不管时间有多紧、工作有多忙，都要不断学习安全管理的知识，增强安全管理的意识，树立安全管理的理念。不论是中心组理论学习的时间，还是班子例会的时机，或是生产例会的过程中，都要强调安全管理工作。特别是在具体工作落实的过程中，要求每名管理人员都要时时想安全、事事抓安全、人人为安全，越是在项目后期越要牢固树立"居安思危"的思想，有效的形成了安全管理的氛围，确保了人员从思想上重视安全管理工作。

（2）严格制度，不断完善各项安全管理的措施。项目部始终坚持"有法必依，执法必严"的思想，在具体工作落实中，每名管理人员既是制度的参与者，又是制度的落实者。每名管理人员做每件事，都必须按照规章制度办事，做到身先士卒，坚持跟班作业，杜绝盲目蛮干的行为，对不按规程办事致使项目工作受损的，绝不姑息迁就。与此同时，项目结合不同时期的施工任务，突出安全管理的重点，定期查找安全管理工作中存在的不足，分析可能发生安全隐患的原因，有针对性的完善安全管理的措施，做到"没事当有事抓，小事当大事抓"，有效地弥补了安全管理工作过程中的不足，确保了安全管理工作的末端落实。

（3）适时创新，不断改进项目安全管理的方法。安全管理工作没有创新就没有发展。因此，项目一班人在抓安全管理工作落实的过程中，坚持"既要穿新鞋，又要走老路"的思想。结合项目各个时期施工的特点，不断地创新安全管理工作的模式，改进安全管理的方式方法。做到事前一起制定预案，事中一起研究分析，事后及时完善措施。先后创新安全管理方法 32 处，改进安全管理方法 68 次。特别是在项目工期接近尾声阶段，针对人员思想容易松懈、制度落实难以到位、管理难度增大的特点，项目部通过及时加强教育引导、适时调整组织机构、不断加大管理力度、班子成员坚持在位值守等管理方法，及时发现安全管理工作中存在的漏洞，适时改进管理措施，始终将问题消灭在萌芽状态，有效地杜绝了各类安全事故的发生，确保了项目的整体稳定。

2. 风险控制

风险管理的好坏能够直接影响项目的经济效益。做好风险管理的工作，可避免许多不必要的损失，从而降低成本，增加利润。因此，项目部在风险控制上着重从以下三个方面做了一些具体工作：

（1）工期风险控制

本项目原合同工期为 2010 年 5 月 10 日~2014 年 12 月 30 日，但是实际开工日期为 2011 年 5 月 11日，而后根据轨道公司的要求，竣工日期提前到 2014 年 9 月 30 日，工期提前一年；同时因为二期车站上方采用钢桁架施工，基础和主体结构设计形式和工程体量都发生变化，整体工程的工期较短。为确保工期，项目部采取分解总体工期目标、制定阶段性工期计划、配备足够的资源等方式，确保整体工期目标的实现。

（2）成本风险控制

项目成本风险的控制是一项复合性工作，需要项目财务、材料、合同、计划统计等各个部门的互相配合，任何一个环节出现纰漏，都会造成项目成本不必要的失控。对此项目部由各部门负责人组成项目成本风险控制小组，对项目的成本进行管理：一是对分部分项各个环节进行预算与核算的对比，具体到每个环节的成本控制，弄清每个环节的超支点与赢利点，并进行分析总结。二是加强管理人员的经济观念，由于管理人员缺乏经济观念，造成项目管理人员对成本情况并不十分关心，不少人除了关心进度是否跟的上之外，根本就不知道自己所负责工程部分的计划成本、预算成本和实际成本情况，以至于个别项目造成亏损却不知道问题出在哪里。对此，项目部由商务与合约部门定期对管理人员进行经济观念的培训，使每个人都对项目的成本管理有深刻的认识。三是加强材料成本的管理。首先是材料的采购，做到货比三家，在保证质量的前提下，选择价格较低的材料。其次是建立并严格执行材料管理制度，避免材料使用过程的浪费与丢失。

（3）施工安全与质量风险控制

施工过程中的安全质量风险控制措施主要从以下 5 个方面进行加强：

1）重大安全风险的施工方案必须组织专家论证。

2）严格执行三级交底制度并保证各级交底签字到人。

3）加强对施工队伍的安全质量培训工作，强化安全质量观念。

4）加强安全员与质量员的现场巡视排查工作，对现场存在的隐患及时进行消除。

5）保证监测工作的时效性，发现监测数据异常时立即上报并采取相应的措施。

七、过程检查和监督

1. 质量过程检查和监督

（1）严格按照图纸、方案及交底施工。分部施工前由总工程师带领技术管理人员进行统一看图，并对图纸中的重点难点进行讲解，确保管理人员明白设计的意图。分项工程施工前由技术人员下发交底，明确施工工艺及质量要点，并确保交底到施工班组个人。

（2）实行挂牌制度。项目部在项目门口两侧及施工通道处悬挂各分项工程的施工质量要点，施工工艺流程等。方便管理人员及施工人员及时准确的掌握施工要点。

（3）严格落实"三检制"。每个分项工程验收前，均需要施工班组长及项目施工员检查验收合格后报质检员，由质检员检查合格后报监理验收，必须各部门检查都合格后才能进行下道工序的施工，确保了施工过程中的质量管理。

（4）坚持样板引入制度。为确保施工过程中的质量，项目部建立了样板展室，对施工中样板统一进行展览，并在施工班组进行培训时开放以及对施工人员进行讲解，使施工人员有更直观的认识。项目部还在施工通道前同样设置了简易的样板展示，对施工中的钢筋直螺纹丝扣，钢筋弯钩，钢筋焊接等进行样板展示。

（5）实行现场巡视制度。按照项目经理要求的现场施工"有一个工人干活，就要有一个质检员在场"，并且要求每天各部门经理必须对现场进行巡视。保证现场发现问题能够及时找到相关负责人，及时进行处理。

（6）过程检查中进行影像留存。各分部分项监理检查验收留存影像，保证做到检查验收真实可靠与可追溯。

2. 安全过程检查和监督

项目部在安全过程检查监督中，着重做到"两个坚持、三个注重"：

（1）坚持点面分开、交叉统一。"点"就是根据各个阶段的施工内容及安全管理的专业不同，把消防、安全保卫、扬尘治理及环境保护、脚手架及模板支撑体系、安全防护、机械作业临时用电及施工人员管理等分工到安全部的每个人，并与每个人签订终端岗位责任书；"面"就是所谓的网格化管理，把施工现场划分成若干个作业面，每个作业面设专人进行全面负责；交叉统一就是在每个人管理的面内存在的相对专业的问题（点）有面的负责人通知点的责任人去管理，形成了管理的闭合。

（2）坚持服务分包、监督分包。在安全管理的过程中，每个安全部成员放下总包的架子，以服务的态度去管理分包，服务到位了再监督管理；在日常安全管理过程中，现场发现安全隐患首先立即制止，并和造成隐患的作业人员沟通，告诉他我们是在保护他们，是在为他们服务，并阐述这种隐患会造成什么后果，陈述利弊，让工人了解到安全意识的重要性，同时把发现的隐患形成书面材料发放给各相关单位负责人，再和他们说明危害性，并警示，做到说服、警示和提高安全意识的效果。

（3）注重过程管理全员化。根据阶段性工作内容，编写工艺（序）安全管理控制要点，把安全控制要点贯彻到安全部每个人，让他们有章可循；每天设专人对现场所有人员进行核查，核查是否全体作业人员100%有教育、有交底、有班前喊话；对于危险性较大的工艺工序全过程旁站，确保把安全风险降低到最小化；经常和工人沟通交流，了解工人的思想动态；发现问题及时汇报以采取对策。

（4）注重安全管理常态化。安全部坚持贯彻项目经理的管理理念，安全管理要进行常态化管理，不要因为上级单位的检查而管理现场，要始终把施工现场的人、机、料的安全状况保持安全样板工地的标准。安全部及施工部门的施工过程中，始终贯彻执行这个理念，为项目取得良好的声誉。

（5）注重思想管理立体化。在日常的安全管理过程中，发现比较典型的安全隐患或者上级单位发文的要求及其他工地发生的事故，项目安全部会立即召集安全部成员及参与施工的各专业分包召开安全宣贯会，把发现的问题做深刻的分析和宣贯，并结合现场的情况提醒相关人员提高警觉，避免类似事件的发生，做到"别人生病我吃药"的效果。

3. 工期过程检查和监督

工期过程检查和监督中，项目部着重从4个环节进行：

（1）施工筹划环节：施工筹划对于先进的工程施工生产越来越重要，注重施工前筹划不仅能防止决策失误，而且能保证项目施工管理的连续性，进而能够保证施工项目的成功，提高施工项目的整体效益。因此，项目施工部门在具体筹划过程中，首先确立目标，根据施工不同阶段的总体布置，再进行现场布置规划；其次对施工工法、工序进行规划，根据施工不同阶段对现场的人、机、料进行合理的布置安排；最终对工期实施进行合理的排序，确保整体目标的实现。

（2）现场布置环节：现场布置的合理性、可变性、前瞻性，关乎于整个工程施工现场各工序高效有序的衔接及评选文明施工工地的基础。明确各施工区域的功能，有针对性的对现场道路、水电布置、机械布置、加工区布设、堆放区布置等进行安排，同时也要根据工程不同时期的进展留有余量和空间。这样可以提高效率，降低成本于管理压力。

（3）施工过程环节：注重施工中的管理与交底，通过"意识培训→技术交底→规范培训→过程检查→专题会→落实到个人"的形式进行全过程的细节交底。严格样板引路制度，在施工现场安设样板展示区，树立样板墙，悬挂样板件的形式具体形象的进行交底。通过对比，通过实物教育，使一线的管理人员与一线的操作工人从了解到熟悉最终到熟练掌握。

（4）施工进度环节：建立四级节点计划（既总体计划、月计划、周计划、日计划）和计划预警制度，设专职计划员，每日对节点进行对比及预警，并于每日下午召开生产协调会，就施工中的有关生产进度、安全质量、物资调配等问题进行协调，并形成会议纪要，会后逐一落实，进行偏差纠偏。真正做到以日保周，以周保月，以月保整体。与分包和管理人员签订计划保障书，建立完善的奖罚制度，从而激励全体参战人员的工作积极性与热情。

4. 成本过程检查和监督

项目部在成本检查监督中，着重从两个方面进行加强：

（1）在"价"的方面：中标后，及时进行了中标价与市场实际分包价的对比，且实际市场分包价以公司内部相关兄弟项目部的分包价为准，以确保数据的真实性和准确性，然后将中标价与其他项目部的实际分包价进行对比，从而确定出本项目部的拟定分包价。对于盈余分部分项项目按中标工程量测算出预计盈利金额，对于个别亏损的分部分项项目，找出可以弥补此项亏损的分部分项项目，以便总体考虑盈亏。

（2）在"量"的方面：7-12标段在施工之前和施工之后两个时段进行控制。在施工之前，要求技术部门在给分包单位下达施工技术交底时，同时发给合约部一份，合约部用以对照图纸核算量，来事先掌握量的盈亏，对于预先掌握了的"亏量"，合约部会第一时间与技术部沟通，能调整施工方案的调整施工方案，不能调整施工方案的则再开拓其他变更项目予以弥补。在施工之后，要求生产部门在给分包单位签认工程量确认单时，事先找合约部专职工程量核算人员进行拟确认的工程量与业主实际确认工程量的对比，若超出收入量，则找出超量原因，或修正计算方式，或写明超量原因并找出此项超量的弥补措施，确保量的盈利。

八、管理效果和评价

（1）2011年，在北京市公安局单位内部安全保卫工作，荣获集体嘉奖。

（2）2012年度北京住总集团 QC 小组活动优秀成果一等奖。

（3）2013年，获北京市市政工程建设 QC 小组活动优秀成果一等奖。

（4）2013年，QC 小组荣获全国市政工程建设优秀质量管理小组一等奖。

（5）2012年，被北京市住房和城乡建设委员会评为"北京市文明安全样板工地"。

（6）2012年，被共青团中央、国家安全监管总局评为全国青年安全生产"示范岗"。

北京地铁7号线12标段自2010年5月开工，通过项目部在进度、质量、安全、经营等方面的系统管理，确保了工期、取得了一定的经济效益和社会效益。积累了一些地铁"小"项目施工综合管理经验，为以后类似工程管理提供可借鉴之处。

践行技术革新管理战略　以履约带动市场营销

——中建一局集团建设发展有限公司金隅万科城三期
A-1地块综合体工程项目

王成忠　张　洪　田小东　谢　宇　周三亿　韩　凯　罗　彬

【摘　要】面对日益激烈的市场经济，既有的管理理念与方式已无法适应市场竞争。如何在强强竞争之中站稳脚步便是项目管理工作的核心所在。传统的施工工艺及工法在面对行业利润不断下滑以及执法监督部门对现场安全文明施工要求不断提高的双重挑战时，已无法满足现代化施工的需要。所以项目强化国际先进管理理念与传统管理模式的融合，综合以往各项成熟经验，结合工程实际情况，推行技术革新带动生产力提高，创新施工工艺推动绩效增长，在完美履约的同时带动市场二次营销的管理模式。不断完善自身在商业综合体施工领域的管理水平，同时扩大市场占有份额。

【关键词】　新工艺；综合体；管理；履约；营销

一、工程概况及成果背景

金隅万科三期综合体工程，如图1所示，位于昌平城区核心位置，是昌平繁华的政治、文化、经济、娱乐中心。项目总用地面积23259m²，总建筑面积177228m²。是一座集商业、娱乐、休闲、公寓于一体的综合性建筑，主体建筑包括2大部分：大型商业中心及公寓式住宅楼，其中商业中庭结构为新型大跨度网壳结构采光穹顶，为国内首例将大跨度网壳结构运用于商业中庭采光天窗的项目。

图1　金隅万科城三期综合体效果图

主要功能：地上为住宅、商业，地下为汽车库、自行车库、设备用房、车房、人防地下室等。商业楼地上8层，地下4层；住宅楼地上22层，地下4层。本工程结构形式采用全现浇混凝土结构体系，住宅和商业地下室连通采用框架-剪力墙结构；住宅采用剪力墙结构，商业采用框架-剪力墙结构。

本工程由北京金隅万科房地产开发有限公司建设开发，建筑设计为中国建筑科学研究院，机电设计为北京市建筑研究设计院，景观设计为北京世纪麦田园林设计有限责任公司，建设监理单位为北京双圆工程监理咨询有限公司。

二、选题理由

项目位于昌平城区核心位置，是昌平繁华的政治、经济、文化、娱乐中心，如图2所示。同时，本工程作为万科集团进军商业领域的第一个商业综合体项目，其重大的战略意义不言而喻。如何运用先进的管理理念不断完善自身管理水平，高质量、高标准的完成项目履约，通过完美履约带动市场的二次营销，赢得市场的认可，达成与强者之间的战略合作关系。这便是项目营销管理工作的核心思想与挑战；同时，在传统的施工工艺及工法在建筑市场中占据主导地位的前提下，如何创新工艺、引进新技术并进行推广与应用，如何说服工人摒弃已熟练掌握的施工工艺，学习新工艺新技术，使新工艺新技术在项目中真正得以推广并产生经济效益。这便是我们在项目技术创新推广管理方面所面临的巨大挑战。结合既有的管理经验，通过不断的创新与实践，实现项目自身管理水平的不断提升和完善，形成项目特有的综合管理体系。同时，树立良好的企业形象，展现我公司高、大、精、尖的技术管理水平等方面具有极其重要的战略意义。

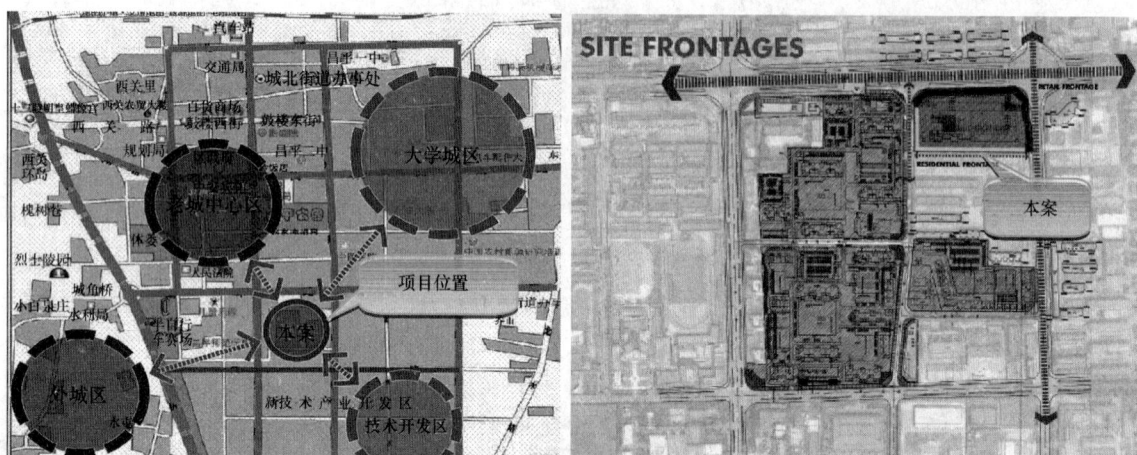

图2　金隅万科城三期综合体项目地理位置图

三、实施时间

本工程于2011年10月20日开工；2013年9月6日商业楼工程顺利通过四方竣工验收，2013年11月26日住宅楼完成四方竣工验收，见表1。

实 施 时 间 表　　　　　　　　　　　　　　　　　　　　　　表1

实施时间	2011年10月20日～2013年11月26日
分阶段实施时间	
管理策划	2011年10月～根据各时段节点不断调整
管理实施	2011年11月～2013年9月
过程检查	2011年12月～截至工程竣工的全过程
取得效果	各阶段性节点～2013年11月

四、技术革新管理体系及风险预控措施

1. 技术革新管理体系

所谓技术革新管理体系，是建立在项目技术管理体系之中，以项目技术部为管理核心，综合协调工程、质量、安全、商务等部门。对项目实施过程中的施工技术、施工方法进行统筹管理，积极引入新技术、新工艺。同时，建立一套完整的技术革新管理体系，包括技术革新的可行性研究分析制度、新技术推行过程的管理措施、新技术实施过程中的安全质量控制管理体系，以及技术革新带来的综合效益分析

及管理经验总结制度。保证项目施工技术水平的不断更新，生产能力不断提高。同时，技术革新管理体系中的质量、安全预控管理体系可以有效的避免新技术在推行过程中因技术水平不完善造成的安全、质量事故的发生，保证项目持续、高效的运营。

2. 技术革新可行性研究分析制度

项目部在项目的策划阶段对项目的技术难点、重点进行整理分析，结合工程建设的实际需求，组织专家及项目技术骨干，提前对工程建设必须解决的技术难题进行分析，探寻摸索先进的施工技术与施工工艺，并从安全、质量、进度、综合效益等各个层面对新技术推广的可行性进行深入研究。而后根据可行性研究报告结论，制定切实可行的保证措施，并在工程建设过程中不断予以完善，确保工程建设顺利实施，并形成新技术引入与革新的管理体系，为后续施工实现可靠的技术积累，如图3所示。

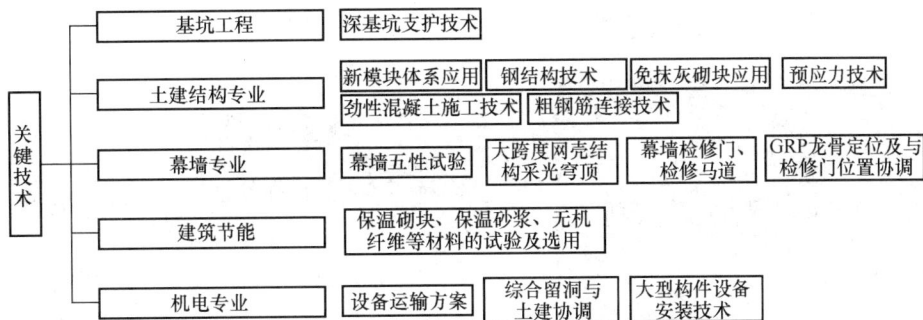

图3　工程建设新技术研究分析统计图

3. 技术革新推广的管理措施与流程

如图4～图9所示。

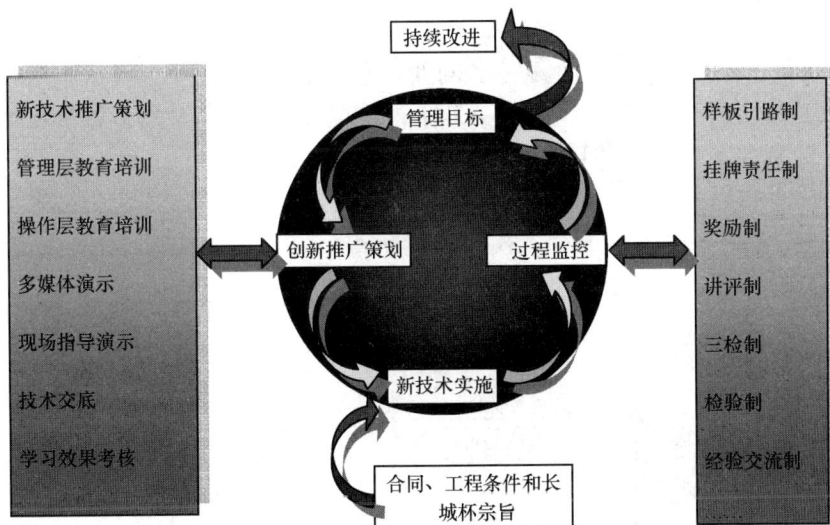

图4　技术革新推广管理措施图

4. 推行过程中的质量、安全预控管理体系

鉴于新技术、新工艺在项目推行过程中因工人操作水平不娴熟、新工艺自身存在的瑕疵等客观因素所可能引起的安全、质量问题，我项目专门编制《新技术推行过程质量、安全监督管理预案》，针对新技术、新工艺在推广过程中存在的质量、安全漏洞进行排查与补漏。并结合项目施工过程中新旧工艺交叉并存、多专业同时施工相互影响的实际情况，在传统的质量、安全管理模式上，扩大质量、安全管理的理念与范围，在协调各专业承包商的同时，建立严格的质量与安全综合管理模式，实现多点化实施性管理，为本工程的质量安全提供有效保障。

图 5　新技术推广——管理层培训图

图 6　新技术推广——操作层培训图

图 7　新技术推广——样板制图

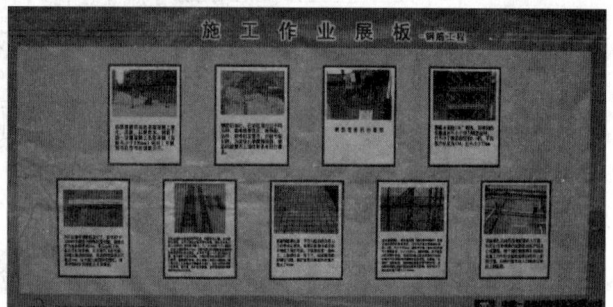

图 8　新技术推广——展板推广制度图

5. 综合效益分析及管理经验总结

项目在推行新技术、新工艺的实施过程中，对新技术、新工艺在施工进度、施工质量、安全文明以及经济效益等方面进行全面的数据记录。同时，结合既有施工技术的经验和数据参数对新技术、新工艺的应用效果进行综合对比分析，如图 10 所示。除此以外，新技术实施的过程中不断总结分析其自身在进度、安全、质量和经济效益之间的相互影响和制约关系。不断总结新技术应用过程中的经验教训，及时发现并调整不合理方面。最终实现新技术在项目中的全面推广与普及。

图 9　新技术推广——现场讲评制度图

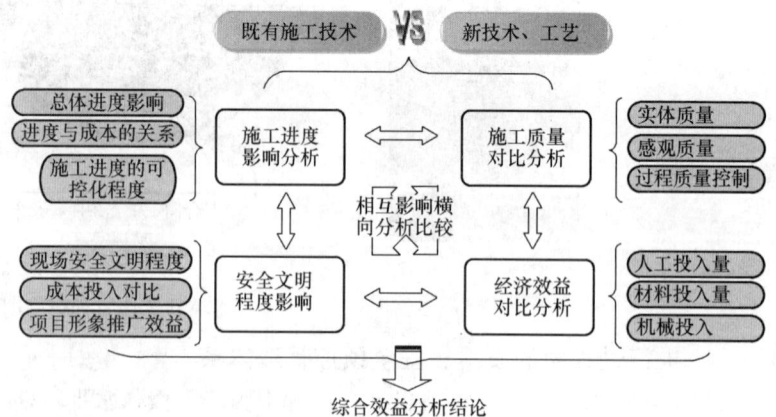

图 10　新技术与原有施工技术的综合分析图

6. 案例分析——150 水平早拆模板体系的推广管理

（1）实施背景

①住宅结构形式为剪力墙形式，标准层布局方正统一。

②中建股份技术中心开展"150水平早拆新型模版体系"的推广，并寻找试点工程。

③业主万科"实测实量"体系对施工质量的要求极为严格。

（2）开展"150水平早拆新型模版体系"试行前的可行性研究分析

在新型"150水平模板体系"可行性研究阶段，以本工程单位开间两种不同模板体系的架料进行模型计算，统计两种不同模板体系的单位用量。而后对架料的总量进行计算对比，分析两种模板在成本投入、占用现场塔吊吊次、现场安全文明影响方面进行综合比对分析，数据统计结果如下。

单位标间施工架料统计对比分析，见表2、表3。

150项板模板1个标准开间用量统计数据　　表2

序号	类别	规格（mm）	样图	单层数量	单位	配置层数	总量
1	标准顶板	180×900		24	块	1	24
2	带早拆头钢支撑	60/48，L=3000		20	套	4	80
3	早拆横梁	L=1940mm		15	根	1	15
4	独立钢支撑	60/48，L=3000		5	套	1	5
5	支撑连接件	1740×600×30		16	套	1	16
		1940×600×30		15	套	1	15
6	钢跳板			4	块	1	4
7	墙边支撑			16	个	1	16
8	U托			21	个	1	21
9	木方			46	m	1	46
10	多层板			12.95	m²	4	51.8

碗扣架模板1个标准开间用量统计　　表3

序号	类别	规格（mm）	单层数量	单位	配置层数	总量
1	立杆	1800	68	根	4	272
		900	68	根	4	272
2	横杆	900	354	根	4	1416

序号	类别	规格（mm）	单层数量	单位	配置层数	总量
3	U托		68	个	4	272
4	木方		260	m	4	1040
5	多层板		51.84	m²	4	207.36

单位标间施工架料总重统计计算，见表4。

单位标间施工架料总重统计 表4

序号	体系名称	总量（单位：kg）		重量对比（单位：kg）
1	150体系模板材料量	铝合金顶模板	372	2085.54
		独立支撑	1713.54	
2	碗扣式支撑	顶板与模板	1761.6	5038.2
		碗扣支撑	3276.6	

（3）新型模板施工人员培训上岗

由工程师、副总工程师开办专题技术讲座，对现场管理人员及施工班组管理人员进行管理层面的培训指导。同时，由施工班组管理人员对现场施工人员进行现场培训教育。由项目技术部统一制定考核试卷，随机抽查现场施工人员进行操作点掌握程度摸底，确保现场一线施工人员完全掌握新型模板体系的操作要点及施工注意事项。

与此同时，项目部组织模板厂家专业技术人员进行现场操作示范，组织所有一线施工人员观摩学习，在施工前完全掌握施工要点，并通过练习达到熟练施工的目的，如图11所示。

图11　专业人员操作示范图

图12　现场信息交流与统计图

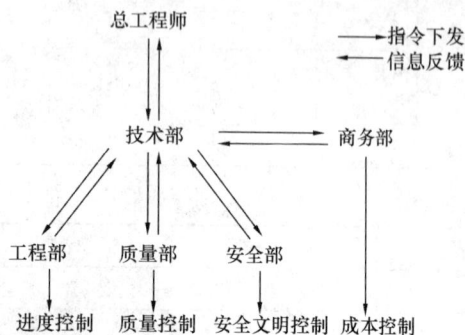

图13　指令下发与信息反馈流程图

（4）过程中施工信息的反馈与数据统计

在早拆体系模板的施工过程中，根据对影响工程施工的关键节点、关键部位及重要影响因素设管理点的原则，项目部建立高效灵敏的施工信息反馈系统。专职质检员、技术人员作为信息中心，以现场察看或会议交流的形式搜集、整理和传递施工动态信息给项目工程师，如图12所示。项目工程师了解情况后，将新的施工指令传递给现场，调整施工部署，纠正偏差，如图13所示。这样形成一个反应迅速、畅通无阻的封闭式信息网。现场管理人员及时搜集班组的施工信息，为项目提供可靠依据。

施工前期，项目部总工组织了十多次问题反馈会议，同时对现场施工质量进行跟踪调查，包括板的挠度观测，混凝土表面平整度等项目，质量调查记录及时填写表格上报项目管理层。

通过"150水平早拆模板体系"在项目施工过程中的成功推广与应用，强有力的证明了我项目新技术革新管理体系在实际生产中发挥的重大作用。同时，也是对我项目技术革新管理体系一次检验，见表5、表6。

实际施工过程中150体系与碗扣架用料数据统计　　　　表5

体系名称	标准件（件）		多层板（m²）		木方（m）	
	单层	周转使用	单层	周转使用	单层	周转使用
150铝框胶合板	136	196	12.95	51.8	46	46

实际施工过程中150顶板施工用工量（工时）统计　　　　表6

阶　段	150铝框胶合板体系			—
	标准件搭设	边角处理	合计	
不熟悉	8	8	16	—
周转两次后	4	8	12	

五、履约过程营销管理体系及措施

1. 履约过程营销管理体系

所谓履约过程营销管理体系，即在项目的履约阶段通过优质的履约服务赢得业主方的信赖，通过高质量、高标准的产品赢得市场的赞誉，以品牌效应带动市场的二次营销。如何通过科学有效的管理达成市场营销的目的，这便是项目营销管理工作所要关注的重点所在。同时，项目在履约过程中的营销不可以无限增大施工成本、降低企业利润为代价，毕竟项目的运营是以盈利为最终目的。所以，在项目的履约过程中如何利用技术优势在降低施工成本的同时扩大项目的营销效益。同时，应重点分析把握战略性营销点，将项目营销管理工作发挥至极。

2. 履约过程中可视化、标准化安全体系的应用

随着现代化施工水平的不断提高，建设单位与市建委等相关部门对施工现场的安全管理水平也愈加重视起来。将施工现场的安全管理体系及安全管理水平视为评价总承包单位管理水平的重要参考因素。同时，也将成为能否取得业主单位信赖，展示自身管理水平，并最终赢取二次营销的有利机会，如图14所示。

（1）标准化安全体系综合效益分析

标准化安全防护体系若在项目中推展应用，其一次性投入量大、费用高，且属于新的防护体系，现场应用需一定的适应期，而项目决策时毅然选择了使用标准化防护体系。之所以在得知标准化防护体系有如上所述的弊端之后依然选择其作为项目的防护体系，正是因为此标准化防护体系可以大幅提升现场的安全文明施工形象，这对工程整体品牌宣传及项目的后期营销有非常重要的意义。而且这种产品拆装起来也很方便，简单实用。在项目中推广也不会遇到大的阻力。另外，装配式防护体系如果能够真正在项目间周转开，实现成本摊销，也能够降低使用成本，使其经济效益更加明显，如图15所示

图14　可视化、标准化防护体系图

（2）可视化安全管理体系效益分析

本工程所应用的安全可视化管理体系是将现场施工区域进行安全风险等级划分，将施工现场划分为

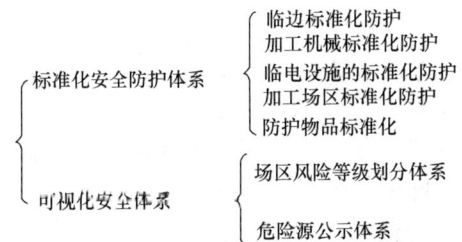

图 15　标准化安全防护体系图

一级风险区、二级风险区和三级风险区，并依据各施工区域风险等级的大小对施工现场的安全生产进行有效的监督管理。同时，也可以使现场施工人员清楚的了解到施工现场的危险区域与危险源，避免安全责任事故的发生。

在施工安全问题备受各方关注的同时，作为业主单位，万科集团亦推行了集团内部的《安全文明施工可视化管理制度》，制度规定中有严格的现场安全文明施工管理标准，而且在集团区域评估中安全文明施工成绩占有很大比重，因此，项目对于安全文明施工管理投入了很大的力度，为项目的二次营销创造有利条件。同时，由于现场长期保持良好形象，此项目还作为昌平区标杆项目，顺利通过外部迎检的任务，对此，昌平区建委特对项目予以表彰，如图 16 所示。

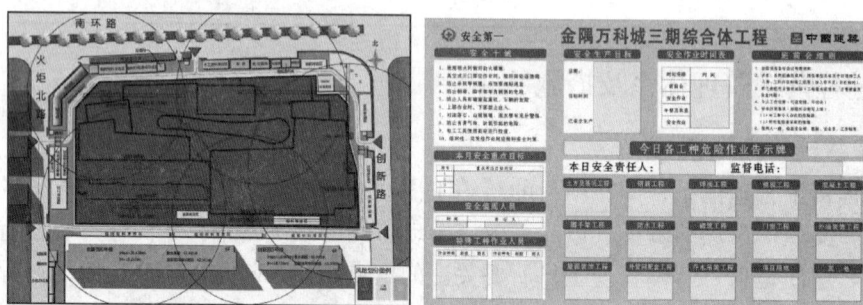

图 16　可视化安全体系——施工现场风险等级划分图及危险源标示牌图

3. 履约过程中施工战略性调整管理体系

（1）战略调整管理工作面对的挑战

本工程作为商用开发项目，性质便决定了本工程从项目决策到方案设计、从进场施工到竣工验收每一环节都会被开发商紧紧的压缩，本工程建筑面积 177228m²，涉及混凝土结构、劲性结构、组合钢结构、幕墙安装、精装修、机电安装调试、园林市政的一系列交叉施工内容。同时，商业结构形式复杂、中庭大跨度网壳结构及预应力工程均给本工程的顺利进行增添不小的难度。而业主单位所给予施工工期仅为 24 个月，在这么短的工期内保质、保量的完成上述全部施工内容已经是对此项目综合管理能力的不小挑战，如图 17 所示。

（2）战略调整管理组织架构

如图 18 所示。

（3）战略管理体系取得成果

本工程自 2011 年 11 月开工至 2013 年 11 月 26 日完成四方竣工验收，利用 2 年的有效施工时间完成业主规定的全部施工内容。同时，在已十分紧迫的施工计划任务面前，成功将结构施工提前了 30d 完成，砌筑提前了 2 个月，竣工日期将比合同提前 3 个月。而且，为实现业主后来提出的影院租户装修与工程同步完成这一新增目标，超市与影院区域初装修内容甚至提前 6 个月完成移交。这两个大型租户精装修施工的提前插入，实现了与工程建设同步进行、同步竣工的阶段性胜利，这已成为万科商业领域建设的成功典范。

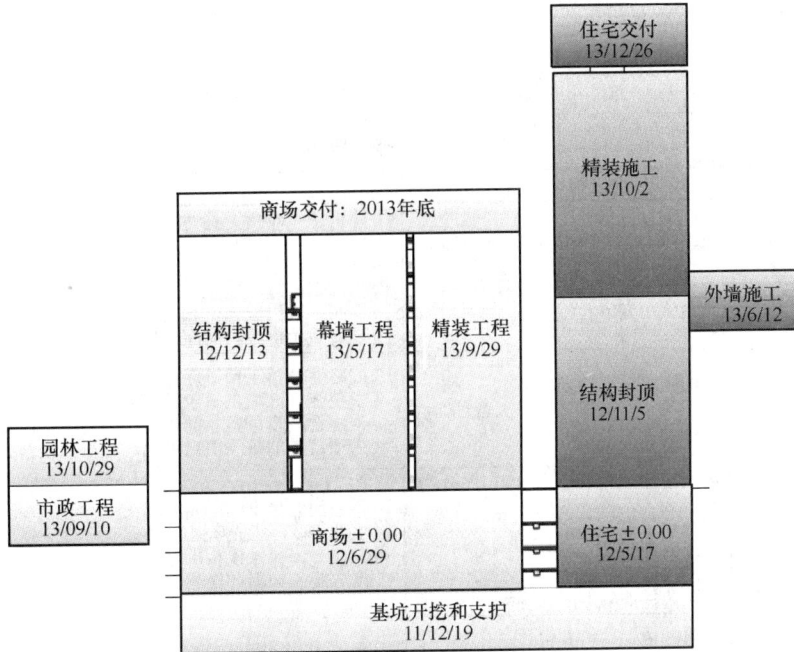

图 17　工期管理图

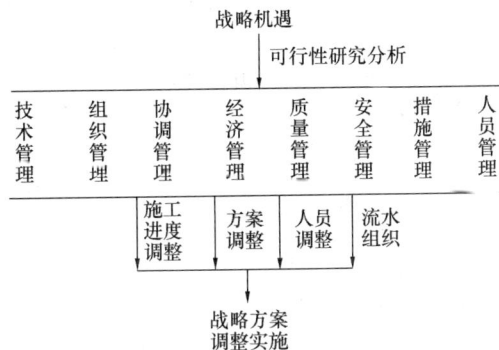

图 18　战略调整管理体系组织架构图

4. 案例分析——大租户区施工进度战略性调整

（1）实施背景

①本工程影院位于商业顶层，结构施工占据关键路线。

②影院看台在图纸中设计为钢筋混凝土结构形式。

③影院为本工程大租户，精装施工内容复杂、施工周期长。

④业主目标"全国范围内第一投运"。

⑤影院施工阶段处于冬季施工阶段。

（2）战略可行性研究分析

在结构施工的过程中，同期开发建设的万科集团另一个商业项目正如火如荼的进行中，并与此项目全力争夺"全国范围第一个投运"的战略性目标。得知此消息后，项目部立即召开项目营销管理研讨会，研讨分析这一事件中蕴含的营销机遇与所面临的挑战。通过研讨会的商讨，项目部得出结论：能否帮助业主顺利实现这一标志性目标，是项目营销管理工作成败的关键。至此，项目部调整管理模式，增加施工架料的投入，分析引入新的工艺加快工期进度。同时，协调优化各专业之间的交叉施工影响，调整工期计划，提前插入二次砌筑及装修施工内容。并与设计、业主单位协商优化图纸设计等一系列管理措施。在高标准、严要求、工期紧迫的前提下，运用先进的管理模式，配合高效的协调管理，在优质的履约过程中成功完成项目的二次营销。

（3）战略调整及相关管理措施

见表7、表8。

序号	项目	管理措施	效益分析
1	结构设计方案调整（详见表8图（一））	①与业主、设计院沟通协商、开方案讨论会。②进行钢结构看台图纸深化设计。③《钢平台施工方案》	降低施工难度，通过将影院看台形式由原设计的混凝土结构形式变更为钢结构＋混凝土组合结构形式，将施工难点转移至钢结构看台加工厂施工阶段，大幅降低现场测量放线及模板支撑的施工难度。同时，将影院钢结构看台的施工安排至封顶后与砌筑同时施工，避免关键线路时间，提前实现结构封顶，节约近45d
2	施工进度计划调整（详见表8图（二））	①制定新的施工进度计划。②结构、砌筑、钢结构交叉施工管理。③《抢工施工方案》	战略性调整工期进度计划，缩短关键路线工期，提前6个月完成影院施工区域的移交，提前插入影院精装施工，实现影院与工程建设同步进行、同步竣工的阶段性胜利。为项目提前竣工奠定基础，赢得二次营销机遇
3	质量保证措施	①提高屋面混凝土等级（由C35提升为C45）。②搭设架料倒运平台。③调整劳动力计划。④后浇带改膨胀加强带。⑤提高砌筑芯柱混凝土强度等级	将屋面混凝土强度由C35提升为C45，混凝土强度达到80％时（约18d）其折算强度已超过原设计强度的100％，可提前进行预应力张拉及模板拆除。增大施工架料的转运效率，增加劳动力投入，加快工期进度
4	现场组织协调保证措施	①编制《影院抢工施工方案》。②将砌筑工程分为三个阶段进行；并用彩图将不同施工阶段的砌筑施工界面进行划分。③明确各阶段施工重点及注意事项，保证施工顺利进行	统一协调管理，合理安排现场人、机、料的进场时间。将场地合理划分，流水作业，消除交叉作业影响及施工混乱现象的发生。合理抢占施工间隙，提前插入砌筑施工，并用图例方式清晰、准确划分施工界面。使现场施工井然有序

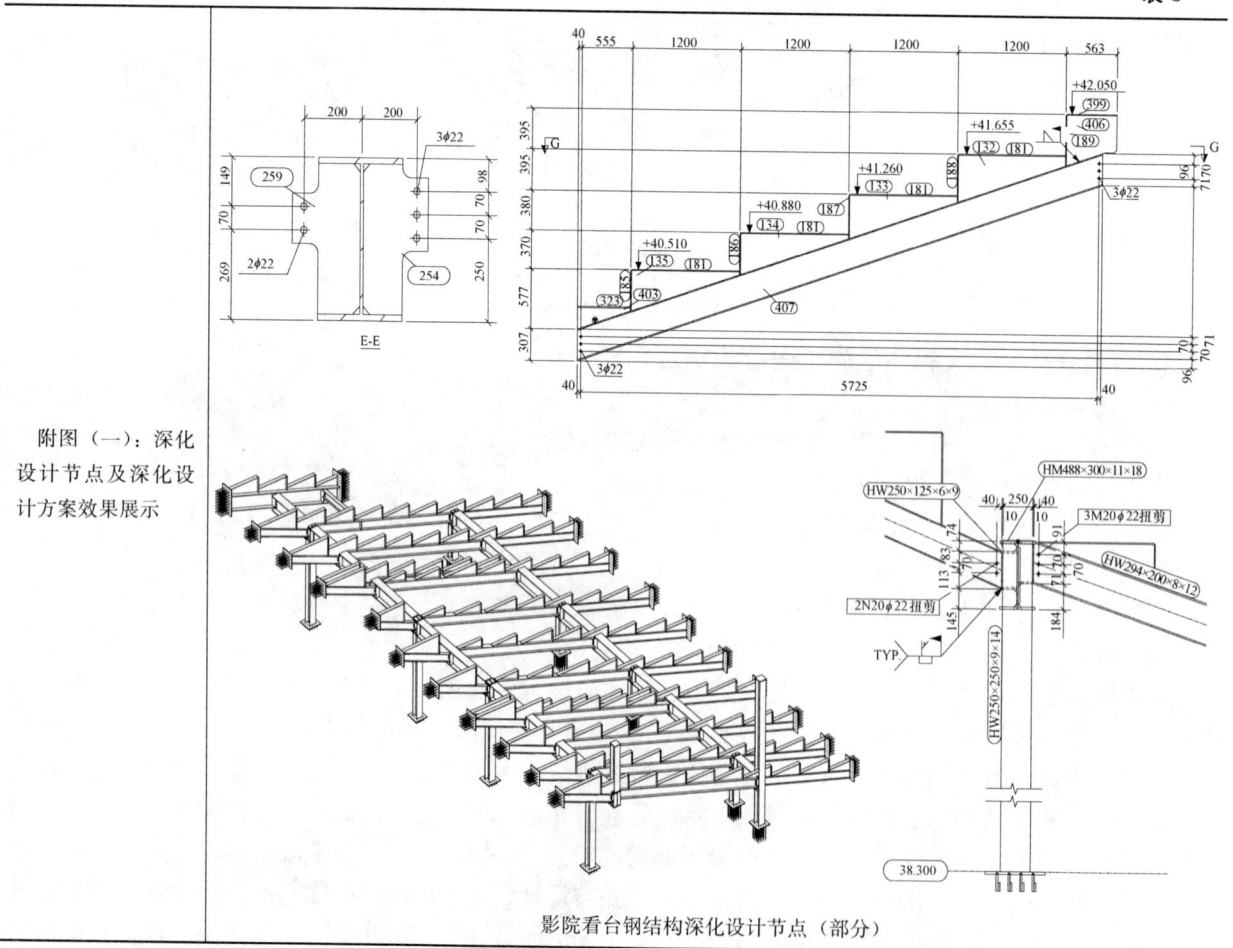

附图（一）：深化设计节点及深化设计方案效果展示

影院看台钢结构深化设计节点（部分）

附图（一）：深化设计节点及深化设计方案效果展示		
	影院钢结构看台实际施工效果图	

	任务名称	工期	开始时间	完成时间	前置任务
1	A区（6~8号厅、VIP厅）	67 工作日	2012年11月23日	2013年1月28日	
2	结构封顶	1 工作日	2012年11月23日	2012年11月23日	
3	预应力张拉	1 工作日	2012年12月12日	2012年12月12日	2FS+18 工作日
4	模板拆除	15 工作日	2012年12月13日	2012年12月27日	3
5	钢结构看台施工	22 工作日	2012年12月28日	2013年1月18日	4
11	砌筑施工	66 工作日	2012年11月24日	2013年1月28日	
12	穿插零星砌筑	20 工作日	2012年11月24日	2012年12月13日	2
13	钢看台范围砌筑施工	15 工作日	2013年1月14日	2013年1月28日	9
14	非钢结构范围砌筑施工	30 工作日	2012年12月28日	2013年1月26日	4
15	B区（1号厅）	63 工作日	2012年11月30日	2013年1月31日	
16	结构封顶	1 工作日	2012年11月30日	2012年11月30日	
17	模板拆除	15 工作日	2012年12月19日	2013年1月2日	16FS+18 工作日
18	钢结构看台施工	14 工作日	2013年1月8日	2013年1月21日	
23	B区屋面组合结构施工	20 工作日	2013年1月3日	2013年1月22日	17
24	砌筑施工	62 工作日	2012年12月1日	2013年1月31日	
25	穿插零星砌筑	20 工作日	2012年12月1日	2012年12月20日	16
26	钢看台范围砌筑施工	14 工作日	2013年1月18日	2013年1月31日	21
27	非钢结构范围砌筑施工	29 工作日	2013年1月3日	2013年1月31日	17
28	C区（2~5号厅）	66 工作日	2012年11月27日	2013年1月31日	
29	结构封顶	1 工作日	2012年11月27日	2012年11月27日	
30	预应力张拉	1 工作日	2012年12月16日	2012年12月16日	29FS+18 工作日
31	模板拆除	15 工作日	2012年12月17日	2012年12月31日	30
32	钢结构看台施工	22 工作日	2013年1月1日	2013年1月22日	
37	砌筑施工	65 工作日	2012年11月28日	2013年1月31日	
38	穿插零星砌筑	20 工作日	2012年11月28日	2012年12月17日	29
39	钢看台范围砌筑施工	14 工作日	2013年1月18日	2013年1月31日	35
40	非钢结构范围砌筑施工	30 工作日	2013年1月1日	2013年1月30日	31

附图（二）：影院施工计划调整

六、管理效果及评价

1. 质量管理效益

本工程的整体质量处于受控状态，并赢得了业主和社会各方的一致好评，目前已获得结构"长城杯"金奖。

2. 安全文明效益

本工程2012年度获北京市"安全文明工地"、"北京市安全质量标准化示范工地"。

3. 经济效益

本工程通过高效的项目管理和新技术的推广应用，提高了施工效率，降低了施工成本，增强了工程施工的安全可靠度。截至目前，工程毛利率（不含税费）约已达到8.0%，通过技术创新取得经济效益。

4. 营销效益

通过严格有效的管理与风险预控，在取得良好经济收益的同时，也取得很好的社会效益，成为各单位参观考察的焦点，多次以样板工地的身份迎接北京市领导的视察。同时，以我项目优质的履约获得了业主单位的信赖，顺利与万科集团签订"战略合作伙伴"协议。并承接了大兴区旧宫镇住总·万科广场工程、义和庄首开·万科综合体工程等。

科技推广搭建广阔平台　降本增效提升管理水平

——中建一局二公司中国银行信息中心办公楼工程项目

刘元元　王智勇　郭洪如

【摘　要】中国银行信息中心办公楼工程在项目施工的全过程，运用科技推广，创新在施工现场管理、质量创优、成本控制、环境保护、绿色施工、职业健康管理中取得了良好的效果，并成功扭转潜亏局面，实现盈利。

【关键词】科技推广；创新；全过程；降本增效

一、工程概况及成果背景

1. 工程概况

中国银行信息中心办公楼工程位于海淀区永丰路 299 号，是中国银行信息中心黑山扈办公园区内二期工程，是一栋综合性办公用房。建筑物外形呈"A"字形，地下 3 层，地上 6 层，建筑总高 28.34m，总建筑面积 62885m²。建筑主体结构为框架剪力墙结构。中国银行信息中心办公楼工程开工日期 2010 年 9 月 16 日，竣工日期 2013 年 7 月 20 日，如图 1、图 2 所示。

图 1　北立面效果图　　　　　　　　　图 2　南立面效果图

2. 成果背景

建筑行业自古以来就是技术含量不高，门槛很低的行业，传统的施工方法和粗放型管理模式几十年没有太大的不同。新技术，新工艺向生产力转化水平很低。由于原材料，人工成本急剧增加，市场竞争日趋激烈，建筑业已经进入微利时代，如何能在这个残酷的市场生存并求得发展，是摆在建筑企业面前的大问题。

二、选题理由

中国银行项目在前期投标阶段和施工过程中也存在潜亏项目多，人工、材料涨价，清单漏项等经营风险，为扭转潜亏局面，在中国银行信息中心项目管理中积极推广新技术，新工艺，将科技推广，创新应贯穿项目管理的全过程，在工程施工现场管理、质量创优、成本控制、环境保护、绿色施工、职业健康管理中，运用科技创新手段都取得了良好的效果。

三、实施时间

自 2010 年 9 月 16 日～2013 年 7 月 20 日工程项目完成为止的施工全过程。

四、管理重点和难点

1. 工程特点鲜明，专业复杂，施工协调难度大

中国银行信息中心办公楼工程是一栋高档次，现代化的电子信息办公楼，其特点是各专业齐全，机房数量多，弱电系统庞大，员工工位密集。装修档次高、专业分包多、交叉配合量和成品保护难度大。

2. 工程各项标准高，工程体量大

工程总建筑面积 62885m²，占地面积 9735.8m²，质量目标为：获得"结构长城杯金杯"和创"建筑长城杯金奖"，创"国家级优质工程"奖。

文明施工目标为：创北京市建筑工程安全文明样板工地。

3. 工程造型复杂施工难度大

本工程建筑外形为"A"形，部分轴线与水平坐标系呈 73°斜交，部分竖向墙体夹角为锐角或钝角，测量及施工难度大。

4. 周边管线情况复杂

建筑物周边遍布为一期工程提供服务的各类重要管线，光缆；给施工带来很大难度。

5. 投标利润率低，存在潜亏项目

信息中心办公楼工程中标价 5.34 亿元，公司对项目下达盈利目标为 5.76%，其中工程根据投标报价预计在人工费潜亏 1533 万元，砌筑工程潜亏约 15 万元，商品混凝土潜亏约 200 万元，预计总潜亏额达到 1748 万元。

五、管理策划及创新点特点

信息中心办公楼工程投标利润率低，潜亏额度大；且工程对质量，环境，文明施工等各项目标都很高，为了确保公司给项目下达的各项收益指标，管理目标的顺利实现，并以在银行金融信息化建筑建设过程中，以大项目施工管理提升品牌知名度，以科技创新、标准化建设赢得业主肯定为目标，在工程开始，确定了将科技推广融入项目管理全过程，运用科技手段及二次经营扭亏为盈的项目经营管理方针，组建以技术、预算、现场主要管理人员为核心的降本增效管理小组，在项目经理的领导下进行科技推广，降本增效创新点策划。

经过认真周密的计划分析，从建筑业 10 项新技术及根据项目特点计划采取的有针对性的科技推广创新两方面开展工作。

1. 以严格推广 2010 年建筑业 10 项新技术作为项目提升管理水平和降本增效的基础

见表 1。

项目计划推广 2010 年建筑业 10 项新技术一览表 表 1

应用新技术项目	新技术名称	应用部位及数量	计划取得效益
地下基础和地下空间技术	长螺旋钻孔压灌桩技术	440 根抗拔桩	提高施工工效，确保桩体施工质量
混凝土技术	混凝土裂缝控制技术	基础底板，地下室外墙，混凝土楼板，约 28000m³	较好的解决了超长混凝土开裂问题
钢筋及预应力技术	钢筋焊接网应用技术	总面积 20000m²	节约人工 5 万元
	大直径钢筋直螺纹连接技术	筏板，梁，混凝土柱共 134000 个	提高工效，节约钢材综合效益 60 万元
	有黏结预应力技术	预应力梁，17t	减小构件截面尺寸，保证空间

应用新技术项目	新技术名称	应用部位及数量	计划取得效益
钢结构技术	钢结构深化设计	混凝土钢连廊，钢天窗，组合劲性柱，332t	造型新颖，安装简便
	钢与混凝土组合结构技术	组合劲性柱，62t	增加结构刚度，减少自重
	高强度钢材应用技术	混凝土钢连廊，钢天窗270t	增加结构刚度，减少自重
机电安装工程技术	变风量空调技术	地下一—六层395台	节约能源
	大管道壁式循环冲洗技术	空调水系统4600m	节省人工
	薄壁管道新型连接技术	给水，直饮水系统5100m	提高工效
绿色施工	预拌砂浆技术	二次结构及装修工程，约2000t	取消现场搅拌，减少扬尘，有利于环境保护
	粘贴式外墙外保温施工技术	外墙幕墙内侧，面积共10300m²	节约能源
	铝合金窗断桥技术	建筑外窗3361m²	节约能源
	太阳能与建筑一体化技术	105块	节约能源
	建筑外遮阳技术	西侧幕墙，遮阳面积3000m²	
抗震加固与改造	深基坑施工监测技术	深基坑位移沉降监测，监测面积约17000m²	确保基坑施工安全，及周边建筑安全
信息化应用技术	施工现场远程监控技术	施工现场全范围监测，监测面积12000m²	有利于施工各项管理

2. 根据项目特点有针对性开展技术创新，降本增效工作，实现完美履约和扭转投标潜亏项

（1）运用借鉴成熟工法解决项目施工中的难题，少走弯路；并争取在原有工法基础上作出改进和提高，见表2。

计划使用成熟工法应用推广汇总表　　　　表2

序号	工法名称	编号	部位	工程量
1	大体积混凝土施工组织工法	ZJ1GF-277-2008	底板混凝土	2.4万m³
2	小流水段施工工法	ZJ1GF-004-91	主体结构施工	62885m²
3	工程桩桩头渗透结晶防水施工工法	ZJ1GF-279-2008	基础抗拔桩	440根
4	长螺旋钻孔压灌混凝土桩施工工法	ZJ1GF-051-97	基础抗拔桩	440根
5	超细无机纤维吸音保温喷涂施工工法	ZJ1GF-309-2009	地下一层顶板	6000m²
6	大孔轻集料填充墙砌块施工工法	ZJ1GF-171-2006	隔墙墙体	7000m³
7	地面细石混凝土面层施工工法	ZJ1GF-154-2005	垫层、设备间混凝土地面	20000m²
8	钻孔锚筋施工工法	ZJ1GF-237-2008	隔墙锚筋	

（2）根据工程实际，挖掘技术创新项目，确保完美履约和科技创效目标的完成，见表3、表4。

完成履约要求技术创新项目一览表　　　　表3

履约及创新要求	施工现场情况	处理措施	履约效果
深基坑施工对紧邻基坑周边，供一起生产运营使用的供水供电管线，光缆的可靠性保护	工程基底标高－17.39m（最深处20.88m），深基坑支护采用桩锚支护体系，管线埋深区域均为人工堆积土层，浇筑混凝土灌注桩易对管线造成挤压。施工中载重车辆碾压也会造成管线故障	灌注混凝土桩时，减少对周边管线的挤压造成管线变形，采用埋设3m超长钢护筒，护筒直径1.0m。根据管线布置情况，对基坑周边区域进行区别性硬化，以保证管线安全，降低施工成本	可靠保护了供一期生产运营使用的生命线安全，在长达一年的基础施工中，没有发生一起管线故障。此项管线保护方案按照措施费增项从业主处取得100万元盈利的经济效益

履约及创新要求	施工现场情况	处理措施	履约效果
本工程建筑外形为"A"字形,造型奇特,确保建筑外形准确及装饰效果意义重大。	轴线网由双坐标系构成,两平面直角坐标系夹角73°,交汇于一点,制定切实可行的施测方案,保证建筑测量精度	制定施测方案时,将四条轴线交汇点位置控制作为重中之重,应确保轴线网在深基坑开挖前施测布设完毕,将测绘院定桩角点与实测角点进行校核,差异值进行调整,上报测绘部门	措施得当,施工中严格控制,确保了施工测量精度,为建筑装修模数化实现提供有力的保障。具有良好的社会效益

项目自行拟定的技术创新项目一览表　　　　　　　　　　表4

序号	新技术项目名称	使用部位	工程量	责任人	项目需求
1	旋挖灌注排桩桩及预应力锚杆支护技术	深基坑支护	12000m²	曹国良	基坑深度深,紧邻周边有重要管线
2	对基坑周边重要施工管线保护性施工	施工全过程	12000m²	曹国良	在施工全过程对重要管线要可靠保护
3	膨胀加强带取代温度后浇带施工技术	混凝土结构工程	1786.43m	刘元元	后浇带线路长,施工难度大
4	采用BM免抹灰连锁砌块代替普通陶粒空心砌块和加气混凝土砌块	二次结构	6000m³	卢颖	减少材料浪费,确保施工作业环境
5	大面积网络地板下地坪采用一次收面压光技术	办公区网络地板下	11400m²	张大雳	因设计及限高等原因网络地板下架空高度不足
6	施工现场减少垃圾排放综合治理技术	施工现场管理		张大雳	减低垃圾排放,保护环境,降低成本
7	施工现场标准化管理技术应用	装修饰面石材,幕墙,墙地砖遵循模数化设计加工。施工现场临时设施标准化制作		郭洪如 刘元元	确保装修观感质量,降低现场切割造成的材料浪费及扬尘污染

六、主要管理措施实施及风险控制

1. 膨胀加强带取代温度后浇带施工技术

中国银行信息中心办公楼项目建筑面积大,地下层数多,后浇带线路长,其中原设计地下部分后浇带总长度约为942.03m,地上部分后浇带总长844.4m,共计1786.43m,给施工带来巨大困难。另外,

原设计混凝土掺加抗裂纤维,属清单遗漏项目,极易造成亏损风险。

为减小施工难度,加快施工进度,降低施工成本,与设计单位沟通,采用膨胀加强带,如图3所示取消大部分后浇带,仅保留一条后浇加强带(浇筑时间同后浇带),其余后浇带均改为膨胀加强带,与两侧混凝土同时浇筑,大大降低施工成本,提高施工工效;并大大减少后浇带剔凿,清理及垃圾清运量,有利于环境保护。同时混凝土中掺入微膨胀剂,取代了清单漏项的抗裂纤维,化潜亏为盈利,取得良好的收

图3　膨胀加强带图

益，见表5。

效 益 汇 总 表 　　　　　　　　　　　　　　表5

| 项目 | 总长度 | 施工工期（d） | 人工支设和浇筑 | 后支架设工具 | | | 对其他工序影响 | 对二次结构提前插入 | 清理剔凿及垃圾清运 |
				模板	钢管	扣件			
原设计后浇带	1786.43m	70	10×70×300＝210000元	1786.43×0.8 ＝1429m²	23万m	11万个	极大	不利	工作量大
修改后后浇加强带	421.07m	15	7×15×300 ＝31500元	421.07×2 ＝842.14m²	6万m	3万个	小	有利	工作量大大减少
综合评价	减少76.4%	减少79%	节约17.85万元	减少41%	减少74%	减少72%	效果好	效果好	效果好
效益评价			节约17.85万元	节约14.68万元				节约人工费和垃圾清运10万元	
			降低成本42.53万元，工期大大提前，节省大量人工						

2. 大面积抗静电活动地板下楼面混凝土一次收面压光技术

项目需求：原设计抗静电地板架空高度低，不利于机电线槽安装。项目单层面积大，抹灰作业费工时，易空鼓，不便于施工。

本工程为一栋综合性办公楼，办公区大面积采用网络架空地板，网络架空地板面积约30000m²，原设计在混凝土楼面上有20mm水泥砂浆找平层，地板架空高度为100mm，地板下强弱电线槽安装困难。考虑到这种情况，在混凝土楼板浇筑时，楼板混凝土表面采用磨光机一次压光，取消抹灰层，为设备安装提供便利，并节省了材料和人工，如图4所示。

实施效果：由于取消了水泥砂浆找平层，为网络架空地板下线槽安装创造有利条件，并较好的规避了抹灰层空鼓，脱落的常见质量通病，节约人工，材料共计30000×17元/m²＝510000元（51万元）。并减少建筑垃圾产生。

3. 施工现场减少建筑垃圾排放综合治理技术

项目需求：减少建筑垃圾排放，降低垃圾清运成本，有利于环境保护和节能减排。

如图5所示。

图4　开场办公区架空地板上铺地毯图　　　　图5　建筑垃圾清运图

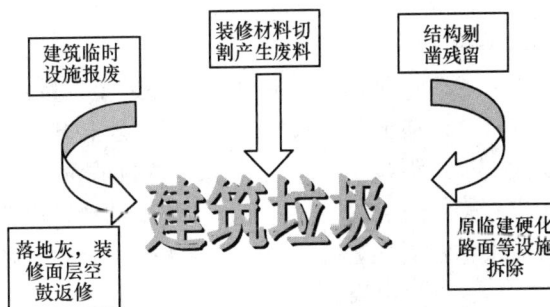

（1）措施一、从建筑材料选型，加工入手，从根源上减少建筑垃圾的产生

①采用BM免抹灰连锁砌块代替原设计需抹灰的加气混凝土砌块，减少砌块切割及抹灰垃圾产生，如图6所示。采用成品砂浆代替传统现搅拌砂浆，减少扬尘及清理垃圾产生。

效益分析：经过砌体材料变更，原投标报价160元/m³砌体调价为320元/m³，原潜在亏损15万元，变为盈利40万元；因现场切割量少，无抹灰，采用干拌砂浆砌筑垃圾清运量较同类项目减少50%，仅此一项综合盈利约50万元。

②装修饰面石材、幕墙、墙地砖遵循模数化设计加工理念，工厂化加工，减少现场加工材料数量，减少建筑垃圾产生，如图7所示。

图6　BM免抹灰连锁砌块砌筑图　　　　　　　　　　图7　装修饰面石材图

③效益分析：现场建筑垃圾里块状装修面材寥寥无几，较未进行工厂化加工的同类项目，建筑饰面块材切割垃圾减少90％，节约清运费约5万元。

（2）措施二、施工临时设施要考虑拆除成本及综合利用

①临时办公区，生活区减少硬化面积，降低二次剔凿及渣土清运量，如图8、图9所示。

图8　现场临时办公区采用大面积草坪替代硬化图　　　图9　办公区西侧为临时土方堆放区图

效益分析：现场临时办公区，面积约1600m²，采用草坪代替硬化，减少材料使用及交工后剔凿垃圾31.5m³，降低成本10万元。

②利用空地存土8000m³，减少回填外运土方量，有利于节能减排。

效益分析：外购土方6元/m³，现场倒运土方3元/m³，现场存土降低成本2.4万元，外购需400车，减少大货车运距约8000km，降低尾气排放量。

（3）措施三、施工现场设施应标准化增加周转次数

项目需求：解决施工临时设施"一遭烂"问题，减少材料浪费。

制作定型的外用电梯通道防护栏，电梯井道防护栏，成品临建围墙，统一的符合规定的建筑标牌，增加周转次数，减少材料浪费，避免资源浪费，如图10所示。

实施效果：制作精细，观感好，可以周转使用10次以上，节约搭设制作人工，搭设便捷，工效高，避免废料产生，有利于美化现场环境，节约人工，提高功效，节能环保。

七、过程检查和监督

1. 分工落实科技创效策划

成立以项目经理为组长，项目各部门主要管理人员组成的科技创效实施小组，对项目前期科技创效策划内容进行分工落实，每个项目由专人负责。

图 10 施工临时设施图

2. 建立定期考核机制

在每个推广项目开始前、进行过程中、结束后分别进行阶段策划和考核，对比目标完成情况，及时调整措施纠偏。

八、管理效果及评价

1. 科技成果

本工程获得实用新型专利一项，实用新型名称为：《屋面钢结构采光顶的滑动支座装置》。

发表论文一篇，论文题目为：《大体量基础混凝土膨胀加强带取代后浇带施工技术》；

通过集团级工法一篇，题目为《BAC 防水卷材水泥浆粘接湿铺施工工法》。

获得 2013 年度北京市工程建设优秀质量管理小组的 QC 成果一篇，题目为《提高屋面 SF 憎水膨珠保温砂浆的施工合格率》。

另外，形成工法三篇，论文三篇，施工操作工艺两篇。

2. 工期、质量效果

本工程已按照合同约定工期完成，工程质量得到业主、监理及质量部门的一致好评，获得"2011～2012 年度结构长城杯金质奖工程"，获得 2013 年度北京市工程建设优秀质量管理小组称号。

2014 年 4 月 12 日通过"北京市建筑竣工长城杯验收"，工程质量得到专家好评。

3. 经济效益

科技创效：905.97/48000×100%＝1.89%

4. 社会效益

由于科技创新贯彻创新贯穿项目管理的全过程，在工程施工现场管理、质量创优、成本控制、环境保护、绿色施工、职业健康管理中，都运用科技创新手段，并取得了良好的效果，得到有关部门的好评，取得良好的社会效益。

5. 已获得的奖项及获奖目标

（1）获得 2011～2012 年度结构"长城杯"金质奖工程。

（2）获得 2013 年度北京市工程建设优秀质量管理小组称号。

（3）获得"北京市安全文明样板工地"称号。

（4）获得"AAA 级安全文明标准化工地"称号。

（5）获得"2011 年度中国建筑 CI 创优银奖"。

本工程质量目标是获得"北京市建筑竣工长城杯金奖"，"国家级优质工程奖"。

6. 结束语

中国银行信息中心办公楼工程通过项目管理人员施工前详细策划，施工中严格控制，在项目管理技术质量管理、现场管理、环境保护、文明施工、节能减排多方面、全方位推广科技创新，降本增效工作，预计利润率8.5%，科技创新降本增效收益约905万元。这是项目利用科技创新的核心竞争力提升项目管理水平的大胆尝试，同时在完美履约方面取得了良好管理成果，目前已获得"北京市结构长城杯金奖"，"北京市安全文明样板工地"，"AAA级安全文明标准化工地"，"中国建筑CI创优银奖"等殊荣，下一步正向着"建筑竣工长城杯"和"国家级优质工程奖"的目标而努力。

精心策划　综合管控
全面提升世华龙樾开发项目工程品质
——北京城建兴华地产公司世华龙樾项目

梁伟明　张万国　王文胜　刘晶晶　杨振鹏　朱华笙　黄　松

【摘　要】世华龙樾项目具有独特的地理、人文等方面的优势，被我集团定义为住宅龙头开发产品。项目管理部团队始终坚持"高端定位、综合管控、提升品质"理念，从已进入竣工手续办理阶段的第一、二期工程来看，成效显著，并获得了多项奖项和各种殊荣，最终实现各项管理目标，获得了良好的社会和经济效益。

【关键词】高端定位；综合管控；提升品质

一、项目概况

1. 工程简介

兴华公司开发建设的世华龙樾项目位于北京中轴线之上，承袭中轴皇家龙脉，是北五环沿线上极为稀缺的大体量居住用地。地铁 8 号线贯穿项目，交通非常便利。位于海淀百年学府区，人文气息浓厚。倾力引入北京十一学校（中学）、北京师范大学实验幼儿园等高端教育资源。整个项目总占地约 30 万 m²，总建筑面积近 80 万 m²。

2. 项目团队

本项目由兴华公司开发建设，联安国际建筑设计有限公司负责设计，北京城建七公司等 6 家施工总承包单位施工，中建顾问等 2 家监理公司监理。兴华公司（建设单位）项目部成员 18 人，其中教授级高级工程师 1 人，高级工程师 3 人。项目团队作风硬、实力强，为项目的实施提供了坚强保障。

二、项目成果背景

1. 顺应房地产开发行业的发展趋势

工程施工质量是打造产品品质的一个重要环节。近年来，房地产工程质量问题屡见报端，产品市场竞争力和客户信任度产生巨大危机。对工程施工质量进行精细化的全面管理，是房地产开发行业的大势所趋。房地产开发企业是工程的建设主体和投资单位，在工程质量管理上应当处于主导地位，对于严控施工质量责无旁贷。

2. 适应集团及股份公司对本项目高端定位的需要

在土地供应日益稀缺的今天，世华龙樾项目以其优越的区位条件，成为北京市场上极为稀缺的资源。北京城建集团和北京城建投资发展股份有限公司将该项目整体定位为"学府核心，稀世美宅"，产品定位为"为城市知本精英打造的低密度奢适宅邸"。

3. 适应兴华公司自身发展的需要

兴华公司在《企业发展规划纲要》中提出，要不断提升做产品的能力，倾力打造中高端住宅产品。从而提升企业核心竞争力，应对激烈的市场竞争。

三、管理目标

为了将世华龙樾项目打造成为代表北京城建地产高端住宅产品的旗舰之作，兴华公司对世华龙樾项目提出精益求精的要求，项目部不断完善、总结过去开发过程中的经验和教训，逐步形成了一套适合世华龙樾项目自身特点的管理模式，即综合管控制度。通过综合管控制度项目部加强了对各施工、监理单位的管理，促使各级管理人员履行好自己的职责；通过综合管控制度做好现场监督，使工程管理标准化、精细化；通过综合管控制度创建"过程"精品，切实保证项目达到北京城建地产"龙樾"系列高端品牌的品质要求，使其成为产品迈向高端化的里程碑项目。综合管控制度主要分为以下 3 大方面：质量管理目标、年度任务考核责任书、完善的过程管控机制。

1. 质量管理目标

（1）首次收房满意率：公租房、回迁房≥85％；商品房≥90％。首次收房满意率是指购房业主在第一次验收后未提出任何质量问题，当即办理相关接收手续。只有每位业主对房屋质量都表示满意才能真正说明工程的质量是合格的。

（2）入住一年内报修率≤20％。这项指标的目的是杜绝"面子光"工程，防止极个别施工企业为了让业主能够顺利的接收，只重视观感质量，忽视了隐蔽工程的实体质量，特别提出了这个质量目标。

（3）防水工程零渗漏。防水工程出现问题后极难补救，必须要保证施工时的质量过关。

以上 4 个需要严格数据支持的质量目标一经提出，就给所有参与工程管理的人员敲响了警钟，工程不再是保证能够简单的验收合格，而需要不断提高管理意识和管理方法才能达到世华龙樾项目的质量目标。

2. 年度任务考核责任书

每年年初，世华龙樾项目部（以下简称项目部）都会与参施单位签订年度任务考核责任书。在责任书中，会明确本年度的进度、质量、安全及文明施工等目标及奖惩规定，这种措施极大地调动了施工单位工作的积极性，确保了全年任务的完成。

3. 完善的过程管控机制

没有一个完善的过程管控机制不可能得到满意的结果。因此，项目部建立了名为《综合管控制度》的过程管控机制。关于这部分内容在后文中有详细介绍。

四、成果的特点和创新点

1. 突出关键节点控制，明确管理导向

工程质量关键节点的设置反映了工程管理方的关切重点，是在大量投诉案例基础上总结出来影响业主使用功能和质量满意度的问题集合。施工单位和监理单位往往认为这些节点是不影响结构安全、不容易引起政府监督处罚的"小问题"。如果建设单位不在导向上予以引导，施工单位和监理单位经常会忽视这些环节的质量控制，埋下质量隐患，最后引起业主的投诉与不满，使公司的品牌形象蒙受损失。

关键节点管控能够引导施工企业和监理企业将工作重心导向产品质量、导向检查发现的突出性和关键性问题，提醒工程管理人员和施工企业、监理企业及时修正，切实做到防微杜渐。同时，使管控人员能够对进度、安全和文明施工等方面进行随时掌控，统筹兼顾，促使整个项目管理水平全面提高。

2. 突出实测实量数据化、电子化管理

北京市建委在多年前就已开始推行分户验收实测、实量工作，但这项工作的难点在于要做到所有房间、所有分项工程 100％检查到位，会产生大量的工作量和海量数据，数据的真实性一直困扰着管理人员，造成分户验收实测、实量工作多数流于形式。世华龙樾项目通过统一空间部位的编码方式，保证数据具有完全可追溯性。再通过成立监察组，严查数据真实性，消除虚假数据风险。将全部实测实量数据及时录入计算机，建立数据库。

采用计算机判断数据是否合格，生成不合格项清单和一户一张的《质量缺陷处置记录》。测量人员只负责如实记录数据，不对数据是否合格进行判定。数据录入计算机后，便于统计第一遍测量的漏项情况，方便日后对漏项房间、点位进行补测。不合格数据单独生成清单，可实时动态跟踪每栋楼、每一户

不合格问题的销项复测情况。

3. 突出表格化管理，强化可追溯性

综合管控模式通过对工程各个方面的系列检查表，可以直接控制工程管理中每一个点和每一个关键工序，规范了各类问题的处置流程，对出现的问题做到即时通报、即时整改、即时反馈，保证了各类问题的及时、有效解决。每个管控程序都与表格相对应，责任落实到人，并已开始实行管控模式使用平板电脑电子化记录，自动配日期、照片、GPS坐标，从技术上杜绝"办公室里编表格"，使制度能够落到实处，收到实效。

4. 突出过程考核，创新考核模式

综合管控模式以停止点检查、不定期抽查、数据汇总和定期召开综合管控评比分析会等形式，对施工单位的质量、进度、安全和文明施工执行情况进行考核和给予相应奖惩。为保证评比的公平性，所有评比项目都采用扣分制：

（1）质量评分的依据是当月过程管控制度的检查情况。根据发现的问题，按照已制定好的问题分类扣除相应的分数。

（2）进度评分则是在每月末由建设单位给每个参施单位下发下个月的进度计划，计划中详细规定了每一个子项需要完成的程度并制定了相应的分值，评分时就按进度计划扣除未完成项的相应分值即为每个参施单位的进度得分。

（3）安全及文明施工评分也是根据日常巡检和专项检查中发现问题，依照问题分类扣除相应的分数。

施工单位、监理单位和建设单位管理人员等不同责任主体有着不同的考核细则，每个单位都能通过各自的考核找准自身定位，发现自身不足。

五、过程控制

1. 建立日常巡检与质量缺陷处罚制度

每周由项目部专业质量工程师将质量检查中发现的主要质量问题汇总并附相应的影像资料，形成一份质量周报，在周报中不仅要通报质量不足，同时，也要推广检查中发现的好的做法，便于各参施单位互相借鉴学习吸取教训。比如，某参施项目部在结构施工中连续出现钢筋位移，经过我们提醒后调整了施工方案，杜绝此现象的再次发生。

项目部总结以往工程的质量问题，归纳编制了《世华龙樾项目建筑工程质量处罚制度》，其中明确了需要处罚的内容。对于违反制度的行为开具处罚公示单并张榜公布，使所有人员都可以看到，对施工单位起到了很好的鞭策作用。这个做法被各施工单位争相效仿，提高了全体施工人员的质量意识。

2. 工程质量关键节点管控体系

项目部在2012年初就开始针对工程关键节点编制专项质量管控方案。项目部总结了那些可以影响最终使用功能、造成业主投诉的关键工序、步骤、环节，即"关键节点"，并针对每个关键节点制定管控办法，编制管控手册。经过2012年后期的1.0版试行，2013年正式推行了《世华龙樾项目工程关键节点质量管控手册（1.1版）》（以下简称《手册》），其中共包含了19个关键节点，涉及土建、电气、设备、室内外管线、园林绿化等各专业。

《手册》总则中要求进行到关键节点的工序时，施工单位必须提前提出验收申请——不进行节点验收不得进行下道工序，否则当月工程量不予认可，不予拨付工程款。手册中设计了各个节点的检查表格，内容极为详尽，但填写却极为简单，基本使用"√"和"×"就可以把表填完，减少了填表人员的工作量。建设单位和监理单位工程师依据管控手册和检查表格对关键节点进行验收，凡是停止点验收不合格的项目要坚决返工，绝不姑息。曾有某施工单位在外墙贴砖施工中，由于平整度未能达到《手册》中的要求，对已贴完的两层墙砖全部铲掉重贴。这种举措极大地警示了施工单位，后续工程中再未出现类似情况。

2014年在总结了2013年手册推行过程中的经验和不足后，又推出了《世华龙樾项目工程关键节点质量管控手册（2.0版）》，增加了电子化管理模式的份额，建立了"关键节点质量管控专业电子邮箱"；去除了部分实操性差的关键节点，又新增了部分关键节点，使节点总数达到了21个；细化了保障参建单位遵守管控流程、执行管控程序的奖惩措施。

3. 严格执行分户验收实测实量方案

分户验收实测、实量工作，是整个质量管理体系中最重要的一道关卡，也是保证交付业主的产品不出现严重质量缺陷的重要环节。尽早开展、做实分户验收实测、实量工作，对于提高产品质量、保证一次交房满意率、维护企业品牌形象具有重要意义。项目部根据多年施工管理经验，把实测、实量工作分为3个阶段（针对毛坯交房工程），即结构施工阶段、二次结构施工阶段、分户验收阶段。结构施工阶段的实测、实量非常关键，结构拆模后就马上开始进行实测实量，根据测量结果及时调整后续结构施工工艺，确保结构尺寸偏差在允许范围内，杜绝后期为弥补结构尺寸偏差而导致的剔凿、切割钢筋、局部砂浆、腻子过厚等问题的出现。

为达到以上目的需建立由建设单位牵头，监理单位、施工单位、物业管理单位各抽派相应人员参加的立体组织机构。由施工单位编写世华龙樾项目实测、实量方案，经建设单位审查后实施。方案中明确规定了每个户型的测量内容及测量方法，操作人员经过简单的培训就可以胜任这项工作。项目部要求实测实量小组每日上传测量原始数据，基于电子数据汇总不合格问题、下发整改处置单，并通过数据库进行清单化管理，做到逐条问题整改，逐条复查销项，最终实现发现问题100%解决，消灭大量的质量缺陷。

4. 公司采取飞行检查措施

为提高产品质量，兴华公司成立飞行检查小组，每周会对公司各项目例行巡查。随机选取几个栋号，过程中发现的问题形成文字材料，除上报公司领导外，也反馈给各项目部。对于飞行检查中发现的质量问题，项目部监督各施工单位立即进行整改。整改完成后形成文字性并附有照片的整改报告，及时回复飞行检查小组。飞行检查的结果也成为了综合管控评比中的一个重要评比依据。

5. 每月一次综合管控评比

在每月25日左右进行整个项目的综合管控情况总结评比，检查和监督本月综合管控项目的执行情况，包括质量、安全、进度和文明施工等4个方面。每月将各施工单位项目部当月综合评比结果以通报的形式发给其所属的公司，通报中不仅有分数和数据的直观体现，也有建设单位对参施项目部的当月评价，通过此做法让参施单位的管理层了解参施项目部的相关情况，对存在的问题给予关注，利用参施单位总公司雄厚的技术和经济实力帮助我们一起把好工程进度、质量关，此举措对于参施项目部的触动和激励效果十分显著。

六、管理效果评价

（1）已达到竣工条件的14个建筑栋号中有12个获得了"结构长城杯"，其中有3个获得了"建筑长城杯"。

（2）开工以来共6家参施单位均被评为"北京市绿色安全文明工地"。

（3）经济效益显著。2012年四季度世华龙樾项目D1区商品房开盘热销，以其显著产品特点，得到了市场广泛关注，成为区域内地产项目的标杆性产品，销售均价创本区域新高。短短两周时间，全部商品房销售一空，总销售额12亿元。优质的工程质量为推进该项目政策性住房回款提供了保障。2013年三季度，项目D1区公租房还未完成竣工验收手续的情况下，北京市公租房投资管理中心就拨付了全部款项，这就代表了业界对本项目工程质量的充分认可。

（4）社会效益突出。2012年世华龙樾项目荣获"全国人居经典建筑、环境双金奖"，荣获"北京地区最具影响力楼盘"、"最佳宜居典范楼盘"，项目园林景观工程荣获北京市"2012年度优质工程"，在上级单位组织的评选中，屡次获得"明星建设楼盘"、"优秀管理成果"等一系列殊荣。

七、体会

房地产项目工程管理是房地产企业保障产品品质、提升品牌美誉度的重要手段，房地产项目投资大、风险高、参与方多、不确定性强、社会影响面广、生命周期长，是一个复杂的系统工程。房地产开发企业要想持续长久健康发展，必须重视项目工程管理，把保证产品质量放在第一位。综合管控制度的创新与实践，促进了企业工程整体管理水平的提高，把问题、隐患消灭在萌芽状态，确保了工程质量。实践证明，该项管理创新成果有力推动了产品的全面升级，为企业树立了良好形象。

浅析众多"不受控"指定分包的安全管理

——中建一局集团建设发展有限公司国电新能源技术研究院工程项目

关跃建　刘　军　游　建　林志松　王　赫　郭　炯　刘天阳　朱　良

【摘　要】 本文以国电新能源项目为例，分析了面对众多"不受控"指定分包时的总承包安全管理的重点、难点，讲述了国电项目团队"啃掉"指定分包这块硬骨头在安全管理上所采取的方式方法，通过前期策划、过程实施与不断调整，项目团队在项目整体的安全管理上取得了巨大的成绩，也为国内类似项目进行总承包管理提供参考。

【关键词】 不受控；指定分包；总承包安全管理

一、工程概况

国电新能源技术研究院工程位于北京市昌平区未来科技城北区内西北角地块，总建筑面积约 20 万 m²。建筑物结构形式为钢筋混凝土框架-剪力墙结构，局部钢结构。建筑性质属于高层科研建筑群，建成后的国电新能源技术研究院工程其主要建筑功能为研究办公、实验室、会议室、餐厅、宴会厅、健身活动、试验车间等。其中 301～313 号研发楼群地上 7 层，地下一层，建筑檐口高度为 32m，总建筑面积约 16 万 m²。101 号科研楼地上 17 层，地下二层，建筑檐口高度为 85m，总建筑面积约 3 万 m²。

未来科技城是中央组织部和国务院国资委为深入贯彻落实建设创新型国家和中央引进海外高层次人才"千人计划"而建设的人才创新创业基地和研发机构集群。未来科技城将被建设成为具有世界一流水准、引领我国应用科技发展方向、代表我国相关产业应用研究技术最高水平的人才创新创业基地，成为中国乃至世界上创新人才最密集、创新活动最活跃、创新成果最丰富的区域之一。国电新能源技术研究院建成后将瞄准未来新能源发展方向，研究前沿能源技术，同时也着眼于当前我国能源利用的现状，着力解决制约能源高效清洁利用的若干重大技术难题。本工程将一次建成并全部投入使用，是未来科技城的标杆项目。因此，本工程对昌平区及国电集团乃至于国家来说都具有重大意义，是社会各方关注的焦点，如图 1 所示。

二、成果背景及选题理由

指定分包商是由建设单位（或工程师）指定、选定，完成某项特定工作内容并与承包商签订分包合同的特殊分包商。目前，越来越多的建设单位会指定大量的特殊分包商，而指定分包商由于直接和建设单位签订经济合同，其经济相对独立，这种情况对于总承包方来说就是该指定分包处于"不受控"状态。随着国内建设和谐社会、人文社会进程的不断推进，安全生产成为工程总承包单位必须肩负起的重要社会责任，再加上网络的普及增强了社会监督舆论力量，安全生产成为一个企业有效的对外宣传的名片。那么如何在安全生产方面管理好这些"不受控"的指定分包给总承包管理带来了巨大的挑战。国电新能源项目部出色的完成了对本工程业主指定的近 60 家分包商的安全管理工作，整个施工周期中未出现任何安全生产事故。在本文，旨在通过我们对于国电新能源项目部分策划管理过程汇报，将我们对于指定分包的总承包安全管理的经验向同行做以推广、交流。

图 1　效果图

三、工程管理的重点及难点

与其他类似工程相比，本工程在指定分包的安全管理方面具有以下几项难点：

1. 本工程指定分包众多，且都处于"不受控"状态

由于本工程为国电集团的研究院，建成以后用于研究风力发电、太阳能发电、火力发电、水力发电等，使用功能多且专业，因此，建设单位指定的专业分包近 60 家，其中精装修单位 13 家，幕墙工程单位 4 家，空调通风工程单位 6 家，消防工程单位 6 家，电梯工程单位 6 家，弱电单位 3 家，太阳能光伏工程 1 家，且上述诸多指定分包均为和业主直接签订合同，其经济独立，处于"不受控"状态，再加上述大部分指定分包均为常年和国电集团合作的单位，更加大了现场安全管理的难度。

2. 本工程安全管理起点高

本工程在主体结构施工期间，在安全管理方面已经获得"北京市文明安全样板工地"的称号，被昌平区政府相关部门定为未来科技城对外迎接检查、观摩的优秀项目。并且在指定分包进场之际，项目部正策划申请国家级别的"建设工程 AAA 级安全文明标准化诚信工地"，那么如何在 60 家指定分包进场后在安全文明施工方面取得更大的成绩成为本工程总承包管理的一大难点。

3. 本工程各单位交叉工作面多，安全压力大

本工程建筑面积达 20 万 m^2，单层建筑面积达 3 万 m^2，作业面大，临边多、洞口多、防护点多，并且整个现场 70 多家单位同时在施工，通风、消防、强电、弱电、通信信号、装修、智能系统、光伏系统、风能发电系统等 20 多个专业存在交叉配合，且各专业自身作业又存在着相互交叉的影响，造成安全管理难度大。

4. 本工程各指定分包管理能力参差不齐

指定分包大部分管理能力差，技术水平差，如何十分和谐地管理好各管理能力参差不齐的近 60 家指定分包成为一大难点。

四、实施时间

见表 1。

总实施时间	2011 年 10 月 1 日～2013 年 12 月 31 日
分段实施时间	
项目总体管理策划	2011 年 10 月 1 日～2012 年 1 月 10 日
管理措施实施	2012 年 3 月 1 日～2013 年 12 月 31 日
过程检查	2012 年 3 月 1 日～2013 年 12 月 31 日
取得成效	2012 年 3 月 1 日～2013 年 12 月 31 日

五、管理策划及创新内容

要想实现对指定分包的安全管理，就必须找到可控点来改变不可控的状态，因此在指定分包进场之前，项目部管理人员针对寻找可控点的问题进行了头脑风暴，最终找出了一些操作性强效果好的可控点。

1. 安全制度的保障

针对现场存在的众多难点，对指定分包单位的安全管理制度除了按照已有的制度，如入场培训考试制度、三级交底制度、安全检查制度等，项目部还针对安全管理上的难点制定了一系列关于指定分包的安全管理制度，如安全保证金制度、指定分包管理小组制度、《治安、消防、保卫、交通责任书》制度、重大危险源控制制度、指定分包能力缺失应急制度等等以保证对指定分包的安全管理。

2. 现场资源的控制

由于临水、临电以及现场垂直运输资源均为总承包单位统一调配，因此，总承包单位可以以上述资源的使用权来加强对指定分包单位的安全管理力度。

3. 建设单位及监理单位的支持

与建设单位和监理单位沟通，使他们的安全管理人员参与到总承包单位对指定分包的日常安全管理活动中去，以此来加强对指定分包的管理。

4. 政府相关部门的行政管理力量

未来科技城的重要性使其成为昌平区质量监督站、消防局等政府相关部门的重点关注区域，而国电新能源项目是未来科技城的标杆项目，是未来科技城对外宣传的窗口。总承包单位可以积极与政府相关部门沟通，借助政府相关部门的行政管理力量，来加强对指定分包的安全管理。这样，在保证项目平稳生产的同时，也配合政府相关部门完成了部分任务指标。

六、管理措施实施及风险控制

1. 安全制度的建立

（1）指定分包安全管理小组制度。自指定分包进场之前，项目部成立以项目经理为首的指定分包安全管理小组，积极指导各项制度和措施的落实，全面组织指定分包的绿色文明安全施工管理工作。

（2）安全保证金制度。由于各指定分包均经济独立，处于不可控状态，要想对指定分包的管理从根本上有力度，就必须在经济上对指定分包有所控制。因此，在各指定分包进场之前，项目部按照各指定分包的合同额收取一定比例的安全保证金，当指定分包不服从总承包单位的正常管理时，按照公司分包管理手册中的安全管理办法，对其上交的安全保证金进行扣除，指定分包退场时，将剩余的保证金返还。

（3）《治安、消防、保卫、交通责任书》。坚持"分层管理、分层负责"的原则，项目内部把安全责任层层分解落实；各家指定分包进场施工前，项目部与各指定分包单位签订《治安、消防、保卫、交通责任书》，督促各指定分包做好自身安全管理工作。

（4）重大危险源控制制度。针对项目上存在的重大危险源，分阶段一一向指定分包单位进行交底。

同时，重点控制好指定分包单位自身存在的重大危险源，定期更新重大危险源公示牌。在幕墙施工阶段，重点控制幕墙单位吊篮的施工安全；在室内装修施工阶段，重点控制好各装修单位的消防施工安全；在整个施工阶段，控制好临电的施工安全、临边作业的施工安全、高空作业的施工安全。

（5）安全检查制度。本工程自指定分包进场之际，共进行日常安全检查 150 余次，突击检查 50 余次，下发安全整改单 400 份，形成安全交底 700 多份。

安全巡检制度的制定和执行，现场跟踪管理撒网式检查，过程监管中严把"七关"，将"人的不安全行为、物的不安全状态"消灭在萌芽时期，控制安全风险。隐患的落实整改情况坚决执行"区域管理问责制"和"四定原则"，如表 2 所示。

项目监管之七关 表 2

工作项目	工程部	安全部	技术部	现场经理	项目总工	项目书记
教育关	☆	★	△	☆	△	☆
交底关	★	☆	☆	☆	☆	△
方案关	☆	☆	★	☆	☆	△
措施关	★	☆	☆	☆	△	△
检查关	☆	★	☆	☆	△	△
整改关	★	☆	☆	☆	△	△
验收关	★	☆	☆	☆	☆	△

★—主办 ☆—协办 △—配合

注：1. 每项任务只有一个主办部门。

2. 协办、配合部门同样有责任监督。

3. 安全管理加强协作，相互提醒，扫除盲区。

（6）标准化安全防护管理制度。符合标准要求的安全防护及脚手架设施，可以最大限度地防止生产安全事故的发生，如图 2 所示。项目部在施工过程中严格按照市建委和中建总公司的相关要求，对脚手架搭设、安全防护搭设和安全通道搭设力争达到标准化、规范化。项目部要求各指定分包单位，加强对现场防护的巡查和维护工作，确保安全生产。

(a)　　　　　　　　(b)　　　　　　　　(c)

图 2　安全防护图
(a) 预留洞口防护；(b) 临边防护；(c) 电梯井口防护

（7）专业承包商能力缺失时的应急管理制度。为保障建设单位的权益，项目针对工程实施过程中专业承包商履约不力、资源缺乏、技术水平不足等现象导致的管理缺失现象准备了应急预案，并在工程建设中起到了关键作用。

（8）安全教育及活动。本工程自指定分包进场之际，共教育工人 2500 人次，形成考试试卷 2500 余份，组织安全参观、安全演习、安全知识竞赛各 10 余次，众多的安全教育及活动在丰富工人生活的同时，提高了他们学习安全知识的热情，也提高了他们的安全意识与能力，极大的保障了工人的人身安全，如图 3 所示。

图 3 安全教育及活动图

(a) 消防演习；(b) 急救演练；(c) 安全宣传展板；(d) 安全知识宣传栏

2. 现场资源的控制

将所有指定分包单位全部纳入总承包的管理体系，统一调配现场资源，对待指定分包公平、公正。现场的许多资源大部分都由总承包单位管理这些资源又是指定分包施工所必须的条件，而指定分包单位申请使用现场资源的前提条件就是必须完成总承包单位的安全管理的要求，否则将不予批准。

对于装修阶段的重要运输资源——外用电梯，项目部实行申请单制度来统一规划管理外用电梯。该申请单就必须要有安全部相关负责人签字才会最终生效。

3. 建设单位及监理单位的支持

（1）与建设单位和监理单位沟通，使他们的安全管理人员共同参与到总承包单位的日常安全检查中。

（2）对于重要的整改单，可以通过建设单位或监理单位对指定分包进行发文，这样可以增加各指定分包的重视程度，促使他们加大整改力度。

4. 政府相关部门的行政管理力量

（1）在各指定分包单位进场之前，邀请政府相关部门就未来科技城的安全形式、安全要求向各指定分包的项目部经理进行交底，使之在施工前就对安全加大重视。

（2）不定期邀请政府相关部门来施工现场进行检查。通过政府相关部门指出现场存在的问题，能进一步加强各单位对安全施工的重视。

（3）对于总以建设单位要求赶进度为理由过于不服从总承包安全管理的指定分包单位，可专门邀请政府相关部门来现场进行检查。

七、过程检查和监督

针对本工程的各项指定分包的管理制度，项目定期组织安全专项会议，并形成系统的组织沟通方式，对安全管理运行中出现的问题进行实施整改，确保管理流畅高效。同时注重管理经验的积累与推广，形成系统的指定分包安全管理技术，并在后续工程得以检验与完善，提升了公司对指定分包的安全管理水平。

八、管理效果评价及获奖情况

1. 安全文明管理效果

本工程荣获 2011 年度"北京市绿色施工文明安全样板工地"、2012 年"建设工程 AAA 级安全文明标准化诚信工地"称号等荣誉。

2. 质量、工期效益

通过对指定分包的安全管理，项目在整个实施过程中未出现任何安全事故，实现了既定的安全目标，同时工程平稳、高效的完成使质量、工期并未受到不利的影响，获得巨大的效益。

3. 社会效益

通过严格有效的管理与风险预控，在取得良好经济收益的同时，也取得很好的社会效益，成为各单位参观考察的焦点，多次以样板工地的身份迎接各级领导的视察，成为公司对外宣传的一个窗口，如图 4 所示。

图 4　社会效益赢得荣誉：时任中组部副部长李智勇同志莅临现场检查

4. 经济效益

通过实行指定分包的安全保证金管理制度，变相的给项目创造了效益。

5. 项目管理评价

在本工程众多不受控指定分包的管理过程中，国电项目部通过一系列的精心策划、严密的过程实施以及不断的动态调整，将不可控的状态彻底转化为可控状态，出色地完成了近 60 家指定分包的管理，得到了业主的一致好评，为公司在指定分包管理方面积累大量经验，也为国内其他类似项目提供一些参考。

创新助力施工　优质高效援疆

——北京城建集团有限责任公司新疆和田援建京和大厦工程项目

李少华　潘继勇　贾向阳　严　巍　于　巍　祖　建

【摘　要】　北京市对口支援的新疆和田地处新疆南隅，处于塔克拉玛干大沙漠腹地，因为地理位置偏远，经济比较落后，基础产业相对滞后，自然条件恶劣，气候干燥，经年风沙。和田地区地处南疆，使该工程具有鲜明的政治意义。我们按照北京市"科学援疆、全面援疆、真情援疆"宗旨，坚持首善标准，一切言行站在北京市援疆工作的政治高度上，尽所能，不计个人得失，在京和大厦工程建设过程中，坚持高起点策划，高标准建设，严格落实"安全、质量、工期、功能和成本"五统一要求，精心组织，周密部署，合理协调各专业分包，优质高速的完成了京和大厦的援建任务，取得了显著的成效。

【关键词】　项目全过程；首善标准；组织协调；五统一

一、成果背景

1. 时事背景

2010年，中央召开援疆工作会议，北京市部署对口支援新疆和田援建工作，我集团积极贯彻市委、市政府的总体援建部署，按照对援建工程"科学援疆、真情援疆、全面援疆"的总体要求，在援建过程中，全体工作人员敬业奉献、顽强拼搏，发扬北京城建五个特别精神，坚持首善标准，以高标准、高效率完成援建任务。

2. 工程简介

京和大厦总建筑面积为27800m²，计划投资16500万元，地上9层，地下1层，框架-剪力墙结构。为指挥部干部办公、住宿、会议、餐饮等的主要活动场所，是北京市政府关心、关爱指挥部干部工作、学习及生活的具体体现。地下一层为车库及设备用房，一层为大堂、厨房及多功能会议室，二层为餐厅及接待套房，三～八层主要为办公及住宿等，九层为康体健身等场所。

二、选题理由

和田地区地域偏远，建筑技术水平相对比较落后，建筑市场不太规范，建筑材料及设备供应极为匮乏。京和大厦工程建筑面积27800m²，该体量是当时和田地区绝无仅有的，相当一部分材料及设备当地没有，必须到乌鲁木齐或者内地采购。作为北京市援建工程，社会关注度极高，期望值也高，项目管理压力较大。这些对工程质量、工期、资源配置、管理、节能、节约资源、环保等各方面的要求对项目管理模式提出了全新的研究课题。

三、实施时间

具体时间段：2010年10月～2012年8月。
分阶段实施时间：
管理策划：2010年10月～2011年3月。

管理措施实施：2011年3月~2012年8月。

过程检查：2011年3月~2012年8月。

取得成效：2012年8月~2013年8月。

四、项目管理的重点及难点

（1）和田地区地域偏远，建筑技术水平相对比较落后，建筑市场不太规范，建筑材料及设备供应极为匮乏。京和大厦工程建筑面积27800m²，该体量是当时和田地区绝无仅有的，相当一部分材料及设备当地没有，必须到乌鲁木齐或者内地采购，而和田地处沙漠腹地，材料运输路途遥远，运输时间长且不可控。这对工程工期、资源配置、管理、节能、节约资源、环保等各方面提出了挑战。

（2）本工程虽地处和田，但是主要参加建设各方均为北京派出单位，各项要求标准不仅与北京地区工程一致，甚至部分功能超过北京标准。如安防系统、水处理、通风系统等，要求确保特殊地区人员的安全及身心健康，体现北京市政府的人文关怀。施工过程中各专业配合协调也给总承包管理带来了一定的难度。

（3）作为北京市援建工程，社会关注度极高，期望值较高，当地各级政府及相关建设行政主管部门及同行业等的关注也要求我们必须以首善标准完成建设任务，给我们工程质量、安全、进度、成本等管理各方面带来了压力。

五、管理策划和创新特点

1. 明确目标，统筹安排

由于涉及前期各项手续多、工期紧、交叉面广、施工降效影响大、作业面狭窄，各单位、各专业如工序混乱，将导致进度缓慢。组织各专业设计、施工单位等定期召开项目进度协调会。根据项目竣工节点目标，计划各专业施工节点目标，根据各专业衔接逻辑关系，合理安排各工种施工时间及进度计划。

2. 应用工程总承包管理，协调参建各方共同配合，进行全过程的管理

（1）提高员工的主观能动：由项目经理与总部领导签订责任书，明确相关的奖励与处罚；在项目部内部层层分解责任，层层签订责任书；在项目部内部成立考核小组对过程进行监控，跟踪考核；保持员工队伍的稳定性，避免频繁的人事变动。

（2）做好机构的设置以及人员的分工与配置：内部控制制度的制订与执行，加强计划和预算管理。

3. 科学组织物资采购及仓储管理

项目物资需求繁杂，大量材料的远距离运输对工程的进度影响巨大，为此我们对物资采购及仓储管理模式进行了调整和创新。项目设置了专职物资管理人员，对整个工程的物资设备采购、保管工作进行全面管理，编制系统科学的仓储管理方案。编制了物资采购进场计划，将材料、设备的生产周期、运输时间、概况、参数、数量等录入对应的各个支持系统，科学安排各项物资采购、进场、仓储的最优时间，使工程施工进度在物资供给方面得到保证。

六、管理措施实施和风险控制

（1）强化设计协调沟通，设计、采购、施工一站式管理。

实施步骤一，设计之初的管理理念。

实施步骤二，施工现场的设计与施工配合。

实施步骤三，深化设计过程中的管理。

（2）运用设计施工采购共同管理模式构筑项目管理平台，进行基于设计施工采购一体的项目管理模式创新。针对本项目工程管理难度和重点，创建了多向动态进度管理平台、综合信息管理平台和施工技术支持平台3个管理支撑平台。

实施步骤一，控制各项风险，进度管理平台：将设计及深化设计引入管理模式中，成立规划设计部

协调设计进度、针对和田地区风沙频繁的特点，对大厦的外形及外里面颜色进行调整，要求既要符合当地的气候特征和当地建筑的普遍色彩，又要体现北京特色。设计进度控制中引进过程设计概念，将过程设计与深化设计结合，在充分结合当地风沙较大且非常频繁，本工程采用了多联机加新风系统，确保了室内空气的洁净清新。考虑当地的安保形势，安装室内室外全方位无死角的监控设备。对于特殊材料、物资采购进行物资采购管理平台、并结合工程管理模式将大厦运营所需物资采购与施工物资采购平台合并成立专属物资采购管理平台，从供货时间、品质、与建筑结构系统本身兼容性等各个方面进行精细化管理，保证工程进度与质量的统一。

实施步骤二，控制协调风险，综合信息管理平台：项目全部招标公开、公正、透明录入综合信息平台；项目从规划设计开始将各阶段的信息、材料物资设备信息、配套系统信息、各相关市政配套设施建设信息、楼宇调试、试运行信息等分类分系统录入到信息管理平台，为施工综合管理、进度、质量、成本控制、综合联调、全面交付使用等做好信息支持及服务。

实施步骤三，施工技术支持平台：落实筑就精品工程，严格控制施工过程质量，根据施工进度计划，将各阶段施工技术要求录入平台，包括方案、交底，相关施工规范、图集、设备使用安装说明、操作规程等，有利于现场管理人员的及时查询，加强了在复杂施工现场环境下施工过程的质量控制。

上述 3 个系统在有效控制项目实施风险的同时，还可以及时发现施工过程中原设计不合理之处，并提出优化解决措施。

（3）实施"零库存"仓储管理理念，做好物资保障。

实施步骤一，根据施工进度编制材料设备采购计划，包括招标计划、合同签订计划、进场计划，层层把关并加以严格落实，根据施工需求，及时调整物资进场。派专人在厂家督查落实、建立运输过程监控、专项材料有设计驻场把关等方式。

实施步骤二，对于重要、消耗量大的材料设备，需要进行仓储时，实施分批、分期入场，促进仓储物流高效运转，做到先进先出，后进后出，大型设备进场即就位安装，尽最大可能减少仓储量，避免长时间占用仓储位置，最大限度满足各施工单位对仓储物资的需求，提高库存周转率。仓储过程中，做到进场、进出库设备及时录入进度管理系统及综合信息管理系统。仓储管理期间，做到零损坏、零丢失。极大程度上避免因物资供应环节上对工程总体进度的影响

七、过程控制、检查和监督

依照指挥部"质量、安全、进度、环保及成本"五统一的指导思想。在项目管理措施实施和风险控制过程中，项目部制定和实施以下控制措施。

1. 进度目标实现的过程控制措施

（1）创新项目管理模式，将精心设计和精细施工落实到实处。在创新项目管理模式的过程中，基于多向管理系统的指导，对深化设计工作进行了延伸，结构施工未完成时，精装修设计即进行深化设计工作。将重点关键部位的工序和时间控制全部可控化。比照现场的情况进行检查和监督，适时调整，确保工期和质量等控制在合理范围内。

（2）制定合理的总进度及各类控制配套计划，用先进科技理念服务于管理。制定总体进度计划、各专业、系统分进度计划、物资采购（系统）工程的进场及安装进度计划、各专业设备的招标及进场计划、施工试验、调试、检验计划和总工期保证措施。利用各系统的进度管理控制，对工程各系统进行进度综合配套检查，对工程项目进行全过程综合化进度管理、检查和监督。

计划按动员、实施、总结 3 阶段进行控制。和各参加单位签订责任状，落实合同工期、各阶段进度目标，以及质量、安全等各项要求。

（3）加强技术、经济、合同和组织措施对进度的保障。制定组织流水施工和缩短作业技术间隔等措施。在深化设计图纸上直接描述工序安排，采用四新技术的同时，使用先进的施工方法、工艺和高效的机械设备；制定严格的进度奖惩制度。提供资金、设备、材料、加工、订货等时间保证措施，并加以检

查和监督；加强合同管理，加强组织、指挥、协调，以保证合同进度目标的实现。严格控制合同变更，对各分包方提出的工程变更和设计变更，总承包单位配合工程师严格审查，而后补进合同文件中。协调各分包施工队伍进度之间的关系和矛盾，确保进度目标的实现；增加施工工作面，组织更多的施工队伍；增加每天的施工工作时间，必要时采用三班制；增加机械设备、物资的投入。

有力控制措施使进度目标始终处于受控状态，保证了工程顺利竣工。

2. 实现施工全过程信息的控制和留存

为了控制好施工信息的建立、传输和管理，项目建立综合信息管理系统，对工程的单系统调试、多系统联合调试、试运行起到了良好的指导和控制作用。在施工过程中，逐步将装修、风貌打造、物资采购、配套设施建设等各系统之间的关联、路由以及重要时间节点等信息随施工过程详细的记录积累。编制了一个详尽的服务支持体系，为今后运营打下了良好的基础。

3. 做好物资进场管理的检查和监督

项目各部门依照多向进度管理系统，及时发现工程需求与实际进场的时间偏差，检查和监督物资管理部门及工程部门采取措施进行各项调整。到场物资设备按照信息管理系统，对该项物资所涉的相关要求，做好进出库的检查。安排专职人员，制定和落实严格的仓储管理制度，利用信息管理平台，对仓储区物资进行存放、保管、进出库管理，实现仓储零损害和零丢失。

4. 主动使用节水、节能等环保设备和技术

施工中，主动建议指挥部考虑和田沙漠地区缺水、能源供应紧张的局面，在卫生间使用无水小便斗和节水型卫生器具等；考虑和田常年温差较大，风沙很大的特点，使用建筑结构内回廊式布局等技术措施，节省空调通风的负荷，节约能源。在信息管理平台中增加建筑节能板块，采取将运营路径和节能相结合考虑的模式等措施节约资源；其他如施工中大力推进建设部推广应用的"四新"技术。

八、管理效果评价

（1）2012年竣工后获得新疆维吾尔自治区优质工程优良评定，正在申报天山杯。

（2）我项目总承包部获得2011年度北京市国资委先进基层党支部称号。

（3）我项目总承包部京和大厦工地被评为新疆维吾尔自治区"安全文明工地"。

（4）项目经理潘继勇同志被授予全国五一劳动奖章。常务副经理兼总工程师李少华被授予援疆第一支青年突击队，其他人多次被北京援疆和田指挥部授予"北京援疆先进个人"等称号。

九、小结

京和大厦工程总建筑面积27800m²，在北京甚至许多内地中小城市，如此体量的工程或许不值一提，但在和田确是绝无仅有，当地的建筑技术水平及市场条件下，施工难度则是比较大的，项目部在距离总部万里之遥、人生地疏的条件下，通过科技创新，综合协调，合理组织，不断完善项目管理各项机制，优质高效的完成了本工程的建设任务。同时，在施工过程中，我项目部的安全文明施工、绿色环保管理、质量管理、综合协调等理念，也引起了和田地区建设行政主管部门及当地同行业的关注，得到了他们的认可并效仿，带动了当地建筑业的发展。如此我们完成的不仅仅是京和大厦一个实体，更是为北京市实现真情援疆、科学援疆、全面援疆这项宏大的工程做出了我们应有的贡献。

科技创新　精细管理
攻破南水北调特大桥施工难题

——中建八局中国建筑土木建设有限公司
郑州市南出口暨郑新快速通道改建工程3标项目

杨世廷　张　蒐　王光明　刘　峰　童　敏

【摘　要】项目部以工艺和技术创新为依托，刻苦钻研施工技术，并将精细化管理理念贯穿
　　　　　整个施工过程，开源节流，积累了丰富的超宽大跨度下承式钢管拱桥施工经验，
　　　　　取得了良好的经济效益和社会效益。

【关键词】工艺技术创新；精细管理；开源节流；超宽大跨度下承式钢管拱桥

一、工程概况及成果背景

1. 工程概况

郑州市南出口暨郑新（郑州至新郑）快速通道改建工程是中建总公司与河南省签署的500亿投资框架协议中的第1个BT项目（BT即业主单位为郑州市交委，投资单位为中建七局郑州基础设施开发有限公司），是河南省和郑州市的重点工程，全长30.525km，一级公路标准。

庞村西南水北调特大桥，如图1所示，为河南省宽度最大、跨径最长的钢管混凝土拱桥，全桥长220.4m，宽度为60m，主桥采用下承桁架式钢管混凝土无推力系杆拱桥，整体结构体系为内部高次超静定，外部静定结构。主拱肋采用钢管混凝土桁架式结构，拱肋高3.8m，拱肋宽2.1m，标准段拱肋上、下弦管均采用 $\phi900mm \times 16mm$ 的直接焊接管，腹杆采用 $\phi351mm \times 12mm$ 无缝钢管，桁架中钢管及横向连接钢板均采用Q345C钢焊接连接。拱肋的上、下弦钢管内灌注C50微膨胀混凝土，形成钢管混凝土组合受力截面。桥梁上部结构采用现浇预应力混凝土，单幅桥共24对吊杆，吊杆纵向间距按6m设置，横向轴线距离23.6m。吊杆上端锚固于拱肋上弦锚箱处，下端锚固系梁梁底。吊杆采用新型吊杆

图1　效果图

系，每根吊杆由高强钢丝吊索，索体与高强钢拉杆通过连接器连接形成。

2. 成果背景

庞村西南水北调大桥，如图 2 所示，是我公司首次施工大跨度的此类型系杆拱桥。此桥上部结构系杆拱内部为高次超静定结构、外部整体为静定结构。上部结构现浇纵横梁、拱座及现浇桥面板全部为预应力钢筋混凝土，施工工序繁琐、复杂；钢管拱加工焊接质量要求高、现场拼装难度大、工艺技术复杂、难度大；吊杆的安装调试技术要求质量高、工艺复杂、难度大。因此必须严格监控上部结构拱肋在拼装、焊接过程中的内力变化情况，以确保大桥施工的整体建设质量。主墩基础钻孔灌注桩桩径为2.0m，设计有效桩长为 75m，实际现有原地面以下桩长为 87m 左右，桩基下部为强度较大的钙质胶结砂岩，该砂岩厚度实际最大为 25～30m 并与粉土层交替存在。因此，主墩桩基的施工难度较大。主跨桥墩承台全部为大体积钢筋混凝土结构，承台底部的设计高程比较低，位于现场原地面下 8.5～9.5m，受南水北调总干渠施工排水影响，现场施工承台必须采用钢板桩围堰支护的方法进行施工。

图 2　庞村西南水北调特大桥图

尽管我国大跨度钢管拱桥施工较多，但该桥的施工还存在许多技术难题，特别是主拱肋的线形控制、施工监测、预拱度设置及大型钢构施工过程中的预应力设计优化和施工控制、合拢时的温度、挠度控制等方面还需进行相应的研究。依托此项目进行钢管拱桥施工的开发和总结，非常有利于今后同类工程的实施。

二、选题理由

桥梁的主要功能是交通运输，是交通网中重要的组成部分，是国民经济发展的重要通途。庞村西南水北调特大桥其景观效果独特，与整条道路景观联成一体使行车者在高速运动中体验道路的景观、节奏、韵律。

郑州市南出口暨郑新快速通道改建工程是郑州市总体规划的重要组成部分，对促进郑州与新郑的快速发展，提升郑州市形象，都有十分重要的意义。对我局来说，该工程的承接具有一定的政治意义和战略目标，为我局在 BT 项目中树立良好的企业形象，进一步扩大市场，实施中建总公司 CI 战略有着重要的现实意义。

通过庞村西南水北调特大桥施工的工程实例，将系统的研究超宽大跨度下承式钢管拱桥的施工技术，并总结一定的施工成套技术、工法，为以后相似工程施工提供借鉴，填补公司在此类桥梁上施工技术的空白。

三、实施时间

见表1。

实 施 时 间 表

表1

实施时间	2010 年 09 月～2013 年 10 月
分阶段实施时间表	
管理策划	2010 年 09 月～2010 年 10 月
管理措施实施及风险控制	2010 年 09 月～2013 年 10 月
过程检查与监督	2010 年 09 月～2013 年 10 月
新工艺、新技术、新材料应用	2010 年 09 月～2013 年 10 月
管理效果评价	2012 年 02 月～2013 年 10 月

四、管理重点及难点

1. 管理重点

项目部结合工程施工技术难度大、工期紧、协调力度大等情况，确定本工程实施项目管理的重点为通过技术管理、制度管理对质量、安全、工期、成本等各方面进行有效控制。

2. 管理难点

（1）沿线征迁不到位，且村庄较多，协调难度大，严重制约了施工进度。

（2）庞村西南水北调特大桥工程施工工艺技术复杂、施工工序繁琐、要求质量高，给施工带来很大难度，且安全风险很高。

（3）本项目为 BT 工程，项目公司投资收益高，且业主质量目标要求高，严重影响经济效益。

（4）项目管理团队年轻化，拼劲十足，但对钢管拱桥施工经验欠缺。

五、管理策划及创新特点

1. 管理策划

（1）总体策划：明确项目管理的方针目标、控制重点和难点、责任分配和创新方向，形成项目管理策划书。

（2）具体策划：在项目管理策划书的指导下，分解项目管理目标，制定具体对策和措施，强化施工过程管控，全面推动工程进展，见表2。

项目管理策划表

表2

项目	目　　标	责任人	完成时间
安全	安全无事故	张嵬	2013 年 10 月
质量	达到合同要求，工程合格率 100%	刘峰	2013 年 10 月
文明施工	杜绝各类环境污染事件的发生，争创文明施工工地	王光明	2013 年 10 月
工期	按照业主要求工期完成交工验收工作	王光明	2013 年 10 月
论文	核心期刊发表论文 2 篇	刘峰	2013 年 10 月
人员	成立 QC 攻关小组，打造一流管理团队	刘峰	2013 年 10 月

2. 创新特点

（1）新技术新工艺的应用

对于钢管混凝土拱桥，采用的新技术主要以下几点：

①钢丝由普通高强钢丝发展成为防腐能力更强的镀锌钢丝，大大提高了钢丝的使用寿命。

②锚具由传统墩头锚发展成使用效果更好、安全性较高的冷铸锚。

③吊杆等主要受力构件由传统的施工单位现场加工制作，变成由专业工厂制作，产品成品化，提高了系杆、吊杆的加工质量。

④钢管拱加工技术逐渐成熟，焊接施工质量得到提高。

⑤防腐材料发展较快，钢构件的防腐周期大大延长。

⑥新的施工技术发展，成桥质量得到提高。

（2）新材料的选用

①高性能流态混凝土。微膨胀剂应使用质量可靠的无碱或低碱型微膨胀剂，同时，加强研究微膨胀混凝土中微膨胀剂的使用量。

②南水北调特大桥对景观、环保及使用寿命要求比较高，主桥结构的拱肋、风撑采用钢结构，因此，桥的钢结构防腐涂装工程十分重要，不但要选择有特色的美观涂装外层，而且对钢结构涂层使用的涂料配制及严谨的施工要求是长效的，国内钢管混凝土拱桥防腐采用的方法很多，本桥采用电弧喷铝防腐方案。

电弧喷铝长效防腐技术特点显著，包括以下几点：

一是，防腐寿命长：电弧喷铝长效防腐复合涂层体系自身的耐蚀寿命可以达到 50 年以上。如果得到合理的维护，电弧喷铝长效防腐复合涂层可以使钢结构构件的使用寿命长到 100 年以上。

二是，与钢铁基体结合力高。

三是，喷涂层均匀致密，涂层质量稳定，对构件的热应力没有影响。

四是，可修复性强：钢结构构件在加工、起吊、运输、安装和焊接过程中，涂层难免被损坏，电弧喷铝技术可以进行现场修复，保证了防腐蚀层体系的完整性和有效性。

五是，操作灵活、不受构件尺寸的限制，可对钢结构进行现场施工。

六是，对施工环境条件要求低：无论是在寒冷的北方地区，还是在夏季炎热的南方地区，都可以随时进行电弧喷铝长效防腐涂层的施工，而且电弧喷铝没有固化时间的要求。

七是，桁式钢管拱肋及风撑构件的主管与支管连接节点数量多，且均采用焊接连接，其节点焊接处防腐施工难度极大，质量不易控制，往往是防腐的薄弱环节。在电弧喷铝施工时，节点和焊缝可以采用与钢结构基体相同的涂装方案对焊缝及破损处进行涂装，从而确保防腐体系的完整性和有效性。

六、项目管理实施与风险控制

1. 管理措施

（1）制度管理

①建立健全项目管理制度，完成了各项制度的宣贯。制定了质量、安全、合同、技术、财务、后勤、文件等方面的管理制度，涵盖了公司所有管理制度要求，做到有章可循、有规可依。

②建立了主要业务流程，根据项目实际情况建立了合同会签、工程款支付、劳务进退场、机械验收、公文处理和现场报验等主要流程，加强了内部控制，有效地提高了工作效率。

（2）技术管理

根据工程特点和技术难点，主要采取以下几项措施进行技术管理：

①成立 QC 小组。项目部成立了以总工为组长的庞村西南水北调特大桥施工 QC 小组，通过现场研究，解决施工过程中出现的各种施工技术难题。

②组织专项技术研究，解决关键技术问题。从专项技术方案设计、专家论证会议等方面下功夫，组织了多次专项方案研讨会，为项目的顺利开展提供了可靠的技术保障。本工程技术方面主要有 7 个方面在以后的超宽大跨度下承式钢管拱桥施工中可以借鉴：

一是，采用有限元建模进行超宽大跨度下承式钢管拱桥施工方案的比选技术。大跨度钢管拱桥钢管拱肋节段的吊装、拼装施工技术难度大、工艺复杂，拱肋拼装线型及拱度很难控制，采用有限元软件进行设计和工况计算，提供初步依据。每天按监测方案进行监测，取得相应数值后利用有限元软件计算、分析，确定最终的施工控制标准。

二是，160m大跨度钢管拱肋安装施工技术。超宽大跨度钢管拱桥合拢段拱肋的合拢施工困难，很难达到较高的精度，特别是控制主拱肋的线型和合拢预拱度的技术措施，严格按照设计要求的合拢段温度确定合理的施工时间，采用测温、测挠度，为精确合拢提供依据，同时施加预应力，制作合拢专用劲性钢支架。

三是，钢管拱肋C50微膨胀钢管混凝土配制及顶升施工技术。钢管混凝土施工对混凝土的各种性能要求非常高，实验室下的混凝土性能与实际施工的混凝土性能有一定的差距，严格按照相应规范进行C50微膨胀混凝土的研制，使配制出混凝土的拌合物具有完全符合设计要求的性能；钢管拱混凝土的施工组织难度大，对泵车的性能要求高，浇筑过程不允许中断，钢管拱混凝土的施工采用大功率混凝土泵泵送顶升的方法，依靠泵送压力将混凝土顶升至拱顶，按照设计要求和施工方案在主拱上设置排气检查孔，根据施工中排气孔的排浆情况初步判定钢管拱内混凝土的密实情况，然后采用超声波检测钢管拱内混凝土密实性或缺陷，以确定钢管拱内混凝土的灌注质量情况。

四是，超宽大跨度下承式钢管拱桥吊杆索安装施工技术。采用有限元软件进行设计和工况计算，提供初步依据。全过程进行监测，取得相应数值后利用有限元软件计算、分析，确定最终的施工控制标准。吊索张拉、索力调整为吊杆索重要施工环节，项目部与吊索制作安装厂家、桥梁施工监控单位积极合同，确保索力调整质量。

五是，160m钢管拱桥超长预应力系梁分段浇筑施工技术。为保证现浇预应力混凝土结构的施工质量并根据施工工艺要求，将现浇梁分为4个节段进行浇筑，以最大限度减少支架不均匀沉降和梁体大方量混凝土施工时间过长引起的梁体裂纹，后浇段设置在相邻两中横梁间的纵梁段落内，在将划分的4个节段施工完毕后，一次将后浇段施工完毕。

六是，大型拱桥桥面结构分部分块浇筑施工技术。根据现浇预应力梁分段浇筑，相应顶板也分段进行浇筑，减少混凝土施工裂纹。

七是，大孔径超长桩施工技术。主跨基础钻孔灌注桩桩径为2.0m，实际现有原地面以下桩长为87m左右，桩基下部为强度较大的钙质胶结砂岩，该砂岩层厚度实际最大为25～30m并与粉土层交替存在，给施工带来很大难度，根据工期和地质等复杂条件，确定在胶结砂岩层以上采用旋挖钻施工，以下采用冲击钻施工。

③加强对外联合，借助外部专家进行指导。针对项目钢管拱桥施工经验不足的情况，邀请监理、设计、业主参加项目组织的关于南水北调特大桥施工难题研讨专题会议，同时邀请公司领导、局领导及行内专家进入现场进行施工难题的研究，利用现场取得的试验资料，进一步完善本项目的各类施工专项方案，有效地解决现场实际问题，并创造出较大的效益。

2. 加强风险管理

（1）质量风险控制

①项目部制定了切实可行的《质量管理策划书》，在实施过程中根据现场实际情况及时修改，保证了工程质量目标的实现。

②根据每月计划，列出质量控制要点，项目总工、工程部经理对专业工程师进行技术交底，专业工程师再对现场作业人员进行交底，严格执行。

（2）安全风险控制

①建立项目重大危险源清单，针对重大危险源编制专项施工方案，并对满堂支架搭设、钢管拱临时支架安装、吊杆索施工组织了专家论证会，从技术上为安全施工保驾护航。

②配备专职安全管理员对现场开展安全日巡查和月度项目领导班子带队的安全大检查，并对存在的问题及整改建议以书面形式下发施工队伍。

③重大危险源项目领导班子轮流带班作业管理制度，根据项目部建立重大危险源清单，制定领导班子值班表，全面巡视检查，及时发现和组织消除事故隐患和险情，及时制止违章违纪行为，严禁违章指挥。

（3）成本风险控制

主要通过大力实施开源节流和精细化管理，有效保障企业的经济效益不受损失。

1）"节流"工作

一是，建立完整的项目管理体系，注重项目人才的培养，定期对项目人员进行培训，提高业务水平，这样才能更好地分工合作，提高工作效率，为企业创造效益。

二是，编制施工组织设计方案，优化施工方案，降低工程成本，避免不必要的人、材、机投入。

三是，通过公开招标方式选择信誉好、实力强、有一定资金实力的施工分包队伍和材料供应商，队伍和材料商进场前必须先签订合同，明确双方权利和义务。分包队伍建立竞争机制，通过劳动竞赛、质量安全评比进行奖罚；合理调整分包队伍数量，根据现场进度、质量安全控制情况，实时调整分包队伍数量；对分包队伍进行人性化管理，提高分包队伍的管理水平，促进合作共赢的关系。

四是，根据施工图纸和施工规范确定物资材料的种类和应耗费总量，并根据施工进度计划编制物资材料计划，每月进行物资盘点，从而避免材料浪费现象的发生。

2）"开源"工作

针对郑州市施工无变更的特点，项目一进场就明确通过过程中设计优化、方案优化创造效益的思路。成立了以项目经理为组长、项目总工为技术负责人的变更小组，项目部全体人员认真学习项目相关合同、技术规范等，深度开发、方案优化，为项目、为公司创造显著的经济效益。

本工程较为显著的变更及方案优化带来经济效益如下：

一是，通过施工方案优化，减少施工便道、临时征地费用，降低成本，提高效益约 15 万元。

二是，路基台背回填水泥土变更为级配碎石。水泥稳定土施工周期长、利润低，改为级配碎石回填，加快了施工进度，增加了工程量，也相应提高了经济效益约 30 万元。

三是，南水北调特大桥主墩承台深基坑施工方案进行合理优化，由拉森钢板桩围堰施工方案调整为局部支护的两级放坡开挖施工方案。承台深基坑施工方案优化效益为 67 万元，也很大程度上提高了承台混凝土预算单价。

四是，设计优化。取消钢拉杆将吊杆变更为通长的低应变防腐拉索；重新划分钢管拱肋节段，将合拢段长度调整为 4.0m，从而降低了拼装难度、加快了施工进度、节省费用，拱桥吊杆设计方案优化效益为 109 万元，钢管拱桥合拢段及拱肋节段划分优化效益为 40 万元。

五是，南水北调特大桥总体施工组织设计上部构造现浇预应力混凝土、钢管拱吊装施工方案进行合理优化，由少支点墩梁式贝雷支架＋碗扣式支架体系调整为全部为碗扣式满堂支架结构施工方案，由吊机上桥吊装钢管拱肋节段调整为采用 350t 超起履带吊机在左右两侧施工便道上进行吊装，很大程度上加快了工程施工进度，降低了施工成本，上部构造现浇预应力混凝土优化效益为 400 万元。

七、过程检查与监督

（1）项目经理现场办公，组织项目总工、项目副经理、工区负责人、现场施工员及相关人员召开现场会议，及时处理现场存在的问题，有效地提高工作效率。

（2）项目部按时召开日碰头会、周例会、月工程例会，通过总结分析现场存在的问题，做到日清日结，不留尾巴，并及时调整施工计划，改进施工方法。

（3）每月开展经济分析会议，分析当月实际发生成本和当月产值完成情况，检查材料、人工、机械等使用情况，分析当月项目盈亏情况，提出改进措施。

（4）每月组织由项目领导带队的安全质量大检查，发现问题及时下发整改通知单，并在月工程例会上通报整改，及时将重大隐患消除在萌芽状态。

八、管理效果评价

（1）本工程在业主要求工期下按时完成交工验收，在工程实施全过程中未发生一起安全质量事故。

（2）工地标准化建设得到业主的一致好评，"中建八局工地标准化建设无话可说，做得相当好"。

（3）通过项目开展培训学习，培养出一大批年轻工程技术管理人员，大多数工程技术人员在项目接近尾声时被公司调至其他项目，走上了重要的管理岗位。

（4）本工程是我单位在河南省第一个项目，工程的成功实施为我单位开发河南市场奠定了基础。

（5）通过精细化管理、"双优化"、设计变更等为项目、为企业创造了效益。

重管理策划　抓精细化管理　创精品工程

——中建一局集团建设发展有限公司苏州三星工程项目

宋　煜　秦大勇　王晓龙　张秋学　李　林　韩　程　丁　巍　陈令涛

【摘　要】　针对大型高科技液晶面板电子洁净厂房体量大、进度紧、质量安全要求高等特点，苏州三星项目凭借全体员工的努力，制定切实有效的施工组织计划，施工过程中高标准、精细化管理，确保项目按期竣工，成本创优、环境创优，打造精品工程。

【关键词】　体量大；进度紧；施工组织计划；精细化管理；成本创优；环境创优；精品工程

一、成果背景

1. 行业背景

随着中国社会经济快速发展，老百姓的生活水平不断提高，从而对电脑、电视、手机等高科技产品的质量需求越来越高，这必然会促进高科技产品的研发和生产，为首的是作为电脑、电视、手机屏幕的液晶面板。

图 1　厂房鸟瞰效果图

从全球大尺寸液晶面板市场竞争态势上来看，2012 年韩企全球市占率为 50％；台湾为 30％；日企及大陆面板厂商分别为 10％左右。随着全球产能增长放缓，全球液晶面板市场格局将会有所变化，液晶面板市场竞争将会更加激烈。

薄膜晶体管液晶显示面板作为近年来电视与电脑显示器的主视觉媒介，其市场前景非常广阔。我国作为全球消费大国之一，并且我国的人力资源良好，在我国投产，能够迅速占领更大的市场份额。

2. 工程简介

苏州三星薄膜晶体管液晶显示器项目，如图 1 所示，位于苏州工业园区锦溪街东、钟园路南、星华街西、方洲路北，处于新加坡国际学校的东侧，禾舰科技职工宿舍北侧。

FAB 栋建筑物为本厂区核心建筑，整体尺寸为 348.9m×224.3m，建筑面积 25.2 万 m²，此建筑从使用功能上分为核心区、支持区、办公区和仓库区四部分，支持区与核心区交接处以及核心区中央为南北向回风夹道。支持区主要用作动力设备房间，办公区主要作为员工办公室，核心区则是作为生产车间有洁净要求，如图2所示。

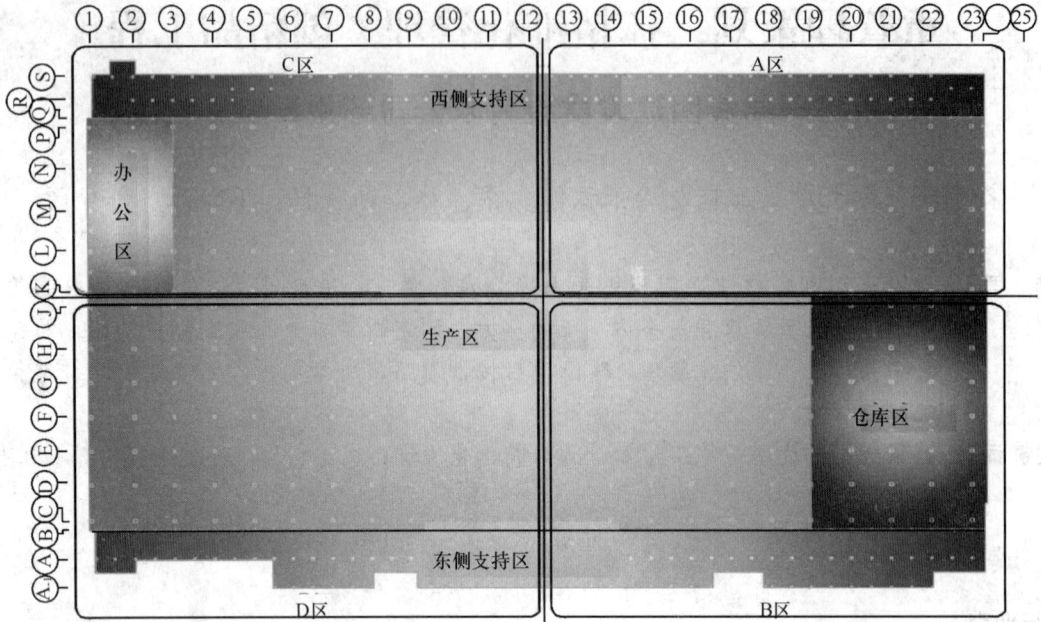

图2　厂房平面图

整体结构特点：在柱下承台基础的基础上，主体结构为混凝土框架结构，屋面为混凝土屋面和部分钢结构＋彩钢板屋面。其中核心区二层为混凝土框格构梁＋高架地板体系，其他均为普通梁板结构，建筑外立面采用金属板外墙。格构梁结构体系、高大混凝土结构柱和大截面梁是本工程设计特点。结构耐久年限为50年，抗震等级为三级，屋面防水等级为二级。

图3　厂房施工中图

本工程总建筑面积达到了25.2万 m²，结构施工期间需投入大量实体材料与机械设备。其中钢结构总量约3500t，碗扣式支撑总用量约3万 t，钢筋总用量约4万 t，混凝土总用量约20万 m³，木方投入量约为6500m³，模板总用量约33万 m²，塔吊使用15台，最高峰，现场使用机械超高100辆，劳动力峰值达3000余人，如图3所示。

二、选题理由

本工程作为超大型高科技厂房，由韩国三星集团投资建设，建设标准高、质量及安全要求极高、各项风险因素的预控难度大，需要工程承包商面对全新的技术与管理挑战，确保工程质量且按期完工。

三、实施时间

见表1。

实施时间表　　　　　　　　　　　　　　　　　　　　表1

总实施时间	2012年5月～2013年6月
分段实施时间	
项目总体管理策划	2012年5月～2013年1月
管理措施实施	2012年5月～2013年4月
过程检查	2012年5月～2013年5月
取得成效	2012年12月～2013年6月

四、管理重点和难点

1. 与业主、设计及厂务承包商高效协同工作机制的建立与运行

本工程体量巨大，FAB 厂房建筑面积 25.2 万 m^2，混凝土量约为 20 万 m^3，钢筋量约为 4 万 t。本工程工期非常紧张，主体、外装工程完成 285d，期间还历经一个冬季施工期和春节。巨大的工程体量和相当紧迫的工期要求参建各方必须建立高效的协同工作的机制。做好对各专业分包商的服务支持工作，并且注重对业主、项目管理公司、设计、监理的服务和配合；与业主、设计院、洁净包、机电安装及其他厂务专业系统承包商的协调配合对于本工程如期、高质量地完成具有极其关键的作用。

2. 工期时程管理

对于一个建筑面积达 25.2 万 m^2 的大型洁净厂房工程，要在 285d 内完成主体结构及外装，在 300d 达到生产设备搬入条件，其施工进度是非常紧迫的。这就要求承包商的管理团队具有丰富的同类工程施工组织管理经验，熟悉大型洁净厂房工程施工管理特点，具有强有力的施工机械设备、周转材料供应保障能力和合作良好的专业劳务队伍的保障，在进度计划安排中，抓住关键线路，合理安排施工顺序，制定施工配套计划保证。

3. 施工现场总平面布置和动线管理

本工程占地面积大，布设大型塔吊为 15 台（其中 3 台为拆塔时安装使用）。施工料场需求大，室外管线多，室外管线和道路在结构施工后期即需要安排插入施工。因此，总平面布置和施工交通管理尤为重要，它是保证工程后期有序施工的重要保证，如图 4 所示。

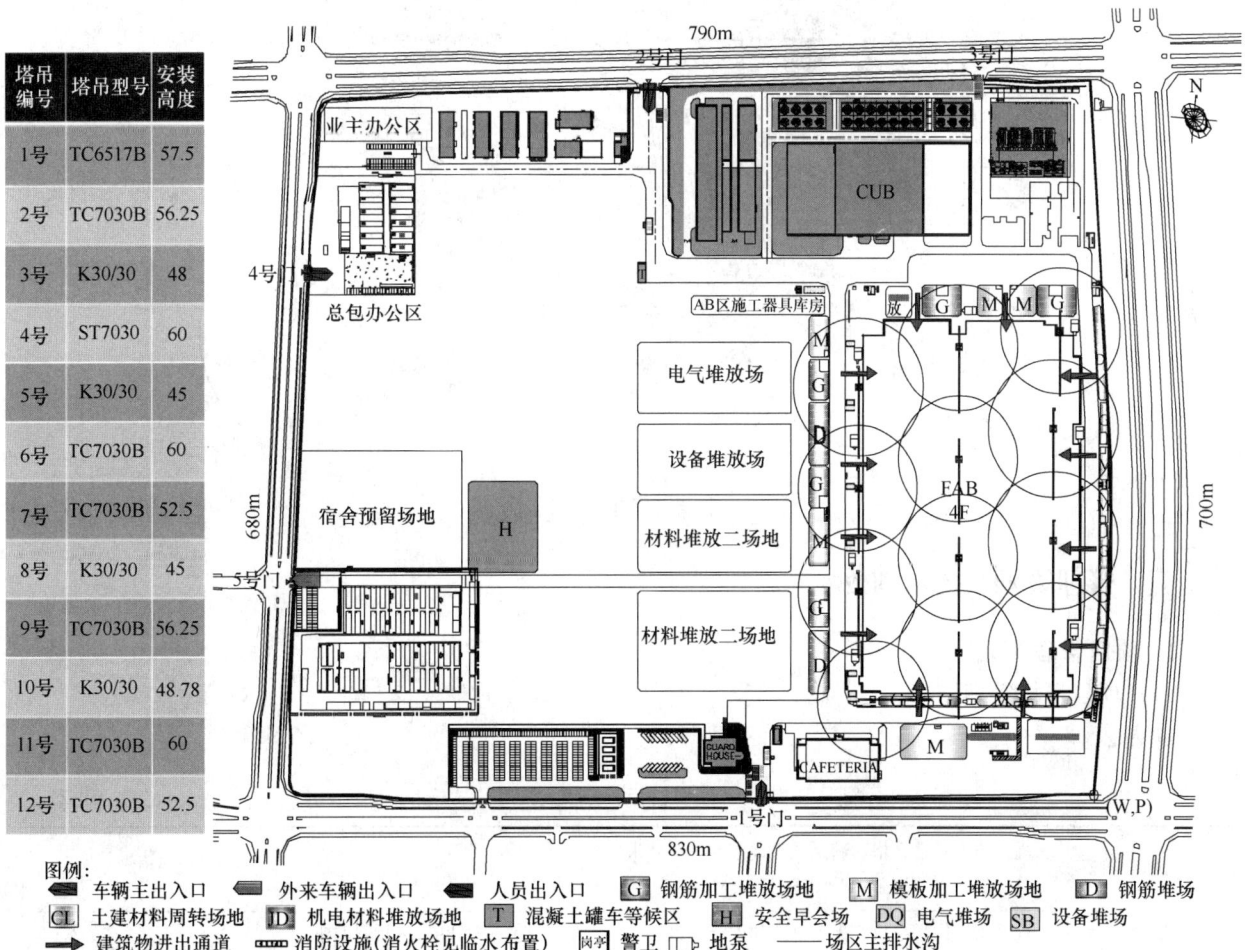

塔吊编号	塔吊型号	安装高度
1号	TC6517B	57.5
2号	TC7030B	56.25
3号	K30/30	48
4号	ST7030	60
5号	K30/30	45
6号	TC7030B	60
7号	TC7030B	52.5
8号	K30/30	45
9号	TC7030B	56.25
10号	K30/30	48.78
11号	TC7030B	60
12号	TC7030B	52.5

图例：
━▶ 车辆主出入口　　▷ 外来车辆出入口　　▶ 人员出入口　　[G] 钢筋加工堆放场地　　[M] 模板加工堆放场地　　[D] 钢筋堆场
[CL] 土建材料周转场地　　[JD] 机电材料堆放场地　　[T] 混凝土罐车等候区　　[H] 安全早会场　　[DQ] 电气堆场　　[SB] 设备堆场
━▶ 建筑物进出通道　　┅┅ 消防设施(消火栓见临水布置)　　警卫　　地泵　　── 场区主排水沟

图 4　总平面布置图

4. 资源组织和分包计划的实施

本工程巨大的工程体量和非常短的工期对承包商在资源设备组织投入、有同类工程施工经验的劳动力组织及专业分包的选择方面提出了很高的要求。根据工程量和工期安排，工程需要投入的劳动力高峰时期约为3000人。工程结构特点对劳动力也提出了较高的要求。因此，在短期内迅速组织数量充足的有大型洁净厂房施工经验的劳动力是本工程结构主体施工的主要难点之一。

本工程结构主体施工需要投入大量的模板和架料。碗扣式支撑总用量约3万t，木方投入量约为6500m³模板总用量约35万m²。大量的模板、木方和架料在工程开工后很快需要进场到位，及时组织这些材料到位是确保结构主体施工按计划进行的重要保障。

本工程外墙及屋面部分区域有钢结构，钢构件加工厂的选择至关重要；外墙檩条及夹芯板、玻璃幕墙的生产、加工严格按照相关标准，并且保证现场的施工进度要求。

5. FAB主体结构施工顺序流程安排和机械设备配置

在平面上，FAB厂房平面尺寸巨大，布设大型塔吊为15台（其中3台为拆塔时安装使用），沿纵向东西两侧为混凝土结构支持区，并且纵向三条回风夹道（A/D）沿厂房纵向分成东西两侧支持区和中部两大FAB核心区；根据本工程施工特点，制定总体施工顺序流程，划分不同的施工区域，根据施工顺序及特点合理布置施工机械，如图5所示。

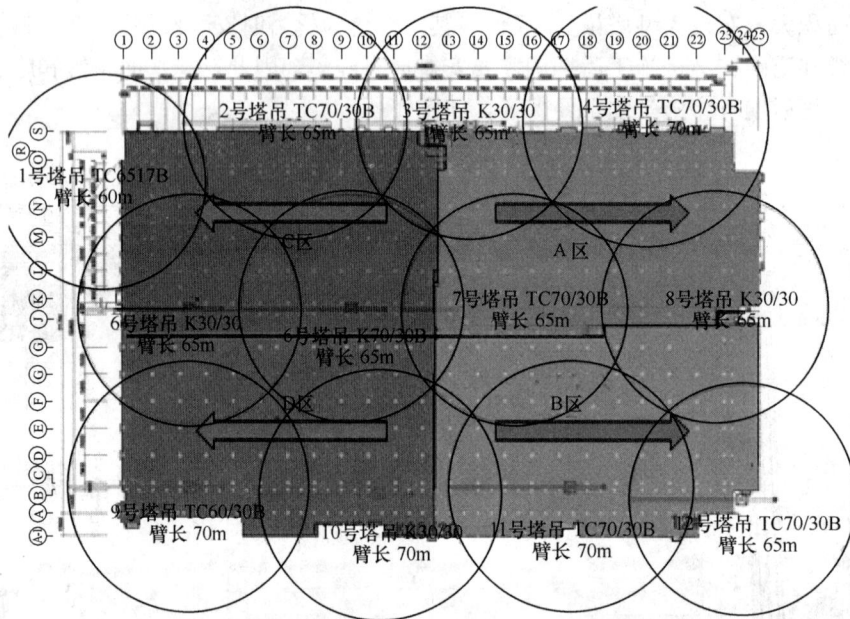

图5 塔吊布设图

五、管理策划及技术创效

1. 项目管理策划

（1）项目目标管理策划

见表2。

项目目标管理策划 表2

1	质量目标	确保施工质量合格，满足项目规范和标准要求 确保江苏省"扬子杯"优质工程奖项
2	安全目标	杜绝重大伤亡事故、火灾事故和人员中毒事件的发生，轻伤频率控制在6‰以内。
3	环保目标	确保获得"江苏省建筑施工省级文明工地"

（2）组织管理、工作机制的策划

本工程本着科学管理、精干高效、结构合理的原则，配备在超大型高科技电子厂房总承包管理中均具有丰富的施工经验、服务态度良好、勤奋实干的工程技术和管理人员组成项目管理体系；针对有着巨大的工程体量和较短的工期要求，各方必须建立高效的协同工作的机制。与业主、设计院、洁净包、机电安装及其他厂务专业系统承包商的协调配合对于本工程如期、高质量地完成具有极其关键的作用。

（3）技术管理策划

项目部针对建筑的特点，以及工程建设的实际需求，组织专家及公司技术骨干，提前对工程建设必须解决的技术难题进行分析，制定切实可行的解决方案，并在工程建设过程中不断予以完善，从技术层面确保工程建设顺利实施。

（4）施工计划管理策划

对于本大型洁净厂房工程，要在预定时间内所有结构工程，达到生产设备搬入条件，其施工进度是非常紧迫的。这就要求项目部具有丰富的同类工程施工组织管理经验，熟悉大型洁净厂房工程施工管理特点，在进度计划安排中，抓住关键线路，合理安排施工顺序。

（5）深化设计策划

本项目所言之深化设计系指施工详图、制造图、加工图等的设计和审核，与施工条件、项目工程规范和设计协调有关的协调工作。

项目技术部和项目副总工程师负责施工范围内的深化设计和设计协调工作，主要工作内容包括：依合同和业主要求自行完成施工详图、制造图和协调图的设计；审核下属分包分供单位提交的施工详图、制造图和协调图；配合样板施工计划和建材规格品牌选择的有关详图设计；配合其他平行包商施工范围内的深化设计等。

（6）质量、安全管理策划

针对本工程各项工艺和新材料编制专项施工方案，以创优管理总体思路为指导，进行全过程的质量控制；本项目建立了由公司总部控制，项目经理领导，项目顾问参与，项目经理、项目总工程师、质量总监共同策划并组织实施，专业责任工程师检查和监控的管理系统，形成从公司到项目经理部再到各专业施工作业队伍的质量管理网络，从组织机构上保证质量目标的实现。

在施工中，始终贯彻"安全第一、预防为主"的安全生产工作方针，形成工程参建各方参与的安全管理体系，并以严格的奖惩措施和细致的管控来促进安全管理；强化安全生产管理，通过组织落实、责任到人、定期检查、认真整改，杜绝死亡事故，确保实现安全目标，在安全管理方面坚持实行"一票否决制"。

2. 技术创效内容

项目深入到施工现场提炼施工技术和管理手段的精华，经过研究与实践，总结形成了本工程具有代表意义的关键创效技术，降低了成本，缩短了工期，提高了工程质量。技术创效内容如下：

（1）超大型电子厂房超大截面梁施工技术。

（2）超大型电子厂房可调柱大钢模板应用技术。

（3）超大型电子厂房周转材料倒运技术。

（4）超大型电子厂房无天沟屋面排水施工技术。

（5）超大型电子厂房深化设计节点优化技术。

（6）超大型电子厂房洁净室机电安装施工技术。

（7）超大型电子厂房洁净室建筑装饰施工技术。

（8）超大型电子厂房综合管道排布深化技术。

六、管理措施实施和风险控制

1. 组织精细化管理措施

选派具有大型洁净厂房总承包施工管理经验的项目管理团队负责项目的履约，是确保本项目建设中各方高效协同工作的基础。

在项目组织机构的设置中，既要考虑自身施工范围以及与业主、设计院的协调配合，同时还要考虑与业主指定专业承包商，如洁净、机电安装等专业承包商的配合协调。

注重对业主、管理公司、设计、监理等的服务和配合。

2. 制度精细化管理措施

建立健全以项目经理为第一责任人的项目部的安全责任制及相关管理办法，成立以项目经理为首的安全生产管理组织机构，明确各岗位的安全生产职责，责任到人。

建立健全项目样板引路制度；设置样板工艺区，每个工艺样板上列明施工流程、操作要点及工艺标准，并且上报管理公司、监理；在施工前组织有关班组学习，避免因交底不清、标准不明造成的返工或整改。

建立健全项目工序交接制度；在上道工序完成后，由项目部组织施工班组、下道工序的班组一同进行检查验收，如图6所示。

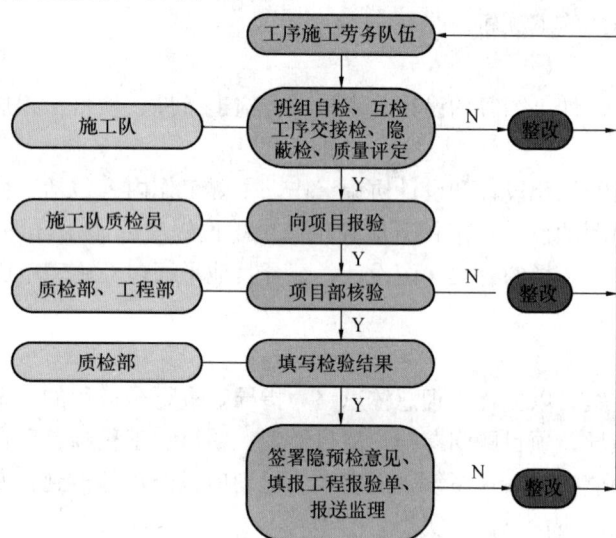

图6 质量检验流程图

3. 技术精细化管理措施

（1）严格执行图纸会审、二次深化设计工作

在主体施工开始前，做好图纸的审查工作，及时向管理公司、设计院反馈，提前解决施工过程中容易造成返工的问题。

（2）二次深化设计一般分为土建深化设计和钢结构深化设计

土建深化设计小组主要负责施工范围内结构方面深化设计工作，针对在施工过程中涉及施工图、项目规范及施工方案的问题进行深化设计，对较复杂的节点进行详细的交底，正确的指导现场施工做法。

钢结构深化设计小组由具有丰富经验的设计人员组成，负责施工范围内的钢结构深化设计和协调工作，深化小组内由专人负责深化图纸设计审核（图纸尺寸、图纸构造及工艺等）；专人进行加工图审核。确保深化图纸达到安全、合理、可操作要求。

（3）严格落实技术交底工作，做到技术先行

苏州三星项目底板厚度主要为600mm、700mm，防水施工采用的是1.2mm厚预铺式高分子自粘胶膜防水卷材和6.5mm厚膨润土防水毯，综合采用两种防水材料，保证底板的防水效果。

在主体结构施工时，根据本工程核心区二层及三层为高大架体模板支撑系统，柱模板采用大钢模板，二层层高11m，三层层高15.5m，最大梁截面尺寸为1400mm×2400mm，满堂架体采用碗扣式钢管脚手架为主，配合局部扣件式钢管脚手架，模板体系采用木模板配合木方（二层采用几字梁）钢管的模板体系。

同时在结构楼板施工时我们还运用了导轨抄平混凝土施工技术，能够更好的控制板面的平整度。

本工程外墙采用的是岩棉夹芯复合板、铝合金复合板幕墙、隐框玻璃幕墙相结合的外墙体系；屋面工程为钢筋混凝土屋面板＋彩钢板屋面。外装深化设计量大，采购及加工周期长，如何在短期内完成大面积外装工程，保证外装工程质量、安全及美观是本工程收官阶段控制的重点。

（4）严格落实技术创新工作

本工程积极推广应用建设部新技术，在工程中共应用9项推广技术中的19项，极大地提高了施工的科技含量并取得了良好的经济效益，见表3。

编号	新技术名称（大项）	序号	新技术名称（小项）	主要应用范围
1	地基基础和地下空间工程技术	1	高边坡防护技术	电梯基坑边坡防护
2	混凝土技术	2	混凝土裂缝控制技术	结构体混凝土配合比控制以及混凝土养护
3	钢筋及预应力技术	3	高强钢筋应用技术	HRB400 钢筋使用
		4	大直径钢筋直螺纹连接技术	结构体钢筋机械连接，钢筋直径大于等于 18mm 时使用直螺纹机械连接，最大钢筋直径 40mm
		5	建筑用成型钢筋制品加工与配送	成品马凳以及钢筋网片的使用
4	模板及脚手架技术	6	清水混凝土模板技术	本工程混凝土结构均为清水混凝土模板
		7	组拼式大模板技术	大截面框架柱使用钢模板
5	钢结构技术	8	深化设计技术	钢结构加工及安装深化设计
		9	钢与混凝土组合结构技术	洁净区混凝土柱＋钢柱组合
6	绿色施工技术	10	预拌砂浆技术	现场抹灰工程
		11	外墙体自保温体系施工技术	外立面采用金属夹芯板外墙
7	防水技术	12	地下工程预铺反粘防水技术	应用于坑及管沟的防水处理
		13	聚氨酯防水涂料施工技术	应用于屋面机房、出屋面的防水处理
8	抗震、加固与改造技术	14	结构安全性监测（控）技术	结构体沉降观测及抗微震试验
9	信息化应用技术	15	高精度自动测量控制技术	应用于测量工程
		16	施工现场远程监控管理及工程远程验收技术	在办公区配备远程监控系统
		17	建设工程资源计划管理技术	资料及规范等规范化管理
		18	项目多方协同管理信息化技术	使用 OA 系统与公司及时沟通
		19	塔式起重机安全监控管理系统应用技术	每台塔吊上安装警示灯

4. 现场精细化管理措施

为打造精品过程，并且迎合韩资企业的管理理念，施工现场必须实行精细化管理，并且严格遵循样板先行制度；分项工程开工前，由项目经理部的责任工程师，根据专项方案、措施交底及现行的国家规范、标准，组织劳务单位和分包商进行样板分项施工，样板工程验收合格后才能进行专项工程的施工。

质量管理要创建"过程"精品，进度控制要科学组织、统筹安排，要以安全管理为龙头，规范现场管理，通过文明工地建设，不断提高项目部的全面管理水平，加强成本控制。

5. 风险控制措施

项目管理风险主要有安全风险、质量风险、工期风险及成本风险。针对这些风险，我们主要采取如下措施：

（1）建立健全以项目经理为第一责任人的项目部的安全责任制及相关管理办法，成立以项目经理为首的安全生产管理组织机构，明确各岗位的安全职责，责任到人。坚持安全生产教育培训考核审核制度，重点抓好分包安全资质、三级安全教育和特种作业人员的教育培训取证及经理部自身管理人员安全资格年审工作，并利用安全宣传栏普及安全教育。通过提前编制安全文明施工组织设计、安全应急预案及危险源辨识及控制措施，做到安全管理有依有据，通过现场安全的检查，做到防患于未然。

（2）针对施工质量风险，在施工过程中，必须制定科学的施工工序，确定质量管理规范，加强施工人员技术培训，提高他们的质量控制意识，落实责任管理；对于新技术及新材料，落实技术检验及测试，收集准确数据，加强施工工序质量管理，严格把关验收工作。

（3）针对项目管理的工期风险，项目部制定切实可行的进度计划表，并得到管理公司、业主的认可，通过进度计划表的节点工期与实际施工进度相比对，找出出现偏差的原因，通过合理的施工措施进行调整；如果是业主或自然因素造成的，则立即进行工期索赔工作。

（4）针对项目管理的成本风险，项目部一方面加强对物资部的管理，保证材料耗量与商务预算的吻合；另一方面加强施工方案、现场管理的精细化程度，避免因自身原因造成返工、整改等成本增加。同时，对因业主原因造成的费用增加及时办理签证和索赔工作。

七、项目管理成果

通过加强技术管理，项目取得了良好的经济，如表4所示。

项目管理成果统计表　　　　　　　　　　　　　　表4

序号	项目名称	推广数量	经济效益（万元）	备注
1	超大截面梁施工技术	最大梁截面为1400mm×2400mm	100	
2	超大型电子厂房无天沟屋面排水技术	屋面积约8万m²	80	
3	超大型电子厂房可调柱大钢模板应用技术	最大柱截面1300mm×1300mm	30	
4	超大型电子厂房周转材料倒运技术	主要为架体、模板木方及钢管等	125	
5	超大型电子厂房深化设计节点优化	主要包括防水、外墙、钢结构及彩钢板	58	
6	超大型电子厂房洁净室建筑装饰施工技术	洁净厂房的墙面和顶棚、地面做法	390	
7	超大型电子厂房洁净室机电安装施工技术	洁净厂房的净化空调系统、低压电气系统等	280	
8	超大型电子厂房综合管道排布深化技术	各动力管道及设备管道等排布	250	
……				

六、取得经济效益分析	
工程造价（1）	6亿元
推广应用科技成果、工法项目效益（2）	1313万
合理化建议、技术改进效益（3）	50万
其他技术进步效益（4）	8万
综合经济效益（5）＝（2）＋（3）＋（4）	1371万
技术进步效益率（6）＝（5）／（1）	2.3%

八、管理效果评价及获奖情况

在工期管理中，项目部集中精力抓好总包施工部分的进度和质量，确保达到阶段工期考核点目标，取得业主满意。

在质量管理中，保证了工程设计中的质量要求，得到业主、管理公司和监理公司的充分认可。

在安全、文明施工管理方面，以"真抓严管、令行禁止"为原则，收效明显。

通过项目部全体员工的共同努力，确保了履约品质，树立良好的企业品牌形象，与业主建立起良好的相互信任、支持和理解关系。

本项目获得了"江苏省建筑施工省级文明工地"。

工期管理网络化　统筹策划创精品

——北京怀建集团有限公司北京中医药大学东方医院教学、宿舍楼工程项目

李连项　徐爱民　于连富　李连琪　冀　巍　王玉新　黄春燕

【摘　要】　北京中医药大学东方医院教学、宿舍楼工程的地下工程量大，施工场地狭小，具有深基坑、跨度超大，楼层超高等危险性较大项目。为缓解医院内停车难的窘境，建设方提出了地下车库部分提前完工的要求。为了破解施工难题，一支优秀的项目管理团队应运而生。通过统筹兼顾的策划，工期管理网络计划技术的运用，施工技术方案的深化设计，样板先行的质量过程管理，实现了工期提前、创建精品工程、用户及相关各方非常满意等预期目标。

【关键词】　工期管理；网络计划；统筹策划；创建精品

一、工程概况

北京中医药大学东方医院教学、宿舍楼工程位于北京市丰台区方庄地区芳星园 6 号，建筑总面积为 38285m²，地下三层，地上七层，建筑总高度 29.6m，结构类型为框架-剪力墙。工程开工日期为 2009 年 1 月 5 日，竣工日期为 2010 年 9 月 29 日。

本工程地下建筑为停车库，俯视图呈矩形结构；地上建筑为教学办公、宿舍区及其他功能用房，俯视图呈"凹"字型。本工程地上建筑物外立面大量采用干挂石材及铝板幕墙，结合其多变的造型，凸显大气、宏伟的建筑风格，如图 1 所示。

图 1　地上建筑外立面效果图

二、成果背景及选题理由

1. 成果背景

北京中医药大学东方医院教学、宿舍楼工程是北京市卫生局重点工程。在建筑市场竞争激烈的情况下，各个施工企业的管理水平都在提高。让用户满意，是施工方对业主的承诺，也是施工企业体现综合管理能力，进而开拓稳固建筑市场的需要。

东方医院地处北京市中心区域，本工程占用东方医院的原有停车场位置建设，这导致施工期间来往车辆无法就近停放。为了早日缓解停车难的问题，建设方要求地下车库部分 2009 年 12 月下旬（提前 9 个月）达到交付使用条件。该工程的建设方对地下车库部分有提前完工的要求，让企业和项目部的管理人员感受到了工期紧张的压力。

2. 选题理由

（1）工期紧，必须要寻求对整个工程最科学、合理的施工进度安排，并强化落实。

（2）集团公司要求该项目创精品工程，确保北京市结构"长城杯"和建筑"长城杯"。

（3）项目部管理人员希望迎难而上，用创造性的工作和良好业绩来体现综合能力，让用户非常满意。

三、实施时间

1. 总实施时间

2009 年 1 月 5 日～2010 年 9 月 29 日，其中地下车库部分为 2009 年 1 月 5 日～2009 年 12 月 25 日。

2. 分阶段实施时间

（1）管理策划：2009 年 1 月 5 日 ～2009 年 2 月 20 日。

（2）管理实施及过程检查：2009 年 1 月～截至工程竣工的全过程。

（3）取得效果：各阶段性节点～2010 年 10 月。

四、项目管理的重点和难点

1. 工期紧张

建设方要求地下车库提前 9 个月达到完工使用条件，难度特别大，将地下车库的工期管理列为重中之重。

2. 质量标准高

本工程质量目标为北京市结构"长城杯"金质奖和建筑"长城杯"金质奖，在工期较紧张的情况下如何做到统筹兼顾，抓好质量管理，创建精品工程，是本项目的管理重点之一。

3. 施工现场狭小

基础及地下结构施工阶段，南侧、北侧与医院围墙紧邻，西侧基槽上口与现有病房楼、制剂楼距离仅为 6m 左右，为医院院内消防通道，南、北、西侧已无施工场地可用，只有东侧有 7m 左右场地可供使用，不能满足材料堆放、加工等要求。面对施工现场狭小的现实，如何精心规划，合理部署是难点之一。施工现场建筑物平面位置状况，如图 2 所示。

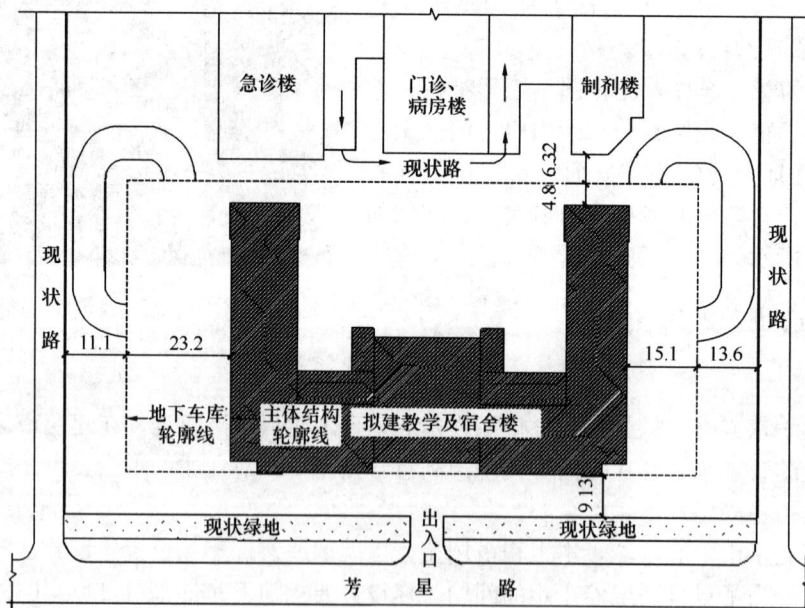

图 2　施工现场建筑物平面位置示意图

4. 深基坑支护

本工程基础结构形式为筏板基础，基坑深度为－13.75m，挖运土方 110000m³，地下障碍物多，前期施工挖土、护坡等项目施工难度较大，所需时间较长。

5. 跨度超大，楼层超高，荷载超大项目的施工

本工程二层报告厅跨度为 22.8m×26.4m，层高 10m，板厚 130mm，最大梁截面尺寸 400mm×1650mm，属于跨度超大，楼层超高，线荷载超大的危大项目，是施工安全控制难点之一。

6. 统筹策划和组织协调要求高

本工程的车库项目要提前完工，地下部分的装修必须提前插入，在一段时期内，上部的结构施工和下部的装修施工会同时进行，导致穿插作业多，专业分包众多，这给工序的安排，人员的组织，材料和机械的调配等增加了难度，对项目部统筹策划的科学性和组织协调能力提出了更高的要求。

五、管理策划及创新特点

1. 建立管理体系，健全管理制度

选派经验丰富，管理水平较高的项目经理和技术负责人，选派勤奋踏实，责任心强的管理人员组成项目管理团队。项目管理团队约 30 多人，各专业人员配备齐全（根据施工阶段的不同略有调整），全部持相应的有效证件上岗。

基于本企业原有管理文件的要求，结合本工程的特点，对项目部管理人员的职责分工和进行了完善，明确了工期和质量月联检评比制度，施工进度周分析调整制度，工期奖罚制度，施工安全质量奖罚制度，施工成本阶段核算制度等。项目管理人员每月的收入与自身的职责及评分高低挂钩，以此进一步强化管理人员的责任意识，增强严格管理的积极性。

2. 划分两大施工段，南部和北部结构平行施工

为了加快施工进度，以地下车库结构的伸缩缝为界，将其划分为两大施工段，8 个小流水段。安排 A、B 两个施工队平行施工，A 队施工一段～四段，B 队施工五段～八段，采用节拍流水方法进行施工。这样做可以将地下车库结构施工工期缩短近 50%，有效缓解工期紧张的矛盾。地下车库结构施工流水段划分情况，如图 3 所示。

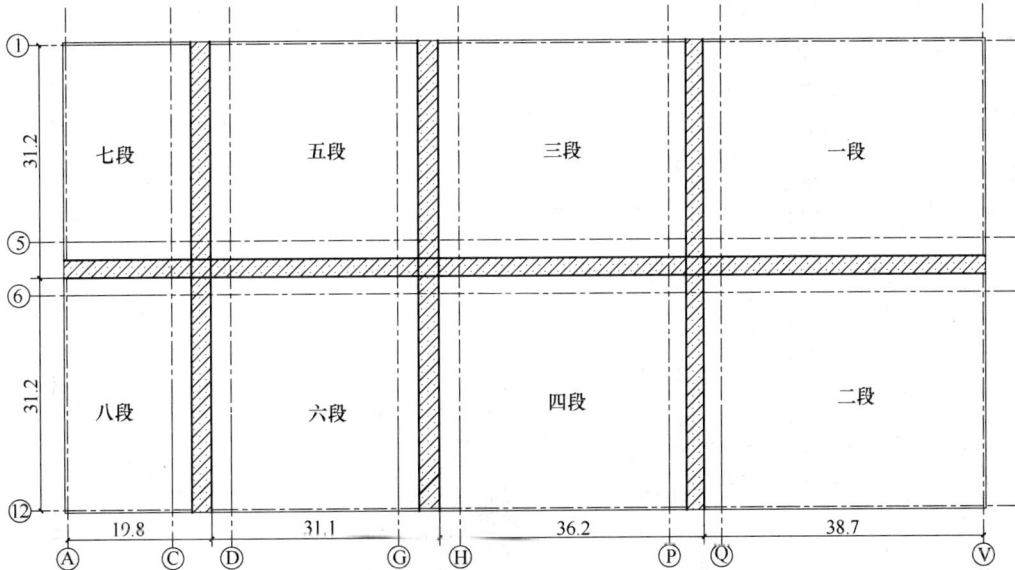

图 3 地下车库结构施工流水段划分示意图

由于地上建筑物每层的建筑面积要比地下每层的面积小，重新划分流水段，改为一个施工队施工。

3. 应用网络计划技术科学部署施工进度

首先根据工程要求倒排工期，尤其是将地下车库的工期安排作为重点进行深入分析，精心安排。提前计划好各个施工时段的劳动力、施工材料及施工机械等资源的需用量，充分利用工程施工进度计划网络图关键线路清晰的特点，设立施工进度里程碑作为施工进度的管理目标，本工程施工里程碑进度计划网络图，如图 4 所示。

在里程碑计划框架内，编制各分部分项以及各工序详细的进度计划网络图。如地下车库二层结构 4 流水段施工进度计划网络图，如图 5 所示。

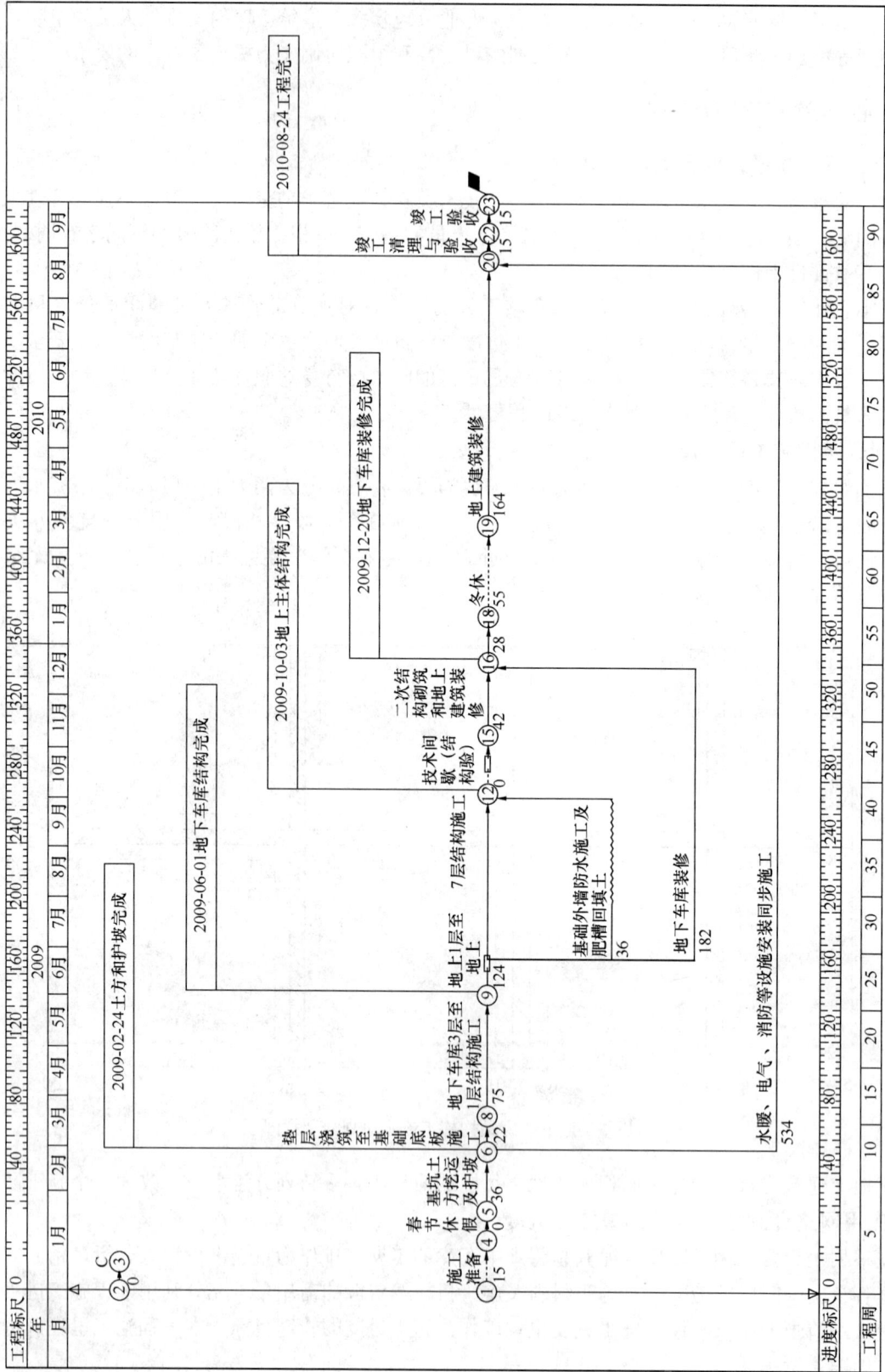

图 4 东方医院教学、宿舍楼工程施工里程碑进度计划网络图

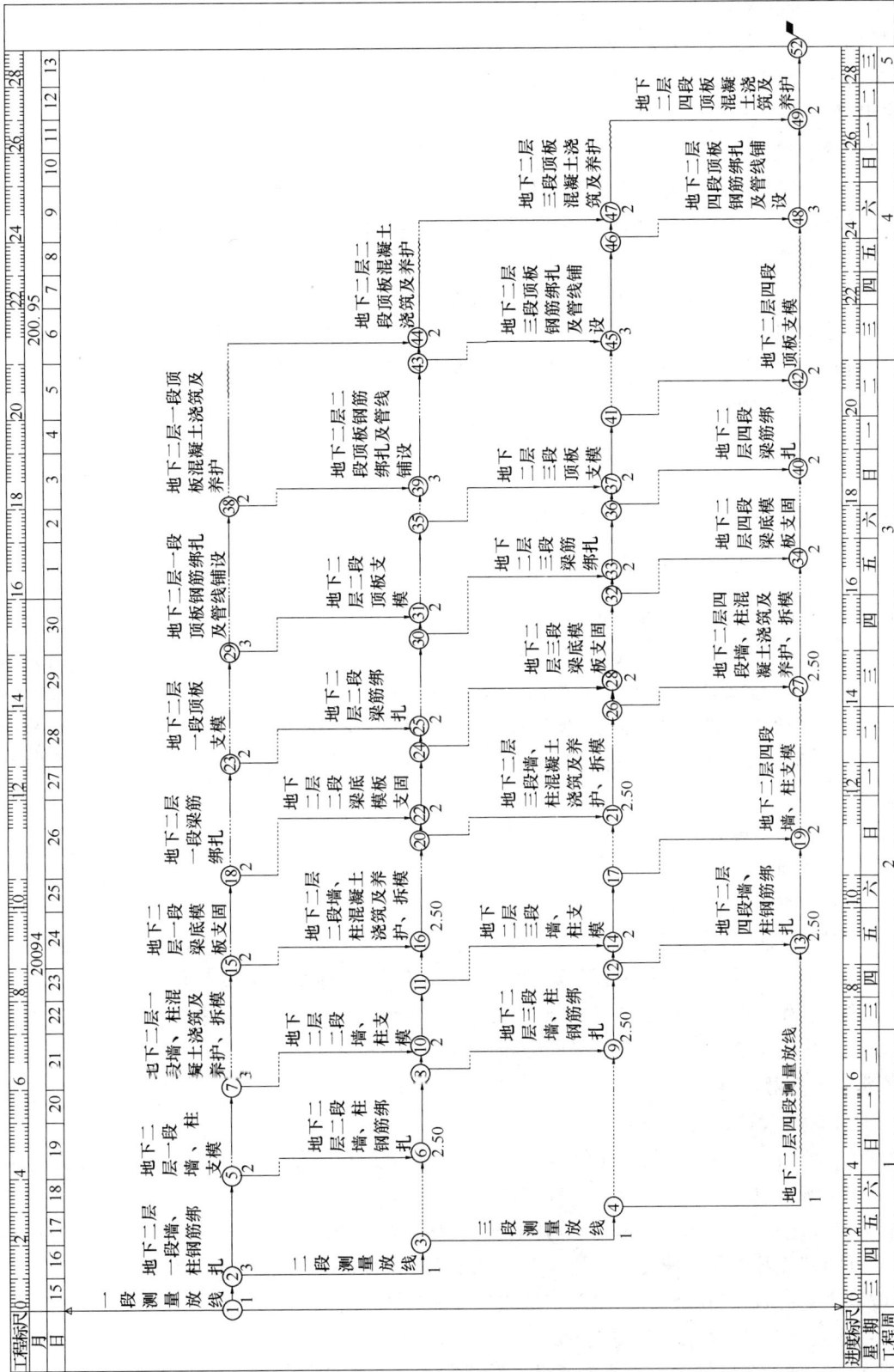

图 5 东方医院教学、宿舍楼工程地下二层施工二层施工进度计划网络图

4. 破解难点控风险

对于施工中涉及技术和安全的难点问题，主要是采取技术措施予以解决，如深基坑的支护，室内外装修容易发生的质量通病等问题。对于施工现场狭窄、工期紧，交叉作业多难以协调等问题，主要是采取组织管理措施来解决。本着难点问题是客观存在的，总包要与分包，建设方、监理、设计等有关方目标一致，群策群力，采取有效举措破解难点，控制好安全、成本等多方面风险。

5. 深化设计和施工样板先行

工程质量的优劣涉及多个方面，如材料质量，劳务人员的操作水平，装修方案的深化设计等，本工程在充分注意和掌控好上述因素外，重点抓深化设计、施工样板先行和严细管理。

先行做好深化设计，可以为材料规格定型和材料采购等争取时间，显著提高工程装修质量。样板先行，有利于确立质量检查参照标准，改进初次施工中暴露出的质量瑕疵，对提高施工质量效果显著。

在主体结构施工前，应提前对一部分项目进行深化设计。如提前对卫生间的墙地砖进行排列设计，将卫生间的门窗位置和尺寸大小等提前进行适当调整，这样在装修时，卫生间的墙地砖排列不但容易实现多面对缝、对称、不出碎活等效果，还能在一定程度上减少材料浪费。

结构施工时，将初始施工的第一和第二个流水段做成样板。

装修施工前，做好室内外墙体涂料涂刷分格、墙地面砖和屋面砖的排列，室内吊顶及灯具等排布的深化设计方案，并做出样板；地下车库面积大，其地面采用地流平工艺施工，必须样板先行；抓好室内各户型样板间的施工质量过程控制，各类型样板间经验收合格后再进行大面积施工。

六、管理措施实施及风险控制

1. 运用网络计划技术强化工期管理

本工程将简捷的计划网络图或计划横道图分发给建设方、劳务方和项目经理部的主要管理人员。施工进度计划网络图可以清晰地显示施工关键线路，可以看出每天的施工进度要求；通过图中的里程碑标志，可以看出阶段性的工期目标；运用网络计划前锋线检查法，可以看出工程施工中的哪些项目提前了，哪些项目落后了。从而实现全员参与，积极主动地对一般性施工进度进行有效监控和及时调整。

为了让各方的主要管理人员对进度管理方法有清晰的了解，项目部采用工程施工进度安排通报会的形式，向建设方、监理、劳务等管理人员详细说明本工程施工进度计划的编制意图、关键线路，里程碑控制点以及前锋线检查方法等。

项目部每周召开一次施工进度分析会议，从带前锋线的网络图上可以直接看出正在施工的项目是提前还是滞后，而且根据完成项目工程量百分比的数据，可以判定提前或滞后的工程量和工作日。大家对影响施工进度的重点和难点问题一起分析，制订对策，统筹布置，促进滞后工序往前赶，使整个施工过程始终处于动态优化控制之中。带前锋线的网络图，如图6所示。

2. 慎解难点，规避风险

(1) 规范危险性较大项目的管理

本工程的深基坑和大跨度现浇混凝土结构属于危险性较大项目，是管理重点之一，专项施工方案经专家论证后实施，实施中切实做好监测和过程控制工作。

① 深基坑：基坑深度为−13.75m，距周边的建筑物较近。根据现场情况分别采取了护坡措施：距原有建筑物最近的基坑西侧采用护坡桩＋预应力支护体系；基槽南侧及北侧采用微型桩＋预应力支护体系；东侧护坡采用土钉墙＋预应力支护体系。基坑护坡施工情况，如图7所示。

② 主体结构二层6～11轴/J～Q轴为22.8m×26.4m跨度，层高9m，板厚120mm，梁截面尺寸400mm×1650mm，属于跨度超大，层高超高的危险性较大项目。该结构楼板底部采用满堂红扣件式钢管支撑架，支架纵向和横向间距均为900mm，步距1200mm，凡梁底局部加密加强，支撑架体的其他构造严格执行现行规范的要求。

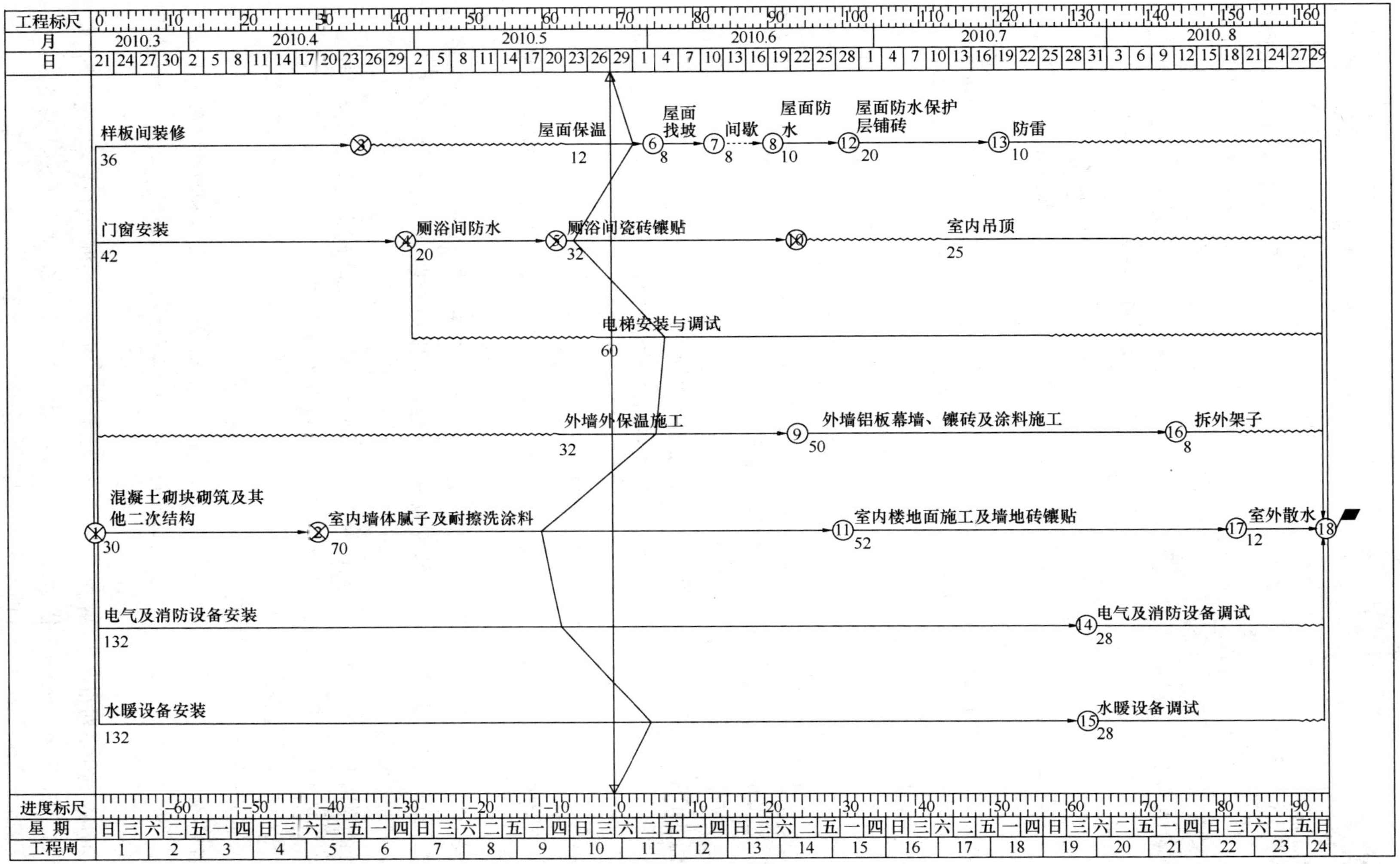

图 6　装修施工进度前锋线检查图（2010 年 5 月 27 日）

图7 基坑护坡锚杆成孔施工图

（2）多举措缓解现场狭小对施工的不利影响

施工现场狭窄对基础施工阶段的不利影响尤为突出。为了缓解这一矛盾，采取了外租场地的措施，钢筋在场外加工，施工所需钢筋周密计划，随用随调。管理人员和劳务人员的生活区也集中在外租场地。另外，在地下结构完成后，从地上结构第二层施工开始采用悬挑式脚手架，这样做有利于基槽早回填，加之地面主体建筑占地面积的缩小，现场可用场地得以扩充。实践证明，采取上述措施缓解了现场狭小对施工的不利影响。

3. 搞好管理协调与配合，群策群力

（1）做好分包的管理协调与服务

本工程工程量较大，较早地开始各专业的交叉施工，分包队伍多，管理难度较大。

本工程对分包队伍，采取两手抓的措施，一抓管理协调，二抓服务。

管理协调方面：重视分包队伍的选择，选用已经合作过多年，曾经配合密切的分包队伍；强化合同管理，无论是自选的，还是有关方介绍或指定的分包方，在项目施工的全过程中始终坚持以合同为依据来处理协调相关问题；加强制度管理，凡涉及工期、质量、安全、物质供应等，先明确管理标准、奖罚制度，做到有据可依，严格奖罚。做好各工序交叉作业时的进度计划与作业管理，通过定期会议等形式与各专业队进行沟通，及时协调、坚决控制及解决好施工过程中暴露出的不和谐问题。

服务方面：加大投入，搞好生活区的基本建设，为分包提供良好的吃住、冬季采暖等生活条件。按有关规定按时发放劳务费，做好及时发放到个人的监管等工作。

（2）与建设方、监理、设计等有关方密切配合

要想高标准的完成施工任务，离不开建设方、监理、设计等有关方的支持与配合。

我们始终秉承"让用户满意"的诚挚态度来理解，满足建设方的指令和要求。如建设方的某些要求已经超出合同范围，但我们能够做到时，也会不折不扣满足其要求。

深刻领会设计意图，按设计要求去施工。如果认为完善设计有利于提高施工质量和工效的意见，及时与设计请示和沟通。装修前进行二次深化设计过程中，能够多倾听设计人员的意见，得到了设计工程师的大力支持。

监理工程师是施工现场的直接监管者，与总承包施工的工作目标基本一致。我们对监理工程师工作的态度是尊重、服从和配合。无论总包，还是分包，要服从监理工程师对施工全过程的监督和检查。

正是我们体现出的诚意，尊重，积极配合和努力工作的态度，得到了相关各方的理解和支持，大家拧成一股绳，保证了施工技术方案和施工计划的顺利实施并收到实效。

4. 样板先行，创过程精品

（1）结构施工样板先行措施的实施

钢筋构件样板（箍筋、马凳、梯架筋等）和现场的成品筋，要符合设计和有关规范的要求，其允许误差不低于"长城杯"的质量标准。为了达到好的效果，采取了多种控制措施，成效显著。如图8、图9所示。

模板的选择及其质量对混凝土结构工程的质量至关重要。本项目的框架柱选用可调式钢模，地下室剪力墙采用组合式大钢模，梁板采用15mm厚多层板。大钢模刚度大，表面平整不易变形，拼装简易快捷，为提高混凝土墙、柱结构尺寸的准确性和表面观感奠定了基础。

本工程的混凝土结构梁、板、柱、墙较好的做到了尺寸准确、表面密实平整、边角顺直、接茬处平顺，也无烂根气泡等质量通病，如图10所示。

图 8　特制卡具定位柱筋图

图 9　顶板钢筋规范绑扎图

图 10　主体结构成品图

图 11　屋面保护层铺砖图

（2）装修施工深化设计，样板先行措施的实施

本工程对地面砖、墙面砖、吊顶、灯具等的排布均运用计算机进行排砖及排版。对不规则、不方正的墙地面区域进行特殊排布。屋面保护层面砖的布置及施工效果，如图 11 所示。

教室和宿舍做好样板间后，请建设方、监理一起验收后再全面展开施工。在后继展开施工的过程中，严格控制施工质量不低于样板间标准。施工效果，如图 12、图 13 所示。

图 12　室内装修图

图 13　室内装修图

本工程地下车库的面积约占工程总面积的 60%，其地面施工质量是控制重点。车库地面为地溜平施工工艺，邀请 4 厂家进场各施工 40m² 的样板地面，请建设方、监理参加，一起现场检查样板地面的平整度、耐磨性和表面观感，优选其中的两厂家进场施工，为保证施工进度和质量奠定了良好基础。车库地面的施工效果，如图 14 所示。

外墙涂料，室内吊顶等项目也采取了类似的样板先行，优选分包的方法，都收到了满意的的效果。

图 14　地下车库地面成品图

七、过程检查和监督

根据国家有关规程规范和项目部制定的管理制度，将检查和监督工作贯穿于施工的全过程

工期：做好施工过程各项目完成工程量的统计工作，对施工进度滞后的项目及时调控。

施工质量：施工全过程执行三检制、样板间验收等制度。钢筋、模板工程重在事前检查，过程监控。混凝土工程重在过程监控，事后及时检查并反馈质量信息。结构施工某部位一旦拆模，质检人员第一时间到达现场对结构进行检测，如发现有类似结构尺寸偏差较大等现象，及时报告给项目总工，以便及时组织分析和采取改进措施，杜绝同类问题的再次发生。对深基坑防护及监测，超高楼层、超大跨度模板支撑等危险性较大项目按照专项方案的要求严谨实施，对施工过程中的安全性数据加强监测。

由建设方、监理工程师、项目部组成的检查组每月定期对工程的工期、施工质量、安全文明施工等进行一次联合大检查，根据检查情况进行综合考评（其中：工期 40 分，质量 40 分，安全文明施工 20 分），并按照考评结果和既定管理制度对相关责任人和施工队进行奖罚。

八、管理效果评价

1. 获得的奖项

（1）北京市建筑结构"长城杯"工程金质奖。

（2）北京市建筑"长城杯"工程金质奖。

（3）北京市安全文明工地。

2. 实现了工期目标

地下车库部分于 2009 年底前完工，达到了建设方工期提前的要求。整个工程于 2010 年年底完工，满足了合同工期的要求。

3. 用户满意，多方好评

本工程工期达到了建设方的要求，施工质量获得了优质工程奖项，建设方、工程监理等相关方对此非常好满意，给予了高度好评，在北京市医疗系统建立了良好的社会信誉。项目部管理人员通过该工程过程管理的磨砺，进一步积累了经验，提升了水平。

科学策划　注重创新
精心建设地铁 8 号线运用库工程

——北京城建一建设发展有限公司北京地铁 8 号线运用库工程项目

董海成　杨书立　顾爱娟　任　亮　栗　超　王庆佳　王石磊　李景波

【摘　要】　针对 8 号线二期运用库工程大空间、大跨度、超高结构体系以及部分结构为钢骨劲性结构的特点，在项目施工难点众多、各专业分叉作业、跨越两个冬季施工的情况下，项目部在确保质量、进度、安全、成本等各项技术、经营指标的前提下，始终坚持以人为本，以科学的施工方案，积极应用新技术、新工艺，强化施工管理，优化劳务组织，通过抓过程、重节点、促落实、拼速度，最终圆满、如期竣工交付，实现运用库通车试运营。

【关键词】　科学组织；创新管理；完成目标

一、成果背景及工程概况

1. 成果背景

北京地铁 8 号线二期运用库工程地处昌平区回龙观住宅区的东北侧，位于 8 号线线路北端终点，与二期工程线路终点站回龙观东大街站接轨。根据北京地铁车辆段资源共享研究成果，运用库工程将承担 8 号线、10 号线车辆的架修任务，以及 8 号线配属车辆的定/临修、月检、停车列检等任务。

2. 工程概况

运用库工程，共两层，无地下室，±0.000 以下为检查坑、检修道床，长 196m、宽 291m，建筑面积近 120000m²；首层为运用库，层高 9.25m；二层为小汽车库（物业开发配套），层高 4.95m；二层顶板上自南向北建有三排共 9 栋住宅楼（现阶段仅预留设计条件，待今后二级开发商确定后按预留条件另行设计），基础结构形式为桩基础，主体结构形式为框架-剪力墙结构，其中 9 栋住宅楼楼座轴线处框架柱、梁为劲性钢骨柱、梁。

二、选题理由

（1）项目工艺新、难度大、起点高、工期紧。

（2）采用 PKPM 软件技术进行了超长结构大体积混凝土浇筑以及超高、超重构件模架支撑体系方案的制定。

（3）通过深化设计解决了劲性结构钢骨梁、柱节点钢筋绑扎的难题。

（4）施工过程中积极应用"四新技术"，提高自身管理水平，提高项目经济效益。

三、组织实施时间

见表 1。

总实施时间	2010 年 11 月 20 日～2012 年 9 月 18 日	
分 段 实 施		
管理策划	2010 年 11 月～2012 年 8 月	
具体分项管理实施	2010 年 11 月～2012 年 8 月	
过程实施	2010 年 11 月～2012 年 8 月	
过程检查	2010 年 11 月～2012 年 8 月	
取得成效	2012 年 8 月～2012 年 9 月	

四、施工管理重点及难点

结合施工经验，对本工程的重点、难点主要从施工技术、资源组织、施工管理 3 个层面进行分析，并提出相应的解决方案。

1. 施工管理重点

（1）基础工程划分主次、钢结构吊装、CFG 桩与土建施工合理穿插。本工程基础工程包括两个方面：①主体结构基础工程与检修坑、检查道床基础。②主体结构为端承桩、承台基础，检修坑、检查道床为 CFG 桩、筏板基础。承台基础的施工在关键线路上，应优先进行施工，CFG 桩基础待两侧承台基础施工完成后及时插入，道床主体结构与运用库二次结构砌筑穿插进行施工。根据钢骨吊装通道要求，优先进行劲性结构基础承台的开挖，因此，钢骨吊装与土建施工穿插施工管理尤为重要。

（2）主体结构施工流水段合理划分。运用库工程为大底盘结构，单层面积达到近 60000 ㎡，流水段的合理划分对周转材料周转、施工工期显得尤为重要。项目部根据劳务队伍数量、钢骨吊装以及 CFG 桩基础进度，结合主体结构抗震缝、温度后浇带的位置划分为 36 个流水段。

2. 施工管理难点

（1）深基坑开挖。条形承台基础开挖深度超过 5m，属于深基坑土方开挖需要进行专家论证，除正常考虑影响基坑边坡稳定因素外还要考虑基础施工期间基坑两侧钢骨吊装履带吊动荷载对边坡稳定的影响因素。

（2）超长结构大体积混凝土施工。大多数基础承台截面尺寸长、宽、高为：270000mm×4600mm×3500mm，属于超长结构大体积混凝土，需要进行专家论证，同时基础施工正值冬季，在施工中如何防止和控制大体积混凝土裂缝问题，特别是因混凝土水化热过高而引起的裂缝问题，是本工程施工中的一大难点。

（3）劲性结构梁、柱钢筋绑扎。由于框架柱、梁增加钢骨，柱主筋须穿过柱牛腿预留孔后进行连接、梁钢筋需要与牛腿、焊接板进行焊接，梁、柱拉钩需要穿过梁、柱钢骨，尤其梁、柱节点箍筋需要进行分段焊接。造成绑扎难度加大，导致钢筋绑扎降效。

（4）超高、超重模架体系搭设。本工程的结构特点为大空间、大跨度，因此，结构截面尺寸较大，柱最大截面尺寸为 2000mm×1000mm，梁的最大截面尺寸达到了 1000mm×2000mm、顶板厚度最厚处为 400mm。首层顶板标高为＋9.25m，模板支架搭设高度在 8m 以上，框架梁集中线荷载超过 20kN/m，施工模板支撑体系属超高、超重模板支撑体系，属于《危险性较大的分部分项工程安全管理办法》的管理范围。经专家论证模架支撑体系需要增加地基处理要求，地基采用级配砂石处理，级配砂石厚度为 30cm，压实系数为 0.94，给主体结构的施工带来了工期及成本压力。

五、管理策划及创新特点

1. 管理策划

在项目开工前组织工程、技术人员深入研究图纸、结合实际精心策划，优化施工方案；针对工艺新、难度大、各专业分包协调难度大的分项工程部位统筹安排、科学策划。先后进行了深基坑开挖、超长结构大体积混凝土浇筑、超高、超重模架支撑体系方案的专家论证工作，并按照专家论证要求进行了整改、完善；有效保证工程质量达标，排除危险性较大工程施工的安全隐患，提高项目工程、技术人员的理论实践水平。

（1）组织机构策划。地铁 8 号线二期运用库工程为民生工程，公司选派具有同类工程经验的全国注册一级建造师担当项目经理，充分发挥企业整体优势，实施"精品工程"管理，对工程项目进行全过程、全方位的计划、组织、管理、协调与控制，高效率地实现了工程项目综合目标，实现了对业主的承诺，如图 1 所示。

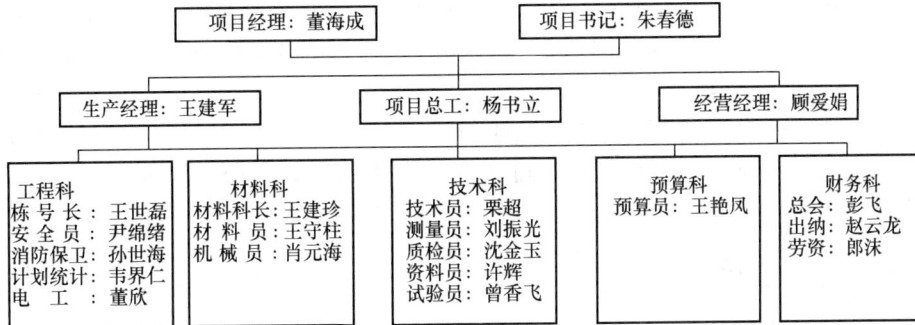

图 1　项目组织机构

（2）工程目标策划。项目部制定了明确的工程项目管理目标，并进行层层分解，目标任务明确到人，对各项目标值进行确定。达到建设一项精品工程，培养一批管理干部，总结一套管理经验，实现经济效益和社会效益双丰收，见表 2。

工程目标策划表　　　　表 2

项　目		目　标　值	责任人	完成时间
风险控制	工期	2012 年 9 月如期交付实现通车试运营	董海成	
	资金	确保施工成本不超额	顾爱娟	
社会价值	安全	无重大责任事故	尹绵旭	
	质量	打造精品工程，确保结构"长城杯"	沈金玉	2012 年 9 月
	文明施工	争创"北京市安全文明施工工地"	杨书立	
社会责任	施工不扰民、无扬尘、噪音污染		王建军	
	施工材料绿色环保		王建军	
	施工人性化管理		朱春德	

2. 创新特点

（1）推行深化设计与施工一体化。在专业性强的施工领域改变设计、施工相分离的传统建设管理模式，强化专业分包的深化设计能力，能够有效整合设计与施工环节。比如劲性钢结构分包施工，由于钢骨截面尺寸大，梁、柱钢筋设计大多为双排甚至三排，给梁、柱钢筋的锚固构造施工带来了很大的困难，在同时满足钢结构与钢筋混凝土施工规范的情况下，钢结构分包进行了钢骨梁、柱的深化设计，通过对钢骨柱牛腿开孔、翼缘板上焊接焊接板，满足了梁、柱钢筋锚固的构造要求，解决了梁、柱钢筋绑扎的难题，保证了工程质量和结构安全。

（2）"四新技术"的应用。积极推广"四新技术"能提高自身管理水平，保证工程质量，加快施工进度，提高项目经济效益。本工程中包含的新技术、新工艺、新材料、新设备较多，项目部积极应用住房和城乡建设部推广的十项新技术，成立推广领导小组，负责科技开发和"四新"推广应用，在施工过程中加以落实。项目施工中应用的新技术有基础承台大体积高性能混凝土裂缝防治技术、粗直径（直径

40mm）钢筋直螺纹机械连接技术、大截面框架柱木模硬拼、梁、柱钢骨与混凝土组合结构技术、碗扣式脚手架应用技术。

下面就大截面框架柱木模硬拼在技术、经济效益方面进行简要叙述：本工程框架柱截面尺寸大，最大截面尺寸为 2000mm×1000mm，首层净高达到 10m 左右。要达到合同质量要求的清水混凝土效果，模板设计必须具有足够的强度、刚度。目前，北京建筑市场主要使用木工字梁柱模板，模板面板部分由进口胶合板、木工字梁、钢背楞和吊钩组成，但模板租赁费用偏高。

在项目技术负责人的牵头下，组织项目部生产、技术、质量、安全、劳务队技术人员多次进行研讨、采用 PKPM 施工管理计算软件计算、论证，自行设计了框柱木模板硬拼体系：采用 18mm 厚优质多层板为面板、100mm×100mm 方木为背楞，柱箍采用双［14 的进行加固，支撑采用钢管脚手架、钢丝绳四面拉接的综合支撑体系。这样双槽钢、钢管、多层板、木方同样可以在梁、板施工中周转使用，大大节约了模板分项工程的成本。

通过实践证明，硬拼框架柱木模板体系不仅节约了施工成本、缩短了工期，也达到了清水混凝土的成型质量，得到了甲方、监理的一致好评。通过对高大框架柱模板计算设计、制作、吊装安装、模板成品保护整个过程，积累了一定的实践经验，对以后类似清水混凝土构件的施工提供了一定的借鉴意义。

六、管理措施和风险控制

1. 优化开挖方案，确保基坑安全

（1）本工程基础形式为通长条形承台基础，横向轴距在 13m 左右，基础开挖深度在 5.5m 左右，B、C、G、H、P、Q、R、U/1-34 轴框架柱设计为钢骨劲性结构。根据钢结构吊装行走路线、安全操作的吊装要求，考虑吊装动荷载对边坡稳定的影响，经过边坡稳定计算限定履带吊距离基坑边沿距离，确保钢骨柱吊装期间基坑边坡的安全。

（2）项目部专门制定了深基坑维护方案。在钢骨柱吊装过程中每天进行安全巡视，指派专业技术人员负责基坑沉降位移监测和沉降位移监测数据报告预警，及时汇报监测数据，对施工过程出现的安全隐患随时发现立即排除，确保基坑安全。

2. 超高碗扣脚手架应用及风险控制

运用库工程大空间（长 291m、宽 196m）、大跨度（轴网 12m×9m 左右）、高层高（9.25m）、单层面积庞大（接近 60000 ㎡），同时由于上盖预留二次开发条件、梁板截面尺寸种类较多，立杆间距、横杆步距多变，经过方案优化对比我们采用了新型的碗扣脚手架。相比较普通钢管脚手架搭拆相对便捷、通用性强、结构稳定。由于搭设体量巨大、施工周期长，施工难度大，同时又属危险性较大的分部分项工程，我们采取了如下应对措施：

（1）对高大支撑专项安全方案进行专家论证，严格按照方案施工，做好安全技术交底工作，专人检查验收，验收不通过绝对不允许进行下道工序的施工。

（2）严格控制支撑体系材料质量验收，严禁使用不合格的材料。

（3）搭拆脚手架支撑必须由专业架子工担任，持证上岗。

（4）在顶架搭设过程中要实行严格的监控，由专职施工员进行现场指挥监督，随时纠正可能出现的质量安全隐患。

（5）在浇筑顶板混凝土过程中，支架下面要安装照明灯，在安全员的监督下，派木工进行巡查，负责检查模板、支顶，若发现异常，立即停止浇筑混凝土，并及时组织人员进行加固处理。

3. 加强过程管理，向管理要效益

（1）施工队伍的选择在某种程度上是一个项目成本管理的关键，本项目采取公开招标的方式在公司资源库内择优选择施工队伍和分包队伍。

（2）项目部成立成本管理领导小组，开展"阳光工程"，对大宗材料购买、大小型机械设备租赁以市场价格为参考，选择质量优良、价格合理、信誉良好的供货商。

（3）优化钢筋工程施工方案，严格控制钢筋进场时间，细化料表，限额领料，最终钢筋损耗控制在2％以内。

（4）周转材料管理：制定严格的材料使用计划，严把周转材料进出场关，并与施工队签订周转料使用协议。材料点验经双方签字，加强现场管理，减少丢失和损坏情况的发生，最终周转料损耗控制在1％以内。同时利用公司内部资源，调用已完工项目的可用周转耗材。

（5）现场管理：安置远程红外监控系统，对施工现场进行24h全方位的监控，有效防止材料的损毁和丢失。

七、过程检查和监督

项目部坚持召开周、月例会制度，对工程质量、安全文明施工方面存在问题制定相应的整改措施并专人负责落实。建立健全工程质量、安全文明施工管理制度，成立专项管理组织架构体系。

1. 质量管理

明确项目质量目标，严格执行方案先行与技术交底制度，加强过程质量检查、检验制度，严格执行"三检"制、样板先行制度。实行工程质量"一票否决制"管理。

2. 安全文明施工管理

坚决落实"安全第一、预防为主、综合治理"的方针，严格执行施工安全技术交底制度，坚持进行定期与不定期安全检查制度，加强风险识别、及时消除安全隐患，加强施工人员的入场安全教育及考核，做好施工作业面的安全防护工作。

八、管理效果及评价

（1）主体结构竣工验收获得"北京市市政基础设施竣工长城杯金质奖工程"。

（2）项目经理部获集团创建"先进职工小家"标杆单位称号，被公司评为"双文明先进单位"、"先进党支部"。

（3）圆满完成各项经济指标，取得较好经济效益。

九、体会

（1）项目管理人员始终贯彻执行科学的工程项目管理方法，进行管理创新、技术创新。施工过程中积极应用"四新技术"，在直螺纹钢筋连接、框架柱硬拼模板、碗扣脚手架技术方面，积累了一定的实践经验，提高了项目管理水平。

（2）熟练运用PKPM施工管理软件，通过温差计算解决了大体积混凝土冬期施工裂缝难题，并掌握了高大模架支撑体系受力计算；项目工程技术人员通过参与钢结构深化设计、劲性结构施工管理拓宽了业务领域，为公司日后开拓市政施工提供了人才储备。

（3）项目部采用硬拼模板技术设计的高大框架柱模板体系施工工艺，将在公司今后类似工程中获得广泛推广和运用，实现了经济和社会效益双丰收。

精细化管理 创精品工程

——北京韩建集团有限公司装甲兵工程学院文体训练中心工程项目

侯　俊　金胜强　丁朝阳　刘佳杰　李东升

【摘　要】 装甲兵工程学院文体训练中心工程占地面积 $8992m^2$，建筑面积 $18780m^2$，项目实施的指导原则为满足"节地、节水、节能、节材，促进循环经济发展"的使用要求，以夯实工程项目管理、塑造企业品牌信誉为目标，通过对工程实施精细化管理，满足规定的各项标准规范和指标要求，圆满完成本工程的建设任务。

【关键词】 公建工程；项目管理

一、工程概况及项目建设背景

装甲兵工程学院文体训练中心工程建筑面积 $18780m^2$。为全现浇框架结构，地上4层，占地面积较大，建筑外装修为圆形齿轮状铝单板造型装饰、玻璃幕墙；场馆顶为球形网架结构，金属屋面板罩面，由韩建集团总承包施工。装甲兵工程学院是韩建集团重点工程，开工之初，集团就下达了争创"结构杯"的创优目标，除满足规范要求外，一次验收合格率达到 100%，交给业主满意的工程，同时，在部队系统树立"韩建品牌"。如何通过精细化管理，克服工程施工中诸多困难，最终圆满完成合同要求的各项指标，为本工程管理的重点，如图1所示。

图1　装甲兵工程学院文体训练中心图

二、选题理由

中国人民解放军装甲兵工程学院是部队的重点工程，部队领导多次莅临项目视察工作，韩建集团在工程伊始就制定了本工程确保北京市结构"长城杯"，"北京市安全文明工地"的目标。为确保项目顺利实施，项目管理人员严格执行法律、法规、规范、标准，分阶段、分重点将工程难点逐个击破，因此项目经理部确立了"精细化管理，创精品工程"为主导思想，也对提高企业的社会影响，具有十分重要意义。

三、项目实施时间

见表1。

实施时间表　　　　　　　　　　表1

实施时间	2011年10月～2013年9月
分阶段实施时间	
管理策划	2011年10月～2012年2月
管理措施实施	2012年2月～2012年10月
过程检查	2012年10月～2013年5月
取得成效	2013年5月～2013年9月

四、管理难点及重点

1. 管理的重点

创优控制要从结构工程安全可靠、装饰工程美观协调、安装工程安全适用、资料管理完整真实4个方面进行控制。

（1）结构工程创优从4个方面进行控制

①使用合格的材料、构配件、设备，在施工过程中并严格控制，确保正确使用，保证工程的总体强度满足设计要求。②控制结构的平面和空间体系符合设计要求，保证达到结构设计的结构整体稳定性符合设计意图。③严格控制结构的轴线、标高，确保结构的位置正确，保证结构的使用空间得到保证，保证使用功能符合设计意图。④严格控制构件的几何尺寸，使结构强度和自重得到控制，为装饰创造良好条件。

（2）装饰工程创优从以下4个方面进行控制

①完善装饰装修设计，进行多方案比较，从尺度、对称、对比、色差、环境等方面，优化设计方案，提高装饰的完整性、协调性。②采购选择合格的、环保的装饰材料，严格进场检验。使用前进行挑选，充分发挥材料的优良性质，来提高装饰效果。③改进和完善装饰工程的足尺大样和样板工程的工作，达到体现和完善设计的意图和效果。④注意装修的收尾整理和成品保护，使工程达到安全适用、美观、讲究和魅力创优。

（3）安装工程的安全适用要从4个方面来控制

①设备管道安装位置、标高正确，固定牢固可靠。②设备管道安装坡度、强度、严密性、朝向正确合理，保证功能，开关方便和使用安全。③接地、防护设施有效，使用安全标识清晰、检修维护方便。④在可能条件下，注意美观协调。

（4）重视标识、竣工资料的同步与完善

①地基与基础、主体结构、建筑装饰装修、建筑屋面4个分部资料。②给排水与采暖、通风与空调2个分部工程的资料重点。③建筑电气、电梯和建筑智能化3个分部的资料重点。

2. 总承包协调管理能力要求高

本工程总承包范围涵盖土建、幕墙、室外、二次装修多个领域，并且需要对业主指定的多家专业分包、专业材料供应商和专项独立分包进行管理。因此要求总包单位必须具有成熟的工程总承包协调经验，对现场的平面组织、资源调配、垂直运输等进行统筹组织、协调管理。

3. 安全管理难度大

装甲兵工程学院文体训练中心工程施工特点多，同时工期又很紧张，加之在施工过程中遇到各类问题，导致本工程的生产进度管理压力非常大。工程进度与安全管理如何并重，如何从制度上排除为了赶进度而轻视安全管理的隐患，是装甲兵工程学院文体训练中心工程安全管理面临的一大考验。

五、管理策划和创新特点

1. 管理策划

（1）本工程本着科学管理、精干高效、结构合理的原则，配备具有丰富的施工经验、服务态度良好、勤奋实干的工程技术和管理人员组成项目管理体系。

（2）以《建设工程项目管理规范》为载体，项目各个部门集成化、系统化联动起来，建立完善的项目施工管理架构，各个管理相互依托，真正做到人性和谐化管理。

（3）项目部针对本工程的特点，组织公司和项目部技术骨干对工程建设中的重点项目及技术难题进行分析，制定切实可行的解决方案，并在工程建设过程中不断予以完善，从技术层面确保工程建设顺利实施，并形成综合技术，为今后类似的施工实现技术积累。

（4）质量、安全综合协调管理与多点管控

鉴于本工程的复杂性，以及专业承包商多的特点，项目部在传统的质量、安全管理模式上，扩大质量、安全管理的理念与范围，在协调各专业承包商的同时，建立严格的质量与安全综合管理模式，实现多点化实施性管理，为本工程的质量安全提供有效保障，如图2所示。

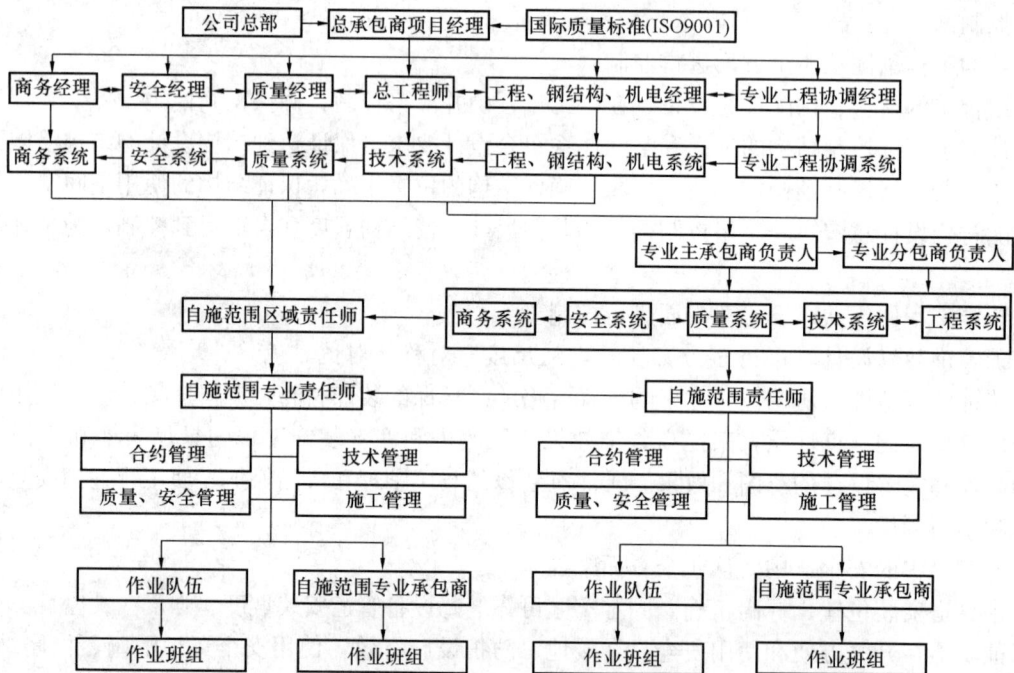

图2　工程质量安全管理体系图

2. 管理创新点

（1）自主创新技术和专利研发

本工程从伊始就确立了争创北京市结构"长城杯"金质奖目标，并制定了至少完成3项自主创新技术和实用新型专利的研发工作，为了确保新技术研发的顺利开展和圆满完成，公司及项目部成立技术攻关小组，负责工程中的新技术研发与应用工作。

（2）开展质量管理QC小组活动

在工程进行过程中积极开展了以"提高框架柱观感质量合格率"和"降低大口径非标风管漏光率"为课题的QC小组活动，在取得一定效益的同时，项目部广大技术人员和管理人员的质量意识、个人能力、团队精神、责任心无形中得到了很大程度的提高，为以后施工总结了经验。同时，也在军队系统树立了"韩建"品牌，为今后的工程奠定了良好的基础。

六、管理措施实施和风险控制

1. 质量管理措施

（1）强化质量管理体系，确保质量目标的实现

我们向业主承诺的质量目标是：确保北京市结构"长城杯"，工程中积极应用建设部推广的十项新技术。为确保质量目标的实现，我们结合《质量管理体系》GB/T 19001—2008/XG1—2011 标准，编制项目质量计划，并成立了技术攻关小组，针对每个分项工程所要达到的质量目标，严把预控关，使每个分部分项工程都在受控状态。

（2）落实质量管理责任制

为使分部分项工程始终处于受控状态，我们与主要专业队伍签订了创优责任书，明确各项管理责任，实行责、权、利相结合的方式，提高主要管理人员的积极性，确保工程质量。

（3）落实交底制度

为了使施组、方案、技术交底能更好地落实，严格执行三级交底制度，即项目总工向项目全体管理人员进行施工组织设计的交底，技术部向现场施工责任师及分包管理人员交底；现场施工责任师向分包管理人员和施工操作班组交底。

（4）实行挂牌样板先行制度

每道工序施工前，实行样板先行制度，样板经过专业工长及质量检查员，监理和甲方验收认可后，方能进行大面积施工。施工过程中悬挂施工标识，标明该工序的规范规定、评定标准、工艺要求等，有利于每一名操作工人掌握和理解施工项目的标准，便于管理人员的检查，并确保过程工序的可追溯性。

（5）坚持"质量会诊"和"三检制"制度

每完成一道工序，由项目经理、技术负责人，组织有关专业工长、班组长检查，并对查出的问题进行质量分析，找出质量问题的原因，追清责任，开展质量攻关，制定整改措施，限期整改，并组织人员进行验证。在施工中，严格要求执行"自检、互检、交接检"制度，并行使质量否决权，做到检查有结果、有落实、有复查，如图3所示。

图 3　施工现场检查图

2. 安全管理措施

（1）完善安全管理体系，落实全员安全管理职责

项目经理出任组长，由各专业工长，班组长及安全生产检查员组成施工现场安全生产管理小组，形成安全管理体系。落实项目经理部安全生产岗位责任制，提前明确项目部所有管理人员的安全管理职责，通过把安全责任分解到每个人的头上，使每个管理人员都有自己明确的安全责任，为安全生产提供了有效保障。

（2）注重安全策划，明确安全防控要点

项目部根据工程的规模、类型、特点及自身管理水平等情况，充分识别各个施工阶段、部位和场所所需控制的危险源和环境因素。制定项目安全管理计划，对每个施工作业时段、每个区域的重大危险源进行重点预防控制及整改控制。同时，实行重大危险源公示制度，把项目部近期的重大危险源公示在项目部醒目位置，并落实好对应的隐患责任人。

（3）狠抓制度落实，提升安全管理标准

项目部编制了《现场安全管理制度》、《安全教育制度》、《特种作业人员管理制度》、《安全例会制度》等项管理制度，要求项目部管理人员以管理制度为依据，严格按照制度实施，切实把安全工作做到实处。

（4）强化作业面安全管理，落实终端岗位责任

严格落实有人员作业的作业时间和作业面，就有管理人员的要求，项目部施行管理人员旁站制度，有针对性的进行分工，安排专人不间断的进行旁站，任何人发现不安全行为都要制止，把许多不安全行为消灭在萌芽状态。

3. 创新施工技术管理

（1）球形网架屋盖"分块累积提升法"施工技术

本工程建筑为圆形体育场馆，四周是圆形阶梯状看台，场馆顶为螺栓球形网架结构，金属屋面板罩面。螺栓球形网架结构采用下弦多点柱支撑，三层杆件，下弦球中心标高16.5m，上弦球中心最高标高21.745m。屋盖网架平面投影直径为69.8m。网架总重约200t。

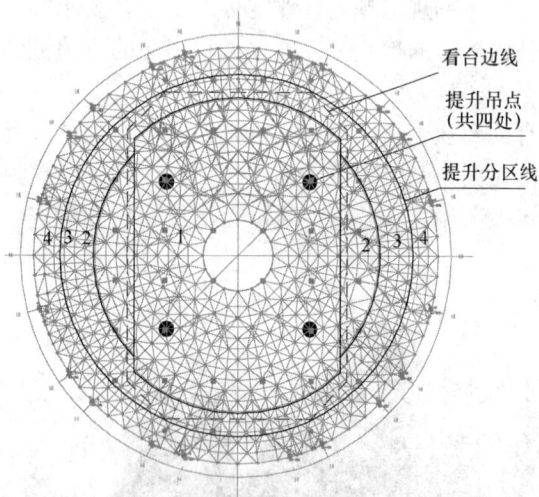

图4 屋面钢网架根据主结构布置区域划分图

本工程中，屋面钢网架下方的主体结构为呈阶梯状的混凝土楼板结构，故屋面钢网架无法在地面整体拼装，为降低网架的拼装高度及拼装难度，增加拼装的安全保障，满足屋面钢网架对质量、工期的要求，屋面钢网架采用"分块累积提升法"的施工技术安装。大型结构吊装，具有较大风险，为提高安全系数必须加强技术方案的可行性论证、合理的选择吊装工艺、编制严谨的吊装方案、进行严格的施工过程控制才能保证工程的顺利完成。球形网架屋盖"分块累积提升法"施工技术对类似工程吊装工艺的选择思路和吊装方案的规范性编制可作借鉴之用，如图4所示。

（2）金属复合屋面施工技术

工程屋面系统的构造层次，屋面板分为：压型钢板（屋面底板），铝镁锰合金板（屋面面板），铝镁锰合金制作的屋面压型板因其安装快捷、具有极强的造型能力、降低工程费用等优点而受到各方好评，越来越多的被广泛应用于各类建筑。铝镁锰合金重量轻、耐腐蚀、免于维护和40年以上的使用寿命，使其比钢板更经济、更美观、更实用。

采用专用尺寸样板和专用开孔样板进行连续加工的工艺处理方法，使尺寸偏差控制在0.5mm之内。采用一台配套的专用弧形成型机进行弧形处理。"T"码沿板长方向的位置只要保证在檩条顶面中心，"T"码的数量决定屋面板的抗风能力，加强转角和边缘部位的控制是施工重点。

穿屋面杆件周圈包裹2层保温岩棉，并与屋面系统保温岩棉实现搭接。采用1mm厚铝合金板与铝镁锰合金屋面板进行焊接，焊接完成后打磨平整。

本工程屋面采用铝镁锰金属复合屋面施工技术，能够达到施工方便，保证施工质量，加快施工速度，提高工作效率，节省人工开支，从而降低工程造价的预期效果，如图5所示。

（3）本工程中还应用了采光导管照明技术、异形外幕墙施工技术和提高框架柱观感质量合格率技术

图 5　铝镁锰金属屋面图

措施等多项新技术，该技术的应用在节能、节材、环保方面发挥了至关重要的作用，为项目创造了可观的经济效益，具有很好的实用价值和推广价值，如图 6、图 7 所示。

图 6　异形幕墙施工图

图 7　采光导管图

4. 培训管理

培训与观摩是提高操作技能，促进施工创优的有效方法。

创优质工程的直接管理者是项目总包及分包管理人员，操作者是工人，只有将他们的创优意识和创优能力提高了，才能使创优战略贯彻执行。因此，本项目特别重视对各级员工的培训工作。

（1）培训：体系运行培训、设计与施工规范的培训、创优控制培训、操作工艺的培训、优质工程验收标准的培训、资料管理培训以及法律法规和强制性条文的培训等多方面。培训采取多种形式：专家讲课、观看录像、现场示范、组织考试。

（2）观摩：在项目施工过程中，我们将经常组织项目管理人员及其他承包商管理人员到其他优秀项目上进行学习、交流，通过观摩优质工程项目，积极参加类似工程的经验交流会，吸取其先进的施工方法和管理经验，提高项目的管理水平。

七、管理过程检查、监督

强化项目管理是体现在项目管理的多个方面，过程检查可通过正常的项目管理来显现，针对本工程的各项管理制度，项目定期组织专项会议，并形成系统的组织沟通方式，对管理运行中出现的问题实施整改，确保管理流畅高效。

公司通过内查外审来检查和监督项目管理的成绩和问题，同时注重管理经验的积累与推广，使得后续工程得以检验与完善，起到了强化项目管理的作用。

八、管理效果和评价

1. 质量安全管理效果

通过项目严格有效的质量保证体系，本工程的整体质量处于受控状态，并赢得了业主和社会各方的一致好评，获得 2013 年度北京市结构"长城杯"金质奖、2012 年度"北京市文明安全工地"、2013 北京市工程建设质量管理小组一等奖、2014 北京市工程建设质量管理小组优秀奖、2013 年度全国工程建设优秀质量管理小组二等奖。

2. 技术成果

本工程在施工过程中主动寻求突破，针对工程中遇到的各种难题用于攻关，自主研发了 4 项实用新型专利，分别为：一种物料提升机防护门连接装置、电缆桥架洞壁护口保护装置、一种配电箱和一种导线连接器。

3. 经济效益

（1）本工程应用了球形网架屋盖"分块累积提升法"施工技术、金属复合屋面施工技术等多项自主研发的新技术，使得工程提前 28 天完成合同任务，其中节省材料费 126 万元，人工费 68 万元，机械费 103 万元，总共节省资金 297 万元。

（2）工程中在施工过程中积极开展 QC 小组活动，小组课题为"提高框架柱观感质量合格率"，本课题的开展既提高了施工质量，又大大缩短了工期，极大地节约了施工成本。主体结构施工节约工期 15d，建筑面积 $18780m^2$，每天按人工 200 人计算，人工费 150 元/工日。经计算节约工期成本为 $150 \times 15 \times 200 = 45$ 万元。

"降低大口径非标风管漏光率"课题的开展降低了镀锌钢板风管接缝的漏光率，降低了风管的漏风量，保证了系统运行的可靠性，降低能耗，节约能源。按照本工程总容量 500kW，漏风量按照规范允许量 10% 计算，漏风光点减少了 5%，漏风量也相应减少，减少了能源消耗。

$$500kW \times 10\% \times 5\% \times 6h/d \times 256d/y = 3840kW \cdot h/y$$

4. 项目管理评价

项目自竣工交付使用以来，各项设计指标均达到使用功能要求，项目部通过细致详尽的策划分析，在以国内总承包管理模式以及相关工程管理经验为借鉴的基础上，勇于创新，并在实践中不断总结与进步，在顺利兑现对业主各项承诺的同时，完成施工管理技术的成熟积累，实现自身的成长与飞跃，并得到业主、监理以及社会各界的一致好评。

标准化管理 创精品工程

——中铁建工集团有限公司国家电网公司智能电网科研产业（南京）基地工程项目

夏克平 王建营 吉明军 王 坚 杨春生 汪 庆 辛建珍 董晓青

【摘 要】 国内首个以智能电网自主技术研发、核心装备制造、关键产品检测为主要内容的科研产业基地，由国网电力科学研究院于南京江宁经济技术开发区投资建设，生产调度中心作为其中的核心工程，建成后对基地整个研究开发、对内对外联络、产品展示及交流起着重要决定性作用。项目部自始至终贯彻集团公司"四个标准化"理念进行策划，以科学发展观为指导，以"确保扬子杯、争创鲁班奖"为目标，以标准化管理为抓手，突出管理创新、技术创新和文化创新，保证了本工程稳步推进、和谐建设，实现了精品工程的管理目标。

【关键词】 生产调度中心；标准化管理；创新；精品工程

一、工程概况

国家电网公司智能电网科研产业（南京）基地是国网电力科学研究院于南京江宁经济技术开发区投资建设的科研产业基地，位于诚信大道以北，水阁路以东，是国内首个以智能电网自主技术研发、核心装备制造、关键产品检测为主要内容的科研产业基地，如图1所示。

图1 国家电网公司智能电网科研产业（南京）基地位置图

生产调度中心作为整个产业基地的核心工程，建成后对基地整个研究开发、对内对外联络、产品展示及交流起着重要决定性作用，如图2所示。

图2 国家电网公司智能电网科研产业（南京）基地图

本工程总建筑面积72116.4m²，其中地下一层，建筑面积11834m²，共设305辆停车位；主楼部分地上19层，框架-剪力墙结构核心筒，建筑高度98.5m，外立面设计为竖明横隐单元式玻璃幕墙＋局部点式索网幕墙；裙房地上4层，框架结构，建筑高度23.5m，外墙设计为隐框玻璃幕墙＋穿孔铝板。

本工程于2011年3月1日开工建设，2013年9月30日建成投入使用。无论是工程建设管理还是工程实体质量都得到了国网电力科学研究院及南京市主管部门的高度评价。

二、成果背景及选题理由

随着深化清洁能源、促进低碳经济与可持续发展理念的深入人心，智能电网技术的应用与研究越来越普遍。

本基地建成后带来的技术和规模效应，将形成以引领智能电网技术发展为目标的科研体系、以服务智能电网产品检验测试为目标的检测体系、以支撑智能电网工程实施为目标的产业体系3大完备的智能电网技术、服务和装备支撑体系，成为国家电网公司的研究开发中心、技术服务中心、试验检测中心和设备制造中心，为智能电网建设、发展新能源提供技术和装备保障，支撑国家电网公司坚强智能电网建设，实现智能电网自主知识产权核心技术的重大突破，引领智能电网技术的发展。

本工程规模大、建设工期紧、质量标准高、技术难度大、总体协调困难，且为南京市2011年度重点工程，倍受社会各界关注。因此，工程建设必须以科学发展观为指导，坚持"功能性、系统性、先进性、文化性、经济性"的建设新理念，以全面推行标准化管理为抓手，突出管理创新、技术创新和文化创新，统筹规划、科学组织、精细管理、和谐建设，优质高效安全地建成生产调度中心，以高度的责任感和使命感将生产调度中心打造成精品工程。

三、实施时间

根据生产调度中心建设工期要求，本工程实施时间见表1。

实施时间表   表1

总实施时间：2011年3月1日~2013年9月30日	
分段实施时间	
管理策划	2011年3月~2011年4月
管理措施实施	2011年4月~2013年9月
过程检查	2011年4月~2013年9月
取得成效	2008年11月~2010年8月

四、管理重点和难点

1. 生产调度中心工程管理重点

（1）工程质量：工程质量零缺陷，单位工程一次验收合格率100%，确保江苏省"扬子杯"、争创国优"鲁班奖"。

（2）工程安全：安全零事故，实现本质安全，创江苏省建筑施工文明工地。

（3）工程进度：满足2011年12月31日主体结构封顶，2013年9月30日投入使用要求。

（4）工程成本：在保证工程质量、安全、满足总工期要求的前提下，把成本控制在合同造价范围之内。

2. 生产调度中心工程管理难点

（1）工期紧。为满足2011年年底主体结构封顶，2013年国庆节前投入使用的工期要求，工程建设要克服施工图纸滞后、梅雨季节等难题。

（2）施工技术难度大。基础施工阶段正值南京市梅雨季节，基坑支护及降水难度大；主体结构挑空、错层设计复杂，模板支架技术要求高；大跨度低松弛无粘结预应力空心楼盖设计，安装精度高、工序穿插多、管理协调量大；局部钢结构超重、超高，安全隐患多；外立面局部点式索网幕墙设计，施工缺乏操作平台，张拉难度大；室内装饰装修标准高，细部节点多，观感要求高，如图3所示。

图 3　施工技术图

（a）大跨度高支模施工；（b）高支模方案专家评审；（c）双层钢结构整体提升；（d）点式索网幕墙施工

（3）涉及单位多、专业多，协调难度大。工程建设需要协调的相关单位多达30余家，外有市政、景观、绿化等单位，内有土建、钢结构、幕墙、机电安装、装饰、建筑智能等专业单位，给工程施工协调带来极大的挑战，如图4所示。

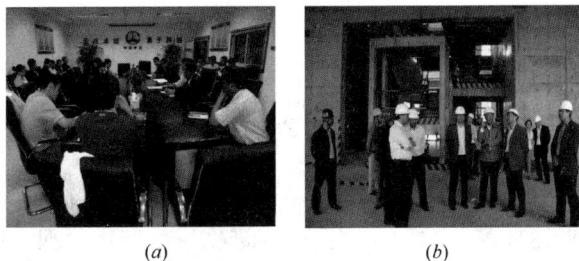

图 4　协调会图

（a）工程建设协调会；（b）现场专业协调会

（4）质量管理标准高。质量目标定位高，质量标准高，新技术推广应用多，作业量大面广，装饰细部节点多，质量管理难度大。

（5）安全管理难。超大构件多，超高临空面多，大型机械设备多，临时用电点多，多工况并存及多专业时空交叉作业，安全管理难度极大，如图5所示。

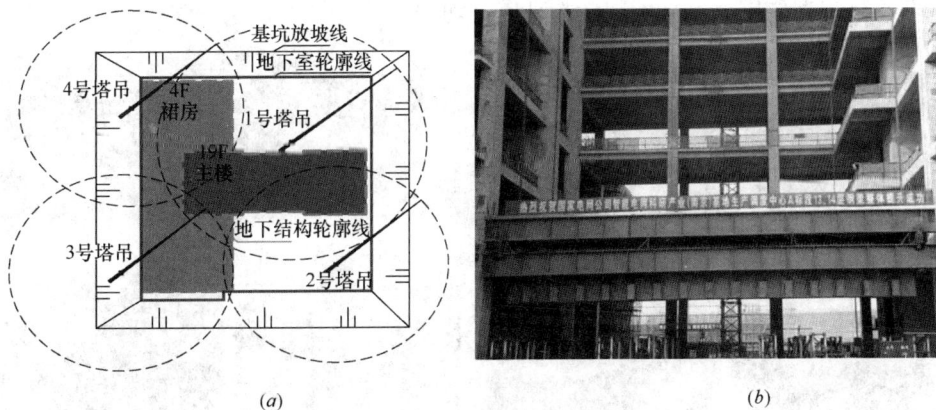

图 5　作业难度大图

（a）施工现场平面布置；（b）钢结构整体提升

（6）成本控制难。设计变更多，作业难度大，材质要求高，工期紧，项目成本控制难度大。

五、管理策划及创新特点

1. 管理策划

根据生产调度中心工程特点，按照集团公司"工期、质量、环境、投资、安全、创新"六位一体建设管理要求确定了本工程项目管理目标，根据制定的目标进行了目标值确认、责任分工和时限要求，见表2。

项目管理策划表   表2

项 目	目 标 值	责任人	完成时间
安全	零事故，创江苏省建筑施工文明工地	胡献业	2011年9月
质量	确保江苏省"扬子杯"，争创鲁班奖	夏克平	2014年9月
工期	确保2013年9月30日投入使用	杨春生	2013年9月
投资	确保投资不超额	曹志刚	2013年9月
环境	节能低碳、绿色建筑	杨春生	2013年9月
创新	"四新"技术应用不少于20项、科研技革、QC成果不少于4项	汪庆	2013年9月

2. 创新特点

为将生产调度中心打造成精品工程，项目管理从管理模式、施工技术、项目文化3个方面进行了积极探索，以科学管理创精品、以技术创新促发展、以先进文化聚人心。

（1）管理模式创新。实现精品工程的质量目标，归根结底要靠科学管理来保证。本工程认真贯彻集团公司对标准化建设要求，从管理制度、人员配置、现场管理、过程控制4个方面着手，牢固树立"事事有标准、人人讲标准、处处达标准"的理念，全面推进项目标准化管理工作。

①管理制度标准化：健全完善了涵盖技术管理、质量管理、安全文明施工、综合管理4个方面105项管理制度。

②人员配置标准化：设立工程技术部、安全质量部、成本计划部、物资部、财务部、综合办公室六大职能部室进行建设管理，按照"管理有效、监控有力、运作高效"原则组建了3个主体劳务班组、5个专业劳务队，保证了人员数量和队伍素质满足工程建设需要。

③现场管理标准化：主要从施工区、办公区、生活区、现场安全管理四大方面进行规划布置，对各种临时设施、加工场、材料堆场的位置、大小、形式进行了统一策划，并在各施工路口、重要部位、醒目地点等位置设置标识、标牌、宣传图牌等，如图6所示。

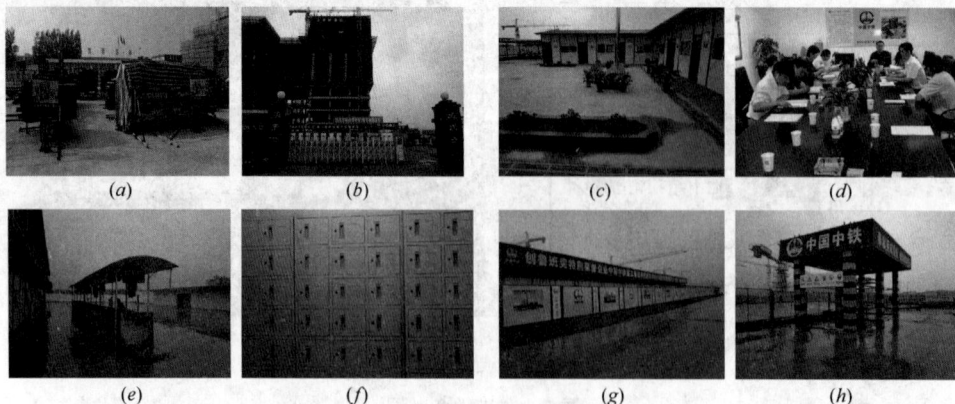

图6 现场管理图

（a）施工区；（b）材料码放；（c）办公区；（d）会议室；（e）生活区晾衣棚；（f）生活区手机充电室；
（g）工地围墙（h）加工区域

④过程控制标准化：主要针对施工过程中质量控制、安全控制、文明施工控制等方面进行了精细管理。规范工艺流程，严把质量关；规范安全防护措施、重点把控重大危险源；确保本工程建设无质量、安全事故，如图7所示。

图7　过程控制图
(*a*) 模板涂刷脱模剂；(*b*) 工序检查三检制；(*c*) 混凝土外观管线排布；
(*d*) 文明施工；(*e*) 文明施工；(*f*) 预应力空心楼盖

（2）施工技术创新

本工程具有建设标准高、专业复杂、系统集成度高的特点，必须通过技术创新解决施工技术难题。项目部始终坚持技术先行，大力开展科技创新、技术攻关，为创建精品工程提供了强有力的技术支撑。

①广泛应用新技术。坚持先进性与经济性相统一的原则，在工程建设中广泛应用"四新"技术，共推广应用建筑业10项新技术中的42个子项。其中钢结构计算机控制整体顶升与提升安装施工技术的应用简化施工、节约成本，建筑外遮阳技术、VAV变风量空调系统的应用节能低碳，新技术经济环保的示范效应充分显现，如图8所示。

②组织重大课题攻关。本工程建设十分注重具有前瞻性、关键性重大课题研究，重点围绕"大跨度低松弛无黏结预应力空心楼盖施工"、"62.9m高钢结构双层叠合整体提升施工"等关键性技术，专门成立了以高等院校、科研院所为核心，各参建单位为补充的课题组集中攻关，并取得突破性进展，为大型公建施工提供了可靠的技术保障。

图8　新技术应用图
(*a*) 铝板幕墙；(*b*) 索网幕墙

③坚持自主创新，推广技术创新成果。生产调度中心在吸收消化现有公建施工技术基础上，通过自主创新解决了420人无柱大空间报告厅施工、VAV变风量节能空调系统调节等技术难题。同时，项目十分重视工程建设技术总结和系统集成，全面做好创新成果的推广应用，为建设功能先进的精品工程提供了强大的技术支撑。

（3）项目文化创新

以"落实科学发展观、构建和谐工程"为指导思想，依据企业文化发展战略，规范了项目文化建设的视觉识别、行为识别、理念识别。通过项目文化的创新建设，凝聚全体干部职工的思想意志，汇成强大的建设合力，快速稳步推进了工程建设。

①构建创新文化，增强发展潜力。积极引导广大职工树立"发展是第一要务"、"科技是第一生产

力"、"人才是第一资源"的观念，组织职工广泛开展技术攻关、科技创新、献计献策和"创建学习型组织、争做知识型职工"活动，加强高技能职工队伍建设，大力培养"专家型职工"、"金牌职工"、"首席职工"，为工程建设提供强有力的人才支撑，不断推动项目的制度创新、管理创新和技术创新。

②构建廉洁文化，净化发展环境。把廉洁文化纳入项目文化的建设规划中，进一步加强干部职工的廉洁从业和职业道德教育，进一步规范从业行为，形成爱岗敬业、诚信守法、行为规范、道德高尚的项目文化，营造廉洁的项目建设环境。

③构建和谐文化，积蓄发展条件。在项目部广大职工中广泛开展和谐企业创建活动，努力营造项目内部和谐的人际关系，外部和谐的社会环境，以和谐促发展，以发展建和谐。

六、管理措施实施及风险控制

1. 质量管理

（1）成立以项目经理为组长，项目副经理、项目总工程师为副组长的创优工作小组，制定详细的创优规划及实施细则，做好事前策划，使项目创优工作有条不紊地开展。

（2）建立健全各项质量管理规章制度，制定质量标准及操作工艺，实施全面质量管理，积极开展QC小组活动，不断推进"四新"技术应用，不断提高施工工序质量控制能力，保证工程质量达到优质标准。

（3）落实质量岗位责任制，将质量目标层层分解，人人有责。每月进行质量考核评比，奖优罚劣，使质量管理工作走向制度化、标准化、程序化。

（4）重点加强过程控制，严把材料进场、工序验收、隐蔽验收各道质量关，加强质量通病预控，不断提高施工质量，以工序精品、过程精品实现最终的工程精品，如图9所示。

图 9　过程控制
（a）钢筋半成品；（b）材料标识；（c）梁钢筋隐蔽验收；（d）砌体隐蔽验收

2. 安全管理

（1）建立健全安全管理体系、制度，明确安全管理目标，确保责任落实到人。

（2）强化安全生产教育培训，增强全员安全生产意识，提高全员安全防范能力。

（3）建立日巡检制、周检查制和月教育考核制，加强安全生产监督检查，消除安全隐患。

（4）认真落实安全技术方案及交底，加强重大危险源识别和管控，加强应急救援预案演练。

（5）实行安全防护标准化，建立安全防护设施验收体系，定期开展安全防护设施检查，如图10所示。

图 10　防护图
（a）外架防护；（b）临边防护

3. 成本管理

加强合同管理，重视合同交底，注重技术与成本互动，做到人人心中有本账，对设计和现场变更及时签证，责任明确。

4. 进度管理

充分发挥项目管理软件作用，实施动态管理，由技术负责人核对每天进度，与制定的总控计划及节点工期对比，如出现偏差，分析原因制定补救措施，保证各阶段工期目标正点实现。

七、过程检查和监督

1. 质量目标检查

项目以创"鲁班奖"为目标建立健全了质量管理体系，并成立了创优工作小组，编制详细的创优策划书，坚决做到策划在先。通过全面推行标准化管理，坚持样板引路制、施工作业要点卡制、过程三检制等制度，积极应用"四新"技术，大力开展科技攻关和技术创新，加强全员、全过程、全方位的质量控制，实现了工程质量零缺陷、系统零故障的精品工程，如图 11 所示。

(a)   (b)

图 11　质量目标图

(a) 创鲁班奖启动会；(b) 管线安装样板

2. 安全目标检查

工程建设始终贯彻"安全第一、预防为主、综合治理"的管理方针，建立健全各项安全管理制度，认真开展安全生产教育培训考核，增强全员安全生产意识，严格落实专项方案和安全技术交底，积极开展安全生产、文明施工、绿色施工标准化建设。正是因为全员安全意识的不断增强和一系列的安全管控方案、措施得到全面贯彻落实，使得本工程安全生产实现了零事故，全员安全生产教育考核合格率100%，施工现场安全管理达标率100%，全面实现了本质安全的目标。

3. 工期目标检查

根据总体工期分解为各阶段节点工期目标，通过精心部署、优化方案，积极采取各项保证措施，进度计划以日保周、以周保月、以月保年，通过动态控制和持续改进，各阶段节点工期始终提前或按期完成，获得了业主的一致好评。

4. 环保目标检查

工程建设以"建设绿色和谐工程，保护周边生态环境"为指导思想，以"节能、节地、节水、节材和环境保护"为重点开展绿色施工。施工现场建立水循环利用系统，充分利用天然水用于结构养护、道路喷洒等；因地制宜，实现土石方填挖平衡，节地节材；幕墙中空玻璃、遮阳板低碳节能、节能灯具、变风量空调高效低耗。本工程通过科学管理和技术创新实现了节能环保、绿色施工的目标。

八、综合效果及获奖情况

1. 综合效果

通过精心策划、科学组织、精细管理，加强过程控制，注重细节处理，提升了生产调度中心的科技含量，为今后大型公用建筑的建设管理积累了丰富经验。

工程投入使用至今，结构安全稳定，装饰精良优美，各系统运行良好，实现了"功能性、系统性、先进性、文化性和经济性"的和谐统一。

2. 获奖情况

生产调度中心质量与安全管理成绩突出，社会效益显著，荣获奖项如下：

（1）南京市优质结构。

（2）南京市、江苏省建筑施工文明工地。

（3）中铁建工集团有限公司科技进步二等奖 1 项。

（4）上海市工程建设优秀 QC 成果一等奖 2 项、二等奖 1 项。

抓住重点　提前谋划
科技创新　确保工期

——中建八局中国建筑土木建设有限公司南京南站
综合枢纽快速环线项目 NZ-JCGS-B1 标工程

刘俊峰　何月方　冯亚男　吕　涛　童　敏

【摘　要】 南京南站综合枢纽快速环线项目 NZ-JCGS-B1 标是中建八局承接的南京市交通局重点工程，担负着青奥会开幕之前通车的重任，也是南京南站综合枢纽快速环线工程中机场高速公路改扩建的重要节点，作为江苏省省门第一路的景观桥，项目部结合工程特点，确立管理目标，认真进行策划，做好过程控制，先后获得江苏省"平安工地"、中建八局"新技术应用示范工地"、中建总公司 CI 银奖等多项荣誉，向企业和业主交付了满意的答卷。

【关键词】 重视策划；科技示范；狠抓落实；确保工期

一、成果背景

1. 社会及行业背景

本工程是江苏省省门第一路的景观桥，施工中确保桥梁整体整洁美观、线型流畅尤为重要。该工程分一期与二期施工。开工之初就受到社会各界的高度关注。且该项目的成功与否关系公司与南京市交通局双方合作的前景。

2. 工程简介

机场高速路跨秦淮新河大桥，如图 1 所示，是南京南站综合枢纽快速环线工程中机场高速公路改扩建的重点节点，由机场高速主线和东西集散车道跨秦淮新河主桥及南北引桥组成，由南至北分别跨秦淮西路、秦淮新河、规划滨河路、老宏运大道。

秦淮新河现状为六级航道，规划为四级航道，航道净空：7m×75m，最高通航设计水位 9.5m，最低通航设计水位 5.5m。

原机场高速主线跨秦淮河路为 17m×16m 空心板梁，跨秦淮新河桥为 7m×30mT 梁，跨老宏运大道为 3m×13m 空心板梁，由于本工程工期要求 2013 年 6 月底结束，时间紧迫，业主要求对主线跨秦淮河按规划四级航道通航标准拆除重建，跨秦淮西路，老宏运大道桥由于主线跨秦淮新河桥桥面抬高，需一并拆除重建，两侧集散车道为新建桥。

主线：机场高速跨秦淮新河大桥东、西主线标准跨度为 31.5m，采用上下行分离，中央分隔带宽 2m，单幅桥宽 16.5m。主桥上部结构采用单箱单室预应力混凝土连续箱梁，南北引桥采用单箱双室预应力混凝土连续箱梁，施工由原来的挂篮悬浇工艺变更为大型水中平台现浇形式实施。

集散车道：机场高速跨秦淮新河大桥集散车道桥梁标准宽度为 15.5m。主桥上部结构采用单箱单室斜腹板预应力混凝土连续箱梁，南北引桥采用单箱双室斜腹板预应力混凝土连续箱梁。

3. 管理目标

质量目标：争创"鲁班奖"。

安全目标：工程无人身伤亡事故，一般事故频率小于 1.5‰，创建江苏省"平安工地"。

图 1 机场高速路跨秦淮新河大桥图

工期目标：工程开工时间：2011 年 1 月 10 日；工程竣工时间：2013 年 6 月 30 日；本工程总工期为 882d。

二、选题理由

由于老机场高速公路已不能满足车辆通行要求，因此迫切需要在不中断交通的情况下施工新桥，满足车辆通行要求。本工程工期紧、任务重、技术难度大、施工安全要求高，为了满足业主要求，项目部确立了"抓住重点、提前谋划、科技创新、确保工期"的项目管理指导思想，并贯穿施工全过程。

三、实施时间

见表 1。

实施时间表   表 1

实施时间	2011 年 1 月～2013 年 6 月
分阶段实施时间表	
管理策划	2011 年 1 月～2011 年 2 月
管理措施实施	2011 年 3 月～2013 年 5 月
过程检查	2011 年 3 月～2013 年 5 月
取得成效	2013 年 5 月～2013 年 6 月

四、管理重点及难点

1. 管理重点
本工程管理的重点主要在质量、安全、工期、成本控制 4 个方面。

2. 管理难点
（1）施工难度大，技术要求高

机场高速跨秦淮河大桥有 8 个桥墩处于秦淮河中，秦淮河水深 5.5m，地质复杂，且环保要求高，不能有任何污染，水中基础施工难度大；一期主桥采用挂篮悬臂施工方法，二期主桥将悬浇变更为现浇的方法，且主墩与桥轴线偏角 24.1°，给 0 号块段临时锚固及支架搭设带来一定难度，斜交正做是本主桥施工特点。

（2）桥梁线形及外观质量要求高

机场高速跨秦淮河大桥作为省市第一路的景观桥，施工中确保桥梁整体整洁美观、线型流畅尤为重要。由此可见，桥梁结构施工中不仅要保证其内在质量，同时，其外观质量具有非常重要的意义。

（3）周边环境复杂，文明施工要求高

机场高速跨秦淮河 NZ-JCGS-B1 标段地处于南京市江宁区；周边均为居民区，跨秦淮河大桥。施工期间对现场交通组织及文明施工都有非常高的要求，其表现是：进出施工现场施工车辆要求基本无尘土；夜间施工时产生的声音要使附近居民能接受；不能中断或妨碍水上交通，注意保护各种管线设施；施工围挡要规范、整齐、干净。

（4）工期紧，施工准备时间短，施工组织的科学性要求高

机场高速跨秦淮河桥一期施工工期仅有 12 个月，从 2010 年 12 月底进场至 2011 年 1 月 10 日开工，准备时间不足半个月，且跨春节年关，所以工期压力很大。加之机场高速跨秦淮河大桥桥型确定晚，出图滞后，给各种施工方案确定所留时间太少，这些均对施工组织的科学性提出了很高的要求。

（5）质量目标高

争创"鲁班奖"。

五、管理策划及创新特点

1. 管理策划

项目开工前，项目领导班子结合项目特点及项目规划定位，深入调查研究，加强与业主、设计单位的沟通，认真分析施工过程中所有风险控制点，紧紧围绕经济效益、社会效益、风险控制等 3 个方面以施工技术创新为主线，制定目标，明确责任分工，保证目标的实现。

2. 目标值的确定

在了解业主方需求的前提下，制定了工程项目管理的目标，安排相应责任人，确定完成时间，见表 2。

项目管理目标值 表 2

项　目		目　标　值	责　任　人	完　成　时　间
风险控制	质量	"鲁班奖"	刘俊峰、何月方	2011 年 4 月
	工期	2013 年 6 月 30 日竣工	吕涛	2011 年 3 月
	成本	降低成本 5%	冯亚男	2011 年 5 月
	安全	工程无人身伤亡事故，一般事故频率小于 1.5‰	刘俊峰、徐吉领	2011 年 4 月
文明施工		创建江苏省"平安工地"	徐吉领	2011 年 4 月
环境保护		无投诉	徐吉领	2011 年 4 月

3. 创新点

（1）项目建设过程中以精细化管理为起点，将管理深入到项目的每一个细节中，以施工技术创新、工艺改进为动力，解决技术难题，将技术创新与精细化管理相结合，使整个项目在实施过程中各项目目标都得以充分实现。

（2）创建平安工地。项目部非常重视安全文明施工，未发生一起安全责任事故。2012 年度成功创建省级"平安示范工地"。

4. 技术创新

本工程推广应用了建筑业 10 项新技术中的 6 大项，11 个子项，应用了中建八局 10 项新技术中的 3

个子项，并最终形成 5 项创新技术。"大型跨河阶梯型水中钢平台"，如图 2 所示、"引孔钢板桩"、"装配式现浇梁过路门洞支架"、"现浇梁外立面无痕封锚结构"、"桥梁承台拉森桩围堰堵漏装置"，如图 3 所示，等 5 项新技术获得国家专利。

图 2　完成的部分水中平台图

图 3　完成的钢板桩围堰图

六、项目管理措施实施与风险控制

1. 技术、质量管理措施

（1）技术管理

①技术文件实行传阅存档制度，确保施工资料的可追溯性。

②每道生产工艺预先进行技术交底，对施工班组长交底内容侧重于技术指导和质量控制，施工人员的交底侧重于工艺操作原理和安全防范。

图 4　两次临时固结体系图

③创新技术指导生产。充分发挥贝雷轻巧、快速、经济、互换性强和容易组装等特点，替换传统型钢支撑支架，节约钢材 1800 余吨；发明装配式现浇梁过路门洞支架，重复利用门洞支架，形成一个便携装配式门洞，大大节省了门洞材料及措施费用等，并取得了专利；项目部针对主墩和梁呈斜向交角布孔的 0 号块施工技术进行了开发与创新，对该结构条件下 0 号块支架及临时固结形成创新施工技术，如图 4 所示。

（2）质量管理

①严把进场物料质量关口，杜绝将质量隐患带入生产环节。指派专人驻场，杜绝构建"带病入场"，对进场材料设备、构配件进行验收，发现缺陷提前反映或拒收，其中材料进场进行三方联合验收制度。

②生产工序推行过程控制、发挥全员参与管理职能。在现场主要工序施工期间，实行工长旁站监督制度。根据施工内容，提前对作业人员进行质量交底，讲解工艺原理，明确工序质量目标，提高操作人员质量意识，发挥全员参与的管理职能。

③考评岗位职责、推行全面质量管理。将质量管理纳入岗位职责范畴，每月进行管理效果考评，设立月度质量管理"明星员工"公示栏。现场管理遵循全面质量管理方法，采用 PDCA 循环管理模式，加强计划、执行、检查、整改环节的落实力度。

2. 生产、安全管理措施

（1）生产管理

创造条件，采用接高退搭法水中钢平台搭设，即利用平台位置先打设钢管桩形成低平台作为施工作业的临时便桥。随后，采用逐块接高，吊机后退施工形成支架平台的施工方法。该方法为项目节省了大量的材料及时间。

（2）安全管理

①安全措施落实到位，严格整改隐患情况。加大施工措施的安全防护范围，设置登高爬梯、高空操作平台、防坠器保护措施，重大施工措施使用前报监理验收，使用过程中每周组织项目管理人员开展周检活动，对发现的安全隐患责令班组整改。

②公示重大危险源，开展各项安全培训教育活动。每周召开安全生产例会，指出并点评现场违章操作行为，每月开展农民工夜校培训，加大安全宣传力度，提高施工人员安全意识和防范技巧。

3. 工程成本控制

（1）公司与项目签订详细的成本责任状，明确公司与项目的责、权、利。

（2）项目进行总体成本策划，按施工节点制定项目工程节点计划成本、预算成本，指导全员参与成本管理。

（3）从源头加强物资、劳务、专业分包及设备的招标管理，选择质优价廉的分供方。

（4）严格执行合同条款，加强过程结算的审核。

（5）分节点开展成本分析，加强过程成本控制，公司每两月对项目成本管理进行一次综合检查。

七、过程检查与监督

加强现场管理，以项目管理手册为依据，以项目管理各项制度为准则，对项目进行动态管理。项目定期召开生产例会，分析工程进展情况，并根据现场实际情况组织劳动竞赛，对超进度、保质量完成的劳务队伍及项目管理者，给予物质奖励并下发文件在项目内通报。未完成任务的进行处罚。

严格执行监理制度，每道工序必须经过监理工程师验收后，方可进行下道工序，施工中加强项目人员自身和作业班组的教育与培训，做到人人讲安全，时时讲质量。

加强内业资料管理，及时编制中间报验资料，做到施工实物与资料编制同步，重视内业资料编制的及时性、完整性、准确性，积极配合业主迎接第三方检查，发现问题及时纠偏回复。

八、管理效果和评价

在该工程中项目部认真分析工程难点，通过提前谋划、科技创新施工，控制施工过程中的关键点、关键工序，总结以往在施工管理中的优秀经验，使"抓住重点、提前谋划、科技创新、确保工期"在项目管理中能够实现。

1. 管理目标完成情况

质量："合格"。

工期："达到合同约定的要求"。

安全：在整个工程运行中，未发生安全事故。

成本：工程成本降低 5.3%。

文明施工：获江苏省"平安工地"称号。

2. 项目培养了一批业务骨干，通过本工程完成了多项论文与成果发表

粉砂岩地层大直径桩分级旋挖成孔施工技术. 建筑施工，201202.

浅谈单层钢板桩围堰施工中的堵漏措施. 建筑施工，201202.

《粉砂岩地层大直径桩分级旋挖成孔施工技术》通过北京住房和城乡建设委员会鉴定，其技术达到国内领先水平。

3. 本工程所应用的新技术

见表 3。

序号	新技术新工艺		子项内容
1	一	地基基础和地下空间工程技术	1.1 灌注桩后注浆技术
2	二	混凝土技术	2.5 纤维混凝土
3			2.6 混凝土裂缝控制技术
4	三	钢筋及预应力技术	3.1 高强钢筋应用技术
5			3.3 大直径钢筋直螺纹连接技术
6			3.5 有粘结预应力技术
7	四	模板及脚手架技术	4.1 清水混凝土模板技术
8			4.2 盘销式钢管脚手架及支撑架技术
9			4.14 挂篮悬臂施工技术
10	五	抗震、加固与改造技术	5.1 深基坑施工监测技术
11	六	信息化应用技术	6.1 工程量自动计算技术
12	混凝土技术		2.5 高性能混凝土应用技术
13	模板脚手架及其他施工设施技术		4.11 贝雷片支撑应用技术
14	监测与信息化应用技术		监测与信息化应用技术
15	墩梁斜向布孔 0 号块支架及临时固结施工技术		
16	坚硬土层钢板桩射水引孔下沉围堰施工技术		
17	大直径钻孔桩旋挖钻头套打成孔技术		
18	搭设大型水中平台施工技术		
19	桥梁施工中变形控制		

（注：表格左侧分类：序号1-11为"10项新技术"；序号12-14为"中建八局10项新技术"；序号15-19为"自主创新技术"）

4. 社会效益

南京南站综合枢纽快速环线项目 NZ-JCGS-B1 标通过新技术和创新技术的成功应用，缩短了施工工期，降低了施工成本，保证了施工质量，得到业主、监理及社会各界的好评。同时积累了施工经验，为将来同类项目的施工提供了技术依托。经过 3 年的艰苦努力，南京南站机场高速项目获得圆满成功，荣获诸多荣誉。

（1）2011 年南京交通工程安全工作"先进集体"。

（2）2012 年南京交通工程安全工作"先进集体"。

（3）2012 年度江苏省公路水运工程"平安工地"奖。

（4）2012 年中建总公司 CI 银奖。

（5）2012 年中建总公司廉政文化示范点。

（6）中建八局新技术应用示范工程。

以标准化管理推进企业发展

——中建一局集团第三建筑有限公司紫檀家具加工楼等 3 项（富华产业科研、车间）工程项目

王　亮　李国栋　姚　江　徐　未　杨东来　王　超

【摘　要】 针对项目部实施的占领高端市场战略；项目加强企业内部"标准化"，内塑形象、外树品牌。项目部稳抓管理，从而提升施工技术水平，加强安全、质量和成本管理，集成工程建设成套管理和施工技术的开发，合理高效履约，从而在实践与不断完善中成长、提高。

【关键词】 高端市场；标准化；履约

一、工程简介及选题理由

1. 工程简介

北京富华产业园位于北京市朝阳区高碑店乡，东五环路以西，京通快速路以北。本项目由两部分组成，北侧为紫檀家具加工楼，为多层结构，主要楼面 3 层，局部 4 层，檐口标高 21.35m。南侧为紫檀车间楼为高层结构，共 18 层，檐口标高 83.90m，总建筑面积 61843m²。项目建成后形成集紫檀家具加工及展示、科研为一体的新型紫檀产业基地。结构形式：多层部分为钢筋混凝土框架-剪力墙，高层部分为钢筋混凝土框架核心筒结构，地基多层部分采用天然地基，采用抗浮锚杆抵抗水浮力，高层部分采用 CFG 桩加固地基。基础形式：多层部分采用钢筋混凝土平板筏基，高层部分采用钢筋混凝土梁板筏基。

本工程由北京富华丽紫檀木宫廷工艺品有限公司投资，设计单位为北京市建筑设计研究院有限公司。工程由中建一局集团第三建筑有限公司总承包。

2. 选题理由

面对目前建筑市场越来越激烈的竞争，并伴随着科技的发展及全球化经济的到来，对于建筑施工企业来说，高端市场竞争条件下的战略手段——企业"标准化"管理已成为众多企业制胜的法宝。良好的管理模式是企业花费了巨大的时间和精力建立起来的。企业只有确保对业主合理高效的履约，提升施工技术水平，才能取得社会各界和公众的信赖、欢迎和支持，才能奠定交往和合作的基础，使企业争取一个适宜自己发展的良好的外部环境，并达到扩大和占领市场的发展愿景。

二、实施时间

2013 年 1 月～2014 年 10 月。

三、管理的特点及难点

富华紫檀项目工程需要协调的相关单位多，包括土建、钢结构、幕墙、给排水、供配电、空调、二次装修、门窗、建筑智能化、燃气、各专业分布交叉多，工作面组织难度相当大，安全管理和分包质量控制困难。在成本管理上，设计变更多，施工难度大，对人工成本的影响很大。

四、管理的策划和创新特点

作为施工总承包方的中建一局三公司，受业主的委托，对设计、施工分包单位和专业分包单位进行全过程的管理。对设计、施工分包单位进行统一协调，组织管理，有力地保证了整个项目的顺利实施，提升了项目的技术水平。具体采取了以下创新特点：

1. 创新管理模式

发挥集团优势，建立了局、公司、项目三个层次的项目管理创优小组，充分利用局各项优势资源，保证项目的质量、进度、安全、资金、商务、材料等管理策划详细、有效和及时到位。并建立了月例会制度，进行了跟踪考核。

2. 创新施工技术手段

组织专业开发小组开发富华产业科研、车间工程建设成套技术，针对工程力学、钢—混凝土交叉主体结构、大跨度预应力、种植屋面、幕墙等对工程管理影响的关键技术组织产、学、研一体化的技术攻关小组，充分组织社会力量，在短期内做好施工方案、检测和过程监控方法、材料计划、各专业配合计划等策划，在科技手段提高施工的机械化、信息化程度，加快进度和材料采购速度，降低劳务作业难度从而降低成本。

五、管理措施实施和风险控制

1. 建立健全项目质量管理体系

在质量管理上，我们以创结构长城杯为目标，编制详细的项目质量验收标准和项目创长城杯策划书，坚决做到策划在前，样板先行，过程控制。

2. 实施进度计划动态管理

在进度管理上，我们坚持充分利用先进的项目管理软件，由技术负责人对每天的进度进行核对并对比各总进度节点实施计划微调、动态管理，保证各节点计划按时完成。

3. 加强安全管理

在安全管理上，与业主、监理联动，建立日巡查制，周检查制，月教育考核制，对项目实施分区管理，责任到人，实行安全竞赛，加强工人安全意识教育，从根本上杜绝安全隐患。

4. 坚持资金按计划调度制度

在资金管理上，实行项目计划，公司统一监督调配制度。工程开工阶段由项目按进度计划、材料及劳务进场计划，编制资金需用计划，公司财务部设专人专账负责管理资金往来；工程施工阶段由项目按月提交资金计划报财务审核后由分管专人负责按计调配。

5. 及时做好合同管理工作

在商务管理上，注重技术与商务互动，重视合同交底，做到人人心中有本账，对设计和现场变更及时签证，责任明确。

六、过程检查和监督

1. 质量管理

2013年全年，富华紫檀项目部响应公司标准化管理在质量管理方面进行了"六个计划、一个策划"的编制：工程检验批划分及验收计划、工艺试验及现场检（试）验计划、物资（设备）进场验收计划、关键部位控制及监测计划、工程技术资料管理计划、工程预检验收（技术复合）计划结合了项目自身特点进行了合理优化，工程项目质量策划书中重点保证关键部位的关键节点，坚决杜绝质量事故的发生。富华紫檀项目部成立之初就已制定了北京市"结构长城杯"的工程质量目标并要求争创北京市"结构长城杯"金奖。为保证项目能够完成既定的"长城杯金奖"的质量目标，在项目施工初期，项目召开"确保创长城杯金奖"的质量专题会，在会议上主要对现场质量管理人员和分包主要现场管理人员进行了长城杯质量要求的针对性交底和讲解，使现场每一位质量管理人员熟知长城杯对工程质量的要求。为确保创北京市结构长城杯，在日常的质量管理过程中加强了过程管理控制措施，使得每一位质量管理人员做好"质量管理，人人有责"。

2. 环境、安全文明施工管理

做好前期策划，制定安全技术方案、环境和职业安全健康管理方案，对危险源及危险因素进行识别。建立管理体系，责任落实到人。实行安全防护标准化，建立标准图集，对工人进行培训，重点对高空作业及防护措施、防高空坠落、防物体打击、防火等方面进行控制。建立防护设施验收体系，各项安全防护设施从方案制定开始，到防护设施的搭设，到最后的验收均有专人负责，各项防护设施在通过验收后方可使用。强化安全教育，所有进场人员均经过三级安全教育，特殊工种定期进行培训。建立日巡查制、周检查制和月教育考核制，责任到人，奖罚明确，重视培训。

3. CI 工作管理

组建了由项目经理任组长，项目工程部经理为常务副组长，项目各部门有关人员为组员的 CI 创优执行小组，为创优工作提供了组织保障。结合工程特殊的地理位置以及场地特点，做好 CI 策划，并请专家进行现场指导，为项目 CI 工作开阔思路。通过工地大门、围墙、图牌、标语、广告布等方式，向社会各界展示良好的中建形象。不断完善现场 CI 达标创优管理，项目部定期组织检查，发现问题及时整改，经常修补和翻新。

4. 商务工作管理

增强全员成本意识是提升项目盈利能力的保证：要提升项目盈利能力，首先要用成本管理意识武装项目成员的头脑，向全体成员灌输成本管理理念，结合员工的切身利益让每位员工充分认识到成本管理好了，盈利增加了，大家工资报酬才能提高，反之降低，进而感受到成本管理的重要性，增强其在日常工作中成本管理的主人翁意识。开工之初，经营部就施工合同中的重点内容向全体人员做了详尽的合同交底，使每位员工对履约内容有了充分认识。

合同签订：无论是劳务合同、分包合同还是采购合同，及时签订对项目自身管理及成本控制起着关键性的作用，使各项谈判及结算工作有章可循、有据可依。项目部针对合同细节部分，仔细研讨，将劳务合同细化，通过过程中经营部与工程部的密切配合，最大限度降低零星用工。

钢筋等大宗材料的管理：钢筋是结构工程中一项重要的材料，经常会对整个项目成本管理的好坏和盈亏产生非常关键的影响。项目上对成本控制采用责任成本管理，为每一个环节的责任人树立成本观念。比如，规定废料钢筋的长度，如果发现有超过长度的钢筋并入废料，造成钢筋浪费，则对其责任人进行相应处罚。各个环节的责任人应随时跟踪施工过程，并配合相关专业人员，提供技术和数据上的支持。如为预算人员提供材料消耗基本数据并及时与预算人员进行理论数据核对，发现问题及时反馈和解决。项目上针对现场材料采取"限额领料"原则，流程经工程、技术、物资、经营等各部门确认，使项目全体人员对施工进度有全面了解，有效控制材料浪费。

及时、灵活办理洽商变更：面对三边工程，施工图纸变化较大，虽然工程严格按照施工图施工，但经常遇现场与图纸不符地方，此时工程便于技术共同研究施工方案，提前办理洽商变更。洽商变更由工程、技术、经营共同参与编制，确保我方利益，杜绝先施工后办签证。在接收业主洽商变更时慎重考虑，如遇变更严重损害我方利益，则需对变更导致经济损失予以确认后方可进行后续施工。

另对于合同中出现的收入价小于市场实际支出价格，项目上通过各种方法调整收入或支出，如变更材料做法等，取得收益最大化。

及时办理完工结算：为避免结算时间拖得太长对现场部分细节遗忘，同时为过程中的成本分析提供真实可靠的数据依托，过程中需及时办理阶段性完工结算。目前，项目部针对劳务结算已做到月清月结，最大限度的避免了争议拖到最后成为让利的砝码的风险。

5. 工程成本控制

公司与项目签订详细的成本责任状，明确公司与项目的责、权、利。项目进行总体成本策划，按施工节点制定项目工程节点计划成本、预算成本，指导全员参与成本管理。从源头加强物资、劳务、专业分包及设备的招标管理，选择质优价廉的分供方。严格执行合同条款，加强过程结算的审核。分节点开展成本分析，加强过程成本控制，公司每两月对项目成本管理进行一次综合检查。

6. 资金管理

明确资金由公司财务部指定专人统一建账管理，项目必须及时报批项目总的资金计划和月付款计划、材料采购计划。项目资金支付与收款挂钩，以收定支。充分利用合同条款及政府政策，加大工程款催收力度。材料采购由公司材料部按项目计划统一进行。职责明确，确定项目经理是催收清欠第一责任人，同时公司财务部安排专人负责资金管理，配合项目办理收款手续。

七、过程检查和监督

项目坚持树立中国建筑品牌形象，弘扬企业精神，打开高端市场新局面为核心，在物资采购及劳务分包选择上，项目严格按照集团信息平台进行选定，并力争取得业主后续工程；在成本管理、劳务管理、技术质量控制和工程进度等方面严格按照《项目管理标准化》进行管理监督。"策划"是关系到全面提升项目履约能力的重要手段，开工前项目部针对项目的不同特点及合同要求做好项目策划，并形成统一的工程建设目标动态管理模型，通过实施过程中的实施分析与动态调整，推动各项建设指标的实施，确保对业主合理高效的履约。

八、管理效果及评价

项目通过精心组织、集成创新，加强过程控制，注重细节处理，提升了施工技术水平及标准化管理，项目商务管理效果明显，成本收益率 4.5%，截止竣工时回收工程款 100%。

质量与安全管理成绩突出，社会效益显著，获省、市级以上奖项如下：

（1）北京市结构"长城杯"金质奖。

（2）2013 年度集团"省、市级观摩考察样板工地"。

（3）北京市绿色施工文明安全工地。

（4）中建总公司"CI 示范工程"。

（5）2013 年度中建一局集团 TOP100 大项目部金奖。

面对全球经济一体化和信息时代的到来，三公司开始了新一轮的探索与攀登。在"谦和、达情、知忧、善进"企业核心精神的引领下，三公司将在机遇与挑战中，不断发奋图强、完善自我，不断提升企业的核心竞争力，以更新、更高、更快的发展模式，开拓新的局面，创造新的业绩，回报业主、回报社会，再铸三公司新的辉煌！

攻克关键施工技术 顺利建设半山坡建筑

——北京建工四建工程建设有限公司南滨路商住区第二期后排总承包工程项目

郑 虎 陈传应 李 峰 郎 刚 王 浩

【摘 要】 南滨路商住区第二期后排总承包工程位于重庆市长江南滨路黄金地段，远眺苍翠南山，近揽长江江景，是高品质、时尚住宅建筑，也是北京建工四建公司挺进重庆的第一个工程。在工程实施之前，项目部提前策划，细化目标，制定了详细的管理措施，加强过程检查和控制，在工期、质量、技术、安全等管理中创新管理方法，圆满地实现了策划目标，取得了良好的效果。

【关键词】 山坡地；人工挖孔灌注桩；异形超高层；施工管理

一、工程概况及成果背景

南滨路商住区第二期后排总承包工程位于重庆市南岸区南滨路以南至后堡城市阳台，宏声路、福虹支路以西的后排部分，总建筑面积 95495.70m²。由 B8、B9、B10 栋住宅楼、D5 裙楼、D4 地上车库、CST3 住宅穿梭塔组成，结构类型为框支剪力墙、框架-剪力墙结构，基础类型为人工挖孔灌注桩及承台筏板基础、独立基础。B8、B9、B10 栋住宅楼分别为 38 层、41 层、43 层，主楼建筑高度为 150m，裙楼 3 层，车库 6 层，穿梭塔 3 层，如图 1 所示。

二、选题理由

重庆是一座山城，因特殊地形，无法像平原城市一样统一规划，基本上都是因地制宜、依山而建。由于重庆的特殊地质条件，地基处理容易实现，给超高层的出现创造了有利技术条件。本工程是典型的山坡地建造超高层建筑，通过开挖、回填或架空获得建设用平面。建筑红线多半是根据自然边坡划定，现场地貌为多级台阶和高空临边，高低落差达 60m，地貌复杂，土质为泥岩和砂岩，岩石硬度极大，现场 70% 以上的岩石开挖都需要采用人工水钻铣孔施工。

图 1 效果图

本工程的业主方和记黄埔和咨询公司威宁谢均为全球性的跨国公司，代表着世界上较为先进的经营管理组织模式和思维方式，能与这样的"顶尖高手"博弈，无疑对于自身而言，将大有裨益。但是仅仅从合同而言，业主严密到几乎苛刻的合同条款和对工艺流程的高标准要求，就使得工程的难度更大。

项目部通过科学精心的施工管理，保证了工程的顺利开展，取得了不错的社会效益和经济效益，并积累了宝贵的施工经验。

三、实施时间及目标

项目部 2010 年 5 月 7 日开工；2013 年 5 月完成竣工四方验收，见表 1 所示。

实施时间表		表1
实施时间	2010年5月7日～2013年5月	
分阶段实施时间		
管理策划	2010年5月～2010年6月	
管理实施	2010年5月～2013年5月	
过程检查	2010年5月～2013年5月	
取得效果	2010年6月～2013年5月	

1. 质量目标

中华人民共和国《工程施工质量验收规范》"合格"标准。

2. 工期目标

开工日期2010年5月7日，总工期：900个日历天。

3. 安全文明施工目标

达到重庆市"文明安全标准工地"的要求，杜绝因工死亡事故，重伤事故、轻伤事故控制在3‰之内。

4. 环境保护管理目标

无扬尘、无污染、无扰民、低噪音、无环保投诉；坚持污染预防，使用环保建材，营造花园工地，确保工程周边环境质量；室内环境检测一次达标，实现绿色施工。

5. 经营目标

合同履约率100%，成本降低率1%，完成公司下达的经济责任指标。

四、管理重点和难点

1. 场地狭小

由于本工程地处山坡，没有空余的施工场地，平面布置困难，无法形成环行道路，施工组织管理难度大。

2. 工程体量大

本工程总建筑面积约10万 m²。石方开挖量大，基础地质为中风化砂岩及泥岩，桩身、独立基础、承台、边坡、挡墙共开挖1.2万 m³ 石方。结构实体工程量大，钢筋工程约1.3万 t，混凝土工程约7.7万 m³。

3. 工程设计复杂

（1）本工程标高复杂多变，如图2所示。裙楼（±0.00＝226.80m）为3层架空空间，裙楼顶板上为园林绿化、消防车道。主楼（±0.00＝257.4m）首层位于裙楼顶板上。车库6层顶板（245.00m）上设室外游泳池，与裙楼吊一层（246.60m）功能用房配套使用。CST3穿梭塔（±0.00＝202.50m）是连接一、二期的空中交通枢纽，二层设人行通道与车库首层室外消防车道相连。裙楼顶消防车道高架桥入口标高为272.00mm，道路在裙楼顶板环绕"S"形后进入车库6层。

图2 原始场平标高图

（2）本工程基础形式多样，地质条件复杂，如图3、图4所示。基础有人工挖孔灌注桩、独立基础、筏板基础。人工挖孔灌注柱共计120个。设计最大桩长14.30m，最短桩长6.00m，设计桩径有3.15/1.5m

（椭圆形）、2.5m（圆形），2.15/1.5m（椭圆形）、1.0m（圆形）。独立基础约100余个，最小截面尺寸0.8m×1.0m×0.6m，最大截面尺寸3.0m×3.0m×1.2m。住宅楼桩顶为异形承台筏板，B8、B9、B10栋住宅楼筏板高度分别为：2.5/3.2m、2.5/3.3m、2.8/3.5m。

图3　山坡桩施工平台开挖及井圈砌筑图　　图4　人工挖孔桩开挖图

在主楼、裙楼、车库基础下，有多个废弃人防洞，经过精确测量定位后，部分人工挖孔桩须穿过人防洞，保证桩身开挖质量及施工安全，成为桩基施工的一个难点。

部分人工挖孔灌注桩位于边坡上，主楼为不规则异型多处为圆弧，桩位及圆弧精确定位是本工程的重点。

由于特殊地质条件，石方开挖须采用水钻开挖方法，桩开挖过程中要保证桩身垂直度、桩径、桩长、桩身扩大头质量。B8、B10栋住宅楼筏板局部位于山坡外，处于悬空状态，筏板内大体积混凝土浇筑质量、安全是本工程的又一个重点。

4. 工程质量标准高、注重工程细节

和记黄埔除了拥有一套非常完整的成本管理系统之外，还有一套异常细致的质量控制体系，且他们对质量的控制具体细化到每个部位，每个细节，不允许有任何偏差。他们有自己的QA质量检查小组，每隔40d来工地一趟，专门检查施工现场中出现的质量问题，汇总之后直接上报香港的董事会。但这无形之中对项目部是一种压力，同时也是一种提高。项目部在施工中，比以往任何工程的要求都更严格，更加注意细节上的把握，避免出现质量问题。此外，和黄还有自己的供料规范，多达400多页，小到一个门合页，他们都有自己相应的标准和指定的供货品牌，这让项目部在材料采购上更加注重质量和细节。

五、管理策划及创新特点

1. 全面策划

开工伊始，项目部本着高度负责的态度，编制项目管理规划大纲、实施方案和突发事件的应急预案，明确各级管理人员相应责任，以此对施工全过程和各个关键环节进行严格控制与管理。对项目管理目标、难点、重点进行深入地分析研究，从"安全、质量、进度、成本"4个方面进行全面策划，以确保"四大"管理目标的全面实现。

2. 技术难点识别

项目部根据设计交底和业主诉求，组织专业人员通过分析设计要求、合同条款、建设背景、地域环境、使用功能、建筑特点，结合总进度计划和各节点目标，识别出测量定位、异型混凝土结构、边坡承台、桩穿防空洞、高架桥入口结构等技术难点。有针对性的梯次启动了垂直运输、脚手架、临边防护等重要方案的策划。

3. 成立项目质量管理小组

质量小组负责根据总体质量目标和标准规范、规程，对施工质量进行监督检查，及时消除质量隐

```
┌─────────┐
│ 项目经理 │
└────┬────┘
     │
┌────┴─────┐
│ 技术负责人 │
└────┬─────┘
     │
┌────┴────┐
│ 质量员  │
└────┬────┘
```

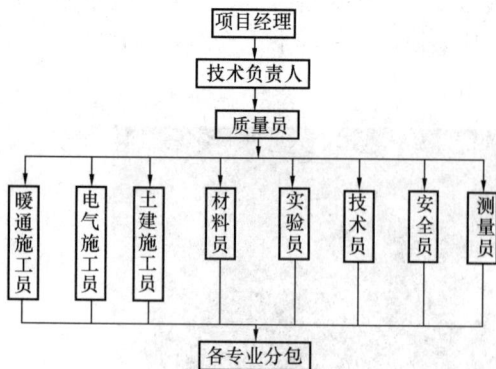

图 5　质量管理图

患，处理质量事故，定期发布质量通报。把好工程材料的质量关，做好材料检验规定，制止不合格的产品进场。深入施工现场，加强对特殊工序和隐蔽项目施工质量的监督检查，及早发现问题，及时采取预防措施，做好隐蔽项目的验收及记录。参加每周五工程质量例会，提出检查发现的问题，通过会议讨论，落实整改，并跟踪检查验收，如图 5 所示。

六、管理措施实施和风险控制

1. 安全效益是企业最大的效益

我项目坚持"以人为本、安全第一、预防为主、综合治理"方针，以"安全生产"活动为主线，有针对性地开展了一系列安全教育生产检查活动，通过加强对建筑施工安全生产管理工作，进一步完善和落实一系列安全管理措施。制定一系列安全生产制度，严格控制和排除一切安全隐患。针对边坡、桩边洞口防护、消防、机械设备、临电、脚手架、加工场防护、特殊工种等进行专项检查。

2. 技术工作做到前面是项目的一贯原则

技术工作要引导现场施工生产，加强技术指导和服务，加强施工过程的质量监督和控制，为全面实现施工生产计划，兑现安全、质量目标做贡献。完善各项目技术质量方面的管理制度，履行部门职能作用和职责，科室人员本着"用户至上"及"创精品工程"的理念，认真热情地为施工一线服务，在对现场工地各个环节的质量检查中做到了主动热情、尽心尽责，力求实事求是、真实客观地反映在施工工程质量方面的实际面貌和状况。加强工程质量意识感，提高工程质量技术水平，控制和消除质量通病隐患，达到设计及规范验收标准。

3. 合理组织流水施工是工期实现的保证

项目部多次深入分析施工中的各个工序、各个环节的施工特点以及施工作业的条件，找出了可行的施工组织方法。生产人员还多次协同施工队以及施工班组相关管理人员安排改进施工作业方法，调整施工作业条件，达到了最合理、最优化的流水施工状态，有效保证了工程进度的顺畅进行。

4. 把握合同条款是做好洽商变更和索赔的前提

针对和记黄埔非常整的成本管理系统，管理流程化、严密程序化，项目部提出的经营理念："认真分析合同条款，结合当地政策、法规、地方标准，分析合同漏洞，有理有据、合情合理的在施工过程中针对每一个亏损项目及时提出诉求，及时记录现场发生的实际情况，发出补偿意向，及时合理主张各项权利，保护项目利益，确保成本受控。"为此，在商务谈判过程中，双方经常会针锋相对，争得面红耳赤，但各为其主，都为自己的企业争取应得的利益。如在外墙饰面优化施工过程中，为让对方接受此方案的实施，历经三个月先后多次与业主及甲方指定的外墙保温分包商进行艰苦谈判，最终确定该方案的实施，此项优化将为公司节约成本约 135.7 万元。

此外，项目部要求在与对手"过招"时，保持"不卑不亢的心态，亦柔亦刚的方式，坚韧不屈的毅力"。项目上要求发文的原则是"有文必发，不得不发，如箭在弦，有理有节，先礼后兵，适当让步"。这种原则形成了该项目商务函件往来多达 391 份。开工初，由于受到缴纳农民工工资保障金、合同盖章时间滞后的影响，工程不具备办理开工许可证，业主方则于 2010 年 1 月 27 日发出开始计算合同工期的函。为预防业主反索赔工期，项目部则发函主张现场边坡和图纸不符，施工图纸不齐，定位放线未明确等原因不同意计算工期，经过多次谈判后，业主最终正式下发工程统筹指令，以 2010 年 5 月 7 日为正式开工日期。这样规避了业主方因延期开工的反索赔，且因工程延期开工近四个月，导致人、材、机上涨而发生的费用索赔。

为了能够提供钢筋加工的场地，项目部多次与业主沟通，最终确定暂缓 D4 车库的施工及工期顺延，车库位置临时作为钢筋、木料加工场地，为后续施工创造了便利条件。

5. 工程质量始终坚持事前、事中控制

组织各施工阶段的层层技术交底。施工中，坚持"三不交接"、"五不施工"制度，并对工序实行严格的"三检"制。建立严格的原材料、成品、半成品进场的验收制度。其内容包括：一是进场货物的品种、规格、数量是否符合采购计划。二是厂家的合格证或检验报告是否齐全。三是产品现场质量检查，并填写检查验收记录。四是取样进行试验，并出具试验报告单。经验收不合格的材料不准进场，如已进场，则马上清理出场，不允许在场内存放。

针对业主QA质量检查小组提出的问题，现场立即组织整改，对暂时无法整改完成，专人负责跟踪检查，整改完成后，统一书面回复QA小组。本工程共回复QA报告25份，复验合格率为100%，如图6、图7所示。

图6　钢筋原材分类码放图　　　　图7　检查直螺纹接头图

6. 针对本工程特殊的地形条件，项目部集思广益，优化基础施工

（1）B10栋筏板设计厚度为3.5m与2.8m，B8栋筏板设计厚度为2.5m与3.3m，属人体积混凝土浇筑。筏板附近山坡岩石因风化严重，导致筏板设计底标高与实际地形不符，部分筏板悬空于边坡上。保证筏板内混凝土浇筑质量、安全是一个重点。

结合现场的实际情况，先在筏板下悬空部位施工一道300mm厚混凝土挡墙，挡墙高度至筏底，挡墙内用C20混凝土回填至筏板底。用挡墙及在挡墙后回填混凝土填补筏板下悬空部分，以此作为支撑。

筏板侧模用15mm厚多层板，铺一层60mm×80mm木方次龙骨，木方间距300mm，主龙骨采用φ48钢管@600mm。采用特制Φ14@500对拉螺栓拉紧，螺栓内侧与承台内钢筋焊接，螺栓外侧采用双螺母，模板外侧用φ48钢管结合外围脚手架支撑模板。

经过精心策划，措施到位，最终攻克了混凝土浇筑难度，在安全及质量上都做得很完美。既克服了施工的难点，又提高了生产效率，如图8~图11所示。

（2）桩下人防洞施工管理

经前期勘测，部分桩身要穿过人防洞，经过认真组织策划之后，决定桩孔逐节向下开挖，开挖半径保证桩径、护壁的厚度。开挖复杂土层时，每挖深0.5~1m应用手钻或不小于φ16钢筋对孔底做品字形探查，检查孔底面是否安全。遇桩下有人防洞时，应在人防洞顶设置必要的木托板及临时支撑，以便支撑由于人工挖孔挖穿人防洞时工人的安全，以及接住掉落泥土或石块，如图12（a）所示，当人防洞上方桩孔人工挖孔完成后，移除之前所设置的临时支撑及托板，并在人防洞内砌筑500mm厚砖墙作为围护并当作浇灌桩基混凝土时模板处理，然后继续下半部分的人工挖孔，直到设计持力层标高，如图12（b）所示。

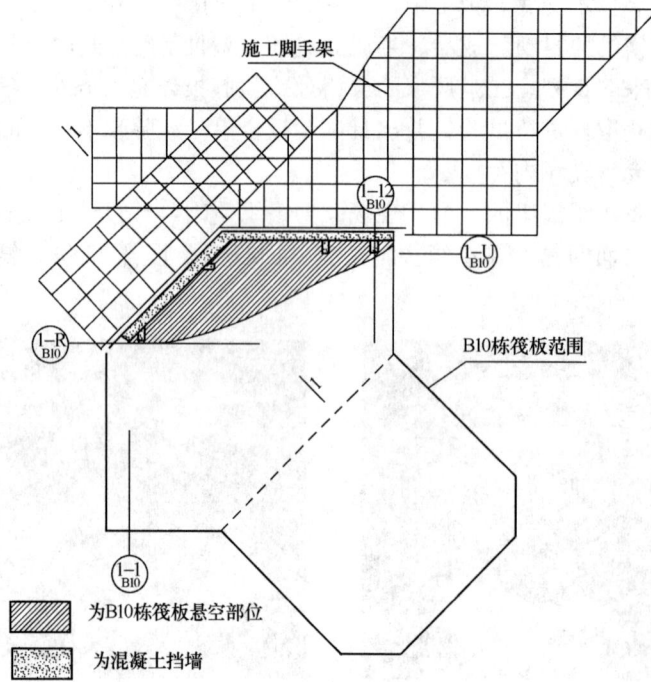

施工脚手架

1-12
B10

1-U
B10

1-R
B10

B10栋筏板范围

1-1
B10

▨ 为B10栋筏板悬空部位

▧ 为混凝土挡墙

图 8 挡墙平面示意图

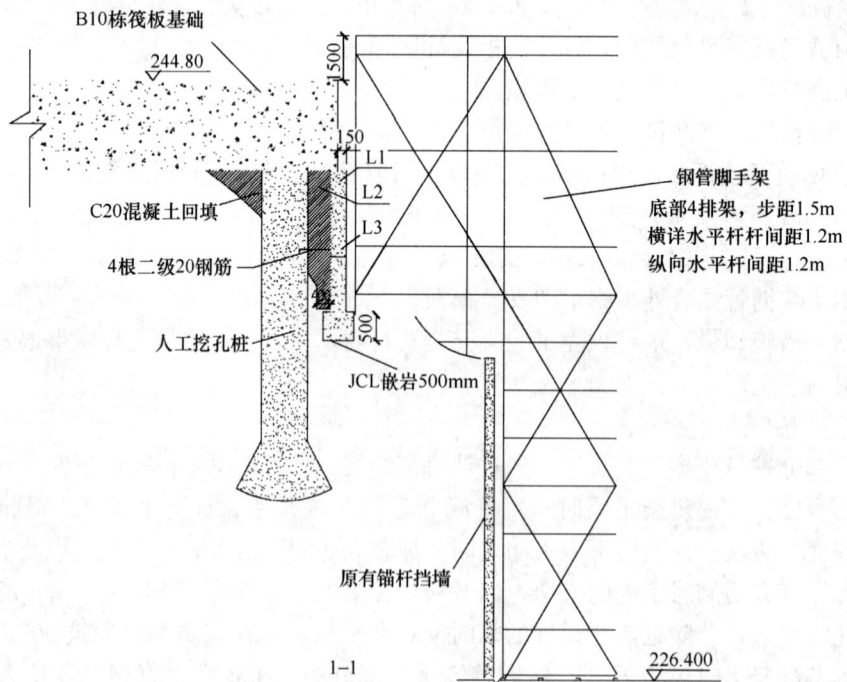

B10栋筏板基础

244.80

1500

C20混凝土回填

L1

L2

L3

150

4根二级20钢筋

人工挖孔桩

JCL嵌岩500mm

500

钢管脚手架
底部4排架，步距1.5m
横详水平杆间距1.2m
纵向水平杆间距1.2m

原有锚杆挡墙

1-1

226.400

图 9 挡墙剖面示意图

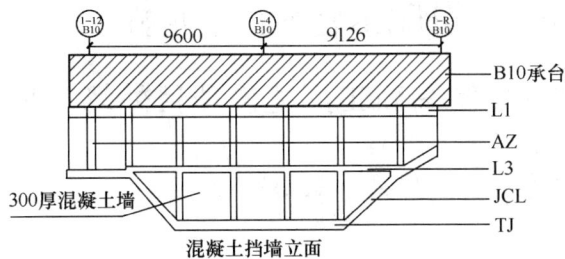

图 10 挡墙立面示意图

图 11 B10 栋挡墙施工完成后实例图

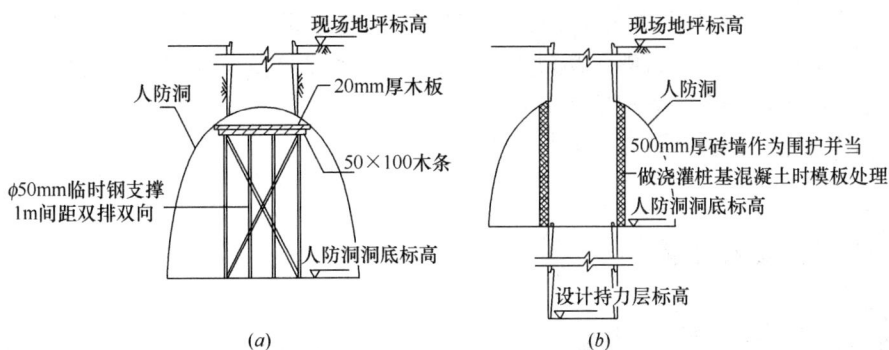

图 12 人防洞施工图

七、整体管理效果及评价

南滨路商住区第二期后排总承包工程于 2010 年 5 月开始实施，经历了前期技术攻关和过程的成果转化及成功运用，强化过程管理、安全管理、合理有效的组织措施，于 2013 年 5 月顺利地在合同工期内完成了全部建设任务，成本降低 1%。更以精细施工、科学管理、诚信履约在和记黄埔人心中筑起了北京建工品牌，为公司获得 24 万 m² 的后续工程。

通过南滨路商住第二期后排总承包工程锻炼了我们的队伍，提高了员工的素质，为我公司在今后同类工程的施工积累了宝贵的经验。为集团开拓川渝市场打下了坚实的基础。

精端技术　严格管理　创国际化精品工程

——北京金港建设股份有限公司华晨宝马新工厂建设项目外场工程

王　硕　王金福　常琦堂　王作武　姬小平

【摘　要】 本课题以工程为实施对象，结合项目本身场地大、工期紧、交叉施工严重以及外资
　　　　　企业特有管理特点和国际标准化的质量要求，确立"精端技术、严格管理、创国际
　　　　　化精品工程"这一主题。详述了"地下管道3D深化设计"、"三级安全教育"、"三高
　　　　　团队建设"等在项目施工管理中的实际应用。施工过程中总结开发了"外场管线三维
　　　　　深化程序"及"降低现浇人孔井接茬出现率"等课题，实现了良好的经济效益和社会
　　　　　效益，为公司开拓国际市场奠定了坚实的基础。

【关键词】 BIM理念；深化设计；交叉作业；三高团队

一、工程概况及成果背景

1. 工程概况

华晨宝马新工厂建设工程由德国宝马集团投资，占地2.25万 km^2，具有场地大、工期紧、任务重、起点高、材料采购周期长、交叉作业频繁等特点，项目总标的额为3.78亿。在该项目中，我公司主要负责临建设施建设、正式工程的地下排水管网、动力管线、绿化、围栏和一些其他的公共设施。具体包括：动力管线5万 m、电力管线40万 m、排水管线3万 m各类检查井约1500座以及道路、绿化、景观、围墙、喷淋泵房和水泵房机电安装等系统，如图1所示。

图1　宝马厂区全景图

2. 项目背景

宝马外场一期、二期工程是辽宁省重点项目，受到辽宁省政府及沈阳市政府的高度重视和密切关注，是公司打开国际市场难得的机遇，同时，也给公司带来了前所未有的挑战。该项目占地面积较大，

工期紧张，入场施工单位较多，作业面及场地无法按时移交；外场施工中地下管线种类繁多错综复杂，管线交叉给作业进度及材料带来极大的浪费；外资项目对现场材料要求极高，进口材料和合资材料进货周期较长，成本极高很大程度上延迟了施工进度；语言障碍使得我项目与外国设计师及管理人员沟通必须借助翻译这一桥梁，外资项目的独特性使得我公司将九大手册管理流程与其管理流程结合以提高工作效率迫在眉睫。

二、选题理由及项目管理重点、难点

1. 技术质量要求属于国际标准

本工程行业技术要求及质量要求属于国际标准化，其高标准和严要求在国内项目中是绝无仅有的。项目的顺利完成和移交为我公司继续承接高端项目奠定了坚实的技术及质量管理基础，对公司来说是巨大的挑战。

2. 地下管线纵横交错需进行深化设计

本工程中错综复杂的地下管线纵横交错，按照德国设计师图纸施工出现了大批的管道交叉现象，对紧张的工期和高昂的进口材料都是极大的延滞和浪费。项目组建了以钢结构博士为首的深化设计团队，在 BIM 理念的指导下，对外场 13 个地下管线系统和 1500 座检查井在内的施工区域进行深化设计，最后将大约 1500 张图纸制作成三维立体图纸，有效地解决了各类管线之间的交叉打架问题，既规避了管线交叉带来的工期延误，大大地减少了材料的浪费，实现了二次成本控制。

3. 三维建模工作量巨大

本项目详图、三维建模工作量巨大，且均不是标准构建及节点，无法利用常规的带有标准节点库的建模软件，故只能采用 Visual Basic 语言，其中包括 Auto CAD 和 Excel 中的 VBA 应用对建模软件进行二次开发，进而对外场地下管线图纸进行深化设计

4. 项目组建"三高"团队

本项目本着技术先行、计划先行，充分尊重人才、尊重知识的运行理念，组建了以钢结构博士为首的"三高"团队，即高学历、高职称、高素质。项目部管理人员实现博士学历 1 人，硕士学历以上 2 人，教授级高工 1 人，高级工程师 5 人，中级工程师 9 人，建造师 7 人，大专以上学历人员占总管理人员的 95%。

5. 安全生产零事故

给予本工程中业主及管理公司对施工安全给予了高度重视，所有进入现场人员必须配备三防，并对三防提出严格要求，工期紧张最高峰现场施工人员达到 800 余人，项目安全部对每一位入场人员进行安全文明施工三级教育，实现了安全生产零事故的目标。

三、项目实施时间

2011 年 2 月项目正式进入施工准备阶段，2011 年 3 月现场实现分区域施工，2012 年 7 月宝马外场一期 15U 工程如期完工并顺利移交，2013 年 9 月项目完成宝马二期 30U 工程。

四、管理策划及创新特点

1. 管理策划

现场面积较大，作业面分散，施工人员、机械较多，专业较多，各专业配合问题较为困难。对此，项目施工实行责任到人、责任到岗的管理制度，各专业工程师各负其责，实现各专业良好配合、对接。现场工程师及工长与材料部门沟通顺畅，做到提前做计划，及时信息反馈，避免材料浪费。

2. 创新特点

（1）BIM 名词解释：建筑信息模型（BIM）是以建筑工程项目的各项相关信息数据作为模型的基

础，进行建筑模型的建立，通过数字信息仿真模拟建筑物所具有的真实信息。它具有可视化，协调性，模拟性，优化性和可出图性5大特点。

（2）采用BIM技术的原因：外场地下包含有12个系统的管线，各种管线系统复杂，设计院图纸各个系统的管线单独设计缺少整体汇总，各管线的交叉冲突二维图纸难以解决。

（3）BIM理念指导下的外场地下管线图纸深化设计

以胡博士为首的9人深化设计小组在半个月的时间里开展了程序的编制、调试、运行，完成了所有的详图深化和三维管线建模。保证在以后发生设计变更时，只是修改几个输入参数，就能快速的重新完成所有工作，绘制新的详图和三维模型，如图2～图7所示。

图2　检查井EXCEL统计表图

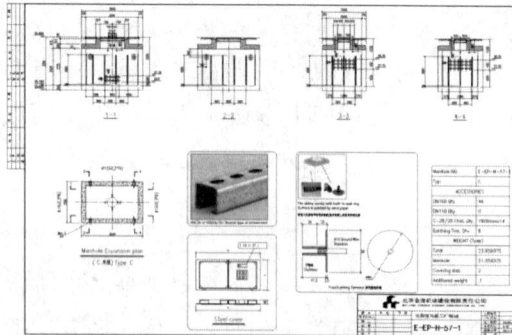

图3　检查井深化详图

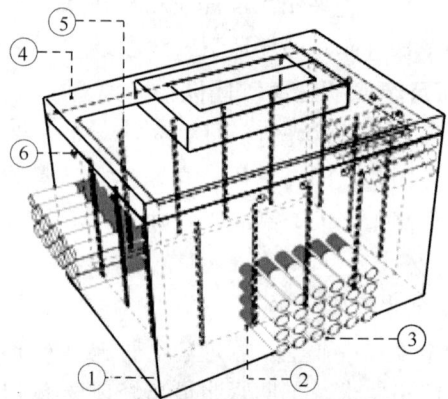

图4　电缆检查井三维模型图

1—电缆检查井；2—穿墙套管；3—电缆保护管，4—井盖板；5—带齿C型槽；6—接地端子

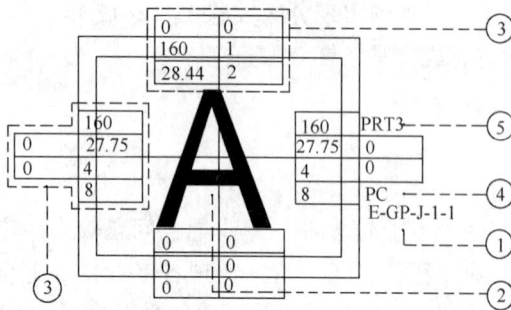

图5　电缆检查井的属性块图

1—编号；2—井的型号；3—每个面上的穿墙套管信息；4—制作方式；5—所在区域

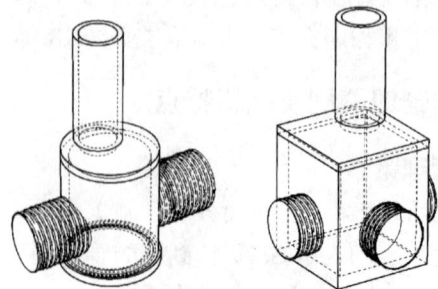

图6　圆形和方形排水检查井

202

深化设计详图对整个项目的顺利开展起到了不可替代的作用，为业主节省了工期并大大降低了管线碰撞带来的巨大经济损失，得到了德国设计师及业主高管的肯定和赞许，也证实了我公司承接高端项目的实力和能力。

管道系统的三维实体模型：利用 Autodesk Navisworks 对实体模型检查，发现了很多碰撞之处，及时更正，避免在施工过程中不断修改，如图 8 所示。

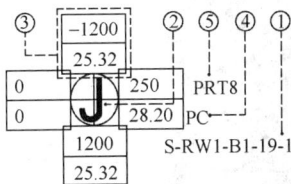

图 7 排水检查井的属性块图
1—编号；2—井的型号；3—每个面上的排水
管径和标高；4—制作方式；5—所在区域

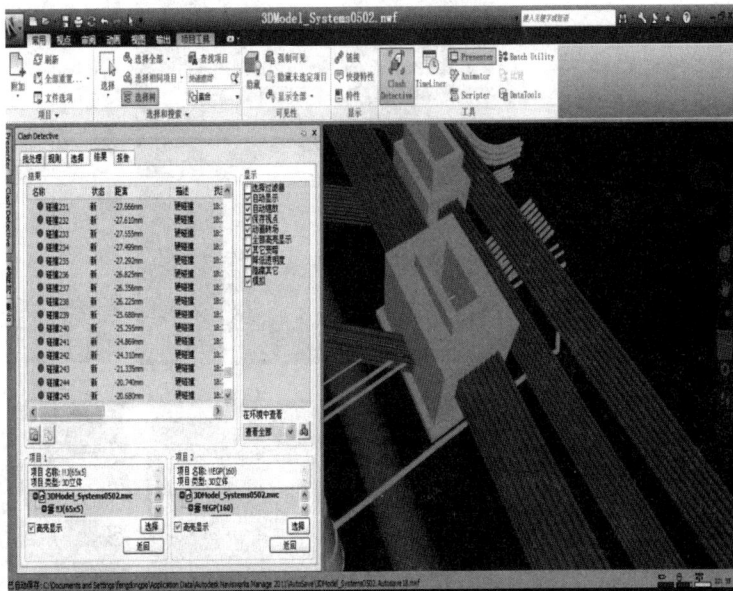

图 8 碰撞信息统计，发现碰撞加以更正图

3. 成果特点

（1）通过绘制检查井详图，管线三维实体模型，其生成的材料表等信息，使我们在工程初期可以根据区域的施工进度合理安排材料的进场、劳动力及机械设备等

（2）在建立实体模型后，采用 Autodesk Navisworks 软件对各系统管线进行整合，对三维模型进行实时模拟和预演，可以很清晰的看到每个管线的走向，这在以往 2D 图纸上是很难反映出来的，并能及时发现交叉碰撞的管线，如图 9 所示。

五、管理措施实施及风险控制

1. 施工前期遇到的问题

地下管线之间标高处理出现问题，出现严重冲突；不同施工单位之间作业面冲突；施工人员较多，安全管理难度大。

2. 采取的管理措施及风险控制

将所有外场地下管线进行深化设计，找出发生冲突的管线，对其标高进行调整。管道冲突严重区域，根据管线具体情况和尺寸，与厂家定制弯头，调整管线方向和角度，避免交叉现象。另外，与有交叉作业的单位进行事先沟通，编制不同专业的施工进度计划，如图 10 所示。

3. 加强安全管理

所有入场人员受教育率 100%，身份证持有率 100%。建立农民工夜校，定期组织工人进行学习，分析现场安全隐患，增强职工安全意识。

根据现场需求组织季节性安全教育，加强团队建设，调动职工工作积极性，开展安全周例会制度，

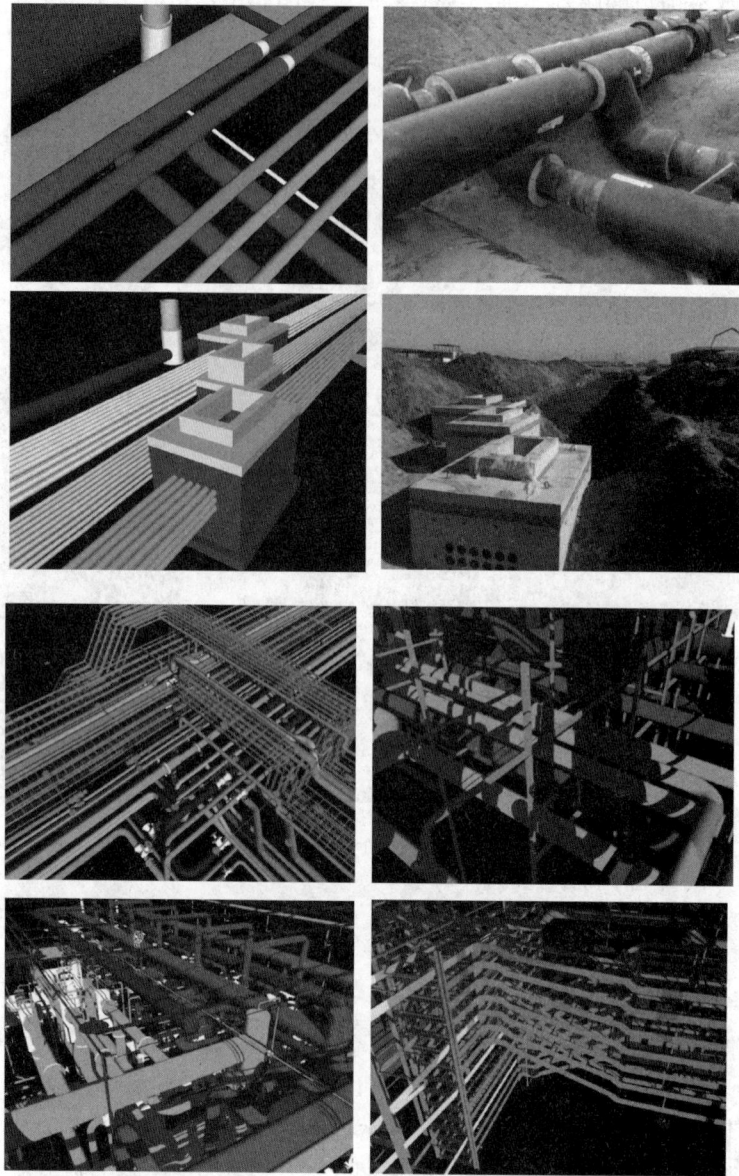

图9 三维深化设计图与现场实况对比图

每周对现场安全隐患进行总结、预防、落实整改。

定期组织演练，做到出现事故后快捷有序的挽回损失。项目部与BBA现场联合组织消防演练、紧急事件疏散演练、危险化学品泄漏演练、与BBA现场联合组织事故伤者救援演练。

六、过程检查及监督

承接该项目后，金港建设成立了以公司副总工胡松博士带队的BIM团队，成员包括项目部中涵盖机电、工程、技术等部门的骨干，分别负责BIM开发时的机电专业技术支持，软件的构架、编制开发、数据输入、图形模板的绘制，程序调试，直到三维管线可以顺利避免交叉后才正式出三维管线图，按图施工。

七、管理效果与评价

1. 经济效益

深化设计实现了三维模型及管线的碰撞检查，为后期施工工序、施工方法安排等提供了足够信息，

图 10　各系统管线交叉分布三维展示图

减少了后期返工，误工等现象发生，同时，也规避了大量进口材料的浪费，大幅度节约了成本。

2. 社会效益

深化设计详图对业主和我施工单位意义重大，得到德国设计师及业主的高度认可和肯定。业主、监理及管理公司代表乔治、达克斯．史蒂夫、张岚、谢忠奎等人亲临项目部表达感谢和敬意。深化设计夯实了我公司在宝马厂区第一承包商的坚实基础，其顺利完成是业主对我项目部实力认可的第一个转折点，为整个外场工程的顺利进行提供了技术保障，如图 11 所示。

图 11　德国业主方及管理公司登门道谢并倾听 BIM 运营讲解图

同时，也为后期顺利承接发动机厂外场工程起到了极其重要的作用。

3. 人才培养

通过引进人才、内部调配和新人培养等手段，本项目部已实现了人才的高、中、低搭配；目前，本项目部教授级高工 1 人、高工 5 人、博士 1 人、硕士 2 人、建造师 9 人，大专以上学历占 95%。

4. 取得的荣誉

经过严格的安全文明施工管理，项目部从十几家知名建筑企业中脱颖而出，连续三次获得宝马厂区唯一的"安全标兵单位"殊荣，在华晨宝马项目中奠定基础。项目经理王硕荣获北京市优秀项目经理称号，宝马项目部被评为公司 2012 年度优秀项目经理部。

中国建筑业协会工程建设质量管理分会举办的 2013 年"首届工程建设 BIM 应用大赛"中。我公司"BIM 在宝马工厂外场管网工程中的应用"以其在宝马项目错综复杂的管网施工中起到良好效果荣获三等奖。该项目技术的运用，为我公司各项目进一步推进建筑信息模型（BIM）协同工作等技术的应用，促进企业创新和人才队伍建设，提升工程建设质量管理水平，奠定了良好基础。

　　项目部总结的"外场管线三维深化程序的开发"和"降低现浇人孔井接茬出现率"两项成果，在北京市工程建设优秀质量管理小组第27次活动成果交流会上，从众多优秀成果中脱颖而出，双双荣获一等奖。外场管线三维深化程序已经在外场管线施工中发挥了不可替代的作用，降低现浇人孔井接茬出现率的技术措施也已经广泛应用于现场人孔井的现浇施工，既保证了施工质量，又大大降低了施工难度和成本。

科技创新　生态保护　打造精品机场道面

——北京金港场道工程建设股份有限公司神农架机场建设场道工程项目

刘庆瑞　孙兵威　张晓东

【摘　要】　神农架是全球中纬度地区唯一的原始森林，神农架机场是华中地区唯一的高原机场，本项目以打造绿色精品机场为理念，结合本工程的具体特点，积极开展科技创新活动，加强生态保护，认真策划、精心组织、管控到位，取得了显著管理成果。对金港建设"创品牌、树形象、拓市场"具有非常深远的战略意义。

【关键词】　科技创新；生态保护；精品道面

一、工程概况及成果背景

神农架机场是湖北省第五个民用机场，等级为 4C 级，定位是旅游和通用航空相结合，建设工期 3 年，场地在独立的狭长山脊之上，由 2600m 高程左右的 5 个山包组成，东距宜昌市 230km，南距长江三峡黄金水道 114km，地处神农架林区深山，海拔高度 2583m，是中国除青藏高原机场外，在华中乃至内地海拔最高的民用支线机场。该机场建成后，将能起降波音 737 和空客 319/320 等大型客机。飞行区主要建设规模为新建一条长为 2800m，宽为 45m 的跑道，三个 C 类停机位，3000m² 的航站楼，如图 1 所示。

图 1　神农架机场效果图

我公司承建的神农架机场场道工程 I 标段，主要工程量：土石方工程：爆破挖方 290 万 m³、回填 320 万 m³；道面工程：水稳基层 2.3 万 m³、道面混凝土 2.1 万 m³；排水工程 7086m；边坡工程：砌块石 8.1 万 m³、格宾石笼 1.34 万套、土工格栅 109 万 m²、回填碎石 78 万 m³ 等。建设面积约 43 万 m²，合同价为 1.85 亿元。

神农架机场属国家民航局机场"十一五"发展规划项目，是湖北省的重点工程。性质为国内支线机场，建设该机场不仅能解决林区护林和救灾等难题。对促进鄂西生态旅游圈旅游线路建设，推动神农架及周边经济和社会发展具有重要意义。

神农架机场坐落在陡峭的山顶，是国内同类机场施工中难度最大的一个，典型的喀斯特地貌。自然条件恶劣，场区海拔高，气温较低，雨雾冰雪天气多，全年冰雪冰冻期从当年 11 月至次年 4 月，长达 150 余天，最低气温达零下 20℃，冻土层深度超过 1.6m，全年可正常施工时间仅 180d 左右。是华中地区海拔最高高原机场，边坡工程加筋格宾挡土墙最高达 65m，长 710m，无论是技术难度，还是在墙体本身的高度长度方面，目前在国内民航机场护坡工程建设上唯一的高陡边坡，施工工艺均为首次突破，如图 2、图 3 所示。

图 2　地形原貌图

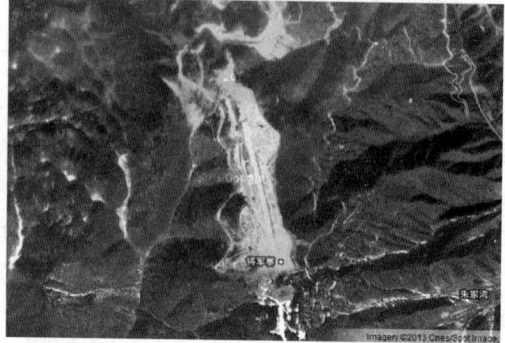

图 3　机场卫星图

二、选题理由

1. 政治和经济要求

神农架机场属国家民航局机场"十一五"发展规划项目。神农架机场建成后，从政治要求出发，保障长江三峡枢纽工程安全。将推进鄂西生态旅游圈建设，神农架生态旅游资源得到大大体现。

2. 水资源生态保护

神农架林区位于长江的源头，水资源生态保护非常重要。神农架林区为国家防火重点监测地区，机场建成后将大大提高林区火险监测、灭火人员和设施输送能力，确保神农架及周边的生态安全。

3. 创优要求

神农架机场是国家"十一五"重点基础设施项目，湖北省重点工程，公司对本项目十分重视，确立了创优目标为：北京市"长城杯"。

4. 技术要求

本工程边坡工程加筋格宾挡土墙最高达 65m，长 710m，无论是技术难度，还是在墙体本身的高度长度方面，在国内民航机场建设上均为首次突破。本工程位于神农架林区，运输条件差，山高路陡，雨雾雪冰天气多，施工地质环境复杂，施工机械量大，作业交叉多，这就为安全施工提出了更高要求。

三、实施时间

本项目实施时间，见表 1。

项目实施时间表　　　　　　　　　　　　　　　　　　表 1

实施时间	
2011 年 4 月 1 日～2013 年 8 月 9 日	
分阶段实施时间	
管理策划	2011 年 4 月
管理措施实施	2011 年 4 月～2013 年 8 月
过程检查	2011 年 4 月～2013 年 8 月
取得成效	2013 年 9 月

四、管理重点和难点

1. 自然条件恶劣

场区海拔高,气温较低,雨雾冰雪天气多,最低气温达零下 20℃,冻土层深度超过 1.6m,全年可正常施工时间仅 180d。交通条件差,塌方、滑坡、泥石流时有发生。

2. 水资源生态环保及森林防火责任大

神农架林区处于长江的源头属水土流失国家重点预防保护区,水土保持、生态环境和森林防火保护是本项目施工中管理的重点与难点。

3. 施工专业技术难度大

施工区内三个山峰需要爆破挖方,爆破挖方量 290 万 m³,回填量 320 万 m³。另一项更大的技术挑战是最高达 65m、长 710m 的 I 边坡加筋挡土墙。

4. 安全施工压力大

爆破挖方量大,山高路陡,雨雾雪冰天气多,施工机械量大,作业交叉多,这就为安全施工提出了更高要求。

五、管理策划及创新特点

1. 专业覆盖面广

本课题从作业环境、水资源生态保护、施工技术创新、安全管理水平的提高方面入手,通过全面分析现场实际情况和场道工程施工各个环节,确定主要管控要因,有针对性的制定对策及专项预案并加以实施,从而改进与提升场道工程在气候恶劣、生态保护、森林防火、施工专业技术强和安全管理压力大条件下的施工管理水平。

2. 施工技术专业强

本工程高边坡加筋格宾挡土墙施工无论是工程规模还是技术难度在目前国内机场行业都是首屈一指,对于机场行业技术水平的提升起到指导作用,对项目部来说是一项新的挑战。边坡加筋格宾挡土墙最高达 65m、长 710m,加筋格宾挡土墙在建筑、道路等工程中主要应用于中低边坡,坡高一般小于12m,对于超过 20m 乃至更高的高边坡,在如何保证工程质量和沉降及平面变形方面缺乏成熟的设计、施工经验及成功案例,尤其用于机场场道工程边坡更是史无前例。

3. 选用多种科学方法模式

课题的实施采用了多种方法、新工艺、新设备和手段以及项目管理工具的运用。包括组织机构图、QC 课题、工法、统计表应用等,对于工程项目管理分析起到了积极的推动作用。

4. 实践运作效果显著、创新性较高

课题采取的技术创新、生态保护和安全管理,通过项目全过程进行现场实践,在实践中发现问题及时改进,取得了良好的管理成果。本项目 QC 课题获奖、工法获得国家级实用新型专利、论文发表、优秀项目部、北京市"长城杯"等奖项和荣誉。反映了课题实践运作取得了成功,高边坡加筋格宾挡土墙施工规模在本领域内具有较高的创新性。

六、管理措施实施及风险控制

1. 提升管理意识

(1)管理与实施

①明确创优目标。开工伊始,项目部在公司指导下组建了以项目经理为组长的创优领导小组,制定了"争创北京市市政基础设施竣工长城杯"的创优目标,同时制定了相应的质量目标和质量计划,在工程施工全过程中制定了创优实施方案计划和详细的工作策划,有效的施工组织设计,施工方案,建立健

全质量保证体系，积极开展技术革新，加强过程管控，项目按合同期完成了施工任务。

②思想统一，目标一致。项目部定期召集全体管理人员和作业队的技术骨干参加创优专题会议，从管理人员到技术工人都要深刻认识该项工作的重要性和必要性，牢固树立完成任务的使命感。

（2）改进工艺，技术革新

1）高填方强夯实施

本标段土石方工程填方高度达 39m，土石方爆破挖方量 290 万 m³，回填 320 万 m³。施工中聘请专家现场调研、讨论制定专项方案，合理调整爆破钻孔的间距、深度及封孔的长度，确保回填质量。在强夯施工进行中，测量人员依据工艺流程对每一次点夯夯沉量进行观测，并详细记录夯击点数，测量夯点间距，检测最后两击沉降量，能否满足设计要求。夯实结束后采用灌水法固体体积率检测，如图 4、图 5 所示。

图 4　填方区强夯图　　　　　　　　　图 5　固体率深层检测图

2）高边坡加筋格宾挡土墙实施

本工程标段内有 A、B、C、I、J 五处边坡工程施工，面宽 120～710m，边坡高度 10～65m。其中 I、J 两处边坡工程设计结构分为下层重力式挡土墙和上层加筋格宾挡土墙，坡比 1:0.25 为本工程重点难点施工部位，其技术要求高、难度大、工序多复杂、边坡高陡、施工难度大、施工工艺复杂，在国内机场工程中为首次应用，如图 6、图 7 所示。

图 6　加筋格宾挡土墙图　　　　　　　图 7　拱形护坡图

为确保边坡加筋格宾挡土墙设计方案施工工艺的可行性，我单位配合工程指挥部聘请重庆交通大学中的中国工程院院士及相关专家评价论证，最后确定为超高挡土墙，并明确了施工方案与措施，如图 8 所示。

①混凝土锚杆抗滑梁

重力式挡土墙基础设置混凝土锚杆抗滑梁，基岩锚杆采用全长灌浆锚杆，锚杆完成 7d 后做抗拔检测，合格后进行抗滑梁钢筋的绑扎与焊接。混凝土抗滑梁应根据实际地形分段浇筑，施工中按内侧高度不低于 1m 控制，外侧高度根据实际地形确定，如图 9、图 10 所示。

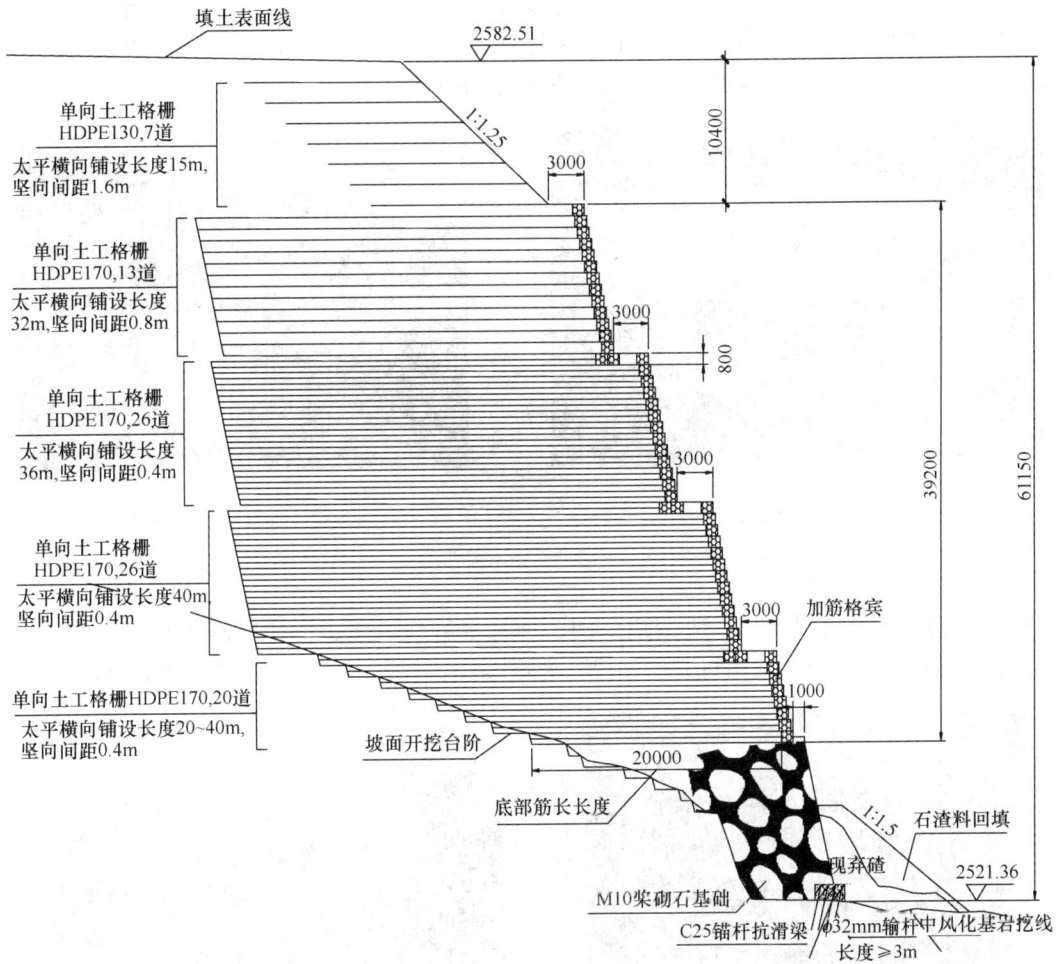

图8 加筋格宾挡土墙典型断面图

图9 锚杆浇筑图

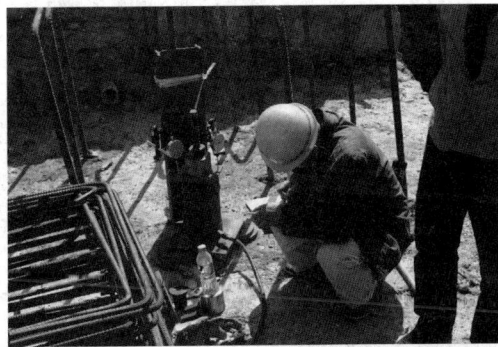

图10 锚杆抗拔检测图

②土工格栅实施

挡土墙主体回填中，在土体中分层加入一定量的具有较高抗拉强度和耐久性好的筋材土工格栅，拉紧锚固后，机械配合摊铺填料，经分层摊铺、充分碾压，使填料与筋材之间产生摩擦作用，约束土体的侧向膨胀，提高土体的抗压、抗剪能力，从而使面板、筋带、土体之间连接可靠，构成互相制约的整体结构。加筋土结构是柔性结构，可承受较大沉降而不致对加筋土结构产生危害。

土工格栅施工采取横向垂直于加筋格宾墙面铺设，土工格栅内侧铺设至开挖基岩面上，与基岩面采用钢筋和U形钉锚固，如图11所示。

③加筋格宾面板

加筋格宾面板的安装，加筋格宾长度2m，宽度1m，高度0.8m。加筋格宾面板的所有相邻边均进行绞合连接，使面板构成一个连续的整体面，如图12、图13所示。

图11 土工格栅铺设图

图12 加筋格宾安装图

④填筑体回填

加筋格宾填料干砌石材料要求：应选用坚硬、不易水解和风化、不易碎的块石。石料粒径大小10~30cm为宜，土工格栅保护层采用机制砂铺设，厚度5cm，保证砂层平整密实，如图14~图16所示。

图13 加筋格宾摆放图

图14 干砌石图

图15 格宾石笼面板图

图16 机制砂摊铺图

填筑体回填石料最大粒径不得大于15cm，大于10cm的颗粒含量不超过全重的20%，含泥量不大于7%。要求级配良好，填筑后填筑体渗透系数不小于$1×10^{-2}$cm/s。

回填厚度35cm。回填过程中，避免机械接触下层土工格栅及加筋格宾。在距离加筋格宾1m区域内，采用人工配合小型碾压机械分层回填。回填厚度不大于20cm，如图17、图18所示。

图17 石料摊图

图18 石料碾图

⑤绿化营养土

加筋石笼面板封盖时，将绿化营养土用土工布包好随加筋格宾填料时一起埋入箱体内外侧上部，然后进行封盖绑扎，最终形成石笼面墙的整体植被绿化，体现"绿色机场"理念。

本工程超高挡土墙Ⅰ边坡施工，于2011年9月开始坡脚锚杆抗滑梁施工，2012年4月初进行加筋格宾挡土墙施工，施工中每天实行日交班制度，三检制，按PDCA（计划、实施、检查、处理）程序布置落实工作。依据现场实际状况及天气原因，在确保安全、质量、进度的情况下调整进度日、周计划及工艺流程，加强过程管理，严格控制机械碾压遍数，确保压实密度，减小沉降及位移量，经过项目部精心策划和细节管控，Ⅰ边坡超高挡土墙2012年10月完成挡墙主体，如图19所示。主要工程量：砌块石8.1万 m³、加筋格宾1.34万套、土工格栅109万 m²、

图19 建成后的Ⅰ边坡超高挡墙图

回填碎石78万 m³等。2013年8月9日经四方验收，第三方监测挡墙整体沉降速率、平面位移量均小于设计要求，符合合格验收标准。

3）道面结构层施工

道面工程水泥混凝土施工也是本工程的重点，水泥稳定碎石基层采用36cm厚的水泥稳定碎石，分两层摊铺。道面面层采用32cm厚的现浇水泥混凝土。设计28d抗折强度为5.0MPa。施工时间短、天气多变、气温低、温差大。施工中加强各工序过程管控，关键质量环节重点主抓。为确保跑道面层设计粗糙度要求和观感质量，跑道面层采用了刻槽施工工艺。道面养生采用混凝土节水保湿养护膜覆盖，有效保护混凝土面层水分流失，提高了混凝土强度及耐久性，如图20、图21所示。

图20 保湿养护膜图

图21 路道面层图

（3）水资源生态保护及森林防火管理

神农架林区处在长江源头，属于水土流失国家重点预防保护区，在水土保持、生态环境和水资源的保护方面，项目部根据长江水利委员会长江流域水资源保护局环保要求，设置管理领导小组，组长由项目经理担任，制定专项的水土保持专项方案。在施工过程中土石方开挖，回填量较大，为避免流失的土方量对神农架林区造成地表质破坏，对施工中清表的腐殖土，用于土面区绿化种草营养土按指定位置统一存放，采用塑料布全部覆盖防止水土流失，保护神农架林区的自然生态环境，如图22所示。

在施工中加强森林防火安全管理，编制森林防火应急预案并按要求进行了培训演练，在工程项目规划红线内设置10m宽的防火隔离带。加强施工人员防火安全教育，增强安全防火意识，认识防火的重要性。通过采取以上措施，有效地实现了本工程生态环境保护目标。

（4）安全文明施工管理

施工中严格执行安全文明工地各项施工管理要求，坚持"安全第一，预防为主，综合治理"的方针，从进场开始项目部就对安全工作始终抓紧不放松，结合工程项目施工现场实际情况，编制专项施工安全组织设计、建立健全安全生产责任制、安全生产的管理机构和各项安全生产管理制度。配备专职及兼职安全管理人员，有组织有领导地开展安全生产活动。针对施工现场安全管理实际状况，项目部制作大量的施工便道、文明行车施工部位及材料存放区标牌，在危险路段设置反光锥筒、警戒线并起到了良好的效果，施工期间未发生一起车辆及人员安全事故，如图23所示。

图22 清表土覆盖图   图23 施工现场安全警示标识图

2. 项目管理风险控制

本项目管理风险控制，见表2。

项目风险控制表　　　　　　　　　　　　　　　　　　　　　　　　　表2

风险分析		风险应对预案	
技术风险	设计	设计内容不满足现场施工要求	加强沟通、邀请设计现场实地考察
	施工	施工安全措施不当，不合理的施工技术和方案，应用新技术新方案的失败	识别风险源，制定施工组织设计、安全专项方案，组织专项技术交底
非技术风险	自然与环境	火灾、雷电、雨雪等恶劣天气，施工噪音等对环境的影响等	制定应急预案、加强人员意识培训
	经济	人、材、机等价格的涨跌，工程款拨付不及时	及时获取市场价格信息，与材料供应商、施工队制定临时调整预案
	组织协调	与设计方、监理方、甲方的协调，项目内部的组织协调	每周例会每日交班会制度，加强各方沟通
	人员	一般工人，技术员，管理人员的素质	制定施工人员定期培训、考核制度
	材料设备	原材料供货不足或拖延，过渡损耗与浪费，数量差错或质量规格问题，施工设备供应不足	编制合格供应商名录并进行评价，加强二次核算，专人负责设备收、发、管，加强设备维修与保养

工程初始，我们便进行了风险识别，针对项目中存在的风险制定相应专项预案，运用风险规避、转移、缓解、自留等手段，尽量降低由这些风险所造成的损失，并建立风险数据库，将确实发生的风险归档和评估，不断及时更新。

七、过程检查与监督

1. 施工过程控制

在施工过程控制方面，一是现场工程师按照图纸要求及施工方案，对施工工艺流程进行严格把关。二是从源头上严把材料质量关，消除质量隐患，三是加强各工序管理，严格执行"三检制"，进行全方位、全时间、全过程的质量跟踪监控，关键质量环节重点主抓，减少和消除各种质量通病。

2. 新设备使用

本工程施工以来，我们采用多种新设备，有强夯机、大型挖运机械、GPS卫星定位测量系统、CX-3C型基础测斜仪、压力及位移测定仪。对施工过程全跟踪监控，特别高边坡格宾石笼加筋挡土墙全部施工完成后，通过检测表明沉降变形和平面位移数据均在设计要求范围之内，高边坡施工工艺填补了民航机场同类边坡工程施工的空白。

八、管理效果及评价

（1）本工程已顺利通过四方竣工验收及行业验收。本工程高边坡挡土墙施工项目部得到了建设方、监理、质量监督站等单位的好评，为公司赢得了荣誉。

（2）本项目实践总结形成的QC成果"减小加筋石笼面板变形"获2012年度北京市政工程建设优秀质量QC小组活动优秀成果二等奖，"提高土石方填筑体强夯波速合格率"获2013年度北京市政QC成果一等奖、2013年度全国QC成果先进奖。

（3）"机场工程高边坡加筋格宾挡墙"获得国家级实用新型专利，专利号ZL 2013Z 0365075.0。

（4）科技论文《神农架机场高边坡加筋格宾土挡墙施工》11月发表于《市政技术》（2013年第6期）。

（5）《机场高边坡加筋格宾土挡土墙施工工法》评为企业级工法，目前正在申报北京市级工法和国家级工法，作为优秀的施工实践经验向全社会推广。

（6）本工程已通过"北京市市政基础设施竣工长城杯"审核。

（7）2011～2013年项目部在指挥部开展的"比质量，赛工程创优；比高效，赛工程进度；比安全，赛文明施工；比技术，赛科技创新；比廉洁，赛作风建设"六比六赛劳动竞赛活动中多次获得第一名，项目部被授予优秀项目经理部称号；获得流动奖杯、荣誉证书。

（8）严格合同履约管理，信守承诺。

在工期管理中，项目部实施扁平化管理，集中精力抓好施工进度及质量，认真落实业主及合同节点工期要求，同时项目部积极协调监理、业主、设计解决施工中存在的技术难题，采取技术革新，改进施工方案，加快施工进度，确保达到节点工期考核目标，取得业主满意。

在质量管理方面，通过精细化管理实行过程精品、试验段引路等措施，本工程质量自始至终处于受控状态。通过项目部全体管理人员艰苦努力，神农架机场建设工程项目按施工合同圆满完成建设任务，获得甲方、监理、质量监督部门的一致好评，如图24、图25所示。

（9）社会效益：由于施工土石方工程量减小，减少了山体土石方的爆破量，工作效率进度明显加快，质量保证到位，为整个工程工期赢得了宝贵有效时间，降低了工程造价，产生良好的社会效益及经济效益，赢得了业主赞誉，为我单位2013年6月份武汉天河武汉天河机场三期建设工程飞行区场道工程WHTH-F5标段中标奠定了基础。

（10）环保：神农架机场位于原始深林内，处于长江的源头，水资源保护尤其重要。施工中节约了大量回填材料，节约土地利用面积，减少了自然地貌生态破坏；墙体内可以由里而外的产生植被生长层，也可以在墙体内利用植生袋加快墙体绿化，有效的保护生态资源。体现机场施工绿色环保理念，I边坡加筋挡土墙工程今后将成为神农架机场旅游一道亮丽的风景线。

图 24　中国民航局领导视察工地

图 25　建成后的机场跑道

（11）经济效益

1）以神农架机场工程 I 边坡为例，边坡高 61m，长 710m，土工格栅 81.8 万 m^2，加筋格宾约 42 层，1.3 万套。与传统方式浆砌块石边坡相比，费用减少约 2592 万元。

2）工期：挡土墙采用传统浆砌块石施工方案，计划工期 280 日历天，采用加筋石笼土挡墙施工工艺，实际工期为 153d，缩短了 127d。

3）质量

①整体性：利用防腐处理的钢丝经机编六角网双绞合网制作成长方形箱体，箱体内填装石料，分层堆砌，各箱体用扎丝连接，整体性好。

②刚性：抗压强度高，箱体内填石在外力作用下，受箱体的限制，填石间越加密实。

③柔性：当地基变形和受到超设计侧向外力时，能够很好的适应地基变形，不会削弱整个结构，不易产生垮塌、断裂等破坏，柔性很好。不易受地基变形及沉降影响，一旦破坏后，易维修。

④透水性：墙体不需要设计排水孔，受地表水和地下水的影响小。不易产生破坏，透水性好。

⑤耐久性：加筋格宾及土工格栅原材料使用年限均在 50 年以上，且施工工艺流程简单，回填原材料单一，施工质量利于控制。通过分层强震碾压，密实度得到保证，有效得保证边坡工程的稳定及耐久性。

保工期抓质量　让政府放心　让百姓满意

——北京建工四建工程建设有限公司北京雁栖湖生态发展示范区定向安置房（柏泉庄园）项目住宅及配套工程项目

贾向辉　张东来　刘海山　翟　巍　罗　洁

【摘　要】　北京雁栖湖生态发展示范区定向安置房（柏泉庄园）项目住宅及配套工程是北京市怀柔区重点工程，起到改善民生、提升老百姓幸福指数，维护社会和谐稳定的重要作用。项目部始终围绕保障房工期与质量这两个中心点，精心策划，狠抓管理，促工期，保质量，圆满完成了政府交给的重任，实现了对百姓的安居承诺，做到了让政府放心，让百姓满意。

【关键词】　安居工程；如期交房；质量过硬；满意服务

一、工程概况和成果背景

北京雁栖湖生态发展示范区定向安置房（柏泉庄园）项目住宅及配套工程，包含21栋单体住宅楼，3个地下车库，一个幼儿园，两栋配套建筑，住宅楼地上9～15层，总建筑面积235460m²。建成后成为两个隔路相望的宜居住宅小区，两个小区整体布局科学、合理，整体美观，错落有致。同时，该小区也是2014年在怀柔雁栖湖畔的国际会都举办的G20（20国集团）峰会周边环境改造的示范性小区，如图1所示。

安置房承载着百姓的安居梦，作为柏崖厂、泉水头、下辛庄三个村村民的回迁房，北京雁栖湖生态发展示范区定向安置房（柏泉庄园）项目住宅及配套工程承载着村民们的希望，也肩负政府对村民承诺的"安居工程"的重任。如何将这些房子如期的交付到村民手中，同时，做到质量过硬让村民满意是建设中的重点。作为总承包方，始终将这两个重点实施于工程建设的各个环节。

图1　北京雁栖湖生态发展示范区定向安置房
（柏泉庄园）项目住宅及配套工程效果图

二、选题理由

本工程为怀柔区政府重点安居工程，肩负着为怀柔区数千老百姓解决改善居住环境，提升生活质量的重任，同时也是怀柔区拆迁安置房示范工程，工程建设的成功与否直接关系到日后拆迁安置工程的顺利进行。作为拆迁安置房的两个建设控制要点——工期与质量，我公司及项目部对该工程非常重视，在工程质量、进度、服务水平等方面定下了较高的标准。面对体量如此大的小区建设，专业分承包多，工序交叉，相互影响，工作面组织难度相当大，质量控制、进度管理、协调能力、综合服务水平更是对项目部的巨大考验。最终本工程如期竣工，并且获得了"北京市结构长城杯银质奖"、"北京市文明安全工地"的荣誉，高质量的完成了工程建设，获得了怀柔区政府和拆迁百姓的一致认可。

三、项目实施时间及管理目标

见表1。

实施时间表 表 1

实施时间	2011 年 6 月 30 日～2013 年 5 月 25 日
分阶段实施时间	
管理策划	2011 年 6 月～2011 年 8 月
管理实施	2011 年 8 月～2012 年 3 月
过程检查	2011 年 9 月～2013 年 4 月
取得效果	2012 年 3 月～2013 年 5 月

1. 质量目标

达到合同标准，工程一次验收合格率100%，创"北京市结构长城杯"。

2. 安全文明施工目标

因工死亡、重伤和重大机械设备事故率为零，轻伤事故率控制在3‰以内。

3. 环保目标

创建绿色工地，噪音、扬尘、遗撒、三废（废气、废水、废渣）排放达到环保要求。

4. 经营目标

合同履约率100%，成本降低率2%。

四、管理重点和难点

1. 工程施工项目多、工程量较大，工期紧

该工程体量大，专业分包多，施工人员多，机械料具使用量大，如何有效地利用作业时间和空间、确保人力、机械、材料等资源的安全、有序、高效流动，保证如期竣工是施工组织策划的控制重点。

2. 狠抓质量控制，建百姓放心工程

作为拆迁安置房，我们的建设成果交付不仅面对的是建设单位，而是千千万万的小业主，如何提升整体质量，为百姓建设放心的"安居工程"，是我们作为总承包方最应该思考的。

3. 小业主数量多，需在有限时间内高质、高效的完成交房工作

本工程建成后，两个小区合计总户数1864户，如何将这些"成果"在甲方要求的2个月内交付到每个小业主手中，并且使每一户都能满意，真正实现政府对广大住户承诺的"安居工程"，是对项目部的最大考验。

五、管理策划与实施、风险控制

1. 全方面工期控制措施，确保工程如期完工

（1）合理组织施工

①分区分段组织施工，"化大为小"。本工程体量大，要求的施工资源多，在结构施工期间，本工程分为多个施工区段，各区段之间进行平行施工。以保证施工的有序进行。且根据施工管理需要，把整个工程划分为两个大区，每个大区再划分成3个工区进行管理，由项目部统一控制，两个大区相对独立。施工资源根据施工区独立配置，项目部设立施工区负责人，对每个施工区实行独立管理，及时发现问题和解决问题，确保工程的施工进度。

②流水施工，资源分配相对均匀。在施工组织上，采用流水施工的方法，将混凝土浇筑等需要空间、机械等资源量大的分项工程，施工时间安排错开，使整个工程的资源分配相对均匀，进一步化解了场地狭小、资源要求集中的矛盾。

③程序协调，穿插安排合理。在施工程序上，是以土建施工为主，机电专业等各分项工程做好配合协调。进度计划中安排结构分阶段验收，为机电安装预留、预埋和二次结构砌筑及装修工作创造空间条件。在二次结构施工时，做好预留与预埋工作的同时，做好室内管道、桥架等安装工作。室内装修期间，机电设备安装工程也逐步与各装修工序一道进行流水施工。最后，留出了充足的时间进行单机和系统综合调试时间。这样的程序安排，符合施工实际需要，针对本工程的特点作了专门设计，保证了进度目标的实现。

（2）施工进度计划的分级管理控制措施

本工程在施工前就按工程系统构成、施工阶段和部位等对工程进行了逐层分解，形成了编制对象从大到小，范围由总体到局部，层次由高到低，内容由粗到细的完整计划系统。计划的执行由下而上，从周、月进度计划、分部分项工程进度计划开始，逐级按进度目标控制，最终完成施工项目总进度计划。施工进度计划管理控制组织机构图，如图2所示。

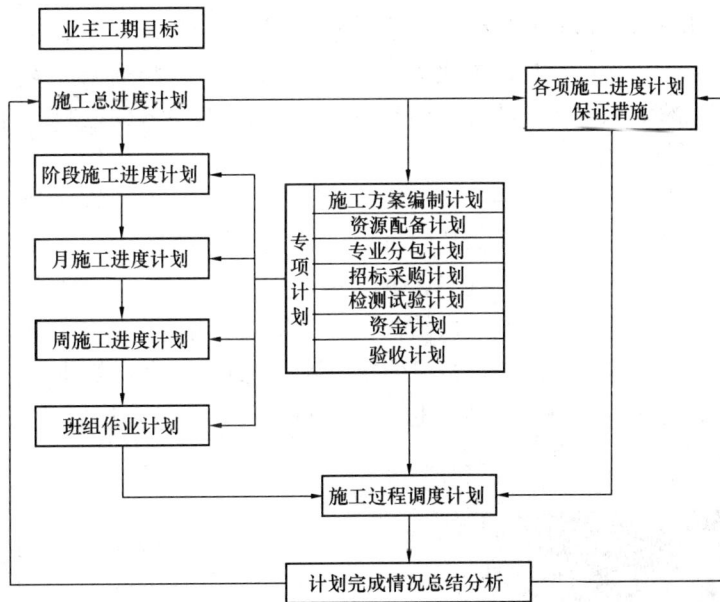

图2　施工进度计划管理控制流程图

（3）经济措施为工期保驾

①执行专款专用制度。建立专门的工程资金账户，随着工程各阶段控制日期的完成，及时支付专业队伍的劳务费用，防止施工中因资金问题而影响工程进展的问题发生，充分保证劳动力、机械、材料的及时进场。

②执行严格的预算管理。施工准备期间，编制项目全过程现金流量表，预测项目的现金流，对资金做到平衡使用，以丰补缺，避免资金的无计划管理。

③资金压力分解。在选择分包商、材料供应商时，提出部分支付的条件，向有资金相对雄厚的合格

分包商、供应商进行倾斜。

④工期竞赛。拿出一定资金作为工期竞赛奖励基金，引入经济奖励机制，结合质量管理情况，奖优罚劣，充分调动全体施工人员的积极性，力保各项工期目标顺利实现。

2. 狠抓质量管理，建百姓放心工程

（1）落实交底制度，推行样板引路

项目部建立了完善的交底制度，通过现场与实际相结合的方式，项目技术、生产和安全部门组织全体劳务作业人员在现场针对每个分项工程进行细致的技术交底与安全交底，全面了解预施工部位工艺做法、质量标准及安全操作注意事项。实施"样板引路"制度，用样板带动全局，以过程精品实现工程精品。在工程现场悬挂样板指示牌，体现出操作要点和质量标准，如图3所示。让操作人员完全掌握工艺关键点和质量要求标准，让样板成为施工交底的一个实例体现。

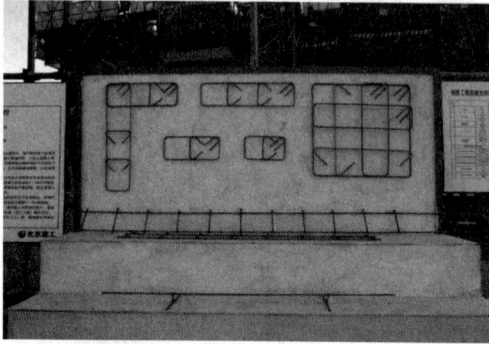

图3 钢筋加工样板指示牌图

（2）施行计算机辅助放样，节点编号控制

本工程共计包含21栋单体住宅楼，按户型统计，共计包含10种户型。各楼栋间几乎都存在交叉相同户型。根据以上特点，项目部在装修施工期间，对厨房、卫生间墙、地砖，各楼屋面瓦，按相同户型及相同屋脊形状，分别进行排砖及排瓦设计，并仔细计算墙、地砖及屋面瓦用量，实行精细管理，从而避免了因装修材料估算粗放式采购造成的材料浪费。同时，保证各楼相同户型厨房、卫生间墙、地砖装修效果一致、美观，达到最优装饰效果。项目部还对二次结构施工进行图纸深化设计，绘制二次结构排砖深化图，明确了排砖方式，植筋位置及构造柱、过梁、板带等节点处理方式，使材料规格、数量便于统计，砌筑高度及砌筑质量更容易控制。给后续装修施工质量打下了良好的基础。

各楼门、窗洞口及其他预留洞口使用计算机软件编号统计管理，在装修过程中对与编号部位对应的装修材料按此编号系统进行统一管理，从而达到材料与部位的一一对应关系，避免了装修过程中材料采购相同部位的多次统计，避免人工浪费，同时，也极大的避免了因安装错误造成的返工现象。项目部还对二次结构施工进行图纸深化设计，绘制二次结构排砖深化图，明确了排砖方式，植筋位置及构造柱、过梁、板带等节点处理方式，使材料规格、数量便于统计，砌筑高度及砌筑质量更容易控制。给后续装修施工质量打下了良好的基础。形成了对人、机、料的科学信息管理，达到了工程整体质量的统一提升，如图4所示。

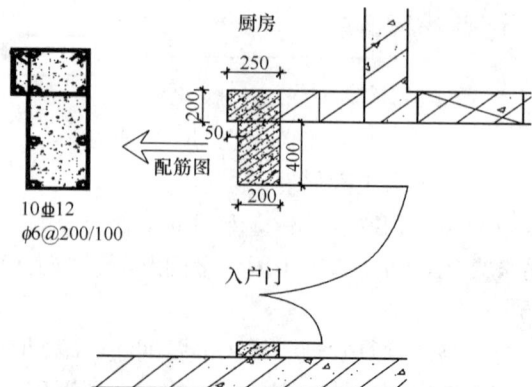

图4 入户门处二次结构深化设计图

（3）落实管理制度，强化过程控制

项目部制定每周质量联检制度，并制定完整的问题解决流程，对施工中发现的各种质量问题及时解决，避免问题恶性循环，并对优秀做法进行推广，使工程施工质量整体稳步提升。质量联检过程中，对各栋号质量问题采取拍照的方式留取影像资料，并分栋号分类收集管理，将优秀照片与问题照片作为后续工程技术交底的实例和重点。同时组织技术、质量、生产、外施队召开问题分析会，对收集的问题照片逐一分析原因，制定解决方案，落实整改时间；对优秀的做法进行推广，达到质量标准统一。通过质量分析会，及时发现和解决质量不稳定因素，促进工程质量的提高。施工过程中，对发现的质量问题及质量难点，会同项目部技术、质量、生产等相关部门，制定合理的改进方案，改进过程中，相关责任质量员旁站监督指导，解决改进中发生的问题。技术、生产、质量等相关部门对问题的改进进行验收，检验改进方法的可行性，保证问题的彻底解决，如图5所示。

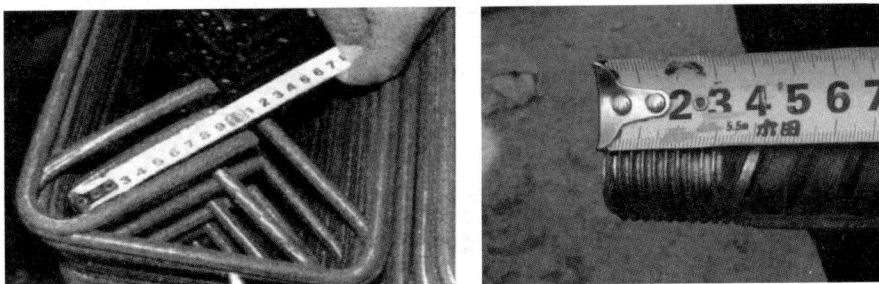

图5　施工过程质量检查图

（4）针对业主关心重点，改进施工工艺，杜绝质量隐患

二次结构装修完成后，不同材料交界处墙面开裂一直是居民投诉与返修的重点，同时更是项目部质量控制的要点。在本工程中，原设计图纸厨房、卫生间100mm厚隔墙为轻集料混凝土条板，根据以往施工经验，混凝土条板隔墙接缝处后期极易出现裂缝，对住户造成严重困扰，针对上述情况，项目部开专题会议，商讨将厨房、卫生间100mm厚隔墙变更为钢筋网片现抹陶粒隔墙，并征得了建设单位、设计单位、监理单位的认可。我项目曾经在其他工程应用过此种施工工艺，并取得了良好的效果，经验技术比较成熟，有效地杜绝了后期裂缝问题，并减少了后期维修成本。住户、甲方及政府均对此隔墙质量给予了高度认可，如图6、图7所示。

图6　现抹陶粒隔墙施工图　　　　　　　图7　现抹陶粒隔墙效果图

3. 提升服务水平，让业主满意

交房工作是本工程竣工后的最后一项重点工作，也是考验我项目部在施工管理之外的综合协调管理能力。为把这次交房工作圆满、顺利完成，项目部请来公司下辖的物业管理分公司精英管理人员全程参与、指导、帮助。在交房前一周时间内会同甲方、物业公司召开多次交房专题会议，同时，对交房过程中的基层人员在操作流程、接待礼仪等方面进行了相关的培训，使得房屋交付工作开展的有条不紊。项目部安排专职交房工作人员，与甲方、物业公司衔接，联合组成了"一条龙"服务团队，迅速而有效地

为业主办理交房手续。为了让村民在购买房屋时享受到优质服务，包括售楼处、咨询宣传部、收款处、交房部和休息室，每个柜台的功能都用桌签标清，有专门工作人员负责解释并指导办理全过程。此外，柜台一旁，还备有老花镜、矿泉水等便民物品，让这些回迁村民感受到了家的温暖。

在交房、验房过程中认真带领每户居民现场验房，有的居民要看检测报告，负责验房的人员就将出厂合格证、检测报告、厂家营业执照、资质证明文件等资料提供给大家看，让质疑的村民心服口服。同时得益于严格的质量控制，房屋质量受到了百姓的一致认可。交房工作实行电脑信息化管理，对每一套房屋均进行电脑备案登记，其主要信息包括：房间号，户型，业主信息，交房中出现问题，每次整改记录，交钥匙时间等。通过对交房过程的电子化管理，有力地解决了交房过程中信息混乱，资料丢失等情况。

在整个交房工作流程中，设置了咨询台，休息区，看房处，问题登记处等分类服务处所，会同甲方的交费处，合同签订区等形成了一套完整的工作流程。在咨询台，向每位业主提供一份详细的交房流程图，并且明确标注每一个流程相对应的工作区域，如图8所示。

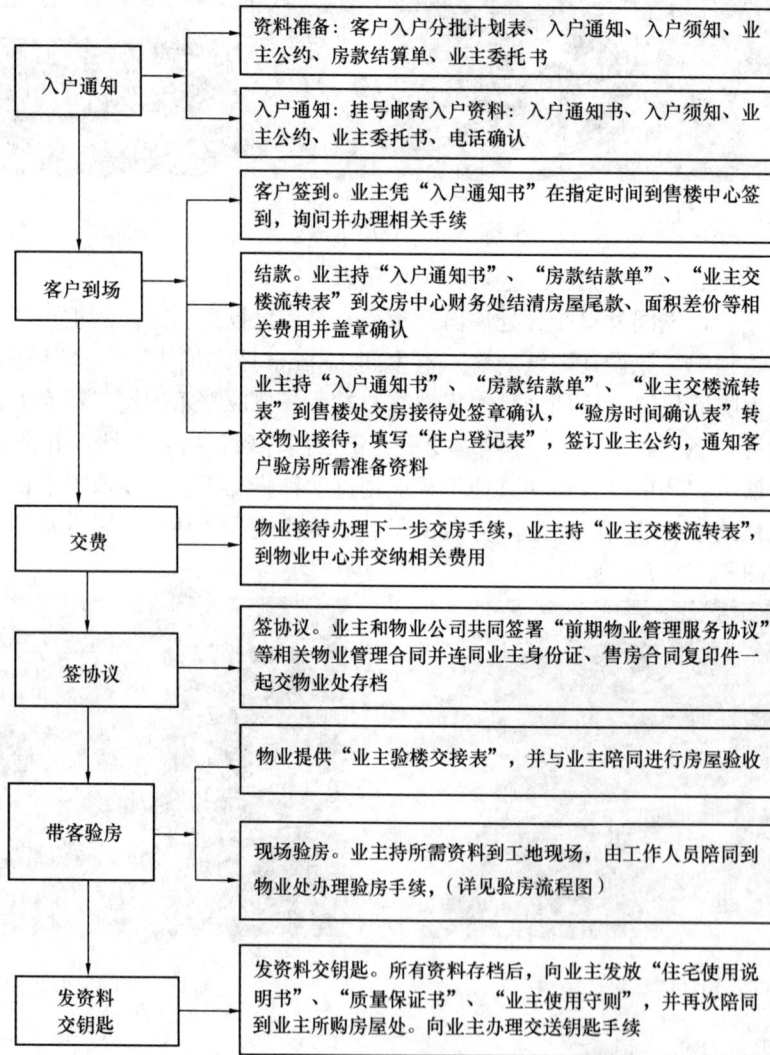

入户通知	资料准备：客户入户分批计划表、入户通知、入户须知、业主公约、房款结算单、业主委托书
	入户通知：挂号邮寄入户资料：入户通知书、入户须知、业主公约、业主委托书、电话确认
客户到场	客户签到。业主凭"入户通知书"在指定时间到售楼中心签到，询问并办理相关手续
	结款。业主持"入户通知书"、"房款结款单"、"业主交楼流转表"到交房中心财务处结清房屋尾款、面积差价等相关费用并盖章确认
	业主持"入户通知书"、"房款结款单"、"业主交楼流转表"到售楼处交房接待处盖章确认，"验房时间确认表"转交物业接待，填写"住户登记表"，签订业主公约，通知客户验房所需准备资料
交费	物业接待办理下一步交房手续，业主持"业主交楼流转表"，到物业中心并交纳相关费用
签协议	签协议。业主和物业公司共同签署"前期物业管理服务协议"等相关物业管理合同并连同业主身份证、售房合同复印件一起交物业处存档
带客验房	物业提供"业主验楼交接表"，并与业主陪同进行房屋验收
	现场验房。业主持所需资料到工地现场，由工作人员陪同到物业处办理验房手续，（详见验房流程图）
发资料交钥匙	发资料交钥匙。所有资料存档后，向业主发放"住宅使用说明书"、"质量保证书"、"业主使用守则"，并再次陪同到业主所购房屋处。向业主办理交送钥匙手续

图 8　交房工作流程图

通过完整的前期策划，交房过程中体现了细致周密的工作流程和高效的管理措施，在约定的时间内顺利完成了交房工作，让每一位业主满意的喜迁新居，如图9所示。

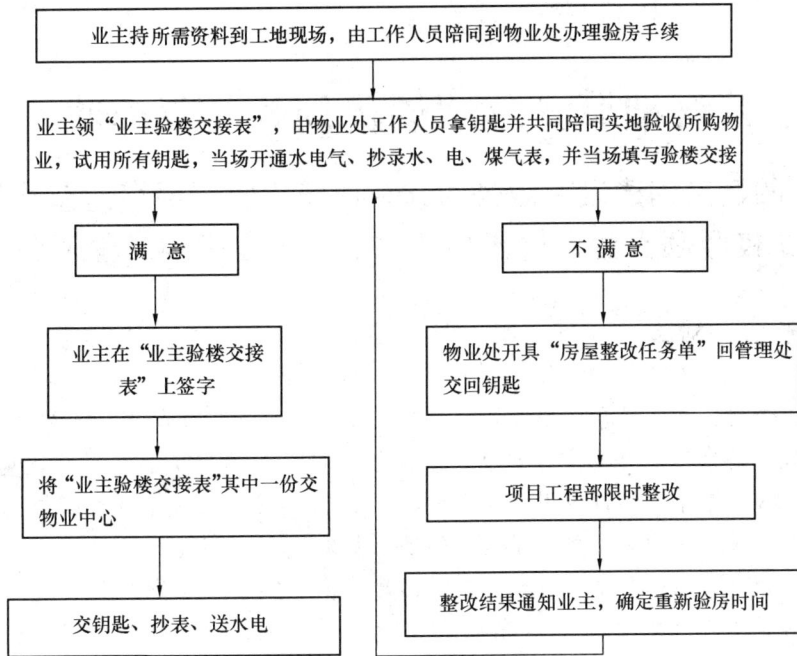

图 9　验房流程图

六、管理效果及评价

1. 管理效果

北京雁栖湖生态发展示范区定向安置房（柏泉庄园）项目住宅及配套工程通过精心策划，合理有序的组织实施，严格的过程管理，如期且高质量的完成了 23 万 m^2 的大型住宅小区建设。本工程在 2011 年获得了"北京市文明安全工地"称号，2013 年取得了"北京市结构长城杯"。

2. 社会效益

北京雁栖湖生态发展示范区定向安置房（柏泉庄园）项目住宅及配套工程的如期竣工，老百姓搬进了自己的新居。改变了拆迁之前住处"脏、乱、差"，出行困难的旧面貌，换来的是道路畅通，环境优美，设施齐全的现代化小区的新颜，圆了村民的"安居梦"。现如今，站在"柏泉庄园"小区的新房里就能眺望到柏崖厂老村庄的旧址——一个三面环湖一面临山的美丽小岛，那里已经崛起一片新的建筑，那里将是召开 G20（20 国集团）峰会的主会场。"柏泉庄园"小区的建成，为 G20 峰会的召开贡献了一份力量，同时也为怀柔区今后的拆迁安置工作做出了积极的示范工作。最重要的是，实现了政府对拆迁村民的承诺：房屋质量过硬，搬迁入住按期。真正做到了安置房建设"让政府放心，让业主满意"，如图 10 所示。

3. 管理评价

针对本工程安置房的工程性质，项目部抓住工期与质量的控制要点，同时努力提升总承包方的服务水平，在保障房这类"安居工程"中积累了一定的管理经验，为今后类似工程的施工管理打下了良好的基础，过硬的质量与重承诺、高质量的服务水平也为公司开拓怀柔建筑市场做出了贡献。

图 10　北京市副市长陈刚、市政府副秘书长徐波一行到北京雁栖湖生态发展示范区定向安置房（柏泉庄园）项目住宅及配套工程检查工地施工情况图

精打细算 赢"创优创效"双丰收

——北京建工四建工程建设有限公司北京建筑大学（原名北京建筑工程学院）新校区硕士生、博士生1号、2号公寓楼工程项目

毛长在 刘立军 付 鹏 张 宙 王 磊 刘金龙 李 健

【摘 要】 根据教育部深化教学体制改革的总体部署，改变北京市高等教育资源分布不均衡的现象，北京建筑大学作为北京市属高校中惟一的建筑类高等学校，为提高教学质量，改善教学环境，吸引优秀人才，于2009年3月正式启动大兴校区的建设工作，也为学院升格为大学奠定了坚实的硬件基础。

作为市属国有企业，北京建工四建公司在"学规范、练队伍；造人才、立规矩；撒种子、创信誉"的北京市精品工程宗旨的指导下，提高运用规范和标准的能力，提升管理策划水平，实现了"结构精品"和"经济效益"的双丰收。

【关键词】 管理策划；创优创效；经济效益

一、工程概况及成果背景

北京建筑工程学院（2013年5月更名为北京建筑大学）新校区硕士生、博士生1号、2号公寓楼工程位于大兴区黄村镇芦城，总建筑面积17249.3m²，地下1层，地上9层，局部单元8层。可为在校老师提供208套宽敞明亮的住房。作为学校教职工的安居工程和新校区一期工程中的重点工程，学院和公司领导都给予高度重视，工程于2009年12月30日正式开工，2012年2月15日竣工备案验收，共经历了2年多的时间。在此期间工程顺利一次通过基础结构验收、主体结构验收和竣工交验，获得了"2010年度北京市安全文明工地"荣誉称号，争创了"2010年度结构长城金杯"。期间，市、区两级领导、学院、集团领导多次到现场指导工作，对工程的进度、质量、安全等方面的管理给予了充分肯定，同时作为"大学生学习实践基地"，工程在施期间，项目部管理人员对前来参观学习的学生给予耐心细致的讲解，与学院师生建立了良好的关系。为树立建工品牌，秉承争创精品工程的企业精神，在装修期间，项目部员工尽职尽责，成功的取得了建筑长城杯，为本工程画上了圆满的句号，如图1所示。

图1 外立面效果图

二、选题理由

我项目部承建此住宅工程，并未因其体量小，施工难度低，就降低项目管理的目标。而是认真统筹规划，进行周密的前期策划：从管理策划、创效策划、质量策划的角度，以所施工程经验为依据，建筑新技术、清单定额、法律法规等为指导，对工程的安全、进度、质量、成本的实施过程进行全程监控。

学院把确保新校区1期工程如期投入使用确定为一切工作的中心，而硕博公寓作为新校区建设的重点工程，各方给予极大的关注，学院领导在协调会上多次强调工期问题，并约定了最终的交付时间表。

虽然工期紧，但并未降低对工程质量的要求。项目部抽调精兵强将，集思广益，在"创优创效"上狠下功夫，在缩短工期、确保质量、降低成本方面取得了良好的效果，并建立起一套完整的项目策划和管理流程，在项目部的发展中不断积累和完善，发挥着重要的作用。也为四建公司树立了良好口碑，提升了企业影响力，取得了良好的社会效益。

三、实施时间

具体实施时间，见表1。

实施时间表　　　　　　　　　　　　　　　　　　　　　表1

	2009 年 12 月～2011 年 3 月
	分段实施时间
管理策划	2009 年 12 月～2010 年 1 月
管理措施实施	2010 年 2 月～2011 年 1 月
过程检查	2010 年 2 月～2011 年 1 月
取得成果	2011 年 2 月～2011 年 3 月
质量目标	达到国家现行施工验收规范合格标准，创建筑、结构长城杯
安全文施目标	杜绝死亡、重伤事故和职业病的发生；杜绝火灾和重大机械事故的发生；确保获得"北京市安全文明施工工地"
进度目标	按照建设方计划完成各节点目标
成本目标	通过合理筹划，科学组织，资源均衡等措施实现本项目成本控制目标

四、管理重点及难点

1. 工程总承包管理的特点和难点

工程总承包涉及土建结构、机电设备安装，其他专业工程（玻璃幕墙、钢结构安装等），外部环境等众多专业施工单位的施工协调（包括进度、质量、安全、工期、投资等控制及施工平面布置协调）必须全方位配备相应专业的高素质管理人才，才能满足总承包管理需要。

现场不同专业的众多施工企业交叉作业，施工人员素质参差不齐，各个不同的施工阶段平面布置均需调整变化，施工总承包单位必须按不断变化的现场条件全盘策划施工安排，及时调整好众多施工单位间的复杂经济、行政、法律关系，精心组织，科学管理。

不同施工阶段的具体施工内容对人力、物力、财力资源进行整体优化，全面统筹工程施工过程中的工期计划、技术、质量、成本、安全、资料等管理，统一策划编制项目施工组织设计，统一制定质量计划和保证措施，统一管理施工进度，统一完成竣工资料编制与移交，对总承包单位管理的统一策划、组织、协调水平提出了高标准要求。

将整个项目不同阶段、不同专业的施工过程变成一个有机的、相互协调的整体。根据不同专业的自身特点以及施工环节之间的相互影响进行管理协调。按照不同专业的施工工艺要求和内在规律制定合理的总体施工计划。

2. 学院类工程特殊性、政治性

学校以第五次党代会的召开和制定"十二五"发展规划为契机，进一步明确了办学指导思想、办学定位，提出了发展战略、发展目标和发展任务，坚持解放思想、改革创新、抢抓机遇、加快发展，为建设特色鲜明的高水平建筑大学奠定坚实的基础。

新校区建设采取的组织管理方式是业主负责制，为了更好地协调组织和推进学校的新校区建设工作，成立了新校区建设指挥部，抽调高素质、专业化的人员组成基建管理队伍。

高校新校区的内外特点决定了大学校园建设项目管理的复杂性。大学校园建设项目作为民用建筑工程项目的集成，有分期建设的要求，决定了项目管理的计划性非常强；每个单项工程的独立性，使得外部协调工作非常多。

五、管理策划及创新特点

1. 高水平项目管理就要有周密的前期策划作为支撑，本工程前期策划分

（1）总平面管理策划（生活区、道路、临建、临水电、施工机械、外脚手架）。

（2）工程进度管理策划（事前控制、事中控制、事后控制）。

（3）工程质量管理策划（合同质量技术要求、方案审查及技术交底、施工及材料样板确认、关键质量监控及检验）。

（4）安全施工管理策划（危险因素、安全管理体系和检查制度、抢工安全策划）。

（5）文明施工管理策划（场容场貌、封闭管理、成品保护、宣传）。

2. 创新特点

（1）与利益相关者建立良好的沟通机制

根据本工程自身特点，统筹考虑参建各方的利益和诉求，对利益相关者进行细致分析，找出他们之间的重要关系，然后通过分析风险与机会，识别任何可能的变化对工程的影响，以便做好应对准备。同时项目部与每个利益相关者之间都建立沟通协调机制，安排专人将信息和资源进行互联互通，最大程度降低因信息沟通不及时，指令传达不下去造成的各种风险。

（2）建立健全激励机制与约束机制

工程开工伊始，项目部就制定出贯彻标准化管理的约束机制与激励机制，将标准化管理的落实、效果与员工的切身利益相结合，提高其推行标准化管理的积极性。建立激励机制和约束机制，遵循奖惩分明、按标准办事的原则，鼓励主动、自觉贯彻标准者，触动标准贯彻不力者，从而在整个工程组织中形成一个互相督促、互相监督、共同运行的良性机制，保证项目各生产力要素的配置，保持良好的状态。

（3）建立与工程项目相适应的标准化管理体系

在项目管理过程中，制定相关的标准化管理实施细则，并对工程相关部门、项目主要管理人员、基层班组长进行宣传教育，将标准化管理的精神传达至项目的每个人，要求每个工程项目从开始的组织上场直到最后的竣工结算，均要实行标准化管理，对项目标准化管理的实施细则进一步的健全与完善，使得标准化管理做到有章可循，有法可依。

（4）成本管理坚持做到"三算"

事前工程预算，事中施工过程控制，事后办理洽商、预决算进行成本分析，确保工程最大效益。

六、管理措施和风险控制

项目管理主要通过：进度管理、成本管理、质量管理、安全管理、文施管理、人力资源管理、风险管理和采购管理来控制正常生产经营活动。管理的各有机组成部分，按照准备（计划）、执行、控制、收尾的管理过程不断的实现每一项工作，进而达到实现总目标。

图2　BM连锁空心砌块图

1. 具体措施1：改用绿色、环保材料替代常规材料

原设计图纸中，室内填充墙砌体材料为陶粒混凝土空心砌块。后与建设单位、设计单位沟通，选用更为节能、环保的BM轻集料隔墙连锁砌块作为隔墙砌筑材料，如图2所示。此砌块有专门的辅助块和砌筑砂浆，可有效的降低构造柱、过梁的施工难度，大大提高施工质量，内隔墙平整度基本控制在≤1.5mm，省去底层砂浆找平工序，大大缩短工期，仅此一项使砌筑工期提前半个月完成，节省人工和材料费4

万元。

2. 具体措施2：通过设计变更，降低施工成本

做好图纸会审，发现问题，及时向设计提出合理化建议并形成文字记录。施工过程中出现的技术变更、洽商及签证，及时与项目部商务部门沟通，对照投标预算及成本预算，办理相应的经济洽商。对施工过程中的经济洽商取舍有方，效益较高的争取，效益较低的适当放弃。

屋面装饰架在原工程结构图纸中无深化设计图纸，学院提出屋面制作安装轻钢结构装饰架。按照此设计方案实施：一是不利于土建施工实施。二是自身成本较大，在不考虑屋顶加高防护架及水电费用情况下，实际分包成本金额约140万元，如考虑措施费用及总包费用（按10%计），总价约为165万元。在这种情况下，项目部本着诚信合理的精神，积极向业主方建议：钢结构工程造价偏高，耐久性差、后期维护成本大，与原清单估价17.6421万元差距过大，通过项目部多次"公关"，建设方最终接受修改屋面装饰架设计为钢筋混凝土装饰架的建议。屋面装饰架效果图，如图3所示。

图3　屋面装饰架效果图

通过调整后的屋面轻钢装饰架方案：一是将工程向着有利于土建专业发展。二是把此项工程作为一项单独核算的变更项目，在原有投招标基础上重新调整报价方案（含按市场价调整劳务费）。三是通过与业主、设计、监理单位的反复沟通，我们不断修正施工方案，并与业主友好协商，脱离了原有合同中不利我方的组价形式，将预算报价以最新的市场价格92万元确定并结算，即满足了业主需求，又有效的增加了项目部的收入。为整体工程扭亏为盈起了主要作用。

3. 具体措施3：加强项目部成本管理，坚持做到"三算"

"事前工程预算"，主要审核标书、合同；"事中施工过程控制"，主要研究推进工程进度的措施、监理、甲方的意见，针对工程盈亏情况采取相应对策；"事后办理洽商、预决算进行成本分析"，确保工程不赔本、不亏损，提高项目部的产值利润。加强管理，提高主营业务利润率。

硕博公寓为剪力墙结构，结构形式简单，技术上不但为保证现场正常施工编制施工方案及交底，在与设计院方面，主要是协调设计在不影响进度的前提下多出变更，为项目部增加利润。我们针对施工管理、进度管理，定期进行进度计划分析，定期对施工进度进行调整，确保施工进度始终处于掌控之中，项目部在保进度的同时，通过在过程中的"二次经营"降低成本，提高效益，一旦出现进度滞后现象就积极想对策、出方案，想尽办法赶进度。项目部积极采取措施，调动人力、物力，各管理人员认真负责，施工现场进度有了很大的提高。

4. 具体措施4：规范化管理，提高安全文明施工管理水平

按照北京市绿色施工管理规程，结合工程现场实际情况，在开工伊始，统筹规划，合理组织，项目部建立了以项目经理为第一责任人的绿色施工管理体系，制定了绿色施工管理责任制度，定期开展自检、考核和评比工作。

安全防护工具化，标准化：按照北京建工集团Ⅵ标准，对现场安全防护设施的供应单位采用招投标方式进行比选，优中选优，与选定的供货单位签订合同，提高了现场的标准化水平，使现场管理规范，面貌焕然一新。文施水平在集团的各项评比中名列前茅，顺利获得了"北京市安全文明工地"荣誉称号。文施投入虽然前期费用较高，但可以多次周转使用，我项目在施工程还正在使用本工程采购的安全防护用具，降低后续施工的成本，取得了较好的经济效益。

5. 具体措施5：节水、节电、节材措施，创效成果显著

作为市属国有企业，积极响应国家节能减排的号召，现场全部采用耗能低、污染小的用电设备，安装太阳能电热水器等生活配套设施，在满足现场人员正常工作和生活的前提下，为项目部节约大笔水电开销。

冬季取暖问题为例：生活区 400 人住宿，使用电锅炉取暖系统，大幅减少用电量，节能降耗。经济效益：与传统的空调供暖及电暖气供暖节约支出 3 万元左右。

现场生活用水全部采用节水龙头，设置雨水收集池，现场混凝土养护用水、路面洒水降尘等使用收集的雨水，综合以上措施，节约施工成本 1 万元左右。

装修楼梯踏步使用结构剩余钢筋加工成护角钢筋，成品保护效果好，经济增项 0.5 万，降低了工程后期维修成本，也为环氧树脂地面施工创造了较好的基层施工条件。

七、过程检查和监督

建筑工程项目应建立严密的质量保证体系和质量责任制，明确各自责任。施工过程的各个环节要严格控制，各分部、分项工程均要全面实施到位管理。在实施全过程管理中首先要根据施工队伍自身情况和工程的特点及质量通病，确定质量目标和内容。再结合质量目标和内容编写施工组织设计，制定具体的质量保证计划和措施，明确实施内容、方法和效果。树立五大观念：质量第一的观念、预控为主的观念、为业主服务的观念、用数据说话的观念以及社会效益、企业效益（质量、成本、工期相结合）、综合效益观念。

加大监督管理力度，全天候旁站对于每一位现场管理人员要求做到"五勤"：即眼勤，要经常到现场了解施工情况，多看施工图，熟悉设计中的重要部位；手勤，发现问题要及时记录，处理问题要有记录；腿勤，常到现场转转；口勤，对于施工班组常易出现的质量隐患要常提醒，对施工队要经常交底；脑勤，熟悉图纸，动脑筋想措施来保证工程质量。在工作方式、深度上要求做到"严"、"准"、"细"、"实"。对于质量问题不遮掩，不马虎处理，用"鲁班"标准作为质量管理的标杆。

八、管理效果及评价

1. 管理效果

（1）北京建筑大学新校区硕士生、博士生公寓楼工程实现了按期竣工交验并盈利 1.08%。

（2）2010 年获得北京市"结构"长城杯和"绿色文明安全工地"称号。

（3）2012 年荣获北京市建筑"长城杯"银质奖。

实现了小工程"大文章"，结构精品与经济效益的双丰收。

2. 社会效益

硕博公寓 1 号、2 号楼作为新校区一期工程的一部分，分户验收合格率 100%。按期交付使用，极大的解决了广大教职员工的住房困难问题，为学院的"十二五"发展，为建设特色鲜明的高水平建筑大学奠定坚实的基础。

通过学院一期工程建设，北京建工四建公司与学院建立了战略合作关系，四建公司也成为学院师生的"生产实践基地"；进一步提高了"建工品牌"的知名度，每年都有多名优秀的毕业生投身四建公司的建设和发展。

2013 年经教育部批准，北京建筑工程学院正式更名为北京建筑大学。学校的总体办学水平得到显著提高，迈入了崭新的历史发展时期。

科学优化管理　实现圆满履约

——北京城建邯郸客运枢纽中心广场工程总承包部

黄越平　李　俊　肖瑞彦　史自卫　汪业刚　肖　炜

【摘　要】　邯郸客运枢纽中心广场工程是邯郸市东部新区开发最大的综合、交通类设施，是体现邯郸独特的地理优势和现代化城市文明的地标性建筑。本工程施工面积大、功能齐全、工期紧、质量要求高、社会影响力大。工程承包方式为 BT 模式，在工程实施前，项目部科学策划、优化方案、精细管理、确保工期质量、控制投资成本，制定了详细的管理措施，圆满完成了工程履约，赢得了良好的经济效益和社会效益。

【关键词】　科学策划；优化方案；精细管理；圆满履约

一、工程概况

1. 工程简介

本工程位于邯郸市东部高开区，属于邯郸市东部新区建设首批重点工程，工程占地面积 96.6 亩，是"石武线"上除省会城市外惟一具有始发车功能的车站，总建筑面积约 7 万 m^2，筏板基础，框架结构，其中地下车库 59732m^2，总计 730 个车位，地上广场及配套设施建筑面积 64400m^2，下沉商业建筑面积 6031.71m^2。基坑深度为 -8.8m，土方挖运 70 万 m^3，回填土 30 万 m^3，石材铺装 3.6 万 m^2，顶板为蜂巢空芯板结构，蜂巢空芯板用量 46000 块。整个工程总价为人民币 5.04 亿元，建成后将极大程度的方便了邯郸市民的出行，增添了邯郸东部新区的城市面貌，作为邯郸市东部新区开发的首项工程意义重大。

2. 项目团队介绍

邯郸客运枢纽中心广场工程总承包部成立于 2012 年 3 月，共有项目管理人员 15 人（项目管理人员最高峰 25 人），平均年龄 35 岁；其中大学本科以上学历的管理人员 17 人，占管理人员总数的 70%；工程师以上职称的管理人员 10 人，占管理人员总数的 40%；高级工程师 2 人，高级经济师 1 人。项目的主要管理人员均是从重点项目工程抽调的政治合格技术过硬的各专业人员。

二、成果背景与选题理由

1. 工程背景

本工程为河北省和邯郸市重点工程，采用了 BT 承包模式，投资规模 5.04 亿，是邯郸市高铁车站的配套工程，建成后主要作为高铁车站人流进出车站、车站配套商业及中转换乘的公共服务设施，具有很强的城市服务功能。

工程进场是 2012 年 3 月 1 日，开始挖土是 2012 年 5 月 8 日，而高铁开通是 2012 年 12 月 26 日，在开通之前必须完成车库结构和广场铺装及道路，达到广场通行条件。

2. 选题理由

随着我国经济飞速发展，城市交通枢纽及配套的广场建设必将越来越多，尤其是铁路交通枢纽站前广场，兼顾着人流疏散、铁路与城市公共交通的中转换乘和商业配套等的功能，交通枢纽广场的城市公共服务性质，使其建设采用 BT 承包模式将是一种可能的趋势，本工程的成功实施积累了有益的经验。

3. 实施时间

见表1。

实施时间表　　　　　　　　　　　　　　　　　　　　　　　　　　　　　表1

实施时间	2012 年 3 月～2013 年 5 月
分阶段实施时间	
管理策划	2012 年 3 月～2012 年 7 月
管理措施实施	2012 年 5 月～2013 年 5 月
过程检查	2012 年 5 月～2013 年 5 月
取得成效	2012 年 12 月～2013 年 5 月

三、管理重点及难点

1. 工期紧张

本工程土方实际开挖时间为 5 月 8 日，根据合同要求，2012 年 12 月 26 日前完成车库结构施工和广场铺装，达到广场通行条件，在不足 7 个月的时间要完成 70 万 m³ 土方外运、约 6 万 m² 的车库结构、15 万 m² 的防水和 30 万 m³ 的回填土、约 3.6 万 m² 的石材铺装以及市政管线道路等的施工，工期十分紧张。

2. 专业分包多

专业工序交叉施工多，协调管理难度大：本工程的防水工程、石材铺装、景观绿化、景观照明、通风空调、消防、电梯等工程为专业分包工程，二十几个专业（几十个专业队伍）之间接口、施工界面多，协调管理工作量大，需要管理超前，措施到位，管理工作难度大。

3. 超长结构的施工质量控制

本工程结构南北向长 360.5m，东西向宽 149m，中间设计两条南北向后浇带、6 条东西向后浇带，超长结构的裂缝防治是结构施工的重点，而后浇带、膨胀带、施工缝等处的防水处理是施工质量的控制关键点。

4. 防水施工是工程质量控制关键

本工程地下车库全部处于地下，地下水位（−2.5m），防水面积达到 15 万 m²，防水材料底板为 1.5 厚 PVC 卷材，外墙为 3 厚 RG 防水涂料一布八涂，顶板为渗透结晶加 1.5 厚 PVC 防水卷材，防水施工与其他工序交叉多，施工时间长，防水施工质量对车库的使用有重要影响，是施工质量控制的重点。

5. 大面积蜂巢空芯板等材料的大量应用

本工程体量大，工期紧，材料供货周期长，而且由于当地原材料不足，施工现场可利用场地有限，因此，施工之初按照施工计划制定详尽而周密的材料供给计划，随时根据现场施工情况调配物资，确保材料物资的及时采购和供货是保证现场施工顺利进行的关键，如图 1 所示。

图 1　物资图

四、管理策划和创新特点

在开工伊始就本着对工程高度负责的态度，明确要求，全力实现各项管理目标：

1. 质量目标

验收合格率100％，质量投诉解决率100％；确保"丛台杯"（市优），争创"安济杯"（省优）。

2. 工期目标

为保证工程的圆满履约，项目部制定了严格的工期目标，即2012年底完成广场范围施工，2013年6月完成全部工程施工并顺利移交。

3. 安全文明施工目标

杜绝发生因工伤亡和重大机械设备事故，争创"河北省安全文明工地"。

4. 融资目标

多渠道进行融资，按进度进行分期投资，满足项目建设的需要。

5. 经营目标

合同履约率100％，严格执行国家财政法规、制度，建立健全成本控制制度，确保建设资金的安全、合理使用，在规定的投资额内完成全部施工任务。

五、围绕实现目标制定管理措施

1. 建立健全行之有效的规章制度

项目部管理人员进场后，就立即着手进行工程项目的建章立制工作。根据国家、地方及行业法规和规范要求，依据邯郸当地有关文件要求，参照集团建立制定的管理标编制出了适合本工程项目的管理制度文件汇编，文件中明确了技术质量、生产安全、经营财务等各部门的各项管理细则，使各项工作有章可循、有法可依，职责明确、赏罚分明，营造了以制度管理、依程序办事的良好氛围。

2. 招标采购流程实行"阳光运作"

本工程招标采取由业主方、监理方及建设方共同组成联合招标小组制定招标工作管理办法，指导并监督招标工作，招标工作要充分体现公开、公正、公平的原则。

分包采购工作主要涉及两种情况：一是按照政府招投标规定，凡是符合招标条件的均通过市场招标方式确定分包单位。二是造价较低的分部工程采用邀请招标比选竞争性谈判方式确定材料供应单位或分包单位。

招投标工作通过进行"阳光运作"，未发现一起违法违规行为，同时，由于所有招投标工作均为我项目部代总部集团进行授权组织完成，从而节约了招标代理费，降低了工程成本。

3. 完善和优化施工图设计

设计单位所提供的施工图作为招标图纸，施工图深度不足除了对工程实施的影响之外，图纸深度不够，这将直接影响到建设单位、监理对工程质量的监督和管理及工程验收。因此，本工程通过多方沟通，本着"满足质量和使用功能要求，便于施工节省工期的要求，成本不超投资额"这三个原则，采取自主深化的方式，边设计，边施工，在施工过程中不断的根据实际情况优化方案，增强了指导性，有效地提高了施工效率。

4. 制定严密的进度计划，严控节点工期

根据工程总进度计划安排，分解制定土方、底板、结构、装修、机电及广场施工阶段工期计划及工期目标，同时，聘请当地专家对工期进行研究论证，切合实际的设定里程碑目标，同施工队伍签订责任状，赏罚分明，并且在施工过程中每晚召开生产协调会，根据各施工阶段进度动态调整劳动力、机械和物资等资源投入，确保各节点工期的按时完成。

5. 进行合理的施工部署

根据工程特点及工期要求，在控制成本的前提下，增加劳动力和机械等物资的投入，采取多个区域

平行施工。同时在施工过程中，每晚召开生产协调会，各区域负责对本区当日施工完成情况进行汇报，项目部根据各区域各阶段施工实际情况进行动态调整，如图2所示。

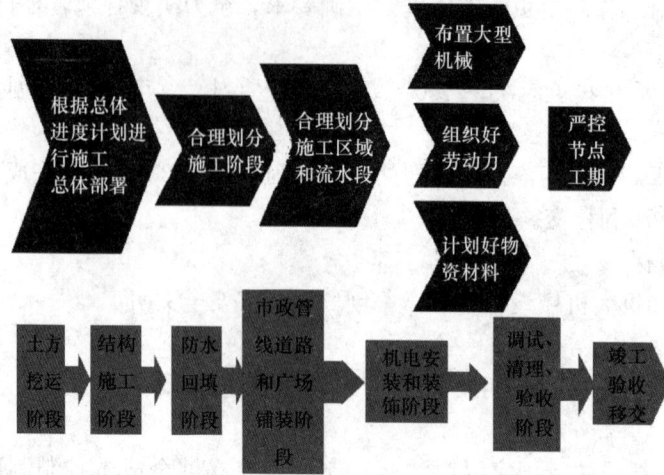

图2 施工部署图

6. 进场物资报验一律实行会签制

如图3所示。

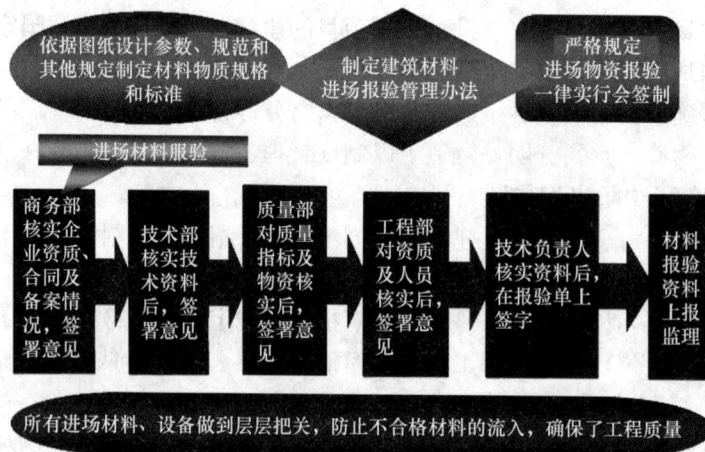

图3 会签制图

7. 安全、保卫、消防及文明施工一起抓

（1）加强现场安全消防保卫的投入，防患于未然。为加强易燃物和贵重物品的管理，加强了安全保卫的投入，定点定位，昼夜三班倒的巡逻设在现场的重点部位。

坚持安全联合大检查，定于每周一进行检查。联合检查是由总包、监理组织实施的安全检查。参加人员有总包、监理、分包单位的项目经理、生产主管、安全主管人员。

（2）加强文明施工管理的力度，组织了现场清洁队，及时清理扫除施工垃圾。特别是及时清除易燃垃圾。使现场既干净整洁，又清除了消防隐患。

（3）对新进场队员进行了安防知识和实际操作能力的培训，多次在现场组织新进护卫人员进行现场消防演练，安保部管理人员手把手地教新入场队员灭火器、消防水袋的使用方法。

8. 及早进行机电、广场铺装等深化设计

本工程涉及给排水、消防、通风、动力照明、电扶梯及广场照明等三十多个机电专业系统须在结构、装修、广场铺装、绿化及市政管线施工期间穿插施工，而且工程体量大、工期非常紧张。项目部技术及机电部门的管理人员从结构施工阶段就及早进行机电综合布线及广场石材铺装、收边收口的深化设计，积极联系相关单位，多沟通交流，同时运用先进的 BIM 技术，及早的确定施工方案进行现场施工，如图 4 所示。

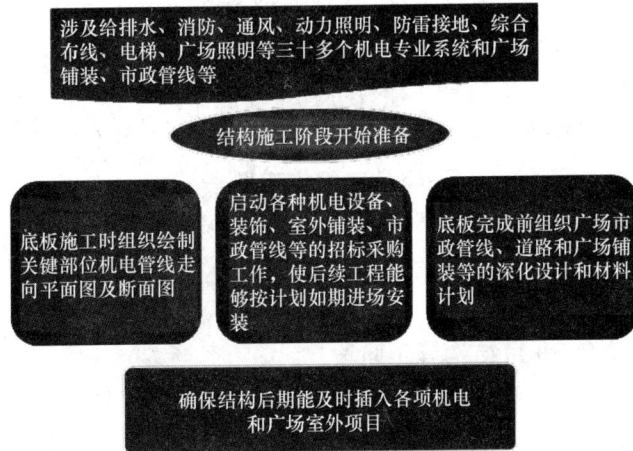

图 4　结构施工阶段准备图

9. 实行工程款拨付会签制

本工程为强化分包单位在合同履约、工程进度、质量安全等各方面的管理意识，加强分包管理力度，从工程开工之初就明确了项目部各项管理与经济利益相挂钩的管理手段，在定期支付分包工程款时，实行项目部各部门及各领导拨付会签制，使项目部各管理部门在对分包单位的管理中有充分的话语权，从而也加强了项目各项管理力度，提高了管理水平，如图 5 所示。

图 5　工程款拨付会签图

10. 先谋后施，坚持样板引路

为达到预期的质量目标，项目部编制了质量策划方案，并在结构施工期间，项目部采取了钢筋模板、混凝土质量标准上墙，各工序挂板制，各工种间会签制，主要部位旁站制。装饰装修开始前，重点进行了。一是质量评优亮点部位的确定。二是分部位分专业的深化设计，如专业管线的排布和各房间的板块排版原则。三是各房间做法上墙。四是切实做好各分包之间各专业之间，尤其是段与段之间的标高和作法交圈工作。为更好的、更为广泛的开展质量评优工作，项目部按施工阶段分部位，优选出 60 余项节点做法照片，放大后进行标注说明，并做成图框放置于施工区入口处，便于施工人员学习，使质量评优的标准直观化。

六、项目建设过程

本工程工期紧、体量大、专业多、任务重，能否保质保量安全地按期完工，达到工程的圆满履约，这对工程的管理者而言确实是一项非凡的考验。因此，在项目建设过程中项目部采取了管理层前移下沉，深入班组，落实责任状，分阶段进行考核，对材料计划进行审核，确定到场时间与工程施工进度相匹配等多项措施，分期分区地进行掌控，在建设过程中克服了重重困难，最终提前 38d 将工程圆满移交，保证了高铁在当地的顺利开通。整个工程按照时间大致分为六个主要施工阶段：

1. 2012 年 5 月～2012 年 7 月土方开挖及底板施工阶段

本工程土方开挖阶段，恰逢当地连降罕见暴雨，严重影响土方开挖及外运，项目部采取铺石子、垫钢板，湿地挖掘机施工等多种措施，最终完成土方开挖量 70 万 m^3，底板防水 8.5 万 m^2，确保了工程不间断的顺利施工。

2. 2012 年 7 月～2012 年 10 月结构施工阶段

因本工程主体为一地下车库工程，因此在结构施工阶段采取了多区域平行流水施工的组织方式，加大了劳动力、施工机械等资源的投入，很大程度上节省了工期。施工最高峰期间劳动力达到 1200 人，钢筋量约为 10 万 t，混凝土浇筑量约为 9 万 m^3。

3. 2012 年 9 月～2012 年 11 月顶板及外墙防水施工阶段

本工程质量控制的重点即防水工程，防水工程的质量是整个工程质量的重中之重，因此，在结构防水施工期间，项目部采取全员管理，深入现场，旁站检查，每一个施工区域都有直接责任人，明确质量标准，制定赏罚制度，奖罚分明。顶板及外墙防水面积约为 7.5 万 m^2，回填土 30 万方。

4. 2012 年 11 月～2013 年 4 月室内装修施工阶段

室内装饰装修提前谋划，在结构施工期间即已明确各功能区域的装饰装修做法，并经过深化设计，收边收口及交界面等重点部位都有详细的施工交底，避免了返工，缩短了工期，保证了整个工程的按期完工。装饰装修阶段耐磨地面完成 5 万 m^2、室内二次结构 $3200m^3$、抹灰及涂料完成 8 万 m^2。

5. 2012 年 10 月～2012 年 12 月广场铺装及道路施工阶段

根据合同要求，2012 年 12 月 26 日前必须完成车库结构施工和广场铺装，达到广场通行条件。因此项目部充分发扬了"五个特别"和"五加二"、"白加黑"的拼搏精神，在短短的 60d 内完成了 3.6 万 m^2 的石材铺装，确保了高铁站的正式运营，圆满的完成了合同规定的工期要求。

6. 2012 年 5 月～2013 年 5 月机电工程施工阶段

机电工程贯穿整个工程的施工，项目部采用 BIM 技术对机电工程提前谋划，深化设计，施工期间严控各种箱体设备的进场时间，同时严把质量关，保证了机电联调、验收一次通过，完成机电管线布设约 10 万 m，各专业箱体设备安装约 7000 台。

7. 和谐团队，事半功倍

整个工程顺利圆满的履约，是离不开一个好团队精神的。我们倡导的理念是"和是力量、谐是享受、团队是担当与分享"。项目上建立了优秀的领导管理班子，班子成员之间不仅有明确职责分工，而且各尽所能、各尽其职。切实发扬"五个特别"和"五加二"、"白加黑"的奉献精神，坚持工程质量、安全、进度、功能和成本"五统一"为主线，促进了工程建设的顺利推进。项目部同时关心职工生活，组织各类文体活动，最大程度地促进了团队建设，形成了团结协作，乐于奉献，脚踏实地，刻苦钻研业务的良好团队风貌，激发了广大职工为既定目标努力奋斗的热情和积极性。

七、管理效果和评价

1. 工期方面

2013 年 4 月 25 日提前完工并顺利通过四方验收，2013 年 5 月 23 日工程全部移交业主方（地上广场部分 2012 年 12 月 20 日移交），保证了"石武线"邯郸高铁站的顺利开通及运营，大大超出了业主方的预期效果，赢得了当地良好的社会效应。邯郸市交通运输局在表扬信中给予了充分肯定。

2. 质量方面

（1）2013 年 12 月获得邯郸市"丛台杯"优质工程奖。

（2）2013 年 12 月获得河北省 2013 年度结构优质工程奖。

3. 安全文明施工方面

获得 2012 年度邯郸市安全文明工地荣誉称号，并顺利通过"河北省安全文明工地"检查。

4. 经营方面

通过一系列成本控制措施，最大限度地降低了项目施工成本，实现了项目效益最大化，达到了预期目标。

5. 其他方面

多次获得邯郸市交通系统及邯郸市先进党组织及先进集体荣誉称号。

八、小结

我项目团队优质高效地完成了邯郸客运枢纽中心广场项目的建设任务，得到了业主和社会各界的好评，树立了北京城建集团的品牌形象，赢得了良好的社会信誉和经济效益。

通过本工程成功的实施 BT 承包模式，积累了 BT 项目管理经验，为以后承接和实施同类工程打下良好基础。

强化总包管理　军民携手共建
打造南海医学明珠
——北京建工四建工程建设有限公司解放军总医院海南分院疗养区工程项目

马小军　孙　忠　谢明泉　王　伟　郝文彬　刘润红

【摘　要】 解放军总医院海南分院疗养区工程项目位于三亚市海棠湾南区—C10片区，项目定位为各级领导的保健基地，工程重要性不言而喻。面对机遇与挑战，项目部以"学规范、立规矩、练队伍、造人才、创信誉"为宗旨，强化总承包管理，通过建造精品工程，提高项目部的管理及施工质量水平，为公司开拓海南市场打响了品牌。

【关键词】 制度管控；技术创优；地域专项措施；样板引路

一、工程概况和成果背景

图1　效果图

解放军总医院海南分院项目用地约500亩，总建筑面积近20万 m²。项目建设用地划分为医疗区、疗养区、服务保障区三个区域。其中疗养区总建筑面积50884m²，占地近16000m²，用途为解放军总医院海南分院工程的配套疗养用房，包括3栋一类疗养用房、3栋二类疗养用房、4栋三类疗养用房、16栋四类疗养用房，以及综合保障楼、健身中心和贵宾接待厅在内的三栋公用建筑，共计29栋单体建筑。

疗养用房共分为4类，单体建筑面积590~3300m²不等，结构主体为2层加斜屋面（隔热层），用于为各级首长、领导提供一流的休养用房，满足其对医疗、疗养的各项需要。

贵宾接待厅，位于疗养区用地中部，沙坝以上，与一、二类疗养用房属于同一区域，东临一类疗养用房，总建筑面积8990m²，建筑层数为地上二层，地下一层。

健身中心，位于疗养区建设用地北部，总体布局呈L形。内含游泳、网球、羽毛球场馆，与综合保障楼、贵宾厅有机组成和谐的群体形。

疗养区综合保障楼用房，位于疗养区用地中北部，东临健身中心，总建筑面积约6435m²。综合保障楼内院式布局营造了独立的内部办公、住宿环境，最大限度减少后勤工作对疗养人员的干扰，如图2所示。

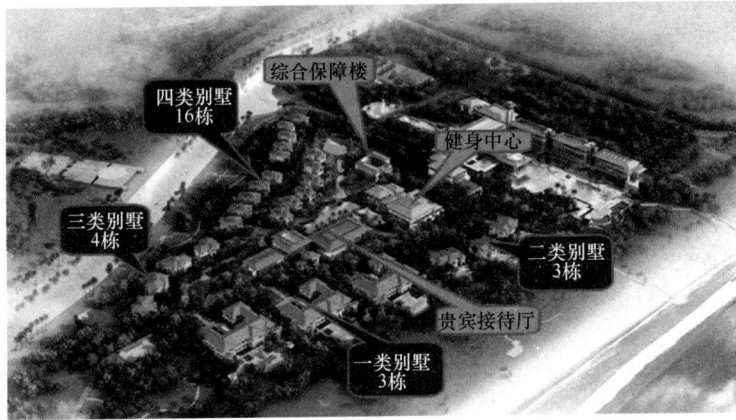

图 2　区划图

二、选题理由

此项工程是我公司首次与中国人民解放军合作的医院建设项目，工程建成之后具有极其重要的政治意义，将肩负起四项"使命任务"：一要为海南建设国际旅游岛服务。二要为老干部提供医疗保健服务。三要为驻岛官兵和人民群众提供医疗保障服务。四要为边远艰苦地区工作和为国防建设做出贡献的科学家、劳模和英模提供短期疗养、查体等服务。本工程建设方中国人民解放军总医院提出了"军内领先、国内一流、国际先进"的高标准建设目标，工程的政治性凸显，在工程质量、工期、安全及协调管理等各方面，要求非常高。工程的单体建筑多、占地面积大，区域性气候及地理条件对施工影响大，分包单位多，对工程总承包商的自身施工能力以及全面的管理协调能力，提出了极高的要求。

三、项目实施时间及管理目标

本工程于 2010 年 1 月 9 日开工，2012 年 8 月 29 日完工并通过四方竣工验收，见表 1。

实施时间表

表 1

实施时间	2010 年 1 月 9 日～2012 年 8 月 29 日
分阶段实施时间	
管理策划	2010 年 1 月～根据各阶段节点调整
管理实施	2010 年 2 月～2012 年 7 月
过程检查	2010 年 2 月～2012 年 8 月 31 日
取得效果	各阶段节点～2012 年 8 月 29 日

1. 质量目标

确保达到海南省优质工程标准，确保海南省"绿岛杯"。

2. 工期目标

完成既定工期目标，确保 2012 年 8 月 31 日前竣工验收交付使用。

3. 安全文明施工目标

杜绝因工死亡、重伤等责任事故，轻伤事故控制在 3‰，达到三亚市建筑施工文明工地标准。

4. 环保目标

噪声、扬尘、三废（废气、废水、废渣）排放达到国家环保标准，室内环境检测一次达标，实现绿色施工。

5. 经营目标

合同履约率 100%，完成公司下达的经济责任指标。

四、管理重点和难点

1. 工程质量标准要求高

疗养区工程为解放军总医院海南分院工程的配套疗养用房，解放军总医院海南分院整体工程项目定位为国家海岸医疗康复基地，各级领导的保健基地，海南省的疑难急症医疗基地，分别为海南百姓、在琼的海内外宾客提供医疗服务，为海南造就一批医疗技术骨干和海南医学技术创新服务。基于以上定位，项目的质量要求极高，确定了工程质量确保达到海南省优秀工程，获得"绿岛杯"，争创"鲁班奖"的质量目标。

2. 单体工程多

本工程总体施工面积5万余平方米，但单体工程多，达到30个左右，如何合理进行施工部署，例如如何划分施工区段，如何安排施工顺序，如何选择劳务分包队伍，如何配置施工机械，如何进行现场平面布置，如何配置模板及支撑等重要施工材料等等，均成为本工程施工进度、施工质量、施工安全以及施工成本的重要决定性因素，需要整体规划，对上述因素进行详细的部署。

3. 专业分包项目多，总包管理难度大

本工程系统齐全，专业众多，专业分包多，深化设计和总包管理量大，协作单位繁多，各专业工种之间的穿插协作极为频繁。

4. 气候环境不利影响大

本工程位于中国最南端的海南岛三亚市，此地区气候特点鲜明，常年气温偏高，无明显冬季，不存在冬施影响，但常年偏高的气温和多台风雨水天气对施工进度和施工安全会带来很大影响，如何针对此气候特点合理进行施工部署是本工程的重点和难点。

5. 地理环境影响大

（1）由于海南省处于琼州海峡南侧的岛上，各种施工物资和施工材料相对于内陆地区不够充足，并且运输时间长，运输费用高。

（2）施工机械方面同样存在上述问题。

（3）专业分包单位相对于内陆地区也较为匮乏。

五、管理策划与实施、风险控制

1. 创新管理模式，提升总承包管理水平

根据工程专业分包多的特点，在总承包管理上着手，在组织机构、管理制度上分别完善建制，编排梳理和搭建平台。组织保障是圆满完成工程建设实现既定目标的基础。在集团和公司的高度重视、大力支持下，我们根据管理层面和分工的不同，以项目总承包为基础，成立由集团和公司科技、质量、生产系统领导组成的工作领导小组，由项目部和各参建单位相关专业人员组成的实施小组。

工程开工伊始，首先着手进行制度建设，参照以往类似群体工程，组织全体人员讨论，并由专人整理编排，要求以现场为侧重，以工期为指导，以流程明职责，以评测促质量，以团队促建设，形成项目部特有的管理制度。

2. 针对工程建设及地域特点，提出专项管理措施

本工程地区气候特点鲜明，常年气温偏高，多台风雨水天气，且工程建设于海岛上，与大陆隔海峡相望，物资运输不便。针对以上地域特点，专门邀请当地专家和劳务分包研讨，制定有效的针对措施。针对气候特点，明确在专项方案设计上要引起重视，制定重点方案编制计划，在生产保障上则从各方面制度入手，综合保障工人生产顺利进行。针对地理条件受限的特点，在分包考察和物资采购上，明确要留出富余时间，在与甲方沟通上也要提前着手跟进。

3. 加强团队建设，培养管理骨干

本工程项目部年轻人居多，加强业务学习，深化团队建设，也是工程顺利完成的重要保障。项目部

经过讨论研究，确定在目标管理和作风建设上着手，加强人才队伍建设，弘扬团队精神。在目标管理建设上，提出全责栋号管理的要求，要求栋号长各负其责，全面掌握工程管理的方方面面，加快成长；同时组织业务培训，把工作技能传授给团队中的每一个成员。在作风建设上，一方面在管理制度上形成约束，同时任命各部室负责人，全权负责部室团队建设，挖掘年轻人有干劲、敢拼搏的精神，投入宣传力量，开展劳动竞赛等一系列团队活动；另一方面项目部在后勤保障上综合考虑，进行人性化的管理，切身站在员工的立场上思考问题，让员工在生活上减少阻碍，感受到团队的温暖。

六、管理策划与实施、风险控制

1. 工程总承包管理

（1）提纲挈领，建立整体工程管理架构

针对工程的高质量、高标准、高要求，公司对此非常重视，由此组建工程领导小组，下设总承包管理项目部，形成二级管理组织架构。管理小组领导层由集团副总、副总工程师以及公司总经理组成，直接对工程建设进行指导，以下成立解放军总医院海南分院疗养区项目部和各参建单位相关专业人员组成实施小组。

（2）加强总承包管理工作

①依靠集团、公司总部多年工程总承包管理经验，相关部室定期到现场检查指导工作。增加经验丰富的总承包管理人员数量。

②公司严格按市住建委、指挥部的要求，按集团、公司总承包管理细则执行、相应调整管理人员力量，加强安全、质量管理工作。

③精心组织好劳动力、物资、资金、图纸等各种资源的调配，避免停工待料及窝工现象的发生。

④加强计划控制，倒排工期，制定合理的进度计划，并严格执行，确保用日计划确保周计划及月计划的按时完成。

2. 根据工程特点，进行施工部署

本工程单体建筑众多，结构及粗装修计划工期约 15 个月。为了保证基础、主体、装修均尽可能有充裕的时间施工，如期完成施工任务，结合本工程的设计特点、布局和工期要求，配置充足的生产资源，施工前考虑到各方面的影响因素，充分酝酿任务、人力、资源、时间、空间的总体布局，组织流水施工作业，以确保按期全面竣工。

综合考虑本工程特点，为缩短施工周期，节约机械设备使用成本，降低各项管理费用支出，施工部署要点如下：

（1）形成立体交叉施工

贯彻空间占满时间连续，均衡协调有节奏，力所能及留有余地的原则，保证工程按照总控计划完成，需要采用主体和二次结构、主体和安装、主体和装修、安装和装修的立体交叉施工，形成上部结构正在施工而下部的二次维护结构、安装、装修插入施工。以便全区工程整体配套，按期交工。

（2）灵活选用机械设备

根据施工工程量和现场实际条件投入机械设备：考虑本工程栋号多，单层总平面大、楼层数少的特点，在结构施工期间垂直运输采用轮胎式汽车吊进行施工，轮胎式汽车吊机动性强，吊装方便快捷，能够充分满足各个施工区大量材料垂直运输的吊次要求。混凝土全部使用商品混凝土，浇筑时采用汽车泵将混凝土输送到位。为加快施工进度，二次结构及装修施工期间的垂直运输主要采用物料提升机，保证每栋单体建筑配备 1～2 部物料提升机。

（3）分区分段流水作业

本工程施工采用划区施工和流水施工，保证工程施工进度以及高效进行现场组织管理，确保劳动力各工种的不间断流水作业、材料的合理流水供应、机械设备的高效合理使用。

1）土方施工。在土方开挖施工时，要充分考虑到本工程基础的施工特点，又要力求开挖顺序合理

从而保证总体施工进度的要求，为结构施工打下良好的基础。

考虑到本工程场地四周开阔，受限制少，开挖顺序采取从中心向四周的方式，即由中心分别向东、南、西、北四个方向进行，确保四个施工区的土方施工均衡进行。

2) 基础结构施工。组织基础施工突出一个"抢"字。施工前做好各项材料计划及准备工作，按计划组织进场。基础施工总共划分为四个施工区，第一施工区划分为6个流水段；第二施工区划分为8个流水段；第三施工区划分为5个流水段；第四施工区划分为16个流水段，如图3所示。

3) 主体结构工程

主体结构考虑单层平面面积，施工段划分个别区有所变化。第一施工区划分为九个流水段，其中一类疗养用房每栋划分为2段，共6段，二类疗养用房每栋1段，共3段；第二施工区三类疗养用房每栋1段，共4段，贵宾接待厅A区划分为2段，B区划分为2段，共4段；第三施工区综合保障楼划分为2段，健身中心划分为3段；第四施工区共16栋四类疗养用房，每栋1段，共16段，如图4所示。

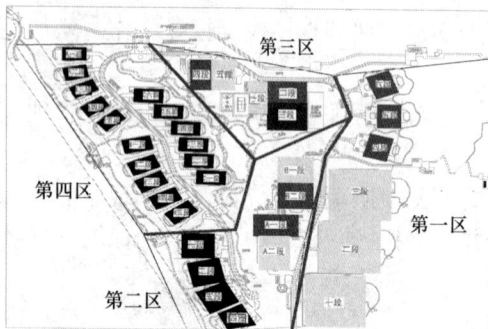

图3 基础结构施工区、流水段划分图　　　　图4 主体结构施工区、流水段划分图

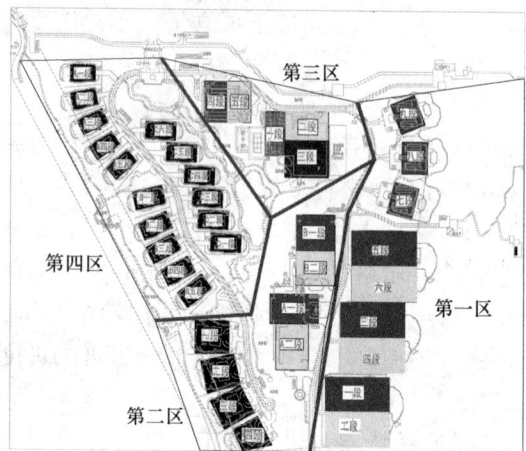

（4）优选劳务分包队伍

本工程总单层面积大，为确保工期在保质保量的前提下按时完成，采用了两支劳务分包队伍，完成全部结构工程的施工，一支队伍负责第一、第二施工区的施工，一支队伍负责第三、第四施工区的施工，两支队伍均与我单位长期合作，配合默契，突击能力强，而且未出现过任何方面的纠纷。我方对每支队伍的人员组织能力、施工能力和人员素质有充分的了解，确保施工过程中能够服从管理，相互配合，严格按照施工进度计划执行，确保工程质量良好。

3. 根据地域特点，制定专项措施

（1）针对气候环境影响采取专项措施

1) 选择南方的劳务分包队伍。南方的施工人员由于常年生活在闷热潮湿的气候环境中，相对于北方人更容易适应海南岛的气候特点，并且尽量选择在海南地区从事过工程建设的队伍为优先，施工人员对当地气候特点的适应程度是工程各项指标保证的关键。

2) 合理安排每天的施工时间。避开中午炎热时段，延长早上和晚上的施工时间，既能保证施工人员在现场作业的施工安全，又能保证每天的工作时间充足饱满。

3) 做好防暑降温措施，有效改善施工人员的生活环境。现场设置医务室，配备常用医务药品，多设置几处饮水区，为施工人员配备草帽和毛巾等生活用品，有效减少施工人员中暑等不良身体反应的现象。

4) 每日定时收听天气预报，随时关注气候动态。根据气候情况合理安排施工时间，使受台风雨水天气影响较为严重的工序尽量避开台风降雨时段，确保施工质量和施工安全。

5）根据当地气候特点提前编制好合理有效的季节性施工方案。针对台风和强降雨天气编制好恶劣天气应急预案，提前做好防暑降温和防台风雨水的物资储备，科学有效的应对不利于施工的天气情况。

（2）针对地理条件受限采取专项措施

1）需要提前做好施工物资计划和材料计划，提前加工订货，避免因为货源不充足和运输时间长的原因影响现场施工进度安排。

2）在施工机械的选择上一定要综合考虑当地的地理环境影响，合理选择施工机械，尽早确定租赁厂家或购买厂家，确保现场施工机械的配置及时和使用安全。

3）很多专业分包单位要选择内陆地区的厂家，所以要提前进行专业分包单位的联系和考察，以在海南地区的单位或在海南地区有分公司的单位为优先，确保分包单位的生产保障、物资保障、技术保障、施工人员保障和对当地各方面关系熟识的保障。

4. 制度管控、技术创优，创建精品工程

（1）完善制度建设

①我们以制度建设作为工作保障，编制实行了30余项管理制度，作为总包、分包开展工作的指导性文件。要求各参建单位现场负责人必须驻场，按照合同约定配备专业人员，并在总包备案，加入各专业管理体系。以四个现场管理小组为工作单元，负责收集发生的问题，能立刻解决的就地解决，不能解决的按系统反馈，并及时通知相关单位。以联系会、生产例会、专项例会为平台，进行信息汇总整理、调整部署、措施决策、落实责任，进行阶段目标完成情况的评价，并工作计划进展的监督，以及制定纠偏措施。

②我们建立了三级工作监察小组，即由公司领导和工程建设指挥部领导组成的工程领导小组，负责按月检查评价总承包管理工作和工程施工的重要工作；由项目部和参建单位领导组成的现场领导小组，负责每半月对各参建单位、作业班组现场管理和各阶段工作目标进行检查评价；由各专项系统管理人员组成的专业检查小组，对现场进行专项工作检查。

③我们在月度工程建设联系会上，对前一阶段情况进行全面总结，针对产生的问题进行调整，制定纠偏措施，完善改进机制。通过本工程的实践，编制了项目部的《总承包管理手册》、《文明绿色工程管理规程》，为公司今后深化总承包管理提供了宝贵的经验。

（2）加强现场技术指导工作

本工程项目部年轻人居多，我们发扬艰苦奋斗的精神，深入到施工生产一线，进行技术指导工作。针对工程单体建筑多，占地面积大的特点，各栋号都委派专职栋号技术负责人，全面负责现场交底指导工作。现场实行标准化管理，标准工艺挂牌上墙，统一标准。

对于现场施工质量、成本控制、安全管理，技术部在统一检查标准的前提下，对各施工班组各个部位施工质量、安全措施进行综合检查评分，并定期发布分数和排列名次。以评比考核促进创优创效和安全管理工作。同时在每周生产质量例会上，针对前段施工的实际情况进行施工质量点评，督促质量目标及时落到实处。

（3）实行样板引路，创建精品工程

为打造精品优质工程，我项目部在施工全过程实行样板引路制度，推进项目整体工程质量稳步提高。在工程伊始，我们就编制完善了样板实施方案，在每个样板部位实施前，召开样板施工交底会，使项目员工加强质量意识，增强质量进修，熟悉精品工程尺度；在施工进程中做好质量把控，以各专业实体样板引路控制施工，使工程实体质量处于受控状况，如图5～图8所示。

图5　墙体钢筋绑扎样板图

5. 通过劳动竞赛，推动工程整体建设

为保障结构施工节点目标的顺利实现，确保后期装修施工有充裕的时间精细施工，我们按照里程碑分阶段倒排工期，占满空间，用满时间，在

图6 扩展基础支模样板图

和班组参与劳动竞赛活动的热情。

此基础上，动员全体项目员工和外施劳务队伍，发起劳动竞赛，以快速施工为纽带，将安全、质量、材料、成本等工作有机地衔接起来，全天候、全过程、全方位的对施工生产进行指挥和监控。

在劳动竞赛中，我们首先完善制度，规范活动开展。项目部制定下发了《劳动竞赛活动方案》，明确了考核目标，将竞赛活动分成工程质量、成本控制、工程进度、安全施工等四项内容，采取百分制按月考核，将竞赛活动与项目整体目标考核结合起来，与技术考核工作同研究、同布置、同检查、同考核、同总结，并与年度评先创优挂钩，极大的促进了劳务队伍

图7 混凝土水平施工缝样板图

图8 贵宾接待厅B区楼梯踏步施工缝处理样板图

同时在劳动竞赛活动中，设置奖罚指标，使得奖罚分明，确保工程顺利推进。在总结、表彰评比上高标准、严要求，宁缺毋滥。对参加活动的班组和个人实行分别管理、分别奖罚，如图9所示。

图9 劳动竞赛现场图

七、管理效果及评价

1. 管理效果

(1) 2011年通过海南省"优质结构工程"检查验收。

(2) 2012年通过海南省"绿岛杯"工程检查验收。

2. 经济效益和社会效益

通过加快施工速度、提高生产效率、降低成本消耗、开展新技术应用，工程降低成本2.3%。

通过严格有效的管理，在取得良好经济收益的同时，也取得很好的社会效益。本工程仅用半年的时间实现结构封顶，在施过程中，先后有王岐山、刘云山等中央政治局常委、国务院、地方领导近40余人次莅临检查和指导，本工程凭借自身优异的质量、过硬的总承包管理，为"北京建工"树立了优异的

企业品牌效应，如图10所示。

图10　领导视察图

3. 管理评价

项目部抓住解放军总医院海南分院疗养区这一标志性重点工程，发扬艰苦奋斗的精神，以现场闯市场，以精品求发展，通过客观评估、超前策划、缜密组织、科技攻关、严格管控、统筹兼顾，坚决贯彻落实公司"两金两精"的战略宗旨，实现了全面履约，达到了各项既定目标，总结提炼出深化总承包管理的宝贵经验，通过塑造精品工程，为企业开拓海南市场做出了贡献。

创新管理方法 实现完美履约

——中建一局集团第三建筑有限公司沈阳华发首府工程项目

姜金富 石 峰 高 峰 李衍军 薛金召

【摘 要】 以成本为中心，确保施工质量，成立了 20 个项目管理小组，在保证"成本控制、技术质量、现场管理、安全保卫、协同服务"相互协作的前提下，管理水平得到大幅度的提高，优质高效的实现了项目完美履约。

【关键词】 项目管理；成本控制；管理小组

一、成果背景

1. 行业背景

随着建筑行业的日益繁荣，大型国有企业的经营任务快速增长，建筑市场的空前压力和资源紧缺的矛盾越发明显，因此必须以创新求生存，以优秀的管理模式促发展。通过全面落实项目管理责任制，以施工过程为主导，强化管理手段为根本，充分体现出具有项目特色的创新管理方法。

2. 工程简介

华发首府工程位于沈阳市浑南新区。该工程由沈阳华纳置业有限公司承建，沈阳新大陆建筑设计有限公司设计，沈阳市振东建设工程监理有限公司监理，中建一局（集团）有限公司总承包施工。

本工程建筑功能包括民用住宅、商业楼、车库，总建筑面积为 218000.28m²，地上建筑面积为 175099.18m²，地下建筑面积为 42901.10m²。分为地下车库一层，主体结构地下一层，地上三十二或三十三层。

本工程主体 1～8 号为剪力墙结构，S-01 号楼为框架结构。

二、选题理由

在建筑行业竞争激烈的当今，优质的工程质量是赢得客户信任的根源，良好的效益是企业生存的根本。如何在打造精品工程的同时又能为企业创造良好的经济效益，就要通过先进的管理方法，倡导工程新技术、新方法的推广应用，来管控项目的成本和质量，从而获得良好的经济效益与社会效益。

三、实施时间

按照业主要求，项目部编制管理小组实施计划，制定实施计划表，见表 1。

实施时间表 表 1

实施时间	2011 年 6 月～2013 年 12 月
分阶段实施时间	
设计组织	2011 年 6 月～2011 年 7 月
管理实践	2011 年 7 月～2013 年 11 月
反馈检查	2013 年 12 月～2014 年 2 月
取得成效	2013 年 12 月～2014 年 2 月

四、管理重点及难点

1. 管理重点

以成本控制为中心，进行技术支持，质量控制，保证施工进度，做好安全环保施工，通过综合协调管理保障生产工作顺利进行，如图1所示。

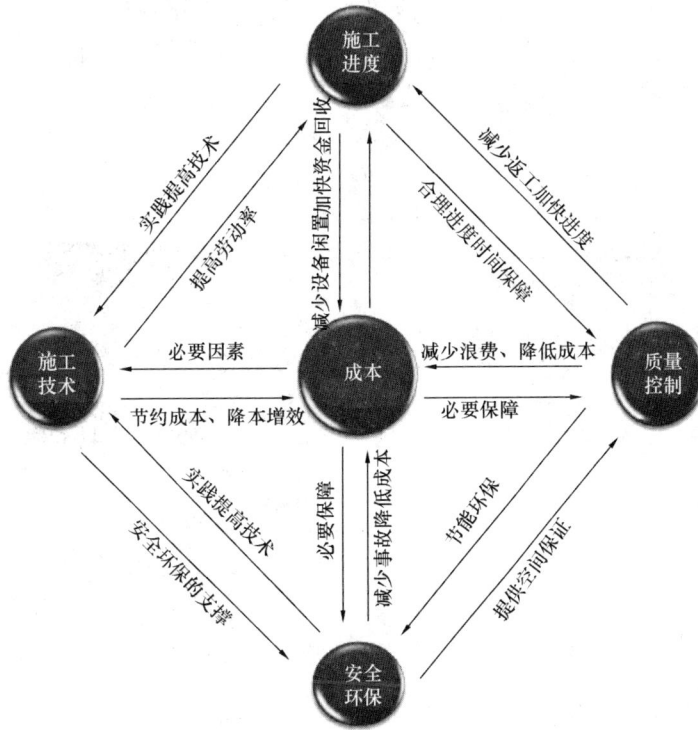

图1　成本控制图

2. 施工管理难点

我项目部对该工程的施工进行了细致的研究，主要施工特点、难点如下：

（1）该项目是新建住宅工程，建筑规模大，占地面积广，临水、临电设施投入大。

（2）工程工期要求紧，层数多，面积大，模板、钢管等材料及机械设备、劳务投入多。

（3）分包单位多，多家队伍同时进场，总包管理协调难度大。

（4）会所屋面为坡屋面，且坡度较大，个别单位工程立面、屋面设弧形造型，施工操作难度大，模板、木方等架模材料损耗大。

（5）各工序之间交叉作业多，成品保护难度大。

（6）设计变更数量繁多，签证工作繁琐，成本控制难度大。

五、管理策划及创新特点

1. 建立信息交换机制

以拓展信息资源为根本，与工程参建单位建立交流学习机制、保证信息畅通，数据共享，为项目履约搭建广阔平台。

2. 确立工程目标值

（1）工程质量目标：沈阳市结构优质工程、辽宁省优质工程。

（2）工程进度目标：确保合同工期顺利完成。

（3）安全环保目标：无重大质量事故、无重大安全环保事故，零死亡率，沈阳市"新貌杯"。

3. 创新特点

围绕项目成本控制，成立项目管理小组，不断加强技术创新和质量控制，合理安排施工进度，实现项目完美履约。

六、管理措施和质量控制

华发首府工程中，在保证工程质量创优的前提下，实现精细化管理，达到完美履约。打造环保工程，绿色工程，以"成本管理为中心"的指导方针，项目部主要采取了以下管理措施，如图 2 所示。

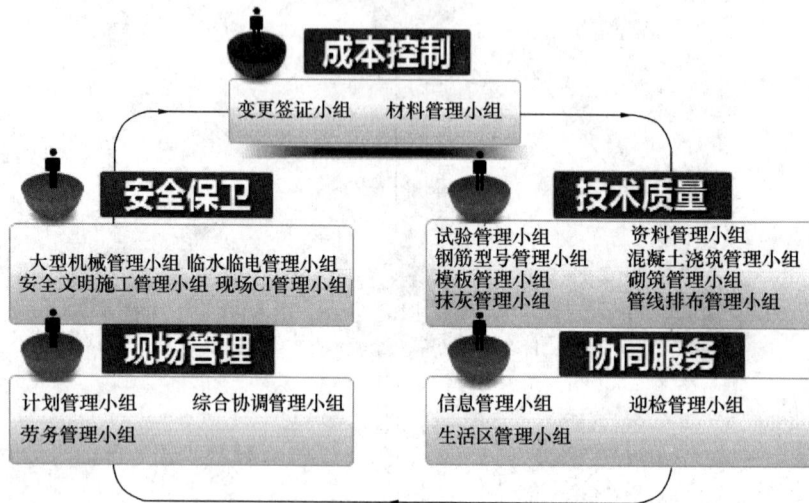

图 2　管理措施和质量控制图

1. 前期策划、成立责任小组

由于本工程建筑规模大，占地面积广，工期紧，分包单位多等众多因素，项目部组织全体人员进行分组责任安排，共成立了 20 个项目管理小组，同时设立了组长与组员，建立起岗位责任制度，让员工各尽其责，出色高效地做好项目管理工作，按时有效地完成各项任务，达到项目完美履约的目的。

通过成立的 20 个项目管理小组中，使得项目全体员工在执行各项生产管理工作中，不单是去执行，更需要小组成员一起进行阶段性总结，商讨对所遇到问题的解决办法和新一阶段工作部署的建议等，充分地体现出各小组对本职责内工作的态度与热情，让具有本项目特色的管理方法出色高效地开展下去。

2. 成本控制

在工程期初因接收到的设计变更数量繁多，为能更好地进行成本控制，成立了变更签证小组，小组成员涵盖了工程、技术、经营、物资等部门管理人员。针对每项设计变更进行分析，并及时做好签证工作，在保证生产成本的基础上，创造出更多的经济效益。

截至项目自施范围内工程完成时，共接收到的设计变更 518 份，办理工程洽商 25 份，办理现场签证 318 份。面对众多的变更及签证资料，签证小组认真审核其工程内容，把每项签证工作高效率的核定完毕后及时上报甲方，保证签证工作无拖延，通过对签证工作流程的严格执行，项目的成本控制和二次经营获得了很好的收效。

3. 技术质量

本住宅工程卫生间采用降板式卫生间，针对此类卫生间的施工工艺，技术管理小组编制出较为系统全面的施工工法——盖板式预敷管道卫生间地面施工工法，并荣获了 2013 年中建一局集团级工法。

为保证与精装修单位顺利交接，在初装修施工前成立质量检查小组，施工前期做好样板引路，制定高标准的砌筑、抹灰施工要求，过程中进行严格的质量控制与验收。通过各阶段的质量控制，顺利完成与精装修单位的交接工作，如期地完成了甲方的进度要求。

4. 现场管理

计划管理小组编制总、年、月、周、日计划，以总进度、年底进度计划为总控制、以月进度计划为中心，以周进度计划为指导，以日进度计划为实施，均衡性、连续性地开展好项目生产工作。

劳务管理小组建立劳务队人员花名册存档，收集劳务人员身份证、上岗证的复印件签订用工合同，做好入场前培训工作。通过培训后，工人能够用正确的方式、方法进行操作施工，以保证工期正常而顺利地进行。

5. 安全保卫

安全文明施工小组对现场的安全文明施工进行严格管理，编制好具有针对性、可行性的安全施工方案，做好安全交底。在对现场的消防保卫工作上，实行标准化消防器材及其配套设备的管理，始终牢记"安全第一"的安全生产管理理念。

6. 协同服务

项目生产工作的顺利进行同样离不开后勤的服务小分队，有他们做好后勤保障工作，项目全体员工才能以更充沛的精力投入到工作中为项目创造更多的效益。在各级相关领导莅临指导前，迎检小组做好资料的准备以及相关备品的采集工作，后勤小组与迎检小组充分地发挥出项目团队的后备军力量。

七、过程检查和监督

1. 管理过程检查控制流程

设计组织（管理组织）→管理实践（过程检查和监督）→反馈检查（阶段性总结、措施调控）→取得成效（实现管理目标值）。

通过采用了"PDCA质量管理循环体系"后，各管理小组对本组内的工作内容和职责都认真做好了前期策划，并在工作实施过程中进行完善和总结。面对工程建筑规模大、工期紧、分包单位多且同时进场等众多因素，大家能够有条不紊地按程序做好项目管理工作，逐步地实现项目管理目标值。

2. 过程检查和监督重点

（1）成本控制措施是否可行，签证工作是否到位。

（2）开工前，物资、机械是否按照施工方案提前准备完毕。

（3）工程技术质量控制措施是否有针对性。

（4）安全保卫措施是否符合要求，责任制落实到位。

（5）现场施工管理的制度化、日常化。

八、管理效果和评价

通过创新的项目管理模式，本工程先后荣获"沈阳市新貌杯"，沈阳市"施工单位安全管理先进单位及先进个人"，"辽宁省主体结构优质工程"等荣誉称号。

项目在建设过程中，沈阳市质监站、安监站领导对施工现场的管理水平、工程质量、工程进度、绿色环保施工给予了充分的肯定和高度赞扬。项目部全体员工在学习、树立成本控制意识后都获益颇多，在实现"成本控制、技术质量、现场管理、安全保卫、协同服务"五项工作全面开展后，成本控制得到了保证，工程质量得到了好评，项目管理水平得到了大幅度的提高。

技术创新管理在轨道交通工程中的实践

——中建八局中建土木建设有限公司北京地铁 14 号线 08 标工程项目

徐秀文　黄相锋　张立波　王守龙　张伯奇

【摘　要】北京地铁 14 号线右安门外站——北京南站矿山法区间设渡线，线路纵断面受规划限制，拱顶大多位于隔水层与富水层的界面上下，这在北京乃至全国城市地铁中十分罕见，暗挖施工风险大。该项目部以北京地铁 14 号线右安门外站——北京南站区间工程为载体，在广泛调研的基础上，制定并优化施工方案，对施工关键技术进行研究，提炼创新技术，最终解决了施工中遇到的难题，并形成专利、工法和研究成果，且创造了良好的社会效益和技术经济效益。

【关键词】技术创新；管理；市政工程

一、成果背景

北京地铁 14 号线 08 合同段，位于北京市丰台区南二环外，自右安门外大街与玉林南路交叉路口东北侧沿凉水河北岸向东，穿越开阳里西巷、开阳里东巷、开阳路与北京南站预留工程对接。右安门外站－北京南站区间全长 617.353m，由于其间设渡线，只能采用浅埋暗挖法施，标准断面采用马蹄形断面，复合型衬砌结构，渡线全长 151.55m，最大断面尺寸 14.8m×9.87m，隧道顶覆土厚度 12～15m，线路纵断面受规划限制，拱顶大多位于隔水层与富水层的界面上下，这在北京乃至全国城市地铁中十分罕见，暗挖施工风险大。

工程目标

质量目标：合格，争创北京市结构长城杯金奖。

职业健康安全目标：确保无重大工伤事故，杜绝死亡事故，轻伤事故率控制在 0.15% 以内。

项目工期：2010 年 10 月 1 日开工，2014 年 12 月 31 日竣工。

安全文明目标：北京市绿色施工文明安全工地。

二、选题理由

随着城市化进程的加快，地铁不但成为很多城市解决交通拥挤的首选，甚至被视为一个城市是否现代化的鲜明符号。如今，中国大陆有 33 个城市已经规划轨道交通建设。截至目前，全国地铁运营里程近 2000km，到 2015 年，全国地铁运营总里程将达 3000km。而 2020 年，将有 40 个城市建设地铁，总规划里程达 7000km，标志着我国地铁发展已进入了一个高速发展时期。北京地铁 14 号线土建 08 标项目是中建八局在北京承建的第一个轨道交通项目设，本项目涉及自身、环境风险源众多，暗挖施工风险大，图纸设计方案已不能适应施工需求；其次，日益严格的环保要求，给传统施工工艺提出更高的要求，需进行科学的优化改进和技术创新，对中建八局来说，承建本项目既是对广大管理、施工人员的严峻考验，也是拓宽轨道交通建设市场的最佳契机。

三、实施时间

见表 1。

实施时间：2010 年 11 月 1 日～2013 年 10 月 1 日	
分阶段实施时间	
管理策划	2010 年 10 月～2011 年 08 月
管理措施实施	2010 年 11 月～2013 年 10 月
过程检查	2010 年 11 月～2013 年 10 月
取得成效	2010 年 11 月～2013 年 10 月

四、管理重点和难点

1. 地质条件复杂、地下水丰富，暗挖施工困难

如图 1 所示。

2. 管线密布、地上构筑物复杂、风险源众多，三大风险源凉水河、ϕ1750mm 污水管，平房区全线伴行，施工风险高

（1）08 标段共有本标段总计一级风险源 9 个，二级风险源 25 个，三级风险源 28 个，风险源相互叠加，如图 2 所示。

（2）凉水河与区间水平间距 10.5m，1750 污水管与区间水平与垂直距离均为 7m，平房区位于区间上方，覆土约 12m。其位置关系，如图 3 所示。

凉水河是北京城西南部重要水系的一部分，河面顶宽 54m，河底宽 30m，平时水深约 1.0m，上游汇流面积 110m²。凉水河河岸以六棱砖砌＋浆砌片石护坡为主，其厚度约 30cm 左右，按照生态环境要求凉水河河底无防水衬砌，凉水河可通过下渗补足地下水。

凉水河是一条暴涨暴跌河流，汛期暴雨中 1～2h 河水可以迅速涨到接近上岸位置；河水若在暴涨期通过透水层（卵石层）或地下水利贯通点，进入到结构施工位置，河水与地下水发生水利联系，地下水将对暗挖和明挖基坑结构和施工产生灾难性破坏性，如图 4 所示。

车站和区间右线南侧平行走向有 ϕ1750 污水管涵，该污水管涵 90 年代初投入运营，结构为平口式管涵。此管线为右安门外排污主管道，管道内常年流水，平时管道内水深 1.5～1.75m；经过多年运营，管线的渗漏是必然的，管线周边局部地段可能存在渗漏水囊。该管涵平面距区间结构 7.0m，垂直距离区间结构顶 7.0m。区间开挖引起土层扰动或者沉降将引起污水管线的渗漏加剧，污水管道渗漏水进入隧道土体周围，造成隧道土体流失，形成隧道的坍塌，从而引起污水管破裂，形成大的次生灾害。

区间沿线穿越 450m 左右平房区，砖混结构，屋顶多数为彩钢瓦屋面，简易屋架，基础为条形放脚砖基础，用途主要为门市、出租住房等，由于该片平房区不拆迁，区间暗挖施工极易对该片平房区房屋地面造成沉降，进而导致房屋产生裂缝。

3. 渡线段断面大、埋深浅，施工安全风险大；断面多、工法多，施工组织难度大

区间渡线 117m 隧道共计 9 种断面形式，分别采用 CRD 工法、双侧壁 6 导洞工法、双侧壁 8 导洞工法，每种断面平均长度只有 13m，施工场地狭小，交通繁忙，对资源的配备和施工队伍组织管理要求高，施工组织难度极大。最大断面为 1 型断面，开挖高度为 10.139m，跨度为 16.8m，开挖断面面积近 150m²，二衬内轮廓面积也达到 120m²，隧道埋深最浅处岩层厚度仅有 9m，覆跨比仅为 0.6，为典型的超浅埋、大多变断面隧道。地面为 20 世纪 60 年代平房区，施工过程中对地面沉降要求严格，施工安全风险较大。

4. 本工程地处北京核心城区，环保施工要求高，做好扬尘、噪音、光污染控制，与周边环境和谐共处是重点

本工程位于北京市南二环与南三环之间，施工竖井周边环境复杂，南侧为玉林南路、凉水河，北侧紧挨开阳里居住区，西侧为一大型菜市场，东侧为开阳路及火车北京南站，周边环境，如图 5 所示。

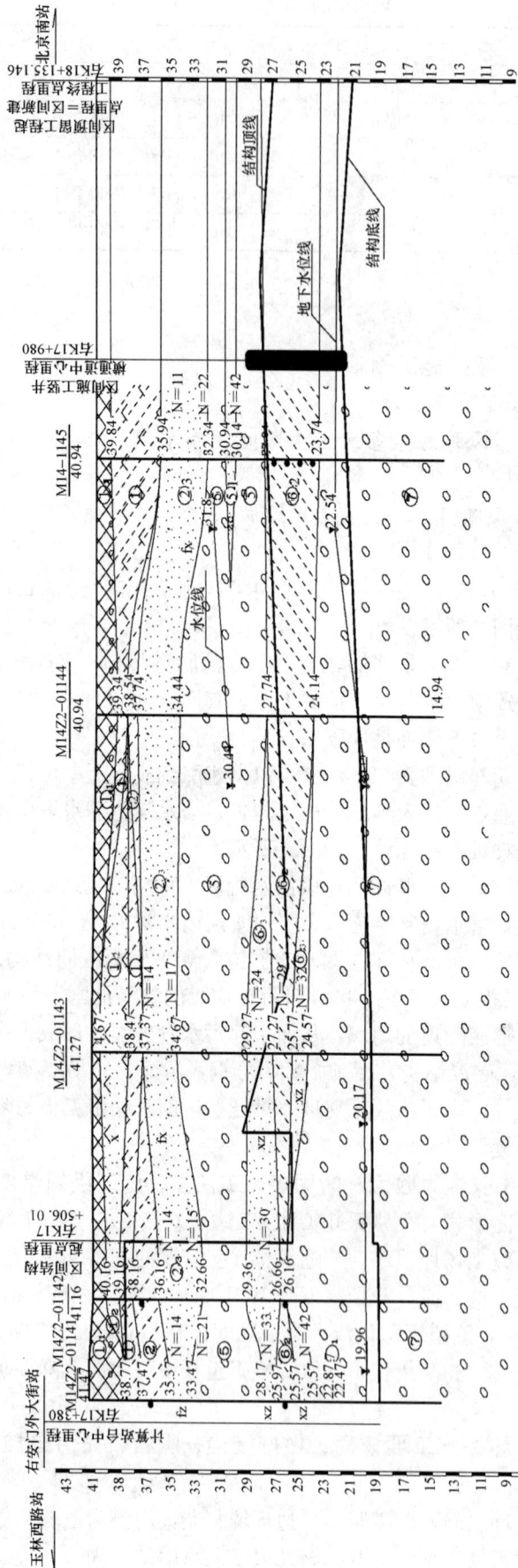

图 1 区间正洞地质剖面图

250

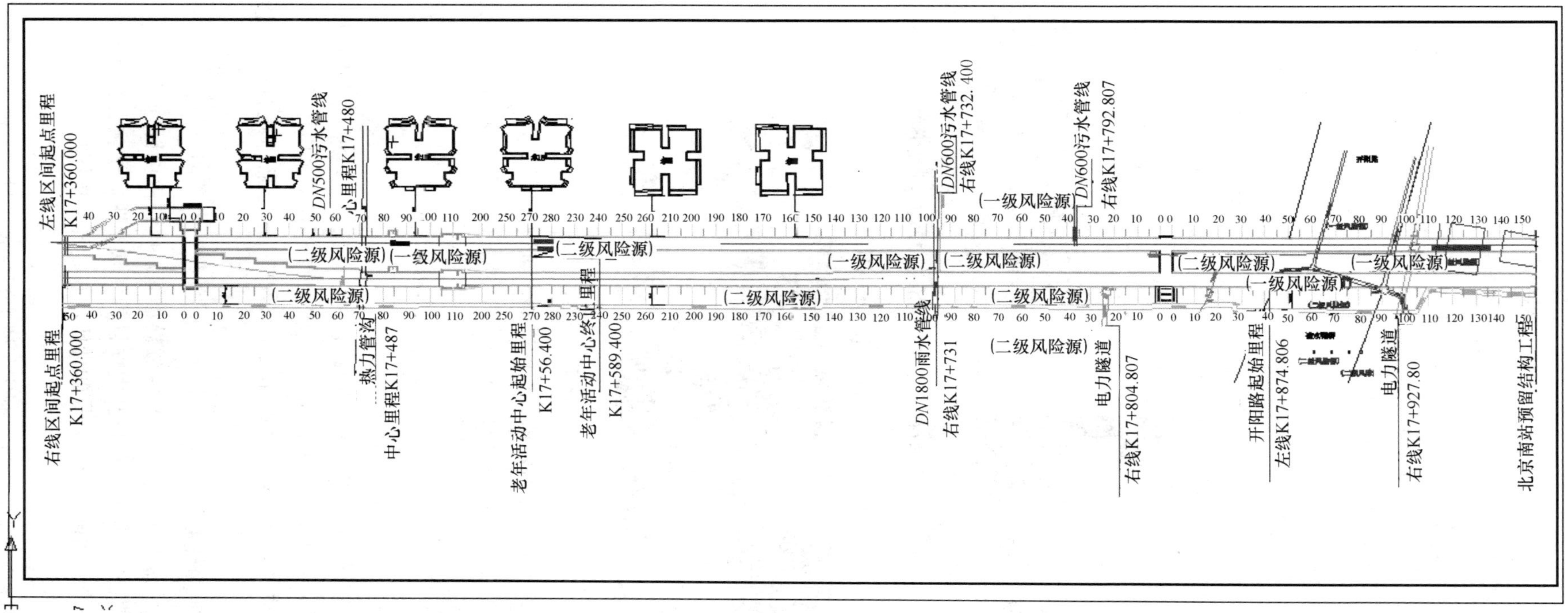

图 2　区间一、二级风险源分布图

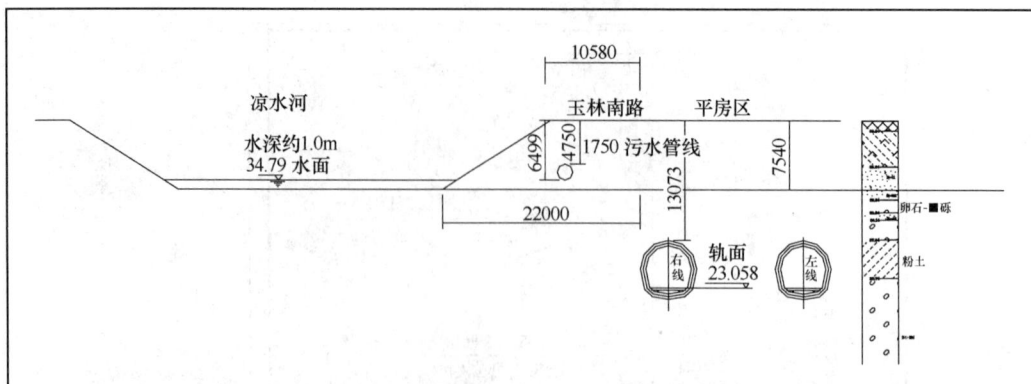

图 3　风险源与区间位置关系图

图 4　凉水河旱、雨季水位对比图

图 5　竖井施工区域周边环境图

通过对工程的分析，解决上层滞水对隧道开挖的影响、渡线段二衬施工工序相互影响与施工工序优化方法、减小隧道开挖支护对地面沉降的影响、施工中的环境保护是本工程需解决的重难点。

五、管理策划与创新点

1. 制定目标

为解决以上难题，项目策划之初，确定将"袖阀管深孔注浆技术治理上层滞水技术"、"大断面渡线段拆撑及二衬施工技术"、"竖井马头门施工技术"、"地铁施工环保措施应用技术"等课题作为北京地铁14号线土建08标段的科技攻关重点，对工程的相关工法及施工安全控制进行技术研究，以保证隧道施工安全。

2. 组织管理机构及落实责任制

科技课题确立以后，项目成立了科研课题科技领导小组，组长由项目总工担任，项目部门和有关人员组成。同时明确了小组的任务，起草了科技开发项目责任状，明确了项目部相关部门和人员的责任，根据科技课题进行了分工安排，明确了相关人员的责任，并签订了责任状。

3. 管理创新点

针对工程特点对工程风险进行研究分析，制定了研究目标；通过技术创新及创新过程管理将各类施工难题有计划、有步骤的进行解决。

六、管理措施实施和风险控制

项目部成立课题研究领导小组，负责建立健全项目课题研究管理体系，组织体系运行管理，并对课题进展情况进行监测评估，编制项目课题研究管理方案、管理规划。并结合施工理论和实践，确保实现突破和创新，为此课题攻关小组深入到施工现场提炼施工技术和管理手段的精华，经过精心的研究和实践，总结了7项关键创新技术。

1. 袖阀管深孔注浆技术

北京地铁14号线右安门外站——北京南站区间全拱顶为一层粉质黏土层，上层为砂卵石层，上层滞水丰富，开挖拱顶距隔水层顶仅 $0\sim30$cm，普通小导管注浆超前支护无法做到完全止水，在开挖过程中滞水下渗，极易引起塌方及涌水，区间右线南侧有一级风险源 $\phi1750$ 污水管线，根据调查 $\phi1750$ 污水管线为20世纪90年代修建主排污管线，管线接口为齐口对接，管线内为满管排污；管线渗漏水将导致周边土体疏松和补给上层滞水，区间右线南侧一级风险源凉水河，凉水河为南城唯一一条排污河流，据凉水河河湖管理处了解，凉水河全长范围为无防水衬砌河流，河水可通过下渗补给地下水，根据地质情况显示，河水底部在粉土层上方的卵石、圆砾层，河水可产生上层滞水补给，导致隧道上方上层滞水水量加大，区间下穿菜市场、居民平房、各类管线风险源等，下穿过程中极易发生地面沉降导致构筑物开裂、倾斜，因此控制地面沉降是顺利完成本工程的重难点，区间上方为密集平房区及商业用房，不具备降水井施工条件，洞内降水又由于场地狭小等环境因素做困难，而带水开挖不仅易造成掌子面失稳、涌水、坍塌，也是施工规范明令禁止的。

为解决以上难题，保证施工生产顺利进行，只能以超前支护为突破点，采取合理的超前支护方式加固地层，达到止水、加固目的。

袖阀管深孔注浆技术广泛应用于地基基础加固，本工程创新性将其应用与暗挖工程超前支护，具有良好的止水、加固，防止地层沉降作用：

（1）本技术解决了地铁隧道暗挖中上层滞水治理的施工难题，为暗挖工程做到无水开挖提供了有力保障。

（2）做到注浆与开挖专业分离，易于质量控制，且注浆与开挖交替进行，打孔注浆时已将前方不利地质情况探明，节约了工期。

（3）采用本技术后可取消部分地面降水设施，节约了工程造价。

关键技术：

（1）通过试验段总结，确定袖阀管后退式深孔注浆每循环施做长及平面点位布置。

（2）每个循环进行掌子面封堵，掌子面止浆封堵采用C25挂网喷射混凝土，混凝土厚度300mm，钢筋网采用 $\phi6.5@150$mm$\times150$mm。

（3）注浆的次序由两侧对称向中间进行，自下而上逐孔注浆。

（4）根据地层情况，富水的卵石圆砾层、砂层注浆材料采用水泥—水玻璃双液浆；粉土层采用单液水泥浆。注浆压力控制在 $1.0\sim1.5$MPa。

（5）因袖阀管深孔注浆压力较大，注浆过程中必须严格监测地面及建筑物，防止出现地面隆起、破坏建筑物。

（6）由于首循环注浆，掌子面没有注浆叠加区，并且孔口附近注浆压力和注浆量都较小，因此在掌子面前方配合小导管超前预加固，以保证止水效果和开挖安全。

2. 大断面渡线拆撑及二衬施工技术

在隧道施工中一个重要的工序是隧道混凝土二次衬砌。目前修建隧道二衬的施工方法，从施工顺序上分主要有三种方法：先墙后拱法、先拱后墙法、全断面法；从施工工艺上有钢模衬砌台车法、模板支架法。而作为大断面隧道施工的CRD工法、双侧壁导坑法二衬施工根据拆除临时支撑方法分为全部拆除法、分段分拆恢复法、换撑法；根据不同的地质情况采取合理的施工工艺配合严密的监控量测，可大幅提高功效，减少了人力物力，避免施工过程成长中的干扰。

针对本区间的结构特点，结合北京市大断面隧道施工经验，通过隧道开挖后应力分布情况分析，得出了适合本工程特点的拆撑衬砌方案主要有以下几种：

（1）原设计方案，采用换撑法分块施工，首先在原支撑处增加临时支撑，破除支撑，浇筑局部二衬，临时支撑更换位置浇筑剩余部分二衬核，一个断面需分四次分别浇筑仰拱、下边墙、上边墙、拱部，且需多次换撑。（简称换撑法）

（2）参考 14 号线小屯路站～丰台体育中心站间施工方法，采取全断面拆除临时支撑后施工二衬。（简称全部拆除法）

（3）配合监控量测、分段（不超过 6m）拆除支撑底部，预留部分钢筋，施工二衬防水后浇筑混凝土将支撑恢复，最后二衬成环后破除支撑。（简称分段拆除恢复法）

对以上 3 种方案，先进行施工难度、防水效果、经济效益、工期、优缺点的比较、分析，以及经过专家多次论证，在通过拆撑试验段验证后，最终对设计图纸进行了变更，确定：

（1）渡线断面 1 二次衬砌分两个导洞，先施做小导洞，后施做大导洞，小导洞施做纵向 2 次完成，环向分 3 次完成（即仰拱、中隔墙和边墙、拱部）；大导洞施做纵向 2 次完成，环向分 3 次完成（即仰拱、边墙、拱部）。

（2）渡线断面 2、3 二次衬砌采用分段拆除恢复法施做（每次施工 6m）。

（3）渡线断面 4 及道岔加宽段采用全断面法（每次施工 12m）。

（4）采用 2 套可调弧度支架模板进行施工。

右北区间渡线段左线二次衬砌施工从 2013 年 5 月开始，拆撑过程中最大拱顶沉降 3.6mm，净空收敛－2.2mm，地面沉降最大 2.8mm，总体衬砌进度符合预期目标，衬砌净空符合要求，混凝土观感较好，全隧道在衬砌完成后未发生渗漏水现象，采用地质雷达对二衬密实度进行检测，拱顶衬砌背后未发现有空洞。衬砌混凝土外光内实，表面无蜂窝麻面、露筋现象，观感较好。

3. 地铁暗挖马头门施工技术

马头门是施工竖井与横通道连接的咽喉工程，在施工过程中支护体系发生转换，受力比较复杂，是暗挖工程中风险较大的施工环节。破壁开洞后，马头门处的应力集中，如不采用合理的施工工艺，将导致土体急剧变形，影响结构安全，本竖井尺寸大，且直接坐于区间正洞上方，开横通道及正洞时对竖井位置多次扰动，地面沉降较大，本竖井及横通道作为渡线段施工出入口，位于渡线最大断面处，施工完成后竖井及横通道均三面凌空，马头门处为理论最大沉降处，每一步施工均需最大程度减少沉降，马头门施工一般采用两种方式，一种是竖井开挖至底，全断面开马头门，此方法施工简便，但一次性破除马头门，应力变化较大，对结构稳定性及地面沉降影响较大。一种是竖井分段开挖、临时封底后分段破除马头门，此方法施工可将马头门由大变小，可有效减少下部断面应力。本标段 1 号竖井采用第一种方法，破除马头门后竖井周边沉降严重，最大沉降值达到 32mm，超过预警值的点位多达 12 个，见图 6 2 号竖井周边点位监测预警图。由于 2 号竖井尺寸大，且直接座于区间正洞上方，经比选决定采用第二种方法。

竖井分段开挖、临时封底后分段破除马头门，此方法施工可将马头门由大变小，可有效减少下部断面应力。右北区间 2 号竖井马头门与 2012 年 7 月进行了施工，效果良好，开完后竖井变形小，周边地面及构筑物沉降满足要求，周边监测点仅有 2 点预警，最大沉降 22mm。

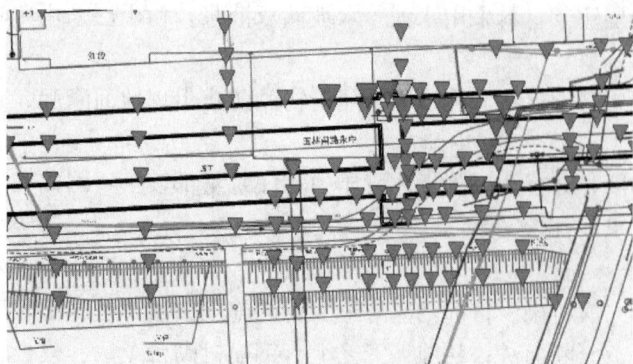

图 6 2 号竖井周边点位监测预警图

4. 暗挖初期支护纵向连接筋直螺纹连接施工

地铁建设中浅埋暗挖法技术已非常成熟，一般设计初期支护采用钢格栅＋喷射混凝土，其中钢格栅间距一般为 500～750mm，各榀之间采用纵向连接筋连接，保证其整体稳定性。传统施工方法，每榀钢格栅纵向连接筋采用单面搭接焊，存在施工速度慢、作业环境污染严重、施工质量不易控制等缺点，特别是在狭小的有限空间内进行焊接作业，大量有毒有害气体无法及时排除，严重伤害了施工、管理人员的身体健康。

北京地铁 14 号线右安门外站—北京南站区间单线全长 617m，地下埋深 12～15m，标准断面形式为带仰拱三心圆拱形，穿越地层以粉质黏土、卵石为主。初期支护采用钢格栅＋喷射混凝土支护体系，钢格栅纵向间距 500mm，主筋为直径 $\phi25mm$ 螺纹钢，混凝土喷射厚度 250mm。钢格栅之间通过纵向连接筋连接，纵向连接筋采用直径 $\phi22$ 螺纹钢，环向内外交错布置@1.0m，每榀格栅共设计纵向连接筋 44 根，原设计连接方式为单面搭接焊，后变更为滚压直螺纹套筒连接。

直螺纹套筒连接是一项成熟的施工工艺，本技术创新点是将其应用至暗挖施工中，具备如下优点：

（1）连接可靠。

（2）连接筋定尺加工，准确控制开挖进尺，防止随意加大开挖步距。

（3）缩短作业时间，减少开挖面的暴露时间，确保施工安全。

（4）减少焊接烟雾，有利于洞内作业及文明施工。

（5）减少洞内焊工数量，同时因缩短循环时间，综合效益较好。

该项技术充分满足了地铁隧道暗挖 18 字方针中"短进尺、快封闭"的要求，在保证现场施工质量、消除安全隐患中发挥了重大作用。

5. 超前小导管施工技术

地铁建设中浅埋暗挖法技术已非常成熟，一般设计超前小导管采用 $\phi42mm$ 钢焊管，成孔采用风钻引孔，插入小导管后进行注浆。但是在卵石地层中引孔困难且引孔后易坍塌造成小导管插入困难。

针对砂卵石地层中超前小导管打设困难且容易破坏土体的自稳性，易造成塌方。我项目科技攻关小组通过方案研究策划以及现场试验，沟通设计方进行变更设计，采用 $\phi25mm$ 无缝钢管代替传统 $\phi42mm$ 钢焊管打设超前小导管，采用自制空压机分流器及顶头，将成孔插入式变为顶入式打设超前小导管，同时在制作小导管时适当调整，保证小导管管径变小后的注浆效果。成孔插入式变为顶入式，保证施工进度及质量。

6. 空气潜孔锤成孔施工技术

右安门外站——北京南站区间采用浅埋暗挖法施工，部分区段底板位于潜水层内 0.5～1m，根据浅埋暗挖法工法要求，施工中不能带水作业，故施工前需进行降水，然而本区间处于繁华商业区或密集的居民区，临时占地协调困难，占地及商业补偿费用高昂，另外在居民区无法进行夜间施工，受时间及施工工艺控制，每个降水井只能在早 6 点～晚 10 点前全部完成，其次环保要求极高，传统成孔方式对环境影响大、市政道路上挖掘机、旋挖钻等大型履带式机械不能行走。

针对以上问题，通过方案研究采用潜孔锤施工降水井，与传统反循环成孔相比，潜孔锤成孔具有较大优势：

（1）施工场地

反循环：包括泥浆池、泥浆循环水沟、设备占地、堆渣场地等每孔施工占地不小于 100m²，在市内施工占地困难，且费用高昂。

潜孔锤：设备占地、堆渣场地等每孔施工占地 20～30m² 即可满足施工要求。

（2）施工进度

反循环：对于本工程地质及孔深，每孔正常施工钻孔需 10h，包括制备泥浆、清孔、下管等工序每井施工时间超过 30h，对于居民区内夜间施工民扰现象时常发生，不利于施工。

潜孔锤：钻孔 3～5h，无需制备泥浆、清孔，下管简便，每井施工时间 8h 内可完工。

（3）环保

反循环：产生大量泥浆，且施工中噪音较大。

潜孔锤：干成孔工艺，无泥浆，且孔径较小每井排渣量不到 $1m^3$，人工即可清运；采用静音空压机，钻机外罩帐篷，施工噪音较小。

（4）造价

反循环：钻孔费用高，井管一次性使用。

潜孔锤：钻孔费用低，降水完毕后管井可以拔出二次利用。

（5）结论

通过施工场地、工期、环保、造价等方面的分析比较，可以看出潜孔锤在密集居住区内施工降水井具有广泛的前景。采用空气潜孔锤代替反循环成孔，具有占地面积小、无须泥浆、渣土运输量小、成孔速度快等特点，在密集居住区内施工具有广泛的前景。

7. 施工环保措施应用技术

随着国内 PM2.5 多地出现爆表情况，社会对于大气污染的关注度也越来越高，特别是近年来北京雾霾天气严重，空气质量极差，政府对于大气治理的决心和力度开始加强。相继出台的政策对扬尘、遗撒等问题采取零容忍态度，对建筑企业动则采取扣分、取消投标资格的措施。本工程地处北京核心城区，因工程本身特点渣土运输量大，混凝土自拌，扬尘大，环保施工压力大，其次本项目紧邻密集的居民区，施工过程中噪音、振动扰民、民扰等问题严重，根据国家法律、法规、标准和本局《项目管理手册》中的《环境、CI 与文明施工管理》的相关规定，结合现场的实际情况，项目开工前精细策划，施工过程中精心安排，采取了一系列措施，包括场地布置、施工设备改良、施工工艺变化等治理噪音、扬尘等环境污染，在尽量少增加投入的前提下制订了一系列环境保护措施，为工程的顺利进行提供了保障。

（1）扬尘控制措施

1）场地内具体措施

①地面硬化。由于施工场地狭小，全部硬化处理，通车部位 20cm 厚 C20 混凝土，出入口设计洗车槽，进出施工现场的运输车或施工机具设备，采用封闭覆盖、清洗车轮等措施，防止物料散落、飞扬、流漏或车轮带泥等污损场外道路。日常派专人进行清扫、洒水，防止扬尘。

②料仓、渣仓封闭。碎石、砂仓及渣仓均采用三面封闭，一方面方便装卸料，同时在不使用的条件下采用帆布覆盖，控制尘土源头，如图 7 所示。

③封闭、下沉混凝土搅拌设备。本工程使用喷射混凝土为现场搅拌，由于施工工艺为干喷，碎石、砂、水泥一起干拌，会扬起大量灰尘。根据现场实际情况，项目设计了一种下沉式拌和系统布置，将配料机下沉，料仓高出地面 20cm，同时拌和机料斗、水泥罐同时下沉，拌和机出料口部位采用人工挖孔桩方式下挖至横通道处，在其中安装下料管，通至横通道下断面，拌合料直接由搅拌机通过下料管下至洞内运输车上。布置图及设计图，如图 8、图 9 所示。

图 7　料仓封闭示意图　　　　图 8　拌和设备布置图　　　　图 9　拌和设备设计图

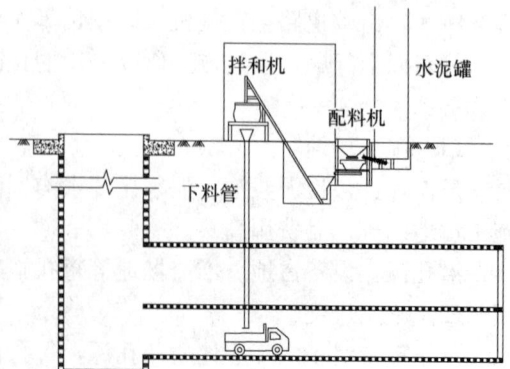

采用此种布置方式的主要优点：

①拌和机封闭，防止扬尘，减少噪音。

②配料设备下沉、封闭，减少配料过程中扬尘。

③拌和料通过下料管直接下至洞内，减少了垂直运输工序。

④由于地铁施工集中在市区，场地狭小，很难采用机械上料，下沉配料机方便人工上料。

⑤下沉水泥罐可减少风阻，防止倾覆，提高安全性。

2）隧道内具体措施

暗挖工程施工为有限空间作业，施工过程中产生大量粉尘和有毒、有害气体，严重危害施工人员身心健康。而且随着隧道排烟设备的使用，大量粉尘、有毒气体从施工竖井、烟道等部位排入城市空气中，造成局部地域的严重空气污染。

①污染源。分析浅埋暗挖法施工产生粉尘和有毒气体主要的源头有 3 个：

一是喷射混凝土：目前虽然地铁招标均要求采用湿喷技术，但由于机械价格昂贵，施工不宜控制，绝大多数施工单位仍采用干喷技术，在施工过程中由于混合料与水结合不充分，在掌子面处产生大量的粉尘。

二是电焊施工：主要焊接部位为每榀格栅纵向连接筋的连接，焊接过程中产生大量二氧化硫、一氧化碳等有毒、有害气体。

三是机动车尾气：洞内运送渣土车辆一般均为三轮农用车，质量较差，柴油燃烧不充分，产生大量尾气。

②采取措施：

一是控制喷射混凝土扬尘最好的办法就是采用湿喷技术或在现场增加大型负压喷淋除尘设备，但价格昂贵且施工繁琐。我们采取较为则中的方法，一方面在拌和混凝土时适量加水淋湿，在喷射前加速凝剂；另一方面在喷射机上安装简易负压除尘设备，大量减少扬尘。

二是将隧道纵向连接筋焊接改为现场直螺纹连接。滚压直螺纹套筒代替传统焊接应用于隧道初期支护纵向连接筋的连接，在控制暗挖隧道进尺、确保施工质量、提高工作效率、改善隧道空气质量、减少投资等方面能够发挥重大作用。

三是洞内运输采用电瓶驱动车。

虽然一次性投入较大，但在使用中注意维护保养，综合计算该工程完工后整体投入相差不多。

（2）振动与噪音控制措施

1）通过场地布置控制振动与噪音传播

①设计变更将竖井移位。原设计竖井位置在线路北侧，紧挨居民楼，通过设计变更将竖井位置变更为线路南侧，通过拉开距离尽量减少噪音及振动对居民的影响。

②将办公楼作为声屏障。由于施工区距居民楼太近，设计了 1、2 层组合的办公临建，即满足了办公生活需要，又起到了声屏障的作用，减少了施工场地内噪音及振动的传播，如图 10 所示。

图 10　通过场地布置减少噪音传播

2）通过施工设备的布置减少振动与噪音

由于地铁施工是地下工程，施工现场噪音很难传播到地面，主要的噪音源是洞上的一些辅助设备，如空压机、拌和机、通风机、抓斗等。

①将部分设备移至洞内。由于隧道施工 24h 需要通风，且通风机功率大，是最大的噪音源，将通风机置于洞内，减少噪音对周边的影响。如图 11～图 13 所示。

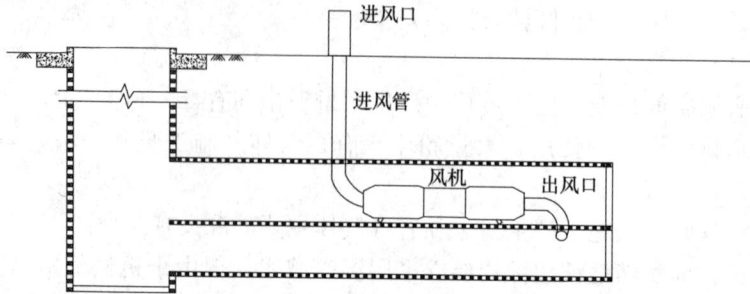

图 11　通风机下置设计图

图 12　置于洞口的进风管图

图 13　置于洞内的风机图

②将部分地面设备封闭。对于无法置于洞内的设备，采用砖砌及围挡的方法进行封闭，如图 14 所示。

图 14　封闭空压机图

③合理安排施工时间。对于无法封闭的噪音源，如抓斗、运输车辆等，合理安排施工时间，避免在休息时间进行作业。

（3）光污染控制

①尽量利用市政路灯，路灯忙区避照明灯加设灯罩，透光方向集中在施工范围。

②夜间禁止电焊作业，电焊作业采取遮挡措施，避免电焊弧光外泄。

（4）水污染控制

①施工现场污水排放应达到国家标准《污水综合排放标准》GB 8978—1996 的要求。

②在施工现场应针对不同的污水，设置相应的处理设施，如沉淀池、隔油池、化粪池等，处理过的水排入市政污水管线。

（5）建筑垃圾控制

施工现场生活区设置封闭式垃圾容器，施工场地生活垃圾实行袋装化，及时清运。对建筑垃圾进行分类，并收集到现场封闭式垃圾站，集中运出。

通过上述一系列措施，包括场地布置、施工设备改良、施工工艺变化等治理噪音、扬尘、光、水、建筑垃圾等环境污染，尽量减少了对周边环境污染的影响，为施工顺利进行提供保障。可以为今后类似工程施工提供了参考。

七、过程检查与监督

项目部根据制定的课题，施工岗位职责每月进行检查评比，并给予奖罚，公司每季度对项目部课题完成情况进行考核，考核成绩与项目管理绩效关联。

八、管理效果和评价

1. 管理效果

通过技术创新及创新过程管理将各类施工难题逐一解决，形成良好的社会效益和经济效益，该成套技术的成果构成由论文、工法、研究报告、专利、科技成果。形成的成果内容，见表2。

课题成果构成情况表　　　　　　　　　　　　　　　　　　　　　　表2

成果名称	数　量	名　　　称
发表论文	4	空气潜孔锤在地铁降水井施工中的应用
		袖阀管深孔注浆在隧道暗挖施工中的应用
		直螺纹套筒连接在隧道初支中的应用
		复杂软弱地层中暗挖隧道施工技术
工法	3	暗挖工程袖阀管深孔注浆施工工法
		地铁暗挖初期支护纵向连接筋滚轧直螺纹施工工法
		潜孔锤钻孔施工工法
研究报告	1	复杂软弱地质条件下隧道施工技术
专利	8	一种桩基钢筋笼吊环
		一种空压机分流器
		地铁竖井接料平台
		隧道钢拱架纵向连接装置
		隧道施工掌子面配电架
		移动式钢筋加工棚
		地面沉降监测点装置
		采用双联系三角形进行竖井定向测量的方法

2. 社会效益及经济效益

（1）社会效益：本套技术及过程管理成果的成功应用，缩短了施工工期，降低了施工成本，保证了施工质量，得到了业主、监理及社会各界的好评。同时积累了施工经验，为公司日后在地铁施工提供了技术依托。

（2）质量效益：采用本套技术及过程管理成果后，施工质量经检测后，全部复合设计要求，达到规范标准。

3. 技术经济效益

根据技术进步经济效益计算认证书统计，累计实现经济效益825.4万元，其中包括以下4项：

（1）采用空气潜孔锤成孔施工技术代替传统的反循环施工技术后，增加经济效益23.4万元。

（2）暗挖初期支护纵向连接筋直螺纹连接施工技术，增加经济效益101万元。

（3）袖阀管深孔注浆技术，增加经济效益658万元。

（4）ϕ25mm无缝钢管代替传统ϕ42mm钢焊管打设超前小导管技术，增加经济效益43万元。

项目管理创效益 兄弟联手促共赢

——北京建工四建工程建设有限公司海淀区清河小营两限房工程项目

陈达非 刘 滨 李 鹏 张 淳 张 欣

【摘 要】 海淀区清河小营两限房工程是海淀区首批建成的保障性住房，本工程是北京建工四建房地产开发有限责任公司第一个开发实施项目，同样是在北京市保障性住房中首个获得北京结构"长城杯"的工程。自开工前期策划到后期实施施工，项目部抓住这一重点工程，坚决贯彻多方"共赢"战略宗旨，以技术创效为先导，强化项目部的总承包管理，通过与建设单位四建房地产开发公司密切配合，节能创效，建造政府满意、群众放心的阳光工程，实现了社会效益和经济效益双丰收，为四建公司在房地产开发市场站稳脚跟奠定了基础，同样为项目部与本公司房地产开发公司合作、服务提供一条崭新的道路。

【关键词】 技术创效；管理创新；工程创杯；服务创改

一、工程概况和成果背景

海淀区清河小营东居住项目是海淀区首批保障性住宅建筑，为近 800 户中低收入群众提供了地理位置优越、交通便捷、生活配套设施齐全的优质住宅。工程位于海淀区东升乡，西侧紧邻京藏路（八达岭高速公路）辅路，是海淀区政府的重点工程，是广大群众关注的焦点，是政府取信于民的民心工程，总建筑面积为 48689m²，于 2010 年 7 月 6 日开工，2012 年 7 月竣工。本工程是四建房地产开发公司的第一个开发项目，开山之作，同时由四建土建项目部，即清河小营项目部进行施工总承包管理。该项目 2009 年 9 月由市土地储备中心通过挂牌方式获得的清河小营东居住项目土地开发权，建设用地面积 1.7 万 m²，建筑面积为 4.8 万 m²，其中限价房销售面积 3.6 万 m²，廉租房面积 4000m²。该土地楼面价为 3637 元/m²，两限房销售价格限定为 7500 元/m²，廉租房回购价为 5000 元/m²。本项目处在盈亏平衡线上，项目的运作状况好坏与公司的整体战略能否得以实施联系在一起，所以对项目成本管理提出了很高要求。

二、选题理由

该工程是海淀区首个保障性住房的民生工程，同时，也是四建公司结合集团公司提出的"双主业，多板块"发展战略中制定的集前期策划、开发、设计、施工管理、后期物业管理为一体的总承包工程，是房地产开发的首次探索实践工程。民生工程就是政府为民办实事、办好事的"民心工程"和"阳光工程"，面对国家对于保障房、安置房建设的决心和投入，北京建工四建义不容辞地投身于这项以"安居"为主要特征的民生工程，投身于为更广大城市居民营造安身之所的建设大潮中。作为总承包的清河小营项目部，在工程项目操作过程中除去管理费用外，几乎没有利润可言。但项目部却毅然承接了清河小营保障性住房工程，其主要目的不是为了利润，而是出于从公司发展的大局着想、为兄弟单位利益着想，配合四建房地产打出漂亮的第一仗，为更多需要的人造更多的好房子，这是清河小营项目部的使命，也是四建公司肩负的社会责任。项目部针对工程的难点和特点，以及这种特殊的"甲乙"关系，开展了科技创效、质量策划、科学管理等工作，针对管理的复杂性和多样性，努力提升完善总承包管理的能力，以达到项目、公司、社会等多方面的要求，最终实现项目总体目标。

三、项目实施时间及管理目标

本工程于 2010 年 7 月 6 日开工，2012 年 9 月 21 日完工并通过四方竣工验收，见表 1。

实施时间表 表 1

实施时间	2010 年 7 月 6 日～2012 年 9 月 21 日
分阶段实施时间	
管理策划	2010 年 6 月～根据各阶段节点调整
管理实施	2010 年 8 月～2012 年 9 月 20 日
过程检查	2010 年 8 月～2012 年 9 月 20 日
取得效果	各阶段节点～2012 年 9 月

1. 质量目标

确保达到北京市结构长城杯。

2. 工期目标

缩短定额工期，确保 2012 年 10 月 20 日前竣工验收交付使用。

3. 安全文明施工目标

杜绝因工死亡、重伤等责任事故，轻伤事故控制在 3‰，达到北京市安全文明工地标准。

4. 环保目标

噪声、扬尘、三废（废气、废水、废渣）排放达到国家环保标准，满足北京市对建筑生产的各项环保要求。

5. 经营目标

合同履约率 100%，完成公司下达的经济责任指标，争取在本工程上与房地产共同上缴利润 2000 万。

四、管理重点和难点

1. 管理重点

（1）清河小营保障房工程是海淀区政府为民办实事的民心工程，在施工成本上对于项目部来说无利润可言，不亏损就算是项目部盈利。

（2）打破以往在工程上向建设单位抠利润的项目管理模式，实现强强联手，共同赢利的新方法。

（3）以该工程为契机，争创质量、安全、环保的相关荣誉，创出四建公司房地产品牌，树立四建土建主业的声誉与信誉。

2. 管理难点

（1）成本压力巨大。项目部组织了合同分析和成本分析，并及时对北京建材市场进行调研工作，预先得出了工程的经营状态，结果很不乐观，土建建安成本亏损额达 1500 万元，如果"这"成为最终结果，那整个地产项目将无法盈利，势必给公司带来战略影响。

（2）施工现场狭小。周边难于形成环形道路，材料的运输存放、临设合理布置、正常施工工序都受到很大的影响，而且建筑物 C2 范围内还有绿化带和树木无法施工等诸多需外调的难题等。

（3）参建单位多，专业性强，总承包管理水平要求高。由于本工程自施工前期地基基础施工就存在 CFG 桩基础，到施工中期钢结构和水电专业预留预埋，到后期的装饰装修，室外市政管线施工，参加建设的单位多达 20 多家。施工分包队伍多，专业之间交叉作业多，工期紧，场地分配难度大，且各施工队的素质参差不齐，总体施工协调难度比较大。

（4）工程质量标准高、施工工期紧、环保标准要求高。保障性住房面对的政府与低收入群体，且成品质量更是社会高度关注的热点，绝不能出现任何影响人民安全以及企业形象的质量问题，本工程又为群体工程，各个栋号建筑形式不等，楼层高低不一，前期3栋楼同时展开施工，后期2栋楼同时施工，施工作业面广，如何组织各个栋号有序施工，保证工期和质量是本群体工程组织施工的难题。同时，本工程作为海淀区首批保障性住宅和集团公司重点要求应达到北京市文明安全工地标准，如何在紧张的施工过程中持续保证文明工地各项要求，真正做到文明环保施工常态化也是给我们项目部提出了更高的要求。

3. 成本压力巨大

由于本工程是集开发、建设、销售、后期服务为一体的保障性住房工程，如何在低利润的保障性住宅工程中获得合理利益，完成公司要求利润指标，我项目部与房地产开发公司在设计初期就进行沟通和协助，从初期规划、建造成本、施工进度、施工工艺多方面提出建设性的意见，真正体现了总包单位为建设方服务的理念，同时也提高了自身的管理水平。在施工中加大周转材料使用量，降低耗材使用，既做到了低碳绿色环保施工，又为工程节省了大量资金。

五、管理策划与创新特点

针对保障性住宅工程的低造价、低成本、低利润的特点，以及同一公司开发与施工，且成本单独核算的特殊模式，根据项目部的实际情况，通过策划和创新完成施工任务。

1. 建立健全项目组织机构，各项管理任务分解的策划

管理人员是完成工程各项既定目标的前提保证。在开工伊始，项目部就组织各方精兵强将，组成了清河小营两限房项目经理部，项目中既有年近半百经验丰富的老同志，也有工作近10年年富力强的中坚力量，同样吸收了不少参加工作二、三年的青年同志，可谓之老中青三代，项目部人员组成既有经验又有干劲，为工程顺利进行提供了有力保证。

项目部人员骨架组成后，就对清河小营两限房工程的情况和目标做了详细的分析和分解，了解了本工程对于项目、公司、集团、海淀区乃至北京市的重要意义，明确了本工程应作为海淀区第一批交竣保障性住房，在质量目标上定义为确保结构长城杯。不论从开工前的技术准备还是现场准备工作都以此作为目标，撂好底儿，打好基础，避免不必要的返工和检查前的突击工作，把整个项目管理作为常态化。

2. 各项管理风险点的把控，进度计划和质量计划的策划

项目部根据四建房地产开发公司、海淀区政府、业主等多方面利益相关者的切身要求，与设计方、监理方等参建各方明确了本工程的管理风险点，把场地合理划分、群体建筑需分期施工、整体进度计划把控、普通住宅长城杯质量把控、工程合理化建议等作为项目部的管理重点，分别在施工组织设计、各专项施工方案、图纸会审、洽商变更、质量计划质量制度中进行策划。尤其是在质量方面的前期策划中集中了项目部技术质量部门相关人员对本工程钢筋、模板、混凝土施工工艺、材料选型以及长城杯检查时间、检查部位进行前期精细策划，并且在施工过程中加强质量管控，请公司和协会专家分批多次进行长城杯评审的专题培训和现场指导，为后期顺利通过长城杯检查打下基础。

3. 引入先进的科学管理模块，创新项目管理

在整个工程管理过程中，项目部引入了工作分解结构WBS概念，对整体工程进度、质量、经营工作进行分解，分解成较小的、更易于管理的工作计划下发到各小组，明确各部门、各岗位的责任、工作要求、阶段目标。针对紧张的工期、狭小的场地、巨大的成本压力，我们把科技创效和质量创优的目标分解到各个施工工序、各个施工工艺中去，细化到每个施工阶段。根据不同的施工阶段制定不同的阶段工作目标，识别出本阶段的技术创效点和质量管理重点，明确科技创效和质量创优方向、目标、工作要求，制定相关的工作计划。建立参建单位专业人员组成的科技创效、质量创优、安全文明施工、生产协调、物资保障等专项工作实施小组，如图1所示。

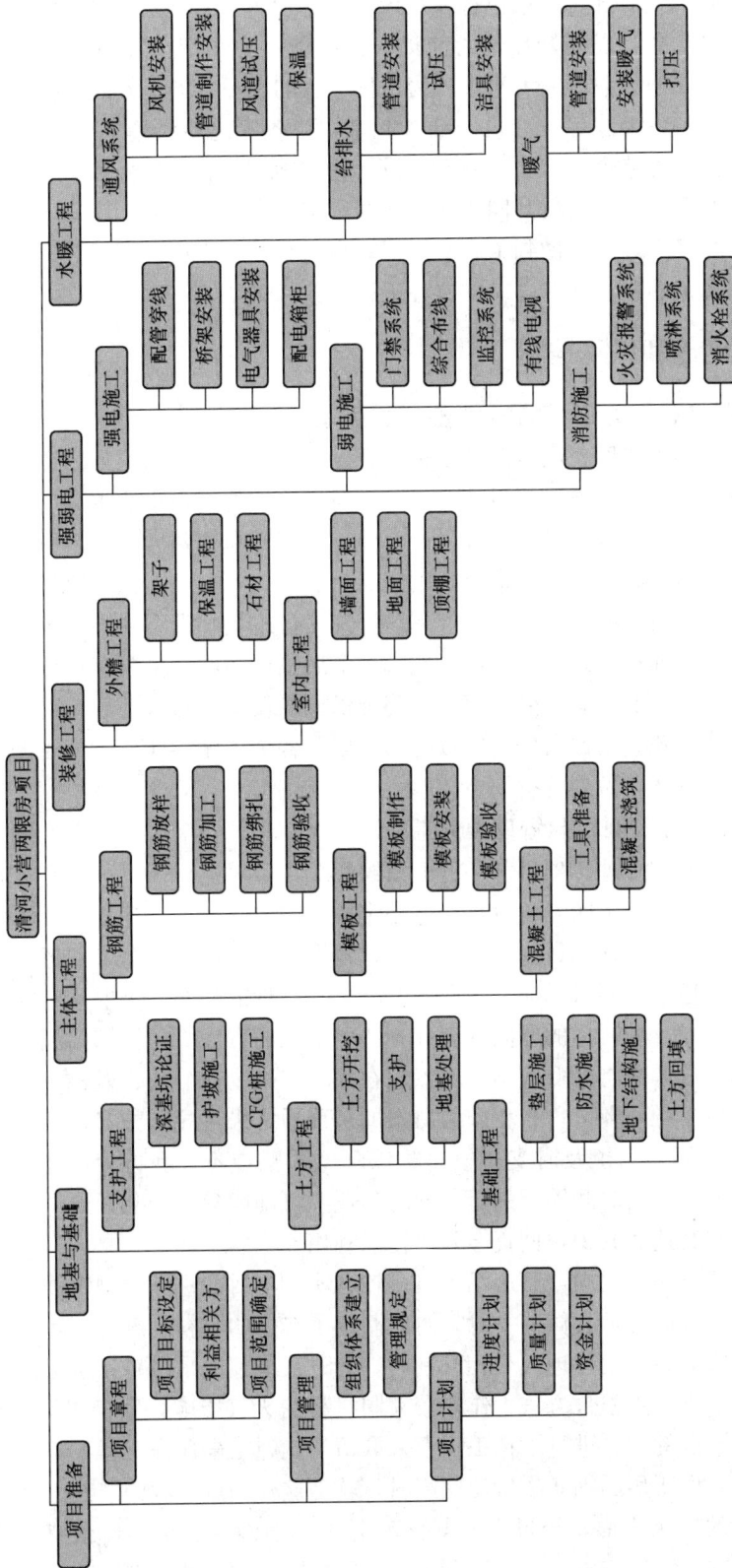

項目準備
├ 項目章程
│ ├ 項目目標設定
│ ├ 利益相関方
│ └ 項目範囲確定
├ 項目管理
│ ├ 組織体系建立
│ └ 管理規定
└ 項目計劃
   ├ 進度計劃
   ├ 質量計劃
   └ 資金計劃

清河小営両限房項目

地基与基礎
├ 支護工程
│ ├ 深基坑論証
│ ├ 護坡施工
│ └ CFG 桩施工
├ 土方工程
│ ├ 土方開挖
│ ├ 支護
│ └ 地基処理
└ 基礎工程
   ├ 垫層施工
   ├ 防水施工
   ├ 地下結構施工
   └ 土方回填

主体工程
├ 鋼筋工程
│ ├ 鋼筋放样
│ ├ 鋼筋加工
│ ├ 鋼筋綁扎
│ └ 鋼筋験収
├ 模板工程
│ ├ 模板制作
│ ├ 模板安装
│ └ 模板験収
└ 混凝土工程
   ├ 工具准備
   └ 混凝土浇筑

装修工程
├ 外檐工程
│ ├ 架子
│ ├ 保温工程
│ └ 石材工程
└ 室内工程
   ├ 墙面工程
   ├ 地面工程
   └ 頂棚工程

強弱電工程
├ 強電施工
│ ├ 配管穿线
│ ├ 橋架安装
│ ├ 電気器具安装
│ └ 配電箱柜
├ 弱電施工
│ ├ 门禁系統
│ ├ 綜合布线
│ ├ 監控系統
│ └ 有线電視
└ 消防施工
   ├ 火灾報警系統
   ├ 喷淋系統
   └ 消火栓系統

水暖工程
├ 通風系統
│ ├ 風机安装
│ ├ 管道制作安装
│ ├ 風道試圧
│ └ 保温
├ 給排水
│ ├ 管道安装
│ ├ 試圧
│ └ 洁具安装
└ 暖気
   ├ 管道暖気
   ├ 安装暖気
   └ 打圧

图 1　項目管理图

263

4. 换位思考，建立利益共同体，"三个"工程创新项目管理

针对本工程特点做好与房地产开发公司配合工作，真正做到质量和利润、建设方和施工方、售后与业主之间的双赢，我们大大提升自身总包管理意识，对建设方、业主方全面负责。针对参建单位众多，利益多元化的实际情况，我们以前期比选为前提、合约条款为纽带、现场把控为手段、质量进度为目标，将各个分包商有不同的利益相关者集中成为目标一致的利益共同体。利用自身管理方法和手段将房地产开发、设计、监理和各参建单位有机的结合起来，集各家之所长建立成为一个目标统一、行动一致、高度协调的组合体，为整个项目顺利进行和目标达成做出了有效的保障。在管理创新中增加材料比选的透明性，与房地产开发相关人员共同比选材料和厂家，真正做到阳光工程；在海淀区等上级领导部门的检查沟通中得到了多次好评，做到了满意工程；在与小业主交房过程中尊重业主意见并能提出合理建议，让业主们感到真正的贴心服务，做到放心工程。

六、管理措施实施和风险控制

1. 做好工程前期准备，为工程的顺利进行奠定基础

针对工程的紧迫性和重要性，项目部高度重视开工前和主要工序前的计划性、统筹性。工程伊始就与建设单位、设计单位、监理单位、项目部售后部针对保障性住宅和小业主易反映问题等多方面进行研讨，对户型、使用功能、外檐效果进行深入讨论，建立了工程参建各方的联系制度，安排每两周或重要工序施工前进行开会沟通，收集了各方信息，确定既有利于成本、又能保障质量、还兼顾优化

使用功能的方案，针对工期紧、场地小等问题详细安排现场临设和各类加工场地，确定了三个住宅楼与附属用房分开开工，前期借用附属用房场地既可解决临设问题，也可存一部分土方用于回填，真正做到精打细算。同样，在专业方案、劳务组织、物资供应、设备选择、现场布局、安全防护等方面，充分考虑了本工程的具体位置、交通条件、区域特点，以及各个工序穿插、工艺要求、专业衔接等工程建设需求，制定了周详的方案，做到有备无患。

2. 做好工程施工过程控制，向管理要效益

企业的管理就是对人的管理。项目部一方面组织相关人员对建材市场进行实际调研，另一方面摸清各项收支，通过对比各项收支，明确盈亏点，并制定相应的成本计划。计划目标的制定要建立在客观实际和充分调研的基础上，最后计划目标要责任到人，每个计划目标都要落实到每个人。针对计划赶不上变化的情况，通过定期检查计划目标完成情况、及时反馈出现的问题并采取相应的补救措施或调整计划目标，同时分析没有完成计划目标的原因并追究相关负责人的责任。预算部门配合财务部门定期提出财务预警机制，项目部通过调研将降低成本的重点放在人工费、专业分包、机械，必须做到货比三家，将采购成本降到最低，减少中间环节。工程施工材料的采购通常采用扎账方式，但是扎账就会导致材料价格高出市场价 10%～20%。为了及时支付材料款以降低采购成本，我方及时报出工程进度款，跟踪、催促监理及时审批争取将审批时间缩至最短，同时与业主（即四建地产公司）

及时沟通，尽快与其达成共识，使资金效率得以利用。

在钢筋和混凝土两大主材方面，其市场价格比较透明，项目部重点控制钢筋和混凝土的进场量。在钢筋方面，有的材料供应商经常会做些手脚，对此制定了严格的收料制度，现场收料必须由材料管理人员和提料工长进行双收双签，使管理人员相互制约。同时在检验上采取直条点根数、盘条过磅的方法确保钢筋数量，其中由于直条点根数方法工作量较大同时易受天气影响，我们采取了使用数码相机拍照，在电脑上放大再进行清点的方式进行。在工程上采取精细化施工来保证工程质量，减少措施性钢筋的投入，制作马凳和模板支设所用的钢筋尽量使用废料，就是这样一点一滴的节约，降低了钢筋损耗率。

在混凝土工程量的控制方面，经过多次与商品混凝土站沟通和交涉，最终对方同意我方的方案："混凝土的工程量按图纸计算"。为防止商混凝土站秋后算账，我们还与混凝土站及时沟通，如果发现施工段混凝土量超过图纸量立即通知商混凝土站，及时告知对方有亏方现象，从而规避混凝土工程量因计量不准确而造成的损失。通过采取以上措施，项目部成功的控制了钢筋和混凝土的采购量。混凝土的损

耗率为零，钢筋的损耗率控制在 1.5％ 以内。

在工程施工中，项目部技术管理团队运用了多项技术成果，取得了良好的效果。在地基处理施工前积极的比选地基处理方案，并和 CFG 桩设计人员协商优化了 CFG 桩的设计方案，采用减少桩根数增大桩径，合理选取 CFG 桩持力层，以减少 CFG 桩长等方法为甲方和施工方节约了很大一部分成本，并且加快了施工进度，此项节约成本 20 万元。

在材料和分包选用上，我们在充分调研市场的基础上，与地产公司、公司纪委、公司工程部成立了联合招标小组，采取阳光工程的模式，使投标单位能够真正以优质优价的状态进行竞标，为选择良好的供应商和分包单位，同时为降低工程造价奠定了良好的基础。

3. 通过新工艺应用，促进综合效益的实现

项目部在开工前就对本工程可采用的新技术新工艺进行前期策划，如：屋面发泡混凝土的应用、外墙保温节点的设计、顶板模板钢木混合搭设工艺等，与建设方、设计、专业分包通过前期策划、中期实施、后期总结，将科技工作与解决工程难点紧密结合，将各种新工序的作用点与加快进度、提升质量、减少投入、确保安全的工作目标统一起来。

屋面发泡混凝土的应用，不仅实现了保温找坡一体化，而且可以达到屋面保温 A 级防火要求，既节约了成本减少了工序加快了施工进度。

外墙保温节点设计与设计单位积极配合，将室外空调板由悬挑板改为悬挑梁。在室外空调板和女儿墙的位置设置预留洞口，外保温从预留孔洞穿过既没有冷桥又节约了空调板的保温材料，如图 2 所示。

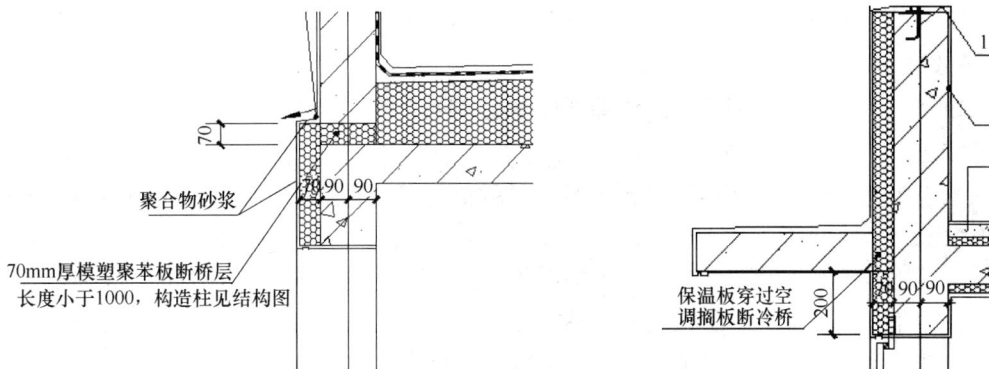

图 2　女儿墙和室外空调板节点图

钢木模板体系利用了项目部自有 $50mm \times 100mm \times 3$ 方钢、外租 48mm 钢管、少量木方、和 12mm 厚覆膜多层板组成了模板支撑体系，此工艺的应用在支设顶板模板的过程减少了木方的使用量，增大了周转材料的使用率，此项节约成本 30 万元。在施工过程中对此支设体系的细部节点做出了调整，更好地保证了顶班的标高和平整度，总体来说既节能环保又节约成本，真正做到了技术创效，如图 3 所示。

4. 深入售后服务工作，为工程顺利移交保驾护航

保障性住房不同于商品住房，居住者多为中低收入群体，在验收收房过程中，更容易提出苛刻或过分的要求，如何配合甲方顺利完成与业主的验房工作，是提高我们总包管理及服务能力的重要方面。项目部不仅有自己独立专人负责的售后部门，并且在甲方交房期间，项目部还派出了多名工长，相关技术人员及总工配合甲方的交验工作，现场及时

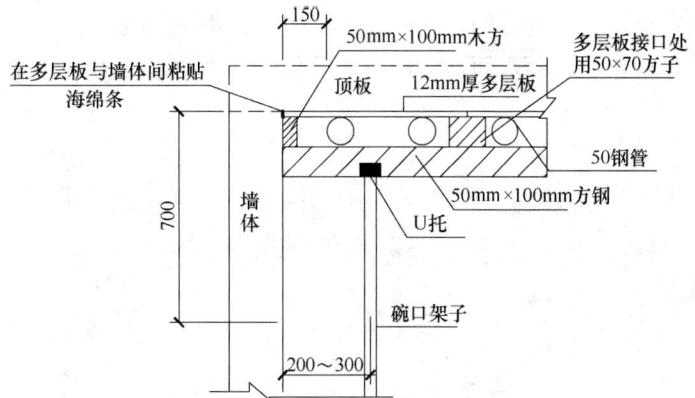

图 3　钢木模板体系图

解答住户提出的各类问题，并为住户提出相关的装修建议，使住户的投诉率大大降低，充分体现了我项目部的管理服务意识。

5. 亲兄弟明算账，共同发展

通过认真分析合同条款，结合政策、法规、地方标准，分析合同漏洞，有理有据、合情合理的在施工过程中针对每一个亏损项目及时提出诉求，及时记录现场发生的实际情况，发出补偿意向；及时合理主张各项权利，保护项目利益。在提出问题的同时也为房地产公司提出解决问题的办法，既节省造价也为项目节约成本。无论是过程出现的问题还是合同漏洞，只要不是我方原因造成的成本支出，都必须给甲方发函，我们的发文原则是有文必发，有理有节、据理力争、适当让步。在首先履约的情况下边干边谈。就商务发文来看，我们的总结是在过程中不要害怕发文可能会得罪甲方或顾忌而不发、少发。对于甲方，他们可能最反对的是过程无资料、结算翻旧账。既然是同一公司两个主体，更应该做到亲兄弟明算账，一定要及时主张自己的意见和权利，过程中的不愉快很快就会过去，而在结算时这些资料将会成为解决双方争议的最好证据。这种办法既能健全自身的管理体制也能加强房地产公司的管控能力，其实有利于双方的共同发展。

七、管理效果

1. 管理效果

（1）2011 年本工程评为北京市结构长城杯银杯。

（2）本工程被评为"北京市安全文明工地"。

2. 经济效益

通过加快施工速度、技术创效等工作降低成本近 3%。

3. 社会效益

（1）该工程为北京市海淀区第一个保质保量顺利交工入住的保障性住宅工程，为集团公司树立了守信企业的形象。

（2）该工程也是海淀区乃至北京市的保障性住房工程中首个创长城杯的工程，成为了保障性住宅评杯的风向标，为集团公司树立了重信企业形象。

（3）作为海淀区保障房标杆工地多次接受上级部位检查，并顺利通过检查，获得多次好评，为海淀区的建筑工程争得了荣誉，为集团公司树立了良好的品牌形象。

八、管理评价

项目部抓住与公司房地产开发共同运作的机会，与房地产公司共同成长，开辟了公司自身开发、自身施工的新格局。在整个管理过程中引入了 WBS 项目工作分解、做阳光工程、满意工程、放心工程等先进理念，科学管理、技术创效，为四建房地产公司第一个开发项目贡献了自身力量，达到了与四建房地产公司共赢的目的，并且在施工质量、进度、安全、经营多方面取得了良好的成绩，开创了保障性住宅争评长城杯新局面，借此民生工程更是为建工集团、四建公司做了一次良好的营销工作。

以人为本　创新管理制度
绿色施工　实现企业与社会共赢
——北京城建七建设工程有限公司首开国风上观工程项目

李计英　曹哲民　张庆云　陈宝其　贾　权　蒋伟清

【摘　要】太原市首开国风上观工程住宅楼造型复杂、工期紧张、施工难度大，在确保工期、质量、安全的前提下，项目部创新人性化管理制度，充分发挥员工积极性、挖掘员工潜力，并对材料进行合理的规划与使用，实现人尽其才、物尽其用。统筹协调技术、生产、经营、安全各部门进行绿色生产，为企业创造利润、为业主提供优质精品，同时改善居民住房条件，提高城市经济繁荣，实现企业、业主与社会的三方共赢！

【关键词】以人为本；管理制度；绿色施工；三方共赢

一、成果背景

1. 工程简介

首开国风上观，如图 1 所示项目位于山西省太原市龙城新区，我公司施工总建筑面积为 203470m²，建筑单体共 7 栋，其中包括 5 栋住宅楼、1 栋商业建筑、售楼处以及一部分车库，售楼处，如图 2 所示、住宅楼，如图 3 所示为剪力墙结构、车库和商业建筑为框架结构，总投资 5.5 亿元。

图 1　国风上观鸟瞰图

首开国风上观项目是太原首个健康住宅试点——高舒适度、超低容积率、大配套、大交通、名校围绕，整体建筑为 ArtDeco 新古典主义风格，古典、优雅，富有时尚线条。设计者从人的角度出发，在环境、配套、功能、户型、道路、绿化、环保、低碳等各方面都充分考虑居住者的感受，让居住者从冰冷的水泥空间过渡到温情的人文关怀。

2. 行业背景

随着我国经济形势飞速发展，生活的环境日益遭到各种破坏和污染，常年的雾霾天气无时无刻不在影响着我们的身体健康，国家也在积极的立法、投入、治理环境，身为国有企业，有义务为国家，为人民创造一个美好的蓝天做出自己的贡献。

图2 首开国风上观项目效果图

图3 售楼处效果图

我们建筑企业在施工过程中，按照传统的施工程序会出现各种环节上的环境破坏、污染、扬尘等问题。在本工程施工初期，我公司就决定打破常规，敢于创新，全力打造开辟一个现代化的绿色施工工艺。从基坑开挖防扬尘治理，节能减排的实施到环保材料的应用，整个施工的控制得到很好的成效。

二、选题理由

本工程克服了工期紧张、造型复杂、施工难度大等困难，首次使用了多项先进技术，采用了计算机推广、应用和网络管理技术，同时革新管理制度、优化管理系统，可为今后类似工程提供一定的借鉴意义。

三、实施时间

本工程于2011年4月开工，2013年4月工程顺利通过四方竣工验收，见表1。

项目实施时间 表1

实施时间	2010年8月～2013年4月
分阶段实施时间	
管理策划	2010年8月～2011年4月
管理实施	2011年4月～2013年4月
过程检查	2011年4月～2013年4月
取得效果	2013年8月～2013年8月

四、管理重点和难点

1. 结构造型复杂

（1）屋面造型

为满足结构的整体造型，屋面设计结构复杂，含有大量的错综复杂的梁柱，标高变化频繁，例如，16号楼屋面从72.150～85.150m，中间还有73.150m、76.650m、78.650m、81.150m、82.650m五个标高，高度变化之大，变化之频繁为施工带来很多不便。在屋面上还有很多小节点，看图识图、支模板都有一定难度，对管理人员以及施工人员的水平提出很高的要求。由于高度变化大，在装修阶段还需要搭设脚手架，也增加了施工的任务与难度，如图4～图6所示。

（2）外墙立面造型

由于建筑造型及功能要求，外立面结构采用了大量的凹凸结构，出现大量的阴阳角且造型尺寸很大。大角造型初始设计使用GZ板，后由于强度无法满足要求改为聚苯板。大角造型施工工艺为聚苯板→抹

图4 屋面花架造型图

268

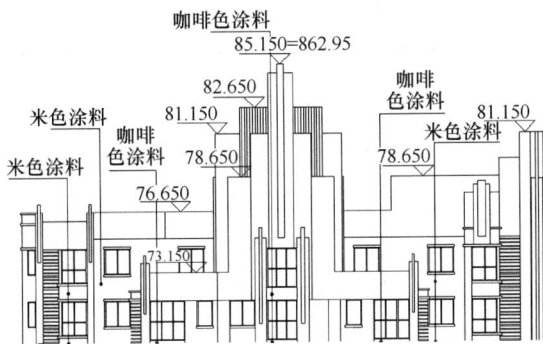

图 5　屋面外立面造型图纸图

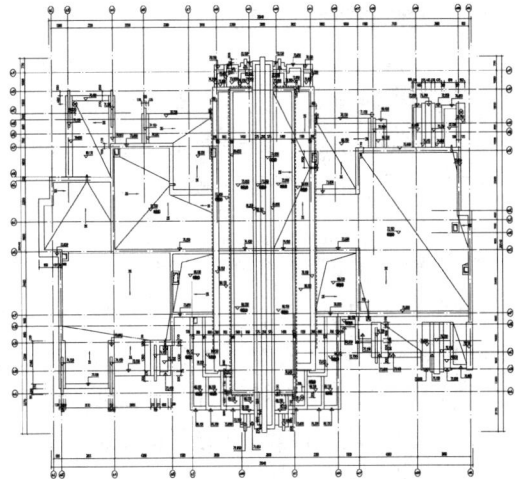

图 6　屋面平面造型图纸图

灰→贴保温板→涂料，需要使用吊篮多次重复作业。外立面还存在很多通高造型，垂直度较难控制，需要施工队反复修补。外立面部分节点吊篮接触不到，面积虽小，施工难度却很大，需要从上面系下蜘蛛人才能完成施工，如图 7、图 8 所示。

屋面以上外立面吊篮无法施工，需要搭设外悬挑脚手架。为此我项目部聘请专家进行计算分析，确定脚手架施工方案，并请专业搭设拆除脚手架的班组进行施工，确保施工过程中的安全与效果。

图 7　栋号楼外立面造型图

图 8　立面造型细部图

2. 大体积混凝土施工

本工程基础底板为大体积混凝土，其面积大、强度等级高，内部水泥水化热高且不易散失，导致混凝土内部与外部温差变大，如不加以控制必然造成混凝土的开裂。因此，控制大体积混凝土裂缝对保证混凝土施工质量有重要的意义。大体积混凝土裂缝的控制措施：大体积混凝土中，裂纹的产生和发展应主要从混凝土的温度应力和提高混凝土的极限抗拉强度来控制，因此控制混凝土施工过程的各环节是非常重要的。

（1）混凝土温度应力裂缝控制的计算

根据初步提出的配合比，计算温度应力。

由搅拌站提供：C30 混凝土、P·O42.5 水泥。

实验室配合比为：水泥：水：砂：石：外加剂：掺合料

$$=305 : 210 : 803 : 1021 : 32 : 77$$

经过计算混凝土中心最高温度与表面温度之差为 22.87℃，未超过 25℃ 的规定；表面温度与大气温度之差为 8.47℃，也未超过 25℃，故可以保证大体积混凝土的质量。

269

（2）大体积混凝土控制措施

精选材料，优先采用水化热低、含碱量少的硅酸盐水泥，在保证混凝土强度等级的前提下，使用适当的缓凝剂、减水剂，减少水泥用量，延缓水泥水化放热速率，以减少水化热。掺加粉煤灰等活性材料替代部分水泥，能在保证混凝土强度等级的前提下，有效的减少水化放热量。

控制混凝土的出灌和入模温度，控制混凝土的温升值，使混凝土在浇筑入模温度的基础上不大于28℃。

控制浇筑层厚度和进度，以利散热。

控制混凝土的降温速度，降温速度不大于1.5～2.0℃/d。

控制混凝土内外温差不大于25℃。

表面绝热，表面绝热的目的不是限制温度上升，而是调节温度下降的速率，使混凝土由于表面与内部之间的温度梯度引起的应力差得以减小，因为在混凝土已经硬化且获得相当的弹性后，环境温度降低与内部温度提升，两者共同作用，会增加温度梯度应力差，因此为减慢表面的热量损失，用绝热材料覆盖。

混凝土可适当的掺加膨胀剂，可以更好防止混凝土开裂。

3. 质量标准高

本工程质量目标定位为北京市结构"长城杯金奖"。因此强化预控制及过程控制、合理选用模板体系、加强措施钢筋控制、优选混凝土供应厂家都是工程管理的重点。

4. 深化设计工作量大，图纸深化设计要求高

本工程图纸设计深度不够，业主方案在装修施工阶段变更频繁，深化设计任务繁重，如图9所示；19号楼商业建筑顶棚跨度较大，钢梁的使用需要进行计算及深化设计；设计院提供的图纸存在一定的问题，需要经常与设计沟通，对工期产生一定的影响。

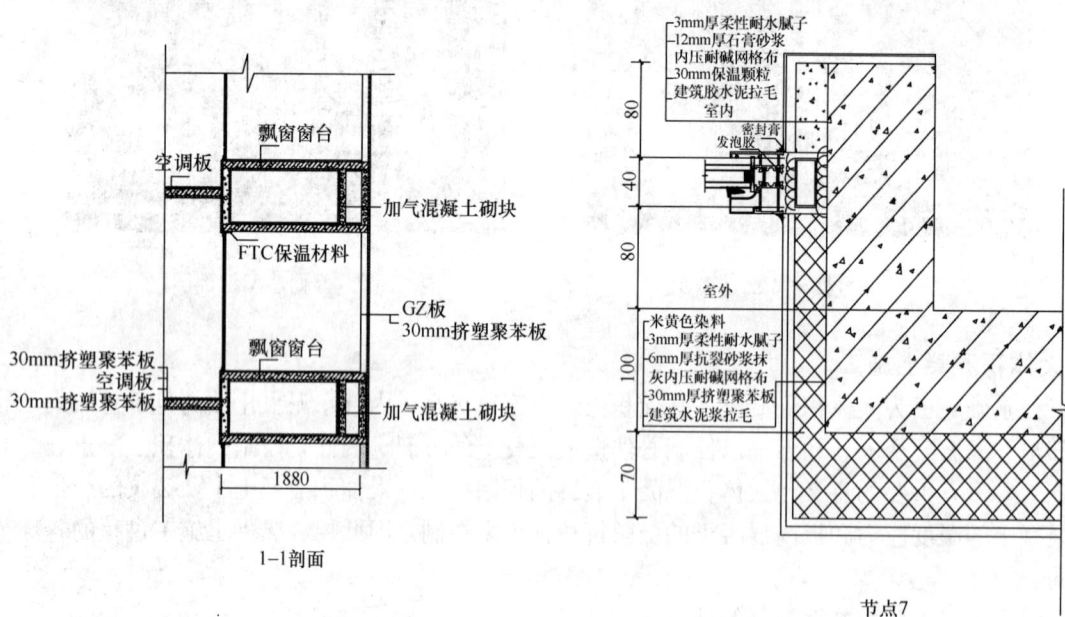

图9　外墙保温深化设计图

5. 总承包综合能力的高标准要求

本工程实施总包管理，总包方除了自行组织合同内的工作项目实施以外，还要承担对精装修、强弱电、消防、给排水及暖通、石材、外墙保温等专业分包的综合管理与协调，需要总包方具有十分丰富的综合协调及管理能力。

6. 工期紧张

业主对工期要求严格，工程于 2011 年 4 月开工，2013 年 4 月竣工，工程跨越 2 个冬季、2 个雨季，工期十分紧张。

五、管理策划和创新特点

1. 独立编制《施工管理措施》（以下简称《措施》），严格执行措施规定

项目部结合公司及外埠施工单位多年的外埠施工经验，为满足工程的生产经营需求，制定了项目部规章制度，该规章制度是项目部所有职工参与生产经营活动应遵守的行为准则，内容包括工程概况、北京城建七公司太原分公司组织体系、施工现场管理体系、管理人员责任制、施工目标、文明施工管理措施、文明施工检查及评比依据、文明施工奖罚措施、计划管理措施、成品保护管理措施、防尘降噪管理措施、工程报验制度、质量奖罚措施、安全、消防奖罚措施、生活区行政管理奖罚措施、施工现场管理奖（罚）通知单 16 部分内容，涵盖了施工过程中可能出现的大部分问题。该《措施》具有规范性、稳定性、强制性等特点。

在施工过程中，项目部以该《措施》为准绳，严格要求自己，并对施工队进行管理及奖罚，使工程顺利有序的完成。

这是我项目部的制度创新，制度先行，以制度为规矩进行管理，该《措施》起到了模范标兵的作用，对公司的其他项目部管理方面提供参考，为公司的管理工作提供经验。

2. 领导率先垂范

优秀的领导能够激发员工的积极性，提高团队的凝聚力。项目经理以身作则，坚持仁、义、礼、智、信，从严自律，切实做到言而有信、处事得宜、文明礼貌、决策果断明智，为整个项目部树立了模范带头作用，使项目部形成良好风气，全体员工在项目经理的带领下，辛勤工作、奉献自己的力量。

3. 计算机推广、应用和网络管理技术

在本工程的施工过程中，计算机技术应用是项目管理最为先进高效的现代化管理手段，不仅可以极大地提高效率，而且有准确性、可靠性、可变更调整性和可追溯性，可以有效而且有序地对工程的每一个环节进行指挥、管理和监控，从而达到加快工程进度、保证工程质量，降低工程造价的目的。公司项目部在项目管理实施过程中，长期运用计算机技术对工程项目进行辅助管理，除文档管理、财务核算、人事工资管理、计划管理、资料管理、合约管理等常规管理之外，公司将以工程总承包项目管理模式为基础，在该工程施工中，综合运用现代信息技术，建立项目部内部局域网，实现项目部内部信息的横向交流和数据共享，为项目管理和工程实施提供支持和服务，计算机应用和开发综合技术至少包括：

（1）图纸二次深化设计、加工安装详图设计、机电综合系统配套图纸设计和工艺设计、装修效果和详图设计等。

（2）建立工程项目管理信息系统，综合运用现代化信息技术，建立局域网，实现信息的横向交流和数据共享，为项目决策、计划、管理、协调、监控和实施提供支持和服务，最终形成资源优化系统，从而实现基础管理的网络化、信息化、现代化。

（3）特殊专业与计算机技术的有效结合，诸如精确的测量设备仪器、先进的焊接无损检测设备等与计算机的有效结合，能自动分析计算、绘制图形和坐标曲线、输出参数的结果等。

4. 新材料、新工艺的使用

车库顶板面积为 33500m²，面积较大，原定的 SBS 改性沥青防水卷材施工过程中要用喷枪烘烤加热卷材，待热熔胶层出现黑色光泽、发亮至稍有微泡出现时进行粘结，施工进度慢；车库上将覆土，并栽种植被，植物的根系会对防水有一定影响，对防水材料的性能有较高要求；屋面结构造型复杂，含有大量钢结构造型，施工难度较大；屋面标高变化较多，最高处为 82.150m，最低处为 69.150m，中间标高有 81.150m、77.150m、76.650m、76.150m、75.150m、72.150m 等；屋面平坦部分面积较小、阴阳角较多,普通卷材难以粘结牢固;结构容易产生应力变形、膨胀或收缩开裂等现象,影响防水性能;屋面接触雨雪较多,对防水能力要求较高;当发生火灾时,普通卷材防水防火能力有限;屋面温度变化较大,冬天寒冷、夏天高温,对防水材料的性能有较高要求;太原市空气质量较差,降水含有一定的腐蚀性,需要防水材料具有一定的抗性。出于施工效果、成本以及工期三方面考虑,项目选择使用涂灵防水。

涂灵系列防水产品同传统的防水材料相比,具有异常优异的产品特性:

(1)水性、环保、节能的特点:作为新一代节能环保水性材料,从原料采购、仓储、运输、生产、喷涂施工和使用过程中,均为水性、无毒无味、无废料、无废气排放、无污染,是新一代节能环保材料;在整个施工过程中,无须加热,常温施工,无明火,保证了施工的安全性和可靠性;采用国际防水行业最新发展趋势——单层防水用材,既减少建材用量,节约了资源,又减少了日后拆除时产生的建筑垃圾,真正实现节材节能。

(2)快速成膜、施工效率高的特点:采用专用喷涂设备施工,喷涂后 4s 即可成型,可踩踏;一次喷涂即可达到设计厚度,节约劳动力,并可大幅度缩短施工工期,降低施工成本。一台喷涂设备日施工能力可达 $1000\sim2000m^2$,符合快速施工要求。

(3)可以在潮湿、无明水的基面施工。对基层要求低,便于应用在地铁、隧道、水利等领域。

5. 管理目标

见表 2。

管 理 目 标 表 2

项目	目 标 值	责任人
安全	零事故率	王西亮
质量	结构"长城杯"金奖,创建精品工程	陈宝其
工期	按业主要求的时间完成竣工验收	贾权
成本	优化方案,控制成本,确保成本降低率达到10%	蒋伟清
环境	降低噪声,减少污水排放,减少扬尘,尽可能降低城市 PM2.5	贾权
管理制度	创新优化管理制度,更人性化、更有效、更实际	李计英

6. 技术先行,确保工程有序实施

在施工以前,技术部门完成本项目的施工组织设计以及各种技术交底,并提出该项目的重点与难点,在施工过程中能够提前准备及预防,少走弯路,避免不必要的麻烦与损失。

7. 坚持以人为本,力争企业与社会效益双赢

面对业主高要求的形势,以及多家同行建设企业同台竞技的施工格局,为了树立良好的企业形象,项目部坚持以人为本,尊重人在社会活动中起决定性作用的客观规律,一切方针政策从人出发,形成了优秀的团队文化和创新人文管理理念,大大提高了员工工作的积极性和创造性,增强了员工项目主人翁精神,营造了全员管理,全员经营的氛围,促使项目形成以进度快、质量好、管理规范、成本受控、诚信履约的良好形象。

六、管理实施措施和风险控制

1. 生产调度会制度

项目部于每周一召开生产调度会,会议由项目经理主持,项目部全体管理人员参与。在会议上对上周的工作进行总结,并对本周的工作进行分工安排,起到承上启下、督促员工的作用。该会议也是员工与领导进行交流的平台,通过沟通,领导能够加深对职工的了解,从而因人而异地实施管理与布置任务。还能通过该会议了解员工的思想动态、对项目部以及对领导的意见与建议,对项目部的建设有一定的促进意义。

2. 定期培训、加强教育

对员工进行定期培训指导，提高其职业素养，真正达到盖楼育人的目的，为企业、行业、国家培育有用的"一专多能"的人才。

3. 技术管理

（1）样板引路制度。每个分项工程施工前，对工长及施工班组进行现场技术交底，明确工序操作标准和要求，并对其做出的样板进行检查验收，同时在大面积施工过程中严格检验、持续改进，坚持不渝地实行"样板引路"制度。

（2）三种技术交底。技术员实行书面交底、口头交底、现场交底相结合的方式对工长以及施工队进行交底，确保施工工艺正确，顺利的完成施工任务。

4. 安全管理

（1）管理方针

在施工中，始终贯彻"安全第一、预防为主"的安全生产工作方针，认真执行住房和城乡建设部、太原市关于建设施工企业安全生产管理的各项规定，重点落实太原市建委、太原市劳动局发布的《太原市建筑工地安全文明施工管理规定》，把安全生产工作纳入施工组织设计和施工管理计划，使安全生产工作与生产任务紧密结合，保证职工在生产过程中安全与健康，严防各类事故发生，以安全促生产。

（2）管理目标

强化安全生产管理，通过组织落实、责任到人、定期检查、认真整改，实现零死亡事故目标，控制重伤事故在 0.5‰ 以下。

（3）管理体系

①成立由项目部安全生产负责人为首，各施工单位安全生产负责人参加的现场安全管理领导机构组织，如图 10 所示。

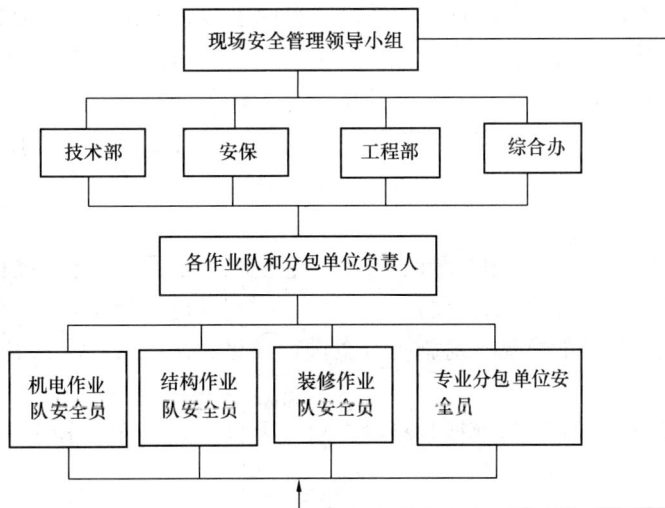

图 10 安全管理机构图

②根据作业人员情况成立 10～15 人的现场"安全纠察队"，队员需佩带统一的"安全纠察"臂章，享有项目经理特许权，开展日常的安全生产检查工作。

（4）工作制度

1）每半月召开一次"安全生产管理委员会"工作例会，总结前一阶段的安全生产情况，根据实际情况布置下一阶段的安全生产工作。

2）严格执行《施工管理措施》。《施工管理措施》第十四章"安全、消防奖罚措施"规定对进入施工现场不戴安全帽，不系安全带的罚款 10 元，高处作业、无可靠防护不系安全带的罚款 200 元，随意从楼上往下扔东西者，罚款 500 元，在施工现场吸烟者，每发现 1 次/人罚款 20 元，在施工现场光脚、裸背的罚款 50 元等。在会议上对半个月内各施工队的不安全行为进行曝光，将安全员现场拍的照片，在会议上使用投影仪进行放映，以此提高各施工队的安全意识。

（5）安全措施

"四口五临边"安全防护。

①施工现场"四口五临边"的安全防护由专职安全员负责防护，平时加强巡视检查，使"四口五临边"的安全防护始终处于符合管理要求的受控状态。

②平面洞口 130～1500mm 的，可用混凝土板内钢筋贯穿孔径，加盖板防护；平面洞口在 1500mm 以上的，四周设护栏，洞口下密封安全网，护栏高 1.2m 并设两道水平横杆。其他原因临时形成的洞口，均按上述规定防护并应由专职安全员验收。

③楼梯口各层段均应装临时护栏，梯段边用钢管设防护栏杆。固定出入口采取标准防护棚措施，标志明显，确保通行安全。

④建筑物首层外围设 6m 宽、6m 高双层水平安全网。

⑤封闭电梯井道门，首层井道门上锁。电梯井道每隔 4 层满挂水平安全网。

5. 材料管理

不断完善材料管理制度，对材料的进场、使用、报废处理进行严格的监督与管理：

（1）由项目经理、副经理、材料主管共同商议决定材料供应商。

（2）由材料主管与材料管理员监督分包单位对材料的使用情况，防止长料短用、闲置不用等浪费材料的现象发生。

（3）创新材料承包模式，采用部分材料分包的方式，使分包单位能够自发自主地节约材料、减少浪费，从而降低材料成本，为项目部创收。

6. 经营管理（成本与资金管理）

（1）加强合同管理。建立完善的合同管理体系，对合同进行分级、分层、分类管理。建立合同签订前的申报备案制度和合同执行过程中信息反馈制度，并对签约、履约进行过程监控，实行规范化、程序化管理。加强合同的索赔管理，凡因对方违约造成的损失，落实领导责任和工作责任，组织索赔。

（2）控制成本。在施工过程中，将实际效果与预期效果进行对比分析，找出施工过程中存在的浪费源，从而针对该源头进行整改，制定新的实施方案，杜绝此类浪费的再次发生，形成良性循环，有效的控制成本。

（3）"多次经营"与"全员经营"相结合的管理。实施多次经营，在施工过程中出现合同中未包括的项目，积极找业主进行结算，并以此为经验，在今后合同签订过程中能够考虑到这些部分。在施工过程中，参考技术人员以及栋号长的意见，对施工方案进行细化优化，采取低成本的方法与工艺，集合大家的智慧，做到全员经营。

（4）请公司领导和行业专家来项目部莅临指导，对我项目部的经营工作提出建设性的意见。

7. 环境保护管理

环境问题已成为阻碍社会经济可持续发展的重要因素之一，近期全国各地都遭受了严重的雾霾天气，环境危机再次向我们敲起了警钟，环境保护刻不容缓。作为一个企业，我们有义务对社会负责，虽然我们能力有限，但我们以身作则，绿色施工，用实际行动实现企业对社会的价值。

据调查雾霾大约有 16% 为施工工地产生，项目部在施工过程中采取以下措施控制扬尘：

（1）施工现场大门车辆进出口设循环水自动洗车装置，对进出车辆车轮进行 100% 冲洗，节约了资源能源，达到了环保的要求。

（2）楼上垃圾采用密封式垃圾箱下运，禁止随意凌空抛撒，木工房锯末、刨花及时清理装袋，统一存放。

（3）施工现场的道路全部采用 20cm 厚混凝土进行硬化，防止车辆通过带起灰尘。钢筋、模板等材料堆放区域采用10cm厚混凝土进行硬化处理。

（4）施工现场的土方进行集中堆放，对土方进行100％覆盖，并对裸露的场地进行了固化和绿化。

（5）建立洒水清扫制度，专人负责对现场道路及场区进行日常养护、保洁、洒水降尘工作，保证路况良好，现场干净整洁。洒水根据季节、天气情况控制洒水量和间隔时间，在气候湿润的季节，减少洒水量和延长洒水间隔时间；坚持每天听天气预报，如有雨雪产生可利用雨雪降尘。

（6）现场设立封闭式垃圾站，每天及时分拣、回收可再利用材料。运送挖土、渣土、施工垃圾等车辆采用密闭式车辆，其他运输车辆出场前也要覆盖严密，不泄漏遗撒。

（7）现场采用预拌混凝土和成品砂浆。

（8）施工过程中，加强对现况道路、建筑物和绿化带的保护，对临近建筑、绿化采取包裹、围挡等措施防止被损坏。

（9）清理、打扫作业场地时，洒水湿润；高层清理渣土采用容器清运，严禁从楼层上向地面抛撒。

项目部通过以下措施降低噪声污染：

（1）施工现场设噪声监测点，由专人负责进行噪声值监测，噪声值白天施工将噪声控制在70dB以下，夜间施工将噪声控制在55dB以下。

（2）施工现场的电锯、电刨搭设封闭式机棚，并设置在远离居民区的一侧，以减少噪声污染。

（3）进行夜间施工作业的，采用低噪声振捣棒、不得接触钢筋和模板等方法，最大限度减少施工噪声。

（4）承担材料运输的车辆，进入施工现场严禁鸣笛，装卸材料应做到轻举轻放，最大限度地减少噪声扰民。

采取以下措施控制水土污染：

（1）混凝土输送泵、运输车辆清洗处设置沉淀池，污水经二级沉淀过滤后再排入污水管道。

（2）生活区临时食堂设置简易有效的隔油池，废水经除油后方可排入市政污水管道。隔油池由专人进行负责，定期清掏。

（3）生活区厕所采用设水箱专人定期统一冲水方式，节约用水量。厕所旁砌筑防渗漏化粪池，经沉淀后排入市政管道。化粪池定期进行清掏。现场采用环保移动厕所，定期消毒清掏。

（4）工程污水和实验室养护用水经处理后排除市政污水管道。

施工现场还对有害气体进行控制：

（1）施工现场严禁焚烧各类废弃物。

（2）施工车辆、机械、设备定期维护，保持良好运行状态，尾气排放符合有关排气污染物排放标准。

（3）建筑材料必须有合格证，并现场复试合格，严禁不合格材料用进工程。

（4）结构及装修所用材料均要符合国家环保标准。

8. 生产管理

（1）人性化的栋号捆绑管理，健全岗位责任制

对每个栋号配置一个工长及技术员，工长负责整个栋号的进度以及协调工作，技术员负责技术以及质量监督。以工长为主、技术员为辅共同管理，此种方法责任明确，管理条例清晰，杜绝推诿扯皮现象，能够提高职工的管理效率。

（2）严明的优奖劣罚制度

对表现好以及贡献突出的员工给予经济以及精神上的奖励，对于懈怠渎职的表现不姑息、不纵容，并进行一定的处罚；同样对于施工质量较好、进度较快的分包单位给予一定的奖励，以激励其他分包单位能更好更优质地完成项目部分派的任务；对引起工程质量事故，破坏产品保护单位实施处罚。

（3）实施精细化管理，提高施工效率

在栋号宏观统筹管理的前提下，对细部进行精细管理，对分包进行严格管理与控制，严抓细节，对

每个节点不马虎、不松懈，紧凑管理，提高分包的施工效率，从而为项目争取时间、节约成本。

七、过程控制、检查和监督

1. 全员质量保证体系

项目部建立以项目经理为首、项目部副经理、总工程师、生产经理、经营经理为骨干、全员参与的质量保证体系，保持畅通的管理体系。

2. 每周组织监理例会

每周二下午召开监理例会，由监理单位总监主持。我项目部对上周监理单位提出的问题进行反馈，监理单位提出本周巡视过程中发现的问题，并提供相关意见。通过监理单位的监督指导，使我项目部能够更加顺畅高效的完成业主交予我们的任务。

3. 每周日质量曝光会

每周日下午组合质量曝光会，由生产经理主持，各栋号长及分包单位参加。对分包单位提出本周施工过程中存在的缺陷，并要求其定期整改。对分包单位进行宣传教育，增强其质量意识。

八、管理效果评价

（1）获得了 2012 年度北京市结构"长城杯"金质奖，实践了对业主的承诺。

（2）获得了 2012 年度"北京市绿色施工文明安全样板工地"称号。

（3）获得了 2012 年度"太原市健康住宅"称号。

（4）获得了 2012 年度"标准化工地"荣誉。

（5）通过领导班子有效的管理与全项目部共同的努力，该项目成本降低了 3%，创造了精品，提高了利润。

九、结束语

通过建立健全制度，使有效管理成为一种常态、一种习惯，创造更优管理项目。

作为一个建设单位，我们对业主负责，为其提供精品优品，同时我们还为社会负责，践行对社会的责任与任务，保护环境，绿色施工、文明施工，还为社会培育综合性人才。

加强成本管理 强化过程控制 成就扭亏为盈

——北京建工四建工程建设有限公司路劲世界城一期工程项目

贺宝全 李晓玉 臧圣国 肖 喆 朱明海 王子健

【摘 要】 路劲世界城一期工程是位于北京市昌平区新城南邵镇的新建住宅楼。该工程得天独厚的区域优势、便利的交通网络以及周边高科技产业的聚集，使得路劲世界城一期工程在未来必将成为昌平区新城的一个焦点建筑。本工程在前期成本预测结果极为不利的情况下，通过加强成本管理、强化过程控制，并利用停工索赔的机会，最后成功扭亏为盈，成功化解了工程前期的亏损，为项目部今后更好地发展，积累了宝贵的经验。

【关键词】 成本管理；过程控制；停工索赔；扭亏为盈

一、工程概况及成果背景

路劲世界城一期工程是坐落于北京市昌平区新城南邵镇的新建住宅楼。该住宅楼距离中关村繁华中心30km，紧邻地铁昌平线起点南邵站，可无缝连接地铁8号线、13号线；周边南丰路、京藏高速、京新高速等八大主路环列，出色的地理位置和便利的出行条件使得本工程成为了昌平区新城的焦点性建筑，如图1、图2所示。

图1 工程效果图

图2 工程景观图

路劲世界城一期工程总建筑面积达75825.95m²，地上63892.95m²，地下11933m²；其中地上共11层，地下为1层；1～4号楼建筑高度为32.7m，10号、13号建筑高度为53m，14号建筑高度为50.1m。主楼基础为筏板基础，主体结构形式为剪力墙结构体系，地下车库结构形式为板柱—框架结构。工程抗震设防裂度为7度，住宅楼抗震等级为二级，车库抗震等级为四级。

本工程建设单位为北京路劲隽御房地产开发有限公司，设计单位为北京市维拓时代建筑设计有限公司，监理单位为中航监理（北京）有限公司，施工总承包单位为北京建工四建工程建设有限公司，由昌平区工程建设质量监督站进行监督。

二、选题理由

路劲世界城一期工程是公司在2011年承接的一个新建住宅楼工程，该工程本身具有工期紧张、体量庞大、专业分包多、受雨季施工影响大、建筑规模大、安全文明施工标准高等特点。另外，项目部在对施工合同进行仔细分析后，发现本工程存在潜亏隐患的问题，形势不容乐观，这些问题的存在也考验着公司的施工总承包管理水平。所以，怎样通过加强成本管理、强化过程控制，实现扭亏为盈，并高水平、高质量的完成好施工项目，是本工程的目标和任务。

三、实施时间与管理目标

项目实施时间，见表1。

项目实施时间表　　　　　　　　　　　　　　　　　表1

实施时间	2011年7月16日～2013年8月27日
阶段实施时间	
管理策划	2011年7月～根据各阶段节点调整
管理实施	2011年8月～2013年8月27日
过程检查	2011年8月～2013年8月27日
取得效果	各阶段节点～2013年8月

1. 质量目标

质量合格，1号、3号争创北京市结构"长城杯"。

2. 安全文明施工目标

符合职业安全健康管理体系OHSAS19001的要求，达到"北京市文明安全标准工地"，杜绝因工死亡事故、重伤事故，轻伤事故控制在0.3%之内。

3. 环保目标

噪声不超标、现场少扬尘、居民零投诉、力争不扰民，符合环境管理标准ISO 14001的要求，创建"绿色施工样板"，室内环境控制达标。

4. 经营目标

合同履约率100%，成本降低率5%，完成公司下达的经济责任指标。

四、管理重点和难点

1. 工程工期紧张、体量庞大、专业分包多

路劲世界城一期工程工期比较紧张。工程由于甲方原因，曾导致在2012年初停工4个月之久，而业主又设有阶段性工期目标和整体工程交工工期要求，如何保证节点工期，确保工程按时竣工成为项目进度控制的难点。

本工程体量庞大。路劲世界城一期工程占地面积43261.47m²，占地面积比较大。本工程地下结构体量大，结构形式较为复杂。

本工程专业分包多。土建专业分包包括土方、护坡、CFG桩地基施工等；机电系统较为复杂，包括防雷接地系统、变配电系统、动力系统、照明系统、排水系统、给水系统、消防系统、安防系统、消防报警及联动系统等，管线综合排布量大，系统调试难度大，功能保障标准高。

2. 资金成本压力大

由于项目竞争激烈，此项目是以按市场最低价中标。中标后，项目部马上对工程进行了整体的成本预测。投标时钢筋、混凝土按近几年市场上涨规律低价计入，合同按市场价调整。结果钢筋、混凝土市场价却一反常规，价格一直在下降，这造成了此项目经济效益的损失较为严重，其中人工费亏损978万元，钢筋、混凝土等亏损320万元，取费及措施等弥补506万元，最终成本亏损为791万元，亏损不容置疑，如何扭亏为盈成为此项目的首要重点。

3. 质量要求高

路劲世界城一期工程为商品住宅房，业主对于本工程的质量要求高。其中，合同规定，1号、3号楼争创北京市结构长城杯。

本工程季节性施工时间段长，如何加强过程质量控制，确保一次交验合格率100％，减少返修、返工时间，质量验收达到长城杯标准，是本工程质量管理的重中之重。

4. 施工季节的不利影响大

本工程在总工期内遇到两个冬期施工、两个雨期施工。

基坑支护工程、土方开挖工程、基础结构工程、装修装饰工程在雨期期间施工，其中土方开挖施工期间，正赶上几十年不遇的大雨，造成了施工降效、人员窝工、机械停滞的情况，对施工带来了极为不利的影响。

另外，部分主体工程、二次砌筑、装修工程在冬期施工也给施工的质量和安全带来了一定的难题。

5. 采用多种新工艺、新技术

本工程采用了包括复合土钉墙支护技术、HRB400级钢筋的应用技术、钢筋滚轧直螺纹机械连接技术、SBS改性沥青防水卷材应用技术、外挂脚手架、碗扣脚手架应用技术、热断桥保温型节能型门窗应用技术等等多种新工艺、新技术，这也成为本工程的一个亮点之处。

五、管理策划及创新特点

1. 进行成本预测，策划工程项目管理

在本工程开工前，项目部为了预防潜在的风险问题，已经对施工合同进行了仔细的研究，并发现了合同中存在的几个潜亏风险点，主要包括了：工程开工在雨期，工期较为紧张；费率合同中标，需要核对图纸工程量转为固定总价合同，对工程算量的准确性要求高；合同中规定了综合单价、主要材料的材料价格空间小，工程有严重潜亏的风险；合同付款条件比较苛刻，工程存在垫资风险。

所以，本工程项目管理自策划开始，就针对以上几个潜亏风险点进行了针对性的项目管理策划。对成本管理、过程控制等方面制订了相应的应对措施。

2. 遇见停工索赔的可能性，做好前期准备工作

由于本工程前期亏损情况较为严重，因此，就需要项目部从各个方面、多渠道下手，不放过任何一个可以挽回亏损的机会。本工程由于开工初期甲方手续不全，项目部已经在工程初期就遇到了停工的可能性。所以，项目部在项目管理策划时已经针对这一点制定了准备措施，在工作中加强各个部门间的沟通，做好生产、技术、材料、劳务等方面的资料收集工作，为最后的停工索赔打下了坚实的基础。

六、管理措施实施及风险控制

1. 加强成本管理，提高工程利润

（1）细化成本支出和工程量

本工程成本压力很大，为此项目经理多次牵头、组织预算部门、生产部门、技术部门等相关部门负责人，对本工程进行全方位、深层次的探讨，制订了材料采购压价、优化技术方案、变更施工材料、生产现场节约用料、预算成本控制等一系列措施，在项目部进一步树立了节约成本的意识。各科室通过相互配合，对内严格控制成本支出，对外设法争取利益最大化，将亏损降到最低。

首先，是在施工中采用工程量控制，生产科以预算科提供的控制量为标尺，将下一阶段施工的主要部位提出计划量。这样，当上一阶段完成时，材料形成实际消耗量；然后三个部门每月对照成本控制指标进行分析对比，开会讨论分析量差，对于预计超支项目查找原因，并制定改进措施；其次，每月核算当月材料费、机械费、水电费、现场经费的实际消耗量，建立月度实物消耗台账；另外，项目部还与分

包单位办理月度预结算，作为支付进度款的依据，加强成本控制。

（2）完整索赔资料，增加索赔成功概率

项目部已经在工程初期就预见到了停工的可能性，并制定了相应的准备措施。所以当工程由于甲方手续不全停工时，项目部充分抓住了这一机会，从项目经理到员工，全员参与，为增加索赔成功概率奠定基础。

一方面，项目部及时提供了施工周报，为停工期间上报管理人员及劳务人员名单提供依据；及时提供了临设租赁合同、大小型机械租赁合同，为停工期索赔租赁费用提供依据；及时提供了劳务分包合同、专业分包合同，为被劳务分包、专业分包反索赔提供了依据。及时提供了材料采购合同，为项目部支付材料堆放占用场地及保管费提供索赔依据。

另一方面，项目生产经理、工长按现场实际外脚架的围护详细地计算出租赁架料的数量，并请甲方工程部管理人员及时办理签认。

此外，在索赔单价上，项目部与甲方通过积极沟通，相互理解，最后争取到了材料与人工费使用市场价与信息价结合入价，争取到了一定的利润空间。

通过生产、技术、材料、劳务等部门的齐心协力，并汇至预算部门统一整理索赔的相关资料，从施工现场的塔吊、电梯、料斗，再到后勤食堂的锅碗瓢盆，从专业分包、劳务分包再到材料采购合同，最终项目部在一周内成功汇总出一份完整的索赔明细及资料，一并报送至甲方。经过多次与甲方成本部及高层领导的沟通及商谈，凭借索赔资料的完整性，最终项目部成功索赔 730 万元，为扭亏成功奠定了坚实的基础。

2. 强化过程控制加强技术管理

路劲世界城一期工程施工时图纸变化较多，前后共发了 24 版图纸，这给施工造成了很大的困难，为此项目部定期组织技术、预算、生产等部门开会研讨，查找图纸可变部分，为工程创效奠定了一定的基础。

（1）加强洽商变更、图纸会审优化施工设计

路劲世界城一期工程的外墙立面装饰线脚，原设计图纸要求采用 GRC 材质，施工工艺比较成熟，市场价相对透明，合同单价较低，利润空间较小。在经过与甲方进行多次努力协商之后，最终施工采用了聚苯板材质的装饰线做法。重新报价后，甲方最终批价较为理想，利润为 100 元/m，弥补了材料亏损，并创造了较高的利润。

外装饰线脚优化前后对比，见表 2。

外装饰线脚优化前后对比表（单位：万元） 表 2

	优化前	优化后
成本	236	260
收入	238	315
创效约 52		

本工程原设计外墙保温为复合岩棉板，造价偏高，建设单位想采用相对便宜的材料替代，要求设计单位依据住房和城乡建设部 46 号文《民用建筑外保温系统及外墙装饰防火暂行规定》改为 B1 级挤塑聚苯板。准备施工前，与消防局系统沟通，不同意外墙保温采用 B1 级，要求外墙保温必须用 A 级防火保温材料。为了保证能顺利验收通过，根据当前保温市场的实际情况，项目部经过多次与各分包单位以及材料厂家询价、做对比及单价分析。还与建设单位的设计部、成本部反复沟通、商谈，最后甲方同意我方的建议，采用复合 A 级挤塑聚苯板保温，并同意重新报价。最终综合单价由原来的 140 元/m² 调整到 230 元/m²，争取了外墙保温施工项目的经济效益。

外墙保温材料优化前后对比，见表 3。

外墙保温材料优化前后对比表（单位：万元）

表 3

	优化前	优化后
成本	592	963
收入	613	1050
创效约 66		

本工程原设计图纸二次结构墙体材料为加气混凝土砌块，项目部技术人员与预算、生产、材料等部门积极进行沟通，发现采取加气混凝土砌块施工工序多、进度慢、材料价格利润低。为此，项目部在与甲方沟通后将砌筑材料改为轻集料砌块，为项目部争取到较大利润。

二次墙体结构材料优化前后对比，见表 4。

二次墙体结构材料优化前后对比表（单位：万元）

表 4

	优化前	优化后
成本	222	279
收入	228	329
创效约 44		

此外，项目部还采取了楼层轻集料混凝土楼面垫层改为细石混凝土垫层；在外门窗门口附框内侧增加保温做法与抹灰做法；在车库顶板防水做法中，要求设计方合理增加聚乙烯片材和 70mm 厚 C20 豆石混凝土两道防水保护层等措施，为技术创效、节约成本做出了贡献。

车库顶板做法优化前后对比，见表 5。

车库顶板做法优化前后对比表

表 5

	优化前（元）	优化后（元）
成本	0	24144
收入	0	48288
创效约 2 万元左右		

（2）优化施工方案

首先，技术部门在土方开挖的方案上调整了工作面宽度。在满足施工条件的前提下，尽可能减少工作面，减少土方开挖、回填量，从而达到减少成本投入的目的。另外，通过基坑内减小电梯井、集水坑、高低跨等部位坡面角度，在保证结构不受影响的基础上，减少土方开挖量，也在一定程度上节约了基础垫层的混凝土用量。

工作面优化前后对比，见表 6。

工作面优化前后对比表

表 6

	优化前（元）	优化后（元）
成本	9030	5565.68
收入	9442.8	9442.8
创效约 3000 元		

3. 强化过程控制加强材料管理

在材料的使用管理上，在满足工程使用要求、确保工程质量的情况下，项目部通过多方寻找资源，如模板工程施工中尽量使用旧木方及多层板，从而达到降低成本的目的。经不完全统计，本工程使用旧木方近 $600m^3$，占木方使用总量的 35%，节约成本 12 万元；使用旧多层板 33500 多平方米，占多层板使用总量的 65%，节约成本 25 万元，仅此两项就节约成本 37 万元。

此外，项目部在生产现场节约用料方面也取得了不小的收获，项目部工程的钢筋理论用量 4575t，而实际用量 4435t，节约了 140t，比理论用量节约了 3.16%，成本上节约达 54 万元；混凝土理论用量为 43888m?，而实际用量为 43515m?，节约了 373m³，实际用量比理论用量节约了 0.86%，成本上节约达 15 万元，这一部分也为最终扭亏为盈做出了很大的贡献。

另外，项目管理人员还加强了材料进场及使用过程控制的管理，严格执行收料验收检验程序，做到对每个进场批次的材料进行目测、尺量、称重、过数，对不合格材料做退场处理，严格按照实际收料数量填写收料单，并由材料员、主管工长及外施队材料员三方进行签字确认，对于进场材料做到存放有序、妥善保管，并对材料混用、浪费等现象严格制止，对产生损失的要做出相应的赔偿或处罚。

七、过程检查及监督

节约成本并不意味着可以对施工质量打折扣。为了保证施工质量，打造过程精品，项目部在整个施工过程中，一直坚持样板先行制度，实行"三检制"，严格每一道工序的管理，认真做好隐蔽工程的检测和记录；实行例会制度、质量会诊制度，加强对质量通病的控制，并强化了对成品的保护和管理；建立奖惩制度，对严格按照质量标准进行施工的班组和人员进行奖励，对未达到要求和整改不认真的人员进行处罚，做到了对施工过程的严格检查与监督。

八、管理效果与评价

1. 管理效果

路劲世界城一期工程自 2011 年 7 月 16 日开工，至 2013 年 8 月 27 日完成竣工备案。在此期间，本工程获得了以下荣誉：

(1) 1 号、3 号楼获得 2011～2012 年度北京市结构"长城杯"银质奖。

(2) 2011 年北京市文明安全施工工地。

(3) 项目部获得 2013 年度集团公司科技质量贡献奖（质量类）二等奖。

2. 经济效益和社会效益

在经济效益方面，通过项目部全体职工的不懈努力，精心准备，加强成本管理、强化过程控制，并发挥主动性，积极利用停工索赔，最后成功化解了工程前期约 791 万元的亏损，并获得盈利预计 181 万元。

在社会效益方面，本工程通过高质量的施工为北京市昌平区新城提供了九百多套高品质的商品性住房，为这里的居民提供了便利的生活条件。

3. 管理效果评价

针对路劲世界城一期工程，项目部通过前期进行成本预测、管理策划分析、成本管理、强化过程控制，并利用停工索赔的机会，不仅挽回了亏损，获得了盈利，实现了扭亏为盈，还以高品质的施工质量获得了业主方的一致认可，不仅有利于项目部日后的发展，同时也为公司今后类似工程提供了宝贵的经验。

以业主为中心　全面打造用户满意的保障房项目

——中建一局集团第三建筑有限公司卢沟桥乡周庄子村安置房及配套工程项目

张　鹏　屈　虹　王佩云　黄　冶　张　淞　刘书华　刘雨霞

【摘　要】 为了给老百姓提供满意的安居住房，提高市场竞争力，保质保量完成项目履约要求，项目部积极探索、勇于创新、克服困难，总结出了一套具有项目特色的质量管理模式，以质量通病和百姓关注的问题为重点，通过工程施工中精细化管理、精心二次设计、加强多方沟通等方面，全面贯彻以用户为中心的服务理念，建造让小业主都满意的保障房项目。

【关键词】 质量通病；保障房；满意小业主

一、工程概况及成果背景

周庄子安置房项目属于北京市 50 个城中村重点改造项目之一，总建筑面积 225000.9m²，由 1～6 号住宅楼、7～10 号配套公建及 1 号、2 号地下汽车库组成，地上 28 层，地下 3 层，共计 1632 套住房，分为 A、B、C、D、E、F、G 七种户型，最小户型为一居室，建筑面积 50.78m²，最大户型为三居室，建筑面积 144.4m²；小区设两个地下停车场，可提供 1567 个停车位。

保障性安居住房作为民生工程，具有重要的政治意义和社会意义。如何建造让老百姓、业主及政府都满意的安居住房，有效降低工程成本，提高市场竞争力，保质保量完成项目履约要求，项目部通过实践摸索出一套适合项目的质量管理模式，并在实施过程中不断完善和创新。

二、课题选择

近年来，随着逐年保障房建设规模的加大，用户对工程质量的投诉也随之增多。如何加强保障房工程的质量管理，妥善处理好工程质量投诉，提供用户对产品的满意度，对树立公司的品牌形象有着非常重要的战略意义。通过深入用户群体调查、研究，我们认识到了老百姓最关注的问题，带着问题，针对项目特点，以住宅质量通病为中心、以百姓关注问题为重点结合项目特点进行分析、研究；提出了"建造让每一个用户都满意的保障房工程"的施工管理要求。

三、实施时间

该课题实施时间贯穿工程项目的策划、规划、设计、施工及使用全过程，本文重点强调项目施工阶段管理。

四、管理重点及难点

周庄子工程本身体量大，工期紧，质量要求高，社会关注度高。近年来，建材和人工费涨价幅度不断加大，而与此同时，遍及全国的"民工荒"、"极寒"、"酷暑"等考验着项目的履约能力。为了实现公司又好又快地发展，按照与业主的约定按时履约，我们就必须解放思想，创新理念，转变机制，狠抓管理，以"创新高于一切，发展重于泰山"的经营思想，以"建造让每一个用户都满意的保障房工程"的管理目标来指导我们的工程建设和项目管理工作，在努力实现工程履约的同时，注重结构调整和经营管理，确保工程质量，不断提高项目的整体实力。

五、管理策划及创新特点

1. 以用户为中心，想小业主之所想，提前策划

自工程开工伊始，项目部组织人员对类似保障房工程进行深入了解，结合本工程的特点、老百姓对安居住宅的集中关注点（如住房面积、进深开间尺寸、净高、漏水、开裂、沉降等）进行汇总，并制定质量策划及各项质量、安全措施，加强对工程细节问题的处理，全面细化施工过程，合理安排施工进度，减少对周边居民的影响，打造和谐的施工环境，争取做到让小业主收到满意的保障住房。

2. 防改结合、样板引路

在周庄子工程开工伊始，项目部多部门联合商讨制定有效且易实施的质量策划和施工进度计划，并加强图纸会审工作，对原图纸中材料做法进行合理变更，结合工程中易出现质量通病的重点控制部位，在不影响工程工期的前提下，使用一些操作性强，且不易出现质量问题的做法。对于重点分部分项工程进行专项研讨，采取样板引路的方法，对于每一户型分别做从结构期间到装修期间的分项工程样板，争取做到质量问题早知早觉，进行提前预防或提出后期处理意见。还有就是加大现场检查力度，发现问题立即整改，绝对不能留到下一个分项工程施工开始前，形成问题处理及整改的长效相应机制。

3. 建立给小业主交房时服务机制

结合以往经验，在给小业主交房的时候，会经常出现这样那样的问题。为了提高大小业主的满意度，为了更好的履约，为了给小业主提供一个满意的住房，项目建立了给小业主交房时的服务机制。在交房时，由项目部工程技术人员组成交房小组，每栋楼号安排专人配合业主方向小业主交房，做到交房时出现的各种问题，争取做到随发生随解决，向小业主讲解房屋的使用功能以及后期装修时的注意事项。真正做到让每一住户都满意的目标。

六、管理措施实施及风险控制

1. 加强沟通，降低扰民影响

工程开工伊始，和周边居民代表座谈工程施工过程中将带来的问题。对我们采取的措施和即将带来的问题进行全面解释说明，减少周边居民的不理解，充分听取居民诉求；最大限度的满足周边居民要求，妥善处理与周边居民的关系。例如：针对现场可能出现噪音问题，对周边居民进行经济补贴，并且对施工中可能出现噪音的工序，进行合理调整，减少夜间作业；即使由于工期要求需要安排施工时，也要提前和居民沟通、解释，争取得到居民的理解，杜绝扰民事件的发生。

2. 以用户为中心，细化工程二次设计

在主体结构施工过程中由甲方组织，监理、总包参与，对工程材料做法进行了全面研究、分析，结合以往工程做法的成功案例和不足之处，取长补短，针对保障房工程质量要求及居民诉求进行全面修改。并现场进行样板引路，样板施工完毕后，组织村委会领导及村民代表进行参观、讲解；村民提出的意见进行整理，分析，再次对材料做法做微调处理，最终确定建筑材料做法。

建筑外檐做法，主要是对正在施工及已完成的类似工程进行参观，由专业设计人员进行外立面设计；并形成立面效果图，由甲方领导确认签字后，现场进行样板施工，然后组织村委会领导及居民代表进行现场参观，对实际效果和图纸效果进行全面对比，依据村民领导及村民代表意见进行全面修改，最终形成施工图后进行全面施工。

对于楼内公共区域的装修及其他方面，同样是采用这种设计、确认、样板施工、现场参观、进行修改到全面施工的良性循环流程。在最大程度上减少了业主与设计人员及施工技术人员对同一事物的不同看法，消除了业主对将来房屋可能出现问题的顾虑。

3. 加强现场管理，把质量问题控制在施工阶段

（1）建立质量周例会制度，同时根据施工需要不定期召开重要工序质量分析会，例会要做好例会记录，与会人员要签到，会议内容整理后要及时以文件的形式发至各施工班组，项目部资料员要收集例会记录，并归档形成工程质量资料。

（2）建立质量检查制度，使质量检查工作职责明确。建立样板制，各分项、各工序按设计要求、规范要求质量标准做样板，以样板引路，无样板的分项或工序不得展开施工，施工中如达不到样板的质量，视为不合格产品，要进行返工处理。

（3）工程质量验收制度。单位工程验收：工程施工完成后，先由技术负责人组织项目部进行自检验收，合格后报公司进行预检收，达到合格标准要求后向业主提交竣工验收报告，由业主组织相关部门进行竣工验收。分部、子分部工程验收：分部工程完成后，由技术负责人组织项目部自检验收合格后，报分公司、业主、监理等部门共同验收。分项工程验收：在检验批验收合格基础上，由技术负责人组织项目经理、质检员、施工员共同自检验收，验收合格后报监理验收。检验批验收：检验批是工程验收的最基本单位，也是分项、分部工程验收的依据，为保证工程质量、检验批验收实行"三检制"：施工完成后施工班组先进行自检验收，合格后报质检员组织后道工序，施工班组负责人共同进行交接检，最后由质检员邀请监理进行验收。

通过以上制度的建立，采取预防与整改相结合的方法。对各劳务队伍的现场质量情况进行全面评比，建立质量奖赏制度；对现场出现的质量问题，改变以前的隐报瞒报现象，根据工程质量问题，积极提出问题处理意见，将质量问题消灭在施工阶段。

4. 针对业主关注问题，注重细节处理

结合房屋质量通病与小业主关注的重点，主要有以下几方面的问题：回填土沉降，室外地面开裂；卫生间渗漏、外墙渗漏现象；室内净空尺寸不足；室内墙面、地面开裂；顶棚开裂、掉皮等。针对这几大类问题，甲方、监理、设计、施工四方相关人员进行深入分析、探讨，提出相应的预防措施和整改办法，大大降低类似问题的发生概率。

（1）回填土沉降问题是所有深基坑工程的一个质量通病，一直是大小业主关注的重点。针对这种问题加强现场管理，甲方、监理、工长三方全程旁站进行监督检查，严格按照规范要求进行作业操作。合理安排回填时间，拉长回填土施工与室外散水、坡道等施工的时间间隔，为土壤的自然固结争取时间，有效地减少回填土后期的沉降。

（2）针对卫生间渗漏问题，重点关注涂料厚度、细节做法，并做闭水试验，对厚度不足或闭水试验不合格的一律返工。防水完成后进行必要的成品保护，对于有封闭条件的卫生间一律进行封闭，并挂提示牌，严禁在防水涂层上堆放尖锐物品。

（3）鉴于有些项目出现外墙渗漏问题，项目对大模板螺栓孔采用膨胀砂浆封堵外，还在外墙表面增设聚氨酯防水涂层，在窗口下口增加聚氨酯涂层；同时加强施工监管，凡是对该部分处理不到位的严禁外墙保温施工，有效减少了外墙及窗口渗漏问题。

（4）房间尺寸、净高、面积等一直是小业主关注的问题。对于该问题，项目部从主体施工抓起，严格控制结构偏差，对于存在偏差过大的模板工程一律不予验收，且在每一层完成后都要由专业工长进行复核，并对房屋净空尺寸及偏差做详尽记录，以便装修施工中查阅。

（5）对于墙面、地面开裂问题，多数都是由不同材料线膨胀系数不同造成的，只存在于装饰层，并不是结构裂缝；项目对于这种情况在砌体结构与混凝土结构结合处增加一道纤维网格布，局部增加两层，用于减少墙面裂缝。同时拉长粉刷石膏与腻子面层的施工间隔，在腻子施工前对墙面进行全面检查，发现墙面开裂问题，处理后方可进行腻子施工。低温辐射采暖地面，由于地暖盘管与混凝土线膨胀系数相差较大，所以造成地面垫层开裂，对于这种情况，主要采取加强养护的措施，控制盘管表层混凝土厚度，减少地面垫层的裂缝的产生；另一方面后期对地面垫层裂缝进行灌浆处理，杜绝交房时存在地面垫层裂缝现象。

（6）对于顶棚开裂、掉皮的问题，我们参照其他项目的成功案例，严格控制顶板模板的平整度，去掉顶棚石膏找平层；直接用腻子找平后，在做腻子面层（两遍腻子），减少装饰层厚度，这样会有效减少顶棚开裂、掉皮的现象。

还有一些十分具体的个性要求我们也最大程度的满足，比如：部分室内空调由挂机改为柜机；个别住户需要增设门洞，门窗开启方向、位置等情况，在允许变更的范围内尽量满足用户要求，对于无法满足的情况，项目进行耐心解释，说明其原由，争取得到业主的理解与支持。

七、过程检查及监督

建立与小业主及周边居民代表的定期座谈制度，听取他们对近期工程质量及实施过程中的意见和建议；主动接受社会的监督、检查。同时项目领导班子对业主进行不定期回访，如发现有管理人员对业主意见、投诉处理不当，根据情节严重程度做出处理。另外，向小业主和周边居民公布项目领导电话，随时接受业主投诉及建议。

八、管理效果及评价

通过项目的精心策划，以业主为中心的管理制度的实施收到了初步效果。至项目开工以来未发生过扰民事件，同时在小业主的参观、检查工作中反响良好。在 2013 年，项目荣获了中国海员建设工会颁发的"全国保障性安居房工程建设劳动竞赛优秀工程项目"荣誉称号。总体来说，管理制度实施以来，收到了很好的社会效益及经济效益，争取在房屋的后期服务中能够做到每户满意，全面打造小业主与建筑企业的新型关系。

多措并举　全面创效

——北京建工四建工程建设有限公司北京建筑大学
新校区经管-环能建筑组团工程项目

董云峰　蔡春元　刘　斌　张　华　刘润红

【摘　要】北京建筑大学新校区经管-环能建筑组团项目(以下简称经管环能项目)是北京建工四建公司在同时投标建设北京建筑大学新校区众多工程中中标的工程之一。由于公司投标策略的原因该工程采取低总价中标。北京建筑大学新校区建成后将是北京地区最大的建筑类大学，后续建设的面积大，后续工程充足。所以工程质量将对后续工程的承揽造成一定的影响。北京建工四建"建楼育人"的企业宗旨在新校区建设中要重点体现，用过硬的质量在学生心中树立正面的企业形象。更重要的是如何在低价中标的情况下，使得项目少亏损甚至盈利，是本工程的一大挑战。

【关键词】转变思想；全面创效

一、项目背景与概况

经管环能项目位于北京建筑工程学院（2013 年 5 月更名为北京建筑大学）大兴新校区 A－09 地块内。其北侧为正在建设的基础教学楼等工程，施工场地宽阔，便于施工现场布置，周边较空旷，扰民较少，但场地需要硬化、绿化面积较大，环保责任范围大。该工程包括经管学院的经管楼、经管实验楼；环能学院的环能楼、环能实验楼 A 栋和 B 栋、报告厅等六栋单体建筑。总建筑面积 2.3 万 m²，建筑高度为 23.05m。经管办公教学楼、经管实验楼、环能办公教学楼、报告厅基础形式为独立基础（其中经管办公教学楼、经管实验楼、环能办公教学楼为复合地基），无地下室，地上四层；环能实验楼 A 栋和 B 栋的基础形式为筏板基础（天然地基），地下一层，地上四层。经管楼、环能楼主体为框架-剪力墙结构，其他楼为框架结构。

北京建工四建施工范围的主要施工项目有土方工程、钢筋混凝土结构工程、大跨度预应力空心楼板工程、连廊钢结构埋件预埋安装工程、砌筑工程，内部装饰装修工程，外墙保温涂饰工程外墙饰面砖，报告厅内部精装修工程，防水工程，屋面工程，通风空调系统的穿墙管线、套管的预埋，给排水及电气安装工程。其中大跨度预应力空心楼板工程和环能报告厅内部精装修工程的施工难度较大。其余如外门窗、幕墙、通风与空调，消防、智能、电梯等均由专业分包单位负责施工与安装。

工程于 2009 年 12 月 31 日开工，2011 年 8 月 18 日竣工，如图 1 所示。

二、选题理由

经管环能项目是北京建工四建在整个新校区内承接的多项工程其中之一。在该工程低价中标的情况下如何做到减少亏损甚至盈利，同时满足业主对进度、质量的要求，对于该项目来说是个巨大的挑战。究其工程本身而言体量虽然不大，（地上四层局部地下一层总建筑面积 2.3 万 m²）但结构形式多样，装修做法复杂，报告厅和教学楼公共部分全部精装修，技术含量够高，可谓是"麻雀虽小五脏俱全"。另外校方要求在 2011 年 9 月 1 日开学前教学楼要全部竣工，满足教学使用的要求。工期紧迫、单层建筑面积达 5000m²，料具辅材摊销量大。结构期间为确保工期，两个学院多个单体建筑平行施工，劳动力

图1 北京建筑大学新校区经管-环能建筑组团项目效果图

大，组织协调难度大。在电安装和装修期间，专业分包队伍多，工序交叉，互相牵制影响，形成紧张有序的施工组织现场考验着项目部管理能力和水平。

但在所有的因素中，项目部始终围绕着一个主题就是"工程项目成本控制全过程管理"。实践证明，北京建筑大学新校区经管-环能建筑组团从实施到顺利竣工，项目团队精心策划、科学组织实施，攻克多项施工技术难题，积极主动发挥总包能动性，保证了工程顺利实施和竣工；同时，项目部通过管理创效、技术创效、节约创效等多渠道、多点面进行成本管控，取得了不错的效果。

三、实施时间与目标

见表1。

实施时间与目标 表1

序号	实施时间	实施阶段	实施内容	实施目标
1	2009 年 12 月～2010 年 3 月	管理策划阶段	以成本控制为目标，进行投标策划、进度、安全、技术攻关、劳务管理、总承包等各方面策划	优化技术和商务标保中；做好风险预测和相应对策；技术攻关点和方法，技术创效；组织管理优化创效
2	2010 年 3 月～2011 年 8 月	策划实施阶段	严格按照策划标准执行，加强"两个掌握、一个熟悉，一个总承包管理"的实施和效果	以成本控制为目标，加强进度、安全、质量等履约，符合合同要求，质量为结构"长城杯"
3	2010 年 5 月～2011 年 9 月	过程检查评价阶段	充分分析投标报价与实施过程中具体实际情况，及时调整，有效地采取方法措施	过程监控成本，规避风险，努力将潜亏变为不亏，及时回款
4	2011 年 9 月～11 月	总结创效提高结算阶段	加强经营资料收集整理，资料的完善性能经得住考验	总结出现的问题，及时弥补，提高结算水平

四、管理重点、难点

1. 低价中标项目摊销成本大，工期履约难度大

本工程是公司在新校区建设投标策略中"舍小我，成大我"中低价中标的一个工程。该工程体量不大，但是摊销面积大，料具无法有效周转。要想完成业主方的工期要求，则料具、辅材全部一次性投入。要想减少料具投入量，节约成本，则无法满足施工工艺上对工期的要求。平衡"租期"和"工期"之间的平衡是本工程的难点。

2. 工程结构复杂，施工工艺技术含量高

（1）本建筑物主体为6栋相对独立又合为一体的建筑群落，结构形式复杂。基础形式有筏板基础，条形基础和独立基础。结构构件形式有地下室结构、框架结构、剪力墙结构、大跨度预应力空心楼板、大面积阶梯教室倾斜楼面、钢结构等等。总体四层，层层不同，模板等架料的通用性和可周转性很小，给施工带来了很大的难度。

（2）装修做法多样，有石材地面，石材墙面，面砖地面，面砖墙面，金属挂片吊顶，金属格栅吊顶，石膏板吊顶，金属板材吊顶，外门窗包括铝合金门窗玻璃门窗等，外墙做法包括石材，面砖，喷涂，弹涂，金属幕墙，玻璃幕墙等。

（3）楼内各种实验室种类多，装修及实验设备安装要求高。

（4）报告厅和教学楼公共部分精装修，图纸深化工作量大技术含量高。

3. 参建单位多，专业性强，总承包管理水平要求高

本工程为大学教学及实验楼，连廊钢结构、幕墙及外门窗、通风与空调，消防、智能、电梯等均由专业分包单位负责施工与安装。指定分包较多，涉及专业也较多，各专业工种在工序上交替穿插频繁，尤其是专业与专业之间，环环相扣，互相制约影响。连廊钢结构安装和外幕墙安装维护是管理的重点和难点。它们的进度、安全及质量影响着其他各专业；专业与专业之间，因设计及深化设计不全面、不详细等原因，很多界面划分及处理存在空白，需要积极主动协调、落实，提前做好策划，否则因局部影响整体施工组织顺利展开和完成。因此，施工总体部署及各专业工种之间的相互协调、配合难度较大，需要总承包管理很高的水平。

五、管理策划与实施、风险控制

本工程建筑规模2.3万 m²，主要施工部位为基础及主体钢筋混凝土结构，外幕墙维护结构，装修工程，机电设备安装等。为了满足校方要求，尽早投入使用，形成社会、经济效益，同时保证基础、主体、装修如期保质完成施工任务，结合本工程的特点和工期要求，将本工程在结构施工和装修阶段划分为两个施工区，施工前考虑到各方面的影响因素，充分酝酿任务、人力、资源、时间、空间的总体布局，配备生产资源，同时、同步平行施工。同时，项目部在工程施工过程中加强搞好各区间的协作配合，以确保按期全面竣工。

1. 转变思想，发挥技术优势，抓质量、促进度、创效绩

项目部成立之初就深刻认识到，周转料具一项便是项目能否扭亏的关键点之一。项目团队转变思想，从选材、模板方案和合理安排工期3个方面做文章，减少周转料具的损失。在其他方面展开技术攻关，推进技术创效，发挥技术优势，创造价值。

（1）转变思想合理搭配节约周转材料

按照正常的思路，想要进行至少一次料具周转，则工期不保，想要保工期则料具无法周转。一般情况下管理者会首先考虑如何平衡二者的关系试图使其达到最优。但是这样做，存在最大的风险就是工期能否按期完成。项目部经过慎重考虑认为工期履约问题必须确保，因为它关系到整个四建公司的信誉和整个建工学院能否按期开学，其社会影响远远大于经济影响。项目部根据现状分析后，将所需的周转材料分为三类。第一类，主要有脚手管、碗扣件等支撑材料及涉及到施工安全的材料，全部采取租赁的形式。所有墙体、独立柱和面积较大房间的顶板木模板材料和木方使用"上等材料"，全部购置新模板。目的是避免出现质量问题减少二次修补，其次大面积房间使用新模板不必裁板避免浪费，模板拆下后在以后的工程中也可进行周转使用，从长远看可以进一步将摊销成本降低。这类情况使用的模板量占总面积的大约50%，全部购买。第二类，是全部混凝土结构梁的模板和需要吊顶的房间顶板。这类构件因为需要裁、锯的量比较大，二次周转可能性不大，模板采用"中等材料"。这类情况使用的模板量占总面积的大约40%。"中等材料"由公司其他项目部进行借调和按照二手材料调拨，使用完成后向公司归还。第三类，地下部分独立基础、条形基础、地梁等地下掩埋部分和比较零碎的结构构件部位的模板，使用从市场上购来的使用次数较多的模板材料，拆模后立即清理卖掉。采取这 3 种情况，或租、或买、或调拨，充分利用各种资源，将成本降到最低。在本工程中购买的材料由于质量较好，在后来的工程中也得到了使用，从长远看进一步降低了成本。更为重要的是由于合理的决策能够如期的完工，确保了公司的信誉，对学校如期开学做出了最实际的贡献。

（2）保障质量优化模板设计

工程单层面积达 5000m²，大部分为框架柱和剪力墙结构，框架柱截面规格多样，总数达 380 多颗。剪力墙 5000m²，无标准层，层高多样。在此种情况下，项目部从流水段划分，塔吊吊装能力等诸多方面考虑，优化墙柱模板设计。其墙柱主要采取可拼装式木模板，以满足工程墙柱高低不一及塔吊吊装重量小等问题。能解决 2～6m 不同框架柱净高的特点，提高了塔吊吊装效率。该方案，一方面保证了施工质量，减少抹灰量，避免二次修补造成的损失；另一方面加快了施工速度，缩短了材料和设备的租赁时间，间接地创造了经济效益，如图 2 所示。

图 2 墙柱模板图

阶梯教室楼板属于大面积倾斜楼板结构，区别于一般水平楼板结构，并且一次支设面积大，使用传统碗扣件是支撑体系无法满足施工要求。项目部根据实际情况，确定该部位采用扣件式钢管脚手架支撑体系，用最简单可靠地方法解决实际问题，从而达到保障质量提高效率。

（3）发挥技术优势完成大跨度预应力空心楼板的施工

经管实验楼由于功能的需要，1～4 层局部层高 4.2m 设计有 18.6m 长、16.8m 宽、板厚 450mm 的预应力空心楼板。本工程预应力空心板采用清华大学"由轻质材料组合单元填充的预应力混凝土现浇空心板"（ZL03146341.X）结构技术；空心板填充所用 LPM 轻质管是一种带硬质加强层的轻质发泡材料填充件 LPM，LPM 轻质管主体材料为模具压制成型的自熄阻燃型聚苯泡沫，其表面密度不低于 16kg/立方米。轻质管每米重量小于 4kg，或者每平方米内轻质管总重量小于 10kg。由于设计预应力空心板厚度 450mm，跨度达 18.6m，属大跨度结构，需进行稳定性计算，本工程空心板厚度为 310mm，等效实心混凝土厚度为 171mm，施工时楼板自重约为 4.4kN/m²。项目部的技术管理人员在之前有过类似工程的施工经验，对此项目部在模板支设、预应力钢筋安装、空心体安装，混凝土浇筑等方面均做了充分的准备，进行了专项方案专家论证。并对项目部工长、劳务管理人员、工人做了专项详细的交底。在模板支设上，因搭设时间长，钢管用量大，项目部提前一个月做好相关准备，提前插入进行搭设，保证了节点工期。预应力钢筋安装精度要求高，项目部特意请来清华大学的专家进行安装指导。空心楼板混凝土浇筑存在混凝土浇筑不密实和混凝土浇筑时空心箱体上浮的问题，如果控制不好一处上浮将会带动一大片空心管全部上浮，只能停工清理，后期处理相当困难。项目部根据以往类似工程的经验，自如应对，采取改用小粒径自密实混凝土和增加箱体抗浮点等措施解决了以上的问题。技术上的优势使得原本的工程难点，变得平常，技术有保障施工质量就有保障，拆模后一点瑕疵都没有，后续根本不用做处理。而且工期也能够保障，四层预应力空心楼板施工下来并不比普通楼板进度慢，如图 3 所示。

（4）深化图纸创造赢利点

原图纸中对教学楼公共部分及报告厅的精装修部分只是提出了初步设计，并不能够满足实际的使用

图 3　空心体安装、大跨度预应力空心楼板拆模效果图

要求。项目部抓住这一点主动与甲方及设计院接触，将精装修部分的图纸深化设计和精装修施工全部揽入我方的施工范围。在改动原设计材料较少的情况下，导致该部分的合同清单内容全部由普通装修计价变更为精装修计价。由于技术过硬甲方认可了我方的深化图纸，之后通过重新报价、认价，由亏损点变为盈利点，如图 4 所示。

图 4　经管、环能报告厅精装效果图

（5）联系实际提出合理化建议创造利润点

在外墙饰面砖粘贴施工过程中，发现原设计的四色拼贴方案实际效果很不好。其浅灰白颜色外墙砖上墙之后与其他深颜色的外墙砖差异明显，就像一块块白色的"牛皮癣"。我方发现问题后立即与校方及设计沟通建议取消浅灰白颜色外墙砖。通过组织现场会，最终各方同意我方建议，将浅灰白色外墙砖取消。由此所缺 25% 面积墙砖在其他颜色外墙砖上按比例进行补充。我方还建议将剩余的浅灰白色外墙砖改用在屋面女儿墙内侧和在建校区内体育馆外墙裙上。此建议形成变更后增加了材料费和女儿墙内部贴砖的费用同时降低了外墙砖拼花

图 5　调整后的外立面效果图

的难度，新增加的外墙砖生产运输需要一定的周期，又给以后的工期索赔提供了依据，从而形成利润点，如图 5、图 6 所示。

2. 精心策划，提高应变能力，管理创效

（1）分段分区空间流水作业，确保工期

本工程结构工程施工采用流水段施工工艺，流水段的合理划分是保证结构工程施工质量和进度以及高效进行现场组织管理的前提条件。通过合理的流水段划分，能够确保劳动力各工种的不间断流水作业、材料的合理流水供应、机械设备（塔吊、混凝土输送泵等）的高效合理使用，从而便于现场组织、管理和调度，加快工程进度，有效控制质量，如图 7 所示。

（2）及时应变，不等不看，机遇创造效益

图 6　过程建设图

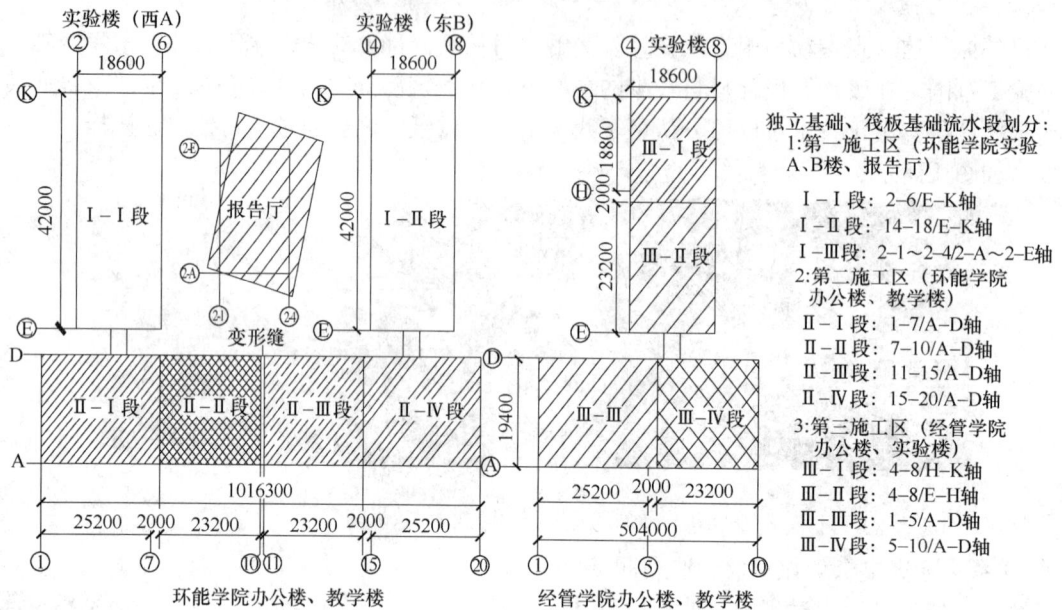

图 7　独立基础、筏板基础施工阶段流水段图

在环能实验楼，基础底板施工阶段，得知该部位结构将有所变动，而该部位正好处在关键线路的节点上。我方针对这一情况不断向甲方发文，催促该部位的变更情况，在没有得到明确答复的情况下果断施工。待设计将该部位的变更图纸下达后，该部位已经按原施工图完成。我方又根据变更加快修改和变更施工，加班加点抢工保进度。由此变更造成大量的拆改和抢工措施，结算时创造了费用和工期索赔的依据。最后借此机遇创造了效益。

（3）上下一心共同公关，甩掉包袱

经管环能教学楼教室及教师宿舍、办公室，环能实验楼，实验室及公共走道部位原设计做法全部为面砖做法，总面积达 1.6 万 m^2，全部材料为甲方指定，在投标时该项施工内容的人工费属于亏损项，而且该施工项目工程量大，施工周期长工期履约压力巨大。项目部针对这一情况制定了两套应对方案。一是说服校方使用高档次材料提高装修等级从而调整人工费；二是说服校方更改材料以便重新报价。重点以更改材料为主要目标进行攻关。技术，材料部门负责寻找更好的替代材料，向甲方不断推荐新的更上档次而且可行的备选方案。项目经理带领经营部门与各相关方进行协调沟通，从施工难度大工期不保，到周边教学建筑相同部位做法更上档次等等原因，不断地向甲方进行信息灌输。甲方意识逐渐发生转变，决定变更材料做法。最终结果为，环能实验楼实验室及公共走道地面及踢脚做法改为环氧树脂自流平地面，其他教学楼内地砖地面做法房间（除特殊要求必须使用地砖的房间除外）全部改为环保型橡胶卷材地面。项目部又将该部分工程合法转包给既能提供材料又有施工资质的专业分包，不但节约了管理成本。

292

（4）优化机械、材料组合，节约创效

①在大型机械布置方面，原计划安装四台塔吊。后经过项目部技术、生产部门共同研究计算，认为安装三台塔吊就能满足施工使用。由此环能教学楼中间段有部分施工区域成为塔吊覆盖的盲区。通过技术手段，将模板全部设计为木模板，这样工人便可人工完成墙柱模板拼装工作，从而解决了问题。在环能楼装修阶段，按计划要使用两台施工电梯才能满足施工运输要求。项目部根据本工程楼层不高、运输的材料为砌块及运输时间段比较集中的特点，果断减少一台外用施工电梯。通过管理手段，要求全部劳务及管理人员上下楼全部走楼梯，砌块运输阶段少安排其他专业及材料运输，材料进场后安排在电梯附近减少二次搬运距离，安排劳务队组织专门运输小组，在其他班组休息和夜间等空闲时间进行运输等手段，保证了这部电梯的最大使用效率。由于减少了一部外用电梯不但节约了机械租赁的费用，降低了施工安全风险，又使得外檐装修甩项面积减少了一半。此举不但没有耽误工期还节约了成本，降低了安全风险。

②在材料控制方面，项目部将全部小型辅料，小型机具，甚至绑丝垫块，穿墙螺栓等全部分包给劳务方降低材料管理压力。同时项目部不放松对各个分包方材料质量的管控，发现问题拿合同和规范问责，同时查封整改并进行罚款，迫使劳务方履约保证材料质量。另外项目部主控钢筋，混凝土等工程实体材料。在钢筋管理上，项目部与工长签订了材料协议，使管理人员意识得到提高，按钢筋 1% 的损耗率计算，仅这一项就节约了 3 万元。混凝土方面更是做到了"四算"，每次混凝土浇筑之前，都要由预算员，技术员，混凝土工长，材料员四方算量，确保精准。每次混凝土浇筑时剩下的少量余灰和落地灰，项目部派专人进行收集制成混凝土垫块，再将垫块划拨给劳务施工方，如图 8 所示。

图 8　拆模后混凝土观感及废钢筋做成的马镫图

（5）节能减排，开垦"开心农场"后勤管理也创效

在行政后勤方面，项目部重点在节能减排方面做文章。项目部专门制定了这方面的专项方案。做到机电节能、余热利用、能源系统优化、绿色照明、办公节能等等。例如，临时设施采用节能性彩钢板房，用 50mm 厚岩棉进行保温，防止能源流失。夏季空调温度设备不超过 26℃，冬季室内设置不超过 20℃，空调运行时必须关闭门窗。室外照明采用高强度气体放电灯，办公室宿舍等场地用荧光灯，生活区采用紧凑型荧光灯，办公室节能照明器具密度值不大于 $8W/m^2$，宿舍不大于 $6W/m^2$，仓库不大于 $5W/m^2$。施工用水装设电表，生活区施工区分别计量，建立用水节水台账，并充分利用护坡降水进行冲车池、混凝土养护等工序。淋浴间卫生间采用节水型水龙头，低水量冲洗便器或缓闭冲洗阀、卫生间采用节水型水龙头，低水量冲洗便器或缓闭冲洗阀。由于施工现场面积大，需要绿化硬化的区域大，项目部因地制宜将部分需要硬化的道路改用石子铺设，减少混凝土用量。需要绿化的裸露土面采取播撒草籽，小麦，玉米进行绿化。这一系列的举措节约成本近 10 万元。项目部管理人员还将生活区附近的土地开垦成菜地在工作之余种植草莓，蔬菜补贴食堂，既改善职工生活，又丰富了业余生活，一举两得。由 5 月份到 8 月份菜园内出产的玉米、草莓及各种蔬菜就为项目部节约成本近万元。项目部还在施工现场依法开办工人大食堂和小卖部，既卫生又方便，工人和管理人员生活得到改善的同时又为项目部增加利润点，如图 9 所示。

图9 "开心农场"和现场绿化图

3. 加强总包管理，寻找专业分包衔接漏洞创造创利点

幕墙、外门窗、电梯、消防、弱电、实验室设备安装、电教设备安装等属于甲方直接分包。项目部发挥施工总包的能动性，根据各专业自身特点，研究管理的重点，明确工作流程和建立顺畅的沟通机制。结合以往类似工程总包管理的经验和该工程的具体情况，做出了详细的总包管理细则。每周定期召开总包协调会，及时解决相关问题并向业主汇报，做到了总包服务与管理的义务和职责。在总包管理过程中，积极做好各个专业之间的协调工作，利用专业界面间存在的问题和专业分包图纸方案滞后留下的漏洞，办理设计变更点和洽商，为项目创造盈利点。

六、管理效果及评价

1. 管理效果

（1）本工程应用推广了住建部10大项新技术中的36个子项，顺利通过竣工验收。

（2）本工程使用了节能环保措施、材料、技术30项，节能效果显著。

（3）被评为北京市2010年结构"长城杯"金质奖。

（4）被评为2011年度"北京建工集团优质工程"。

2. 经济效益

（1）通过管理创效、技术创效、节约创效，实现降低成本2%。

（2）本工程中标之时经成本核算预计亏损1100万元，预计结算可扭亏450万元。其中，通过管理创效200万元，通过技术创新取得经济效益约100万元。节约创效50万元。由于工程结算还在进一步进行当中扭亏比例有望进一步增大，材料摊销成本也会在后续工程中进一步减小。

3. 社会效益

（1）使得北京建工四建的品牌在建工学院新校区得以树立，在广大师生心中留下正面的形象，有利于公司的人才培养和引进。

（2）稳固了与北京建筑大学的合作关系，为获得后续工程打下良好的基础。

（3）确保了北京建筑大学经管、环能两学院近千名师生的如期放心使用，为学校培养建筑人才做出了贡献。

（4）建立和稳固了与其他参见单位的社会关系，提高了公司在社会上的知名度和美誉度。

（5）协助本工程设计单位，清华大学建筑设计研究院获得"第十七届北京市优秀设计一等奖"。进一步为公司提高了知名度。

4. 管理评价

项目自2009年12月31日开工，至2011年8月18日顺利竣工。项目部精心策划，统筹规划，强化过程管理，主动出击，发挥总包管理的能动性。不等不靠，协同参建单位共同完成施工任务，为公司创造了品牌、树立了良好形象，与参建单位建立了战略上的合作关系，稳固了公司与北京建筑大学之间的合作关系；同时，项目部深耕细作，在实施中，努力提高成本管控能力和创效水平，从管理、科技、节约、服务等多渠道、多点面创效，将工程由潜亏实现了不亏并盈利，达到了双赢目标。

以深化创优工作推动项目综合管理能力提升

——河北建设集团有限公司北京工业大学实验楼工程项目

朱梦杰　　王跃民

【摘　要】 为了达到合同质量目标(北京市建筑长城杯)及安全管理目标(北京市安全文明工地)，项目部自开工之初就组建了精干、高效的项目管理班子，完善质量保证体系，运用科学的质量管理方法，强化图纸深化设计能力，推行"一案三工序"管理措施，采用样板引路等预控手段，把创优工作通过扎实的技术管理渗透到每道工序中，确保工程整体质量精良。并结合工程特殊的地理位置以及场地特点，做好CI策划，请专家进行现场指导，为项目CI工作开阔思路，向社会各界展示良好的企业形象。最终达到了预期的质量及安全管理目标。

【关键词】 深化创优管理；严格过程控制；实验楼工程

一、工程概况及成果背景

1. 工程概况

北京工业大学实验楼工程位于北京市朝阳区平乐园 100 号，建筑物位于 B 区，是北京工业大学"十二五"规划中重点项目，主要用于教学科研，投资来源于国家财政划拨。工程开工时间 2011 年 10 月，计划竣工时间 2013 年 12 月。在工程施工期间，受到北京市教委重点的关注，教委领导多次来现场指导工作，社会影响力重大。

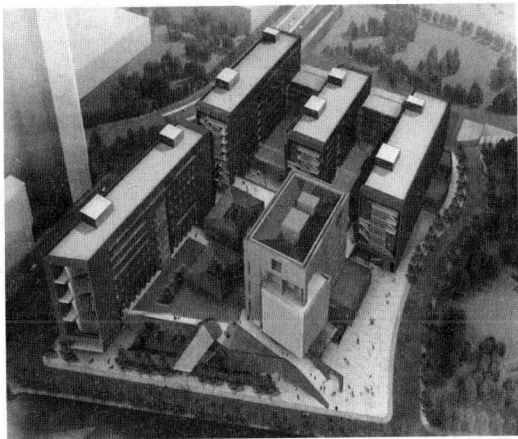

图 1　效果图

工程平面呈 E 形，由环能学院、生命学院、结构实验室三部分组成，总建筑面积 47601m²。地下二层，地上七层，建筑总高度 38 m，一层层高 6 m，标准层 4.5 m；基础为独立柱基及筏板基础，结构形式为框架-剪力墙结构，抗震设防烈度为 8 度，抗震等级为一级，地下室防水等级为一级，屋面防水等级为二级；钢筋类别分为 HPB300、HRB335、HRB400，最大钢筋直径 φ32，大于等于 φ18 的钢筋采用直螺纹机械连接形式。总造价 2.08 亿元，如图 1 所示。

2. 成果背景

随着市场竞争的日益激烈，建筑企业的发展正在经历着重大的转折。建筑企业在经营理念、经营模式、经营技术等诸方面都在不断的学习和创新。塑造建筑产业国际品牌成为建筑企业的发展动力源泉，创优质工程成为企业品牌效益的核心价值，重视程度越来越高，以客户为中心的经营理念被越来越多的企业所接受。做用户满意工程、做行业标杆，以提升施工企业的竞争力，提高其生产力，为社会奉献精品工程，积极促进整个企业乃至整个行业的进步和发展，搭建企业宽广的平台。

二、选题理由

"211"北京工业大学实验楼是"十二五"规划中重点项目。也是我集团公司在北京教育系统内重点控优项目，是集团立足于教育系统展示良好企业形象的平台。

北京工业大学实验楼工程应用新材料、新技术多，新技术应用达 18 个子项，过程控制难度大，同时也是为集团的科技进步起到巨大的推动作用。

三、实施的时间

工程于 2011 年 10 月 22 日正式开工，2012 年 12 月 28 日完成主体结构施工，2013 年 10 月 18 日通过竣工验收。

四、管理的重点及难点

1. 技术管理重点和难点

（1）超长灌注桩施工难度大

本工程桩基部分桩长度在 21～31m，超长灌注桩的施工，在垂直度控制、混凝土灌注质量等方面都有较高难度。

对策：选定专业分包施工能力强的分包队伍，并进行类同项目的考察，聘请专家对专业施工方案进行细致的研究和论证，施工过程中随时监控调整，保证施工质量。

（2）缓粘结预应力技术是本工程施工的重点和难点

本工程设计结构实验中有多处预应力底板、梁、楼板，要求运用缓粘结施工技术，且需要会同设计进行深化设计。缓粘结技术作为一项新技术，对于施工工艺和质量控制都是提出了新的要求。

对策：本专项工程由专业分包公司施工，需认真组织研究结构实验室相关技术工艺要求，借鉴以往同类工艺的施工经验，编制切实可行的深化设计方案和施工方案，并经设计单位审核签认后，方可组织施工，并对施工全过程进行监控。

（3）超高超厚预应力墙体的施工

本工程部分预应力墙体厚度达到 1000mm、1500mm，超厚墙体达到大体积混凝土施工，同时又是预应力墙体，对预应力施工和混凝土的施工养护和模板的支设都提出了较高的要求。

对策：制定详细的专项施工方案，为确保混凝土的观感质量，由专业模板厂家配置钢质大模板。聘请专家对施工工艺进行论证。施工前对施工人员进行详细的交底，同时对施工过程进行全过程监控，确保施工质量达到预期要求。混凝土浇筑完毕加强养护工作，考虑在混凝土内部预埋水管用于大体积混凝土降温，混凝土表面增加覆盖，减少混凝土内外温度差，避免温度应力的影响。

（4）结构实验室需要大量的钢构件预埋工作

基础底板、墙体、楼板等部位需要预埋大量的短胡子钢筋 7108 根，预埋钢板 1901 件。预埋螺母 605 件，预埋钢管 686 根，预埋 13 m 长 800mm×250mm×25mm×40mm 工字钢 60 根。如此大量的预埋钢构件给施工带来了极大的难度。

对策；要求项目技术人员紧密配合建设单位、设计单位，以及选定的钢构分包单位共同深化相关的结构预埋件设计图，并翻出指导施工的埋件施工图，以精确的指导施工。

（5）二次结构墙体免抹灰砌块墙体施工

材料实验室大厅填充墙高达 8m，墙体垂直度、平整度控制难度大。

对策：深化构造节点施工方案，样板引路，选择优秀技术工人。严格控制每天砌筑高度及现场检测方法。

（6）屋面 QLR 合成高分子液体橡胶防水施工

由于屋面设备基础众多，其他防水材料施工难度大、质量不易保证，经分析论证，屋面防水采用 QLR 合成高分子液体橡胶防水，其特点瞬间形成致密、连续、完整的并具有极高伸长率、超强弹性、优异耐久性的防水胶膜，属于新材料、新工艺，相关施工经验少，监控管理难度加大。

对策：选择合格分包商，并对在施项目进行实地考察，深入了解材料的性能和施工工艺，并请北京市防水协会专家进行技术培训。

2. 安全生产、文明施工管理重点和难点

本工程地处北京工业大学校园内，施工过程中的绿色环保要求更加严格，因此总承包单位在施工过程中必须体现保护环境、节约资源、维护生态平衡的可持续发展思想，建立完善的环境管理体系，将工程施工对整体环境的负面影响减小到最低程度。为了保证施工的顺利进行，对大型施工设备的配置、对现场场地合理布置、材料设备进出场及储存堆放以及施工技术提出了高要求；解决场地、道路、运输、堆场、办公、人员生活和后勤保障以及材料加工供应、机械设备进出场和堆放以满足工程的需要，是本工程的重点，所以在安全生产、文明施工的工作中必须加大管理力度和采取有效的管理措施。在施工安全、施工环境保护、控制扬尘污染和噪音污染等方面要有专项的管理措施和施工方案。

五、管理的策划及创新特点

工程伊始，即明确了誓夺"竣工长城杯"（金杯），争创国家优质工程奖的质量目标，组建了精干、高效的项目管理班子。

依托集团公司社会资源，走出去——观摩社会精品工程，请进来——找资深专家培训指导。严格按照公司"四书一图"指导要求对工程的难点、重点进行深化设计和控制。

在传统"三控制、二管理、一协调"的基础上，加强了对施工分包单位进行全过程的管理。具体建立了"分包集中办公管理模式"、"方案联合深化管理模式"的工程管理创新体系，有力地保证了整个项目的顺利实施，提升了项目的技术水平，具体采取了以下创新特点：

1. "分包集中办公管理模式"

由于本工程分包队伍较多，分散办公不利于工程的开展，总包单位提供较大的办公区域场所，将分包单位全部统一在一个办公室内办公，方便了现场问题的交流，建立了分包单位之间的友谊，减少了相应的矛盾与摩擦，促进了更和谐的合作环境。保证了项目的质量、进度、安全、材料等管理有效和及时到位。

2. "方案联合深化管理模式"

项目部对专业性强、涉及分包单位施工多的专项方案，由总包单位组织实施，将涉及的分包单位组成方案联合深化小组，共同研究深化，避免了方案的不完善性、不全面性、交叉影响性等缺陷。本工程充分利用这种模式，有效解决了各专业综合布线深化设计，以及结构实验室所涉及到的模板工程、预应力工程、钢构件安装工程、混凝土施工工程、钢筋安装工程等交叉工程，明确了工序交叉先后顺序，解决了技术配合难题，在短期内做好此部位的施工方案、检测和过程监控方法、材料计划、各专业配合计划等策划，加快进度和材料采购速度，降低劳务作业难度，从而降低成本。

六、管理措施实施和风险控制

1. 安全管理措施

（1）做好前期策划，制定安全技术方案、环境和职业安全健康管理方案，对重大危险源及危险因素进行识别。对重大危险源及重点部位的施工、监控、检查、验收各环节程序要规范，措施内容全面具体，可操作性强。

（2）结合工程特殊的地理位置以及场地特点，做好 CI 策划，建立标准图集，成立 CI 创优执行小组，推广施工现场防护设施工具化。

（3）深化安全教育，落实项目责任主体，以三级教育为基础，由安全竞赛、应急演练、观摩样板、农民工夜校为平台的多形式的开展，从根本上杜绝安全隐患。

2. 质量管理措施

建立健全项目质量管理体系，编制详细的项目质量验收标准和项目创优策划书，运用科学的质量管理方法，强化图纸深化设计能力，坚持工序检查、质量讲评工作，推行"一案三工序"管理措施，采用样板引路等预控手段，把创优工作通过扎实的技术管理渗透到每道工序中，确保工程整体质量精良。

3. 工期管理措施

（1）项目部在充分研究施工工艺流程、资源配置、进度风险等因素的基础上，立足工程建设全局，在各施工阶段坚持统筹兼顾，设计施工最佳路线，严格执行落实"四个计划"的目标，即总进度计划、阶段控制计划、月进度计划、周进度计划，各层次施工计划形成一个完整的计划保证体系。坚持充分利用先进的项目管理软件，实施动态项目管理。

（2）项目部采取了"一落实二加强三明确"的管理措施，为工程如期竣工创造了条件。"一落实二加强三明确"即必须落实周、月进度计划，以保障阶段控制计划、总进度计划顺利实现；加强劳务作业队伍的管理，加强施工工序管理；明确阶段控制计划的施工工程量、明确阶段控制计划完成时间、明确阶段控制计划实施责任人。

4. 成本控制措施

（1）公司与项目签订详细的成本责任状，明确公司与项目的责、权、利。

（2）项目开工前通过标价分离测算项目成本，制定项目总体成本目标，编制项目总体成本计划。按照总体成本计划进行目标分解并制定具体的成本实施计划，指导全员参与成本管理。

（3）从源头加强物资、劳务、专业分包及设备的招标管理，选择质优价廉的分供方。

（4）项目商务经理及时与业主办理过程结算，督促业主对变更洽商进行签认。

（5）开展成本分析，加强过程成本控制，每月底对项目成本管理进行月度成本分析。

七、过程检查和监督

1. 质量管理

（1）建立以项目经理为组长、项目技术负责人为常务副组长的项目创优工作小组。制定了详细的质量标准及创优方案以及细部节点的标准图集，并进行了任务分解，制定了奖罚措施，做好事前策划，使项目创优工作有条不紊的进行。

（2）建立完善质量管理措施，分别制定了质量奖罚细则、质量交底制度、工人培训机制、样板引路制度、成品保护制度等一系列管理制度。

（3）加强事中控制，重点做好过程控制，严把从材料进场到工序验收的各道质量关，加强对质量通病的控制，不断提高施工质量，以工序精品、过程精品保证精品工程。

（4）重视事后分析，找出质量问题原因，提出解决方案，做好预控措施。

2. 环境、安全文明施工管理

（1）做好前期策划，制定安全技术方案、环境和职业安全健康管理方案，对危险源及危险因素进行识别。建立管理体系，责任落实到人。

（2）实行安全防护标准化，建立标准图集，对工人进行培训，重点对高空作业及防护措施、防高空坠落、防物体打击、防火等方面进行控制。

（3）建立防护设施验收体系，各项安全防护设施从方案制定开始，到防护设施的搭设，到最后的验收均有专人负责，各项防护设施在通过验收后方可使用。

（4）强化安全教育，所有进场人员均经过三级安全教育，特殊工种定期进行培训。

（5）建立日巡查制、周检查制和月教育考核制，深入开展查隐患，促落实，保成效，责任到人，奖罚明确。

3. 工期管理

（1）施工计划采用施工任务书形式层层交底下达到施工班组。施工过程中各级施工进度计划的执行者做好施工进度记录、统计工作。做好施工中的调度工作，掌握计划实施情况，协调各方面的关系，排除各种矛盾，保证完成作业计划和实现进度目标。

（2）跟踪检查施工实际进度，项目每周进行一次跟踪检查，保证经常地、定期地、准确地掌握施工的实际进度；整理统计检查数据，对比实际进度与计划进度，得出实际进度与计划进度相一致、超前、延误三种情况；根据检查结果进行施工进度计划偏差分析，找出产生偏差的原因，分析偏差的现状，有针对性地采取调整措施。

4. 工程成本控制

（1）月度成本分析：结合工程进度计划，按月制定月度成本计划，确定成本控制目标，有效组织实施，月底进行月度成本分析，对实施结果进行检查，根据检查结果制定改进措施。坚持滚动循环，确保成本计划的实现。

（2）优化方案：施工过程中通过采用免抹灰砌块方案、清水混凝土模板施工方案、金属矩形风管薄钢板法兰施工方案、PP－R管等应用技术提高工效，节约材料，降低成本。

（3）材料比价与节材：加强材料采购管理，降低采购成本；加强施工现场管理，节约材料，减少损失和浪费，作好废旧材料的回收再利用工作。

八、管理效果评价

1. 工程验收

工程于 2013 年 10 月 18 日通过北京市朝阳区质量监督站组织的竣工验收，质量合格。施工中对节能环保进行了专项验收，结论合格。

室内环境检测等情况：经对室内环境进行检测，室内空气检测 14 间房，共检测 32 个点，该工程室内环境所检测项目均符合国家标准《民用建筑工程室内环境污染控制规范》GB 50325—2010 的Ⅱ类民用建筑工程规定。

2. 综合评价

北京工业大学实验楼工程的显著特点是：通过精心组织、集成创新，加强过程控制，注重细节处理，提升了科技含量，升华了工艺水平，业主非常满意。

质量与安全管理效果明显，自开工至竣工，未发生任何质量及安全事故，所有分部工程全部合格，一次交验合格率 100％。

质量与安全管理成绩突出，社会效益显著，获得奖项如下：

北京市结构"长城杯"金质奖工程。

北京市建筑"长城杯"金质奖工程。

北京市绿色文明安全工地。

河北省科技推广应用示范工程。

外墙保温施工方法专利发明一项。

《反力墙结构中缓粘预应力筋布置与施工》论文（《建筑结构》副刊 2012 年第 11 期）

河北建设集团有限公司北京分公司王跃民 QC 小组优秀奖。

3. 社会效益

北京工业大学实验楼工程设计先进合理，造型庄重、典雅，外观光洁明快；内装处处彰显了人文、科技、绿色环保的建筑理念；施工过程中大量应用新技术，严格遵行现行施工标准，施工质量精良。投入使用以来，各系统运行正常，新大楼环境整洁、宽敞、明亮，为学校提供了现代化和一流的教学环境，为现代化教育设施建设展现了很好的示范作用。经济和社会效益良好，业主非常满意。

4. 项目管理持续执行情况

由于我集团在本工程中质量、安全、环保、进度等方面控制到位，效果显著，建设单位表达出继续合作的强烈愿望，在北京工业大学二期工程艺术学院招投中，强手如林，我单位最终中标。我们项目部将继续努力，加强过程控制，争取施工项目管理水平再上新台阶。

优化管理模式　建设精品工程　助力百年发展

——北京建工四建工程建设有限公司北京市普仁医院医技综合楼新建工程项目

董长亮　刘　磊　赵建红　刘开江　许　鹏　王　雷　邓云丰

【摘　要】 北京市普仁医院医技综合楼新建工程，是有着百年发展历史的北京市普仁医院规划发展的重点工程。工程的特殊地理位置、多样的功能需求，使得工程在质量、进度、成本、安全等各个方面都对项目管理提出很高的要求。工程项目管理团队，在项目实施过程中，坚持"建设精品工程，助力百年发展"的思想，针对医技综合楼新建工程特点优化管理模式，加强沟通管理、需求管理、变更管理，最终赢了客户的满意。

【关键词】 沟通管理；需求管理；变更管理

一、工程概况及成果背景

图1　北京市普仁医院医技综合楼

1. 成果背景

北京市普仁医院（原北京市第四医院）创建于1900年，是一家有着百年发展历史的二级综合甲等医院，是一所集医疗、教学、科研和预防为一体的综合性医院，作为首都医科大学教学医院，参与、承担国家级、省部级、市区级科研任务。

北京市为了解决居民"看病难"的问题，出台实施了一系列的医改措施。在这样的背景下，北京市普仁医院规划将医院级别从二级综合甲等升级为三级综合甲等。按照相关要求，资质升级需提升门诊接诊率、提高病房的床位数。受到医院现有资源限制，需要新建一部分用房。由于受到市中心区域的土地资源的限制，此次升级工作需要在医院已有土地资源协调解决。

北京市普仁医院医技综合楼工程，是北京市普仁医院自1987年后新建的重点工程，也是北京市崇文区、东城区合并后医疗卫生系统的一项重点民生工程。工程得到了区委、区政府、区卫生局、各参建方的高度重视。

2. 工程概况

北京市普仁医院医技综合楼新建工程，总建筑面积 7520.47m²，其中地下 2 层，建筑面积 3589.52m²；地上 4 层，建筑面积 3930.95m²。工程位于东城区崇外大街 100 号，北京市普仁医院院内南侧。工程采用筏板基础、框架结构。外立面装饰以面砖饰面为主，辅以双层幕墙、树脂板饰面、铝合金装饰点缀。

本工程建设单位为北京市普仁医院，设计单位为中国纺织工业设计院，监理单位为北京蔷薇工程监理有限责任公司，施工总承包单位为北京建工四建工程建设有限公司。由北京市东城区建设工程质量安全监督站进行监督。

二、选题理由

本工程作为北京市东城区医疗系统的重点工程，对于工程质量、工期、安全及协调管理等多方面要求高。工程的单体面积虽小但功能集成度大，造成施工难度大，对工程总承包商的自身综合能力及全面协调管理能力的要求高。

本工程是北京市普仁医院规划调整的一期工程，也是我公司和东城区医疗卫生系统合作的第一个工程，如何按照保质、按期、高水平的建设好医技综合楼，得到建设单位的满意，赢得客户，也是我们工作的目标、任务。

本工程地处市中心崇文门商圈范围内，是我公司三年来在北京市中心承建的又一重点工程，高品质、高要求的完成，将有助于提升北京建工的品牌价值。

三、实施时间

本工程于 2011 年 4 月 1 日开工；2013 年 2 月 6 日工程顺利通过四方竣工验收，见表 1。

实施时间表　　　　　　　　　　　　　　　　　　　　　　　　　　　　　　　　　　表 1

实施时间	2011 年 4 月 5 日～2013 年 2 月 6 日
分阶段实施时间	
管理策划	2011 年 4 月～根据各时段节点不断调整
管理实施	2011 年 4 月～2013 年 2 月
过程检查	2011 年 4 月～截至工程竣工的全过程
取得效果	各阶段性节点～2013 年 2 月

1. 质量目标
达到合同标准，工程一次验收合格率 100%，获北京市结构"长城杯"。

2. 安全文明施工目标
因工死亡、重伤和重大机械设备事故率为零，轻伤事故率控制在 3‰以内。

3. 环保目标
达到"四节一环保"的目标，符合北京市绿色施工要求。

4. 经营目标
合同履约率 100%，成本降低率 1%。

四、管理重点和难点

1. 医技综合楼单体功能多，对总包综合能力要求高
本工程是集体检、检验、放疗、医疗培训、病案管理、立体停车等多功能于一体的综合医技楼，并

设置通道与紧邻的门诊大楼、病房大楼、放疗中心连接。

工程地下埋深达−10.6m，且北侧紧邻现有的14层病房楼，东侧紧邻现有医技楼，南侧、西侧紧邻其他单位楼座。相邻建筑距离最近为2.4m，最远为4.2m。为确保现有楼座整体稳定及通行人员人身安全，对深基坑设计、施工组织、施工过程沉降监控、深基坑施工安全管理要求高。

工程三、四层与现有门诊楼设计有钢连廊连接，钢结构空中组装，高空作业量大，焊接工作量大，质量控制、安全管理难度大。

工程机电系统复杂且由多个机电系统组成。涉及的各种机电物资设备品种繁多，且需要和医院原有的机电系统连接并整体调试，需要机电施工的综合协调和合理衔接。

2. 成本管理、进度管理难度大

本工程合同清单包括18项专业工程暂估项，84项材料暂估项。这些暂估项的不确定，给工程的成本管理、进度管理带来很大的风险，造成成本管理、进度管理较大的管理难度。

本工程合同范围中包括地面原有建筑物拆除、病房楼出入口雨棚、坡道拆除、恢复，原医技综合楼室外楼梯拆除以及三、四层与门诊楼连接，地下一层与病房楼连接等工作内容。这些工作是工程关键线路的工作，也在工程造价中占用一定的比重，且必须在保证医院正常运行的前提下实施，这就给成本、进度管理提出很高的要求。

3. 工程限制条件多

本工程场地狭小，地处市中心的崇文门商圈，交通流量十分大。根据北京市交通管理的相关文件要求，混凝土搅拌车于早7~9点、晚4~8点，禁止于本工程周边道路行驶。白天其他时间段进入工程周边道路行驶的大型车辆需持有"专用通行证"，但该通行证办理十分困难。

本工程东侧紧邻新景家园大型居民区、新景学校，北侧紧邻医院病房楼，工程易受到民扰的影响。北京市对于市中心夜间施工管理要求高，工程夜间土石方作业、夜间物资进场等工作需要精密策划、精心组织。

五、管理策划及创新特点

1. 采用复合型人才组建架构合理的项目团队

北京市普仁医院医技综合楼新建工程，单体面积小、集成功能多，在获得项目章程后，即开始组建项目管理团队。按照集团及公司的相关要求，施工总承包单位设计组建15人的项目管理团队。项目管理团队组成需要满足生产、技术、商务、质量、测量、试验、资料、安全、消防、临电、设备、材料、行政、保卫等多个方面的需要，这就要求有些岗位需要有兼职的情况。为此，项目管理团队由具有5年以上工作经验的优秀同志组成。例如技术管理岗的同志工作6年，具有参与2个10万 m² 公共建筑（其中含一个五星级酒店）的技术管理经验，对于深基坑、复杂结构、幕墙、工程深化设计等具有丰富的经验；同时，该名同志具备造价员的资质，可以从科技质量的角度进行成本管理。

在项目团队的层级上构建三级层级，第一层为项目管理层，主要由项目经理、生产经理、技术经理、商务经理及联合建设单位、监理单位等主要干系人共同管理项目，并协调区建委、区城管执法队、属地交通队等外部干系人；第二层为项目执行层，包括技术质量岗、生产岗、安全岗等，进行具体的方案细化、方案执行、具体过程管控。第三层为项目实施层，主要由劳务分包、专业分包管理人员组成，负责施工图纸、方案的具体实施，并管理各自的施工人员。

2. 成立专门小组，高度重视需求管理、沟通管理

通过前期的工程风险分析，项目团队认为合同清单的18项专业工程暂估项，84项材料暂估项是重点风险控制点。针对这些，团队首先通过观察、访谈的方式了解到，建设单位对于工程项目的管理采用"工程建设领导小组（七人）"的模式管理，这些暂估项的确定，均需领导小组会议讨论通过。

针对这种情况，我们成立了业主需求管理小组，明确技术经理为需求管理牵头人，牵头管理18项专业工程暂估项，84项材料暂估项等施工范围建设单位、项目发起人的需求。

在施工过程，加强沟通管理，强化信息收集、分析，动态了解"工程建设领导小组（七人）"的需求。

六、管理措施实施及风险控制

1. 建立管理小组，管理工程变更

通过对于工程项目发起人及重要干系人进行分析，项目管理团队认为：建设单位的"工程建设领导小组（七人）"模式，在工程实施过程中可能会造成多处工程项目细部需求的变化，特别是在装修做法方面。在这种预判的前提下，结合多年与行政事业编制单位合作的经验，项目管理团队成立了变更管理小组，并明确管理职责。针对工程变更提出方的不同，分别建立了变更管理流程。

（1）设置口头变更管理人

借鉴以往类似医院等行政事业编制单位的合作情况，业主所采取的变更多以口头形式为主。针对这种情况，变更管理小组设置技术经理为口头变更管理人。通过加强与业主方的沟通，充分了解业主变更的需求，消化掉了业主方一小部分不合理的变更。通过设置口头变更管理人：一是缩短了由口头变更到书面变更的转化时间，为变更的影响分析、实施争取了时间，有力地保障了项目范围变更的实施。二是使口头变更百分之百转化为书面变更，保证了工程变更最终结算时有据可依。

（2）实施变更流程化管理

工程设计变更、洽商在我们日常的项目管理工作中经常出现，也是施工单位的工程项目盈利点之一。但在工程结算过程中，偶尔出现工程设计变更、洽商丢失、漏算或对施工单位不利的情况。针对这些，变更管理小组针对业主（设计）方提出的变更、施工方自身提出的变更，设计了变更管理流程，在实施时执行变更流程化管理。

① 业主（设计）方提出的变更管理流程，如图2所示。

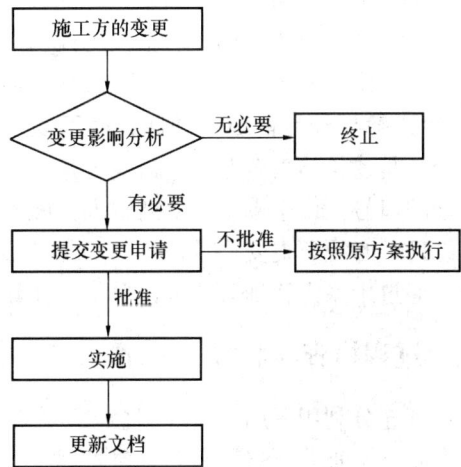

② 施工单位提出的变更管理流程，如图3所示。

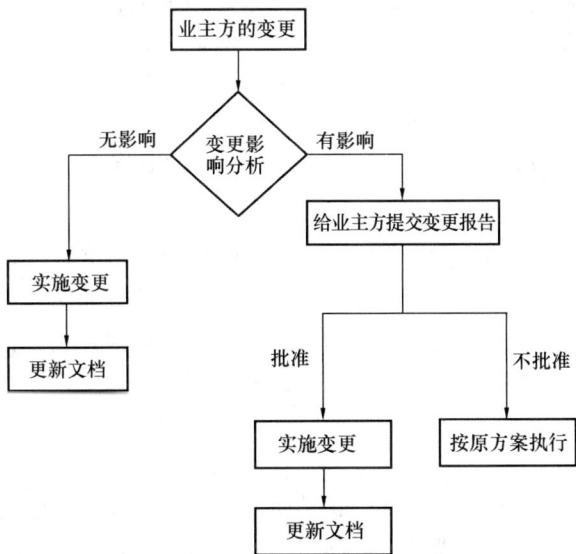

图2　业主（设计）方提出变更管理流程图　　　　图3　施工单位提出变更管理流程图

2. 将限制条件的应对管理，作为项目管理的核心工作

本工程的限制条件中，有3项限制条件应对管理起来非常棘手：一是交通限制，如周边道路车辆拥堵、交通时间限行等，限制了工程资源，如钢筋、混凝土物资进场。二是时间限制，如夜间施工的严格规定，周边居民的民扰制约施工，中、高考限制施工等，限制了工程土方施工、混凝土浇筑施工等。三是场地限制，本工程场地十分狭小，钢筋、模板等物资不能大宗进货。

本工程策划时，我们就将限制条件的应对作为项目管理的核心工作来做。项目经理负责此项工作，并牵头制定应对方案、协调实施困难等。

针对交通、场地限制，项目管理团队加强施工组织设计、细化工程进度计划，将混凝土浇筑尽量错峰安排在交通流量小、混凝土运输车不限行的时间实施；遇到大体积混凝土浇筑时，协同混凝土搅拌站、劳务分包单位制定专项应对预案，适当延长浇筑时间。在细化施工进度计划的基础上，以周为单位优化资源需求计划，化整为零分期分批组织施工物资进场。

针对时间限制，我们在充分分析北京市住建委对于夜间施工许可证办理要求的基础上，积极协调建设单位、属地街道居委会，办理夜间施工许可证，解决时间限制。

3. 从服务的角度，管理工程实体质量

百年大计、质量第一。有着百年历史的北京市普仁医院，从施工单位进场伊始，就对工程质量非常关心。建设单位由于20多年没有新建工程，对于工程项目管理缺乏经验，对于工程图纸更是非常陌生，对于工程施工蓝图转化为工程实体的三维转化想象比较困难。在这种情况下，项目实施时可能会出现比较大的变化，如装修阶段的拆改，进而影响工程实体质量。基于上述分析，项目管理团队在开工策划时提出，在加强需求管理、沟通管理的基础上，从服务的角度来管理工程质量。对于工程实施阶段质量管理划分成三大阶段的管理。

第一阶段为基础、主体结构施工阶段。通过需求管理、沟通管理，弄清建设单位对于工程实体的功能需求、建设意图；在此基础上组织项目团队对施工图纸进行详细的审核、分析，特别是土建、机电综合会审分析，发现和建设单位意愿不同的记录下来，会同建设单位、设计单位一同协商解决。

第二阶段为装修、机电安装阶段。这个阶段，我们在弄清需求的前提下，注重深化设计。例如：地砖排版设计、天棚吊顶排版设计、接诊大厅效果图设计等。在深化设计的基础上，选取位置进行样板施工。样板施工后，请建设单位进行直观的确认；确认后再进行大面积展开施工。

第三阶段为室外工程阶段。这个阶段涉及的内容较杂，包括病房楼门头恢复、医院东西门间道路恢复、医技综合楼新建工程无障碍设施、室外管线的衔接等。这个阶段，我们采用因地制宜，做好建设单位"顾问"的形式实施。这个阶段，工程本体已经全部完成，建设单位对于院内的综合规划有了新的设想，原施工图纸不能满足，特别是室外管线综合布置。这时，我们在了解建设方需求的前提下，积极地和设计单位联系，为建设单位需求实现提出最好的施工可行性方案。

通过三阶段的质量管理，减少建设单位需求不明确造成的返工，提升了工程整体的工程质量。

4. 全员参与安全管理，确保目标实现

安全，是建筑施工企业的生命，更是工程项目管理的生命。"安全第一、预防为主、综合治理"是安全管理的口号。由于本工程复杂、人员配备限制，在过程安全管理方面执行全员管理的办法。参与工程项目管理，必须负责安全管理。在工程实施前，按照全员管理的思路进行安全管理策划。在工程实施过程中，通过干系人管理影响建设单位，让建设单位也主动的参与到工程的安全管理工作中来。

七、过程检查与监督

项目部充分利用每周的监理例会，生产例会，技术质量会，安全、消防、保卫、环保、行政卫生和文明施工联合检查，严格落实总承包管理各项规章制度和管理规定。项目实施与管理过程中，将管理常态化，并形成系统的组织沟通方式，对管理运行中出现的问题进行实施整改，确保管理流畅高效。同时注重管理经验的积累与推广，为后续工程积累宝贵经验。

八、管理效果及评价

1. 管理效果

通过项目严格有效的质量保证体系，本工程的整体质量处于受控状态，并赢得了业主和社会各方的一致好评，目前本工程已获得：北京市结构长城杯银奖。

2. 社会效益及经济效益

本工程通过工程前期的有效策划，过程中高效的项目管理提高了施工效率，降低了施工成本，增强了工程施工的安全可靠度。成本降低率1.4％。

通过严格有效的管理，在取得良好经济收益的同时，也取得很好的社会效益。本工程施工期间，东城区委、区政府，东城区卫生局，北京市住建委等部门领导多次莅临指导，为"北京建工"树立了品牌效应。

医技综合楼的建成，使得北京市普仁医院可以调整现有医院平面布局，提升了医院的接诊能力、停车能力，一定程度上缓解了患者看病的难度。

自2013年春节后，医技综合楼新建工程投入使用以来，各系统运行良好，获得建设单位的高度评价。

3. 项目管理评价

通过承建北京市普仁医院医技综合楼新建工程，项目部采取前期策划、注重需求管理，积极应对限制条件等管理措施，坚持"建设精品工程，助力百年发展"的管理思路，项目团队全员管理、积极创新，实现自身的成长与飞跃，为公司后续类似工程提供了宝贵的经验。

以科学的策划管理和严谨的进度、质量控制
促进项目综合管理能力的提升

——北京万兴建筑集团有限公司大兴新城北区 28 号
地块商业金融工程项目

赵红梅　孙　进

【摘　要】　项目部遵循对建设单位负责，服务社会，满足合同要求，遵守合同约定，确保合同工期，坚持"兴科技，上水平，创建精品工程；保素质，诚服务，争当行业先锋；守法规，防污染，强化持续改进；重健康，减风险，实现安全生产"的方针。在工程实施之前，项目部提前策划，细化目标，制定了详细的管理措施，加强过程检查和控制，在工期控制、质量、技术、安全等管理中创新管理方法，圆满地实现了策划目标，取得了良好的效果。

【关键词】　策划；控制；创新管理

一、成果背景

1. 社会背景

大兴新城北区 28 号地块商业金融项目，是迄今大兴区最大规模的政府投资商业建设项目，也是大兴区最高建筑，工程与地铁大兴线高米店南站一体设计、施工。工程的施工进度、质量、安全文明管理等备受政府、民众瞩目。同时本项目的开发建设也是大兴新城商业化发展的一个形象展示。

2. 工程概况

项目位于大兴新城北区中部，京城中轴线偏西，北临南五环，东邻京开高速，紧邻地铁大兴线高米店南站，交通便利。项目建设面积 47051.79m²，地下 2 层，地上 19 层，主楼檐高 78.65m，外装饰面为全玻璃幕墙，室内装饰主要有铝板吊顶、涂料装饰顶棚、涂料墙面、天然大理石墙地面、仿石瓷砖墙地面等，门窗主要为钢制烤漆防火门、钢化玻璃门等；安装工程主要有变配电系统、照明系统、火灾报警联动系统、通信系统、有线电视系统；给水、排水系统、自动喷水灭火系统、通风空调系统。

二、选题理由

1. 标志性

本工程是大兴区标志性建筑，是展示地方形象的窗口，同时也是公司项目管理水平的体现。

2. 地铁一体化

工程与地铁高米店南站一体化设计，工程的施工进度要求与地铁施工同步，以保证地铁高米店南站出入口的正常使用。

3. 工程施工复杂性

工程设计复杂，主楼平面呈三角圆形，标准层每层旋转 6°，异型结构多，施工难度大，如图 1 所示。本工程系统多且复杂、施工难度大、质量、安全要求高，结构复杂，各类设备系统远远多于一般的

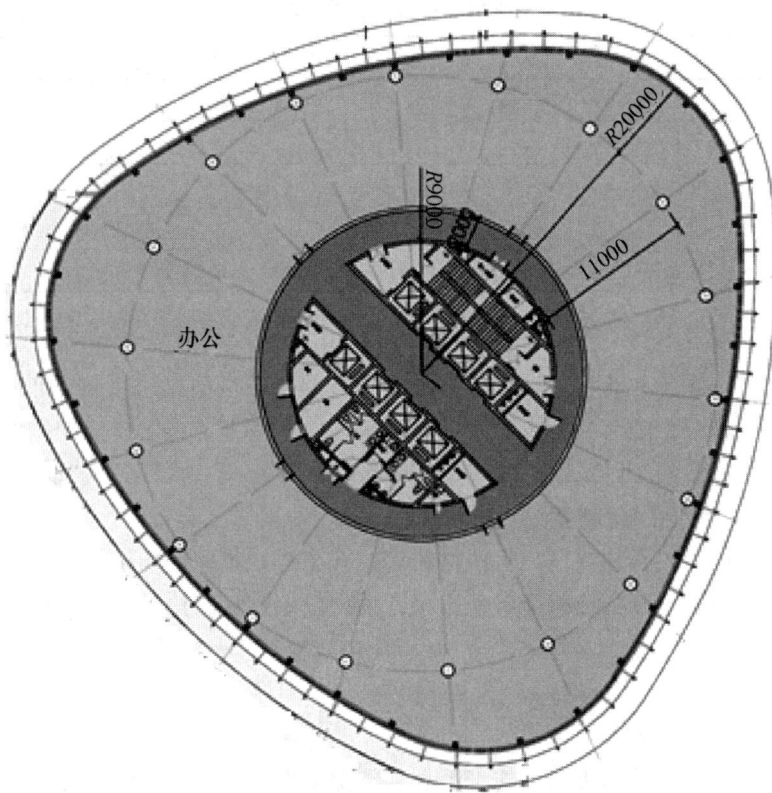

图 1　标准层平面图

公建项目，各种设备的安装要求精度高、管道多，且纵横交叉。

三、实施时间

(1) 总实施时间：2009 年 12 月～2013 年 4 月。

(2) 分段实施时间：

管理策划：2009 年 12 月～2010 年 2 月。

管理措施实施：2010 年 2 月～2013 年 4 月。

过程检查：2010 年 4 月～2013 年 4 月。

取得成效：2010 年 4 月～2013 年 4 月。

四、管理重点和难点

1. 工程实体

工程结构设计复杂，异型构件多，工程施工技术、质量管理难度大。专业分包项目多、系统复杂。

2. 施工环境

工程位于金星路与兴华大街交叉口，毗邻法院、检察院，文明、绿色环保施工要求高，且施工场地非常狭小。

3. 投资控制

工程属政府投资，行政审计，工程造价控制严格，暂估项目、暂估材料多。

五、管理策划与创新

1. 明确目标

具体目标，见表 1。

序号	类　别	项目管理目标
1	质量目标	合格（创结构"长城杯"金质奖、竣工"长城杯"金质奖）
2	工期目标	严格按合同执行
3	安全目标	无死亡重伤事故，一般事故频率控制在3‰以下
4	文明施工目标	北京市文明安全工地
5	成本目标	实施科技创新，严格控制成本，确保成本降低率控制在2%以上

2. 管理创新

为实现目标，公司选派各专业精英骨干人员组成项目部，在事前精心策划的前提下实施全面管理。选用管理严格、技术力量较强的劳务分包队伍进行施工，使项目部各项工作达到"形式化—行事化—习惯化"的转变；针对质量、安全、工期、成本4方面进行有效控制。

3. 建立招标机构，完善招标制度

本工程属政府开发项目，暂估项目、暂估材料多，开工时，集团公司招投标办公室根据工程特点和国家有关招投标文件要求，公开招标聘请代理公司，使招投标过程合法化、程序化、合理化。

六、管理措施实施与控制

1. 质量管理措施与过程控制

（1）针对质量目标，进行总体策划、施工策划和细部策划，编制质量创优计划，并将计划层层分解落实。

（2）健全质量保证体系，落实质量保证责任。分析影响施工质量的环节，制定相应的质量控制点和质量预控措施。坚持图纸会审制度、技术交底制度、样板引路制度、检查评比制度，使其真正落到实处。

（3）装饰装修工程制定严于规范标准的企业标准，精心策划、精细施工、粗粮精做，做到三同缝、六对齐，一缝到底到边，整栋整层交圈，细部作法坚持"一居中、二对齐、三成线、九个一样"的原则，树立细节决定成败的意识。

（4）分析不合格品产生的原因，制定纠正和预防措施，保证施工质量达到预期目标。

2. 工期管理措施与过程控制

开工前，项目部在充分研究施工工艺流程、资源配置、进度风险等因素的基础上，编制项目总体进度计划、分部分项进度实施计划；各层次施工计划形成一个完整的计划保证体系。采用施工任务书形式层层交底后下达到施工班组。各级执行者做好施工进度记录，掌握计划实施情况，采取有效措施，保证实现进度目标。

项目每周进行一次跟踪检查，准确掌握施工的实际进度；整理统计检查数据，对比实际进度与计划进度，得出相一致、超前、延误三种情况；分析产生偏差的原因及现状，有针对性地采取调整措施。

3. 安全管理措施与过程控制

项目开工前，分析影响安全生产的因素、资源配置等情况，制定安全生产计划。

成立以项目经理为首的安全生产领导小组，组织领导安全生产管理工作。确保安全生产经费投入。建立安全生产保证体系、安全生产岗位责任制，每月进行一次绩效考核，考核结果与个人收入直接挂钩。

安全生产按照全员、全面、全过程的原则强化三级教育制度，特殊工种持证上岗。实施安全生产例会制度、安全技术交底制度、检查验收等制度。安全生产检查采取定期或不定期的形式，查漏洞、查隐患。不断完善安全制度，改善安全生产状况。

4. 文明施工管理措施与过程控制

（1）施工现场办公区及生活区临建使用节能效果较好的岩棉复合彩钢板搭建。保温、防火性能好。

（2）施工现场全部使用节水龙头；现场照明使用节能灯具，并安排专人控制供电时间，做到人走灯灭。

（3）施工现场木工加工棚、地泵棚，采取全封闭措施，最大程度地降低噪音。

（4）施工道路采取混凝土硬化，施工用水回收利用，施工现场设立车辆冲洗设施，如图2所示。采取标语、宣传栏等常态宣传措施。材料进场按总平面图堆放整齐，标识清晰。易燃、易爆品分类单独存放。

图 2　现场文明管理实景照片图

（5）土方施工时，安排专人进行清扫、洒水等措施降尘。

5. 成本管理措施与过程控制

（1）项目开工前通过标价分离测算项目成本，制定项目总体成本目标，编制项目总体成本计划。按照总体成本计划进行目标分解，并具体组织实施。

（2）结合工程进度计划，编制月度成本计划，确定成本控制目标，有效组织实施，月底进行成本分析，制定改进措施。坚持滚动循环，确保成本计划的实现。

（3）划分施工区域，组织流水施工，均衡调配资源，合理安排工序，及时办理各种签证，控制采购成本，现场杜绝浪费，加快工程进度。

（4）主要材料、设备采购采用招投标形式确认，总计招标项目50余项，严格控制了工程造价，并优选了质优价廉的材料、设备及优秀的分包队伍。

七、项目管理效果评价

通过科学管理，实现了本工程的合同所有内容和甲、乙双方确定的质量目标。

图 3　大厦立面实景图

1. 质量管理

（1）获得北京市结构"长城杯"金质奖，并已申报北京市竣工"长城杯"金质奖。

（2）共有4个QC成果分别获得国家级、省部级奖项。

2. 工期管理

工程按合同如期完成竣工备案。

3. 安全文明管理

获得"北京市级文明安全工地"称号，无死亡重伤事故，无一般事故。

4. 取得效益

（1）经济效益：通过严格管理、科技创新，提高了工效、降低了成本，节约资金约304万元。

（2）社会效益：通过本项目，公司在工程质量、安全生产等各方面均得到了业主、设计和监理方的肯定和好评，树立了良好的企业形象。

八、体会

通过整个施工过程，我们体会到，科学管理是工程本身赋予项目部的使命，是贯穿所有工作的核心内容，科学是指决策的现实性、合理性和有效性。科学管理是指对施工现场的一切动态全过程实施合理有效的管控，使其得到更快更好的发展。通过融合城市新地标、高效优化的平面、文化与意象、先进的节能环保技术和概念，将新城北区 28 号地块商业金融项目打造成为集高效、安全、可靠、舒适为一体的绿色可持续发展、高智能化建筑，如图 3 所示。

强化绿色施工　坚持质量控制　铸造精品工程

——中北华宇建筑工程公司北京爱慕内衣厂房工程项目

杨月升　付永利　郭海江　王金良　薛迎红　洪　静

【摘　要】随着我国建设经济的高速发展，作为支柱产业的建筑业为国民经济做出了重要的贡献，但不可否认的是建筑施工对能源消耗和环境污染也日益加剧。因此，为实现建筑业的可持续发展，该工程项目部在实施前提前策划，在保证工程成本、施工安全的前提下，加强了绿色施工技术的创新与应用，狠抓工程质量，圆满地实现了策划目标，取得了良好的效果。

【关键词】环境污染；持续发展；提前策划；绿色施工

一、成果背景及工程简介

1. 成果背景

当前施工单位以及建设单位为了满足政府及公众对文明施工、环境保护的要求，提高企业自身形象，一般都会采取一定的技术措施来降低施工噪声、减少施工扰民及环境污染等。但多数施工单位采取绿色施工技术是比较被动、消极的，对绿色施工的理解也是比较单一的。目前，大部分施工单位还不能主动运用适当的技术和科学的管理方法，以系统的思维模式和规范的操作方式进行绿色施工。公司以此工程为契机，狠抓绿色施工，加强项目的过程管理，决心打造精品工程。以争创鲁班奖为目标，锻炼队伍，培养人才，为早日晋升特级资质打下基础。

2. 工程简介

中北华宇建筑工程公司承建的北京爱慕内衣生产建设项目厂房工程，如图1所示，是北京市集中签约的重大工业项目，项目投资1.259亿元。工程于2011年2月26日开工，2013年9月29日竣工。建筑面积53000m²，建筑高度25.2m，地上4层、局部6层，整体呈方形布置，独立基础，框架结构。建筑南区与北区之间以抽象人体曲线走廊隔开，走廊上方以钢连桥将建筑物南北两区相连，使建筑充分利用自然采光、通风，在达到很好的节能降耗效果的同时，合理的将建筑物划分为生产加工、物流、储存、办公研发4个功能区域。设计外装玻璃幕墙、铝板幕墙、ECP挤塑成型水泥板幕墙、铝镁板屋面、环氧自流平屋面，工程造型独特、设计新颖，是具有新时代特征的现代化工业厂房。

图1　工程效果图

二、选题理由

（1）近年来全国大部分地区大气污染严重。

（2）提高项目管理水平，增强企业活力，提升企业形象。

（3）业主及企业的高质量要求，确保北京市建筑"长城杯"金质奖，争创国家建设工程"鲁班奖"。

三、实施时间

工程实施时间安排，见表1。

<table>
<tr><td colspan="2" style="text-align:center">实施时间表</td><td>表 1</td></tr>
<tr><td>实施时间</td><td colspan="2">2011 年 2 月～2013 年 9 月</td></tr>
<tr><td colspan="3" style="text-align:center">分阶段实施时间</td></tr>
<tr><td>管理策划</td><td colspan="2">2010 年 5 月～2011 年 3 月</td></tr>
<tr><td>管理实施</td><td colspan="2">2011 年 3 月～2013 年 6 月</td></tr>
<tr><td>过程检查</td><td colspan="2">2011 年 3 月～2013 年 8 月</td></tr>
<tr><td>取得成效</td><td colspan="2">2011 年 8 月～2013 年 9 月</td></tr>
</table>

四、管理重点与难点

1. 管理重点

（1）根据项目特点和目标要求，集中人力、物力、财力等优势资源，健全项目组织机构和安全、绿色施工、技术质量等各项管理制度，为项目顺利实施提供有力的保障。

（2）根据工程特点及难点，分清主次，整合各方管理，杜绝安全事故；根据总施工进度计划，确定各施工阶段节点工期，确定影响施工进度的关键因素，切实执行《建筑工程绿色施工评价标准》，优质高效完成目标。

（3）狠抓质量控制，建精品工程，确保竣工"长城杯"，争创鲁班奖；运用科学管理及"四新"技术，降低成本。幕墙的施工质量是整个工程最直观的体现，因此项目部加强了外墙装饰 ECP 条板异型连接施工的质量控制。

2. 管理难点

（1）单层面积大，施工机械存在交叉作业。该工程单层建筑面积 13000m²，项目部根据工程特点针对施工流水进行了策划，将工程划分为 6 个流水段分段施工，设置 3 部塔机进行群塔作业，如图 2所示。

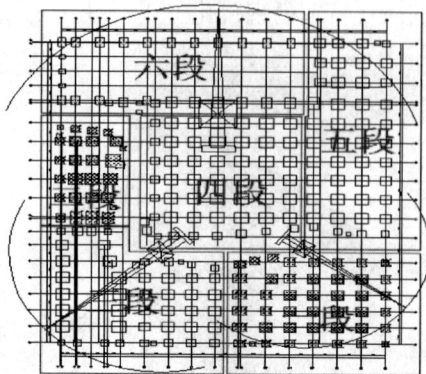

图 2　6 个流水段示意图

图 3　管线密集图

（2）管线密集复杂如图 3 所示。利用管线综合布置技术，如图 4 所示，进行深化设计，成功解决了空间有限、管线密集的难题。

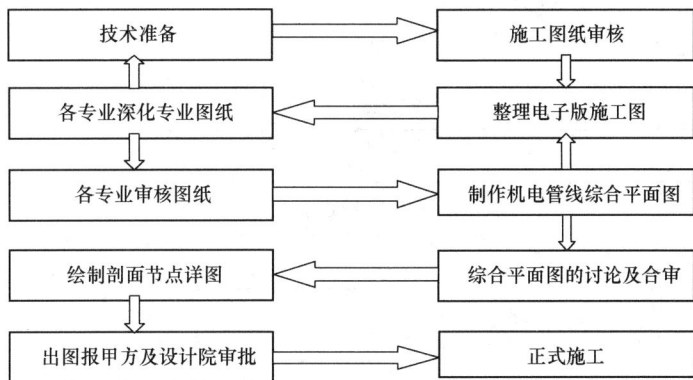

```
┌──────────────┐      ┌──────────────┐
│   技术准备    │ ══▶ │  施工图纸审核  │
└──────────────┘      └──────────────┘
       ║                     ║
┌──────────────┐      ┌──────────────┐
│ 各专业深化专业图纸 │ ◀══ │  整理电子版施工图 │
└──────────────┘      └──────────────┘
       ║                     ║
┌──────────────┐      ┌──────────────┐
│  各专业审核图纸  │ ══▶ │ 制作机电管线综合平面图 │
└──────────────┘      └──────────────┘
       ║                     ║
┌──────────────┐      ┌──────────────┐
│  绘制剖面节点详图 │ ◀══ │ 综合平面图的讨论及合审 │
└──────────────┘      └──────────────┘
       ║                     ║
┌──────────────┐      ┌──────────────┐
│ 出图报甲方及设计院审批 │ ══▶ │    正式施工    │
└──────────────┘      └──────────────┘
```

图 4　管线综合布置技术图

（3）实现绿色施工目标任务艰巨。目前，我国建筑行业绿色施工形势依然严峻，公司对此十分重视，提出争做"全国建筑业绿色施工示范工程"。为实现此目标，项目部有针对性的制定了合理可行的绿色施工方案，并将绿色施工贯穿于施工全过程。

（4）外墙装饰 ECP 条板异型连接施工质量控制难度大。现场 ECP 板施工面积为 11000m²，占内街外幕墙面积的 90％。ECP 板多用弧形角连接，如图 5 所示，连接处缝隙大小不易控制，影响幕墙整体外观质量，因此项目部针对此问题成立了"求真务实"科技攻关 QC 小组，成功解决了外墙装饰 ECP 条板异型连接缝隙（过大或过小）对施工质量影响的课题，如图 6 所示。

图 5　ECP 板异型连接图

图 6　ECP 板施工后效果图

五、管理策划及创新特点

1. 管理策划

（1）组建团队。公司针对工程目标对人员进行合理安排，由具有丰富施工经验和创优经验的管理人员组建项目管理团队，充分协调人、材、机资源，发挥总承包协调作用。正确处理各方关系，提高项目运作效率。

（2）建立健全各项规章制度。工程要想按照既定目标完成，必须在管理上下功夫。项目部制定了行之有效的规章制度，如实实行目标责任制，管理落实到人，责任到人，激发了员工的主观能动性。实行奖惩制，形成激励机制，统一团队思想，营造集体观念。

（3）建立风险评估机制。在施工的全过程中，对所有可能出现的风险进行评估，确定重点控制的目标，制定纠正和预防措施，对于高风险和中等风险的必须确定降低风险的措施，对于低风险要加强施工

313

过程控制，确保施工质量。建立风险评估体系，明确各层次风险管理人员责任，减少工程在施工过程中的不确定因素对项目的影响，将风险控制在可接受水平。确保成本、安全、质量、进度和环境保护目标的完成。

（4）设定各项管理目标并由专人负责实施，见表2。

目标任务分配表　　　　　　　　　　　　　　　　表2

项　　目	管理目标	负　责　人
工程质量目标	确保"长城杯"争创"鲁班奖"	徐扬
工程成本目标	成本降低4‰	杨月升
工程进度目标	确保厂房按合同工期完成	付永利
安全生产目标	零事故率，创"北京市安全文明标准化工地"	刘志华
文明施工目标	"北京市文明安全样板工地"	王海元
节能与环保目标	全国建筑业绿色施工示范工程	郭海江

2. 创新特点

（1）实施目标管理。通过实施目标管理充分调动了职工的主动性、积极性和创造性，将个人利益和组织利益紧密联系起来，提高项目部的整体士气。

（2）创新绿色施工措施。项目部制定了建筑垃圾再生利用管理制度，加强了对施工固体废弃物控制及利用。针对施工过程中产生大量建筑垃圾，尤其是在基础施工阶段，为实现建筑垃圾"减量化、无害化、资源化"的目标，项目部与建筑渣土回收单位签订合作协议，将回收的建筑混凝土材料制成混凝土制品，用于施工现场停车场及生活区路面的硬化。

（3）利用生活区空地种菜，如图7所示。实施之前我们对生活区东侧有一块12m×20m的空地做了对比分析，见表3，工人们利用闲暇时间在这里种植了圆白菜和萝卜等，为员工食堂提供新鲜蔬菜。既充分利用了有限的土地资源，又美化了生活区的环境，同时，最重要的是员工们参与种菜的过程，使他们感觉到在工地也能有在家的感觉。

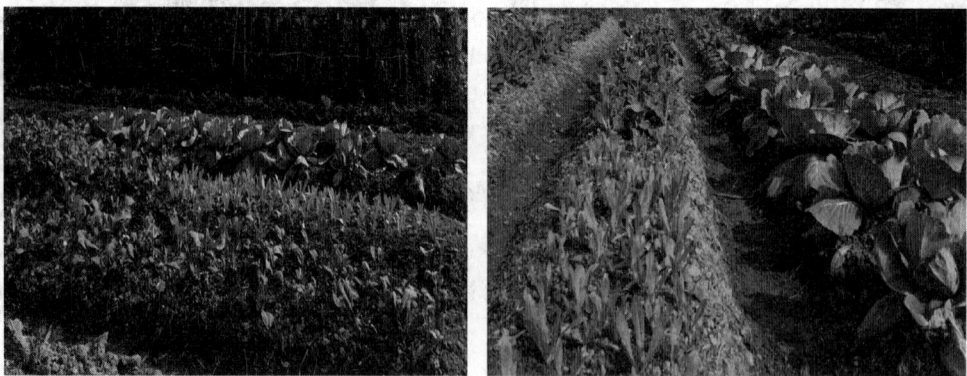

图7　生活区东侧菜地

种草与种菜年经济效益与社会效益对比表　　　　　　　　　　　表3

绿化方式	经济效益（元）	社会效益
种菜	6000	为食堂提供新鲜蔬菜，美化环境
种草	−720	美化环境

注：种草一次性投入720元，不含维护修剪费用。

（4）成立了"求真务实"QC科技攻关小组解决幕墙施工质量问题。幕墙工程是直接影响到建筑整体感官的部分，因此，项目部将幕墙施工作为管理重点。针对本工程实际特点，成立了"求真务实"QC科技攻关小组，解决幕墙施工中存在的施工质量难题，为确保工程的顺利进行打下了坚实的基础。

（5）应用及获得了《并联式防屈区支撑结构及施工方法》（专利号 ZL 2010 1 058702.2）国家发明专利和北京市工程建设工法《管桁架预应力张拉施工工法》（工法编号 BJGF 12—024—310）、《幕墙工程隐藏式连墙件脚手架施工工法》（工法编号 BJGF12—043—329）。

3. 绿色施工技术的推广应用

在科技方面结合本工程实际情况，积极推广应用了住房和城乡建设部10项新技术中的九大项，共23个子项目，见表4。

新技术应用列表

表4

序号	大 项	子 项	应用部位
1	混凝土技术	自密实混凝土技术	消防水池池壁混凝土
2		混凝土裂缝控制技术	现浇顶板结构
3	钢筋及预应力技术	高强钢筋应用技术	钢筋工程
4		大直径钢筋直螺纹连接技术	钢筋工程
5		有粘结预应力技术	大厅梁
6	模板脚手架技术	塑料模板技术	结构圆柱
7	钢结构技术	深化设计技术	模板工程
8	机电安装工程技术	管线综合布置技术	电气工程
9		变风量可调系统技术	空调工程
10		预分支电缆施工技术	电气工程
11		电缆穿刺线夹施工技术	电气工程
12	绿色施工技术	施工过程水回收利用技术	雨水回收
13		预拌砂浆技术	二次结构砌体
14		外墙自保温体系施工技术	外墙砌块
15		粘贴式外墙外保温隔热系统施工技术	外墙保温
16	防水技术	遇水膨胀止水胶施工技术	消防水池接缝
17		聚氨酯防水涂料施工技术	屋面防水
18	抗震、加固与改造技术	消能减震技术	地基与基础工程
19		建筑隔振技术	地基与基础工程
20	信息化应用技术	施工现场远程控制管理及工程远程验收技术	现场管理
21		建设项目资源计划管理技术	现场管理
22		项目多方协同管理信息化技术	现场管理
23		塔式起重机安全监控管理系统应用技术	现场管理

六、管理措施和风险控制

1. 管理措施

项目管理策划小组根据国家可持续发展战略的理念，以及国内建筑业绿色施工现状，结合该工程实际特点确定项目管理各项指标，并由专人负责实施。

（1）为保证绿色施工技术在本工程的顺利推广及应用，项目部成立了由项目经理担任组长，公司技术总工程师、项目技术负责人、公司生产经理担任副组长的绿色施工领导小组，全面负责组织实施应用推广计划。

（2）公司组织项目科技人员进行广泛调研，了解"四新"技术应用的最新动态，将"四新"技术应用于最佳绿色施工方案，确定方案实施负责人，狠抓施工质量、加强过程控制。

2. 风险控制

该工程以技术创新为主要手段来实现项目管理的各项指标，而技术创新过程又存在很多不确定因素，在应用过程中如对突发事件处理不当，将会对项目各项管理指标造成不良影响，因此，项目部制定风险评估机制，在每项创新项目初始阶段，策划小组对可能出现的风险进行详细分析和评估，并组织公司技术专家对方案理论可行性、过程控制要点等进行多次研讨和论证，总结出切实可行的施工方法及技术措施，并针对在应用过程中可能出现的风险编制合理得当的风险管理应急预案。

七、过程检查和监督

1. 工程质量目标的实现

为实现上述高质量目标，项目部严格执行样板引路制度、严格过程控制制度、施工会签制度及质量奖惩制度等一系列行之有效的规章制度。本着"创企业品牌，营造企业文化"的指导思想，建立了以项目经理为核心，以项目部为主体，以公司为技术保证平台的质量保证体系。确保工程质量成为优中之优的工程，在施工过程中均按高于"长城杯"的质量标准对工程进行质量控制和验收。

2. 工程成本目标的实现

公司组织项目科技人员进行广泛调研，了解"四新"技术应用的最新动态，将"四新"技术应用于最佳绿色施工方案，确定方案实施负责人，加强过程控制以确保成本目标的实现。工程共节省施工成本及能源等费用共约 71.73 万元，超过了公司制定的 4‰的目标值。

3. 工程进度目标的实现

项目经理部根据合同工期要求，制定控制性进度总计划、月计划和周计划。于每周二下午 2 点召开经理部、业主、监理三方例会，分析工程进展形式，互通信息，协调各方关系，制定工作对策，使问题得到及时解决，确保工程按合同工期完成。

4. 安全生产目标的实现

公司始终坚持以人为本的理念，在项目部建立了职工夜校，加强对全体职工的安全教育，并在月底进行安全考核，对未通过考核的员工不准上岗，且继续接受安全教育，直到考核通过为止。通过项目部科学有效的安全管理及加强对职工的安全教育，使工程在施工期间安全无生产事故。工程获得 2012 年全国"AAA 级安全文明标准化工地"。

5. 文明施工目标的实现

制定文明施工岗位责任制度，按分区划片原则将施工现场划分为施工作业区、辅助作业区、材料堆放区和办公生活区，并派专人对各个区域进行现场管理。项目经理部负责施工现场场容文明形象管理的总体策划和部署，各专业队伍和指定分包队伍对各自工作区域的现场管理负责，服从项目经理部文明施工管理。严格执行检查制度和奖罚制度，把文明施工管理和经济利益挂钩。工程于 2011 年获得"北京市文明安全样板工地"。

6. 节能与环保目标的实现

（1）开工初期项目部建立绿色施工管理机构，成立绿色施工领导小组，以项目经理为第一责任人，负责绿色施工的组织、实施及目标的实现。

（2）指定绿色施工专职负责人，主管绿色施工具体事宜和过程监管。

（3）分专业设置绿色施工专业小组，设立负责人和管理人，并对"四节一环保"绿色施工措施进行细化，做到各项工作有落实，有监管。

（4）责任管理人员负责具体措施实施、数据收集、问题反馈及经验总结。

八、项目管理效果评价

1. 工程验收

工程顺利通过四方验收，于 2013 年 9 月 29 日竣工备案，并获得了建设、设计、监理单位的一致好评。

2. 综合效益

项目部积极开展绿色施工及节能减排活动，极大缓解了对环境的污染，得到地方政府及建委的高度评价。工程成本节约 71.73 万元，取得可观的经济效益，同时也获得了良好的社会效益。

3. 本工程获得荣誉如下：

（1）获得 2011 年度"第二批全国建筑业绿色施工示范工程"。

（2）获得 2011 年度"北京市文明安全样板工地"称号。

（3）获得 2011 年度北京市结构"长城杯"工程金质奖。

（4）目前已顺利通过北京市建筑长城杯评审小组验收。

（5）获得 2012 年度"全国 AAA 级安全文明标准化工地"。

（6）获得 2013 年度"全国绿色施工及节能减排竞赛优胜工程金奖"。

（7）获得 2013 年度"北京市工程建设优秀质量管理小组"。

（8）获得 2013 年度"全国工程建设 QC 小组二等奖"。

（9）获得 2014 年度"北京市工程建设优秀质量管理小组"。

九、体会

几年来，在项目部全体成员的共同努力下，在各级领导的关心指导下，精心组织施工，优质高效的完成了施工任务。公司在大力实施和推广绿色施工和节能减排的同时，也切实从中获得了可观的经济效益，我们也将不遗余力的开展绿色施工，加快推进我国建筑业的健康发展。

科学组织　全员参与
实现保障房"七统一"的目标

——北京住总集团有限责任公司门头沟采空棚户区改造工程项目

杨海啸　赵春雨　刘一朋　马振华　王雪松

【摘　要】 本文通过对门头沟采空棚户区改造石门营 A4 地块定向安置房项目的管理成果的总结，对工程的难点及重点进行深入分析，精心策划，科学组织施工生产。通过对全体人员保障房理念的教育，实行质量终身责任制，提高了管理水平，实现了保障房"七统一"的目标。

【关键词】 精心策划；保障房理念；质量终身责任制；"七统一"目标

一、工程概况及成果背景

1. 工程概况

门头沟采空棚户区改造石门营地块定向安置房项目，如图 1 所示是北京市第一个棚户区改造工程，是北京市 2010 年重点保障性住房项目。石门营 A4 地块定向安置房项目 A4-12～A4-15、A4-4～A4-7 号楼及 A4 车库工程，总建筑面积 10.1 万 m^2，钢筋混凝土剪力墙结构，地上 3～16 层，地下 2 层。外装修为涂料，内装修为简装修（厨房、卫生间为地砖、墙砖，其他房间为轻集料混凝土地面、涂料墙面，室内木门、洁具均一次安装到位）。

2. 成果背景

近年来，随着国家对民生工程不断加大投入，越来越多的施工企业参与棚户区改造工程建设，由于棚户区改造工程本身利润较低，建筑市场竞争日趋激烈，施工材料及人工费不断上涨，企业要将棚户区改造工程建成优质工程，并持续健康发展，必须精心策划，科学组织、增强全员的保障房理念，按时、优质、高效地完成施工任务，树立企业品牌形象。

二、选题理由

石门营 A4 地块定向安置房项目是北京市政府为解决棚户区百姓住房问题的民心工程，社会影响力强，项目部把"精心策划、管理为本、用户至上"作为经营宗旨和管理方针，把创造"品牌效益"、"管理效益"作为项目管理的主导思想。项目部上下一心，精心组织，克服工程利润低，施工组织难度大，质量标准高等诸多困难，磨练了队伍，提高了经济效益和管理水平。

三、实施时间

总实施时间：2010 年 5 月～2013 年 12 月。
策划实施时间：2010 年 3 月～2012 年 3 月。
执行实施时间．2010 年 5 月～2013 年 12 月。
纠错及改进实施时间．2010 年 7 月～2013 年 12 月。

四、管理重点及难点

1. 栋号多、工期紧，任务重，施工组织难度大

本工程受施工场地内高压线及拆迁影响，项目分两期进行施工。一期工程包括 A4-12～A4-14 号楼

及车库 A 区，于 2010 年 5 月开始施工，二期工程包括 A4-4～A4-7、A4-15 号楼及 A4 车库 B 区、C 区，于 2010 年 3 月份开始施工。由于工程分期施工，对本工程正常施工生产存在不利条件。因此，项目部必须合理进行总体施工部署，妥善协调各种外部、内部影响因素，合理安排施工工期。

2. 创建绿色文明安全工地困难多

本工程属于群体工程，由于分期施工，交叉作业多，项目部要确保达到北京市绿色文明安全工地标准。

3. 施工质量要求高

本工程外檐线条、屋面造型复杂，内隔墙轻质隔墙及二次结构抹灰，不同材料分界线较多，对施工质量控制提出较高要求。

4. 市场波动大

材料价格及人工费不断上涨，商品混凝土价格上涨 30％，给利润空间带来巨大的冲击，对成本控制加大了难度。

五、管理策划及创新特点

1. 管理思路

开工伊始，项目部周密策划，坚持做好"三划"（项目策划书、经营策划书、成本策划书）工作，坚持施行先进的管理理念、手段，以生产为龙头，以技术为先行，以经营为核心，加强团队建设和班子建设，各部门齐心协力，牢固树立质量意识、安全意识、成本意识、服务意识、大局意识、创新意识，将保障房理念深入人心，实行质量终身责任制和质量挂牌制，形成了"管理、效益、规模"的良性发展道路，树立了住总企业品牌形象。

2. 创新特点

（1）项目部于 2011 年形成了"住总集团保障房建设理念"。

（2）强化项目管理，夯实发展基础，按照"强配班子、优选队伍"的原则，抽调具有丰富施工和创优经验的管理人员组建高效运行的项目管理团队。

（3）加强团队建设，以"六个到位"（即管理机构到位、管理人员到位、管理制度到位、管理责任到位、管理机制到位、管理末端到位）为标准，创建标杆项目部。

（4）强化质量培训管理工作，项目部充分利用农民工夜校，对农民工进行素质教育和质量意识教育，深入学习保障房理念，提升项目管理水平。

（5）项目部严格按照北京市建委《关于加强农民工安全教育培训考核管理的通知》和集团公司作业人员入场教育"五步法"安全管理流程的工作要求，对进场人员进行安全教育、培训工作。

（6）项目部依靠土建、机电一体化经营优势，全面协调施工生产工作，确保项目"七统一"（即安全、质量、工期、功能、成本、工程款回收、农民工工资支付七个统一）目标的实现。

六、管理措施及风险控制

为把保障房建成政府放心房、百姓满意房，确保项目"七统一"目标的实现，项目部采取了如下管理措施：

1. 进度管理

建立完善的生产计划保证体系，进度管理由项目经理全面负责，生产经理主持日常工作，主任工程师、安全经理、商务经理协助此项工作。由生产组制定月进度计划，由栋号工长制定周进度计划，并对分包单位下发周工程任务书。各分包单位每周在生产例会上汇报计划的实施情况，由栋号工长根据实际完成情况，确定下周进度调整措施及工期安排。合理安排各种工序的穿插施工，按照施工进度计划对关键工序节点工期进行控制。加强技术质量管理，每道工序严格把关，避免返工，保证工期。

2. 技术、质量管理

在工程开工前，提前做好图纸会审及危险性较大工程专家论证工作。由主任工程师负责《工程创优策划书》及新技术、新工艺作业指导书的编制。加强施工组织设计、施工方案的编制工作，确保方案科学性、指导性、可操作性。做好方案交底和变更洽商交底，严格控制现场落实情况。

建立完善的质量管理体系，坚持质量八项管理制度（项目实测实量管理制度、样板引路管理制度、周看图日管理制度、合署办公管理制度、优质优价管理制度、岗位绩效管理制度、劳务考核管理制度、看房验收管理制度）。

对质量管理进行事前预控，对新进场的各工种进行质量交底活动。加强过程控制，施工现场出现质量问题或新的分项工程开始前组织质量专题会。项目部成立了实测实量小组，并编制《实测实量施工方案》，每月进行实测实量数据统计与总结，并将统计结果以简报形式下发，分析质量波动情况，查找质量控制重点与薄弱点，利用每月质量分析会，寻求质量改进措施方法。严把材料质量关，从源头控制施工质量。坚持样板先行制度，提前确定施工材料及工艺样板。坚持周看图日活动，每周组织管理人员进行规范、图纸、施工工艺的学习。严格进行试验管理工作，严格按规范要求进行取样、送检。

3. 安全施工管理

构建五级防控安全监管体系，即从集团总部、二级公司、项目部、工段长到班组，覆盖到每个作业面和员工。深入贯彻落实安全合署办公体系、安全合署办公制度，强化专（兼）职安全员和群众安全监督员配备，强化安全员日常安全培训和管控，大力提升安全合署办公效能和管理能力建设。

对作业人员按照入场教育"五步法"安全管理流程进行管理，即：第一步：经营部门与专业分包单位签订专业分包合同，劳务系统与劳务单位签订劳务合同、安全部门签署安全生产协议书。第二步：劳务管理人员核对劳务单位、人员资质信息进行劳务注册，落实"八统一"要求、核查特殊作业工种并造册管理。第三步：技术系统对施工人员进行书面方案、技术交底。第四步：项目安全、行保管理人员对进场农民工进行不少于50学时的"三级安全培训"教育和考试，并建立《三级教育卡》。第五步：工长做操作安全技术交底。

4. 绿色文明施工管理

针对如何争创"绿色施工文明安全样板工地"，项目部进行了精心策划，制定了绿色施工文明安全方案、专项施工方案、应急预案等系列绿色施工文明安全保证措施及管理制度。项目从策划到施工，从原材料采购、设备选型到实施运行，积极实现"四节一环保"的绿色建筑理念，效果显著。项目部根据北京市的相关规定，从现场管理、安全防护、脚手架、临时用电、机械安全、塔吊起重、消防保卫、绿色施工、环卫卫生、料具管理、综合治理、环境保护、形象展示、宣传教育等方面积极开展创建工作，始终把住总集团企业文化、形象展示和绿色施工文明安全工地建设融为一体，有效控制投入，注重过程管理。加大扬尘治理，规范文明施工，现场每日专人洒水降尘，并在出入口、地泵等部位设置监控摄像头。为保证工程绿色文明措施得到有效的贯彻落实，在项目部内部实施安全奖罚制度，设立安全通告栏，对违反规定的人和事，进行曝光和处罚。

5. 成本、资金管理

开工之初，项目部提前做好经营管理策划，确定经营管理控制重点环节，做好预控。在签订二级合同时尽可能做到以收定支。经营过程中做好成本分析、成本核算，进行四算对比，经营情况做到了如指掌。同时做好资金收支管理，按月做好成本归集，做好分包、分供方的预结算，合理使用资金，统筹兼顾，做到资金的收支平衡。

6. 市场开发管理

工程自开工之初，项目部就树立了现场就是市场的管理理念。坚持干一项工程，树一座丰碑，留一片信誉，拓一方市场。牢固树立服务意识，以服务甲方为己任。项目部多次高标准地完成了甲方各项临时突发任务，为拓展市场奠定了良好的信誉基础。

七、过程检查和监督

在施工过程中，项目部每周组织一次现场协调工作会，通报并分析一周内的工程管理情况，制定进度、技术、质量、安全、成本动态信息及关键部位的保证措施。除此之外，每周组织生产例会，对各分包单位及各专业施工队伍就工程的工期、质量、安全、劳动力、材料供应等进行组织协调。项目部每周召开项目部班子会议，加强内部沟通，对一周工作情况进行总结、分析，对下一阶段工作进行系统部署，确保施工任务优质、高效、圆满完成。

八、管理效果和评价

门头沟采空棚户区改造石门营 A4 地块定向安置房项目通过精心策划、科学组织、严格管理，实现了保障房"七统一"目标，取得了较好的社会效益和经济效益。在项目建设过程中，国务院总理李克强、北京市市长王安顺、门头沟区区长王洪钟等领导来项目部莅临指导工作，并受到了各级领导的肯定，如图 1～图 4 所示。

图 1　李克强总理来门头沟调研棚户区改造工程图

图 2　北京市市长王安顺检查、指导工作图

图 3　门头沟区长王洪钟检查、指导工作图

图 4　时任北京市建委副主任孙乾检查、指导工作图

在各级领导的关心与指导下，安全、质量、绿色施工等方面的管理水平均得到了提高，并获得了如下奖项：

（1）2010 年度北京市安康杯竞赛活动"优秀班组"。

（2）2012 年度结构"长城杯"银质奖（A4-4、5 号楼）。

（3）2011 年度全国交通系统工人先锋号（杨海啸项目部）。

（4）2012 年度全国住房城乡建设系统劳动模范（杨海啸）。

（5）2012 年度北京市青年岗位能手（杨海啸）。

九、体会

项目团队通过完成石门营 A4 地块定向安置房的任务，凭借一系列的创新管理措施，项目团队每一位成员的综合管理能力和业务素质都得到了全面提升，各项管理工作也取得了丰硕成果。同时，我们在工程实践中，依靠住总集团的深厚企业文化底蕴，形成并践行了保障房理念，为以后的工程建设积累了宝贵的财富。

加强施工过程管理　铸造精品住宅工程

——北京住总第四开发建设有限公司门头沟石龙工业区住宅工程项目

张　勍　李　磊

【摘　要】本工程是精装修商品住宅，投标报价相对较低、施工工期紧、精装质量标准高。因此，做好前期管理策划，加强进度与质量控制是我们铸造精品工程的最根本任务。依靠《装修管理策划书》以及项目装修阶段的管理模式调整为栋号管理模式，并坚持落实质量管理制度，重视成品保护工作，最终在兑现各项合同约定的基础上，实现了精装修阶段质量、安全等各方面创优目标。

【关键词】精装修；工序安排；协调沟通；成品保护；团队建设

一、工程概况及成果背景

1. 工程概况

北京市门头沟石龙工业区 18 号地住宅建设项目（丽景长安项目）是门头沟区高档商品住宅项目，坐落在北京市门头沟永定镇，该地块东临三石路，北靠石龙西路。项目部负责施工 1、2、7~10 号住宅楼及地下车库，总建筑面积 12 万 m^2。住宅楼全现浇剪力墙结构，地上 10~11 层，地下 2~3 层，标准层层高 2.9m；车库框架-剪力墙结构，地下 3 层。住宅室内精装修到位，外檐干挂石材。工程项目于 2011 年 4 月 10 日开工，于 2013 年 10 月 8 日竣工。

2. 成果背景

石龙工业区 18 号地住宅建设项目，是近年来住总开发的首个精装修商品房工程。面对当前竞争激烈的商品房市场，开发公司希望以此为契机，打开北京市房地产行业的中高端市场。然而，多年来粗装修交用的竣工标准，已在施工单位形成思维定式。我们必须认真分析精装修施工管理过程，运用切合实际的项目管理方法，实现经济效益与社会效益的共同目标。

二、选题理由

本工程是精装修商品住宅，投标报价相对较低、施工工期紧、精装质量标准高。尤其在精装修阶段，20 多家专业分包单位，同时在现场为建设项目施工，协调管理难度相当大。因此，做好前期策划，加强项目管理，提高沟通效率才能确保项目施工的正常运转。通过两年多的努力，最终满足了业主对工期、质量的要求。特别是对精装修的施工管理过程摸索出了一些切实可行的管理经验，可为类似工程提供借鉴。

三、实施时间

实施时间：2012 年 7 月~2013 年 10 月。

分阶段实施时间：

管理策划：2012 年 2 月~2012 年 7 月。

管理措施实施：2012 年 7 月~2013 年 10 月。

过程检查：2012 年 7 月~2013 年 10 月。

成果总结：2013 年 11 月～2013 年 12 月。

四、管理重点和难点

1. 管理重点

（1）进度管理

工程于 2012 年 10 月下旬全面进入室内精装修，与小业主交用时间是 2013 年 10 月底。其中扣除冬歇期的时间外，还要穿插进行屋面外檐装修、小区园林景观、市政管线等施工，同时，还要配合建设单位组织的业主看房活动以及进行竣工验收备案的相关手续。因此，对项目进度管理，在工程施工计划、工序安排、材料进场、施工组织以及对分包方的管控等方面提出了很高的要求：精装阶段进度必须加强预控，紧前安排，为竣工验收阶段留出充裕的时间。

（2）质量管理

随着商品房价格的持续上涨，在北京拥有一套生活居住用房已成为百姓生活中最昂贵的商品。因此，住户对住宅的质量要求再也不仅仅是结构安全与使用功能，而且对房屋的美观、舒适、节能、环保等提出了一系列更高的要求。本项目工程属于精装修住宅，施工过程涉及很多项装修做法，各施工环节质量标准高，但各种施工工序仍然是以常规的手工操作为主，稍有偏差，就会影响品质。因此，必须加大施工质量的控制力度，提前考虑各施工工序质量控制要点，做好工序交接，组织好各施工单位的成品保护工作。

2. 管理难点

（1）本工程参建的分包单位多，除土建及水电劳务队外，还有 2 家精装修分包、2 家外檐分包、卫生间防水、铁艺栏杆、天辽门窗、蒂森电梯、地采暖、消防喷淋等 20 多家专业分包单位，整个工程协调沟通工作量较大。

（2）迫于工期压力，建设单位及时插入了园林景观与市政管线施工，造成装修阶段可利用的施工场地十分狭小，施工道路也是时有切断，内、外檐装修材料量大品种较多，材料进场时间就要统筹安排，选择合理的时间段及时运输至作业面，确保储存、存放布局合理，使用便捷得当，保证生产的有序进行。

（3）管理人员对精装修方面管理经验相对匮乏。在集团范围内，我们接触住宅精装修工程机会很少。而且，项目部年轻管理人员多，有些方面还需边干边学。

五、管理策划及创新特点

1. 管理策划

（1）进度管理策划

依据精装修工程特点，生产部门编制《装修管理策划书》，首先认真分析项目实施条件，规划现场布置，明确目标指标，筛选有效的施工方法，确定各种装修机具，进行劳动力动态分析，编制施工进度节点计划，测算主要材料用量和进场时间等。以策划为基础，全面有序推进工程进展。依据《策划书》编制施工进度总计划、年度计划、月度计划，再细化为周计划和日计划。

劳动力根据进度计划、现场作业条件进行合理分配，重点考虑施工队伍"麦收和大秋"的因素，在合同约定明确"麦收和大秋"期间的劳动力数量及未履约的罚则，确保计划的落实。

整体管理模式调整为栋号管理模式，关口前移，以栋号为单位，每栋号配备 3 名施工员，全面负责该栋号技术质量、进度、安全、文施、材料节约和施工资料编制工作，建立栋号考核机制，并与个人经济收入挂钩。

（2）技术质量管理策划

技术组认真审核施工技术方案，对于成品效果要求各栋号统一一致，方案中不明确的细部做法，要求补充细化，认真检查落实。技术组重视方案交底工作，并加强过程检查确保方案严格执行。对不按方案执行且没有正当理由的，对责任人进行处罚，并限时整改。

认真执行"周看图日"制度，每周利用两个半天集中看图，通过看图，加强对设计意图的理解、提高按图施工的意识，杜绝"三违"施工。

专业分包队伍进场施工前，由质量组编制《精装修质量管理办法》，并向分包管理人员交底，总分包质量管理人员确认无误双方签字盖章，并在施工过程中严格执行。

装修阶段必须落实各项行之有效的质量管理制度，如样板引路、质量合署办公、质量联检、分户验收与实测实量等制度。

成品保护是精装修作业过程中必须慎重考虑的问题。正确的施工顺序是搞好成品保护的前提，每一道工序都对上道工序负有成品保护的责任。没有好的成品保护意识，各工序之间就会互相交叉污染，既直接影响装修质量，又间接影响施工进度与项目成本。因此施工操作人员、项目管理人员必须将行之有效的成品保护措施落实到每一个施工工序之中。

2. 创新特点

（1）重视团队建设，研究制定项目人才培养计划，坚持开展业务培训、坚持"每人讲一堂课"、坚持导师带徒等制度。从每个部门选拔一名有潜质的业务骨干作为重点培养对象，为他们搭建人才展示平台，指导他们建立个人职业规划，形成项目人才梯队。

（2）研究制定项目考核机制、激励机制，充分调动管理人员参与项目管理的积极性，奖优罚劣，使每个项目员工都能分享到通过自身努力工作而得到的优秀经营成果。

（3）根据集团、公司项目管理手册研究制定项目管理办法、岗位职责、工作流程，并在实践中不断改进完善，形成项目独特的管理体系。

（4）严格履行劳务、专业、材料招标及合同签订的有关程序，遵循无合同单位不得进场的原则。强化执行力，督促分包人及时完成合同备案。确保每一个分包单位都有规范的合同约束。

六、管理措施实施及风险控制

1. 进度管理措施实施及风险控制

精心策划组织生产，编制装修工程施工进度计划，根据计划确定主要施工节点，提前编制劳动力计划、专业分包进场计划、物资总采购计划并确定进场时间，需要集中招标的提前三个月上报，其他的提前一个月。集合厂家丰富资源积累的优势，综合考虑厂家质量、资金、服务等方面，为施工进度提供保证，降低成本风险。

在装修过程中，项目部加大计划执行力度，定期考核，及时纠偏，确保计划的严肃性，确保项目进度与成本可控。依据施工图纸、施工组织设计、专项方案和施工进度计划，编制分项工程材料进场计划。施工前由预算部门按栋号提供材料数量清单，技术组负责翻样统计，生产组计算材料实际用量，比对分析后确认执行。栋号负责人编制月度材料需用计划，材料组执行限额领料制度，每月对材料用量进行分析，发现问题提前预警。

在精装修阶段，采用栋号管理模式后，施工员分工明确，质量、进度、安全、文施、成本等责任逐一落实到人，一有偏差或闪失，都能直接找到责任人。使管理人员加强了责任心，自觉的对工作提高标准。另一方面结合装修阶段施工特点，制定了质量、进度、安全等各方面的评价指标，每2个月考核一次。依据考核结果，动态调整工资，或者调整工作岗位。这一做法激发了管理人员的工作积极性，对工程任务进展始终保持平稳、高效的状态起到了重要作用。

2. 技术质量管理措施实施及风险控制

坚持样板引路制度：项目部按照装修方案中已确定的样板计划，在各楼二层西侧第一户为装修样板间，第二户为各工序样板间。在开始施工前项目部技术组作样板质量策划，并做好样板作法交底；通过工序样板间、装修样板间明确了施工做法、成品的质量标准，考查了作业班组素质，同时在样板施工中发现的问题还得到了及时研讨，调整施工。

坚持质量联检制度：质量员、施工员跟在作业面，管到操作者，质量员和施工员切实负起责任检查到位，出现问题后及时找出原因制定整改措施，持续改进。项目每周组织一次质量联检，质量联检管到关键工序，管住关键环节。通过联合检查，对发现的问题，利用多媒体手段，通过投影的形式讲评，直观深刻加深印象。每次检查形成记录，问题限期整改，整改完毕报验复查。对于因质量问题需要返工的，要测算损失并加倍处罚，用经济手段提高管理人员和外施队的质量意识。

坚持质量合署办公制度，项目部将两家精装修分包单位质量管理人员纳入项目部统一管理，专门安排一间合署办公室，根据施工进展组织早晚碰头会，记录合署办公情况。每天早8点前项目部质量员与分包单位质量员在项目部合署办公室集合，由项目质量员对当日施工工序进行重点交底，并由分包申报验收项目，计划报验时间；每日晚5点回到合署办公室总结当天施工质量情况，好的地方两个精装修分包相互借鉴，有问题的细节集思广益研讨预防措施与处理方式。每周三下午4点召开质量例会，项目部生产质量系统管理人员与分包方管理人员到场，先由分包汇报本周生产质量情况，以及项目部管理不足之处，再由项目部管理人员针对问题逐一点评分析，不足之处及时调整改进。

认真落实"分户验收"与"实测实量"，项目部根据集团实测实量工作要求，提前编制了精装修的实测实量方案。依照方案要求，将实测实量与检验批、分户验收结合起来，既做实了检验批的验收工作，也为分户验收提前做好了准备，起到了实测实量工作应有的作用。另外通过实测实量工作的开展，确实能在施工过程中减少质量缺陷，比如在前一房间发现了问题，就深刻分析原因，找到症结，采取措施，基本能有效避免后面装修出现同样问题。

精装修施工各工序都涉及成品保护工作。项目部首先按正确的施工流程组织施工，编制计划过程中始终有成品保护意识，工序安排遵循从上到下、先湿后干。装修阶段专业分包单位较多，包括装修、给排水、强电、弱电、通风、消防、玻璃幕墙等等，进入装修前项目部提前协调好各分包的施工安排。其次，到了竣工收尾阶段，由施工员认真统计每个单位工程所剩余的施工内容。从顶层开始进行收尾施工，完成一间锁好一间，完成一层，封闭一层，完成一个单元关闭一个单元。严格执行成品保护制度，各楼配备成品保护人员拿好各户钥匙，没有装修通行证的人员不得进入楼内。同时还加强了对施工作业人员的进场教育，提高他们的成保意识。如有设计变更调整，各分包与总包单位必须及时沟通，尽可能减少成品破坏。

本工程在全部施工过程中成功运用了建筑业10项新技术中的18个子项。通过新技术的应用，完善了设计，提高了施工质量、降低了工程成本、加快了施工进度，同时培养锻炼了一批技术管理人才。在施工管理方面，加强新技术过程控制，严格验收程序，及时总结经验。对于所有新技术、新工艺均编制单项技术方案或工艺指导书，请公司总工、技术质量部门有关人员参加研讨并审核方案，确保了方案的先进性、技术合理性。以先进的施工技术、新材料，推动工程质量的提高，也取得了明显的经济效益、降低生产成本，该工程造价26813万元，新技术创造经济效益数额为154.3万元，综合效益率5.7‰。

七、过程检查和监督

施工过程中，加强过程检查和监督，每周召开联检例会、生产例会、安全例会、质量例会，及时解决施工中出现的问题，确保装修工程优质、高效、圆满完成。市建委、区监督站等执法部门数次来我项目部检查指导工作，给我们提出一些建设性意见，同时工程也给各位专家留下了良好的印象。

八、管理效果及评价

通过精心策划，科学管理，该工程于2013年10月底按期竣工交用，得到了建设单位和业主高度评价，入住率达100%。

（1）工程荣获2013年结构"长城杯"银质奖，并于2013年底通过建筑"长城杯"金质奖检查。

（2）工程荣获2012年北京市文明安全工地。

（3）项目部荣获 2012 年集团施工现场料具管理达标优胜单位。

通过石龙工业区 18 号地住宅工程建设，项目部更加坚定了践行北京住总"建房人永远想着住房人"的宗旨。通过精心策划、科学管理，圆满地完成了精装修住宅施工任务。在今后的施工中，我们将继续努力，把每个工程都要建设成为"过程用心、政府放心、百姓安心"的精品工程。

弘扬园林文化 展示造园精髓

——北京市花木有限公司中国园林博物馆室外展区工程二标段项目

尹衍峰 黄亚玲 高明伟 田 斌 谢思妤 倪志伟

【摘 要】 本文从中国园博馆室外展区工程二标段的施工过程及成果介绍入手，结合施工过程中的质量控制、经济控制等管理手段，分析管理中的可取之处，对今后园林绿化工程的项目管理具有借鉴性和指导性。

【关键词】 植物配置；施工管理；成本效益

北京市花木有限公司成立于 1956 年，公司现有职工 406 人，其中专业技术人员占 75％。公司原隶属于北京市园林局，2004 年经北京市政府调整划转到北京城建集团旗下，由事业单位转为国有企业。公司现为国家城市园林绿化一级资质企业，是以"花卉和苗木科研、园林工程设计、园林绿化、市政工程施工"为主的综合型园林企业。公司下辖有"苗圃、花圃、花卉研究所、园林设计所、花店、园林喷泉喷灌和园艺公司"等基层单位。50 多年以来，公司始终承担着北京天安门广场、北京长安街沿线重大节日的花坛摆放工程，以及党和国家重大会议（庆典）、北京市委市政府大型活动花坛摆放和绿化施工任务。作为北京唯一一家具有悠久历史的花木专业公司，以先进的技术、精湛的技艺、多姿的色彩、优质的服务，长期赢得了中央领导、外国政要和中外游客的广泛称赞。先后荣获数十项首都绿化美化"精品工程奖、优质工程奖"。

一、背景与选题

1. 工程简介

中国园林博物馆是中国第一座以园林为主题的国家级博物馆，位于北京市丰台区鹰山脚下，永定河畔。自 2010 年开始筹建，于 2013 年 5 月开馆运行。占地 6.5 万 m^2，建筑面积 49950m^2，由主体建筑、室内展园与室外展区三部分组成。

园博馆作为公益性永久文化机构，是收藏园林历史文物、弘扬中国传统文化、展示园林艺术魅力、研究园林价值的国际园林文化中心。园博馆以广大市民、中小学生和国内外旅游者为主要服务对象，并兼顾园林专业工作者，将全面展示中国园林悠久的历史、灿烂的文化、多元的功能以及辉煌的成就。中国园林博物馆以"中国园林——我们的理想家园"为建馆理念，旨在展示和传承博大精深的中国园林艺术，弘扬优秀的民族传统文化，见证中华民族的伟大复兴，中国园林博物馆室外二标段是园博馆室外展区的精髓部分。

中国园林博物馆室外展区二标段位于丰台区射击场路，项目建设总面积 21171m^2。其中绿地面积 19960m^2，道路铺装面积 1211m^2；项目总投资 2348 万元，本工程自 2012 年 8 月 31 日施工至 2013 年 5 月 10 日竣工，共历经 253 天。施工主要内容包括场地平整、地形土方、绿化种植、灌溉、园路工程、水池驳岸、跌水、山石蹬道、园林照明等工程内容。

中国园林博物馆室外展区二标段根据不同区域，划分为"半亩轩榭"、"四季庭院"、"染霞山房" 3 个区域，其中"半亩轩榭"和"四季庭院"为平地景观，配合水池驳岸、跌水、微地形等形成景观；"染霞山房"为山地景观，配合山石蹬道及坡地种植形成景观，如图 1～图 3 所示。

2. 工程相关建设单位

建设单位：北京市公园管理中心。

图 1 半亩轩榭图 1

图 2 四季庭院图

图 3 染霞山房图 1

施工单位：北京市花木有限公司。

监理单位：北京方圆工程监理有限公司。

设计单位：北京山水心源景观设计院。

3. 设计理念

针对园博馆的绿地特点，从场地条件、展会期及展会后的不同需求出发，充分挖掘传统植物文化内涵，结合各类应用方式，重点突出，以自然式精细配置为主配合绿化种植营造多层次、多季相的四时绿化景观。

4. 选题理由

整个施工过程精细，注重新技术、新工艺、新材料的运用。符合实施方案、施工设计方案要求的数量、规模和布局，没有超规模建设，建筑标准和质量符合相关要求，施工细节考虑游人安全，体现以人为本的理念。得到社会各方的认可和好评，建设成效显著。

二、管理重点和难点

1. 工程重点和难点

（1）设计方案变更大，设计周期短，需要边设计、边施工。项目部凭借丰富的植物造景经验优势，组织景观设计师、结构等专项工程设计师与植物工程师共同围绕设计理念营造丰富的生态景观。

（2）需要应对雨季、冬季施工、反季节栽植、分项工程交叉作业、工期紧张等诸多困难。

（3）分项工程多，涵盖建筑工程、庭院工程、园林绿化、给排水工程等。各专业需要在短时间磨合，交叉作业。

在施工过程中，项目部认真分析管理要因，制定可行性计划，成员各司其职、团结协作。严格执行《建设工程项目管理规范》和国家有关标准、规范，施工前制定了完善的安全生产和文明施工条例，雨季施工应急预案等，在现场张贴醒目警示牌，危险源边设置灭火器，并组织现场演习。

严格按照安全规范施工，最终做到零质量、安全和环保事故。积极响应北京市政府《绿色施工管理规范》要求，注重绿色施工，优化施工方案，节能减排，提高能源利用率。

2. 施工管理重点

（1）土方施工：

室外展区二标段占地 21171m²，要想在小面积内营造大的园林景观，就需要借助地形处理来增加空间感，设计方案中，地形的设计最高处为染霞山房，相对高差约为 20m，现场进购 13000 多立方米种植土，营造丰富的空间变化的园林景观。

（2）绿化、景石等施工：

绿化施工从 2012 年 8 月 31 日正式开始，提前 2～3 个月对大规格苗木进行断根处理，以保证全冠移植效果。栽植花卉、地被前对绿地进行土壤改良，加入草炭土来改良土壤，增加土壤肥力。

景石为精心挑选的太湖石，以整石入场，现场堆叠。体现硬质景观艺术性和植物景观的结合。

三、管理策划及创新特点

在施工过程中，项目部严格制定了质量、安全、工期、技术创新、成本等管理目标，并严格执行。

质量目标：严格按照投标文件"合格"要求，争创优质工程。

安全目标：实现安全施工，"零事故"。

工期要求：严格按照合同工期要求。

技术创新：采用新技术、新工艺、新材料、新设备，摸索大树提前断根等关键技术。

成本目标：项目成本降低率达 15%，实现经济效益与社会效益"双赢"。

1. 新技术引进和推广

绿化施工难点是大规格苗木全冠反季节移植，采用的主要措施是对大树进行提前断根：在每年冬春季节，对成排苗木的根系外缘部土壤进行开沟，斩断横向发育过长的根系，然后回填土壤。使得苗木根系在预定的土球范围内生长，防止地下部根系纠结在一起，同时使苗木以前受伤根系得以愈合，以利在移植时提高成活率。

（1）移植方法

一是对边缘树种进行少截冠、力争全部成活的安全移植。二是对大规格树种油松、白皮松、银杏等保持全冠或基本全冠移植。三是对灌木紫叶稠李、黄栌、密冠卫矛等采用全冠移植。在运输前对大树进行疏枝剪叶，喷施 S-ABA 抗蒸腾剂减少蒸腾量。施工现场树穴挖出后在穴底放置陶粒、砂子等解决现场土壤过黏问题，栽植完毕后，在土壤上端放置排水管，增加透气性，如图4所示。

图4　全冠移植图

（2）移栽措施

① 提高树势。起挖前一周进行充分灌水，提高树体含水量并润湿土壤。特殊树种及超大规格树木，要提前进行注干输入营养液。

② 抑制蒸腾。阔叶树及流胶不明显的针叶树，利用"园林科研所输液瓶"输液系统，配制 50ppm S-ABA 溶液进行树干注入为期 3～4 天。流胶明显的针叶树及无前期处理的苗木，于起挖前 0～2 天用 500ppm S-ABA 溶液喷施树冠整体。

③ 根部处理。用国光根动力 1 号 200 倍（或 GGR6 号 100 倍）溶液喷施根部诱导大树快速生根。用"根灵"600 倍喷施土球防根腐。喷整个土球或重喷根切面及须根细根系。

④ 定植。提前一周挖好树穴成倒"锅底穴"，用土壤消毒剂对土坑消毒，用草炭土混少量珍珠岩与原土混合作为回填种植土，考虑冠形进行枝叶修剪后施用蒸腾抑制剂，对损伤树皮及时进行消毒涂膜处理然后困扎，对排水要求高的大型乔木可在丛植区开挖环绕型排水沟填充排水介质并在土球周边设置充足土壤以利发根。

⑤ 后期养护。栽植当天：分层回填下实上疏，打包绳在保证不散坨的前提下尽量去除，设置排水管注意与填土层结合紧密。浇水注意补土封口缝，对大型乔灌木输入补充营养液。栽植一周内：抑制蒸腾注意补喷，干热及大风天气应喷淋降温，检查支撑是否稳固、缺土或有伤枝。

2. 新材料的使用

（1）室外展区水系池底采用三元乙丙橡胶防水卷材。该材料具有以下优点：

一是优异的抗老化性能、使用寿命可达 50 年，极高的延伸率，拉伸强度比较高，热处理尺寸变化小。二是耐植物根系穿透性好，可做成种植屋面防水层。三是特殊的改性分子结构，有效的解决了目前国内外三元乙丙胶粘剂搭接存在的不足问题。四是低温柔韧性好，适应环境温度变化性能好。五是施工方便、搭接牢固可靠、无环境污染。六是耐化学腐蚀，可应用于特种场合。七是维修方便，成本低；细部处理方便；抗穿孔性好。

（2）室外展区采用多种新优植物品种

室外展区创新特点在于按照各种园林不同的需求选择不同的植物采用多种新优品种及汲取植物寓意

及意境表现的手法进行植物配置突显了北方园林中的山地园林、平地园林和水景园林的特点，如图5所示。

图5　室外展区图

染霞山房主要表现"雁翅不禁疏雨湿，枫林初染早霞丹"的秋景，植物既有元宝枫、黄栌，银杏，五角枫等传统秋叶植物，也有"丽红"元宝枫、"砖红"白蜡等秋季红叶的新优植物，及紫珠、金银木等招引鸟类的浆果植物。山房山顶是秋天登高赏月的佳境，为体现"筛影邀月"的意境，种植有吴茱萸，借此表达诗人王维《九月九日忆山东兄弟》中"遥知兄弟登高处，遍插茱萸少一人"的兄弟之情，如图6所示。

在半亩轩榭周边的北方平地园林中，设计师主要用植物表现中国北方绚丽的春景，种植以桃、李、杏、梅、樱花等观春花植物为主，体现"桃李杏春风一家"。既有山桃、山杏、"丰后"梅等传统园林花卉，也种植了"照手姬"、"照手红"、"品红"、"品霞"等新优碧桃品种。北方水景园林的水系周围植物以柳树、桃树等依水植物及荷花、睡莲、菖蒲等水生植物为主，如图7所示。

图6　染霞山房图2

图7　半亩轩榭图2

四、管理过程实施和风险控制

1. 精心策划，制定管理目标

项目部根据施工组织设计，制定了切实可行的进度目标、质量目标、安全目标、环保和文明施工的目标。通过科学组织，实现保证施工进度；坚持技术创新，实现质量目标；严格要求，保证施工安全；注重环保施工，在施工过程中认真落实北京市政府《绿色施工管理规范》要求，保证现场清洁，建造花园式工地。

2. 科学组织，实现管理目标

对建筑分包商在签订分包合同和安全文明施工责任书后，严格按照相关遵守规范规程进行管理。充分发挥自身技术力量，深化图纸，组织技术负责人和技术人员对关键环节编写了专项实施方案和技术交底，召开技术专题会，对方案进行比选。

3. 落实安全生产责任制

施工中严格执行《建设工程项目管理规范》和国家有关安全生产法规，施工前制定完善的安全生产责任制和文明施工条例，雨季应急、消防、环保预案操作性强，并提前组织现场演习。最终做到了"施工质量、安全生产和环境保护"零事故。

五、管理过程检查和监督

1. 严格要求，保证安全生产

项目部建立项目经理总负责的安全生产管理体系，要求每支进场的外施队必须设置专职的安全员，落实安全生产责任制，分层签订项目部与外施队、外施队与班组的安全生产协议，落实安全交底与班前讲话制度，对重点工序、重点部位全面检查、旁站监督。

2. 合理计划，保证施工进度

坚持每周一召开"例会"制度。汇报上周计划完成情况，提交下周计划，并每日在现场做好后续工作计划和准备。为保证质量，现场全部混凝土均采用商混，由于工地周边工期集中，要求分包商做好计划，提前预订，保证施工进度不受影响。

3. 精益求精，打造样板工程

该工程作为第九届国际园林博览会中的亮点工程，各级领导都很重视，多次到施工现场进行视察。项目部在施工现场设置项目标志牌，制定了完善的管理制度，层层落实，力争将该项目打造为公司样板工程。

六、实施效果和主要收获

（1）项目部克服了雨季施工、反季节栽植、分项工程交叉作业、工期紧张等诸多困难，受到甲方、设计、监理一致好评。

（2）展览后每天接待游人数以万计，创造了良好的社会效益。

（3）项目部从材料采购、现场机械、物资管理、施工流程优化等措施有效地控制成本，工程款回收率达95%，取得了良好的经济效益。

（4）通过此次施工，锻炼了团队协作能力和建筑、道桥分包的管理能力，更加坚定了承接更大型的综合景观工程的信心和决心。

（5）对此次工程中应用的新技术、新材料、新工艺有了深刻的认识，对其进行总结、积累、延伸，更好地应用到今后的工程项目中。

（6）获得北京市园林绿化企业协会授予的"2013年年度精品工程"证书。

强化过程控制 提高项目管理水平

——北京住总集团有限责任公司石龙工业区 18 号地建设工程项目

周德富 邵满和 王 健 郭 明 刘 阳 王霄鹏

【摘　要】　本文详细总结了石龙工业区 18 号地建设工程的管理措施及实施效果。介绍了项目部围绕工程目标，开展的一系列卓有成效的策划、执行、监督、检查工作及具体实施措施。为普通住宅项目的施工管理，提供了有益的参考。

【关键词】　精心策划；细致管理；提高项目管理水平

一、工程概况及成果背景

石龙工业区 18 号地建设工程位于门头沟区石龙西路南侧，由北京东方双龙时代置业有限责任公司开发，北京市建筑设计研究院设计。是一个由 5 栋高层住宅、部分地下车库及 1 栋配套商业楼组成的群体商品房住宅小区，如图 1 所示。总建筑面积约 67000m²。

图 1　效果图

近年来，建筑市场竞争日趋激烈，施工材料及人工费不断上涨，利润空间越来越小。项目部要想在竞争中立于不败之地，获得持续性发展，必须提高自身管理水平，降低工程成本，保证工程质量，按时优质高效地完成工程目标。

二、选题理由

石龙工业区 18 号地建设工程作为北京东方双龙时代置业有限公司投资兴建的商住一体化大型住宅

小区，其定位高端。公司领导对项目部的施工管理提出了较高的要求。为切实提高项目管理水平，树立品牌形象，提高市场竞争力，项目部在总结以往管理经验的基础上，进行认真分析，提出"精心策划、细致管理"的管理方针，通过加大成本策划，优化施组方案，加强过程管控等方式，保证经营成果，完成工程目标，取得社会效益。

三、实施时间

总实施时间：2010 年 8 月至 2014 年 10 月。

策划实施时间：贯穿整个管理实施过程。

执行实施时间：2010 年 10 月～2014 年 10 月。

纠错实施时间：2010 年 10 月～2014 年 10 月

四、管理重点及难点

1. 结构方面

（1）本工程 5 号楼、6 号楼、11 号楼地下为连体车库，地下防水施工为工程的重点控制对象。

（2）处理好后浇带和沉降缝的施工质量，后浇带及地下设备层外墙管线处防水的处理，是本工程的难点。

2. 建筑方面

外墙聚苯板保温、内隔墙轻质隔墙、二次结构抹灰，屋面 SF 憎水膨珠保温砂浆，材料众多，工艺复杂，合理组织施工是重点。

3. 专业方面

车库内通风工程与其他专业交叉多，管线的排布是本工程的管理重点。

4. 安全方面

（1）工程栋号较多，结构施工采用外挂架，安全防护、外挂架工程是施工安全的管理重点。

（2）工程竖向采用大模板施工，吊次较多，群塔施工的安全管理，是施工的一项重点。

5. 绿色施工方面

施工现场与住宅小区相邻，需尽量避免施工扰民及施工扬尘。

五、管理策划及创新特点

1. 结合工程特点，制定工程目标，细化责任，明确节点

根据建设单位和企业管理部门下达的项目管理目标责任书要求，项目部制定了工程项目管理的目标，明确了责任人，确定了完成时间，见表1。

项目管理目标值 表1

项目	目 标 值	责任人	完成时间
工期	2014 年 10 月竣工	王健	2014 年 10 月
成本	确保工程投资不超额	周德富、刘阳	2014 年 10 月
安全	零事故率	郭明	2014 年 10 月
质量	北京市结构长城杯	王健、王霄鹏	2014 年 10 月
功能	满足使用功能，客户满意度 95％以上	周德富、王健	2014 年 10 月
文明施工	北京市安全文明工地	郭明、邵满和	2014 年 10 月
环保	施工材料绿色环保	邵满和	2014 年 10 月

2. 多方讨论研究，优化施组方案，降低成本，指导施工

施工组织设计及专项施工方案的编制，决定着工程施工的整体情况，一份好的施工组织设计和施

工方案是工程项目降低成本，确保工程目标的重要依据。项目部由技术部门牵头，生产、安全、环保、材料、预算、质量等重要岗位部室参与，按照国家相关标准、行业相关规范，结合本工程实际施工情况，编制切实有效的施工组织设计及专项施工方案。

3. 坚持周看图日制度，提前发现问题，研究措施，及时处理

项目部将每周一设为看图日，各职能口及外施队认真翻阅图纸，并以文字形式反映本周施工问题及图纸问题，项目技术组积极与设计单位及各职能部门，针对问题进行讨论，落实问题处理措施，并于周二予以回复，保证施工前技术措施得以落实。

六、管理措施实施及风险控制

1. 细化进度计划，建立保证体系，确保工期目标

建立完善的生产计划保证体系，工程进度控制工作由项目经理主抓，生产经理主持日常工作，主任工程师和经营经理协助此项工作。制定月进度计划及周进度计划，各分包单位每周及时上报周进度计划，每周监理会及生产例会讨论计划的实施、调整及落实情况。合理安排各种工序的穿插施工，按照施工进度计划对关键工序的工期进行控制。加强技术质量管理，每道工序严格把关，避免返工，保证工期。

2. 做好经营策划，确定控制节点，保证收支平衡

项目部工程成本主要由劳务费用、材料费、机械费、能源动力消耗、安全文明施工及相关措施费构成，项目部经营部门在开工之初提前做好经营管理策划，确定经营管理控制重点环节，做好预控。在签订二级合同时尽可能做到以收定支。经营过程中做好成本分析、成本核算，进行四算对比，经营情况做到了如指掌。同时做好资金收支管理，按月做好成本归集，做好分包、分供方的预结算，合理使用资金，统筹兼顾，做到资金的收支平衡。

3. 加强宣传教育，完善制度体系，确保施工安全

项目部严格按照北京市建委《关于加强农民工安全教育培训考核管理的通知》和集团公司作业人员入场教育"五步法"安全管理流程的工作要求，制定项目部培训计划，认真开展入场人员安全培训教育工作，保证作业人员基本素质和安全教育考试合格，促使全体作业人员提升安全意识，增强自我安全防范能力。建立了以项目部经理为第一责任人的安全生产组织体系，设置了安全管理机构，建立了总分包一体化合署办公制度，落实安全管理责任，编制了有针对性的管理制度、总应急预案和各分项应急预案，保证了项目安全体系的正常运行。

4. 技术先行，样板引路，保证工程质量

坚持方案先行，每项工作开始前，经各部门讨论，确定施工方法，编制有针对性的施工方案，完成审批并进行交底，施工过程中严格按方案实施。每个分项工程都要在开始大面积操作前做出示范样板，包括样板墙、样板间、样板件等，统一操作要求、明确质量目标。并根据样板和《建筑安装分项工程施工工艺规程》，由技术负责人对工长和班组长进行详细的书面技术交底。

5. 加强绿色施工，注重企业形象，争创样板工地

项目部明确责任区三包制度，办公区、生活区及现场均有专人清扫，并由责任人直接负责；施工现场设置封闭垃圾站，将施工垃圾与生活垃圾分类存放，由材料组安排符合要求的准运车辆进行统一清运。施工现场按照集团VI形象标准设置绿色施工及各项宣传牌，统一项目部各项标示及标语。管理制度、岗位职责、组织机构等均上墙公示。还将办公区域的土层进行绿化，既起到了降尘的效果，又提供了良好的区域环境。

根据《建筑施工安全检查标准》（JGJ 59—2011）标准和《绿色施工管理规范》，项目部对现场主要道路均进行了硬化，安排专人进行洒水降尘，材料存放区进行围挡并进行标示，生活区与施工区按规定分开，并使用围挡进行封闭。达到绿色环保要求。

七、过程检查和监督

1. 生产例会制度

项目部每周组织生产例会，对各分包单位及各专业施工队伍就工程的工期、质量、安全、材料供应等进行组织协调。确保施工任务优质、高效、圆满完成。

2. 质量联检制度

项目部每周组织一次质量联检，通过检查发现问题，组织质量分析会，对出现的问题找出原因，制定改进措施同时再次进行交底，在后续施工中作为重点检查项目，逐步改进。

3. 安全检查制度

项目部制定各项安全检查制度，定期不定期进行安全检查工作，定期召开安全生产办公会议，及时查找安全隐患，严格按照"四不放过"原则进行处理，分析隐患原因，制定可行的整改方案，"定人、定时、定措施"循环跟踪检查，消除"三违"行为。

4. 实测实量制度

紧随工程进度落实实测实量工作，实测项目包括：结构施工期间层高垂直度，表面平整度，墙身位置，截面尺寸等；装修期间墙面垂直度，阴阳角垂直度，墙面平整度，地面平整度，净高，开间净深，阴阳角方正等项目。每月进行实测实量数据统计与总结，并将统计结果下发，明确计算出各栋号各工序合格率与不合格率，分析质量波动情况，查找质量控制重点与薄弱点，利用每月质量分析会，集中分析质量通病，寻求控制方法。

八、管理效果及评价

石龙工业区 18 号地建设工程，通过精心策划、细致管理，提高了项目部管理水平，完成了工程管理目标，取得了较好的社会效益和经济效益。并获得了如下奖项：

本工程已获得的主要奖项有：

（1）2012 年度"北京市文明安全工地"。

（2）北京市结构"长城杯"。

高原施工过程的"人本"管理策略

——北京金港建设股份有限公司神农架机场项目房建一标段

李秀峰　刘建东　程　进　段胜岭

【摘　要】　通过"人本"策略的实施，项目进展顺利，在合同期内完成了施工，质量合格，经济收益超出预期目标。施工期间无一重大安全事故，无一伤亡，无一法律纠纷。在管理实施过程中，逐渐树立了金港的品牌形象，赢得了机场指挥部的肯定和业内同行的尊重。

【关键词】　高原施工；"人本"策略；精神力量；集体凝聚力；管理"软实力"

一、工程概况及成果背景

1. 工程概况

神农架机场建设工程（一标段）位于湖北省神农架林区—将军寨一带，建筑面积为 6217m²，包括航站楼工程，航管楼、塔台建筑及配套工程，结构类型为钢屋架。该工程于 2012 年 8 月 10 日开工，2013 年 9 月 26 日顺利通过竣工验收，如图 1 所示。

图1　神农架机场航站楼全景图

2. 成果背景

项目位于世界闻名的神农架林区，当地特殊的自然环境和现实条件给项目管理带来了前所未有的挑战。

（1）气候条件极其恶劣。施工现场处于林区险峻的山峰之上，海拔 2580m；天气变化多端，年冰冻期达150d左右，10月下旬气温就降到0℃以下，最低气温达零下20℃，风力6、7级，多雨雾。

（2）交通不便。项目所处地区地形险要，基础设施落后。距离最近的木鱼镇需要1.5小时的崎岖山路。材料采购要到260km外的宜昌或到350km的武汉，由此使得周转材料和原材料价格昂贵，给项目的进度管理和成本控制管理造成了极大的压力。

（3）施工和生活困难。现场经常发生电力故障、电话网络故障，以及自11月份到来年5月份就无法供水等一系列现实，不仅给现场施工带来了难题，更让现场人员几乎与世隔绝，生活和工作都要克服平常难以想象的困难。

（4）气候条件引发的技术难题。安装钢结构的时间是2012年10月12日，建筑设计异型，结构复杂，实施比较困难，四根长42m的屋架梁交于空中，温差的变化导致安装的误差。

现场有6个标段，其他5个标段开工较早，管理人员和劳务人员更换和流失严重，在这样的环境下，现场施工面临巨大困难，必须因地制宜进行相应调整，对于人员的管理和人力调配就显得格外重要。

二、选题理由

针对项目独特的外部条件，管理者在管理实践中不断摸索总结，逐步形成了一套以人文管理为基础、充分发挥人员主观能动性的"人本"管理策略，并应用于项目管理的实施，取得了良好的效果。这一管理策略不仅充分体现了我公司"培养塑造优秀人才、回报社会"的企业文化，更使项目得以顺利进行，完成了预订目标，为其他项目的施工管理提供了可行的经验。

三、管理重点

根据上述项目背景中的管理难点，该成果的管理重点是：

1. 技术革新和质量控制

因地制宜，创新改进技术，适应高海拔低温天气的施工。由于昼夜温差大，钢构件伸缩变化大，通过各方搜集资料和不断的实地实验、检查、测试，项目管理人员找到了解决问题的方法：每天上午10点到下午14点，这个时间段钢构件的伸缩误差几乎为零，空位精准，摩擦面紧密贴合，满足了施工质量，受到了设计师的好评，如图2～图4所示。

图2　航站楼钢结构深化设计效果图

图3　异型钢安装实例图

2. 安全管理

不止保证施工的安全，也要保证在施工现场的所有管理人员的安全；人人都有安全意识，全员参与安全管理，在施工现场只要有工人操作就有管理人员在场监督，安全交底交到每一个工人。

3. 成本控制

鉴于材料采购运输不便，项目经理、技术负责人、生产经理、商务人员、材料员共同研究图纸，编制材料计划，材料采购的数量准确性达到100%，提高材料进场及时性，避免库存和二次倒运，利用配货和材料混搭，充分利用相关资源，解决运输问题，杜绝浪费等举措，严格控制采购成本。

4. 环境管理

响应"保护环境，建设最美绿色机场"的号召，管理人员时刻保持环保意识，从自我做起，保护环境。项目部不惜增加成本，将建筑垃圾和生活垃圾交给当地专业的清运公司处理，为保护环境做出了应有的贡献。

图4　三维效果图

5. 队伍建设

要留得住人，充分发挥人员的作用，是保证项目所有管理目标实现的基础。自从2012年7月16日上山，项目部12个管理人员在山上共同经历恶劣的天气和生活的艰苦，没有人想放弃，想离开，想退缩，始终保持着高昂的斗志，保持着乐观向上的心情，在机场项目6个标段中，我们的人员最整齐，没有一个管理人员和一个施工人员离岗。

四、"人本"管理策略的创新特点

现代社会，人力资源战略性管理理论是被反复证明了的先进管理方法，而在施工管理领域，管理者通常强调以严格的制度标准和先进的技术等一系列手段进行项目的成本、安全、质量等各个方面的控制和管理，极少有管理者从人的管理角度出发，进行一个施工项目的管理。

本项目管理者认识到：人是最重要的资源，其能动性和创造性是其他任何资源都无法比拟的，充分运用人员的这一特点，把人员管理和人力配置作为各项管理工作的基础，将这一手段和常规管理手段相结合，不仅保证施工管理顺利进行，还能培养员工的凝聚力和对公司集体的归属感，取得长远的良好效应。

该策略可以运用于项目管理的各个阶段；其实施的难度在于始终坚持"以人为本"，从人员选择、考核、激励等各个角度出发，结合施工管理的需要，进行必要的调整改进，并运用到施工管理的实践过程中。本项目的"人本"策略，就是在管理过程中，逐步总结和运用的。

该策略在工程管理领域虽然有所提及，但是其举措不够完整，其重要程度也没有引起足够的重视，在整个行业都具有一定的创新性。

五、"人本"管理策略分析和实施

"人本"管理策略即在项目管理中始终以人为本，发挥人的作用。本项目管理者据此制定了相应对策，并运用到管理过程中。

1. 项目部管理人员队伍建设

"人本"管理策略的第一步是选择适合的的管理人员组成项目管理队伍。公司选任国家注册一级建造师、高级工程师为项目经理，个人素质过硬，管理经验丰富。第二步，由项目经理根据项目的特点和项目管理需要，按照项目组织结构挑选管理人员组成项目部。这些管理人员不仅要有工程建设相关法律规定的任职资格，还要有极高的工作热情和吃苦耐劳的精神，以适应该施工地点的艰苦环境。

2. 强化项目经理责任制，发挥好项目经理的带头作用

项目进行过程中，项目经理始终工作在一线，和项目管理人员以及施工队伍吃住在一起，每天都带领相关管理人员进行现场监督和指挥，发现问题随时解决。而正是项目经理这样的工作态度，不仅让施工现场的安全、质量管理处于有效控制之下，还让项目其他管理人员及施工队伍心中有底，有干劲儿有方向，从而加快了施工的进度。

3. 明确项目目标，分解到人，人人有责任，并进行阶段性监测，让每个管理人员都有工作目标和方向

项目部将和公司签订的《年度目标责任书》进行分解，按照部门和个人分担相应责任目标，并阶段性进行评价，完成情况直接和年底绩效考核挂钩，让每个人既有动力又有压力，更大程度发挥自己的能力。该项对策的实施，保证了项目管理不偏离整体目标，分目标得以一一实现，然后实现总目标，如图5所示。

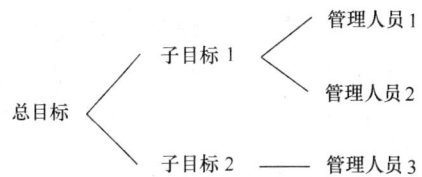

图 5 目标分解图

4. 尊重每个员工，重视每个人的作用，集思广益，发挥集体智慧的作用

在管理过程中，不再以项目经理的个人意志为唯一的工作标准，而是经常性集合管理人员和施工队伍进行管理措施的探讨，选择最优方案。管理人员不再单纯接受上级命令做事，而是参与到管理措施的制定和实施的整个过程。这样使相应管理措施更加科学，更加容易接受，实施起来也更加彻底。在本项目实施过程中，涉及工程技术、质量、安全等方面的很多具体措施都是集体讨论的结果，项目部管理人员和施工队伍之间配合默契，进展顺利，没有出现过影响施工进展的重大分歧。

5. 发掘员工的特长特点，人尽其用

本项目管理人员有限，但是项目管理工作有很多方面，要充分利用每个员工的特长，才能满足管理工作要求。以成本控制管理为例，因为交通不便、经济不发达，当地的原材料价格是一般价格的几倍，且运输费用高昂。项目部副总工程进是当地人，对于当地的原材料市场很熟悉，也有相对可靠的运输队伍资源，由他配合材料部进行材料的选择、采购、运输，大大降低了材料采购的成本。

6. 加强员工培训，以老带新，让每个人在工作中都有所提升

根据项目管理要求和个人发展要求，定期举行相应培训活动，老员工和新员工组成一对一的学习小组，老员工传授工作经验，新员工对老员工进行现代化信息技术等培训，在项目部形成了良好的学习氛围，让员工生活充实，个人素质提升迅速。

7. 完善项目部基础设施建设，为员工尽可能提供最好的生活条件，在日常工作中给予温暖和关怀

基于施工现场艰苦的生活环境，为了让员工能够在生活上舒适一些，项目部集中人力物力，短短21d在荒凉的山顶上建成了整个神农架机场最好的生活办公区，干净整洁，安静有序。项目部建立起规范化的食堂，有专门人员进行食品采购，请来专业厨师为我们烹饪；项目部办公室和宿舍设施齐全；会议室配有多媒体设施，可以满足日常会议和娱乐要求。

8. 换位思考，转变和施工队伍之间的关系

以往传统的施工管理中，项目部管理层和施工队伍之间的关系是"管理—被管理"的关系，而在本项目"人本"的管理策略下，项目管理者本着为施工队伍提供服务的观念，设身处地为施工队伍着想，配合施工队伍解决相关施工难题，在生活上为他们提供方便，把施工队伍当作家人。每逢节日，项目经理都会亲自给每个施工队伍发放猪肉、大米、水果等慰问品，让每个施工人员都感觉到温暖。由此，项目管理人员和现场施工队伍关系融洽，配合顺利，施工人员工作热情高，更能克服现场的艰苦环境。在整个施工过程中，正是这些施工队伍，不畏惧极端天气，坚持工作，才使得项目顺利完成。

9. 企业文化的教育和集体凝聚力的形成

在项目进行过程中，管理者从没有停止过对员工企业文化的教育和精神鼓励。企业文化的教育并不是一句空话，而集体凝聚力的形成也不是一天两天的事情。在施工现场停电停水的时刻，所有人点起蜡烛坐在会议室，由项目经理灌输企业文化，学习企业管理和项目管理，给每个人以精神的鼓舞和建筑知识的补充。在不知不觉中，员工就形成了集体的自豪感和凝聚力，时刻以金港的铁军精神鞭策自身，不怕艰苦，不怕困难，勇于为集体荣誉而战。在神农架机场项目的五个标段中，我们项目部是人员最整齐、精神面貌最为昂扬向上的一个。湖北省省委书记李鸿忠对项目进行考察时，特意到金港公司的项目部进行参观，对项目部员工的精神大为赞扬。

10. 培养员工的乐观精神，苦中作乐，放松精神

项目管理人员面对艰苦的生存环境，懂得自我调节，寻找快乐。在与世隔绝的施工现场，大家相互关心，相互鼓励，团结友爱，整个项目部气氛融洽温暖。

六、"人本"策略实施效果

（1）通过"人本"策略的实施，项目进展顺利，在合同期内完成了施工，质量合格，经济收益超出预期目标。施工期间无一重大安全事故，无一伤亡，无一法律纠纷。在管理实施过程中，逐渐树立了金港的品牌形象，赢得了机场指挥部的肯定和业内同行的尊重。

（2）记录项目"人本"管理过程的文章《一个都不少》发表在北京建筑装饰协会的刊物上，充分展示了金港公司的铁军精神，并极大鼓舞了同行业从业管理人员的士气。

（3）现在项目部正全力申报"楚天杯"，争取为公司获得更大的荣誉。

（4）集合项目管理人员智慧、总结项目技术革新，结合项目施工的具体施工经验，由项目经理撰写的论文《浅谈高海拔异型钢结构施工质量控制》获得优秀论文，录入《工程质量》2013年S1期。

（5）通过实施该策略，最大的成效在于锻炼了队伍、培养了项目管理人员的集体荣誉感和凝聚力，包括施工人员在内的所有人员都磨练了意志，增强了心理承载力，足以面对以后的挑战和困难。

七、"人本"策略的借鉴意义

第一，"人本"管理策略在项目管理过程中，容易操作，能适应各种管理环境，对于管理者的要求不高，只要时刻以人为本，从最大限度发挥人的作用的角度出发，就能应用于管理的各个层面。

第二，该策略的作用不是一时性的，而是具有深远的影响，所取得的成就不只是工程管理的顺利进行和经济指标的完成，最重要的是弘扬了企业精神，让企业文化更深入人心，这就会形成企业的"软实力"，会给企业的战略型发展提供内在的动力和支持。

践行住总施工理念　树立良好住四品牌

——北京住总第四开发建设有限公司马驹桥镇限价商品住房工程项目

赵　彤　王德顺

【摘　要】 在马驹桥镇限价商品住房项目4号、5号、6号、7号楼工程建设中，项目部坚持"建房人永远想着住房人"的企业宗旨，成功运用了四新技术实现了项目管理目标。质量、安全、文明施工等各方面均取得了好成绩，其中4号、5号、6号、7号楼工程摘得了北京市结构长城杯银奖；4号、7号楼工程荣获北京市建筑"长城杯"银质奖；此外项目还获得北京市"安全文明工地"。

【关键词】 四新技术；过程管理；实测实量；优质工程

一、成果背景

1. 行业背景

近年来，北京市房地产行业发展迅速，商品房价格不断攀升，已远远超出广大人民群众的购买力。北京市政府出台惠民政策，大力开展限价房、经济适用房建设。限价房与经适房较商品住房的建设难度在于成本低、市场竞争激烈，并且是关乎老百姓的民生工程，责任重大。住总集团本着"建房人永远想着住房人"的企业宗旨，大量承接民生项目，力争用有限的经济资源获得高品质的住房以服务于群众。

北京住总第四开发建设有限公司马驹桥镇限价商品住房工程项目经理部，积极运用各项新技术、新工艺、新材料，在保证质量的前提下节约工程成本。并在施工管理中，加大过程控制力度，认真执行实测实量制度，严把质量关。

2. 工程概况

马驹桥镇限价商品住房项目工程建设地点位于北京市通州区马驹桥镇，南邻南六环主路，东侧为马驹桥镇政府，西侧紧邻马桥路，北侧为北京亨运通机械有限公司。

项目部建设范围为4号楼、5号楼、6号楼、7号楼共四栋住宅楼，结构类型为剪力墙结构，基础类型为筏板基础。其中：

4号楼地上18层，地下一层，建筑高度52m，地上建筑面积11984.32m²，地下建筑面积705.6m²，配套建筑面积334.7m²。

5号楼地上15层，地下1层，建筑高度43.6m，地上建筑面积15111.61m²，地下建筑面积1097.24m²。

6号楼地上28层，地下2层，建筑高度80m，地上建筑面积19564.83m²，地下建筑面积1546.71m²。

7号楼地上28层，地下2层，建筑高度80m，地上建筑面积19269.34m²，地下建筑面积1426.54m²，配套建筑面积323.08m²，4号楼、5号楼、6号楼、7号楼总建筑面积71363.97m²。

二、选题理由

1. 民生工程

该商品住房项目，是民生工程，社会影响及政治意义重大。作为国有企业，响应国家号召，为百姓服务是根本任务，这也与住总集团的使命不谋而合——"为生民安其居"。

2. 投标报价低、质量目标高

本工程针对投标报价低、质量目标高、管理难度大等困难，在项目伊始统筹策划，积极采用四新技术，加强项目内部管理，做好大力度抓好过程控制，确定了保质高效完成施工任务，打造优质工程、树立住四良好品牌的根本目标。通过项目全体管理人员的努力，最终实现既定的进度目标、质量目标及成本目标。为同类工程施工找到一条可鉴之路。

3. 强力推进分户验收、实测实量工作

交百姓满意住房，做到交房合格率 100%，实现零投诉的目标，践行"政府放心，百姓满意"的施工理念。

三、实施时间

管理策划：2010 年 05 月 10 日～2010 年 05 月 24 日。

管理实施：2010 年 05 月 25 日～2012 年 12 月 18 日。

管理总结：2012 年 12 月 19 日～2012 年 12 月 31 日。

四、管理重点及难点

1. 肩负责任重大

本工程是限价商品住房项目，关系到老百姓的切身利益，也关系到企业的品牌与信誉。面对老百姓住上放心房的热切愿望，我们必须克服各种困难，打好限价房建设的攻坚战。

2. 施工管理难度大

项目的分项工序多，工序穿插较多，且专业分包单位多，管理及协调难度较大。此外，本工程由两个施工单位组织施工，1 号、2 号、3 号楼由住一公司施工；4 号、5 号、6 号、7 号楼由我公司施工，两个施工单位共用施工现场造成场地不足，对材料的堆放、钢筋的加工、大模板码放、机械设备的布置等形成困难。

3. 季节性施工难度大

本工程施工周期内分别经历两次雨季施工、冬期施工，季节性施工任务重，各项技术措施必须及时完善。

4. 盈利空间有限，经济敏感性强

受投入资金限制，最初的利润就比较低，假如市场上人工、材料、机械价格稍微浮动都将会给我公司经营成本带来巨大的冲击，如何在项目管理上下功夫，节约工程成本，提升盈利空间，实现"双赢"是管理重点中的重点。

5. 实测实量工作难度大

由于本工程是政策用房，百姓对房屋的施工质量要求较高，项目部根据集团《对工程项目实施实测实量检查的办法》的通知，投入大量人力、物力、财力开展实测实量工作。

五、管理策划与创新特点

1. 管理策划

（1）建立合理的组织机构及培训机制

由于项目部刚刚组建，马驹桥工程是项目部的第一仗，此次战役又关系重大，难点重重。为此项目部广纳贤才，吸收了一部分非常有工作经验的老同志任各部门负责人，引进高学历、有干劲的大学生作为施工管理的生力军，实现项目人员的合理化配置。并且践行住总集团"导师带徒"机制，努力培养年轻大学生，让其更高效的投入工作，也为项目部今后的发展打下坚实的基础。

（2）综合确定分包队伍

由于本工程分包单位多，管理协调难度大，为此在确定分包队伍上我项目经理部遵循如下几点：一是从北京市相关信息里查找可信的企业。调查该队伍的现场负责人的施工经验、管理能力和受管理情况。二是在招投标时，对分包的主要管理人员设置提出明确要求，选用有经验的队伍进行施工，以利于加强经理部对分包的管理，使项目人员对分包的管理更具针对性。

（3）统筹策划

工程伊始，项目部本着对业主负责的使命感，提出"争创结构长城杯、建筑长城杯"的高标准质量目标。以"安全、质量、进度、成本"为基础，以"科技创效、严控过程"为重心，从编制项目管理策划着手，统筹项目管理，合理进行施工组织，制定符合工期要求的四大进度战役。制定各类安全、技术方案及应急预案。合理布置施工场地，通过科学管理，合理组织安排各工序之间的搭接，做好各工序之间的交接工作，提高材料存放场地的利用率。通过经常性的领导小组会议，深入分析、研究项目管理过程中的难点、重点，及时改进管理重心与力度，通过实施组织、管理、技术、经济措施，确保管理目标的实现。

（4）实测实量工作重点安排

项目部成立实测实量领导小组，统筹安排，技术、生产、质量各部门相互配合，根据施工进展情况及时跟进，对不同阶段、不同分项工程的质量问题及时反馈，汇同之前质量部门的预检、隐检以及平时的巡检及质量分析会，真正让质量监督贯穿整个施工过程。

2. 创新特点

（1）项目人员的责任意识

项目管理工作纷繁复杂，责任划分必须明确。项目部施行项目经理全面负责，分管领导主抓重点，管理人员责任到人的工作模式。切实做到工作分配合理化、工作思路明确化。除此之外，项目强调"全员参与"的工作作风以及"项目主人"的责任意识，项目部所有人员进入现场，无论自身岗位职责是什么，都要有极强的集体意识，发现各项安全隐患、质量问题及时与相关负责人进行沟通汇报，及时处理。

（2）执行集团各项管理制度

每周组织技术、质量、生产人员以及分包队技术负责人进行周看图日活动；每天安排质量巡检；定期组织召开质量专题会议；施工过程中执行质量合署办公制度；结构和装修期间执行实测实量制度；每月项目部进行全体会议，汇报当月工作内容以及下月工作重点。

六、管理措施实施及风险控制

1. 管理措施实施

（1）加强过程控制，开展实测实量

工程质量目标设定在建筑、结构长城杯标准，因此，项目对施工质量的过程控制非常重视。各分项工程施工前，技术组根据施工具体情况编制出适合施工现场要求的施工方案，由项目部各口负责人进行会审并提出修改意见，完善审批后进行安全技术交底工作。施工过程中，每天进行质量巡检，对发现的问题进行记录并及时下发施工队。定期开展质量专题会议，对集中存在的问题进行分析，提出防止、处理措施。

对于过程控制，重点在于信息反馈与协调处理。为此，项目部落实集团五级防控要求，强力推进分部分项工程实测实量项目的检查与验收工作。项目部要把分项工程实测实量工作与检验批和分户验收工作有机结合，合理分配实测实量小组人员组成，要求每组必须有技术员、质检员、栋号负责工长。质量检查员应按检验批要求的内容和检查点数进行专项检查，必要时进行加倍检查。要做实检验批验收工作，加强紧前工序的检查。对检查中出现的通病问题，项目部技术部门应制定预防措施；对查出的不合格项，主任工程师应组织对此类问题的全面普查，制定整改方案，明确整改要求和期限，生产部门负责整改方案的落实，质量部门监督落实情况，确保工程施工质量。

在施工的不同阶段进行质量效果检查。实测实量项目包括内容，见表1。

实测实量项目统计表
表1

分部分项工程	实测实量项目
钢筋工程	受力钢筋间距、排距；保护层厚度；绑扎箍筋、横向钢筋间距；钢筋弯起点位置；机械连接接头外露丝扣数；梁、板受力钢筋搭接锚固长度
模板工程	底模上表面标高；截面内部尺寸；层高垂直度；相邻两板表面高低差；表面平整度
混凝土结构工程	墙身位置；截面尺寸；墙体表面平整度、垂直度；墙体洞口标高；楼板表面平整度；楼板底标高；楼板厚度偏差；板底控制线；房间净空、净高
塑钢门窗工程	门窗槽口宽度、高度；门窗槽口对角线长度差；门窗框的正、侧面垂直度；门窗横框的水平度；门窗横框标高；门窗竖向偏离中心；双层门窗内外框间距；同樘平开门窗相邻窗扇高度差；平开门窗铰链部位配合间隙；推拉门窗扇与框搭接量；推拉门窗扇与竖框平行度
内墙（腻子、涂料、饰面砖）工程	表面平整度；立面垂直度；阴阳角垂直、方正；饰面砖接缝直线度、高低差、宽度；房间的开间、进深
楼（地）面（水泥砂浆、混凝土、饰面砖）工程	表面平整度；踢脚线上口平直；饰面砖接缝高低差；房间的净高

由此可见，实测实量的工作任务非常繁重，但是项目部的管理人员克服艰苦，本着"一切为了老百姓"的工作态度，圆满完成了所有实测实量工作。仅装修阶段，实测要求每户每个功能房间按照要求测5点净空、4点开间进深，随机选取两面墙测量平整度、垂直度，每户地面需测量平整度以及功能房间的阴阳角。据不完全统计，测点数量达到17800余个，每个测点都需要施工管理人员细致认真的测量，并且需对测量的数据进行记录、整理分析，将汇总的问题下发到施工队处理。管理人员的付出和努力没有白费，在集团的实测实量评比中获得一致好评，最终马驹桥工程800余户全部顺利交房，业主零投诉，交房率、满意率100%。

（2）新技术的应用

见表2。

马驹桥项目新技术应用列表
表2

序号	推广应用十项新技术名称	应用项目名称
1	地基基础和地下空间工程技术	水泥粉煤灰碎石桩（CFG桩）复合地基技术
		复合土钉墙支护技术
2	混凝土技术	混凝土裂缝控制技术
		轻骨料混凝土技术
3	钢筋及预应力技术	大直径钢筋直螺纹连接技术
4	模板及脚手架技术	全钢大模板技术
		附着升降脚手架技术
5	绿色施工技术	预拌砂浆技术
		粘贴式外墙外保温隔热系统施工技术
		外墙外保温岩棉（矿棉）施工技术
6	防水技术	遇水膨胀止水胶施工技术
7	信息化应用技术	工程量自动计算技术
		深基坑开挖变形检测技术

项目部通过开展经济技术创新活动，积极推广和应用新技术，增加技术创效，降低工程成本。施工

前项目编制了新技术应用及推广计划，本工程在施工中实施了 7 大项，13 个分项的新技术，有效地降低了工程成本。

1）顶板"钢木龙骨"顶板支撑体系

如在前期模板施工方案中的顶板模板采用 100mm×100mm 和 50mm×100mm 的木方作为主次龙骨，但经过项目部讨论后，认为此工程室内空间尺寸要求精度高，误差要求小，要满足结构长城杯的要求，即改变原顶板主次龙骨材料做法是"以钢代木"，主龙骨由 50mm×100mm×3mm 的钢管配套组成，50mm×100mm×3mm 的方钢在施工过程中起到主要承重的作用；次龙骨由 40mm×80mm×3mm 的 U 形钢内置木方延伸承载上方荷载，这种主次龙骨安装方法刚度好，承载强度高，施工速度快，任意调节方便施工，达到早拆的目的；主要节约木材，降低成本，提高工作效率等特点，如图 1 所示。

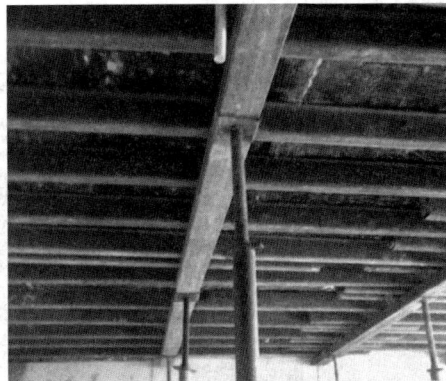

图 1　顶板"钢木龙骨"支撑体系图

顶板模板主次龙骨成本分析按 6 号楼（28 层）为单位计算如下：

传统顶板模板主次木龙骨施工工艺费用计算：

主次木龙骨：木方主龙骨按间距 900mm 计算，木方次龙骨按间距 250mm 计算，共计划 4 层主次木龙骨组织施工。

主木龙骨 100mm×100mm 木方（一层）：$48.75 \div 0.9 \times 14.5 \times 0.1 \times 0.1 = 7.85 m^3$。

四层 100mm×100mm 木方 $= 4 \times 8 = 32 m^3$。

次木龙骨 50mm×100mm 木方（一层）：$(14.5 \div 0.25 \times 48.75 \times 0.05 \times 0.1) + 14.5 \div 0.25 \times 48.75 \times 0.05 \times 0.1 mm \times 20\%$（搭接）$= 16.97 m^3$。

四层 50mm×100mm 木方 $= 4 \times 16.97 = 67.86 m^3$

主次木龙骨按市场价格 1500 元/m^3 计算。

主木龙骨费用计算 $= 1600 \times 31.42 = 50272$ 元，此项材料费用折旧及损耗按 70% 计算 $= 50272 \times 70\% = 35190.4$ 元。

次木龙骨费用计算 $= 1600 \times 67.86 = 108576$ 元，此项材料费用折旧及损耗按 80% 计算 $= 108576 \times 80\% = 86860.8$ 元。

两项材料费用共支出：$35190.4 + 86860.8 = 122051.2$ 元。

传统主次木龙骨模板安装人工费用（市场价格）：$19718 \times 31.119 = 613604.44$ 元。

材料费和人工费共支出：$122051.2 + 613604.44 = 735655.64$ 元。

新型顶板模板主次钢龙骨施工工艺费用计算：

本工程新型顶板模板主次钢龙骨以租赁组织施工，每平方米单价为 6 元/m^2，6 号楼共计：28×704.23（一层面积）$= 19718 m^2$；此项材料费用共支出：$19718 \times 6 = 118308$ 元。

新型顶板模板主次钢龙骨安装人工费用按提高工效 8% 计算，此项人工费用共支出：$19718 \times 31.119 \times 92\% = 564516.08$ 元。

材料费和人工费共支出：$118310 + 564516.09 = 682824.09$ 元。

6 号楼节约成本：$735655.64 - 682824.09 = 52831.55$ 元。

7 号楼节约成本：53659 元。

4 号楼节约成本：34488 元。

5 号楼节约成本：42152 元。

总之，经过经济技术创新劳动竞赛，对两种施工工艺成本分析，共节约成本：183130.55 元；

2）大直径钢筋直螺纹连接技术

钢筋直螺纹连接技术，连接过程不受工人素质影响，强度高，性能稳定。而且根据项目实际情况，通过使用直螺纹连接技术也可以缩短施工工期，提高施工质量，降低能源消耗，降低成本，具有明显的经济利益，如图2所示。

图2 钢筋直螺纹连接技术图

4号楼基础底板为例：C18剥肋滚压直螺纹接头共890个，与搭接相比节约钢材1.8391t，与绑扎搭接相比较，共取得经济效益6124.98元。

5号楼基础底板：C16剥肋滚压直螺纹接头共1700个，与搭接相比节约钢材2.467t，与绑扎搭接相比较，共取得经济效益7140元。

6号、7号楼基础底板：C20剥肋滚压直螺纹接头共1770个，与搭接相比节约钢材5.019t，与绑扎搭接相比较，共取得经济效益18142.5元。

通过经济技术创新劳动竞赛，在以上剥肋滚压直螺纹接头4号、5号、6号、7号楼基础底板施工中，共节约成本31407.48元。

通过新技术的应用，通过科技创效，很大程度上节约了施工成本，在保证质量的前提下，创造了更大的经济价值。

3）为施工生产人员提供良好的生活条件

施工生产人员是工程质量控制的第一关，保证施工生产人员的生活条件，是保证生产人员安心施工，保证施工质量的基础。为此，项目部以高标准建设了生活区，为员工配备了空调、洗衣机、活动室、淋浴间等。该项举措得到了各级领导的认可和好评。

2. 风险控制

在实施过程中，风险存在于人员、机械、材料、施工方法、施工环境当中。在过程中做到如下几点：

（1）严格执行三级教育及施工人员技能培训考核制度，对特殊工种人员严格把关，无证人员严禁上岗。

（2）对施工机械严格执行进场报验制度，不符合施工要求的一律退场。

（3）严格按照施工工艺施工，严格执行施工验收规范，对施工中可能存在的问题制定预防措施，对已经出现的问题及时处理、纠正，或调整施工工艺。

（4）严格控制材料质量，对进场的材料严格把关。在施工材料方面，经理部执行如下程序：首先由技术部门提出材料的需求计划，由物资部门进行询价，询价完成后再将信息返回技术部门，由技术部门和经营部门根据价格和技术要求，确定材料的供应厂家，报项目经理审批。在经营部门签订合同后，由生产部门和技术部门确定详细的进场时间，由技术部门上报计划后，由物资部门负责采购，并由技术部门和生产部门进行监督。执行合同期间，由财务部门和经营部门检查合同的运行情况。由生产人员按需下发给作业人员，作业人员在收到材料时及时签收，上述各程序均有书面材料。

七、管理效果评价

（1）荣获 2011 年度北京市"安全文明工地"称号。

（2）荣获 2011－2012 年度北京市结构"长城杯"。

（3）荣获 2013 年度北京市建筑"长城杯"。

（4）2011 年度"住总集团施工现场料具管理达标"优胜单位。

八、体会

通过马驹桥镇限价商品住房项目 4 号、5 号、6 号、7 号楼工程的建设，我们深有感触，更加坚定了我们践行北京住总保障房的理念，在今后的施工过程中，我们将继续发扬"建房人永远想着住房人"的宗旨，把工程建设成为"过程用心、政府放心、百姓安心"的优质民心工程。

紧抓精细管理　打造精美园林

——北京市花木有限公司姚家园新村商品住宅 1C 区园林工程项目

丁洪兴　朱翊宇　杨全龙　高　堃

【摘　要】　随着房地产行业的发展以及人们生活水平的不断提高，人们对生活环境的要求也随之越来越高，因而房地产园林景观也越来越得到人们的重视与青睐。在北京姚家园新村商品住宅 1C 区园林工程施工中，结合了园林景观及园林绿化施工的特点，项目部紧抓管理，在施工细节上下功夫，获得了 2013 年度北京市园林绿化优质工程。同时，也为今后的房地产园林项目管理和经营管理积累了一定的经验。

【关键词】　园林绿化；精细管理；优质履约；二次经营

一、工程概况及成果背景

北京姚家园新村商品住宅 1C 区园林工程，位于北京市朝阳区姚家园，属于综合型的园林景观工程。主要工程包括：土方地形、绿化种植、园林铺装、小品、花架、木桥、水景驳岸、山石、景观照明和室外给排水等施工内容。

该工程建设面积：$40500m^2$，其中：绿化面积 $25387m^2$，硬质铺装 $13941m^2$，特色水景 $1073m^2$，构筑物 $99m^2$。种植乔灌木 40 余个品种，共 1800 余株；种植地被近 50 个品种，约 35 万株；种植竹类 $513m^2$；铺设冷季型草坪 $10000m^2$，如图 1 所示。

图 1　姚家园 1C 区园林工程图

二、选题理由

（1）本工程是世界 500 强辖下企业"和记黄埔地产有限公司"精心打造的城市核心低密度花园洋房，绿地率达 60% 以上，整体容积率仅为 1.48，为朝青板块内唯一的公园式住宅。该园林工程涵盖的分项专业和施工内容非常全面，选用的植物配置非常丰富。

（2）本工程是我公司与和记黄埔地产合作的第一个施工项目，如何按照香港房地产公司的项目管理模式，保质保量、按期、高水平地完成好该施工项目，得到建设单位的认可，赢得客户，是我们工作的目标和任务。

（3）由于主体工程施工进度原因，项目部进场时间一拖再拖。合同工期与正式施工时隔两年，投标报价与施工期价格差异变化较大。在对施工方不利的条件下，我们只有提高自身的管理水平，通过"优质履约"树立良好的企业形象；通过有效的"二次经营"管理，逐步实现使项目扭亏为盈。

三、实施时间

本工程于 2012 年 4 月 10 日正式开工，2013 年 7 月 15 日顺利通过竣工验收，见表1。

实施时间表　　　　　　　　　　　　　　　　　　　　　　　　　　表 1

实施时间	2012 年 4 月 10 日～2013 年 7 月 15 日
分阶段实施时间	
管理策划	2010 年 6 月～10 月～根据各时段节点不断调整 （项目中标且合同签订后，因业主原因导致延后实施）
管理实施	2010 年 6 月～2013 年 7 月
过程检查	2012 年 4 月～截至工程竣工的全过程
取得效果	各阶段节点～2013 年 7 月

四、项目管理的重点和难点

1. 项目管理重点

管理从被动到主动、从简单到规范、从松散到科学，使得管理方式更具实用性，摆脱陈旧的管理模式，使企业走上健康有序的发展道路。

为达到优质履约、二次经营和精品工程的目的，本工程必须以紧抓精细管理作为项目管理的工作重点。

2. 项目管理难点

（1）质量要求高。本工程在招标文件中，业主提出了较高的质量要求：一是所有物料在招标过程中已经进行了样品实物及照片的初选，全部物料的封样工作需在进场前再次确认，物料质量要求高，工作量极大。二是植物材料由通常的一项指标控制提高到三项指标控制，对植物材料自身的质量要求极高。三是根据本项目的品质定位，其属于高端房地产园林工程，工程施工质量标准要求较高。

（2）合同工期拖延，实际施工工期紧，交叉作业多。由于业主和建筑单位的原因，现场没有室外园林施工条件，我方无法按照合同约定的工期进场施工。直至 2012 年 4 月，业主才正式通知我方进场，逐区域提供给我方施工场地，但市政、道路等室外工程都未完工，留给我方的施工工期非常紧张，现场交叉作业多。

（3）大规格乔木非季节栽植及苗木成活率难保证。受客观因素影响，本工程绿化种植的实施时间是 6 月份，不是最佳种植时期，导致苗木成活率降低。如何保证大规格乔木的栽植技术，有效提高苗木成活率是关键。

（4）"优质履约"和"二次经营"双管理。合同工期和正式施工时隔两年，投标报价与施工期价格差异变化较大。在对施工方不利的条件下，如何提高自身的管理水平，既要保证"优质履约"树立良好的企业形象；又要通过有效的"二次经营"管理，逐步实现项目扭亏为盈，是本项目管理中的一大难点。

五、管理策划及创新特点

1. 建立完善的项目管理体系

项目部成立之初，本项目就设定了要通过丰富的苗木品种搭配及重要节点的精心布置，营造出自然式园林的意境，努力争创北京市园林绿化优质工程的目标。

为了实现该目标，项目部本着科学管理、精干高效、结构合理的原则，配备了在园林工程承包管理中具有丰富的施工经验、服务态度良好、勤奋实干的工程技术人员和管理人员，组成项目管理团队。

2. 技术难题的提前分析与方案策划

项目部根据工程的实际需求，充分利用进场前的准备时间，组织专家及公司技术骨干，提前对工程建设必须解决的技术难题进行分析，制定切实可行的技术方案，并在工程建设过程中不断予以完善，从技术层面确保工程建设顺利实施。

在正式施工进场前，充分与业主和设计单位进行交底，做好材料的选样、封样和订购工作；做好植物材料的选择和考察等工作。

3. 质量、安全综合协调管理与多点控制

鉴于本工程的复杂性，项目部在传统的质量、安全管理模式上，扩大质量、安全管理的理念与范围，在协调各专业的同时，建立严格的质量与安全综合管理模式，实现多点化实施性管理，为本工程的质量安全提供有效保证。

4. 依托精细化管理，通过"优质履约"和有效的"二次经营"双管理，逐步树立企业形象，实现项目扭亏为盈

本工程分别在 2010 年 6 月和 10 月签订园林硬景、软景工程合同，合同额共 1560 万元。项目部在以项目经理为首的领导班子带领下，充分发掘各方潜力，通过"优质履约"树立良好的企业形象，最终工程于 2013 年 7 月全面竣工验收；利用有效的"二次经营"管理，逐步实现了项目扭亏为盈的既定目标，完成二次经营效益 1000 余万元，目前项目已回款 2500 万元，预计结算 3000 万元。

在成本管理方面，主要做了以下几方面工作：

（1）树立管理为本、盈利光荣、亏损耻辱理念，强化预测预控过程。在市场竞争日趋激烈、中标项目的利润空间越来越小的外部环境下，企业要想取得盈利，必须进行有效的内部挖潜，必须开展成本预测预控工作。只有通过预测预控，才能真正找到挖掘效益的切点，才能知道如何激励员工的积极性，才能把管理为本、效益优先、盈利光荣、亏损耻辱的理念贯穿在施工全过程。

（2）找准亏损原因，制定降低成本措施，分解责任指标。公司成本领导小组，根据重点亏损项目与原因，着重抓好三项工作：一抓技术部门。二抓劳务、商品混凝土、石材、苗木主材投标价与市场价的差价问题。三抓施工前与施工中和施工后的二次经营工作。

把降低成本计划指标进行责任归口，下达给相关责任部门进行成本的过程控制，在工程施工过程中各职责部门根据计划指标制定降低措施，严密注视各细项成本支出动向，对有超计划趋势的细项应马上预警，查找原因进行分析。

（3）依托精细管理，实现多方位创效。向科技创新要效益；合理安排劳务用工量，把人工成本降至最低；积极开展物资材料专项效能监察工作；树立安全就是效益的理念；加强机械管理，降低机械费成本，提高经济效益。

5. 创新特点

（1）非正常季节栽植：为了保证苗木非正常季节栽植的成活率以及种植后立即呈现出一种良好的景观效果，采用了大量新做法，如：在苗木进场前提前将一些珍贵的落乔和常绿树进行假植断根，在假植过程中对苗木土球喷施生根粉，通过这样的手段可以解决非正常季节施工苗木不易成活的问题。珍贵树种采用了容器苗全冠移植，容器苗移植根系损伤小，修剪量相应减少，最大限度的保留了树冠原有造

型，保证苗木成活率。

（2）在乔木的种植施工中采用了软式透水管，具体做法：将挖好的种植穴底部打孔，把内部灌有陶粒的透水管插入孔中，透水管末端露出地面10cm。有效地克服了土壤透水性较差的现象，保证了种植穴的排水与透气。

（3）棉毡在苗木防寒中的应用：本次工程中采用了一种新型苗木防寒材料——棉毡，实践证明效果非常好，相比常用的草绳缠干防寒方法具有诸多优点：保温效果好，操作简便，省时省力，价格低廉。

（4）透水砖这种材料的特点是渗透性极好，排水好、降噪，本项目中有7400m²的路面使用了这个材料。

六、管理措施实施及风险控制

1. 注重深化设计管理

本项目通过深化设计对施工招标图中未能表达详尽的工艺节点、剖面进行优化补充，对工程量清单中未能详尽包括的施工内容进行补漏拾遗。

2. 项目成本控制管理

园林绿化工程的对象大部分是有生命的植物材料。必须掌握不同栽植季节植物的生态习性，植物与土壤的相互关系，以及栽植成活的原理与技术，才能有效控制成本。

园林绿化施工项目成本管理是一个动态管理过程。工程项目，都有它的建设周期，由于内外部环境不断变化，造成项目成本也随之变化，不断对项目成本组织、控制作出调整，以保证项目成本的有效控制和监督。项目经理部对工程项目从开工到竣工全过程的一次性管理，决定了工程项目的成本。

绿化成本控制方法：

（1）施工项目成本管理系统中每一个环节都是相互联系和相互作用的。成本预测是成本决策的前提，成本计划是成本决策所确定目标的实现，而成本核算又是成本计划是否实现的最后检验，它所提供的成本信息又对下一个施工项目成本预测和决策提供基础的目标和重要手段。

（2）园林绿化施工项目成本管理程序施工项目成本管理的程序是指从成本估算开始，经编制成本计划，采取降低成本的措施，进行成本控制，直到成本核算与分析为止的一系列管理工作步骤。

（3）制定"先进、经济、合理"的施工方案。工期不同，所需机具、发生费用也会不同。因此，正确选择施工方案是降低成本的关键所在。必须强调，施工项目方案，应该同时具有先进性和可行性。加强技术管理，提高工程质量，园林绿化施工质量好坏主要取决于苗木采购质量、土方质量以及养护质量，所以在采购苗木时要选用根系发达、生长苗壮、无检疫性病虫害，并符合设计要求的苗木；种植时要注意土方质量；非种植季节栽植苗木要采用先进的技术措施，加强养护管理，确保苗木成活率，避免苗木补种的损失，从而达到降低成本的目的。

（4）采取技术措施控制工程成本。采取技术措施是在施工阶段充分发挥技术人员的主观能动性，对标书中主要技术方案作必要的技术经济论证，以寻求较为经济可靠的方案，从而降低工程成本，包括采用新材料、新技术、新工艺节约能耗，提高机械化操作等。

（5）采取经济措施控制工程成本。

人工费控制。人工费占全部工程费用的比例较大，一般都在10%左右，提高劳动者的技术装备、操作水平，全面提高施工人员的素质；加强劳动纪律，严格执行劳动定额，实行层层分解的承包责任制，把施工人员的劳动成果与项目的经济效益紧密联系起来：一是节约劳动消耗。二是用工数量控制，有针对性地减少或缩短某些工序的工日消耗量，从而了降低成本。

材料费的控制。材料费一般占全部工程费的65%～75%，直接影响工程成本和经济效益。所以我们在项目中采取了一系列措施：采购环节货比三家，严格出入库管理，控制材料的损耗率等，实践证明这一做法收到了很好的效果。

七、过程检查和监督

公司特别安排检查组定期到工地检查指导，结合施工实际情况，根据合同内容进行核查，及时采取有效措施，完成各节点目标。

八、管理效果和评价

1. 经济效益

通过项目部对外施队的管理、合同管理、材料用量及单价的控制、技术措施等方面的过程管理和有效监控，创造经济效益 1560 万元，二次经营效益 1500 余万元，基本实现了扭亏为盈的经济局面。

2. 社会效益

施工质量管理：本工程被北京市园林绿化企业协会评为 2013 年度优质工程。

人才培养：项目部夯实基层干部队伍建设的基础，在技术、工程、预算等重要部门大胆使用年轻人担当中坚力量，让他们在实践中得到锻炼，为企业培养和造就后备人才。

领导视察：本工程在施工过程中，市园林绿化局和市园林绿化企业协会领导多次来工地考察，他们对现场园林施工的项目管理、施工质量、施工后完成的景观效果给予了高度的评价。

业主评价：花木公司是一个顾全大局、管理到位、技术一流、敢打硬仗的国有企业，高水平、高质量的完成了此项工程，创造了优美的园林景观。

合理策划　精细管理　实现目标

——中北华宇建筑工程公司赵全营中心小学校工程项目

包志国　张艳荣

【摘　要】　赵全营中心小学校工程共 4 栋单体建筑，装修工序多，涉及给排水、采暖、消防、强弱电、市政管网外线、室外道路绿化等多专业的施工，如何协调好各专业作业，既保证工期目标又保证质量目标是项目管理的重点、难点，其中风雨操场装修复杂，现场安全管理及施工技术管理也是较大的挑战。在施工过程中，项目经理部通过严把入场教育关，严格层层交底，坚持样板引路，不断优化施工部署，合理安排穿插作业，加强过程检查和成品保护，将合理策划、精细管理的思想贯穿于整个施工过程，最终实现了项目管理目标，取得了良好的管理效果和经济效益。

【关键词】　合理策划；精细管理；实现目标

一、成果背景

1. 工程介绍

本工程位于顺义区赵全营镇原中学院内，为 4 个单体工程，占地面积为 15000m²，建筑面积为 14575m²。结构形式为框架-剪力墙结构（食堂、风雨操场屋顶采用钢结构）。教学楼综合教学楼、宿舍楼地上 5 层、食堂及风雨操场 2 层，是教学及住宿、娱乐为一体的工程，如图 1 所示。

图 1　工程效果图

2. 管理目标

（1）工期目标：2012 年 7 月～2013 年 8 月。

（2）质量目标：北京市结构"长城杯"。

（3）安全目标：安全文明施工工程。

（4）成本目标：成本降低率3%。

二、选题理由

1. 单体工程多，综合性强

本项目使用功能多，是教学、实验、办公、住宿、食堂、体育运动为一体，配套设施齐全的区级示范校园，4栋先开工教学楼及综合教学楼，现场需先筏树，宿舍楼及食堂风雨操场拆除旧教学楼后清理现场渣土后方可施工。

2. 质量要求高，结构达到北京市结构长城杯工程

在组织施工过程中，要以团结、进取、合理策划，精细管理、实现目标。

3. 技术复杂、使用工艺多

基础工程施工正处于雨季，本项目4个单体工程全部采用地下现浇混凝土暖沟，形状复杂。暖沟施工需带形混凝土施工完毕后施工，暖沟全部施工完成后才能施工±0.000m以下基础连系梁。基础工程混凝土、钢筋、模板工程量大，地下水位较高，基础施工时间较长，教学楼和综合教学楼土方刚开挖完毕，又遇上7月21日罕见降雨，造成基槽积水严重，不利于施工。装饰工程工序多，如地砖地面、防静电地板、实木地板，花岗石楼地面等，食堂及风雨操场工程采用玻璃幕墙多、实木硬地板篮球馆，层高高度大，现场安全管理及施工技术难度大。

三、实施时间

（1）总体施工时间：2012年7月～2013年8月。

（2）管理策划：2012年6月～2013年8月。

（3）管理措施实施：2012年7月～2013年8月。

（4）过程监督、检查：2012年7月～2013年8月。

（5）取得成效：2013年7月～2013年8月。

四、管理重点及难点

1. 劳务分包单位多

工程到装修阶段分包单位多达20个，各专业、多单位协调作业，优化施工部署，合理安排作业进行穿插入场作业，进场人员流动性较大，项目部人员少，加强过程检查是本工程管理和控制的重点。

2. 基础暖沟量大，施工缓慢

本工程所处地理位置地下水位较高，开挖2.5m就会出水，综合教学楼有个局部地下室，工程开挖前需要降水，工程又处于雨季，一下雨工程就需要抽2天水，明沟排水不到位就会造成边坡塌方。这就要求我们每天有2个专人降水负责抽水工作，以便降低水位，便于施工。食堂风雨操场和宿舍楼作业面为旧建筑物需要拆除、院内树木需要筏放和移栽后才能满足现场施工要求。

3. 基础开挖处于雨季

如遇大雨过后，基础边坡有塌方的隐患。风雨操场工程檐高18.25m，首层层高为6m、二层为9m高，钢结构网架屋面，采用满堂红脚落地手架搭设施工，这是现场安全管理重点，如图2、图3所示。

4. 控制施工噪音难

施工现场和学校教学楼距离过近，施工所产生的噪音影响学生上课，如何降噪是本工程施工的难点。

图 2　基础施工完毕的效果图

五、管理策划及创新点

1. 合理策划

针对上述分析中提到的问题及管理重点和难点，项目部进行质量、进度、安全、成本、绿色施工的管理因素分析，例如，进行管理要因分析，管理人员少，对项目是一个难点。首先，从进场人员的安全教育、管理制度上管理。工程图纸分析后加强与校方、监理单位沟通，使现场管理和操作提前有目标，工序交接顺利：

图 3　9m 高柱满堂脚手架图

（1）项目经理和技术负责人：负责和建设单位及设计单位多沟通，达到图纸问题及时深化及时解决。（针对工程地理位置地下水位较高，土质软，经打钎发现地基承载力较低，验槽时经过项目部提出和地堪设计沟通后加大基础宽度，原条形基础宽度为 3200mm，现加宽为 3600mm。）

（2）地下混凝土现浇暖沟较多，布满全部基础工程，地下水位较高，和设计协商能不能采用地下室内侧和暖沟内侧壁刷防水泥基渗透防水结晶，地下室外侧作 SBS 改性沥青防水卷材 Ⅱ＋Ⅱ 型，（原设计为地下室采用水泥基渗透结晶防水涂料，暖沟内无防水要求，只采用 30P6 混凝土作为防水要求。）最后通过设计单位同意。

（3）内墙及外墙采用 BM 保温砌块和 SN 连锁砌块，鉴于学校有安装黑板及宣传窗要求，我们及时与校方沟通，在墙体内增加混凝土板带及芯柱来满足学校方安装要求。

（4）原图纸设计卫生间及盥洗间、洗澡间窗户玻璃采用透明白玻，和校方沟通有没有必要采用磨砂玻璃安装要求，经校方使用要求最后改为磨砂玻璃安装。

（5）原图纸设计外墙为涂料施工，因为是学校工程，施工单位特别提出，应增加外墙砖勒角 800～1000mm 高，经过设计单位及校方同意最终增加外墙砖勒角施工，满足学校人多外墙保温层边角处保护需要。

2. 创新特点，细化工序作业

（1）方案先行，样板引路，及时检查整改，确保质量目标。工程开工前，先经项目部全员参与编制可行方案，满足现场施工安全及使用要求，合理布置进场物资，使现场布置符合方案要求，满足施工进度需要。

（2）技术难题，提前分析与方案策划。

基础地下水位较高，雨季多雨，地下暖沟为抗渗混凝土，施工中虽然使旧模板，但对混凝土，我们并没有降低混凝土浇筑质量，加强拼模制作，提前堵好模板孔，在模板边角处作加固点，使模板的边角满足混凝土的强度要求，模板浇筑前采用海棉条粘贴，保证混凝土施工缝处不发生漏浆麻面等缺陷，质量检查员加强对配模的检查，技术人员加强人员现场安全、施工知识教育，提高操作人员的责人心，加强管理人员的检查情况，及时整改，每天有专人收听天气预报，将一周天气预报写在项目部大门口处，使每个人都能了解每天的天气情况，作好基础雨季时期防汛施工准备。

装修阶段新工艺材料操作，及时找厂家，上网找最优的施工方案，多咨询多选比。玻璃幕墙施工时优选分包队伍，现场检查埋板厚度，化学药栓的安全可靠，并做现场拉拔试，防火分区隐藏验收合格后方可封闭，加强作业质量验收要求，打胶严格按规范施工。木地板施工时请厂家技术人员来现场指导，地面垫层保证平整度，便于木地板现场安装。

3. 成本节约

（1）基础及地下剪力墙、地下混凝土暖沟混凝土量较大，施工采用其他工程中的旧多层板，旧木方子来拼模，来加强材料节约目的，给本工程节约模板量为 2500m²，把新模板用在主体柱、剪力墙、顶板结构中使用。

（2）新模板采用 15mm 厚多层板，加强配模的边角支撑肋，保证混凝土质量的同时还能保证模板的周转次数。

（3）采用新工艺施工，如内墙采用 SN 保温连锁砌块砌筑，减少二次抹灰面积，节约抹灰砂浆 800t。

4. 加强安全管理

加强人员的进场教育，加强安全交底宣传教育，每个工种施工都落实有书面交底，使每个人上岗前都做到，心中有安全，进场施工安全用品佩戴有效合格，操作证件随身携带。

六、管理措施和安全控制

（1）根据学校方提出的 2013 年 9 月开学时间，项目部制定了总体施工进度计划，基础工程计划 2 个月完成，主体工程 2 个月完成，1.5 个月完成二次结构砌筑工程。遇到连雨天时，钢筋工程：安排提前钢筋加工制作，工程钢筋绑扎时采用构件承包，责任到人，当天的计划工作当天完成，以免拖拉作业，耽误总体进度。模板工程采用按轴线、按柱、剪力墙编号配模，每个楼配两套模板，这个部位拆完模后，上一层柱、剪力墙容易安排施工，便于安装，加快了施工进度。每道工序施工好的、按时完成的给予奖励，进度拖后，质量不合格的给予罚款及时改正。

每月 25 日制定下月进度计划及材料需要进场的计划，计划材料要求准确无误，保证提前一周进场，以免工程进度因材料进不了现场影响工期进度完成。把月进度细化到周进度，每周监理例会还要做周完成情况及下周计划安排，请校方及监理各方监督检查实际进度情况。根据进度要求，合理安排作业队伍，在麦收和大秋时，外施工队伍人员流动性较大，我们便和外施工队伍负责人提出让人员减少返乡现象发生，采用不回家收秋每天多给加班费奖励，促使工人不是必须回家收秋的人员减少流失。

（2）现场施工面积大，合理布置。因原学校的教学楼还在使用中，现场拟建教学楼距离使用中学教学楼 25m，距离拟建宿舍楼为 5m，4 个工程分了两边施工，提前分析材料码放，合理安排减少两边用料，减少材料二次搬运费的发生。工程使用电锯、木工加工棚等采用全封闭作业，把模板加工区、钢筋加工区设在最西边，采用全封闭作业施工，远离现有学校学生上课地点。利用学生放学时间 17：00～22：00 进行混凝土浇筑作业，错开学生在校上课时间，充分利用学生的暑假、寒假假期，加快施工进度，作业人员两班倒施工，学校周边无居民居住，周边为菜地、农田，有可加班的作业环境，既保证学校白天上课，又充分利用周边施工环境。

（3）安全施工。所有进场人员均先做三级教育，做好花名册登记，进入施工现场必须正确佩戴安全帽、胸卡标识牌。相关工种作业提前做好安全交底知识教育，上岗作业安全防护用品佩戴齐全，特种、高处作业人员应持证上岗，无证者均不能操作。现场施焊作业时，必须当天由安全人员开具动火证明，无动火证明材料人员不得私自施焊或焊割作业，操作人员必须持证上岗，证件必须随身佩戴。

基础开挖过程中地下水位高，树根处基土松软，采用分层分步开挖，基础施工时注意基槽周边堆土、堆料应保持远离槽边 3m 以外，防止地下水过高发生塌坡，不稳定的边坡采用塑料苫布覆盖，原槽内有 3 个明井抽水积坑，现每个建筑增加到 6 个积坑抽水，增加 3 名外施队伍的安全协管人员，加强现场作业检查，配 2 名临电电工，随时检查现场用电接线箱安装工作，防止用电乱接乱拉现象发生，有 2 名专职人员负责降水检查边坡安全，防止作业人员基槽内施工有安全隐患存在，如图 4～图 7 所示。

图 4　原树根处基土松软塌坡，采用分步开挖，增加作业面图

图 5　加强边坡苫盖防止塌坡发生图

图 6　2012 年 7 月 21 日罕见大雨过后基础的积水情况，排水沟、边坡修复处理图

主体结构施工作业时，塔吊安全交底要求塔吊操作应配备专人指挥，手势正规，穿指挥信号服装，并经培训上岗，项目部采用定人、定机、定岗位施工，其他人员指挥塔司一律不得吊运材料，严格遵守塔吊制度，遵守十不吊原则，规范操作施工。脚手架搭设前基土高出施工地面 100mm，且采用 2∶8 灰土夯实后浇筑脚手架垫层 900mm 宽 60mm 厚 C15 混凝土，防止脚手架体整体下沉，对于食堂风雨操场采用脚手架搭设方案审批通过后方可以操作施工，脚手架搭设时严格有安全人员、技术人员现场指导作业，脚手架垫板齐全，避免不安全事故发生。安全协管员加强脚手架的检查，定期让架子工进行脚手架围护与调整，防止受力作用变形过大，发生危险隐患。

图 7　增加降水井图

（4）基础暖沟混凝土工作量大，当时计划需要 2 个月才能把基础全部回填完成，雨水过多影响施工进度，最后采用每个单体工程划分 2 个流水段施工，晴天采用两班作业，遇到钢筋绑扎就采用加班 2～3h 施工，减少混凝土浇筑次数，加快基础施工时间，把基础工程整体控制在 1.5 个月内完成，使工期提前了 15d 进入主体结构施工。

（5）提前策划，加强旧料使用，节约成本。在教学楼和综合教学楼工程使用完成的顶板模板，在宿舍楼及食堂风雨操场模板施工中再次周转使用，模板节约 3.2 万元。拆除旧房屋红机砖，作为现场临时木加工棚、现场废料回收池、现场公厕等建筑二次利用节约材料费 4 万元。如工程中使用的 BM、SN 连锁砌保温砌块，我们采用总量计划养护龄期 28d 的砌块，分批次随用随运至施工现场，减少因砌块强度不足发生的破损数量，减少现场堆料，占用作业面，发生破损严重的找厂家采用回收减方量退换新砌块。砂、陶粒球等松散材料进场材料人员必须经过现场打方计数后签字收料，不能以车量方数为准，发生需方量。严格的质量也是节约材料的前提，砌墙工程偏差小，就给抹灰工程节约了相应的材料。混凝土工程减少露浆、跑模现象，混凝土工程的质量要求越严格，材料节约越多。钢筋材料计划料时，搭配进料，精细计算后，配筋配料合理化，规范施工部位，减少接头数量。

在公司成本考核中，成本考核数值为 3286.460 万元，实际成本价格为 3204.3 万元，节约了 2.5%。

七、过程检查及监督

项目部管理人员少，大家只能做到现场两边跑，多说，多看，在现场巡视中，每个人都是安全员，每个人都是质量检查员，发现问题及时沟通及时处理。

1. 建工序列交接检查验收制度

项目部各种工序应自检合格基础上，进行下道工序验收。如：混凝土剪力墙体合模前先验收钢筋绑扎、水电管线安装，水电验收合格后经水电监理签字验收后，土建监理才能验收，验收合格后最终才能合模板，各专业签字不齐全，土建工序不予签字。避免水电工种在混凝土墙体或保温砌块墙体上大量剔凿。

2. 加强项目部例会制、巡检制

项目部每周星期二下午 5：00 开进度、安全、质量例会；每周星期一早上组织全体项目部人员现场巡视检查现场脚手架的牢固、有无独板作业，操作人员的安全用品佩戴是否齐全，现场用电有无私拉乱接现象，分箱配置是否合理，共同看到相同的质量、安全问题以便立即整改，全员心中有质量有安全。在大雨过后有专人抄测塔吊垂直度，检查塔吊的基础有无不均匀下沉，脚手架有无垫层下沉等现象发生。

八、管理效果和评价

图 8　使用教学楼在新建建筑物中间图

图 9　竣工完成宿舍楼及食堂风雨操场工程图

图 10　食堂风雨操场钢结构屋面及幕墙窗图

图 11　竣工验收后的教学楼和综合教学楼图

通过项目部全体员工的共同努力，本项目 4 个单体工程于 2013 年 8 月验收交付使用，现正在施工道路及围墙、给排水等配套小市政工程。工程的质量得到了建设、监理单位一致好评，如图 8～图 11 所示。本工程取得的成果：

（1）2013 年 6 月被评为结构"长城杯"金质奖。

（2）施工现场"零"事故，获得 2013 年度"北京市安全文明工地"。

（3）严格按照公司《成本管理程序》实施，本工程在公司成本考核中，降低成本 2.5％。

以科技创新推动项目综合管理能力提升

——中建一局集团第二建筑有限公司 2011 工程项目

施立君　左　川　苗云森　吕　春　宁周博

【摘　要】 2011 工程地处北京市朝阳区，是一项政府民生工程，也是实施节约化管理，提高工程管理理念的实践，体现了项目科学合理的管理和控制。在工程实施之前，项目部提前策划，细化目标，制定了详细的管理措施，加强过程检查和控制，在工期、质量、技术、安全等管理中创新管理方法，圆满地实现了策划进度目标，取得了良好的效果。

【关键词】 进度计划；策划；管理；过程控制

一、工程简介

2011 工程总建筑面积 76224.4m²，A 栋地上 26 层，檐高 80.4m；B 栋地上 13 层，檐高 40.2m；C 栋地上 1 层，檐高 3.3m。总投资 1.8 亿元。基础采用桩基筏板，主体为框架－剪力墙混凝土主体结构，屋面有部分钢结构，轻质填充墙、部分为双层隔声墙。建筑外装饰为内墙采用腻子、乳胶漆、防霉涂料、大理石、铝板、瓷砖及吸音等材料。安装工程设有给排水系统、电气动力系统、电器照明安装系统、防雷及接地安装系统、火灾报警及消防联动系统、安全防范系统、通信网络系统、送排风系统等28 个系统。

该工程建设先后获得北京市文明安全样板工地、北京市结构"长城杯"工程金质奖、中建一局集团精品工程奖、中建一局集团效能监察成果奖，全面提升了我司的项目管理水平。

二、立项背景及选题理由

随着我国社会经济的不断发展，人民的生活水平得到很大的提高，人们对品质生活的需求也在不断提高，综合性居住项目的建设会越来越多。

住宅建设虽在国内发展多年，但施工管理差别较大，特别是周边环境复杂的建设工程协调处理较为困难。另外，随着单项施工技术水平的提高、发展，工程建设成套管理和施工进度的控制、调整显得越来越必要。而工程建设成套管理和施工进度的控制、调整本身控制难度就大。

另外作为工程总承包单位的施工企业，也应该及时开发、积累相关管理技术和施工技术手段并形成相应大型工程项目建设的成套管理和施工技术，作为以后类似工程建设的示范，以提升施工企业的竞争力，提高其生产力，促进整个企业乃至整个行业的进步和发展，从而降低大型工程的建设成本。

三、实施的时间

工程于 2011 年 9 月 25 日正式开工，2012 年 7 月 15 日完成主体结构施工，2012 年 11 月 15 日通过竣工验收。

四、管理的特点及难点

2011 工程位于北京市朝阳区，为市重点工程。工程考虑周边环境、合理规划、建筑与周边相互融洽。

工程质量标准高：本工程质量目标为确保北京市结构"长城杯"金质奖，对施工的质量要求高，限制了结构期间的施工进度。

本工程施工现场场地狭小，拟建建筑周边布满管线，管线目前供给临近建筑使用，业主要求对管线给予可靠保护，给施工场地布置、物料运输带来较大困难，尤其是现场几乎没有材料存放的空间，材料需多次少量进场和场地内的二次倒运。工程±0.000以上结构大面积回缩，进出主体结构需要通过车库顶板，因此，施工使用的较重材料水平运输相当困难；相关单位多，协调、组织工作难度大。

工程需要协调的相关单位多，包括土建、钢结构、外墙保温、给排水、供配电、门窗、建筑智能化、燃气。而工程施工工期短，高、低作业多，各专业分布交叉多，工作面组织工作难度相当大，安全管理和分包质量控制困难。

项目周边为居民聚集区，工程需用的所有物料只能在夜间进场，如何避免扰民和民扰事件的发生成为本工程一大难点。

本工程根据进度安排，挖土及打桩施工跨越雨季施工，降雨频繁，致使挖土及打桩工作不断滞后，延长施工工期一个多月。主体结构施工跨越冬期施工，因此，施工中应加强季节性施工管理，采取相应的施工措施确保施工的顺利进行。

五、管理的策划和创新特点

作为施工总承包方的中国建筑一局（集团）有限公司，受业主的委托，对众多深化设计和施工分包单位进行全过程的管理。在传统"三控制、二管理、一协调"的基础上，具体建立了"四控制、四管理、三协调"的工程管理创新体系，如图1所示，对科研、设计、施工分包单位进行统一协调、组织管理，有力的保证了整个项目的顺利实施，提升了项目的施工进度的控制，具体采取了以下创新特点：

1. 创新管理模式

发挥集团优势，建立了局、公司、项目3个层次的项目管理创优小组，充分利用局各项优势资源，保证项目的质量、进度、安全、资金、商务、材料等管理策划详细、有效和及时到位。并建立了月例会制度，进行了跟踪考核。

```
                ┌── 进度控制
                ├── 质量控制
        四控制 ──┤
                ├── 投资控制
                └── 安全控制

                ┌── 合同管理
                ├── 图纸设计动态管理
        四管理 ──┤
                ├── 现场管理
                └── 信息资料管理

                ┌── 各专业图纸设计的协调
        三协调 ──┤── 各分包商的协调
                └── 各专业工程师交叉工作的协调
```

图1　工程管理体系图

2. 创新施工技术手段

组织专业技术小组开发工程建设成套技术，对传统的工艺和现代的技术对比，在短期内做好施工方案、检测和过程监控方法、材料计划、各专业配合计划等策划，在科技手段提高施工的机械化、信息化程度，加快进度和材料采购速度，降低劳务作业难度，从而降低成本。

六、管理措施实施和风险控制

针对工程性质，将施工总进度计划管理作为重点，编制技术、商务、安全等一系列措施，保证质量、安全的前提顺利完成工程任务。

（1）在进度管理上我们坚持充分利用先进的项目管理软件，实施动态项目管理，由生产、技术、质量、安全、商务各部门协力合作确保每天的进度符合总进度节点要求，出现偏差及时调整，保证各节点计划按时完成。

（2）在质量管理上我们以创结构"长城杯"金质奖为目标建立健全了项目质量管理体系，编制详细的项目质量验收标准和项目创结构"长城杯"金质奖策划书，坚决做到策划在前，样板先行，过程控制。

（3）在安全管理上，与业主、监理联动，建立日巡查制，周检查制，月教育考核制，对项目实施分

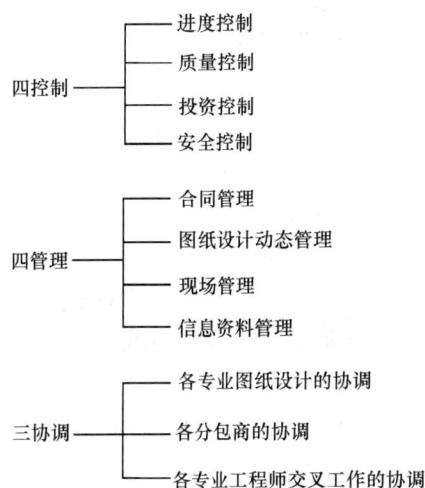

区管理，责任到人，实行安全竞赛，加强工人安全意识教育，从根本上杜绝安全隐患。

（4）在资金管理上，实行项目计划，公司统一监督调配制度。工程开工阶段由项目按进度计划和材料及劳务进场计划编制资金需用计划，公司财务部设专人专账负责管理资金往来；工程施工阶段由项目按月提交资金计划报财务审核后由分管专人负责按计调配。

（5）在商务管理上，注重技术与商务互动，重视合同交底，做到人人心中有本账，对设计和现场变更及时签证，责任明确。

七、过程检查和监督

1. 工期进度管理

（1）分解工期目标，认真组织协调确保各节点目标实现。由技术部牵头，组织工程部、机电部将施工现场所有分项工程进行梳理，使之条理清晰、脉络明晰。然后将各项工序与整体施工计划相结合，制成施工总进度计划，使每道工序、每个环节的工期一目了然。然后工程部在总进度计划的控制下每月编制月进度计划，在月进度计划的控制下编制周进度计划，每周一召开生产例会对上一周没有完成计划的工序进行通报，通过控制周进度来保证月进度，通过月进度来完成总进度，确保工期在计划范围内。

（2）分阶段调整工作重心，发挥项目管控能力。在工程开工之前，与分包单位施工人员讨论，制定具有可操作性、合理的、针对性强的施工方案，根据施工方案计算合理的材料计划量，通过人、材料计划量每月控制进场量，由专人负责保证不窝工，不积存材料。使人、机料有合理配比。

（3）工程结构施工阶段，涉及到施工进度的方案主要为模板方案、脚手架方案及外用电梯施工方案等，在土方开挖前制定出适合本工程的、具有针对性的，采用合理科学施工方法的方案，技术先行，在最初就到达工期预控的目的。

（4）物资部周转料具的提取需考虑进度计划的安排，保证现场不积压。与材料租赁单位沟通，保证提前一天通知第二天材料就能进场，这样既能保证节省租赁时间又能不耽误工期。

（5）工程部按照总进度计划，按季度、月及周编制切合实际的进度计划。保证各项工作的顺利进行，顺利完成节点工期。尽量避免料具周转不及时导致推延工期。

2. 质量管理

（1）建立以项目经理为组长、项目技术负责人为常务副组长的项目创优工作小组。制定了详细的质量标准及创优方案以及细部节点的标准图集，并进行了任务分解，制定了奖罚措施，做好事前策划，使项目创优工作有条不紊的进行。

（2）建立完善质量管理措施，分别制定了质量奖罚细则、质量交底制度、工人培训机制、样板引路制度、成品保护制度等一系列管理制度。

（3）加强事中控制，重点做好过程控制，严把从材料进场到工序验收的各道质量关，加强对质量通病的控制，不断提高施工质量，以工序精品、过程精品保证精品工程。

（4）重视事后分析，找出质量问题原因，提出解决方案，做好预控措施。

3. 环境、安全文明施工管理

（1）做好前期策划，制定安全技术方案、环境和职业安全健康管理方案，对危险源及危险因素进行识别。建立管理体系，责任落实到人。

（2）实行安全防护标准化，建立标准图集，对工人进行培训，重点对高空作业及防护措施、防高空坠落、防物体打击、防火等方面进行控制。

（3）建立防护设施验收体系，各项安全防护设施从方案制定开始，到防护设施的搭设，到最后的验收均有专人负责，各项防护设施在通过验收后方可使用。

（4）强化安全教育，所有进场人员均经过三级安全教育，特殊工种定期进行培训。

（5）建立日巡查制、周检查制和月教育考核制，责任到人，奖罚明确，重视培训。

4. 商务工作管理

（1）合同管理是经营工作的首要任务。注重合同的履行和签证索赔的认价工作的办理，积极寻找切入点办理签证索赔工作。采用量价分离的方法积极办理签证索赔。

（2）做到技术与商务的有机结合，明确责任，技术负责有关签证内容的技术审核，商务负责价格，工长负责工程量。注重变更的灵活性和及时性，现场与后台互动，公司与项目互动，确保以变更洽商的二次经营弥补投标中的部分单价的亏损，同时对于合同单价利润高的部分，做到变更工作范围，扩大利润量。

（3）制定项目分包结算管理办法，规范了对分包的管理。按时进行分包结算，重点针对装修阶段后分包单位增多，工作面交叉增多的特点，项目预算给相关人员进行了合同交底，让每个管理人员掌握合同条款，划清界限，明确交叉工序分包队伍的工作内容，凡是合同包含的工作内容不得重复结算，杜绝了重复用工。

（4）装修阶段的成本控制是整个工程的难点。主要表现在材料管理上，初装修材料的浪费不仅仅是材料的浪费，给楼层内的清理工作也带来了麻烦，所以一定要做到工完场清，发生清理用工找到原因，未执行合同条款坚决扣除。同时，项目及时编制施工预算，严格执行限额领料制度，提高了班组的成本意识。

（5）在竣工结算中，以施工方案作为签证的一个重要依据。同时技术部门在办理变更洽商时事先征求商务经理的意见，斟酌洽商中的字句，对待每一份洽商，都找足证据，凡是业主和监理需要的资料都详细、完整的报送，为签证创造条件，为效益的获得铺平道路。

5. 工程成本控制

（1）公司与项目签订详细的成本责任状，明确公司与项目的责、权、利。

（2）项目进行总体成本策划，按施工节点制定项目工程节点计划成本、预算成本，指导全员参与成本管理。

（3）从源头加强物资、劳务、专业分包及设备的招标管理，选择质优价廉的分供方。

（4）严格执行合同条款，加强过程结算的审核。

（5）分节点开展成本分析，加强过程成本控制，公司每月对项目成本管理进行一次综合检查。

6. 资金管理

（1）明确资金由公司财务部指定专人统一建账管理，项目必须及时报批项目总的资金计划和月付款计划、材料采购计划。项目资金支付与收款挂钩，以收定支。充分利用合同条款及政府政策，加大工程款催收力度。

（2）材料采购由公司材料部按项目计划统一进行。

（3）职责明确，确定项目经理是催收清欠第一责任人，同时公司财务部安排专人负责资金管理，配合项目办理收款手续。

（4）项目商务经理及时与业主办理过程结算，督促业主对变更洽商进行签认。

八、管理效果评价

1. 工程验收

工程于2013年5月7日通过北京市建委组织的竣工验收，质量合格，2013年5月30日于北京市建委正式备案。

工程各节点完工情况：

2012年1月15日完成地下室主体结构；2012年7月15日完成主体结构；2012年11月15日完成工程验收。2012年9月15日完成地下室装修；2012年11月1日完成所有工程量。

2. 综合评价

本工程的显著特点是：通过对施工过程管理的实际效果，我们认识到施工进度计划对工程按计划进行的重要性。通过从技术、工程、合约、物资等方面的共同控制来达到工期的控制。从该项目的管理工作，完善的工程管理体系，不断提高工期计划管理水平，为公司的按期履约管理工作的提高创造好的经验。

商务管理效果明显，成本降低率 3.4%，截至竣工时回收工程款 85%，现阶段工程款已全部收回。

质量与安全管理成绩突出，社会效益显著，获省部级以上奖项如下：

（1）北京市结构"长城杯"金质奖工程。

（2）北京市文明安全样板工地。

（3）中建一局效能监察优秀成果奖。

（4）中建一局"精品工程"银奖。

3. 社会效益

此工程已经交付使用，用户使用回馈信息满意。特别是该工程在既定的日期内完成建设任务，保证了业主及广大的住户及时入住新房。

统筹管理　严抓经适房质量　倡环保

——中建八局中国建筑土木建设有限公司成寿寺二期 B-3 区 3 号楼工程项目

刘春峰　王世全　龙陆彬　肖春雷

【摘　要】针对民生工程，以保证经济适用房工程质量为己任，通过整合项目资源，组织协调，创优策划，重在过程、细节控制，杜绝住宅质量通病发生，严抓工程质量，保证了工程的履约；质量、安全、技术、商务等部门细化管理，项目部进行统筹管理，实现项目增值与经济效益；提倡绿色施工，注重环保，取得了良好的社会效益。

【关键词】管理策划；过程控制；统筹安排；效益显著

一、成果背景

1. 行业及社会背景

随着生活水平的提高，人民对住宅品质要求不断提高，政府主管部门监管力度更大、要求更严格。针对民生系列之一的经适房工程，施工企业有责任、有义务抓好施工质量，建设优质工程，为业主交付满意产品。

2. 工程概况

成寿寺二期经济适用房 B-3 区 3 号楼工程位于丰台区南苑乡成寿寺，建筑面积 29322.5m²，地上 25727.28 m²，地下 3595.24 m²，主体结构为剪力墙结构，首层、二层底商部分为框架结构，层高为 4.2m，地下 3 层，地上 28 层，地下三层为人防层，三层及以上为住宅，建筑高度为 82.60m，如图 1 所示。

二、选题理由

由于本工程质量要求严格，施工管理需加强管理，且工程造价相对较低，管理不善极易造成亏损。同时，为了提升项目管理水平，发挥企业社会责任，树立企业品牌形象。

三、实施时间

（1）总实施时间：2011 年 9 月 1 日 ～ 2013 年 9 月 18 日。

（2）分阶段实施时间：

管理策划：2011 年 9 月 ～ 2011 年 10 月。

管理措施实施：2011 年 10 月 ～ 2013 年 5 月。

过程检查：2011 年 10 月 ～ 2013 年 5 月。

取得成效：2013 年 6 月 ～ 2013 年 9 月。

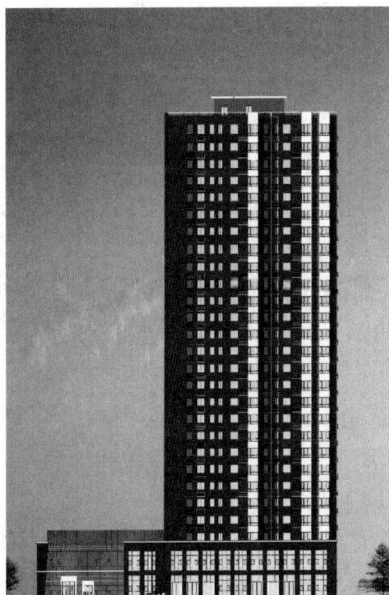

图 1　3 号楼西立面图

四、管理重点和难点

设计相对较为复杂：工程剪力墙较多，且首层、二层层高较高，且异形构件相对较多，如首层、二层商业部分存在半圆弧结构梁，模板支撑较难，故把控混凝土质量是重点；地下室功能性房间机电布线较为复杂，人防、消防、配电室内线路相互穿插交错较多，交叉线路不碰撞是难点。

关键工序重点部位：厨卫间结构设计未降板降标高，地面与客厅地面同标高，造成厨卫间明水易渗漏至客厅；外墙、外窗保温节点处易渗漏，是质量隐患，把控防水质量是重点与难点。

重大危险源多：工程深基坑施工，最深处 −13.2m，且有滞水层，极易造成边坡局部塌方，带来安全隐患；主楼西侧有高压电缆，塔吊作业将警惕保持距离；施工现场机械设备较多，涉及立体穿插工序较多，安全隐患大，故对重大危险源的监控管理亦是重点。

场地较为狭小：施工现场西侧、北侧临街，且西侧有高压电缆存在，可利用空间极小，现场堆放材料成问题，现场材料场地规划及高效利用场地亦是难点。

五、管理策划及创新特点

1. 策划分析研究

项目进场前，进行了施工前项目策划，项目进场后，着重对质量、安全、进度、商务等4部分涉及内容进行了详细的策划分析，经过项目部全体人员的讨论，各归口部门制定了策划方针、策划思路清晰。质量方面策划思路为通过结构工程创优，达到业主认可的效果，安全方面策划思路为通过安全过程检控，实现按合同履约安全责任，不出现伤亡等损失，达到社会认可效果。进度方面策划思路为首先保证合同要求工期，通过过程管控做到提前工期，实现社会价值。商务方面进行数据测算，分析市场行情，把控成本风险。

2. 策划目标的确定

质量目标为实现工程质量合格，保证合同履约，奖项目标获得北京市建筑结构"长城杯"。安全环境目标为施工无事故、无伤亡，施工现场降尘降噪符合北京环保要求，并获得"北京市文明安全工地"。进度目标为按期交工，尽量提前工期。成本目标为成本降低率为2.1%。

3. 创新点

制定《质量通病规矩集》：针对现场易出现的质量通病，收集、整理、汇总制定质量通病规矩集，便于施工翻阅，将通病提前预控。

制定《关键部位工艺手册》：通过收集类似项目的工艺管理，整理成册，施工至关键部位期间，项目人员可自行查阅，借鉴经验，选择最优方案，保证了施工质量。

样板引路制度：结构、装修使用期间均推行样板先行制度，结构施工的钢筋、模板均设置样板，装修期间设置样板间，新工人入场均须参观样板间，项目人员讲解每一道施工环节，保证了工人岗前实体教育。

六、管理措施实施及风险控制

1. 项目管理

首先，建立完善的施工管理体系，分工细致到位，明确责任人，确保施工的过程管理和总包控制，使整个工程施工有序、有效、顺利进行。项目实行全员风险抵押制，体现责、权、利的关系，风险共担，增强全员责任意识。

按照施工管理体系切实对项目部人员进行分工，明确其责任，各个部门既分工明确又相互细致的配合，做到项目部完全控制工程施工，认真落实施工组织设计及方案。

其次，加强总包管理和过程控制，制定各种管理制度，并坚决落实执行。

（1）配合公司合约部门作好各专业分包的招标，优选工作，力求选用素质高，价格低，信誉好的合格专业承包商。

（2）发挥综合协调管理的优势，对各专业承包商进行有效的组织、管理、协调和控制。

以合约为控制手段，以总控计划为依据，发挥综合协调管理的优势，调动各分包商的积极性，使各独立承包商密切合作和相互配合、相互支持，尤其是交叉施工的合理有效衔接。在计划、工期、质量、安全、文明施工、物资管理、技术管理、合约管理、工程款支付等方面建立了一整套分包管理制度。站在总包的高度全面协调、组织、控制、调整、规范各施工队伍的行为，较好地完成了合同约定的各项指标。

（3）建立各种管理制度，并坚决落实执行在工程施工的各个方面。我们有一系列现场管理制度，如例会制度、方案先行制度、质量管理制度、安全管理制度、工期管理制度、工序交接检制度、施工样板制度、施工机械设备使用平衡制度、材料堆放申请制度、总平面管理制度、日作业计划和材料日进场平衡制度等。

2. 质量管理

（1）建立健全质量管理体系及完善质量管理制度

建立以项目经理为首的质量管理体系，创优管理体系，配备高素质的项目管理和质量管理人员，强化"项目管理，以人为本"。建立各项质量管理制度及处罚条例，作为质量管控的手段和方法。推行质量负责制管理，职责岗位明确。

（2）方案讨论制度

在施工前，提前与各方进行方案策划讨论，制定切实的施工方案，对危险性较大分部分项工程开展专家论证，保障施工流程畅通。

（3）方案审批制度

方案均由项目责任工程师、项目总工、公司技术部等共同把关，严格按流程审核、审批。

（4）方案交底制度

各分项方案编制完成后，针对方案中的重点、难点及管理过程中应注意的要点向项目有关人员进行交底，使其在管理过程中重点环节重点监控。

各分项工程施工前工长向施工队做技术交底，内容要有针对性，使工人在施工中有理可依、有据可查。

（5）样板引路制度

建立样板引路制度，选择设计要求材料，严格按执行样板流程和要求，如图 2 所示。

（6）"三检制"

施工过程中，严格执行"自检"、"互检"、"交接检"制度，确保一次性验收合格率，一定程度确保工期，如图 3 所示。

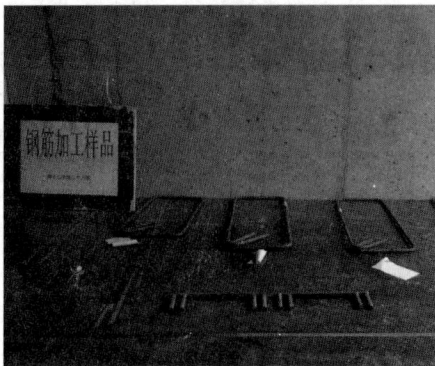

图 2　样板引路制度图　　　　　　　图 3　"三检制"实施图

（7）月度质量检查活动、分析讨论会制度

制定质量周计划，每周进行质量统计、纠偏，周质量会分析，每月召开月度全员质量总结分析会。

（8）技术创新助推质量管控

通过现场技术革新、方案优化等技术手段，采用新科技产品、新技术促使质量保证措施稳固，质量观感效果提升。

（9）开展 QC 活动

通过质量分析，对施工质量易出问题部位，进行重点控制，同时组建 QC 小组，开展 QC 活动。

3. 安全管理

善安全管理体系：健全施工现场安全生产管理体系，完善安全管理目标所需的组织结构，实现"安全第一，预防为主"的方针，"敬畏生命，关注安全，监管并重，落实责任"为企业使命。

项目部成立了以项目经理为首，由项目总工、执行经理、安全负责人、专业安全工程师，各专业分公司等各方面的管理人员组成的安全管理组织机构，并保持体系运行通畅。

建立项目部安全管理制度和相关的管理办法：为了更好的贯彻安全体系的运行，保证安全施工，项目建立了以下各种管理制度：安全技术交底制、班前检查制度、周安全活动制度、安全教育制度、危急情况停工制度、机械管理制度、用电管理制度、持证上岗制度、安全一票否决制度等。要求各进场的施工单位必须与项目部签订安全管理协议，施工单位与作业工人签订安全管理协议并交到项目部安全部门备案。

专业分包队伍入场前，与项目签订安全管理协议，工人入场前，进行入场安全教育培训，培训过程中进行安全技术交底，并要求每位工人对教育内容做到确实听得懂、记得牢，在施工过程中，项目安全部门等对工人进行过程监督、过程检查，落实好安全教育内容。

对安全隐患进行排查，对危险源进行辨识分析，制定专项方案，对重大危险源筛选排查，制定应急预案，保证了安全费用的投入，使得安全措施到位，进行施工安全全过程的动态管理，为安全生产提供保证。

4. 进度管理

（1）建立生产计划保证体系，明确职责与分工

为了使施工进度计划顺利进行，建立完善的计划保证体系，从而掌握施工管理主动权，控制施工生产局面，保证工程进度。本项目的计划体系将以日、周、月、年和总控计划构成工期计划为主线，并由此派生出设计进度计划、各专业班组的进场计划、技术保障计划、物资供应计划、质量检验与控制计划、安全防护计划及后勤保障一系列计划，在各项工作中做到未雨绸缪，使进度计划管理形成层次分明、深入全面、贯彻始终的运行机制。

计划编制：工程一开工即开始着手编制总的网络进度计划，编制前召开关于总进度计划的专题会议，召集各相关人员参加，并会集各方面建议，使总进度计划务必做到科学、务实、合理、有操作性。项目部又根据总进度计划编制了关于基础、主体、装修等各阶段的进度计划，将计划落实到天，增强了计划的控制性、周密性和详细程度。在每月的 25 日前项目部针对总进度计划进行下月计划的编制，将计划细化到各个分项、工序。

计划的落实：每月一次的工程总结会，做阶段性总结；每周一次的工程例会，安排检查周进度；日巡查会，检查作业进度，并做日报、周报和月报。控制保证计划的层层落实。

施工中影响进度及各专业协调的问题在例会上要及时解决。如工期有延误要找出原因制定追赶计划。编制施工进度计划的同时也应编制相应的人力，资源需用量计划如劳动力计划，现金流量计划，材料、构配件加工及装运到场计划等并派人追踪检查，确保人力资源满足计划执行的需要，为计划的执行提供可靠的物质保证。

（2）缩短工期的技术措施

根据本工程的实际情况，主体结构工程施工时，将每层分为二个施工段，组织水平流水、立体交叉

施工，通过采用流水施工的组织方式有利于提高施工效率，节省工期，同时，要最大限度地挖掘关键线路的潜力，各工序的穿插以紧凑为前提，尽量压缩工序施工时间。

本工程施工期间要经过冬季和雨季，为确保工程质量和工期，我们制定了详细的季节性施工措施。

（3）工期奖罚制度

为了更好的运行各级计划，项目部专门建立了工期奖惩制度，以月为核算周期，对照每月的进度计划，对没有完成的单位按拖延的天数进行处罚，对提前的单位进行奖励，加强了各施工单位的责任心及积极性，有效促进了整个工程施工的进度。

5. 合同、成本管理

为确保在兑现合同全部内容的前提下保证效益，获得利益，根本途径在于采取一切可行的措施降低工程实施过程中的消耗。

根据本工程特点，合同要求，结合相关工程的成本管理经验，通过认真测算制定《成本控制计划》，该计划是实现成本目标的具体安排，是施工过程中成本管理工作的行动纲领。

充分利用公司现有资源降低现场费用。有公司强大的技术、管理优势做后盾、以智力密集型的项目法施工模式的成功经验使得项目班子组成可精练高效，减少管理费开支；工具式办公房和工具式围墙等减少了临建费用；公司自有的大型机械设备和周转工具降低了机械费、模板等方面的开支。

采用分段流水施工缩短工期、降低成本。工期缩短大大减少机械使用时间、减少模板占用量和使用时间、减少人工投入量、减少间接费用的开支，从而使综合成本降低。

采用先进的施工技术降耗及创效：

（1）高强钢筋应用技术，依据设计要求，部分楼层钢筋采用 HPB400E 钢筋，增强结构抗震性能。

（2）组拼式大钢模板技术，可保证墙面、混凝土顶板平整度，达到不抹灰的程度，减少整个工程抹灰量、减少垃圾降低成本。

（3）预拌砂浆技术，响应北京市环保要求，现场采用预拌砂浆，做到无粉尘飘洒、坏保、施工简便，随用随拌，减少材料浪费。

（4）粘贴式外墙外保温隔热系统施工技术（粘贴聚苯乙烯泡沫塑料板外保温系统），保温效果显著，外墙施工快捷，加大劳动力投入，可压缩外墙保温施工工期，为进度提前赢得效益。

（5）铝合金窗断桥技术，首层、二层商业外窗采用此技术，其隔音性、隔热性远超出传统铝合金外窗。

降低质量损失成本，施工项目质量成本包括内部质量损失成本、外部质量损失成本。降低内部质量损失成本的途径是以优良的施工质量杜绝返工和修补，降低外部质量损失成本的途径是以优良的质量减少下一步工序的施工人员、材料的投入。如本工程混凝土浇筑过程中，采用合理的模板体系、严格控制振捣、拆模养护工序，从而达到清水混凝土不抹灰的标准，减少后期工程量。另外，严格的控制成品、半成品的采购质量，不合格品不准进场，降低损耗率，也是降低外部质量损失成本的重要手段。

定期进行成本核算，随时掌握收集信息并与成本计划比较，对施工项目的各项费用实施有效控制，发现偏差则分析原因，并采取措施纠正，从而实现成本目标。

强化全员成本意识，降低成本不是一个人一个部门能够实现的，必须是参与施工的各个部门，在施工的每一个环节中进行控制。建立严格的奖罚制度，对成本管理中做出成绩的员工或部门给予奖励，对造成成本亏损的员工、部门进行处罚，以充分调动群众的积极性。

6. 环境、文明施工管理

（1）建立总平面管理及文明施工责任制，实行划区负责制。

严格按总平面规划布置临时建筑和施工机具，堆放材料、成品、半成品，埋设临时管线和电路，未经审准不得任意变更。

（2）严格按程序组织施工，以正确的施工程序，协调和平衡土建与安装、内部与外部关系，保证工程紧张有序地顺利进行。

（3）现场材料堆放要砖成垛，砂成方。原材料及成品要堆放整齐，分类、分规格标志清楚，不占用施工道路和作业区。

（4）坚持文明施工，提高施工现场标准化、规范化、科学化管理水平，设置标准的"三牌、三图一表"，工地四周封闭，出入口设专人指挥车辆进出。

（5）安全标志，防火标志和安全牌要明显醒目，"三宝"使用严肃认真。"四口"防护严密周到，施工现场按规定设消防器材，易燃、易爆、剧毒物品专人专库保管。

（6）经常保持施工现场场地平整及道路排水畅通，照明充足，无长流水、长明灯和路障。生活区设立垃圾堆放点，经常清理，施工现场保持工完场清。

（7）现场设立治安保卫小组，出入现场一律凭证，各种来往车辆按指定路线行驶，职工携带物品出门要有出门条，现场不会客，外来单位参加拍摄须经领导批准。

（8）对施工现场要求做到降尘、降噪，工完场清，实施绿色施工，推行施工现场安全防护标准化的制度，提倡环保理念，响应国家绿色施工号召。

7. 风险控制

经项目对风险项辨识筛选，选择了一下几项风险重点，见表1。

风险控制措施　表1

风险项	风险辨识	风险控制对策
质量风险	有水房间和外墙渗漏、地面起砂	质量管理计划、样板引路、质量通病预防控制规矩集、QC活动
安全风险	深基坑、高空坠落、吊篮、塔吊	专项方案、应急预案、安全培训、
成本风险	造价低、人工材料价格波动大	方案优化、集中采购、限额领料

七、过程检查和监督

项目管理紧紧围绕项目制定的目标值，将目标值分解到项目各职能部门，各职能部门落实到相关责任人，进行各专业各环节的全过程检查，项目监督检查各职能部门的落实情况，通过发现、整改、落实等环节的不断改进，最终确保设定目标值预期完成。

八、管理效果及评价

通过项目策划管理，项目取得丰硕成果。工程质量合格，获得北京市建筑结构"长城杯"。安全无事故，并通过"北京市安全文明工地"的验收。成本降低率2.3%。项目部受到业主等相关方的认可和高度评价，实现经济效益的同时，也获得良好的社会效益。

坚持文明施工 确保质量目标

——中北华宇建筑工程公司大兴区黄村镇宇丰苑小区
9号、10号住宅建设工程项目

程国杰 季 辉 张 意

【摘 要】 大兴区黄村镇宇丰苑小区9号、10号住宅建设项目，工期紧，造型多，此外还涉及门窗、采暖、消防、强弱电、天然气、保温、市政管网外线、室外道路园林绿化等诸多专业施工。如何在工期中既正确的管理施工又保证质量成了此工程的重点及难点。与此同时还面临着场地狭小作业面不足及扰民问题，现场安全管理和施工技术管理面临着严峻的考验。

【关键词】 文明施工；保全保质

一、成果背景

1. 工程简介

大兴区黄村镇宇丰苑小区9号、10号住宅建设项目为商住一体工程，如图1所示，总建筑面积77658.6m²，分为9号楼、10号楼剪力墙结构和与之相连的地下车库框架-剪力墙结构三部分组成，10号地上24层，地下3层，建筑高度73.4m，9号楼地上8层，地下3层，建筑高度25m。

图1 大兴区黄村镇宇丰苑小区9号、10号住宅建设项目图

2. 成果背景

宇丰苑小区建筑外形美观，又位于京开高速与通黄路交界东南角，这就成为了此区域内相对醒目的建筑物。

3. 管理目标

（1）工期目标：974 日历天。

（2）质量目标：北京市结构"长城杯"。

（3）安全目标：安全生产"零"事故。

（4）文明施工：北京市绿色文明安全工地。

（5）环保：施工现场场界白天噪声不超过 70dB，装修施工白天噪声不超过 65dB，夜间噪声不超过 55dB；落实大气污染控制措施，减少场界内扬尘。

二、选题理由

1. 场地狭小作业面不足

现场北侧面临重要交通路口、西侧相邻高速公路、东侧及南侧相邻小区和街道。面临着场地狭小作业面不足及扰民问题，作好现场安全文明施工和环境保护是工程施工中的重点。

现场主体结构与建筑红线最长距离不足 20m，最短距离不足 4m，如图 2 所示，在如此狭小的场地上，最密集时多达 400 名工作人员同时施工，在临建房搭设后现场可利用空间所剩无几。

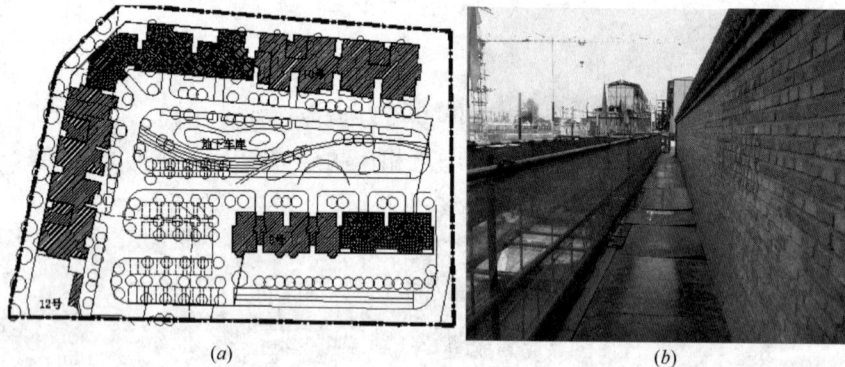

图 2　现场狭小图
(a) 平面图；(b) 现场图

（1）场地小导致人员密集、材料无处码放、生活垃圾及建筑垃圾量大等问题。现场包括木模加工区、钢筋加工棚、原材料码放区、民工临建房、卫生间、易燃易爆库房、成品库房等诸多场地要求，在保证安全的前提下合理布置现场随进度更改加工场地成了施工的难题。

（2）场地小导致成品材料需要多次多步搬运，严重影响施工进度。为保证安全，部分材料码放在较远的地区，部分材料无法使用群塔进行吊运，使用人工严重影响施工进度。为保证工期及质量，需工人们人手带料不空手上楼，确保按时完工。

2. 质量要求高，专业施工多

本工程为长城杯要求，此外还涉及门窗、采暖、消防、强弱电、天然气、保温、市政管网外线、室外道路园林绿化等多个专业施工，如何合理施工、有序交叉作业成为了一大难点。

（1）专业施工多，导致交叉作业大、时间安排紧。相同部位需多个专业施工队同时进行施工，对于水源、电源的使用要合理施工，定点、定时、定量。

（2）专业施工多、工期紧，导致扰民问题的出现。现场临近多个居民区，为避免扰民问题，项目部实行定点施工及与当地居民协商进行施工，开设座谈会尽量解决扰民问题，积极配合高考、中考等重要日期的文明施工。

三、项目实施时间

项目实施时间，见表1。

项目实施时间　　　　　　　　　　　　　　　　表1

序号	项目阶段	时　间
1	总体实施时间	2012年2月～2014年6月
2	管理策划	2011年10月～2014年5月
3	管理措施实施	2012年2月～2014年5月
4	过程监督、检查	2013年2月～2014年6月
5	取得成效	2012年8月～2014年5月

四、管理重点及难点的解决办法

1. 场地狭小，作业面不足

各专业、多单位协调作业，优化施工部署，合理安排，进行穿插作业，加强过程检查是本工程管理和控制的重点。合理布置现场材料的码放及垃圾的堆放清运，做到生活垃圾一天一清，建筑垃圾满车就清，积极做好防尘控制。

由于场地小，控制临建房、人员也成了难点。项目部3次搬家解决施工场地及材料码放问题，全项目人员吃苦耐劳，尽职尽责，没有条件创造条件，改变不了条件就适应条件，做到"不怕累、不怕苦、不怕熬夜、不怕走"的四不怕作风。平均"26岁"的技术部人员做到了成熟的管理，系统的指挥。也获得了公司及业主方的肯定。

2. 专业施工多，导致交叉作业大、时间安排紧

专业施工多，实行当天例会制度，加上气候的原因、有效施工时间短，形成开工晚、施工场地狭小，原材料运输困难等不利条件，造成工期紧迫。施工期间技术部强调做好技术交底，及时向监理单位汇报，对不合格部分提出处理意见，发现不符合设计意图或有明显质量问题及时联系监理及劳务单位进行整改。

五、管理策划及创新

1. 优化部署

见表2。

项目管理策划表　　　　　　　　　　　　　　　　表2

序号	策划内容	主要因素	问题分析	对策制定	实施人员
1	优化施工部署，合理安排穿插作业，加强过程检查，保证按期完工	1. 多专业同时施工。 2. 结构主体正好在冬季，装修正好在雨季	1. 施工安排不合理。 2. 施工人员不稳定。 3. 过程检查不到位	1. 制定总体施工进度计划，并分解成月进度计划，由甲方审核同意后各方签字确认。 2. 根据月计划制定周计划，由各方签字确认，周计划的落实来保证月计划的实现，根据周计划分解成每天工作内容，用日工作的完成保证周计划的实现。 3. 根据分包方的劳务状况，随需调配人员，保证计划的有效落实。 4. 建立工序交接检查验收制度。 5. 建立例会、周联检、月考核制度并约定影响工期、质量的处罚金额	季辉 张意 张鹏 叶冬凯 曲宝庆 周永库

序号	策划内容	主要因素	问题分析	对策制定	实施人员
2	季节性施工的影响	1. 雨季降水量大 2. 冬季风俗过大影响施工	1. 现场未设相应的排水设备	1. 设置积水坑 2. 风力超过4级禁止高空作业	高振宇 赵文海
3	材料码放	现场场地狭小，人员密集，码放区设置困难	场地狭小，人员流动大	对现场人员进行教育，材料分类码放整齐，保证安全道路畅通	梁富旺
4	现场生活垃圾及清理	人员密集生活垃圾清理任务繁重	人员密集	制定垃圾场地专车清理，对现场人员进行教育不得随地乱扔	孙兴良 吴长生

2. 创新特点

（1）项目目标分解，以分布节点控制实现工期目标

面对如此大的施工任务及质量目标，项目经理组织各部门、各专业进行了工期的目标分解。将基础、主体结构、二次结构、装修、给排水、采暖、消防、强弱电、通风、天然气、市政管网外线、室外道路园林绿化等各阶段的施工时间节点进行了分解控制，并针对各自需要提前对各阶段材料进行了充分的准备，与各专业班组签订了施工任务书，明确了严格的控制办法及奖罚制度。

现场施行分布节点控制以来，大大加强了施工人员的施工进度，施工队按照日施工进度进行施工，各专业有序进行且安全进行交叉作业，减少了窝工现象发生。既保证了施工进度，也控制了工期成本，本应在8个月完成的主体结构，提前一个月保质保量的完成任务。以强有力的执行力，推动项目按要求的工期目标稳妥实现，见表3。

里程碑时间　　　　　　　　　　表3

序号	项目	开始时间	完成时间
1	基础施工	2012年2月22日	2012年5月14日
2	主体结构	2012年5月14日	2013年3月10日
3	二次结构	2013年3月8日	2013年9月15日
4	装饰装修	2013年7月1日	2014年3月20日
5	交付使用时间	—	2014年6月1日

（2）方案先行，样板引路，及时检查整改，确保质量目标的实现

工程开工前期，由项目总工组织编制了项目的质量计划，成立质量管理小组。针对工程的大型方案，技术部编制后由项目部门分组讨论，分析其中的难点、工艺通病等，将其完善后以样板引路进行施工。每道分项开工前先做样板，项目部检查、改进、鉴定合格后再大面积施工。由于工程开工面积大，交叉作业多，部分工序复杂，除有力的技术支持外，及时的检查也是分不开的，质量管理小组将问题汇总，分析原因，制定整改措施等，将问题及时处理，使工程质量得到了有力的保障。通过努力，分项工程一次验收合格率97%以上，在参评结构长城杯和竣工验收中均一次性通过，得到了设计方、监理方的一致好评。

（3）坚持以"人"为本，规范管理，确保安全生产

安全生产是一个复杂的问题，除了严格的规章制度外，人的因素起到了关键的作用。管理层与被管理层互相之间的协作、配合及能动性起到了重要的作用，所以拉动管理层与被管理层之间的感情因素是很重要的。

工程开工前，我们考虑到了工期紧，作业班组多，需跨一个冬季及夏季，首先将工人的住宿环境提到了重要议程。将原来一个宿舍10个人的标准改成6个人，并增加了电暖气等取暖设施，充分改善了

工人住宿环境。

在日常的管理中，安全员并不是以一个执法者的身份出现，发现有违章作业行为，先进行纠正，再查原因，不以经济处罚为目的，得到了被管理者的认可。在工人的三级教育及安全技术交底中，各班组的管理人员积极执行。

在五一劳动节来临之际，公司向在项目工地的每位工人发放水果小吃，并组织安全讲解和有奖问答，工人们踊跃举手积极发言，即加强了工人们对安全的重视又愉快的度过了节日。

见到施工过程中工人的绝缘手套破损，安全员找到库管及时给予更换，做到以工人安全为中心的"家人式管理"。安全员不再是民工眼中的"钉"，而是像家长一样保护着家人的安全。

在管理中不仅建立了完善的安全保障体系，在安全设施及宣传中也进行了大的投入，不但从硬件上给工人以安全生产保障，在日常的工作、会议及生活中通过放宣传片，张贴海报、宣传栏资料等方式，让工人真正体会到"安全生产，人人有责"，从管理的被动状态变成了主动状态。

（4）倡导绿色施工，用科学管理达到节能降耗。

在本项目的实施中，施工材料整齐且妥善码放，现场土地进行全面的覆盖，并定时洒水保证土壤的湿度，防止扬尘对大气的污染。

（5）装修后期按栋号进行划分片包干落实到人，全面负责管理每个栋号事情，凡事有人管，一直到交工，分清责任与奖惩挂钩，提高管理人员的积极性。

六、管理措施和风险控制

1. 优化施工部署，合理安排穿插作业，加强过程检查，保证工程的顺利完工

（1）每周二项目部根据月计划制定下周施工计划及材料需求计划，由各方签字确认，以周计划的落实来保证月计划的实现，每天工作的完成来保证周计划的实现。

（2）现场邻近居民楼及重要交通道路，为保证人员及车辆的安全，现场健全的安全网、安全平台、防砸棚、人行道防护、在模板吊装中严格要求谨慎检查方可使用。

2. 现场施工面积狭小，克服开工前诸多不利因素顺利开工

（1）施工前由项目经理，技术负责人、专业工长、质检员、技术员、劳务队主要管理人员参加讨论会，确定施工现场平面布置，划分责任区。

（2）提前编制《施工方案》，经公司、监理单位审批合格后编制技术交底，由专业工长对操作工人进行100%技术交底，工人签字100%。

七、过程检查及监督

在项目管理过程中，项目部管理人员做到"手勤"、"腿勤"、"嘴勤"，过程检查中手中有工具，发现问题及时沟通交流，多说、多看、多跑。项目部管理人员在每道工序施工过程中巡视、检查、监督，避免发生返工现象。

1. 建立工序交接检查验收制度

项目部在劳务自检、互检合格的基础上，进行工序交接检查验收，签字手续不齐全，不得进入下一道工序施工。签字手续不齐全擅自进行下一道工序施工的，由施工方拆除，重新组织验收。

2. 建立例会、周联检、月考核制度

项目部坚持每日16：00例会，由技术负责人组织管理人员重点对当日工程重点工序验收、安全、质量问题、生产需要及明日工作安排进行总结分析，同时，要求项目各岗位成员填写施工日志。

项目部每周二坚持周联检，由项目经理组织各项目管理人员及劳务负责人参加，对每家劳务施工作业面质量、安全、文明施工进行检查，并在例会上对检查内容进行分析、总结，制定整改措施，限时间整改复查。

公司坚持每月至少一次对项目施工总体情况进行月考核，由公司技术组、安全科、质量部对项目施

工管理和技术管理进行考核，对照公司工作标准及管理手册要求进行全面检查，当场打分。每月对项目月考核打分成绩进行汇总，根据汇总结果确定对项目奖励，项目经理根据岗位责任书和岗位考核成绩进行奖罚。

八、管理效果和评价

通过项目部全体员工的共同努力，本项目于 2013 年 8 月 30 日验收交付使用，得到了建设、监理单位及社会各界的一致好评。本工程取得的荣誉包括：

（1）荣获 2012 年北京市结构"长城杯"。

（2）施工现场实现"零"事故，获 2012 年度"北京市安全文明工地"。

（3）严格按照《成本管理程序》实施工程成本管理，成本降低 2%。

科学策划　精细管理　实现目标

——中北华宇建筑工程公司舞彩浅山滨水国家登山健身步道木林段一期工程项目

巩士林　史家旗　贾建梅　张新月　刘　群　张明千

【摘　要】　北京市顺义区舞彩浅山项目是区领导高度重视的重点项目，对于带动浅山区周边经济发展有着重要意义，是给老百姓带来福利的好项目。公司本着"构筑精品、追求卓越"的质量方针，坚持"科学策划、精细管理、实现目标"的建设原则，在确保整体符合规划的情况下，肩负使命感和责任感，以建造精品工程为指导思想，取得了显著成果。

【关键词】　科学策划；精细管理；人工高效

一、工程概况及成果背景

1. 承建背景

舞彩浅山滨水国家登山健身步道建设是顺义区统筹城乡发展、促进城乡一体化的重大战略举措，旨在大力发展浅山区经济，以5个浅山镇域内的自然景观、文化历史遗迹和产业资源为基础，构建内容多样、产业融合、特色鲜明的"舞彩浅山"首都慢生活区。舞彩浅山滨水国家登山健身步道，规划线路总长280km，串联龙湾屯、木林、张镇、大孙各庄及北石槽等浅山5镇。全线建成后，将成为集自驾车、山地自行车、登山步道"三位一体"，国际领先、国内一流的登山健身步道，并成为全国著名的都市运动目的地和生态消费地，如图1～图3所示。

2. 工程简介

木林段作为一期工程，最大程度地串联木林镇周边的旅游景区景点、文物古迹、民俗村落、采摘园、餐饮服务等设施，成为盘活存量资源的"价值链"。木林镇浅山启动区规划登山健身步道总长40km，2013年实施建设35km，预留5km步道作为区际对接，如图4所示。工程地处木林镇茶棚村、唐指山村、贾山村周边浅山区，起点为唐指山水库南水闸处，沿山向北经过景观林、十二涧、峪子沟、骆驼峰等几大分区后与龙湾屯镇登山步道对接，步道由毛石台阶、原木台阶、落叶步道、十石路、碎石路、间隔石道、木栈道等步道组成。另外还有毛石护坡、栏杆、排水沟等。步道有标志、标牌、景观亭

图1　施工前的风景图

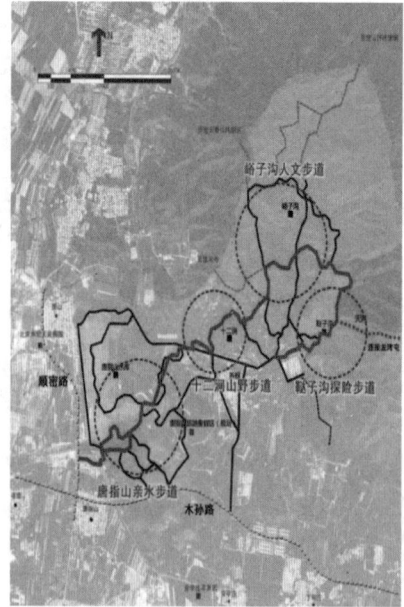

图 2　北京晚报 2012 年 10 月 22 日报道顺义舞彩浅山图　　　　　　图 3　规划图

等，在鞑子沟里需建一座钢架桥连接南北步道。另有三处停车场，作为登山步道附属服务设施，停车场内，水、电、卫生间等配套设施齐全，如图 4 所示。

图 4　步道展示图

二、选题理由

对于舞彩浅山这个工程来讲，人工的合理组织、高效利用是本工程的核心。因为地理环境的限制导致施工作业面狭小，机械降效，地处山区，海拔高，物料运输只能依靠人工的搬运。高效的利用人力，就是成本控制的保障，就是技术质量合格的基础，就是在工期内完成的重要依靠，就是安全工作上森林防火工作得以进行的依托。舞彩浅山就是一个得以展现中北华宇在人工利用上合理安排、高效利用的舞台。只有人员组织的高效利用，才能使得舞彩浅山取得现在的成绩。

三、实施时间

具体时间段：2013 年 3 月～2014 年 3 月。

分阶段实施时间：

管理策划：2013 年 3 月～2013 年 5 月。

管理措施实施：2013 年 5 月～2014 年 3 月。

过程检查：2013 年 5 月～2014 年 3 月。

四、管理重点和难点

1. 项目管理特点

（1）标志性工程。作为顺义区重点工程，舞彩浅山的建设工作直接关系到浅山区老百姓的生活，是一项社会各界高度关注的重点建设任务。浅山区发展慢、资源少，距离经济快速增长的空港区域，优质产业少。舞彩浅山建成之后将吸引大量的登山爱好者和游客，浅山区周边百姓的农副产品就可以就地卖出，同时浅山区周边还可以搞旅游农家乐等服务设施，为游客提供方便的同时又可以提高村民收入，这是看得见摸得着的实惠。另外政府又可以吸引外资来进行建设，各种赢利创收项目将会相继落成，税收的增加又会反补百姓的生活和福利。以消费带动产业区域转型，推动城乡一体化发展。长远的设想、规划、实施是在为百姓带来福音。

（2）地理环境特殊。浅山区地处高海拔地区，当地资源匮乏，全年有效施工时间为 4～11 月，只有 8 个月时间，且浅山区是近几十年封山育林的成果，生态环境十分脆弱。和以往我们承包的房建、市政、水利等工程对比，以前我们承包的工程是在平原地带，交通便利，物资齐备，而舞彩浅山工程是在高海拔的山区，工程所在地点偏离城区、物资运输路途远、山高路险，山上施工的物料只能靠人工进行搬运，如何在建设过程中合理配置资源，节约资源，保护环境，实现可持续发展，这对项目管理模式来说是难点。

（3）保护环境要求高。在设计阶段就结合山体特征及健身要求，施工中不能乱砍滥伐，尤其重要的是禁带火种上山，安全问题是重中之重。

2. 项目管理难点

（1）工期紧迫。工程由于总体规划落实晚，加上气候恶劣、有效施工时间短、海拔高等因素，形成开工晚、人工及机械降效、施工场地狭小，原材料运输困难等不利条件，造成工期紧迫。合理的安排人、机、料、最大程度的提高人、机、料的使用率才能保证工程的顺利进行。

（2）安全施工任务艰巨。工期紧、任务重是工作的难点，安全工作更是不能有任何马虎。安全工作出现问题，工程就等于零。森林防火是工作的重点，工人一进场就组织三级教育、贯彻森林防火的指导思想。做到互相监督，逐一排查，从禁带火种上山开始落实每一个防火细节。

（3）材料组织进场管理。材料物资运输十分困难，当地基本没有原材料、设备，材料、设备大都需要在 60km 以外的城区采购再采用汽车运输，路途长，运输难度大。供货周期相对长；施工现场可利用的场地有限，只有周密计划，才能确保施工的连续性。

五、管理措施实施及风险控制

1. 抓好前期策划，确保高效质优

路线长、工期紧这是舞彩浅山工程的特点，为此我们制定了"多支劳务队、多班组、多点开花、同时开工、连续作业"的原则，充分体现出为完成工程目标而对人、机、料等资源配置和过程管理的总体构想。开工伊始就不断与甲方、设计、监理进行商讨，优化设计与施工方案，紧密协调互相配合，这是工程顺利实施的必要条件。通过甲方约设计单位解释图纸和设计意图，共同参与技术交底和隐蔽工程的检查验收。遇到重大问题根据施工需要邀请总工程师及时到现场解决实际问题。前期工作是龙头，要做好工程的前期准备工作并充分部署。计划性是保证工程合理有序开展的关键。同时加强技术人员的培训，严格按照分工和工序进行作业。

2. 合理安排，高效利用

多班组的组织安排就是要高效利用人力。项目经理不定期组织带领大家共同检查工地，遇到问题，解决问题。根据现场实际的工作需要调整人、机、料的配比，尤其是对人力，既不能将人力投入过多以至人浮于事坐等闲饭，又不能将人力投入过少以至工程进展缓慢，延误工期。将人、机、料投入到最需要他的地方去这是我们一贯的思想。

例如：针对每一个班组进行细化的要求，班组配备多少人，哪些负责运料，哪些负责砌筑，哪些负责安全防火监督，什么时候送水送饭等等。山高路远这是难点，这不仅是对物料运输的考验，也是对人的体力的考验，这就考验我们的组织安排能力了。我们要求任何人都不空手上山空手下山。早上上山时带着工具、材料和饮用水，中午下山时除了带着工具外还要带上沿途施工作业范围内的垃圾。确保绿色文明，不会专门的投入人力来清理垃圾，只会要求保持一贯的整洁干净，因为舞彩浅山是区领导高度重视的工程，随时有相关的部门领导前来检查工作，保持环境卫生就显得尤为重要。

山地施工体力消耗极大，运上来的物料都是极宝贵的，包括水，水泥，圆木、石头等等，都是依靠人工身搭肩扛，用辛劳的汗水换来的，所以绝对不允许浪费。发现浪费就要立即纠正，并给予严厉的处罚。

通过这些措施，每天都会节省30~40人的人力，这些人力都是从包括运料、运水、清理垃圾等等的施工过程中节省的，如图5所示。

图5 工人运料图

3. 护林防火重于泰山，安全工作常抓不懈

舞彩浅山工程是一项鼓励大家参与全民健身的公共工程，地处于浅山区，这里植被茂盛，每年的7~10月这3个月为非防火期，其余9个月山上植被都非常干燥，一旦引发山火，后果不堪设想。所以森林防火是我们的重中之重，除了入场的三级教育外，还特别制定了《施工现场防火安全协议》，跟每个工人都进行解读并签字按手印，同时与各施工负责人和各班组组长签订护林防火保证书，让每个人都知道护林防火的重要性。协议当中规定禁带火种上山，用火用电的手续制度和注意事项，以及相关的处罚措施等。另外成立消防小组，小组成员都接受专业的防火教育，然后每个班组中派遣两名成为专职防火员，主要作用就是发现隐患，制止危险行为。护林防火是我们常抓不懈的工作，除了这些，对护林防火的工作专门订了人盯人的原则，人人都是防火员，每个人都有发现举报的权利，并给予发现举报者奖励，如图6所示。

图6　安全教育和消防监督图

4. 物料及时，保证效率

为确保施工的顺利进行，不至于延误工人的使用造成窝工现象的发生，我们制定了材料计划规定，要求材料提前3天计划，这样就能做到随使随用，物料充足，工人不会窝工。材料进场要按照相关规定检查，不合格的材料坚决不能使用。材料的充足和优质是保证工程顺利进行的基础，既能高效的利用人力，又能保质保量生产出合格产品，不窝工、不返工就是我们保证工期的有力武器。

5. 克服地形不利，确保实现目标

工程地处山区，海拔最高处有600m，夏季炎热，冬季寒冷，物料的运输只有一条路可行，随着步道修建里程的增加，运料的距离也就越远，对人的考验也就越来越大，工程难度也就随之不断增加。工人干到哪里，管理人员就要跟到哪里，层层监管，落实到人的难度也就不断增大，只有坚持不懈努力才能让目标得以实现。

六、过程检查和监督

1. 做好人、机、料合理利用的检查和监督

项目管理人员要与作业班组及时沟通，通力协作，要保证人力．材料、机械的不浪费，及时调整人、机、料的比例。任何一项的浪费都不能实现高效的利用。项目经理随机带领管理人员检查，发现不合理的地方就要及时调整，发现浪费现象就要查处。

2. 做好物资进场管理的检查和监督

项目各部门依照工程实际情况，根据物料的需要与实际进场时间，进行各项措施的调整，对物料所涉及的相关要求，做好进出库检查。安排专职人员制定和落实进出库管理制度，做到材料零损害，零丢失。

3. 做好护林防火工作的检查和监督

专职安全员要每天巡视现场，检查各项工作的落实情况，并随机抽查。严控工人的不安全行为，严防专职防火员的渎职行为，做到有要求，有人管，层层落实，绝不放松。对于安全隐患要发现一起，处理一起，处罚一起，责任到人。

七、管理效果及评价

公司第一次承建登山健身步道这个工程，登山健身步道又是一个新形式的一个工程，其中有很多不够完善的环节，穿插在步道设计形式，材料标准，技术指导，规范规定，施工过程等各个层面。我们木林舞彩浅山项目部也是不断在摸索中前进，不断完善项目管理的各项环节，通过全体项目管理人员的共同努力，最终达到了"科学策划，精细管理，实现目标"的目的。在工程质量上我们得到区、镇以及各有关部门领导的一致好评，进度上我们如期的完成了工作，安全上我们达到了零伤亡、零事故。

工程开工以来，我们在不断的进行研究、做出有益的尝试之后取得了显著的效果，积累了不少的经验，这些经验对我们今后的项目管理工作都是十分有用的。我们会坚持不断地努力进取，争取再创辉煌，如图7～图9所示。

图7　顺义区木林镇领导讲话图

图8　时任北京市顺义区代区长卢映川做客城市服务管理广播舞彩浅山工程表示肯定图

图9　顺义启动舞彩浅山建设，市委常委牛有成在顺义区检查"舞彩浅山"规划及进展情况报道图

加强项目团队建设 创建优质工程

——中北华宇建筑工程公司北京数码视讯数字电视科技园厂房工程项目

李志远 王海龙 郭守超

【摘　要】 本项目以打造"优秀、高效项目团队"为基础,"安全第一、铸建精品"为目标。根据总公司开展的"团队执行力"培训,建立项目部团队管理模式,结合本公司管理制度及措施,在工程建设中收到良好效果,满足合同约定,保质保量按期竣工。

【关键词】 团队精神;以人为本;制度管理;实现目标

一、成果背景及工程简介

1. 项目背景

北京数码视讯数字电视科技园厂房项目是顺义区招商引资工程,该项目总占地 $51209m^2$,总投资 1.7 亿,是目前华北地区最大的数字产业园,从事数字电视软硬件产品的研发、生产、销售和技术服务业务,是一家高新技术企业,项目建成后将推动顺义区战略性新兴产业发展,促进高新技术产业结构调整,受到政府领导的高度重视。

本工程作为公司重点项目,以提高企业竞争力、打造战略合作伙伴关系为目的,严格执行《建设工程项目管理规范》,遵循 PDCA 的持续改进管理流程,制定了"平安、优质、高效、节能、环保"的项目管理目标,创造企业品牌。

2. 工程简介

本项目位于北京市顺义区高丽营镇,建筑面积 $32915m^2$,钢筋混凝土框架结构、钢结构,±0.000 相当于绝对高程 42.100m,CFG 桩复合地基,独立基础,地上主体四层、北侧局部六层,四层结构顶高度为 15.95m,六层顶高度为 23.95m,纵向轴线间距 99m,横向轴线间距 100.8m;项目整体呈"回"字型结构,"回"字中庭上空屋面原为正放四角锥螺栓球节点网架,现改为跨度 44.6m 张玄梁钢结构,南侧局部屋面为三角形钢屋架,如图 1 所示。

填充墙体外墙为 250mm 厚 SN 轻集料混凝土保温砌块,内墙为 200mm 厚 BM 轻集料混凝土砌块;外墙为外墙涂料,门窗为断桥铝合金门窗、局部玻璃幕墙,屋面为屋面砖上人屋面;本工程涉及的专业有:变配电、强电、弱电、消防、地源热泵空调、电梯等,如图 1 所示。

图 1　工程效果图

二、选题理由

（1）本工程单层施工面积大，材料周转利用困难，张弦梁钢结构屋面吊装难度大。

（2）质量标准要求高：建设单位要求创北京市结构"长城杯"。

（3）施工工期短：总工期365d，2011年4月1日～2012年3月31日。

（4）中标价格过低，成本控制困难。

（5）公司试点团队型项目管理部、采用项目管理激励机制，建立公司新型项目管理模式。

三、管理目标

1. 工程质量目标

全面贯彻ISO 9000质量管理体系标准，创北京市结构"长城杯"，打造"零缺陷、零投诉"工程。

2. 安全生产目标

确保"零伤亡、零事故"，项目获得"市级绿色安全文明工地"。

3. 进度控制目标

按合同承诺，履约合同工期。

4. 施工成本目标

确保比公司经济指标要求降低1%。

四、管理策划

1. 进行"团队执行力"培训

公司安排项目部管理人员开工前分批到培训单位进行培训，让职工在协调团队成员关系、促进成员之间的合作方面有更多的认识，掌握沟通技巧，明白"我承担、我收益"的责任原则，增强项目团队的凝聚力、战斗力和执行力，打造"我们是一个人"的团队，从而更好、更快的实现项目管理目标。

2. 建立管理环境模式

（1）生活环境。根据施工现场布置规划，办公区设置在施工现场大门口处，以院落形式搭建，并进行绿化美化环境，采用公司生活标准化配置，创造职工以单位为家的生活条件。工人宿舍采用阻燃彩钢活动房，安装空调，并设置洗澡间。

（2）工作环境。建立以项目经理为主导的管理体制，主要问题由项目经理牵头做好前期协调准备工作，为各主管人员实施创造良好工作环境，提高工作效率。

（3）学习环境。设置农民工夜校，让农民工兄弟利用业余时间学习安全生产、施工技能、职业健康、维权等内容，以提高农民工整体素质。建立项目部成员利用雨天等闲暇时间学习机制，学习公司文件、规范规程等，以增强成员管理素质。

3. 建立激励机制

项目部与公司签订经济指标任务书，在项目竣工后，通过对项目任务书指标的核算，结余部分归项目部进行支配。

五、管理措施及实施

1. 技术、质量管理措施

（1）成立创优领导小组

对工程的施工工期、质量目标、项目管理架构设置与劳动力组织、施工进度控制、机械设备使用及主要技术措施、安全、文明施工及降低成本、推广新技术等诸多因素尽可能做到充分考虑，力争使本工程在施工的全过程中，各个环节始终处于受控状态。

（2）技术措施

① 按创优要求编写科学性、适用性及针对性创优方案；充分考虑团队成员的适宜性需求。

② 采用地基基础与地下空间工程技术中的 CFG 桩复合地基技术、钢筋及预应力技术中的大直径钢筋直螺纹连接技术、绿色施工技术中的预拌砂浆技术、绿色施工技术中的外墙自保温体系施工技术、绿色施工技术中的铝合金断桥技术。

③ 编制施工技术手册，分发到建设单位、监理单位、施工单位、分包单位管理人员人手一份，保证技术要点的随时查阅。

④ 采取施组交底、方案交底、技术交底的三级预控制度。

（3）强化质量意识

① 明确质量目标，实行全员质量管理。为了争创精品工程，项目经理部制定领导班子及各级管理人员的质量负责制。并以领导组织检查、现场质量讲评等手段，强化质量管理，加强质量信息反馈，以实现施工目标质量的过程控制。

② 设置质量控制点，加强重点部位质量控制。针对关键部位和薄弱环节，确定重点控制对象，例如模板中牛腿模板的支设与预埋钢板的定位，混凝土工程中的梁柱节点部位，钢筋工程中的直螺纹连接与施工缝的位置和处理等。确定控制点后，进行质量影响因素分析，进行详细的操作交底，现场进行技术指导，以提高控制点的质量水平。

（4）加强学习和交流

针对本工程新点、难点较多，在开工前组织全体人员学习和掌握现行规范和标准，重点掌握新、旧规范的不同点和区别范围，杜绝出现以旧代新的错误。

在施工过程中与其他创优单位进行沟通，学习好的管理经验和施工方法，并针对本工程进行改进，全面提高管理水平和施工质量。

针对工程的难点，采取了内部讨论集思广益、邀请公司技术部现场指导和专家讨论研究的方法，避免了错误的发生，使质量处于受控状态。

（5）坚持样板引路

在施工中，坚持实行"样板制"，无论是半成品加工，还是施工操作，对每道工序都坚持样板引路。严格样板对比试验，形象化的验收标准，以保证各工序、各分项工程的施工质量。结构样板工序主要有：钢筋加工、钢筋安装、模板加工、模板支设、混凝土浇筑、施工缝处理等。

2. 安全文明施工措施

（1）建立以项目经理为组长，安全负责人、项目副经理为副组长，各专业兼职安全员为组员的项目安全文明施工小组，明确岗位职责，在市政府有关部门及公司安全部门的领导监督下，形成安全管理的纵横网络。

（2）确定重大危险源，制定预防措施，编制应急预案。

（3）制定以思想、知识、技术、法律、纪律为基础的安全教育制度，针对不同的施工作业人员，确定不同的安全教育内容。

（4）编制安全文明施工方案，制定安全防护及文明施工措施、建立活完场清工序交接制度，定期对员工进行文明施工教育、法律和法规知识教育及遵章守纪教育，提高职工的文明施工意识和思想观念。

（5）施工现场布置坚持"有利生产、方便施工、安全防火、保护环境、文明施工"的原则，以便合理安排材料的周转、存储和堆放，充分的调动现场的人力和物力，最大程度发挥协作生产的效益，如图 2 所示。

（6）本工程 2830m² 张弦梁结构吊装编制专项施工方案，并通过专家论证。提前考虑现场组装楼面支撑，预留吊装运行路线，使吊装工作圆满完成，如图 3 所示。

3. 进度控制措施

（1）制定资源需要量计划、技术质量保障计划、施工进度计划、资金计划等各类计划，保障施工

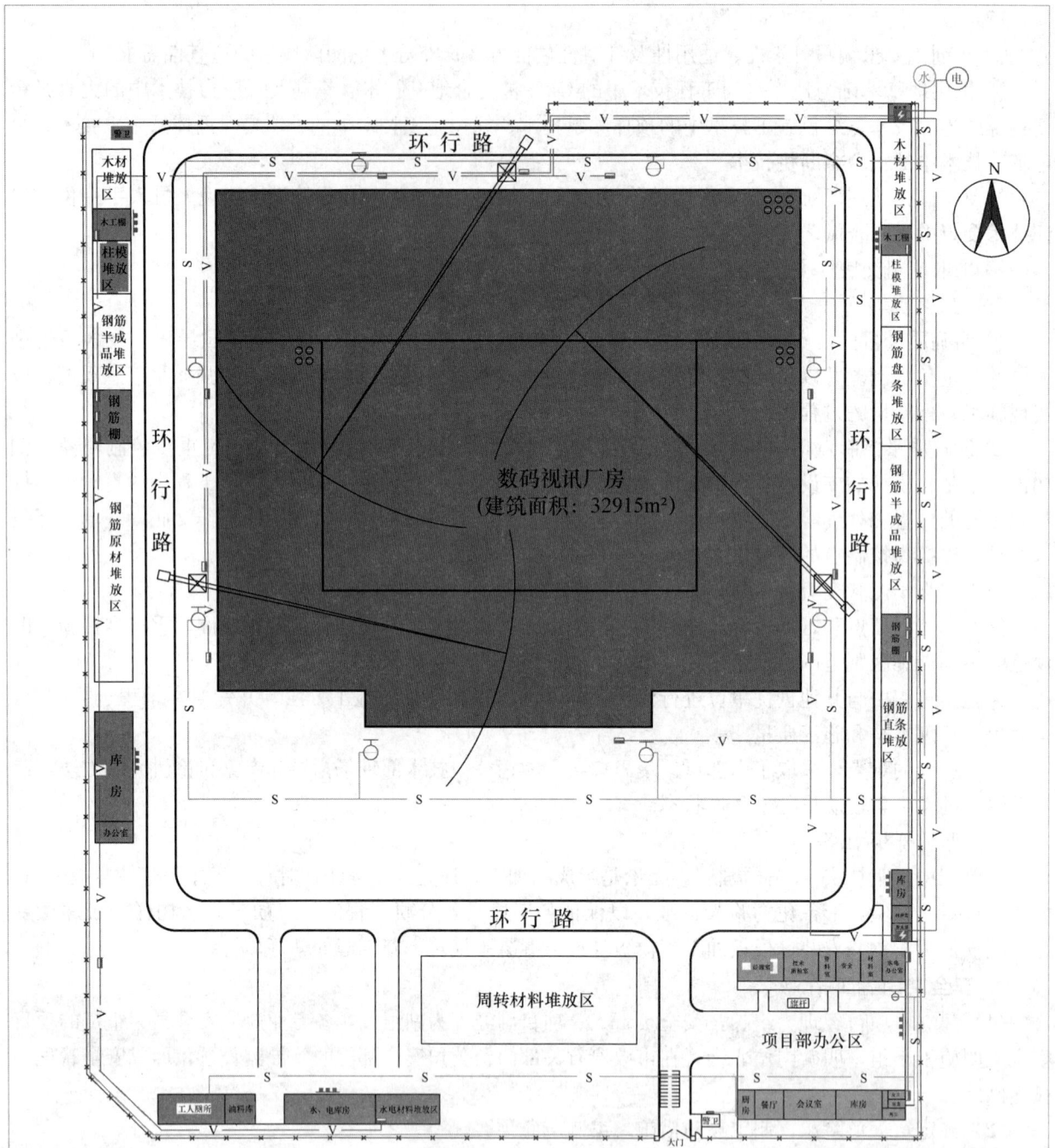

主体阶段施工现场平面布置图 1:100

图例：

电　源	⊕	配电分箱	▭	塔　吊	✕
水　源	⊕	临电线路	—V—	洗车池	▦
临时水管	—S—	临时建筑	■	围　挡	✕✕
消防栓	⌀	新建建筑	■	办公区	▩
消防器材	▦	总配电箱	⚡	排水沟	■

工程名称	北京数码视讯数字电视科技园项目厂房
图纸名称	主体施工阶段施工现场平面布置图
制图日期	2010年4月

图2　施工现场平面布置图

进度。

（2）运用现代化管理手段进行监测。相关部门对现场的施工情况进行检查、汇总记录，并根据各分包商每天工作完成比例、工作持续时间及相应计划的实物工程量完成比例，采用软件进行统计分析，根

图 3　张弦梁结构效果图

据分析结果及时调整。

（3）加强现场调度管理工作。及时、灵活、准确、果断地开展调度工作，协调配合关系，解决施工中出现的各种矛盾，克服薄弱环节，实现动态平衡。调度工作的内容包括：检查作业计划执行中的问题，找出原因，并采取措施解决；督促供应单位按进度要求供应资源；控制施工现场临时设施的使用；按计划进行作业条件准备。

（4）合理划分流水段。按照工程实际情况特点依照后浇带的位置将工程分为 A、B 两个施工区，每个施工区依照后浇带分为 4 个流水段，2 个施工区单独流水施工，达到主体结构进度要求，满足材料周转。

4. 成本控制措施

（1）本工程采取辅料分包、坚持限额领料制度。

（2）根据施工预算，安排项目管理人员及时统计各个班组的施工内容和数量，并及时与预算量进行对比分析，控制各个分项工程的材料使用。

（3）周转材料有计划进场，使用完毕后及时组织返还，避免增加租赁成本。

六、检查和监督

1. 建立每天例会制度

项目部每天下午 5：00 召开例会，班组长以上领导参加，及时将施工过程中出现的技术、质量、安全、进度等问题汇总，查找问题出现的原因，制宁相应的解决办法，并指定专人负责，同时汇报昨天问题的解决情况，必要时采取现场办公措施。

2. 坚持"三检制"

坚持公司多年来行之有效的"三检制"，严格控制隐蔽工程验收，基础和主体结构工程的关键部位组织三方联合验收，并以监理验收结论为准。施工中狠抓质量通病的防治，实行质量否决权。

施工中重点加强了过程监控，对每道施工工序从施工一开始就把好质量关，坚持旁站监控，对出现的错误及时纠正，对现场反应的问题及时研究解决，避免了出现无法更正的质量问题。

3. 建立公司内部检查制度

总公司内部建立月检、季检制度，对技术、质量、进度、安全、文明施工等方面进行检查，并开展单项、综合打分评比活动，奖优罚劣。

七、项目管理效果评价

（1）2011 年 7 月通过"北京市绿色施工安全文明工地"检查。

（2）2011年9月通过北京市结构"长城杯"验收。

（3）经过核算，施工成本比公司经济指标要求降低1.1%。

（4）总公司每次月、季检查，本项目均获得前三名，并在2011年底公司评比中获得先进集体荣誉、行业标兵1名、先进个人5名。

（5）我们的团队管理模式在施工中便取得建设单位、监理单位、设计单位的认可，得到开发区领导肯定，取得良好的社会效益。

八、体会

项目部建立的团队管理，加以成熟的管理制度，经过以人为本的项目策划，使工程伊始制定的项目管理目标全部实现，项目部每一位成员的综合管理能力和业务素质都得到了全面提升，也使项目团队管理模式更加成熟，公司计划建立"团队执行力"培训的长效机制，全面提升员工团队意识。作为新模式的先行者，我们要再接再厉，在工作中不断总结经验、弥补不足、自强不息、勇攀高峰。

深化设计 协调管理

——北京顺义新城马坡七号地工程项目

郭建军 刘 新

【摘 要】 顺义新城马坡七号地项目基础施工及主体施工复杂，装修节点难度大，涉及市政管线及道路、室外园林绿化等多个专业的施工，协调好各专业施工，保证项目质量目标是项目管理的重点、难点，其中主楼与车库基础施工对现场安全管理及施工技术是一个挑战。通过项目严格安全教育，层层技术交底，样板指路，优化合理地安排各专业施工的穿插作业，把深化设计、协调管理贯穿于施工中，取得了良好的管理基础和经济效益，实现了的项目管理目标。

【关键词】 深化设计；协调管理

一、工程概况

顺义新城马坡七号地工程项目为群体建筑施工，位于北京市顺义区马坡向阳路东侧，西邻顺安路，南邻花园大道，北邻丰乐北路，本项目工程为板式多层和高层住宅，地上层高 3m，总建筑面积约 106276m²，由 19 栋楼和 2 个地下车库组成，2 个地下车库与主楼相连接，主楼 1、2、17、18 号楼地上 8 层局部 6 层，地下一层，檐高 24.5m；3 号～10 号楼地上 6 层，地下 1 层，檐高 18.3m；19～25 号楼地上 5 层，地下 1 层，檐高 15.3m。

图 1 效果图

二、选题理由

顺义新城马坡七号地项目工程，属于花园洋房的民用住宅建筑，如图 1 所示，其独特的结构设计理念，场区内的园林绿化造型，公共区域装修标准高，装修造型独特等，受到区内领导好评，其各项专业施工较多，风险因素控制难度大，工程整体的复杂性，工程建设标准高，对工程总承包的技术及管理是一个挑战。

三、实施时间

（1）总实施时间：2010 年 5 月 20 日～2012 年 10 月 1 日。

（2）分段实施时间：

工程项目总体策划：2010 年 4 月开始——根据施工进度不断调整。

管理措施实施：2010 年 6 月～2012 年 5 月。

项目过程检查：2010 年 6 月～2012 年 9 月。

取得效果：各阶段性节点～2012 年 9 月。

四、管理重点和难点

1. 管理重点

为实现项目管理目标，达到合格标准工程，控制专业施工队伍，加强交叉段管理，对风险预测和施工过程加强管理，进行综合控制，规范施工流程及协调管理为项目工作重点。

2. 管理难点

（1）工程的建筑造型独特新颖，结构形式复杂多样化，由于花园洋房结构特殊，没有这方面结构类型建筑经验，对总承包管理是一个考验。

（2）针对业主承包的分包单位，管理范围广，涉及专业队伍多，管理控制难度大，对总承包如何衔接各专业队伍的管理要求高。

（3）结构变更及装修变更多，且变动较大，施工技术交底需层层把关，总承包组织协调管理难度大。

3. 施工难度

（1）深基坑支护及护坡多，施工难度大，进度控制和安全管理难度加大。

① 本工程基坑支护较多，主要集中在 5 号楼和 19 号楼、10 号楼和 22 号楼之间，采用普通土钉墙支护，5 号楼东侧及 10 号楼东侧采用打桩支护。

② 场区内施工道路，由于深基坑原因，需重新布置，加强安全管理，及基础施工进度管理为重点。

（2）花园洋房结构形式复杂，多样化，施工难度大，组织协调管理为首要前提。

① 结构类型概括为，阶梯逐层缩回式，外脚手架搭设及外立面施工组织难控制。

② 结构阳露台造型多样化，施工标高不统一，技术交底工作量加大，由于户型不统一，局部需现场做交底。

（3）外立面装修及公共区域装修复杂，专业施工队伍多，难度加大。

① 外立面异形构件多：主楼外立面多为 GRC 构件和浮雕板，给测量放线、加工制作及安装带来了较大难度。

② 露台局部为花架梁木进行装饰，木材的采购需提前从东北砍伐树木，再制作，最后运输到施工场区内。

③ 公共区域装修专业队伍多，技术性强，施工面积大，对高效的管理及组织是个难点。

（4）深化设计量大、涉及专业较多，施工工期紧张，工序复杂，能够高效有序的安排施工是难点。

① 对业主进行招标的专业分包，如电梯、消防、石材、门窗、户门、园林等，积极组织协调配合，充分表达深化设计的意图，避免因深化设计给施工进度管理带来的负面影响。

② 本工程项目深化设计较多，如公共区域精装修、露台花架梁、场区内挡土墙、园林绿化等，深化设计工作带来的工作量增加及具体施工细节变动，能精细的安排专业队伍顺利开展是难点。

五、管理策划及协调管理

1. 管理体系入手，进行高效管理

本着科学管理、规范施工为结构体系，在项目管理队伍中配置经验丰富、勤奋实干的技术管理人

员、从各管理岗位调来有责任心的专业工长，专业质量检查人员，管理性强的安全管理人员。

2. 技术问题提前策划分析

项目部针对本工程的结构特点，装修难度，以工程建设精细、高效为首要前提，组织公司工程部及专家，提前对工程建设需解决的问题进行分析，制定可实施的目标方案，并在工程实施过程进行监督指导，逐步完善方案，施工要以技术为基础开展工作，杜绝盲目施工，具体项目施工前，提前落实技术交底，落实到人，为后续施工打好基础。

3. 质量的高效管理及安全的协调管理

由于本工程项目装修负责，专业施工队伍较多，在传统的质量和安全管理上，要扩大质量和安全管理的理念，本着质量要高效管理，安全抓协调管理，建立严格的质量与安全综合管理模式，要以最后的成果为目的，严抓过程控制，杜绝出现盲区和死角区域，责任到人。

4. 总承包协调管理及有效实施

本着工程的协调管理，项目部根据招投标要求及具体内容，在项目管理控制和实施过程中，以总承包为主体，为各专业分包提供一个精细、高效的管理体系，让业主与总承包为达到合作共赢为目的而努力。

六、管理措施和现场管理

1. 设计变更和深化设计的管理

（1）项目工程设计变更管理较多，对于先后顺序要管理得当，建立设计变更的收发文记录，记录接受时间和发放时间，并签字落实到具体问题，如有较大设计变更，需当天组织有关责任人，进行会议交底，对有争议的设计变更进行研讨，确保每个变更都通知到人，落实到事。

（2）结构类型复杂，局部节点招投标图中未能表达详尽工艺节点的，进行剖面细化补充，熟读合同预算清单，对工程量清单中未能够表达施工工艺内容的，要及时补充调整施工预算，通过与设计沟通对未能表达的节点进行深化。施工过程出现的问题，及时与主体设计单位反应，在发现问题及时反映的过程中，给出合理的建议和意见，尽快与主体设计单位解决问题，通过与建设单位逐步沟通完善了公共区域精装修设计深化图、挡土墙设计深化图、园林绿化深化设计图，花架梁深化设计图等，比原有设计深化增加了4套设计图，通过有效的管理，技术交底39份，比之前增加11份交底，深化方案7份，比之前增加5份，在有效的时间管理，给业主争取了施工进度2个月，节约施工成本300余万元，受到业主和监理单位好评。

2. 物资进场的检查和监督管理

（1）物资的进场，对施工过程进度管理尤为重要，及时发现工程所需的实际材料，并填表上报，落实到进场时间。对于进场的材料检查、登记，对该项物资涉及到的相关要求，做好进出库的检查，如需送检的，安排专业人员进行抽样、检测。

（2）信息化管理进出库的物资，对物资存储区域的存放，保管、进出库进行详细管理，对领取数量要经项目管理责任人，进行核实，避免误领取和多领取，实现物资库内的零损坏和零丢失，及时与相关采购部门沟通，获得项目实际使用材料价格，与合同清单比较，有价格出入的，需及时与相关责任人联系，并于业主沟通，调整合同清单内相应的物资价格。

3. 项目现场场区的高效管理

（1）根据本工程特点，分别对各专业项目分包的施工工艺、工序组织，施工方案，物资的控制管理，人员的组织，进行多角度管理，严抓管理死角，根据各专业队伍施工时间段交叉式管理，专业队伍施工前，提供良好作业面，减少成品破坏和污染及相互损坏的现象，缩短工期施工。

（2）综合、安全施工管理

① 建立有效的安全保证体系，项目部成立专门的安全领导小组，且设立监督小组，定岗定责，施

工区域责任划分，由工程项目统一管理，负责施工场区内的安全工作，每周由总承包组织，业主参加，对项目施工范围内的安全进行检查，出现问题及时处理，并做出整改报告。

②施工场区门口设立洗车池和冲刷池，保证施工区内车辆不带泥土进入场外道路，道路两侧及施工区内道路设立夜间警示灯，基坑周围有专人负责，防止意外发生。道路设立指示牌，规划施工区域及加工区域、半成品堆放区等，道路两侧画黄实线，规定车辆可以行使的范围，不可行使地方设立警示牌，规范场区施工。

（3）质量、技术的管理

为保证各专业队伍工期的实现，每周五组织专业协调会议，对各专业队伍出现的问题进行协调，各专业施工队伍把本周施工进度和需要解决问题以幻灯片形式，在大会上做演示，并计划下周进度及实施目标，通过看图片及文字，有效地了解施工需要解决的问题，会后到施工场区各专业具体解决问题，并加以控制，了解落实情况。通过周协调会，控制月内进度有序的完成，为缩短总进度计划目标达到预控。

七、项目管理成效

（1）通过与业主良好的合作，项目施工过程出现的问题与业主协商，办理设计变更，使施工进度加快，为业主节约成本价值约300余万元。

（2）通过及时了解市场物资价格与合同清单差价，与业主沟通并接受，使物资能够快速进场，使各专业项目分包进度受控，通过物资调整差价保证了总承包单位损失200余万元。

（3）通过精细化的管理和每周组织项目协调会及检查，使各专业项目分包质量得到提升，未发生一起质量事故。通过组织安全领导小组检查、管理，安全文明施工，未发生一起伤亡事故，得到业主、监理、监督部门一致好评。

（4）管理效果评价及获奖情况

工程于2012年10月顺利全部竣工，先后获得奖项有：

2010年度"北京市绿色文明施工安全工地"。

2011年度北京市结构"长城杯"。

2012年获得顺义区潮白杯。

通过项目管理，培养了一批项目管理人才，为以后公司项目管理铺垫了很好的基础。

八、结束语

本工程结构复杂，专业工种多，施工难度大，设计变更及深化图较多，经过我们精心组织策划，以科学管理、规范施工为管理首要前提，切实可行的根据项目特点，组织专业项目分包进行问题排查，统一精细处理和协调，使得业主与总承包单位达到双赢目的，工程竣工全面满足各项使用功能，符合国家及区内各项规范、规定的标准。项目施工管理是企业的常青树，根扎的稳，绿叶才能茂盛，多运用现代的科学手段去进行项目管理才是硬道理。

严格管理　安全文明　精心施工

——中北华宇建筑工程公司北京国际文化贸易企业集聚中心工程项目

姚志国　冯景林　高建发　张志军　韩学岭　石连生　孙金良

【摘　要】针对北京国际文化贸易企业集聚中心工程，工期要求紧，施工难度大，施工条件受天气、环境等因素影响较大。提前策划，精心施工，克服自身困难及环境因素等诸多因素的影响，按照甲方工期要求完成施工节点，保质保量，顺利完成工程受到甲方好评。并且获得北京市结构"长城杯"、"北京市绿色施工安全文明工地"、北京市综合保税区安全文明施工单位。

【关键词】管理；安全；质量；满意

一、工程概况

1. 工程背景

北京国际文化贸易企业集聚中心项目位于北京市顺义区天竺综合保税区保税功能二区网内 2-2 号地，项目地块地势平坦，适于建设。本项目采用"一核四区"的布局方式，通过核心的中央广场和车行道路将园区划分为 A、B、C、D 四个区块。主要功能为高端文化艺术品提供展览、交割及贸易服务，配套建设国内首家艺术品专业物流基地，如图 1 所示。

该工程由北京歌华美创空港置业有限公司投资，北京市建筑设计研究院设计，土方开挖由北京市顺金盛建设工程监理有限责任公司监理，主体结构及建筑施工由北京国建工程监理公司监理，中北华宇建筑工程公司承建施工。

图 1　北京国际文化贸易企业集聚中心图

2. 工程简介

建筑总面积 45921.4m²。地上建筑面积 26029.4m²，地下建筑面积 19892.0m²。地上为 C1～C5 号，

5栋楼体。地下二层为联通式整体地下车库，地下一层为设备用房及库房。首层以上为展示间、制作加工间。工程结构为框架剪力墙结构，装修为粗装修。该工程基础工程设计为筏板基础。设计基础底板梁顶标高－9.90m持力层为黏土-重粉质黏土，如图2、图3所示。

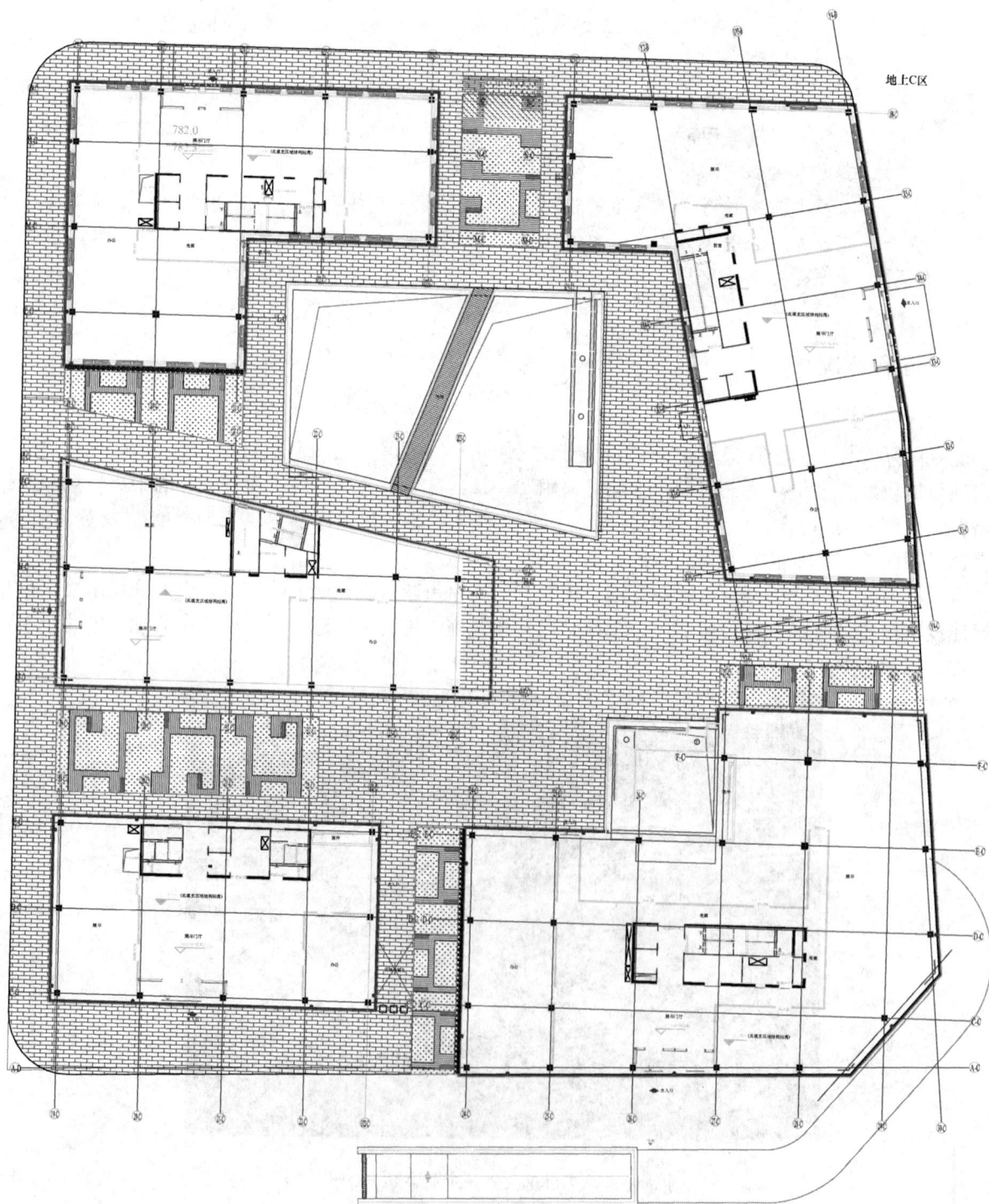

图2　首层平面布置图

(a)立面图

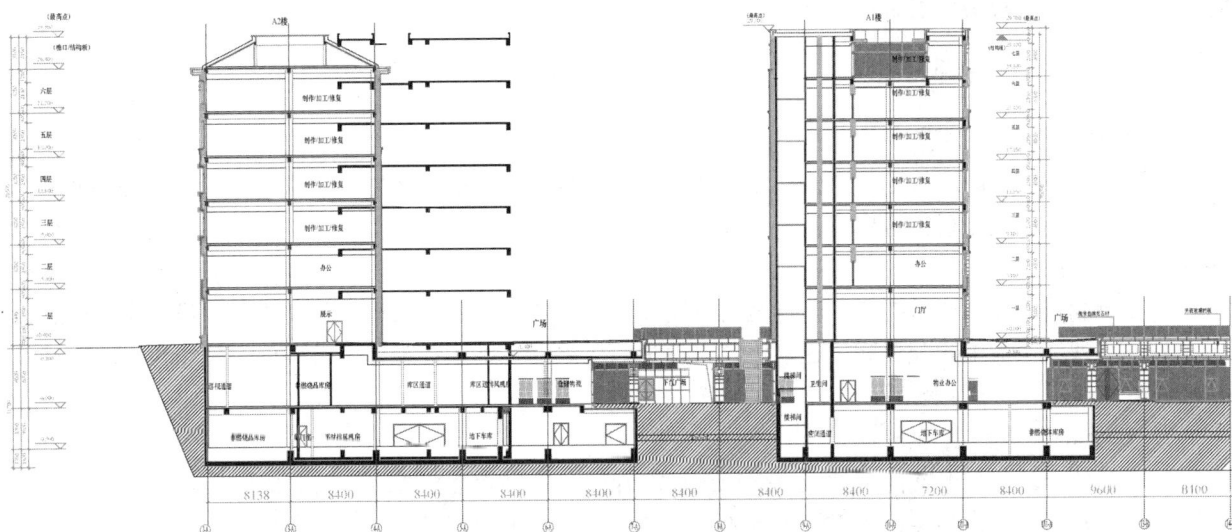

(b)剖面图

图 3　立面图和剖面图

二、实施时间

（1）总体实施时间：2012 年 5 月～2013 年 10 月。

（2）分阶段实施时间：

管理策划：2012 年 5 月～根据各时段节点不断调整。

管理实施：2012 年 7 月～2013 年 10 月。

过程检查：2012 年 7 月～截至工程竣工的全过程。

取得效果：各阶段性节点～2013 年 10 月。

三、项目管理的特点及难点

1. 项目管理特点

（1）地理环境特殊。本工程地处北京市顺义区天竺综合保税区内。

（2）根据现场踏勘情况，东侧紧邻机场北线，北侧为顺平路，地基采用天然地基，本工程基坑深 11m，因此本工程采用护坡降水，雨季基槽四周采用明沟排水，深基坑支护施工前由专业分包公司编制专项施工方案并进行专家论证；施工作业面小，采用群塔作业。

2. 项目管理难点

（1）地下一层净高 6m，跨度 8.4m，顶板模板支撑体系为高支高跨模板支撑体系，编制专项施工方案并进行专家论证比较以往工程施工难度大，不安全因素增大。本工程梁柱混凝土强度相差 20MPa，根据设计要求，边柱及角柱的梁柱核心区需分别浇筑，因此需组织好施工顺序，杜绝施工冷缝。

（2）屋顶为坡屋面，屋面檐沟挑出1200mm，这类型的构件模板支设难度较大，比较平屋面工程施工速度缓慢。

（3）本工程采用4台塔吊进行施工，有3台塔吊覆盖范围有交叉作业，做好群塔施工方案对于提高设备效率以及确保安全施工，避免安全事故的发生是非常重要。

（4）本工程外装大面积采用玻璃幕墙和石材幕墙，因此，需选择优质的专业分包队伍确保施工质量。

（5）本工程地下二层，地上5～6层。要求2012年9月19日开工，2013年4月10日主体封顶。工期紧，任务重，需要大量财力、物力、人力，并且需要冬季施工（冬季施工需要投入大量的冬季施工措施并且对质量成优有很大的影响），所以需要精心组织施工。

四、明确项目管理目标

1. 高标准的质量要求

本工程具有独特的建筑艺术风格和使用功能，其独特的重要性和业主的要求决定了该工程的质量标准非常高，我们的最终目标达到优良标准并且获得"北京市结构长城杯工程"，从基础施工到主体施工，各部位的相应措施落实到位，实实在在做到"大处着眼、小处入手"。本工程通过采用绿色建筑设计理念，引入节能技术降低建筑能耗，节省运营费用。我们在施工过程中采取安装喷淋管、设置洗车池、沉淀池等一系列环保措施，配置绿色施工监督管理员，建立绿色施工管理体系，确保达到绿色二星级建筑物的要求。

2. 安全与文明施工

本工程地处北京市顺义区天竺综合保税区保税功能二区网内2-2地块，创造良好的安全文明施工环境、协调好与周边单位的关系是平常工作不可或缺的内容，通过采取封闭木工加工棚、地泵等噪声源、不在现场设置生活区等措施，尽量减少对周边环境的影响，确保获得"北京市绿色施工安全文明工地"。

3. 施工总承包管理要求高

加强对分包单位的管理是我项目部综合管理能力的体现，除了要完成自行施工的主体工程以外，对众多的分包单位进行协调管理，确保工程目标的实现是一项艰巨的任务。

五、管理措施实施及风险控制

1. 施工组织管理

该工程为公司重点及创优工程，工程开工前配齐了项目管理人员。公司派有经验的一级建造师担任项目经理，技术、质量、安全专业主要人员共18名人员组成，做到持证上岗。项目部制定岗位责任制，成立各级专项领导小组，健全质量体系，强化施工生产领导，围绕公司目标开展工作，从组织上保证项目的顺利施工，如图4所示。

2. 工程技术质量管理

开工前，项目部全体人员牢记工程质量目标，严格按图施工，合理组织施工工序，强化质量检查，确保工程施工质量。

（1）建立健全质量保证体系。项目部成立质量领导小组，项目经理为组长，技术负责人为副组长，管理人员及各班组组长为成员，健全质量保证体系，实行全过程质量管理，确保分项工程创优。

（2）坚持技术交底制度。该工程开工前编制施工组织设计及基础施工方案，对分项工程做到书面技术交底，使职工明确设计要求和施工方法及质量目标。工程技术交底共28份，施工方案24份，施工组织设计1份。详细交底了底板加强带混凝土浇筑、高支模、公司新规定的卸料平台支搭方法及冬季模板支搭保证混凝土质量等分项，如图5、图6所示。

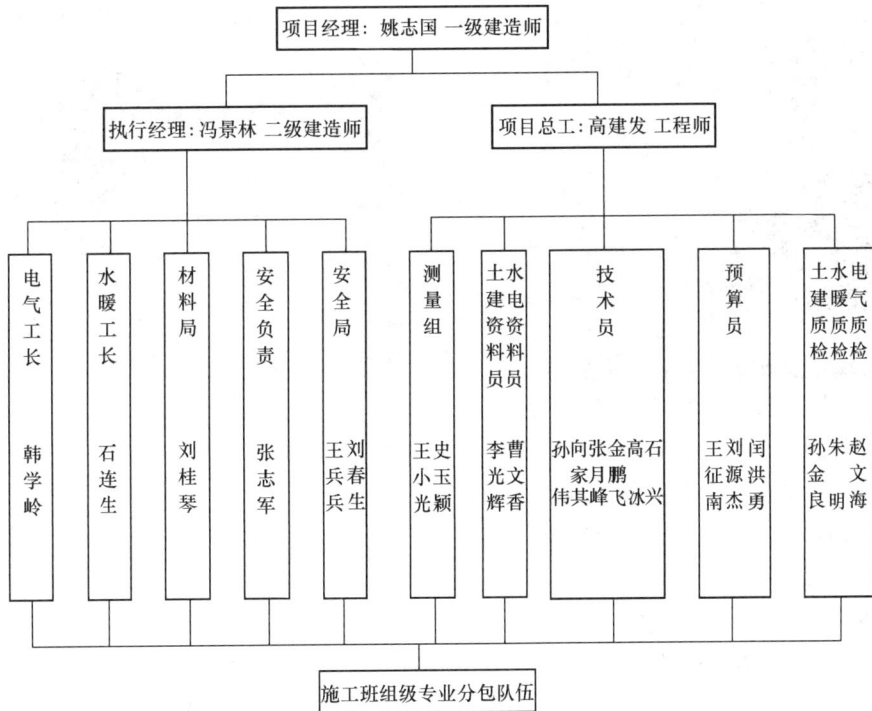

图 4　项目部组织机构图

（3）严把材料质量关。坚持每批材料先检验合格后方可使用，并及时进行报验，坚持材料见证取样制度。

（4）坚持"三检"制度。该工程实行"三检"制，要求班组完成后自检，质检员专检后报验监理、甲方验收。从工序上确保工程质量，如图8～图10所示。

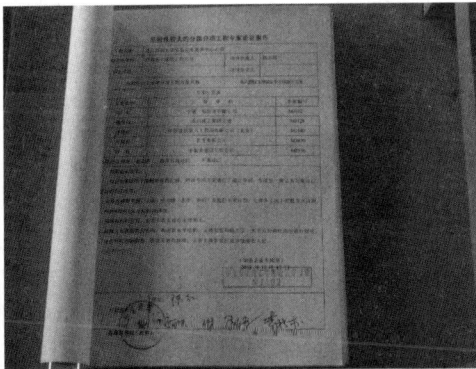

图 5　方案示例图

图 6　现场技术交底图

图 7　现场质量（一）

图 8　现场检查图（一）

图 9　现场质量图（二）

图 10　现场检查图（二）

（5）坚持报验制度。该工程基础组织验槽分 4 个施工段进行验收，请监督站、监理及业主坚持对每道工序验收合格后方可进入下道工序。

（6）加大模板投入，确保清水混凝土。由于本工程有底板施工即进入冬季施工，为了保证冬季施工的质量效果，结构施工全部采用木模板。地下室共计 2 层的模板和地上 2 层的模板一次性投入，顶板模板在冬歇复工后进行逐步拆除周转用于地上（冬季停工阶段为地上一层主体结构完），确保了冬季施工清水混凝土质量，受到甲方及监理的好评，并通过长城杯评优小组的检查。

3. 安全生产及绿色文明施工

（1）该工程由于比以往工程的工期紧，交叉作业多，人员复杂，致使安全管理及文明施工难度增大，项目部配备专职安全员，成立安全领导小组，制定安全管理各项制度，坚持每天检查，每周巡查，加大检查力度。杜绝死亡事故，确保不发生重大安全事故，轻伤事故频次小于 2‰。

按照企业形象设计要求管理施工现场，本工程荣获"北京市绿色施工文明安全工地"；荣获"北京天竺综保区安全文明施工先进单位"，如图 11～图 14 所示。

图 11　成品保护图

图 12　现浇顶板保护图

图 13　安全通道图

图 14　现场防护架图

（2）本工程设计符合绿色建筑二星级标准，工程设计本身采用 15 项节能技术，施工现场也采用了大量节能和环保措施。

1）工程本身的节能、环保技术

见表 1。

工程节能、环保技术 表1

序号	部　位	项　目　内　容
1	屋面	保温采用 70mm 厚膨胀玻化微珠保温
2	外墙	外挂板保温采用 80mm 厚保温岩棉板
3	外墙	玻璃幕墙不透明部分采用 100mm 厚岩棉板
4	架空和外挑楼板	保温采用 30mm 厚膨胀玻化微珠保温
5	非采暖空调房间与采暖空调房间的隔墙	20mm 厚膨胀玻化微珠保温
6	外墙	玻璃幕墙采用 PA 断桥铝合金窗框，双银 LOW-E 中空玻璃
7	外墙	无变形缝
8	砌筑、抹灰砂浆	预拌砂浆
9	车库顶板	设置导光筒引入自然光照
10	车库地下一层顶板	板上满粘 50mm 厚膨胀玻化微珠保温 板底喷 20mm 厚无机纤维保温层
11	公共走道	墙体采用 30mm 厚胶粉聚苯保温
12	地下室	设置排风竖井
13	电梯	选用比普通电梯节能 40％的低能耗电梯
14	卫生间冲厕用水	中水
15	洁具	卫生洁具采用节水型

2）施工现场的节能和环保措施

见表 2。

施工现场的节能和环保措施 表2

序号	部　位	项　目　内　容
1	生活区食堂	设置隔油池
2	木工棚、混凝土地泵	全封闭
3	垃圾站	现场设全封闭垃圾站
4	现场道路	设专人定时洒水、防止扬尘
5	油料库	采取防渗漏措施
6	生活区厕所	采用冲水器
7	塔吊信号指挥	采用对讲机，避免哨声
8	基础	土方施工时设置喷淋装置；拉土车辆进行苫盖
9	出入口	设置洗车池

六、项目管理效果及评价

1. 管理效果

通过项目严格有效的质量保证体系运行，本工程的质量状态处于受控状态，并赢得了业主及社会各方的一致好评。

2. 取得的经济效益

（1）按照工程实际施工进度，提前计划并采购工程物资，随时调节物资的各项进货。安排专职人员，落实严格的保管制度，保证物资的供应，保证工程保质保量顺利竣工。

（2）施工时按图纸先进行计算工程量，坚持限额领料制度。根据图纸进行工程量的计划控制，土方工程量完成 52 万 m^3，符合土方开挖方案开挖方量；防水工程量完成 28000m^2，符合图纸计算工程量；钢筋用量 5200t，损耗率控制在 3.0%；砌筑工程量完成 2550m^3，损耗率控制在 2.0%；混凝土工程量完成 36200m^3，损耗率控制在 2.5%。塔吊共计 4 台，由基础施工使用到主体封顶后屋面施工材料准备齐全，平均 6 个月，控制在施工进度内。劳务队及各专业队按照公司要求进行投标报价，合理中标符合公司文件精神。

3. 社会效益

本工程通过严格有效的管理，取得很好的社会效益，成为各单位考察的对象，多次迎接北京市领导和台湾领导的视察。为北京市天竺综合保税区、业主及本单位的荣誉添砖加瓦。

七、取得的成果

（1）获得 2013 年度北京市结构"长城杯"工程。

（2）获得 2013 年度北京市"绿色施工安全文明工地"。

（3）获得 2013 年度"北京市天竺综保区安全文明施工先进单位"。

争创长城杯 构筑精品工程

——中北华宇建筑工程公司板桥创意天承产业基地 G2-06/07 工程项目

滕 毅 张 彬 马永涛

【摘 要】 为实现本公司对板桥创意天承产业基地 G2-06/07 地块工程的质量管理达到精品工程的目标，项目部建立完整有效的管理措施，加强工程质量的过程控制，技术创新，保证结构争创"长城杯"工程目标的实现，通过科学管理、规范施工确保实现目标。

【关键词】 争创长城杯；构筑精品

一、工程概况及成果背景

板桥创意天承产业基地 G2-06/07 地块，位于北京市顺义区板桥创意天承产业基地内，建设公司为北京旺晟房地产开发公司。总建筑面积为 84692.09m²，其中地上 65176.14m²，地下 19515.95m²，占地面积 47127.75m²，如图 1 所示。

图 1 效果图

建筑结构形式为框架-剪力墙结构，结构安全等级为二级，设计使用年限 50 年。

合同工期为 2012 年 5 月 1 日开工至 2013 年 12 月 30 日竣工。

公司确定了该项目争创北京市结构"长城杯"金质奖的目标。

二、选题理由

1. 工程的质量是建筑企业生存的根本

本公司是以质量求生存，创新求发展这一理念指导工程质量管理。项目部的管理水平直接关系到工程质量的结果，质量关系到公司生存，关系到企业的信誉。只有科学管理、规范施工才能保证施工质量，提升施工企业的竞争力促进企业进步和发展，从而使企业发展壮大。

2. 为本地区的行业发展创造良好的办公环境是公司对政府、业主的承诺

本工程为板桥创意天承 G2-01 地块汽车 4S 店配套工程，4S 店工程已完工并交付使用，作为 4S 店的办公用房，保证施工质量，为 4S 店创造良好的办公环境，过硬的住房质量，为业主在本地区的行业发展创造良好的办公基础，是本公司对业主的承诺。国际众多品牌 4S 店在本地区的入驻，是赵全营镇成功招商引资的结果，促进赵全营镇的经济发展、创造了就业机会。我公司为配合政府的建设，保证施工质量，为顺义区赵全营镇建设铺砖加瓦。

三、实施时间

板桥创意天承产业基地 G2-06/07 地块自 2012 年 5 月 1 日开工，2013 年 4 月 15 日完成结构施工，2013 年 11 月 15 日完成装修施工，2013 年 12 月 30 日工程通过了四方竣工验收，并通过了结构"长城杯"的评审。在整个项目施工期间实施了科学管理、过程控制，强化质量管理。

四、管理的重点和难点

本工程根据自身的结构特点及项目的实际情况，项目管理的重点是质量管理、安全管理，如何做到规范施工，实现结构长城杯的目标是本工程的重点和难点。

质量管理是保证长城杯工程的根本，安全管理是长城杯工程的保障，在工程管理中，质量管理要做到兢兢业业、勤奋负责、执行到位；安全管理要尽心、尽责，全力配合质量管理。只有安全有了保证，工程才能安心搞好质量。

1. 一次开槽面积大、槽底标高多样

本工程由 6 个单体办公楼及 2 个地下车库组成，办公楼地下二层与车库连成一体，一次同时开挖的施工组织、开挖深度、边坡支护安全等加大了施工难度。

2. 基础施工后浇带多、分段多

本工程基础工程东西方向长达 300 多米，根据设计要求，主楼基础与车库基础连接处要设置后浇带，车库基础长度超过 40m 需设置后浇带，根据设计要求本工程基础后浇带设置 13 条，给流水施工带来不便，加大施工难度。

3. 一次开工面积较大

本工程共计 84692.09m²，在施工过程中质量控制检查难度较大，项目部需增加技术、质检等管理人员，项目管理成本增加。项目材料一次性投入太大，成本提高。

4. 本工程墙、柱与梁、板混凝土强度等级相差较大

本工程墙、柱混凝土强度为 C60 \ C50 \ C40 \ C30，梁、板除地下车库顶板为 C35，其余均为 C30，混凝土等级相差较大容易产生裂缝，施工质量管理难度较大。

5. 全幕墙外立面

本工程的外立面是由石材和玻璃组成的全幕墙外立面，使得施工难度加大，成品保护费用加大。

6. 工期紧、装修阶段分包多

本工程面积较大，装修阶段分包多，最多时达到 20 个专业单位，43 个材料商。在此情况下施工组织计划安排及技术衔接方面具有一定的难度。

五、项目组织管理和质量管理保证措施

1. 建立以项目经理为首的项目管理体系

（1）根据本工程的质量目标，管理组织架构由公司支持团队和项目部执行团队两级领导机构组成。

（2）建立以项目经理为核心，集生产、技术、质量、环境和职业健康安全于一体的项目管理组织体系。

2. 提高质量意识，加强管理力度

结合本项目部具体情况，明确责任范围，订立个人岗位职责，加大质量宣传力度，提高全员质量意识，组织相应管理人员认真学习规范、标准，了解施工组织设计及施工方案的具体内容，并组织工人培训上岗，定期召开质量会议，及时发现问题，查找原因，制定措施，定期落实，对于质量问题的处理做到各负其责，奖优罚劣，齐抓共管，确保工程质量。

3. 以技术为先导，强化工程控制

（1）组织项目部技术、质量、工长、各班组长等管理人员认真学习 GB 50204—2011《混凝土结构工程施工质量验收规范》、《北京市开创与评审建筑结构长城杯工程实施指南》等相关规范、规程和标准，学习公司的《工程技术部综合管理制度》、《工程质量通病防治》等公司制度、文件。用以上规范、制度等作为指导钢筋、模板、混凝土 3 个分项工程施工。以练队伍、造人才为目的，请专家对"创精品工程"进行讲座，以此促进项目部的施工质量管理水平和施工人员的操作水平。

（2）严格对劳务分包和工程分包单位资质与业绩进行评审，与劳务分包签订劳务合同的内容中涵盖创结构"长城杯"的质量责任，做到质量与经济挂钩。

（3）控制材料进场检验、加强施工过程控制管理，各分项工程严格按标准验收，层层把关，保证主体结构工程质量符合长城杯精品要求。

4. 制定主要管理制度

为了实现工程目标，提高管理水平、健全管理制度势在必行。我们在创杯中结合工程特点，制定出以下的管理制度：会诊制度、样板引路制度、工序挂牌施工制度、过程三检制度、质量否决制度、质量奖惩制度、成品保护制度、工程质量评定核定制度、培训上岗制度。

5. 确保质量管理体系的正常运行

对施工过程进行严格控制，使每道工序、每一件半成品和成品都符合"长城杯"的质量要求，确保质量目标的实现，如图 2～图 5 所示。

图 2　顶板支撑图

图 3　暗柱施工缝处理图

图 4　柱钢筋绑扎图

图 5　二次结构砌筑图

6. 安全文明施工管理措施及效果

（1）做好前期策划，制定安全技术方案、环境和职业安全健康管理方案，对危险源及危险因素进行识别。建立管理体系，责任落实到人。

（2）实行安全防护标准化，建立标准图集，对工人进行培训，对高空作业、防护措施、防高空坠落、防物体打击、防火等方面进行控制。

（3）建立防护设施验收体系，各项安全防护设施从方案制定开始，到防护设施的搭设，到最后的验收均有专人负责，各项防护设施在通过验收后方可使用，如图6、图7所示。

（4）强化安全教育，所有进场人员均经过三级安全教育，特殊工种定期进行培训。

（5）建立日巡查制、周检查制和月教育考核制，责任到人，奖罚明确，重视培训。

通过安全文明施工的管理，实现了"北京市安全文明工地"的安全管理目标。

图6　悬挑脚手架图

图7　安全通道图

六、项目管理的风险控制

1. 现场施工面积大

（1）现场施工面积大，增加了技术、质量人员检查的难度。

（2）施工面积大，发生不合格工序概率较高，加大技术、质量人员检查难度。

2. 劳务质量管理的风险

（1）与施工劳务单位签订施工质量责任书，明确施工质量要求，建立奖惩制度，确保施工质量。

（2）建立人脸识别系统，对进出场人数，进出场工种的数量匹配确认，实时监控人数，防止因劳动力不足或劳动力匹配不平衡而影响工期、影响施工质量。

七、管理效果及评价

1. 直接效果

完成了预定的项目质量管理目标，顺利通过了四方验收，按要求交付使用。主体结构获得了结构"长城杯"银质奖，在施工过程中获得了"北京市安全文明工地"。

2. 项目部质量管理效果

从学规范、学标准入手，精心策划每一项施工方案，做到切合实际、操作简单、施工快捷、节约材料、降低成本；施工过程中通过加强过程控制，严把质量关，使所有参建人员的质量意识普遍得到提高，管理制度更加完善，分项工程的实体质量有较大提高。

3. 项目管理评价

针对本工程的质量管理目标、工程的特点、难点，通过项目部全体人员的共同努力，项目按既定目标顺利完成了工程项目。为达到：科学管理、规范施工、构筑精品、追求卓越这一公司质量目标，项目部全体人员强化管理、克服困难、刻苦钻研，顺利完成对业主的各项承诺，为公司争得信誉与荣耀。在此过程中，项目部在管理、技术、质量、安全、成本、绿色施工等积累了经验，项目部管理水平整体提高，并得到了区质量监督站、业主、监理、公司、长城杯检查小组一致好评，为下一工程奠定了良好的基础。

立足成本　加强管控　提升项目综合管理能力
——中北华宇建筑工程公司南法信航城广场工程项目

李庆霞　张岩岩　张天宇

【摘　要】 随着我国社会经济的不断发展，集中化办公成为当下一大趋势，本项目集办公、商业、休闲于一体，在大力推动了当地经济发展的同时建筑施工给能源消耗和环境污染也带来了问题，因此，为实现建筑业的可持续发展，公司及项目部科制定方针、科学管理，为社会及建筑业贡献微薄之力。

【关键词】 文明施工；科学管理；节约成本；珍惜资源

一、工程概况

南法信航城广场工程位于北京市顺义区南法信镇，建筑造型独特，现代感强，建筑物较集中，总建筑面积173320.67m²，建筑高度39m。共包括10座单体结构，地下两层车库及人防，地上分别是八层和九层。其中A、B、C、G座单体结构形式为框架－核心筒结构；H、L、M座为框架-剪力墙结构，地下车库部分采用框架结构，基础为梁板式筏形基础，屋面为钢筋混凝土结构，轻质填充墙、部分为隔声墙。建筑外装饰为玻璃幕墙，内墙采用乳胶漆、防霉涂料、大理石、铝板、瓷砖及吸音等材料。安装工程设有给排水系统、电气动力系统、电器照明安装系统、防雷及接地安装系统、火灾报警及消防联动系统、安全防范系统、通信网络系统、送排风系统等28个系统。使用功能为商业、办公用房，如图1所示。

图1　航程广场俯瞰图

二、立项背景及选题理由

随着我国社会经济的不断发展，集中化办公成为当下一大趋势，本项目基于此原因，集办公、商业、休闲于一体，大大推动了当地经济的发展。

作为工程总承包单位的施工企业，也应该及时开发、积累相关管理技术和施工技术手段并形成相应大型工程项目建设的成套管理和施工技术经验，作为以后类似工程建设的示范，以提升施工企业的竞争力，提高其生产力，促进整个企业乃至整个行业的进步和发展，从而降低大型工程的建设成本。

三、实施的时间

2012 年 8 月 1 日正式开工。

2013 年 4 月 30 日完成主体结构施工。

2014 年 5 月 1 日竣工。

四、管理的特点及难点

（1）本工程占地面积不大，栋号多，供施工使用场地有限，合理布置施工现场及物料码放是本工程难点。

（2）工程基础及地下室施工正值雨期，结构工程大部分在冬期，故本工程主体工程受季节性施工影响较大。

（3）本工程悬挑结构较多，地上建筑外立面造型多变，对模板施工要求较高。

（4）本工程工期紧，施工工序集中，合理组织各栋号间的交叉施工是施工的难点。

（5）由于施工任务重，对施工人员数量要求很大，合理的人员安排成为本工程进度控制的一大关键点。

五、管理的策划

作为施工总承包方，受业主的委托，对施工分包单位进行全过程的管理。业主单位是新成立的房地产开发公司，第一次进行房地产开发工作，管理经验有所欠缺，我项目部利用公司优势，查缺补漏、取长补短，建立独特的制度，达到建设、设计、施工单位进行统一协调，科学管理，有力的保证了对本工程进行有效的管理，整个项目顺利实施。具体有以下创新特点：

1. 创新管理模式

发挥公司优势，公司、工程处、项目 3 个层次协调一致，利用各项优势资源，在保证项目的质量、进度、安全的情况下建立了成本管控小组，坚持日工作例会、周进度协调例会制度，并进行了跟踪考核。

2. 充分组织社会力量

社会力量主要指的就是我们的"农民工友"。在工程的实施过程中工人们占据一大部分力量，如果可以指导他们从材料资源上节省，将会是可观的一项数据，如图 2 所示。成本措施实施时，项目部人员先行为本，为外施队做榜样，要求外施队同项目部同心协力，具体实施项目如下：

（1）办公材料及用品、用电

合作共用：项目部技术人员在办公用品上采取共用形式，减少用量（包括打印机、计算器等）。如办公用纸：在纸张方面我项目部人员绝不浪费一张纸，在做资料时和监理常沟通，做到可以让监理工程师在电子版上审阅，最终合格后方打印报审。

（2）生活及办公用水、电

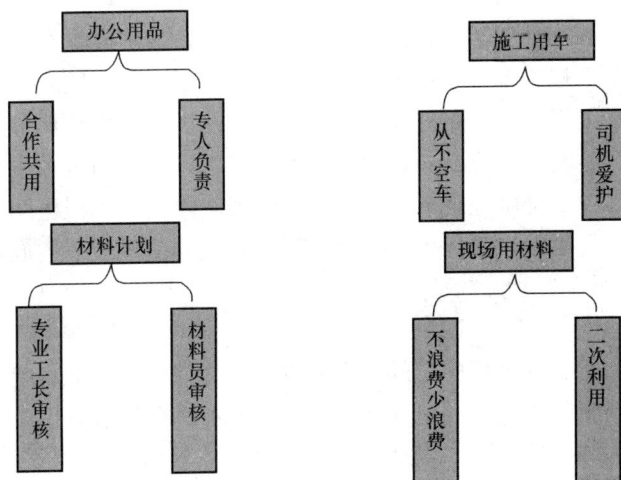

图 2　材料节省措施图

生活办公用电：做到人离电脑保存资料并关机，少开空调多开窗通风。

生活办公用水：杜绝浪费施工现场水源，对水源进行二次利用，现场绿化地的浇灌，路面硬化的散水除尘。

（3）施工用车

项目部对车辆合理分配，做到不空车上路，司机爱车养车，如图3所示。

图3 施工用车管理图

（4）材料计划

项目部材料员对专业工长所计划的材料仔细检查，做到不多进材料、不浪费材料。

六、过程检查和监督

1. 过程管理

（1）建立以项目经理为组长、项目技术负责人为常务副组长的项目工作小组。

（2）建立完善管理措施，分别制定了质量奖罚细则。

（3）加强事中控制，重点做好过程控制，严把各道关。

（4）重视事后分析，找出问题原因，提出解决方案，做好预控措施。

2. 过程监督

成本小组成员实行自我监督、外施队监督，在完成自己本职工作情况下，严格执行成本控制措施，指导、检查、监督管理人员和施工人员的成本节约工作，从点滴做起，从每个人做起，把成本工程作为常态工作来抓。

3. 节约成本

办公用品方面：打印机及电脑零损坏、打印所用墨均多次使用，项目部技术员自行灌墨，纸张多次利用，并且施工资料一次成功无须修改，节约成本约8万元。

工程用车方面：项目部司机尽职尽责，对车辆爱护有加，车辆零事故，节约成本约2万元。

工程用水、电方面：与同期和以往类似工程相比节约成本约30万元。

材料计划方面：合理计划使用材料，实际用量均小于定额损耗。

项目部临建房二次利用：由于现阶段处于工程尾期，我司所建临建房在保护好的情况下可以二次利用，再承接现阶段工程中可以得到有效的使用，节约成本约170万元。

七、管理效果与评价

所有管理措施全部落实到位，使本工程的施工难度得到了有效的降低，保证了本工程的工期要求，达到施工质量的同时并节约了施工成本，得到了监理单位及建设单位的肯定与好评。